NomosStudium

Prof. Dr. Eva Kocher,
Europa-Universität Viadrina, Frankfurt (Oder)

Europäisches Arbeitsrecht

2. Auflage

Nomos

Die Deutsche Nationalbibliothek verzeichnet diese Publikation in der Deutschen Nationalbibliografie; detaillierte bibliografische Daten sind im Internet über http://dnb.d-nb.de abrufbar.

ISBN 978-3-8487-5828-9 (Print)

ISBN 978-3-8452-9962-4 (ePDF)

2. Auflage 2020

Vorwort zur 1. und 2. Auflage

Das Europäische Arbeitsrecht prägt die Arbeitsrechtsordnungen aller EU-Mitgliedstaaten, also auch das deutsche Arbeitsrecht. Wie sehr und in welchen Bereichen dies im Einzelnen der Fall ist, lernen Sie in diesem Buch.

Aber warum sollten nicht nur Arbeitsrechtler, sondern alle Juristinnen und Juristen sich mit dem Europäischen Arbeitsrecht beschäftigen?

Zunächst einmal: Das Arbeitsrecht ist für das Verständnis des Rechts der Europäischen Union ein äußerst wichtiger Bereich. Hier wurden wesentliche Anforderungen an die Umsetzung von Richtlinien entwickelt; oft haben arbeitsrechtliche Fälle den Anlass gegeben, allgemeine Grundsätze zum Verhältnis des Rechts der Europäischen Union zum mitgliedstaatlichen Recht zu entwickeln. Als wichtige Entscheidungen seien hier nur die EuGH-Urteile „Bosman", „Angonese", „Draehmpaehl", „Mangold" oder „Viking" genannt. Im Europäischen Arbeitsrecht lässt sich vor allem anschaulich studieren, wo die Grenzen der unionsrechtlichen Rechtssetzung im Privatrecht liegen. Viele Rechtsgrundsätze, mit denen der EuGH heute im europäischen Privatrecht arbeitet, wurden im europäischen Arbeitsrecht entwickelt.

Seine besondere Spannung und Dynamik gewinnt das europäische Arbeitsrecht daraus, dass es auch in der allgemeinpolitischen Debatte einen hohen Stellenwert genießt. Arbeitsrechtliche Entscheidungen des EuGH sind bis in die politische Auseinandersetzung vorgedrungen und vielen Zeitungsleserinnen und -lesern bekannt. In der Sozialpolitik und im Arbeitsrecht offenbart sich unmittelbar und frühzeitig, welche Schwierigkeiten die Europäisierung von Wirtschaft und Gesellschaft der Mitgliedstaaten mit sich bringt, wenn diese nicht nur selbst jahrhundertealte Konflikte hinter sich haben, sondern auch ganz aktuell in Krisen stecken. Durch die Beteiligung der Sozialpartner (Gewerkschaften und Arbeitgeberverbände) bewegt sich die Rechtssetzung im Arbeitsrecht zudem in einem komplexen Mehrebenensystem, das durch die Europäisierung besonderen Herausforderungen unterworfen wird.

Das vorliegende Lehrbuch richtet sich an Studierende im rechtswissenschaftlichen Schwerpunktbereichsstudium sowie an Studierende in europarechtlichen Masterstudiengängen oder „Europa-Studien". Der Schwerpunkt dieses Buchs liegt auf der Vermittlung von Querschnittsfragen des Rechts der Europäischen Union und Grundfragen des europäischen Arbeitsrechts.

Bei der Systematisierung des Rechts der Europäischen Union geht es oft darum, die Rechtsprechung des EuGH zu verstehen und nachzuvollziehen. Dementsprechend geht dieses Lehrbuch nach einer Case Law-Methode vor: Ausgehend von den primär- und sekundärrechtlichen Quellen werden einzelne Auslegungsfragen anhand von konkreten Fällen und Entscheidungen des Europäischen Gerichtshofs erläutert.

Sie werden vielleicht feststellen, dass das Lehrbuch nicht ganz durchgehend sowohl weibliche als auch männliche Bezeichnungen verwendet; ich habe mich insofern für einen Kompromiss zwischen sprachlicher Korrektheit und flüssiger Lesbarkeit entschieden. Für die 2. Auflage wurden die Randnummern neu durchnummeriert.

Für wertvolle Hilfe und Unterstützung bei Recherche, Redaktion und Lektorat dieses Buchs habe ich Kristian Glowe, Anna Heinen, Laura Krüger und Clemens Sudhof (1. Auflage) sowie Harald Weber und Svea Kühl (2. Auflage) zu danken. Für die ausgezeichnete verlegerische Betreuung bedanke ich mich bei Dr. Peter Schmidt vom Nomos-Verlag.

Viel Spaß und Erfolg in der Arbeit mit diesem Buch!

Frankfurt (Oder), November 2015/Januar 2020 Eva Kocher

Inhalt

Abkürzungsverzeichnis 13

Literaturverzeichnis 15

§ 1 Gegenstände und Rechtsquellen des Europäischen Arbeitsrechts 21

I. Sozialpolitik: Mitgliedstaatlicher Vorbehaltsbereich im Sozialen Europa 21
1. Sozialer Integrationskompromiss, soziales Defizit oder Soziales Europa? 21
2. Rechtsvergleichende Grundlagen: Sozialmodelle in Europa und/oder Europäisches Sozialmodell 24
3. Sozialpolitik als Vorbehaltsbereich der Mitgliedstaaten 25

II. Rechtsgrundlagen des Arbeitsrechts der Europäischen Union 27
1. Unmittelbar anwendbares Primärrecht 29
2. Negative Harmonisierung durch Europäisches Wirtschaftsrecht 30
3. Positive Harmonisierung durch Maßnahmen der Europäischen Sozialpolitik 31
a) Vorgeschichte des Sozialen Europa 31
b) Herausbildung des Sozialen Europa 32
c) Die Grundrechte-Charta 33
d) Soft Law, insbesondere die Leitlinien für die Beschäftigungspolitik 34
e) Stagnation und Krise des Europäischen Arbeitsrechts bei gleichzeitiger Konsolidierung des Bestehenden 34
f) Ein neuer Aufbruch? 36

III. Die Wirkungen des EU-Arbeitsrechts in der deutschen Rechtsordnung 37
1. Voraussetzungen für die Annahme unmittelbarer Wirkungen 38
a) Allgemeine Grundsätze, insbesondere Grundfreiheiten und Grundrechte 38
b) Unmittelbare Wirkung von Richtlinien 39
c) Unmittelbare Horizontalwirkung 40
d) Grundrechtskonkretisierung durch Richtlinien 42
2. Autonome Auslegung 45
3. Das Mehrebenensystem des Grundrechtsschutzes 46
a) Verhältnis zwischen Unionsrecht und deutschem Verfassungsrecht 46
b) Verhältnis zwischen Unionsrecht und Europäischer Menschenrechtskonvention 48
4. Die Bedeutung von Case Law im Europäischen Arbeitsrecht 49

IV. Ein Grundbegriff: Der „Arbeitnehmer" im europäischen Arbeitsrecht 49
1. Der Begriff des Arbeitnehmers im Recht der Arbeitnehmerfreizügigkeit 50
a) Autonome Auslegung 51
b) Echte und tatsächliche wirtschaftliche Tätigkeit gegen Entgelt 52
c) Unterordnungsverhältnis/Weisungsgebundenheit 55
2. Weitere Anwendungsfelder eines autonom bestimmten Arbeitnehmerbegriffs 57
3. Unionsrechtliche Anforderungen an den Arbeitnehmerbegriff bei der Auslegung nach mitgliedstaatlichem Recht 61

§ 2 Formen und Verfahren der Normsetzung im Arbeitsrecht der EU 65
I. Die Reichweite des Art. 153 AEUV 65
II. Rechtssetzungsverfahren 67
III. Die Rolle der Sozialpartner in der Rechtssetzung im Bereich der Sozialpolitik 68
1. Grundsätze 69
2. Beteiligte Sozialpartner 72

§ 3 Die Arbeitnehmerfreizügigkeit 77
I. Bedeutung und Entwicklung 77
1. Allgemeines 77
2. Übergangsfristen bei Beitritten zur Europäischen Union 78
3. Grundstruktur der Vorschriften zur Gewährleistung der Arbeitnehmerfreizügigkeit 79
a) Art. 45–48 AEUV 79
b) Die Arbeitnehmerfreizügigkeits-Verordnung 492/2011 80
c) Die Arbeitnehmerfreizügigkeits-Richtlinie 2014/54/EU 81
d) Überblick über Art. 45 AEUV 81
II. Anwendungsbereich des Art. 45 AEUV: Arbeitnehmerbegriff 83
1. Autonome Auslegung 83
2. Beschäftigung in der öffentlichen Verwaltung 84
III. Die Gewährleistungsgehalte der Arbeitnehmerfreizügigkeit 86
1. Freizügigkeitsrechte aus Art. 45 Abs. 3 AEUV 87
2. Unmittelbare Diskriminierung wegen der Staatsangehörigkeit und ihre Rechtfertigung 87
3. Mittelbare Diskriminierung wegen der Staatsangehörigkeit und ihre Rechtfertigung 90
4. Diskriminierung von Grenz- und Wanderarbeitnehmern 94
5. Beschränkung der Arbeitnehmerfreizügigkeit und ihre Rechtfertigung 96
IV. Verpflichtete: Unmittelbare Horizontalwirkung? 100
1. Diskriminierungsverbot 100
2. Beschränkungsverbot 102
V. Berechtigte 105
1. Arbeitnehmer, Arbeitgeber und Arbeitsvermittler 105
2. Familienangehörige 107
3. Drittstaatenangehörige 107

§ 4 Schutz vor sozialer Diskriminierung 109
I. Einführung 109
1. Kategorien und Merkmale des Antidiskriminierungsrechts 109
2. Der Schutz vor sozialer Diskriminierung im Arbeitsrecht der EU 110
3. Überblick über Rechtsgrundlagen und Anwendungsbereiche 111
II. Art. 157 AEUV: Entgeltgleichheit zwischen den Geschlechtern 113
1. Überblick 113
2. Unterschiedliches Arbeitsentgelt 115
a) Arbeitsverhältnis 115
b) Arbeitsentgelt 116
c) Ungleichheit des Entgelts 117
3. Gleiche oder gleichwertige Arbeit 118

4. Ungleichbehandlung „aufgrund des Geschlechts“ 120
a) Unmittelbare Diskriminierung 120
b) Mittelbare Diskriminierung 120
5. Rechtsfolgen 123
a) Unmittelbare Wirkung 123
b) Dritt-/Horizontalwirkung 123
c) Inhalt des Rechtsanspruchs 124
III. Sekundärrechtlicher Diskriminierungsschutz wegen des Geschlechts 126
1. Rechtsgrundlagen 126
2. Unmittelbare Diskriminierung wegen des Geschlechts 127
3. Rechtfertigung einer unmittelbaren Diskriminierung wegen des Geschlechts 129
a) Das Geschlecht als wesentliche berufliche Anforderung 130
b) Positive Maßnahmen 132
c) Schutz bei Schwangerschaft und Mutterschaft 134
4. Mittelbare Diskriminierung wegen des Geschlechts und ihre Rechtfertigung 134
a) Beispiel Teilzeitbeschäftigung 135
b) Beispiel Betriebszugehörigkeit 137
c) Beispiel Körpergröße 137
5. Vertiefung: Diskriminierende Belästigung und sexuelle Belästigung 138
IV. Die Richtlinien 2000/43/EG und 2000/78/EG 139
1. Diskriminierung aus Gründen der Rasse oder ethnischen Herkunft 140
2. Diskriminierung wegen einer Behinderung 143
a) Begriff der Behinderung 144
b) Unterlassung angemessener Vorkehrungen als Diskriminierung 146
3. Diskriminierung wegen der Religion oder Weltanschauung 148
a) Beschäftigung in religiösen oder weltanschaulichen Organisationen 149
b) Religiöse Symbole: das sog. Kopftuchverbot 151
4. Diskriminierung wegen der sexuellen Ausrichtung 152
5. Diskriminierung wegen des Alters 154
a) Altersabhängige Leistungen 156
b) Das Alter bei Begründung und Beendigung von Beschäftigungsverhältnissen 157
c) Anknüpfung an die Betriebszugehörigkeit oder Berufserfahrung als mittelbare Altersdiskriminierung 159
V. Allgemeine Grundsätze der Richtlinienumsetzung 160
1. Effektivität 160
a) Beispiel Beweislast und Auskunftsrechte 162
b) Beispiel Sanktionen 162
2. Äquivalenz 165

§ 5 Unionsrechtliche Harmonisierung I: Individualarbeitsrecht 169
I. Allgemeine arbeitsvertragsrechtliche Grundsätze 169
1. Die Nachweis- und Arbeitsbedingungen-Richtlinie 169
2. Beschäftigtendatenschutz 171
3. Whistle-Blowing und Geschäftsgeheimnisse 172
II. Arbeitsschutz (Gesundheit und Sicherheit am Arbeitsplatz) 174

1. Rechtsgrundlagen: Rahmenrichtlinie und Einzelrichtlinien 174
2. Die Arbeitsschutz-Rahmenrichtlinie 175
3. Die Mutterschutz-Richtlinie 178
a) Überblick über die Regelungen der Richtlinie 179
b) Insbesondere: „Fortzahlung eines Arbeitsentgelts“ in der Zeit des Mutterschutzes 180
c) Vertiefung: Mutterschutz und Geschlechtsdiskriminierung 181
d) Reformdiskussion 182
4. Die Arbeitszeit-Richtlinie 183
a) Anwendungsbereich 185
b) Begriff der Arbeitszeit 186
c) Individuelles „opt-out“ 187
d) Reformdiskussion 188
5. Das Recht auf Urlaub (Art. 7 der Arbeitszeit-Richtlinie) 188
a) Urlaubsanspruch 189
b) Urlaubsentgelt 189
c) Urlaubsabgeltung 190
Vertiefung: Effektivität der Arbeitszeitkontrolle 191
III. Vereinbarkeit von Beruf und Familie („Work-Life-Balance“) 192
1. Die Vereinbarkeits-Richtlinie 192
2. Die Teilzeit-Richtlinie 196
IV. Prekäre Arbeitsverhältnisse 197
1. Die Befristungs-Richtlinie 198
a) Begriff der Befristung 200
b) Diskriminierungsverbot 201
c) Maßnahmen gegen Kettenbefristungen 202
2. Die Leiharbeits-Richtlinie 203
V. Unternehmenskrise und Umstrukturierung 205
1. Die Massenentlassungs-Richtlinie 206
a) Anwendungsbereich und Gegenstand 207
b) Begriff des Betriebs 209
c) Begriff der Entlassung 211
2. Die Betriebsübergangs-Richtlinie 213
a) Anwendungsbereich und Gegenstand 213
b) Rechtsfolgen des Betriebsübergangs 214
c) Begriff des Betriebs 215
3. Die Insolvenzschutz-Richtlinie 216

§ 6 Unionsrechtliche Harmonisierung II: Kollektives Arbeitsrecht 218
I. Die Anhörungs-Richtlinie 219
1. Regelungsgegenstand 220
2. Anwendungsbereich 220
3. Unterrichtung, Anhörung, Arbeitnehmervertretung 221
4. Zeitpunkt von Unterrichtung und Anhörung 223
II. Die Europäische Betriebsräte-Richtlinie 224
1. Anwendungsbereich und Grundbegriffe 225
2. Verfahren zur Bildung eines Europäischen Betriebsrats 226
3. Rechte des Europäischen Betriebsrats 227
III. Unternehmensmitbestimmung 228

1. Arbeitnehmermitwirkung bei der Societas Europaea (SE) 229
2. Arbeitnehmermitwirkung bei anderen europäischen Gesellschaftsformen 230
IV. Transnationale Kollektivvereinbarungen: Praxis ohne Recht? 231

§ 7 Grenzüberschreitende Arbeitsverhältnisse und Kollektivmaßnahmen 233
I. Grundlagen des Internationalen Arbeitsrechts 234
1. Grundregeln des Art. 8 Rom I-VO 234
2. Anwendbares Arbeitsrecht im Fall der Entsendung 235
II. Arbeitnehmerentsendung 236
1. Sozialpolitische Anforderungen aus der Dienstleistungsfreiheit 237
2. Die Entsende-Richtlinie 240
3. Die Durchsetzungs-Richtlinie 243
III. Grundfreiheiten, Kollektivmaßnahmen und Kollektivverhandlungen 244
1. Kollektivmaßnahmen und Grundfreiheiten 244
2. Kollektivvertragliche Beschränkungen der Wettbewerbsfreiheit 246
Vertiefung: Der Anwendungsbereich der Kollektivvertragsfreiheit 248

Wichtige EuGH-Urteile 251
Alphabetische Reihenfolge 251
Chronologische Reihenfolge 261

Rechtsgrundlagen in chronologischer Reihenfolge 271

Liste der im Lehrbuch behandelten Beispielsfälle 277

Stichwortverzeichnis 283

Abkürzungsverzeichnis

ABl.	Amtsblatt
Abs.	Absatz
AEUV	Vertrag über die Arbeitsweise der Europäischen Union
a.F.	alte Fassung
AG	Aktiengesellschaft
Anm.	Anmerkung
ArbG	Arbeitsgericht
Art.	Artikel
Aufl.	Auflage
Az.	Aktenzeichen
BAG	Bundesarbeitsgericht
Bd.	Band
BGBl.	Bundesgesetzblatt
BÜ	Betriebsübergang
BVerfG	Bundesverfassungsgericht
bVG	besonderes Verhandlungsgremium
bzw.	beziehungsweise
d.h.	das heißt
Drs.	Drucksache
EBR	Europäischer Betriebsrat
ECLI	European Case Law Identifier
EG	Europäische Gemeinschaft
EGMR	Europäischer Gerichtshof für Menschenrechte
EGB	Europäischer Gewerkschaftsbund
EMRK	Europäische Menschenrechtskonvention
ESC	Europäische Sozialcharta
EuG	Europäisches Gericht der ersten Instanz
EuGH	Gerichtshof der Europäischen Union
EU-GRC	Europäische Grundrechte-Charta
eV.	eingetragener Verein
evtl.	eventuell
EWG	Europäische Wirtschaftsgemeinschaft
ff.	fortfolgende
f.	folgende
Fn.	Fußnote
ggf.	gegebenenfalls
Hrsg.	Herausgeber
ICT	Intra-Corporate-Transfer (konzerninterne Entsendung)
i.d.R.	in der Regel
ILO	International Labour Organisation
IPR	Internationales Privatrecht
LAG	Landesarbeitsgericht
lit.	littera
Nr.	Nummer
PACS	Pacte civil de solidarité (Eingetragene Lebenspartnerschaft nach französischem Recht)
RL	Richtlinie
Rn.	Randnummer
Rspr.	Rechtsprechung
s.	siehe
SCE	Societas Cooperativa Europaea

SE	Societas Europaea
Slg.	Sammlung
s.o.	siehe oben
sog.	sogenannt / sogenannt
st. Rspr.	ständige Rechtsprechung
s.u.	siehe unten
SUP	Societas Unius Personae
u.a.	unter anderem / und andere
UAbs.	Unterabsatz
u.ä.	und ähnlich
UN-BRK	UN-Behindertenrechtskonvention
usw.	und so weiter
v.	von / vom
vgl.	vergleiche
VO	Verordnung
WHO	World Health Organisation
z.B.	zum Beispiel
z.T.	zum Teil

Literaturverzeichnis

Baer, Susanne: Würde oder Gleichheit?, Nomos-Verlag, Baden-Baden 1995

Baer, Susanne/Wrase, Michael: Zwischen Integration und „westlicher" Emanzipation: Verfassungsrechtliche Perspektiven zum Kopftuch(-verbot) und der Gleichberechtigung, KritV 2006, S. 401 ff.

Bayreuther, Frank: Altersgrenzen, Kündigungsschutz nach Erreichen der Altersgrenze und die Befristung von „Altersrentnern", eine Skizze im Lichte der Hörnfeldt-Entscheidung des EuGH, NJW 2012, S. 2758 ff.

Berg, Peter/Kocher, Eva/Platow, Helmut/Schoof, Christian/Schumann, Dirk: Tarifvertragsgesetz und Arbeitskampfrecht, Bund-Verlag, 6. Aufl. Frankfurt a.M. 2018

Blanke, Thomas: „Vorrats-SE" ohne Arbeitnehmerbeteiligung, edition Hans-Böckler-Stiftung, Düsseldorf 2005

Blanke, Thomas: Dynamik und Konturen des europäischen Sozialmodells: Warum der Zug nach Europa nicht zu stoppen ist, NZA 2006, S. 1304 ff.

Böhm, Monika: Europäische Grundfreiheiten – Teil 2, JA 2009, S. 328 ff.

Brors, Christiane: Wann ist eine Altersdiskriminierung nach der Rechtsprechung des EuGH gerechtfertigt?, RdA 2012, S. 346 ff.

Bruun, Niklas/Bücker, Andreas: Der Monti II-Verordnungsvorschlag der EU Kommission. Eine kritische Würdigung, NZA 2012, S. 1136 ff.

Burgi, Martin: Mitgliedstaatliche Garantenpflicht statt unmittelbare Drittwirkung der Grundfreiheiten, EWS 1999, S. 327 ff.

Calliess, Christian/Ruffert, Matthias (Hrsg.): EUV/AEUV – Das Verfassungsrecht der Europäischen Union mit Europäischer Grundrechtecharta, Verlag C.H. Beck, 5. Aufl. München 2016

Chandna-Hoppe, Katja: Das Vorliegen eines Betriebsübergangs bei der Neuvergabe staatlicher Aufträge. EuZA 2019, S. 255 ff.

Cremer, Hendrik: „... und welcher Rasse gehören Sie an?", Deutsches Institut für Menschenrechte, Berlin 2009

Cremer, Hendrik: Ein Grundgesetz ohne „Rasse", Deutsches Institut für Menschenrechte, Berlin 2010

Dahm, Katharina: Die neue Richtlinie zum Elternurlaub, EuZA 2011, S. 30 ff

Dauner-Lieb, Barbara/Langen, Werner (Hrsg.): BGB Schuldrecht, Nomos-Verlag, 3. Aufl. Baden-Baden 2016

Däubler, Wolfgang: Informationsbedarf vs. Persönlichkeitsschutz – was muss, was darf der Arbeitgeber wissen?, NZA 2017, S. 1481 ff.

Däubler, Wolfgang: Die offenen Flanken des Arbeitsrechts, AuR 2010, S. 142 ff.

Däubler, Wolfgang, Das Arbeitsrecht 2, Rowohlt-Verlag, 5. Aufl. Reinbek b. Hamburg 1988

Däubler, Wolfgang/Bertzbach, Martin (Hrsg.): Allgemeines Gleichbehandlungsgesetz – Handkommentar, Nomos-Verlag, 4. Aufl. Baden-Baden 2018

Deinert, Olaf: Internationales Arbeitsrecht. Deutsches und europäisches Arbeitskollisionsrecht, Verlag Mohr-Siebeck, Tübingen 2013

Deinert, Olaf: Neues Internationales Arbeitsvertragsrecht, RdA 2009, S. 146 ff.

Deinert, Olaf: Partizipation europäischer Sozialpartner an der Gemeinschaftsrechtssetzung, RdA 2004, S. 211 ff.

Deinert, Olaf: Eingriffsnormen, Entsenderecht und Grundfreiheiten, in: Festschrift für Dieter Martiny, Verlag Mohr-Siebeck, Tübingen 2014, S. 277 ff.

Dewhurst, Elaine: Intergenerational Balance, mandatory retirement and age discrimination in Europe: How can the ECJ better support national courts in finding a balance between the generations?, CMLR 2013, S. 1333 ff.

Eichenhofer, Eberhard: Europäische Säule sozialer Rechte, ZESAR 2018, S. 401 ff.

Eichenhofer, Eberhard: Soziales Europa, VSSR 2014, S. 29 ff.

Eidenmüller, Horst/Lasak, Jan: The Czech Societas Europaea Puzzle, ECGI (European Corporate Governance Institute)-Law Working Paper 183/2011

Fenske, Antje: Verbot der Altersdiskriminierung im US-amerikanischen Arbeitsrecht, Verlag Duncker & Humblot, Berlin 1998

Feudner, Bernd: Grenzüberschreitende Anwendung des § 613 a BGB?, NZA 1999, S. 1186 ff.

Forst, Gerrit: Unterlassungsanspruch des Betriebsrats bei Betriebsänderungen kraft Unionsrechts?, ZESAR 2011, S. 1077 ff.

Forst, Gerrit: Neues aus Luxemburg zur Massenentlassung, NZA 2010, S. 144 ff.

Fuchs, Maximilian: Licht und Schatten des europäischen Entsenderechts, ZESAR 2019, S. 105 ff.

Fuchs, Maximilian: Wohin steuert das europäische Arbeitsrecht?, ZESAR 2016, S. 7 ff.

Grabitz, Eberhard/Hilf, Meinhard (Begr.)/*Nettesheim, Martin* (Hrsg.): Das Recht der Europäischen Union, Verlag C.H. Beck, 68. Aufl. München 2019

Greiner, Stefan: Putativ-Diskriminierung wegen Ethnie oder Rasse – der Fall „Minus: Ossi", DB 2010, S. 1940 ff.

Hantel, Peter: Unionsrechtliche Probleme bei der Anwendung des deutschen Mindestlohngesetzes (MiLoG), ZESAR 2015, S. 357 ff.

Heimann, Elena: Substantielle Vereinbarungen Europäischer Betriebsräte: Praxis und Recht, Peter Lang-Verlag, Frankfurt a.M. 2014

Henssler, Martin/Braun, Axel: Arbeitsrecht in Europa, Verlag Dr. Otto Schmidt, 3. Aufl. Köln 2011

v. Hoffmann, Bernd/Thorn, Karsten: Internationales Privatrecht, Verlag C.H. Beck, 9. Aufl. München 2007

Huster, Stefan: Gleichheit im Mehrebenensystem: Die Gleichheitsrechte der Europäischen Union in systematischer und kompetenzrechtlicher Hinsicht, EuR 2010, S. 325 ff.

Jarass, Hans: Elemente einer Dogmatik der Grundfreiheiten, EuR 2000, S. 705 ff.

Junker, Abbo: Die Einflüsse des europäischen Rechts auf die personelle Reichweite des Arbeitnehmerschutzes – Der Arbeitnehmerbegriff in der Rechtsprechung des Europäischen Gerichtshofs, EuZA 9 (2016), S. 184 ff.

Junker, Abbo: Europäische Vorschriften zur Kündigung, EuZA 7 (2014), S. 143 ff.

Kainer, Friedmann: Grundrechte und staatliche Schutzpflichten – Besprechung von EuGH, 9.12.1997 – C-265/95 (Bauernproteste), JuS 2000, S. 431 ff.

Kamanabrou, Sudabeh: Das Recht der Kettenbefristung in ausgewählten EU-Mitgliedstaaten, NZA 2016, S. 385 ff.

Kirchhof, Ferdinand: Grundrechtsschutz durch europäische und nationale Gerichte, NJW 2011, S. 3681 ff.

Kisker, Olaf: Unternehmerische Mitbestimmung in der Europäischen Gesellschaft, der Europäischen Genossenschaft und bei grenzüberschreitender Verschmelzung im Vergleich, RdA 2006, S. 206 ff.

Koch, Katharina/Nguyen, Alexander: Schutz vor mittelbarer Diskriminierung – Gleiches Recht für alle?, EuR 2010, S. 364 ff.

Kocher, Eva: Arbeitnehmerfreizügigkeit und Berufsfreiheit (Ablaufen der Übergangsfristen am 1.5.2011 – aktuelle Rechtsprechung – Rückzahlung von Aus- und Weiterbildungskosten), GPR 2011, S. 132 ff.

Kocher, Eva: „Geschlecht" im Antidiskriminierungsrecht, KJ 2009, S. 386 ff.

Kocher, Eva: Neujustierung des Verhältnisses zwischen EuGH und nationalen Arbeitsgerichten – oder ein Ausrutscher? Zugleich Besprechung des Urteils EuGH v. 16.10.2007 – Rs. C-411/05 – Palacios de la Villa, RdA 2008, S. 238 ff.

Kocher, Eva: Instrumente einer Europäisierung des Prozessrechts. Zu den Anforderungen an den kollektiven Rechtsschutz im Antidiskriminierungsrecht, ZEuP 2004, S. 260 ff.

Kocher, Eva: Osterweiterung und Arbeitnehmerfreizügigkeit, in: Kocher, Eva/Nowak, Carsten (Hrsg.): Freie Fahrt für Arbeitnehmer/innen zwischen Ost und West. Perspektiven des Ablaufs beitrittsbedingter Übergangsfristen zum 1. Mai 2011, Nomos-Verlag, Baden-Baden 2012, S. 29 ff.

Kocher, Eva: Stoppt den EuGH? Zum Ort der Politik in einer europäischen Arbeitsverfassung in: Fischer-Lescano, Andreas/Rödl, Florian/Schmid, Christoph (Hrsg.), Europäische Gesellschaftsverfassung, Nomos-Verlag, Baden-Baden 2009, S. 161 ff.

Kohte, Wolfhard/Faber, Ulrich: Gesundheitsschutz der Arbeitnehmer/Umsetzungsmaßnahmen, ZESAR 2007, S. 39 ff.

Kolvenbach, Walter/Kolvenbach, Dirk: Massenentlassungen bei Renault in Belgien, NZA 1997, S. 695 ff.

Körner, Marita: Die Datenschutz-Grundverordnung und nationale Regelungsmöglichkeiten für Beschäftigtendatenschutz, NZA 2016, S. 1385 ff.

Körner, Marita: EU-Dienstleistungsrichtlinie und Arbeitsrecht, NZA 2007, S. 233 ff.

Krause, Rüdiger: Zwölftes Göttinger Forum zum Arbeitsrecht: Die Zukunft der Arbeitnehmerbeteiligung in Europa, EuZA 2015, S. 139 ff.

Krebber, Sebastian: Massenentlassungen – unionsrechtliche Vorgaben und Umsetzung in den Mitgliedstaaten, RdA 2018, S. 271 ff.

Krebber, Sebastian: Soziale Rechte in der Gemeinschaftsrechtsordnung, RdA 2009, S. 224 ff.

Langenbucher, Katja: Zur Zulässigkeit parlamentsersetzender Normgebungsverfahren im Europarecht, ZEuP 2002, S. 265 ff.

Laskowski, Silke Ruth: Der Streit um das Kopftuch geht weiter, KJ 2003, S. 420 ff.

Liebscher, Doris/Naguib, Tarek/Plümecke, Tino/Remus, Juana: Wege aus der Essentialismusfalle: Überlegung zu einem postkategorialen Antidiskriminierungsrecht, KJ 2012, S. 204 ff.

Löw, Hans-Peter/Stolzenberg, Hendric: Arbeitnehmerbeteiligungsverfahren bei der SE-Gründung – Potentielle Fehler und praktische Folgen, NZA 2016, S. 1489 ff.

Löwisch, Manfred/Rieble, Volker (Hrsg.): Tarifvertragsgesetz – Kommentar, Verlag Franz Vahlen, 3. Aufl. München 2012

Ludwigs, Markus/Weidermann, Sabine: Drittwirkung der Europäischen Grundfreiheiten – Von der Divergenz zur Konvergenz?, Jura 2014, S. 152 ff.

Manger-Nestler, Cornelia/Noack, Gregor: Europäische Grundfreiheiten und Grundrechte, JuS 2013, S. 503 ff.

Müller, Torsten/Platzer, Hans-Wolfgang/Rüb, Stefan: Transnationale Unternehmensvereinbarung und die Vereinbarungspolitik Europäischer Betriebsräte, WSI–Mitteilungen 6/2012, S. 457 ff.

Neal, Allan: Freedom of Movement for Employers and Employees in the European Union, ELLJ 4 (2013), S. 33 ff.

Neal, Allan: Freizügigkeit für Arbeitgeber und Arbeitnehmer in der Europäischen Union: Einige Beobachtungen aus der Perspektive eines Hochlohnlandes, RdA 2012, S. 266 ff.

Ojeda Avilés, Antonio: Sind Europäische Tarifverträge „bloße Empfehlungen“? in: Klebe, Thomas/Wedde, Peter/Wolmerath, Martin: Festschrift für Wolfgang Däubler zum 60. Geburtstag, Bund Verlag, Frankfurt a.M. 1999, S. 536 ff.

Pießkalla, Michael: Unmittelbare Drittwirkung der Grundfreiheiten des EG-Vertrags bei Boykottaufrufen durch Gewerkschaften, NZA 2007, S. 1144 ff.

Preis, Ulrich/Sagan, Adam (Hrsg.): Europäisches Arbeitsrecht. Grundlagen, Richtlinien, Folgen für das deutsche Recht, Verlag Dr. Otto Schmidt, 2. Aufl. Köln 2019

Rebhahn, Robert: Die Arbeitnehmerbegriffe des Unionsrechts in der neueren Judikatur des EuGH, EuZA 5 (2012) S. 3 ff.

Rebhahn, Robert: Die Zukunft der Kollektivautonomie in Europa – Tarifautonomie im Rechtsvergleich, EuZA 3 (2010), S. 62 ff.

Rebhahn, Robert: Probleme der Ausführung der Betriebsübergangsrichtlinie in Kontinentaleuropa, RdA Beilage 6/2006, S. 4 ff.

Rebhahn, Robert: Ziele und Probleme der Arbeitsrechtsvergleichung in Europa, ZEuP 2002, S. 436 ff.

Rebhahn, Robert/Kietaibl, Christoph: Mittelbare Diskriminierung und Kausalität, Rechtswissenschaft 2010, S. 373 ff.

Reichold, Hermann: Durchbruch zu einer europäischen Betriebsverfassung. Die Rahmen-Richtlinie 2002/14/EG zur Unterrichtung und Anhörung der Arbeitnehmer, NZA 2003, S. 289 ff.

Riesenhuber, Karl: Europäisches Arbeitsrecht, Verlag C.F. Müller, Heidelberg 2009

Rödl, Florian: Arbeitsverfassung, in: v. Bogdandy, Armin/Bast, Jürgen (Hrsg.): Europäisches Verfassungsrecht. Theoretische und dogmatische Grundzüge, Springer Fachverlag, Berlin 2009, S. 855 ff.

Säcker, Franz Jürgen/Rixecker, Roland (Hrsg.): Münchener Kommentar zum BGB, Verlag C.H. Beck, 7. Aufl. München 2016

Schiek, Dagmar (Hrsg.): Allgemeines Gleichbehandlungsgesetz – Kommentar, Sellier-Verlag, München 2007

Schiek, Dagmar: Europäisches Arbeitsrecht, Nomos-Verlag, 4. Aufl. Baden-Baden 2019

Schlachter, Monika: Die Freizügigkeit der Arbeitnehmer in der Europäischen Union – Wer ist Träger dieses Rechts?, ZESAR 2011, S. 156 ff.

Schlachter, Monika: Das Verbot der Altersdiskriminierung und der Gestaltungsspielraum der Tarifvertragsparteien, Bund-Verlag, Frankfurt a.M. 2014

Schlachter, Monika/Heinig, Hans Michael (Hrsg.): Europäisches Arbeits- und Sozialrecht. Band 7 der Enzyklopädie Europarecht [EnzEur] (Gesamtherausgeber: Armin Hatje/Peter-Christian Müller-Graff), Nomos-Verlag, Baden-Baden 2016

Schrammel, Walter: Dienstleistungsfreiheit und Sozialdumping, EuZA 2 (2009), S. 36 ff.

Schubert, Claudia: Collective Agreements Within the Limits of Europe: Collective Autonomy as Part of the European Economic System, ELLJ 4 (2013), S. 146 ff.

Schubert, Jens/Jerchel, Kerstin: Die Entwicklung des europäischen Arbeitsrechts 2011/2012 EuZW 2012, S. 926 ff.

Schwarze, Jürgen/Becker, Ulrich/Hatje, Armin/Schoo, Johann (Hrsg.): EU-Kommentar, Nomos-Verlag, 4. Aufl. Baden-Baden 2019

Seifert, Achim: Das europäische Arbeitsrecht im Gesamtgefüge des europäischen Privatrechts, Zeitschrift für Europäisches Privatrecht (ZEuP) 2015, S. 241 ff.

Seifert, Achim: Neue Formen der Wirtschaftssteuerung in der EU und das Arbeitsrecht in den Mitgliedsstaaten, Soziales Recht (SR) 2014, S. 14 ff.

Seifert, Achim: Mangold und keine Ende, Anm. zu EuGH (Große Kammer), Urteil vom 19. Januar 2010 – C-555/07 (Rechtssache Kücükdeveci), EuR 2010, S. 802 ff.

Söllner, Alfred: Der verfassungsrechtliche Rahmen für Privatautonomie im Arbeitsrecht, RdA 1989, S. 144 ff.

Spelge, Karin: Massenentlassungsschutz im Europäischen Mehrebenensystem, RdA 2018, S. 297 ff.

Streinz, Rudolf: Dienstleistungsfreiheit contra Lohndumping, JuS 2008, S. 823 ff.

Streinz, Rudolf/Herrmann, Christoph: (Original-)Referendarexamensklausur – Europarecht: Ausländerklauseln im Sport – Sammy Kefir will auch spielen, JuS 2008, S. 903 ff.

Streinz, Rudolf/Leible, Stefan: Die unmittelbare Wirkung der Grundfreiheiten, EuZW 2000, S. 459 ff.

Thüsing, Gregor: Europäisches Arbeitsrecht, Verlag C.H. Beck, 3. Aufl. München 2017

Thüsing, Gregor: Blick in das europäische und ausländische Arbeitsrecht, RdA 2007, S. 307 ff.

Ulber, Daniel: Personelle Ausnahmen und Einschränkungen im MiLoG, AuR 2014, S. 404 ff.

Vielmeier, Stefan: GmbH-Geschäftsführer als Arbeitnehmer im Rahmen der Massenentlassungsrichtlinie?, NJW 2014, S. 2678 ff.

Voss, Beate: Funktionsnachfolge als Betriebsübergang i. S. § 613 a BGB?, NZA 1995, S. 205 ff.

Waas, Bernd: Werkvertrag, freier Dienstvertrag und Arbeitsvertrag: Abgrenzung und Identifikation im deutschen Recht und in ausländischen Rechtsordnungen, Gutachten für die Hans-Böckler-Stiftung, Düsseldorf 2012

Wagner, Gerhard/Potsch, Nicolas: Haftung für Diskriminierungsschäden nach dem Allgemeinen Gleichbehandlungsgesetz, JZ 2006, S. 1085 ff.

Walser, Manfred: HSI-Newsletter 2/2015, Anm. unter II. zu EuGH v. 30.4.2015 – C-80/14

Waltermann, Raimund: Abschied vom Normalarbeitsverhältnis? – Welche arbeits- und sozialrechtlichen Regelungen empfehlen sich im Hinblick auf die Zunahme neuer Beschäftigungsformen und die wachsende Diskontinuität von Erwerbsbiographien, in: Deutscher Juristentag (Hrsg.), Verhandlungen des 68. Deutschen Juristentages Berlin 2010, Band I, B 9 ff.

Wank, Rolf: Arbeitszeit einer Werksfeuerwehr – opt out – Delegation an die Tarifvertragsparteien, Anmerkung zu BAG v. 23.6.2010 – 10 AZR 544/09, AuR 2011, S. 175 ff.

Wank, Rolf: Die personellen Grenzen des Europäischen Arbeitsrechts: Arbeitsrecht für Nicht-Arbeitnehmer?, EuZA 1 (2008), S. 172 ff.

Weiss, Manfred: The future of labour law in Europe: Rise or fall of the European social model?, European Labour Law Journal (ELLJ) 8 (2017), S. 344 ff.

Wenckebach, Johanna: „Bis unter den Vorstand, überhaupt kein Thema" – Der Nachweis einer Gläsernen Decke im Diskriminierungsprozess, KJ 2011, S. 370 ff.

Wisskirchen, Gerlind/Bissels, Alexander: Massenentlassungen in den Mitgliedstaaten der EU, ZESAR 2010, S. 164 ff.

Ziegler, Katharina: Arbeitnehmerbegriffe im Europäischen Arbeitsrecht, Nomos-Verlag, Baden-Baden 2011

Zimmer, Reingard: Der Grundsatz der Gleichbehandlung in der Leiharbeitsrichtlinie 2008/104/EG und seine Umsetzung ins deutsche Recht, NZA 2013, S. 289 ff.

Zuck, Rüdiger: Frauen an die Front?, NJW 2000, S. 1701 ff.

§ 1 Gegenstände und Rechtsquellen des Europäischen Arbeitsrechts

I. Sozialpolitik: Mitgliedstaatlicher Vorbehaltsbereich im Sozialen Europa

Literatur: *Blanke, Thomas*, Dynamik und Konturen des europäischen Sozialmodells: Warum der Zug nach Europa nicht zu stoppen ist, NZA 2006, 1304; *Rebhahn, Robert*, Ziele und Probleme der Arbeitsrechtsvergleichung in Europa, ZEuP 2002, 436; *Rödl, Florian*, Arbeitsverfassung, in: v. Bogdandy, Armin/Bast, Jürgen (Hrsg.), Europäisches Verfassungsrecht. Theoretische und dogmatische Grundzüge, 2009, 855; *Sagan, Adam*, § 1 Grundlagen des europäischen Arbeitsrechts, in: Preis/Sagan (Hrsg.), Europäisches Arbeitsrecht, 2. Aufl. 2019; *Weiss, Manfred*, The future of labour law in Europe: Rise or fall of the European social model?, European Labour Law Journal (ELLJ) 8 (2017), 344.

1. Sozialer Integrationskompromiss, soziales Defizit oder Soziales Europa?

Unter **Sozialpolitik** versteht man die Gesamtheit der Maßnahmen, die negative soziale 1
Folgen des freien Marktes abfedern sollen. Je nach Auslegung fällt darunter nur die Sicherung der Grundbedürfnisse oder zusätzlich die Gewährleistung von gesellschaftlicher Teilhabe (zB durch Bildungspolitik) bis hin zur Stärkung des sozialen Zusammenhalts.

Der Europäischen Union stehen unterschiedliche Instrumente zur Verfügung, um sozialpolitische Maßnahmen zu regeln; die Kommission unterscheidet insofern Instrumente der (fachlich-politischen) Orientierung, der Finanzierung, der Zusammenarbeit und der Rechtsetzung.[1] So dienen zB fünf Agenturen in der Zuständigkeit der Europäischen Kommission dem Informationsaustausch, der Forschung und der Koordination im Bereich der Sozialpolitik: die Europäische Arbeitsbehörde (ELA), die Europäische Stiftung zur Verbesserung der Lebens- und Arbeitsbedingungen (Eurofound), die Europäische Agentur für Sicherheit und Gesundheitsschutz am Arbeitsplatz (EU-OSHA), das Europäische Zentrum für die Förderung der Berufsbildung (CEDEFOB) und die Europäische Stiftung für Berufsbildung (ETF).

Insofern stellt das **Arbeitsrecht** nur einen Ausschnitt der Sozialpolitik dar – aufgrund seiner Rechtsverbindlichkeit jedoch einen besonders bedeutsamen Ausschnitt. Es regelt die Rechtsbeziehungen der abhängigen Erwerbsarbeit und damit die Austauschbedingungen auf den Arbeitsmärkten. Arbeitsrecht dient im Wesentlichen der Kompensation von Ungleichgewichten zwischen Arbeitgeber- und Arbeitnehmerseite und geht insofern davon aus, dass Arbeitnehmer die „schwächere Partei des Arbeitsvertrags" sind.[2]

Selbstverständlich erfasst und betrifft die Europäisierung auch Arbeitsmärkte. Die Eu- 2
ropäische Union forciert, erleichtert und schützt grenzüberschreitendes wirtschaftliches Handeln. Rechtlich wird die Schaffung gemeinsamer Märkte vor allem mithilfe der Grundfreiheiten gewährleistet (Warenverkehrs-, Niederlassungs-, Dienstleistungs- und Kapitalverkehrsfreiheit sowie Arbeitnehmerfreizügigkeit). Mit der Arbeitnehmerfreizügigkeit (heute Art. 45 AEUV) hat sich die Europäische Union ausdrücklich auch das Ziel gesetzt, die Arbeitsmärkte zu europäisieren.

1 Europäische Kommission, Reflexionspapier zur sozialen Dimension Europas, COM(2017)206 fin, S. 28.

2 EuGH 6.11.2018 – C-619/16 (Kreuziger), ECLI:EU:C:2018:872, Rn. 41 und C-684/16 (Max-Planck-Gesellschaft), ECLI:EU:C:2018:874, Rn. 48 ff.; EuGH 14.5.2019 – C-55/18 (Comisiones Obreras, CCOO), ECLI:EU:C:2019:402, Rn. 44 f.

3 Es ist deshalb naheliegend, die sozialen Folgen der Europäisierung ebenfalls auf europäischer Ebene zu regeln und auszugleichen. Denn wenn es große Unterschiede im sozialen Schutzniveau zwischen den Mitgliedstaaten gibt, droht die **Gefahr eines „race to the bottom“**: Wenn portugiesische Arbeitnehmerinnen und Arbeitnehmer zu deutlich niedrigeren Löhnen und Arbeitsbedingungen arbeiten als deutsche Arbeitnehmerinnen und Arbeitnehmer, führt dies zu Wettbewerbsvorteilen der portugiesischen Unternehmen – und damit zur Gefahr, dass als Reaktion darauf deutsche Sozialstandards gesenkt werden.

4 Nach den Gründungsverträgen der Europäischen Wirtschaftsgemeinschaft aus dem Jahre 1957 (Römische Verträge) sollte die Sozialpolitik alleiniger Handlungsbereich der Mitgliedstaaten bleiben. Da das Arbeitsrecht zum Bereich der Sozialpolitik gehört, gab es hierfür **ursprünglich** keine Rechtssetzungskompetenz der EWG. Vorgaben für das Arbeitsrecht ergaben sich nur aus zwei Normen der Verträge, die sich auch heute noch im Primärrecht der Europäischen Union finden: Einerseits die Arbeitnehmerfreizügigkeit (heute Art. 45 AEUV), andererseits der Grundsatz gleichen Entgelts für Männer und Frauen (heute Art. 157 AEUV).

5 Da die Verträge über die Europäische(n) Gemeinschaft(en) zu Beginn nur wirtschaftliche Grundfreiheiten, nicht jedoch die Möglichkeit der Kompensation sozialer Folgen behandelten, wiesen sie von Anfang an ein „**soziales Defizit**“ auf. Dies war eine bewusste Entscheidung der Vertragsverfasserinnen und Vertragsverfasser: Nach dem „**sozialen Integrationskompromiss**“ sollte die Sozialpolitik vor allem auf der mitgliedstaatlichen Ebene stattfinden; die europäische Ebene sollte sich hier zurückhalten.

6 Diese Herangehensweise lässt sich teilweise damit erklären, dass im Gründungsprozess der Europäischen Wirtschaftsgemeinschaft eine **volkswirtschaftliche Wirtschaftstheorie** vorherrschte, die davon ausging, dass „[…] die Mobilität der Arbeitskräfte innerhalb der Union […] für den Arbeitnehmer eines der Mittel [ist], die ihm die Möglichkeit einer Verbesserung der Lebens- und Arbeitsbedingungen garantieren und damit auch seinen sozialen Aufstieg erleichtern, wobei gleichzeitig der Bedarf der Wirtschaft der Mitgliedstaaten befriedigt wird“.[3] Man ging also davon aus, dass sich die soziale Entwicklung und der nötige soziale Schutz von Arbeitnehmerinnen und Arbeitnehmern automatisch durch die wirtschaftliche Einigung ergeben würden.[4]

7 Allerdings konnten die sozialen Gefahren in den Gründungsjahren der Europäischen Wirtschaftsgemeinschaft nur im Vergleich zwischen sechs Gründungsmitgliedern beurteilt werden. Zwischen diesen Gründungsstaaten (Belgien, Deutschland, Frankreich, Italien, Luxemburg, Niederlande) bestanden und bestehen aber keine gravierenden sozialen Unterschiede, insbesondere keine bedeutsamen Lohnkostendifferenzen – und damit fand kein nennenswerter Wettbewerb zulasten von Sozialstandards, also kein „race to the bottom“ statt.

8 Das hat sich seither wesentlich geändert. Bereits mit Portugal, Spanien und Griechenland waren Mitgliedstaaten beigetreten, in denen die Arbeitsentgelte sowie sonstige Sozialstandards zT deutlich unter den Standards von zB Deutschland oder Frankreich lie-

---

3 Erwägungsgrund 4 der Verordnung (EU) 492/2011 über die Freizügigkeit der Arbeitnehmer innerhalb der Union, ABl. 2011, L 141/1; genauer zu dieser Verordnung siehe unten § 3, Rn. 13 ff.

4 Zu den Hintergründen in der neoklassischen Außenhandelstheorie der 1950er-Jahre siehe ausführlich Rödl, S. 861 ff., 868.

gen. Dies hat sich mit den **Beitritten** der mittel- und osteuropäischen Mitgliedstaaten noch einmal verschärft.[5]

Darüber hinaus sind die Arbeitgeber und Unternehmen flexibler geworden und machen von den Chancen des Binnenmarktes stärker Gebrauch als noch in den Gründungsjahren. **Betriebsverlagerungen** sind mittlerweile eine Option zur Kostenreduktion, die verstärkt genutzt wird – nicht selten auch mit dem Ziel einer Nutzung niedrigerer Sozialstandards.[6] Bereits im Jahr 1973 erschreckte das Unternehmen AKZO die EWG damit, dass es notwendige Entlassungen nicht in den unrentablen Betrieben in Deutschland und den Niederlanden durchführte, sondern in Belgien, wo die gesetzlichen Anforderungen geringer waren.[7] Heute werden außerdem Dienstleistungen zunehmend grenzüberschreitend angeboten, insbesondere in Bereichen wie der Bauwirtschaft oder der Leiharbeit oder digital über das Internet.

Die sozialpolitischen Herausforderungen und Gefahren des Binnenmarkts sind dadurch sichtbarer geworden. 9 Die Annahme, die Schaffung eines gemeinsamen Marktes werde nicht zu einer relevanten Lohnkostenkonkurrenz und nicht zu sozialen Gefährdungen führen, kann mittlerweile als widerlegt gelten. Die heutige Europäische Union hat sich dementsprechend von der ursprünglich allein auf Marktfunktionalität ausgerichteten Zielsetzung der Gemeinschaft weit entfernt. Die Vertragsstaaten haben erkannt, dass ein gewisses Maß an sozialer Gerechtigkeit und Homogenität („**Soziales Europa**") eine wichtige Voraussetzung für die gesellschaftliche Integration in einem vereinten Europa ist. Diese normativen Grundsätze und Erkenntnisse stehen allerdings nach wie vor in einem ständigen Spannungsverhältnis zu den (vermuteten) Wettbewerbsvorteilen von Lohnkostenkonkurrenz und niedrigeren arbeitsrechtlichen Standards.[8]

Dennoch gibt es gute Gründe dafür, dass Sozialpolitik und Arbeitsrecht bis heute in 10 erster Linie Sache der Mitgliedstaaten sind. Mit dem Entfallen der Rechtfertigung für den „sozialen Integrationskompromiss" muss diese **Zurückhaltung der Union in der Sozialpolitik heute** aber neu begründet und eingeordnet werden. Dabei kann auf Aspekte verwiesen werden, die nicht wirtschaftlicher, sondern genuin sozialpolitischer Natur sind: Arbeitsrecht und Sozialpolitik sind stärker als Wirtschaft und Wirtschaftsrecht historisch-kulturell geprägt. Dies hängt damit zusammen, dass der Kern des Arbeitsrechts in allen Mitgliedstaaten durch kollektive Strukturen gebildet wird und in kollektiven, vom Staat weitgehend unabhängigen gesellschaftlichen Prozessen entstanden ist. Wie Gewerkschaften und Arbeitgeberverbände organisiert sind, wie Sozialversicherung organisiert ist, welche Verbände in welchen Institutionen zusammenwirken, dies alles unterscheidet sich von Mitgliedstaat zu Mitgliedstaat stark. Die Harmonisierung und Angleichung im Arbeitsrecht ist deshalb einerseits rechtlich schwieriger als im Wirtschaftsrecht. Sie ist andererseits politisch problematischer, weil sie historisch gewachsene Strukturen gefährden kann. Der Vorbehalt für die mitgliedstaatliche Sozialpolitik muss deshalb heute als **Ausdruck eines Subsidiaritätsprinzips zugunsten der Fähigkeit der Sozialpartner zur kollektiven Selbstgestaltung in den Mitgliedstaaten** verstanden werden.

5 Zu den Unterschieden in Arbeitsbedingungen und Entgelten siehe die Daten von Eurostat (https://ec.europa.eu/eurostat/de/data/database) (Abruf 19.12.2019).

6 Siehe auch Däubler AuR 2010, 142.

7 Riesenhuber, Europäisches Arbeitsrecht, § 23, Rn. 1; zum Erlass der Massenentlassungsrichtlinie siehe unten § 5, Rn. 119.

8 Weiss ELLJ 2017, 344 (349); genauer zur Entwicklung der Rechtssetzung unten Rn. 39 ff.

2. Rechtsvergleichende Grundlagen: Sozialmodelle in Europa und/oder Europäisches Sozialmodell

11 In der Rechtsvergleichung und in den Politikwissenschaften ist wiederholt versucht worden, im Vergleich von Rechtsordnungen Typen oder Rechtsfamilien zu identifizieren – diese nennt man in der Sozialpolitik und im Arbeitsrecht häufig auch „Sozialmodelle".

12 Welche Typen, Familien und Modelle man dabei findet, hängt davon ab, worauf der Blick gelenkt wird:

13 Viele unterscheiden danach, wie die **soziale Absicherung** finanziert wird und für wen sie gilt. Die Modelle unterscheiden sich dabei unter anderem danach, welche Rolle die Familie für die soziale Absicherung spielt, und dies wiederum hat damit zu tun, wie die Geschlechterrollen verteilt sind. In dieser Perspektive lassen sich die folgenden Sozialmodelle unterscheiden:

- Das **„angelsächsische" oder „liberale" Modell** basiert auf großer (individueller) Eigenverantwortung. Soziale Absicherung ist dabei Sache eines und einer jeden Einzelnen. Der Staat leistet allenfalls eine geringe Armenfürsorge.
- Das **„nordische" oder „sozialdemokratische" Modell** basiert auf einem steuerfinanzierten Universalismus, d.h.: Jede Einzelperson hat im Grundsatz ein Recht auf soziale Absicherung, auch ohne zuvor selbst Zahlungen geleistet zu haben. Die Wertorientierung an der Gleichheit äußert sich auch im Familienmodell der „Zwei-Verdiener-Familie".
- Das **„konservative" Modell Kontinentaleuropas** basiert auf Sozialversicherungen, in denen nur Anspruch auf Leistungen hat, wer Beiträge bezahlt (hat); einbezogen sind meist alle Arbeitnehmerinnen und Arbeitnehmer. Dieses Modell ist oft familienpolitisch mit einem „Familienernährermodell" verbunden, das zur Folge hat, dass diejenigen Frauen, die zugunsten von Familienarbeit (teilweise) auf Erwerbsarbeit verzichten, von ihrem Ehepartner wirtschaftlich abhängig bleiben. Das **„südeuropäische Modell"** ähnelt diesem Modell; dort spielt für alle Personen die Familie als soziale Absicherung (noch) eine große Rolle.
- In den **postsozialistischen (Transformations-)Staaten Mittel- und Osteuropas** scheint sich trotz massiven Drucks der Weltbank und damit des US-amerikanischen Modells eine Mischform von Typen durchzusetzen. Die soziale Absicherung ist in diesem Fall mehr oder weniger stark über den Markt als Armenfürsorge und/oder teilweise in Versicherungssystemen organisiert. Familienpolitisch herrscht das Modell der „Zwei-Verdiener-Familie" vor.

14 Eine etwas andere Typologie findet man, wenn man stärker auf die Strukturen der **kollektiven („industriellen") Arbeitsbeziehungen** schaut.[9] Diese haben im Arbeitsrecht überall große Bedeutung. Historisch ist das individuelle Arbeitsrecht weithin aus kollektiven Auseinandersetzungen heraus entstanden. In Deutschland zB beruht das KSchG auf einer tariflichen Einigung von Gewerkschaften und Arbeitgeberverbänden, und der Anspruch auf Entgeltfortzahlung im Krankheitsfall auch für Arbeiterinnen und Arbeiter ist das Ergebnis eines großen Streiks in der Bundesrepublik der 1950er-Jahre gewesen.

9 Siehe auch die Typologie in Europäische Kommission, Industrial Relations in Europe, 2008, S. 49, Tafel 2.2.

- Der starke Individualismus des **angelsächsischen Modells** zeigt sich in Bezug auf die kollektiven Arbeitsbeziehungen darin, dass es dort nur schwache kollektive Strukturen gibt.
- Im **skandinavischen Modell** ist eine hohe arbeitsrechtliche Regelungsdichte zu beobachten, die ihre Wurzel in den kollektiven Arbeitsbeziehungen hat. Die Rechtssetzung im Arbeitsrecht liegt dort vor allem in der Hand der Tarifpartner. Auch die Sozialversicherung ist teilweise über Gewerkschaften organisiert.
- In den Niederlanden, Deutschland und Österreich (in Deutschland **„Rheinischer Kapitalismus"** genannt) hat sich ein duales System der kollektiven Arbeitsbeziehungen herausgebildet, in dem sowohl Gewerkschaften als auch Betriebsräte tätig werden. Das Arbeitsrecht ist dort durchzogen von einem Zusammenspiel von gesetzlichen Garantien, tariflichen Normen und betrieblicher Mitbestimmung.
- Im **mediterranen Modell** (Italien, Spanien, Portugal, Griechenland, Frankreich, teilweise auch Belgien und Luxemburg) haben die Tarifverträge eine große Bedeutung für die Regelung des Arbeitsrechts. Die kollektiven Arbeitsbeziehungen sind dort durch die Tätigkeiten von verschiedenen, miteinander konkurrierenden Gewerkschaften geprägt. Begleitend ist der Staat zT in Verhandlungen auf nationaler Ebene beteiligt („Tripartismus").
- Die **postsozialistischen Transformationsländer Mittel- und Osteuropas** zeichnen sich in den kollektiven Arbeitsbeziehungen dadurch aus, dass Gewerkschaften schwach sind und etablierte Arbeitgeberorganisationen oft fehlen. Es gibt kaum Traditionen von Tarifautonomie. Der Tripartismus (Verhandlungen unter Beteiligung des Staates) tritt teilweise an die Stelle von bilateralen Branchenverhandlungen.

Die kollektiven Arbeitsbeziehungen mit einer großen Bedeutung von Gewerkschaften 15
und Arbeitgeberverbänden sowie Kollektivverhandlungen gelten nicht ganz zu Unrecht als eine Stärke der europäischen Staaten im Vergleich mit den Staaten Nordamerikas oder Asiens. Diese **Elemente eines „Europäischen Sozialmodells"** gelten zT geradezu als Identitätsmerkmal der Europäischen Union und des „Sozialen Europa".[10]

3. Sozialpolitik als Vorbehaltsbereich der Mitgliedstaaten

Das heutige Verhältnis von Europäischer Union und Mitgliedstaaten im Bereich der 16
Sozialpolitik zeigt sich in Art. 5 AEUV. Dort wird zwischen Wirtschaftspolitik, Beschäftigungspolitik und Sozialpolitik folgendermaßen unterschieden:

(1) Die *Mitgliedstaaten koordinieren* ihre **Wirtschaftspolitik** innerhalb der Union. Zu diesem Zweck erlässt der Rat Maßnahmen; insbesondere beschließt er die *Grundzüge* dieser Politik. [...]

(2) Die *Union trifft Maßnahmen zur Koordinierung* der **Beschäftigungspolitik** der Mitgliedstaaten, insbesondere durch die Festlegung von Leitlinien für diese Politik.

(3) Die *Union kann Initiativen zur Koordinierung* der **Sozialpolitik** der Mitgliedstaaten ergreifen.

10 Zur Entwicklung ausführlich Eichenhofer VSSR 2014, 29 (83 ff.), der als „Schlüsseldokument" das Weißbuch über Wachstum, Wettbewerbsfähigkeit, Beschäftigung, KOM(1993) 700 unter Jacques Delors benennt.

17 Für die Sozialpolitik gibt es danach eine **geteilte Zuständigkeit.**[11] Auf diesem Handlungsfeld der Mitgliedstaaten kann die Europäische Union lediglich Koordinierung unterstützen – und im Gegensatz zur Beschäftigungspolitik kann sie hier keine Maßnahmen, sondern nur Initiativen ergreifen. Auch die Erklärung Nr. 31 zum AEUV stellt klar, dass die Politikbereiche der Sozialpolitik „im Wesentlichen in die Zuständigkeit der Mitgliedstaaten fallen". Dadurch ist das Arbeitsrecht der Europäischen Union insgesamt immer noch unsystematisch und fragmentarisch; wesentliche Fragen wie zB der allgemeine Kündigungsschutz sind nicht harmonisiert.[12]

18 Dem entspricht **im deutschen Recht** eine Grenze, die das BVerfG in der Lissabon-Entscheidung gezogen hat. In dieser Entscheidung wurden die Grenzen der Übertragung von Hoheitsrechten an die Europäische Union dort gezogen, wo der Kerngehalt der Verfassungsidentität des Grundgesetzes liegt.[13] Und in diesem Zusammenhang hat das Gericht explizit auch die Sozialpolitik benannt: Gerade bei „Entscheidungen über die sozialstaatliche Gestaltung von Lebensverhältnissen" sei eine Ausdehnung von Kompetenzen auf der europäischen Ebene problematisch. Begründet wird dies damit, dass diese Entscheidungen „besonders sensibel" für die demokratische Selbstgestaltungs- und Steuerungsfähigkeit der Mitgliedstaaten seien.[14] Eine Verlagerung von Kompetenzen auf die europäische Ebene sei hier besonders vorsichtig zu handhaben, weil bei der sozialstaatlichen „Gestaltung von Lebensverhältnissen" politische Entscheidungen „auf kulturelle, historische und sprachliche Vorverständnisse angewiesen" seien und „sich im parteipolitisch und parlamentarisch organisierten Raum einer politischen Öffentlichkeit diskursiv entfalten".[15] Es mag sein, dass das BVerfG dabei die tatsächlichen Dynamiken der Globalisierung und die Notwendigkeit der Entwicklung demokratischer Strukturen für eine transnationale soziale Bürgerschaft unterschätzt hat. Festzuhalten ist, dass es in der Sozialpolitik grundsätzlich eine Zuständigkeitsabgrenzung zugunsten des deutschen Staats für geboten hält.

19 Die Gründe, die das BVerfG für eine notwendige Zurückhaltung der Union in der Sozialpolitik anführt, decken sich mit den angeführten Gründen für die aktuelle Zuständigkeitsverteilung im AEUV: Geschützt werden muss die **kollektive Selbstgestaltungsfähigkeit in den Mitgliedstaaten im Bereich der Sozialpolitik.** Dies betrifft

- einerseits Fragen von Anerkennung und Finanzierung der staatlichen oder mit Staatseinfluss verwalteten Systeme der sozialen Sicherheit (siehe Art. 153 Abs. 4 AEUV),
- andererseits die Gestaltung von Arbeitsverhältnissen durch Ausübung kollektiver Autonomie (siehe Art. 153 Abs. 5 AEUV).

20 Die eigenständigen und gemeinsamen Ziele von „Union und Mitgliedstaaten" im Bereich der Sozialpolitik werden in Art. 151 Abs. 1 AEUV benannt. Danach macht folgendes den **Kern eines Sozialen Europas** aus:

- Förderung der Beschäftigung und Entwicklung des Arbeitskräftepotenzials im Hinblick auf ein **dauerhaft hohes Beschäftigungsniveau.** Diese Ziele der Beschäftigungspolitik haben vor allem für die Arbeitsmarktpolitik Bedeutung, also in Deutschland für die Bundesagentur für Arbeit und die Regelungen der Sozialgesetzbücher.

---

11 Bandilla in; Grabitz/Hilf/Nettesheim, 55. Ergänzungslieferung 2015, AEUV Art. 5 Rn. 18–19.
12 Weiss ELLJ 2017, 344 (349).
13 Genauer dazu unten Rn. 86.
14 BVerfG 30.6.2009 – 2 BvE 2/08, 2 BvR 1010/08 ua BVerfGE 123, 267, Rn. 252.
15 BVerfGE 123, 267, Rn. 249 ff.

- Angemessener **sozialer Schutz** (auch dies ist in Deutschland vor allem eine Aufgabe für die Sozialversicherungssysteme).
- **Verbesserung der Lebens- und Arbeitsbedingungen**, um dadurch auf dem Wege des Fortschritts ihre **Angleichung** zu ermöglichen.
- **Sozialer Dialog**. Hier wird ein Kernelement des Europäischen Sozialmodells angesprochen, nämlich die Stärkung verbandlicher und kollektiver industrieller Beziehungen.
- **Bekämpfung von sozialer Ausgrenzung**.

Das entscheidende Stichwort für das Europäische Arbeitsrecht ist „**Verbesserung [...] auf dem Wege des Fortschritts**". Hier wird deutlich gemacht, dass alle Maßnahmen der Europäischen Union auf den Arbeitnehmerschutz ausgerichtet sein müssen, und dass die Rechtsangleichung nicht eine Absenkung von Standards zur Folge haben darf. Ferner erkennt der AEUV die Rolle der Sozialpartner und die Notwendigkeit eines sozialen Dialogs auch auf europäischer Ebene an (Art. 152 AEUV). 21

II. Rechtsgrundlagen des Arbeitsrechts der Europäischen Union

Literatur: *Eichenhofer, Eberhard*, Europäische Säule sozialer Rechte, ZESAR 2018, 401; *Fuchs, Maximilian*, Wohin steuert das europäische Arbeitsrecht?, Zeitschrift für Europäisches Sozial- und Arbeitsrecht (ZESAR) 2016, 7; *Manger-Nestler, Cornelia/Noack, Gregor*, Europäische Grundfreiheiten und Grundrechte, JuS 2013, 503; *Seifert, Achim*, Das europäische Arbeitsrecht im Gesamtgefüge des europäischen Privatrechts, Zeitschrift für Europäisches Privatrecht (ZEuP) 2015, 241; *Seifert, Achim*, Veränderungen der Regelungstechniken im Arbeitsrecht der EU – Einige Überlegungen zum aktuellen Zustand des europäischen Arbeitsrechts, EuZA 2018, 51; *Streinz, Rudolf*, Dienstleistungsfreiheit contra Lohndumping, JuS 2008, 823.

Art. 151 Abs. 3 AEUV bekräftigt die Auffassung der Union und der Mitgliedstaaten, dass sich eine Verbesserung der Lebens- und Arbeitsbedingungen folgendermaßen ergeben kann: 22

- aus dem Wirken des Binnenmarkts als solchem (das quasi automatisch wechselseitige Wohlfahrtsgewinne durch eine Abstimmung der Sozialordnungen begünstige)
- aus den Maßnahmen der EU-Sozialpolitik, insbesondere aus den Rechtsvorschriften zu Harmonisierung und Angleichung

Es mag sich zunächst so anhören, als sei der zuerst genannte Mechanismus, bei dem sich aus dem Binnenmarkt größerer Wohlstand und damit auch Verbesserung für die Arbeitnehmerschaft ergeben sollen, rein wirtschaftlich bedingt. Solche Mechanismen ergeben sich jedoch volkswirtschaftlich nicht automatisch, sondern sind rechtlich gerahmt und insbesondere durch die Grundfreiheiten geprägt. Denn die Grundfreiheiten für grenzüberschreitendes wirtschaftliches Handeln können mittelbar zu einer Angleichung von Sozialordnungen führen – auch wenn sie nicht notwendig unmittelbar sozialpolitische Ziele verfolgen. Diese Dynamik nennt man auch „**negative Harmonisierung**" (dazu Rn. 34 ff. und § 7). 23

Der zweite Mechanismus funktioniert direkter: Rechtssetzungsmaßnahmen der EU-Sozialpolitik können unmittelbar Vorgaben für eine „**positive Harmonisierung**" der Arbeitsrechtsordnungen der Mitgliedstaaten machen (dazu Rn. 39 ff.). 24

25 Zur Einführung sei anhand einiger Beispielsfälle aus der Rechtsprechung skizziert, welche konkreten Folgen die Europäisierung für das Arbeitsrecht haben kann – und welche Rolle das Recht der Europäischen Union dort spielt:

26 ▶ **Beispielsfall 1**

Ein deutscher Bauherr beauftragt ein Bauunternehmen aus Polen, Bauarbeiten auf einer Baustelle in Deutschland durchzuführen. Das polnische Bauunternehmen hatte bereits in Polen Arbeitsverträge mit polnischen und ukrainischen Arbeitnehmerinnen und Arbeitnehmern abgeschlossen, die es in Polen einsetzt, aber vereinzelt auch auf Baustellen in ganz Europa – so auch auf der Baustelle in Deutschland.[16] ◀

27 ▶ **Beispielsfall 2**

Im Mai 2013 schrieb die Stadt Dortmund europaweit einen Auftrag zur Aktendigitalisierung aus. Als günstigster Bieter wurde die Bundesdruckerei mit Sitz in Berlin beauftragt. Die Stadt Dortmund legte der Bundesdruckerei als Auftragnehmerin Vertragsbedingungen vor, wonach diese den Beschäftigten für die Bearbeitung des Auftrags ein Mindeststundenentgelt von 8,62 Euro (Mindestlohn für das Bundesland Nordrhein-Westfalen) zahlen und alle Nachunternehmer ihrerseits zur Einhaltung des Mindestentgelts verpflichten sollte. Dagegen wehrt sich die Bundesdruckerei. Sie möchte die Leistungen aus dem Auftrag ausschließlich durch einen polnischen Nachunternehmer und in Polen ausführen (lassen).[17] ◀

28 ▶ **Beispielsfall 3**

Eine griechische Staatsangehörige ist seit drei Jahren als Fachärztin im öffentlichen Dienst eines deutschen Bundeslandes tätig. Davor war sie sieben Jahre lang im öffentlichen Dienst Griechenlands als Fachärztin beschäftigt. Sie verlangt deshalb, in die tarifliche Vergütungsgruppe „Fachärztin nach achtjähriger ärztlicher Tätigkeit" eingruppiert zu werden. Dies wird abgelehnt mit der Begründung, nach den einschlägigen tariflichen Regelungen könne die Tätigkeit in Griechenland nicht berücksichtigt werden.[18] ◀

29 ▶ **Beispielsfall 4**

Ein deutsches Unternehmen möchte einen seiner Betriebe in die Tschechische Republik verlagern und die Arbeitnehmerinnen und Arbeitnehmer dorthin versetzen. Die deutsche Gewerkschaft fordert, dass auf die Arbeitsverträge auch nach der Verlagerung weiterhin deutsches Arbeitsrecht und die Bedingungen des einschlägigen deutschen Tarifvertrags angewandt werden. Sie droht hierzu mit Streik.[19] ◀

30 In all diesen Fällen stellt sich eine ganze Reihe von Rechtsfragen.

- Die erste Frage: Welches Arbeitsrecht gilt eigentlich für die Arbeitsverhältnisse zwischen – in Beispielsfall 1 – dem polnischen Bauunternehmen und seinen Arbeitnehmerinnen und Arbeitnehmern? Oder für die Arbeitnehmerinnen und Arbeitnehmer, die in Beispielsfall 4 von Deutschland in die Tschechische Republik versetzt werden sollen? Dies ist eine Frage des **Internationalen Privatrechts** oder des Kollisionsrechts. In den Beispielsfällen 1 und 3 liegt richtig, wer spontan auf die Anwendung

16 Genauer unten § 7, Rn. 1, 13, 28 f., 25, 33.

17 Sachverhalt nach EuGH 18.9.2014 – C-549/13 (Bundesdruckerei), ECLI:EU:C:2014:2235; genauer unten § 7, Rn. 2, 6, 11, 27 ff., 35.

18 Sachverhalt nach EuGH 15.1.1998 – C-15/96 (Schöning-Kougebetopoulou), ECLI:EU:C:1998:3; zum Problem genauer unten § 3, Rn. 53 ff.

19 Sachverhalt nach EuGH 11.12.2007 – C-438/05 (Viking), ECLI:EU:C:2007:772; genauer unten § 7, Rn. 3, 12, 44 ff.

des deutschen (3) bzw. polnischen (1) Arbeitsrechts tippt. Denn die Grundregel des Arbeitskollisionsrechts nach Art. 8 der Rom I-VO lautet: Maßgeblich ist das Arbeitsrecht des Arbeitsorts. Diese Fragen werden unten § 7, Rn. 8 ff. noch genauer behandelt. Sie sind aber vor allem Gegenstand anderer Rechtsbereiche und anderer Lehrbücher.[20] Hier sei deshalb nur vorweggeschickt: Ein „europäisches Arbeitsrecht" in dem Sinn, dass auf europäischer Ebene unmittelbar die Rechtsbeziehungen zwischen Arbeitnehmerseite und Arbeitgeberseite geregelt würden, gibt es (aktuell) nicht. In Betracht kommt allein eine Anwendung mitgliedstaatlicher nationaler Arbeitsrechtsordnungen – die allerdings europarechtskonform ausgestaltet sein müssen.

- Vor allem in den Beispielsfällen 1 und 4 interessiert auch die Frage, welche Auswirkungen es hat, ob die eine oder die andere Rechtsordnung Anwendung findet. Dies ist eine Frage der **Rechtsvergleichung.**[21] Sie wird in diesem Buch ebenfalls nur am Rande angesprochen.
- Drittens ließe sich aus völkerrechtlicher Perspektive fragen, ob die nationalen Gesetzgeber nicht verpflichtet sind, das Arbeitsrecht auf die eine oder andere Weise zu regeln. **Arbeitsvölkerrecht** wird vor allem im Rahmen der Internationalen Arbeitsorganisation ILO[22] gesetzt. Auch das regionale (europäische) Völkerrecht der Europäischen Menschenrechtskonvention (EMRK) und der Europäischen Sozialcharta (ESC) sind von Bedeutung für die nationalen Arbeitsrechtsordnungen. Völkerrechtliche Vorgaben sind bei der Auslegung des deutschen Rechts aber zu beachten.[23] Das Arbeitsrecht der Europäischen Union orientiert sich in ähnlicher Weise an völkerrechtlichen Vorgaben,[24] regelt aber nicht das Verhältnis zwischen der EMRK und den Rechtsordnungen der Mitgliedstaaten.[25] Gegenstand dieses Lehrbuchs ist das Arbeitsvölkerrecht nur insofern, als es für das Arbeitsrecht der EU von Bedeutung ist.
- Unter „Europäisches Arbeitsrecht" versteht dieses Buch nämlich allein die Frage, welche rechtlichen Anforderungen sich sowohl für die Mitgliedstaaten als auch für Unternehmen, Gewerkschaften und Beschäftigte aus dem **Recht der Europäischen Union** ergeben.

1. Unmittelbar anwendbares Primärrecht

Im **AEUV** gibt es nur zwei unmittelbar anwendbare Vorschriften, die dem Europäischen Arbeitsrecht zuzurechnen sind. Es handelt sich um den Grundsatz des gleichen Entgelts für Männer und Frauen (Art. 157 AEUV), der genuin sozialpolitische Zielsetzungen verfolgt (genauer siehe unten § 4, Rn. 14 ff.). Darüber hinaus ermöglicht die Arbeitnehmerfreizügigkeit (Art. 45 AEUV) den Arbeitnehmerinnen und Arbeitnehmern der Mitgliedstaaten die grenzüberschreitende Erwerbsarbeit. Sie gilt für die polnischen Arbeitnehmerinnen und Arbeitnehmer in Beispielsfall 1, für die griechische Arbeitneh- 31

20 ZB: v. Hoffmann/Thorn, Internationales Privatrecht, 9. Aufl. 2007.
21 Behandelt zB in: Henssler/Braun, Arbeitsrecht in Europa, 2011, S. 59 ff.
22 International Labour Organisation, <www.ilo.org>.
23 Zu den Wirkungen der EMRK siehe insbesondere BVerfG 14.10.2004 – 2 BvR 1481/04 (Görgülü), BVerfGE 111, 307.
24 Siehe zB die Ratifizierung der UN-Behindertenrechtskonvention durch die EU; dazu genauer unten § 4, Rn. 137.
25 EuGH 26.2.2013 – C-617/10 (Åkerberg Fransson), ECLI:EU:C:2013:105, Rn. 44.

merin in Beispielsfall 3, und für die deutschen Arbeitnehmerinnen und Arbeitnehmer in Beispielsfall 4 (genauer dazu siehe unten § 7, Rn. 1 ff.).

32 Die **Grundrechte-Charta (EU-GRC)** bietet Grundrechte, die von arbeitsrechtlichem Interesse sind, weil sie sozialen Schutz in der Erwerbsarbeit gewährleisten. Bei den individuellen Rechten sind dies insbesondere Art. 15 (Berufsfreiheit und Recht zu arbeiten), Art. 21 und 23 (Nichtdiskriminierung), Art. 29 (Recht auf Zugang zu unentgeltlicher Arbeitsvermittlung), Art. 30 (Schutz bei ungerechtfertigter Entlassung), Art. 31 (gerechte und angemessene Arbeitsbedingungen), Art. 32 (Verbot der Kinderarbeit und Schutz der Jugendlichen am Arbeitsplatz), Art. 33 Abs. 2 (Vereinbarkeit von Familien- und Berufsleben) sowie Art. 34 (soziale Sicherheit und soziale Unterstützung). An kollektiven sozialen Rechten ist hinzuweisen auf Art. 12 (Vereinigungs- und Gewerkschaftsfreiheit), Art. 27 (Rechte auf Unterrichtung und Anhörung der Arbeitnehmerinnen und Arbeitnehmer im Unternehmen) sowie Art. 28 (Rechte auf Kollektivverhandlungen und Kollektivmaßnahmen). Darüber hinaus spielt zunehmend das Grundrecht des Art. 16 (unternehmerische Freiheit) eine Rolle bei der dogmatischen Konstruktion des Interessengegensatzes, auf der Seite der Interessen der Arbeitgeberseite (siehe unten Rn. 34).

Obwohl die Grundrechte-Charta erst mit Inkrafttreten von Art. 6 Abs. 1 S. 1 EUV zum 1.12.2009 verbindliches Recht wurde, ist sie auch schon für Sachverhalte vor diesem Zeitpunkt als Rechtserkenntnisquelle zu berücksichtigen.[26]

33 Allerdings: Die EU-GRC gilt nur für das Handeln der Union umfassend. Für die Mitgliedstaaten gilt sie jedenfalls im Anwendungsbereich des Unionsrechts (Art. 51 Abs. 1 Satz 1 EU-GRC;[27] genauer zur unmittelbaren Anwendbarkeit Rn. 63 ff.).

2. Negative Harmonisierung durch Europäisches Wirtschaftsrecht

34 Wie bereits erwähnt (Rn. 22), geht die Europäische Union davon aus, dass bereits die Schaffung des Binnenmarktes sozialpolitische Angleichungsprozesse vorantreiben kann. Rechtsgrundlagen hierfür bieten die wirtschaftlichen Grundfreiheiten, vor allem die Niederlassungsfreiheit und die Dienstleistungsfreiheit. Aus ihrer Ausübung durch Unternehmen kann sich für die Mitgliedstaaten die Notwendigkeit zu „negativer" Rechtsangleichung im Arbeitsrecht ergeben. Ähnliche Funktionen hat in neuerer Zeit das Grundrecht der unternehmerischen Freiheit (Art. 16 EU-GRC) übernommen.[28]

Dieser Mechanismus der sog. **negativen Harmonisierung**[29] soll im Folgenden in seinen Grundzügen beschrieben werden:

26 EuGH 26.3.2015 – C-316/13 (Fenoll), ECLI:EU:C:2015:200.

27 So interpretiert jedenfalls der EuGH (EuGH 26.2.2013 – C-617/10 (Åkerberg Fransson), ECLI:EU:C:2013:105) diese Vorschrift. Siehe aber auch Protokoll Nr. 30 über die (eingeschränkte) Anwendung der Grundrechte auf Großbritannien, Polen und Tschechische Republik. Dazu einschränkend wiederum: Erklärung der Republik Polen zu diesem Protokoll, wonach Polen vor dem Hintergrund seiner „Tradition der sozialen Bewegung der ‚Solidarność' und [ihrem bedeutenden Beitrag] zur Erkämpfung von Sozial- und Arbeitnehmerrechten" in jedem Fall die „in Titel IV der Charta der Grundrechte der Europäischen Union bekräftigten Sozial- und Arbeitnehmerrechte" anwende.

28 EuGH 18.7.2013 – C-426/11 (Alemo-Herron), ECLI:EU:C:2013 Rn. 31 ff.; vgl. aber auch EuGH 27.4.2017 – C-680/15 u. C-681/15 (Asklepios), ECLI:EU:C:2017:317 Rn. 26 ff.; EuGH 21.12.2016 – C-201/15 (AGET Iraklis), ECLI: EU: C: 2016:972 mAnm Klein/Leist ZESAR 2017, 468 (472); eine etwas andere Funktion erfüllt Art. 16 EU-GRC in EuGH 14.3.2017 – C-157/15 (Achbita), ECLI:EU:C:2017:203; siehe dazu unten § 4 Rn. 158 a.

29 Zum Begriff vgl. Klein/Leist ZESAR 2017, 468.

Nach der Rechtsprechung des EuGH gehört es zur Ausübung der **Dienstleistungsfreiheit**, wenn ein Unternehmen zur Ausführung einer Dienstleistung in einem fremden Mitgliedstaat Arbeitnehmerinnen und Arbeitnehmer aus dem Heimatstaat mitbringt („entsendet"). Für das polnische Unternehmen in **Beispielsfall 1** würde es dabei eine Erschwerung der grenzüberschreitenden Tätigkeit in Deutschland bedeuten, wenn es statt der polnischen Arbeitsrechtsstandards, zu denen die polnischen und ukrainischen Arbeitnehmerinnen und Arbeitnehmer beschäftigt sind, deutsche arbeitsrechtliche Standards anzuwenden hätte. Aus diesem Verständnis von Arbeitsrecht als Beschränkung der Dienstleistungsfreiheit ergibt sich in der Sache ein „Herkunftslandprinzip".[30] 35

Das deutsche Unternehmen in **Beispielsfall 4** wiederum macht von seiner **Niederlassungsfreiheit** Gebrauch, wenn es einen Betrieb von einem Mitgliedstaat in einen anderen verlagert. Nach Meinung des EuGH stellt es eine Beschränkung dieser Freiheit dar, wenn ein Unternehmen im Zuge der Betriebsverlagerung Arbeitskampfmaßnahmen unterworfen wird oder trotz Verlagerung noch an deutsches Arbeitsrecht gebunden wäre. 36

Außerdem wird gefragt, ob nicht die **Wettbewerbsfreiheit** wie bei einem Kartell beschränkt wird, wenn ein Tarifvertrag für mehrere Unternehmen gleiche Bedingungen festsetzt. 37

Alle solche **Beschränkungen** können zulässig sein, insbesondere können sie durch Ziele der Sozialpolitik **gerechtfertigt** werden. In diesem Zusammenhang hat der EuGH Rechtsgrundsätze entwickelt, aus denen sich ergibt, in welchem Ausmaß die Mitgliedstaaten ihre eigenen arbeits- und sozialrechtlichen Regeln auf grenzüberschreitendes Handeln anwenden dürfen. Aus diesen ergibt sich mittelbar eine Angleichung des mitgliedstaatlichen Rechts. Und da diese Angleichung nicht unmittelbar sozialpolitisch begründet ist, sondern sich nur mittelbar aus der Rechtfertigung von Beschränkungen grenzüberschreitenden unternehmerischen Handelns ergibt, nennt man sie auch **„negative Harmonisierung"** (genauer dazu unten § 7, Rn. 18 ff.). 38

3. Positive Harmonisierung durch Maßnahmen der Europäischen Sozialpolitik

a) Vorgeschichte des Sozialen Europa

Die Römischen Verträge zur EWG von 1957 nahmen lediglich in zwei Vorschriften Bezug auf den Arbeitsmarkt: 39

- Mithilfe der **Arbeitnehmerfreizügigkeit** (heute Art. 45 ff. AEUV) sollen auch die Arbeitsmärkte zusammenwachsen.
- Mit dem Gebot der **Entgeltgleichheit von Frauen und Männern** (heute Art. 157 AEUV) sollen sozialpolitische Wettbewerbsvorteile von Mitgliedstaaten und Unternehmen bekämpft werden, die auf der Entgeltdiskriminierung von Arbeitnehmerinnen beruhen.

Bereits in den 1970er-Jahren ergaben sich aber Notwendigkeiten einer Verbreiterung des sozialpolitischen Schutzes. Die damaligen Rechtssetzungsmaßnahmen betrafen einerseits die Konkretisierung des Gebots der Gleichbehandlung der Geschlechter bzw. des Verbots der Diskriminierung wegen des Geschlechts. Es wurden Richtlinien zur 40

30 Dienstleistungs-Richtlinie 2006/123/EG über Dienstleistungen im Binnenmarkt; dazu auch Körner NZA 2007, 233.

Konkretisierung der Entgeltgleichheit der Geschlechter und zur Gleichbehandlung bei den betrieblichen Systemen der sozialen Sicherheit erlassen:

- Richtlinie 76/207/EWG zur Verwirklichung des Grundsatzes der **Gleichbehandlung von Männern und Frauen** hinsichtlich des Zugangs zur Beschäftigung, zur Berufsbildung und zum beruflichen Aufstieg sowie in Bezug auf die Arbeitsbedingungen[31].
- Richtlinie 79/7/EWG zur schrittweisen Verwirklichung der Geschlechtergleichbehandlung im Bereich der **sozialen Sicherheit.**
- Richtlinie 86/378/EWG zur Verwirklichung der Gleichbehandlung von Männern und Frauen bei den **betrieblichen Systemen der sozialen Sicherheit**[32].

41 Andererseits wurden die Wettbewerbsbedingungen der Unternehmen im Bereich des technischen Arbeitsschutzes (Schutz von Sicherheit und Gesundheit am Arbeitsplatz) sowie des sozialen Schutzes bei Umstrukturierungen angeglichen.

- Richtlinie 77/576/EWG über die **Sicherheitskennzeichnung** am Arbeitsplatz (heute Richtlinie 92/58/EG).
- Richtlinie 80/1107/EWG zum Schutz der Arbeitnehmer vor der **Gefährdung durch chemische, physikalische und biologische Arbeitsstoffe** bei der Arbeit (heute Richtlinien 98/24/EG und 2000/54/EG).
- **Massenentlassungs**-Richtlinie 75/129/EWG (heute Richtlinie 98/59/EG).
- **Betriebsübergangs**-Richtlinie 77/187/EWG (heute Richtlinie 2001/23/EG).
- Richtlinie 80/987/EWG zum Schutz von Arbeitnehmern bei **Zahlungsunfähigkeit des Arbeitgebers** (heute Richtlinie 2008/94/EG).

42 Mangels spezieller sozialpolitischer Rechtssetzungskompetenzen waren diese Maßnahmen noch überwiegend auf die damalige Binnenmarktkompetenz (Art. 100 EWGV, auch Art. 235 EWGV; heute Art. 114 AEUV) gestützt.

b) Herausbildung des Sozialen Europa

43 Erst Jacques Delors, der von 1985 bis 1995 Kommissionspräsident war, setzte die Notwendigkeit eines „**Sozialen Europa**" explizit auf die Tagesordnung. Als einer der ersten Schritte wurde 1989 die „Gemeinschaftscharta der sozialen Grundrechte der Arbeitnehmer" beschlossen.

44 Der wichtigste nächste Schritt zur Etablierung eines Sozialen Europa war das **Maastrichter „Protokoll über die Sozialpolitik"**. Es enthielt in seinem Kern bereits diejenigen Bestimmungen zur Sozialpolitik, die sich heute in Art. 151 ff. AEUV finden. Diese Grundsteine für das Soziale Europa wurden bis 1985 in Verhandlungen zwischen Arbeitgeberverbänden und Gewerkschaften auf europäischer Ebene („Sozialpartner") vorgezeichnet.[33] Allerdings sträubte sich das Vereinigte Königreich aus ordnungspolitischen Erwägungen vehement gegen eine gemeinsame Sozialpolitik. Das Maastrichter „Protokoll über die Sozialpolitik" wurde deshalb zunächst ohne Großbritannien und Nordirland verabschiedet und erst 1999 in Amsterdam in die Verträge aufgenommen.

---

31 Heute ersetzt durch Richtlinie 2006/54/EG.

32 Heute zT konsolidiert in Richtlinie 2006/54/EG, siehe unten § 4, Rn. 69 ff.

33 Die Verhandlungen wurden nach dem Tagungshotel in Belgien benannt, in dem sie im Frühjahr 1984 stattfanden („Val Duchesse"); genauer hierzu Degryse/Tilly, 1973–2013. 40 years of history oft he European Trade Union Confederation, ETUI 2013, S. 96 f.

Wichtige Regelungen aus dieser Zeit, die sich bis heute nur wenig verändert in den Verträgen finden, betreffen:

- **Mechanismen des Sozialen Dialogs** zwischen den Arbeitgeberverbänden und Gewerkschaften auf europäischer Ebene (Art. 154, 155 AEUV).
- einen **Kompetenzkatalog der Union in sozialpolitischen Fragen** (Art. 153 AEUV).
- mit dem Amsterdamer Vertrag: Maßnahmen zur **Koordinierung der Beschäftigungs- und insbesondere Arbeitsmarktpolitiken** (Art. 145 ff. AEUV).

Auf sekundärrechtlicher Ebene erwies sich die Schaffung der Europäischen Betriebsräte ab Mitte der 1990er-Jahre als sehr wichtig für die Europäisierung der Arbeitsbeziehungen: 45

- Richtlinie 94/45/EG über die Einsetzung eines **Europäischen Betriebsrats** oder die Schaffung eines Verfahrens zur Unterrichtung und Anhörung der Arbeitnehmer in gemeinschaftsweit operierenden Unternehmen und Unternehmensgruppen)

Die Sozialpartner nutzten in den kommenden Jahren die neu gewonnenen Kompetenzen des Sozialen Dialogs und handelten einige Rahmenabkommen aus, die der Rat als Richtlinien verbindlich machte: 46

- Richtlinie 96/34/EG zu der von UNICE, CEEP und EGB geschlossenen Rahmenvereinbarung über **Elternurlaub.**
- Richtlinie 97/81/EG zu der von UNICE, CEEP und EGB geschlossenen Rahmenvereinbarung über **Teilzeitarbeit.**
- Richtlinie 99/70/EG zu der von UNICE, CEEP und EGB geschlossenen Rahmenvereinbarung über **befristete Arbeitsverträge.**

c) Die Grundrechte-Charta

Bis Mitte der 2000er-Jahre erfolgte ein weiterer Aufschwung des Europäischen Arbeitsrechts. Dieser vollzog sich auf zwei Ebenen, der Ebene der Grundrechte der Beschäftigten, und der Ebene arbeitsmarktpolitischer Leitlinien. 47

Der Lissabon-Vertrag gab erstmals das Ziel einer **sozialen Marktwirtschaft** für die Europäische Union aus (Art. 3 EUV; Art. 9 AEUV). Er bewirkte auch die Rechtsverbindlichkeit der Grundrechte-Charta mit ihrem Kapitel zu „Solidarität", das zahlreiche soziale Rechte enthält (siehe oben Rn. 32). 48

Der Grundrechtsschutz wurde in dieser Zeit sekundärrechtlich wesentlich konkretisiert und vorangebracht. Einerseits wurden erstmals Regeln der Arbeitnehmermitwirkung im Betrieb sowie im Unternehmen harmonisiert. 49

- Rahmen-Richtlinie 2002/14/EG über **Unterrichtung und Anhörung der Arbeitnehmer.**
- SE-Verordnung 2157/2001 und SE-Richtlinie 2001/86/EG über die **Europäische Aktiengesellschaft.**

Andererseits wurde die im Jahre 1999 neu geschaffene Kompetenz zum Diskriminierungsschutz genutzt. Die damit erlassenen Vorgaben wurden auch bei Überarbeitung der aus den 1970er-Jahren stammenden Richtlinien zum Schutz vor Geschlechtsdiskriminierung berücksichtigt. 50

- **Antirassismus**-Richtlinie 2000/43/EG und **Gleichbehandlungs-Rahmenrichtlinie** 2000/78/EG.
- Richtlinien zur **Geschlechtergleichbehandlung** bei Gütern und Dienstleistungen (2004/113/EG) und in Beschäftigung und Beruf (2006/54/EG).

d) Soft Law, insbesondere die Leitlinien für die Beschäftigungspolitik

51 Einen zweiten Handlungsstrang der Sozialpolitik stellen seit den 2000er-Jahren die arbeitsmarktpolitischen Leitlinien dar. Aufgrund des Beschäftigungskapitels im AEUV (Art. 145–150) werden seit 2005 regelmäßig **„Beschäftigungspolitische Leitlinien"** erlassen.[34] Hier handelt es sich um „soft law", also rechtlich nicht bindende Vorgaben, die einer politischen, deshalb aber nicht unbedingt weniger effektiven, Koordinierung von Arbeitsmarktpolitiken der Mitgliedstaaten dienen (sogenannte „Offene Methode der Koordinierung"). Die wichtigsten Konzepte dieser Leitlinien werden mit den Begriffen „Flexicurity" und „Beschäftigungsfähigkeit" oder „lebenslanges Lernen" beschrieben.

52 Für das Arbeitsrecht spielt vor allem das sozialpolitische Konzept der **Flexicurity** eine große Rolle. Es soll die widerstreitenden Interessen der Beschäftigten und der Unternehmen an (sozialer und Arbeitsplatz-)Sicherheit und Flexibilität auf den Punkt bringen. Dieses Konzept sollte ursprünglich auch als Orientierung für das Anliegen der Europäischen Kommission dienen, Vereinheitlichungen in Kernbereichen des Arbeitsrechts voranzubringen. Im Jahre 2006 machte die Kommission mit ihrem Grünbuch „Ein moderneres Arbeitsrecht für die Herausforderungen des 21. Jahrhunderts" einen Anlauf, das Konzept der Flexicurity im Arbeitsrecht zu etablieren und unter anderem die Schaffung eines europäischen Arbeitnehmerbegriffes vorzubereiten.[35] Dieser Versuch scheiterte allerdings; das Thema wird seither von der Kommission auf der Ebene der arbeitsrechtlichen Rechtssetzung nicht direkt weiter verfolgt (siehe aber unten Rn. 102 zur Arbeitsbedingungen-Richtlinie). Flexicurity ist aber nach wie vor eine maßgebliche Orientierungsmarke für sozial- und beschäftigungspolitische Initiativen.

e) Stagnation und Krise des Europäischen Arbeitsrechts bei gleichzeitiger Konsolidierung des Bestehenden

53 Man kann das Zurückgreifen auf Instrumente des Soft Law aber auch als Ausdruck von Stagnation und Krise in der sozialpolitischen Rechtssetzung sehen.[36] Insbesondere die europäischen Sozialpartner fanden ab Ende der 1990er Jahre kaum noch zu Einigungen über Rechtssetzungsmaßnahmen; man beschränkte sich auf unverbindliche „Aktionsrahmen".[37]

Nach dem Scheitern des Anlaufs um das Grünbuch „Ein moderneres Arbeitsrecht für die Herausforderungen des 21. Jahrhunderts"[38] hat es im Arbeitsrecht jedenfalls nur

34 Zuletzt Beschluss 2010/707/EU des Rates über Leitlinien für beschäftigungspolitische Maßnahmen der Mitgliedstaaten.

35 KOM(2006) 708 endg.

36 Weiss, ELLJ 2017, 344 (359); vgl. Fuchs ZESAR 2016, 7.

37 Zum Beispiel Aktionsrahmen „für die lebenslange Entwicklung von Kompetenzen und Qualifikationen" von 2002, zur Gleichstellung von Frauen und Männern von 2005 und für Jugendbeschäftigung von 2013; genauer zu dieser Entwicklung Degryse/Tilly, 1973–2013. 40 years of history of the European Trade Union Confederation, ETUI, 2013, S. 100 ff.

38 KOM(2006) 708 endg, siehe oben Rn. 52.

noch wenige neue Richtlinien-Initiativen gegeben. Die europäische Rechtssetzung im Arbeitsrecht konzentrierte sich zwischen 2004 und 2017 auf die Kodifizierung bestehenden Rechts und bisheriger Rechtsprechung.

In der gleichen Zeit ist die **Rechtsprechung des EuGH** erheblich in die Kritik geraten. 54
In einem Fall, der in der Sache dem **Beispielsfall 4** ähnelte, erklärte der EuGH im Jahre 2007 Streiks für rechtfertigungsbedürftig, weil sie die Niederlassungs- bzw. die Dienstleistungsfreiheit eines Unternehmens beschränkten.[39] Das mitgliedstaatliche Gericht habe im Einzelnen zu klären, inwieweit der Streik wirklich zu einem höheren Arbeitnehmerschutz für die betroffenen Beschäftigten führe. Der damit verbundene Eingriff in das Streikrecht – das gleichzeitig im Grundsatz anerkannt wurde – stieß auf heftige Kritik, da der EuGH im Ergebnis die Grundfreiheiten auch gegenüber einem Grundrecht zur Wirksamkeit brachte. Damit stellte der EuGH indirekt bindende Regeln für die Mitgliedstaaten im Bereich des Arbeitskampfrechts auf, also in einem Bereich, in dem der europäische Gesetzgeber wegen Art. 153 Abs. 5 AEUV keine Rechtssetzungskompetenz hat (siehe dazu unten § 2, Rn. 5). Ein Bericht zur Wiederbelebung des Binnenmarkts, den der italienische Wirtschaftswissenschaftler und Politiker Mario Monti der Kommission im Jahre 2010 vorlegte, fasste die Diskussion so zusammen: Die durch die Urteile entfachte Kontroverse berge die Gefahr, dass „sich ein Teil der öffentlichen Meinung – die Arbeiterbewegung und die Gewerkschaften, die lange Zeit wichtige Befürworter der wirtschaftlichen Integration waren – vom Binnenmarkt entfremdet“. „Die vom Gerichtshof zu entscheidenden Fälle offenbarten die Verwerfungslinien, die zwischen dem Binnenmarkt und der auf der nationalen Ebene verwirklichten sozialen Dimension [...] verlaufen.“[40]

Eine erhebliche Forcierung der Lohnkostenkonkurrenz innerhalb der Europäischen 55
Union und damit der Gefahr eines „race to the bottom“ bedeutete die **Osterweiterung der Europäischen Union ab dem Jahre 2004**. Auch die kritisierten EuGH-Urteile von 2007 hatten sozialpolitische Folgen dieser Osterweiterung zum Gegenstand. Spätestens seit dem Mai 2011 sind alle Arbeitsmärkte vollständig gegenüber den meisten mittel- und osteuropäischen Beitrittsstaaten geöffnet (zu Übergangsfristen siehe unten § 3, Rn. 7 ff.).

Zuletzt brachte die **Wirtschaftskrise seit 2008** Gefahren für das Soziale Europa mit 56
sich. Die Europäische Union begegnete den Gefahren für den Euro mit einem Bündel unterschiedlicher Instrumente und Maßnahmen. Im Zusammenhang mit dem Europäischen Fiskalpakt („EU-Schuldenbremse“) und einem Paket von sechs Verordnungen und Richtlinien zur Reform des Stabilitäts- und Wachstumpakts („Sixpack“) aus dem Jahre 2011 sind gesamtwirtschaftliche Überwachungsverfahren auf den Weg gebracht worden. Hiernach werden regelmäßig länderspezifische Empfehlungen verfasst, deren Durchsetzung je nach Mitgliedstaat unterschiedlich verbindlich überprüft wird.

Für das Arbeitsrecht wichtig ist hierbei, dass die Hilfspakete an überschuldete Euro- 57
Staaten häufig an eine **Liberalisierung des Arbeitsmarkts** gebunden werden. Etwaige Fortschritte bei der Erreichung des Ziels „Förderung der Wettbewerbsfähigkeit“ werden ua auf der Grundlage der Entwicklung von Löhnen und Produktivität bewertet.

39 EuGH 11.12.2007 – C-438/05 (Viking), ECLI:EU:C:2007:772 und EuGH 18.12.2007 – C-341/05 (Laval), ECLI:EU:C:2007:809 (genauer unten § 7, Rn. 44 ff.).

40 Zitiert in Europäische Kommission, Vorschlag für eine Richtlinie des Europäischen Parlaments und des Rates zur Durchsetzung der Richtlinie 96/7 1/EG über die Entsendung von Arbeitnehmern im Rahmen der Erbringung von Dienstleistungen – KOM(2012) 131 endg.

Von den betroffenen Mitgliedstaaten wird zB die „Überprüfung der Lohnbildungsverfahren und erforderlichenfalls des Grads der Zentralisierung im Verhandlungsprozess" verlangt, also Maßnahmen in Bereichen des kollektiven Arbeitsrechts und der Kollektivverhandlungsautonomie, in denen die Europäische Union rechtlich zur Zurückhaltung angehalten ist.[41] Europäische Organe, also auch EU-Kommission und Europäische Zentralbank (EZB), die mit dem Internationalen Währungsfonds (IWF) Mitglieder der „Troika" waren, die solche „Memoranda of Understanding" ausarbeitete, sind aber verpflichtet, in solchen Verhandlungen die Vereinbarkeit mit Unionsrecht zu gewährleisten.[42] Was zB die in Griechenland getroffenen Maßnahmen angeht, so kam eine Kommission von Expertinnen und Experten im Auftrag der Internationalen Arbeitsorganisation (ILO) im Jahre 2011 zum Schluss, dass diese zT gegen völkerrechtliche Vorgaben verstoßen.[43]

f) Ein neuer Aufbruch?

58 Nachdem die Europäische Union sich in der arbeitsrechtlichen Rechtssetzung lange Zeit sehr zurückgehalten und auf ein **Rechtsvereinfachungsprogramm** beschränkt hatte, hat es in den vergangenen Jahren Zeichen für einen neuen Aufbruch gegeben. Im November 2017 erklärten sich das Europäische Parlament, der Rat und die Kommission gemeinsam (interinstitutionelle Erklärung) für eine „**Europäische Säule Sozialer Rechte**" in den Bereichen Chancengleichheit und Arbeitsmarktzugang, faire Arbeitsbedingungen sowie Sozialschutz und soziale Inklusion.[44] Obwohl es sich lediglich um ein Instrument des Soft Law auf der Basis des Art. 292 AEUV handelt, das keine rechtliche Verbindlichkeit aufweist,[45] hat es als Ausgangspunkt und zur Legitimation für neue Rechtssetzungsinitiativen gedient (die allerdings häufig hinter dem zurückblieben, was die Europäische Kommission geplant hatte). Zu nennen sind insbesondere

- Richtlinie 2019/1152/EU über **transparente und verlässliche Arbeitsbedingungen** in der Europäischen Union.
- Richtlinie 2019/1158/EU zur **Vereinbarkeit von Beruf und Privatleben** für Eltern und pflegende Angehörige und zur Aufhebung der Richtlinie 2010/18/EU des Rates.
- Richtlinie 2018/957/EU zur Neufassung der Entsende-Richtlinie.

Mit der **Europäischen Arbeitsagentur**, die im Jahre 2019 beschlossen wurde und bis spätestens 2023 in Bratislava eingerichtet sein soll, wurde zudem die Koordination zur Erhöhung von Arbeitnehmermobilität institutionalisiert.

---

41 Überblicke und Analysen siehe zB Schubert/Jerchel EuZW 2012, 926; Seifert SR 2014, 14; Seifert EuZA 2018, 51 (57 ff.); Bruun/Lörcher/Schömann (Hrsg.), The Economic and Financial Crisis and Collective Labour Law in Europe, 2014; darin insbesondere Kapitel 7 zur Dezentralisierung der arbeitsrechtlichen Rechtsetzung (Antoine Jacobs).

42 EuGH (Große Kammer) vom 20.9.2016 – C-8/15 P bis C-10/15 P (Ledra Advertising), ECLI:EU:C:2016:701, Rn. 56 ff. (zum Stabilitätshilfeprogramm Zypern und dem dazu vereinbarten Memorandum of Understanding über spezifische wirtschaftspolitische Auflagen vom 26.4.2013 zwischen Zypern und dem Europäischen Stabilitätsmechanismus ESM).

43 ILO-Report on the High Level Mission to Greece (Athens, 19–23 September 2011), http://www.ilo.org/wcmsp5/groups/public/---ed_norm/---normes/documents/missionreport/wcms_170433.pdf (letzter Aufruf 5.8.2015).

44 Der Text ist auf der Kommissions-Website veröffentlicht: https://ec.europa.eu/commission/sites/beta-political/files/social-summit-european-pillar-social-rights-booklet_de.pdf (Abruf 25.10.2019).

45 Zu Zielen und Wirkungsweise siehe zB Eichenhofer ZESAR 2018, 401 ff.

III. Die Wirkungen des EU-Arbeitsrechts in der deutschen Rechtsordnung

Literatur: *Honer, Mathias,* Die Geltung der EU-Grundrechte für die Mitgliedstaaten nach Art. 51 I 1 GRCh, JuS 2017, 409; *Ludwigs, Markus/Weidermann, Sabine*, Drittwirkung der Europäischen Grundfreiheiten – Von der Divergenz zur Konvergenz?, Jura 2014, 152; *Piekenbrock, Andreas*, Der Urlaub, der Tod und die Methodik des Unionsprivatrechts, GPR 2019, 93.

Nach der Erklärung Nr. 17, welche die Vertragsstaaten der Schlussakte zum Vertrag von Lissabon beifügten, genießt das Unionsrecht Vorrang vor dem mitgliedstaatlichen Recht: 59

> „Nach der Rechtsprechung des Gerichtshofs ist der Vorrang des EG-Rechts einer der Grundpfeiler des Gemeinschaftsrechts. [...] Die Tatsache, dass der Grundsatz dieses Vorrangs nicht in den künftigen Vertrag aufgenommen wird, ändert nichts an der Existenz und an der bestehenden Rechtsprechung des Gerichtshofs. [...]
>
> [D]em vom Vertrag geschaffenen, somit aus einer autonomen Rechtsquelle fließenden Recht [können] wegen seiner Eigenständigkeit keine wie immer gearteten innerstaatlichen Rechtsvorschriften vorgehen [...], wenn ihm nicht sein Charakter als Gemeinschaftsrecht aberkannt und wenn nicht die Rechtsgrundlage der Gemeinschaft selbst in Frage gestellt werden soll."[46]

Der **Anwendungsvorrang des Unionsrechts** legitimiert sich im deutschen Recht aus der verfassungsrechtlichen Ermächtigung des Art. 23 Abs. 1 GG, wonach Hoheitsrechte auf die Europäische Union übertragen werden können.[47] 60

Dieser Vorrang des Unionsrechts gilt aber nur bei unmittelbarer Wirkung des Unionsrechts, die von bestimmten Voraussetzungen abhängig ist. **Unmittelbare Wirkung** bedeutet dabei zunächst nur, dass das Unionsrecht gegenüber den Mitgliedstaaten unmittelbar anwendbar ist, diese also im Verhältnis zu ihren Bürgerinnen und Bürgern unmittelbar verpflichtet werden. 61

Im Arbeitsrecht stellt sich aber oft die Frage, ob das Europäische Arbeitsrecht auch unmittelbar zwischen Privatpersonen, also zwischen Beschäftigten und einem privaten Arbeitgeber, anwendbar ist. Diese beiden Fragen der unmittelbaren Wirkung gegenüber den Mitgliedstaaten und der unmittelbaren Wirkung zwischen Privatpersonen („horizontale Wirkung") behandelt der vorliegende Abschnitt.

▶ **Beispielsfall 5** 62

Frau Kücükdeveci war seit ihrem vollendeten 18. Lebensjahr bei dem privaten Unternehmen Swedex beschäftigt. Im Alter von 28 Jahren wurde sie unter Einhaltung einer Kündigungsfrist von einem Monat entlassen. Der Arbeitgeber berechnete die Kündigungsfrist nach § 622 Abs. 2 BGB unter Zugrundelegung einer Beschäftigungsdauer von drei Jahren, obwohl die Arbeitnehmerin seit zehn Jahren bei ihm beschäftigt war. Er berief sich hierfür auf § 622 Abs. 2 Satz 2 BGB a.F., demzufolge die vor Vollendung des 25. Lebensjahrs liegenden Beschäftigungszeiten bei der Berechnung der Kündigungsfrist nicht zu berücksichtigen waren. Frau Kücükdeveci verlangte dagegen, die Kündigungsfrist entsprechend einer Beschäftigungsdauer von zehn Jahren zu berechnen.

46 Siehe hierzu auch die Entscheidung EuGH 15.7.1964 – C-6/64 (Costa/ENEL), ECLI:EU:C:1964:66.
47 BVerfG 6.7.2010 – 2 BvR 2661/06 (Mangold II – Honeywell), BVerfGE 126, 286, Rn. 53.

Der Fall war unter Gesichtspunkten einer Diskriminierung wegen des Alters zu beurteilen (dazu unten § 4, Rn. 190); die Grundsätze hierfür sind in unterschiedlichen Rechtsquellen geregelt. Welche Konsequenzen hätte es für die Behandlung des Falls durch das zuständige Arbeitsgericht, wenn die Berechnung der Kündigungsfrist im BGB ◀

(1) gegen das Grundrecht des Art. 21 Abs. 1 EU-GRC verstoßen sollte?

(2) außerdem gegen eine EU-Richtlinie verstoßen sollte, deren Umsetzungsfrist bereits abgelaufen war (hier: Richtlinie 2000/78/EG)?

(3) oder (alternativ zu (2)) gegen eine EU-Richtlinie verstoßen sollte, deren Umsetzungsfrist noch lief (Fall Mangold)?

(4) zusätzlich zu (1) und (2) gegen Art. 3 Abs. 1 GG verstoßen sollte? ◀

EuGH 19.1.2010 – C-555/07 (Kücükdeveci), ECLI:EU:C:2010:21;
EuGH 22.11.2005 – C-144/04 (Mangold), ECLI:EU:C:2005:709;
EuGH 23.9.2008 – C-427/06 (Bartsch), ECLI:EU:C:2008:517;
BVerfG 6.7.2010 – 2 BvR 2661/06 (Honeywell);
BAG 26.4.2006 – AP Nr. 23 zu § 14 TzBfG (Honeywell)63

▶ **Beispielsfall 5 a**

Herr Bauer war bei der Stadt Wuppertal beschäftigt. Als er starb, standen ihm noch 25 Tage seines Jahresurlaubs zu. Seine Witwe macht nun Ansprüche auf Abgeltung dieses Urlaubs geltend. Das deutsche Gericht war allerdings der Meinung, der Anspruch sei nach deutschem Recht nicht vererbbar.[48] Der EuGH hatte bereits früher entschieden, dass dies Art. 7 Abs. 2 der Arbeitszeit-Richtlinie 2003/88/EG entgegensteht.[49] ◀

(1) Wie muss das Arbeitsgericht entscheiden, wenn es der Meinung ist, das deutsche Recht lasse sich nicht unionsrechtskonform auslegen?

(2) Wie ist es im Fall von Frau Broßonn, deren verstorbener Ehemann bei einem privaten Arbeitgeber beschäftigt war? ◀

EuGH 6.11.2018 – C-569/16 u. C-570/16 (Bauer und Broßonn), ECLI:EU:C:2018:871;
vgl. BAG 22.1.2019 – 9 AZR 328/16, ECLI:DE:BAG:2019:220119.U.9AZR328.16.0

1. Voraussetzungen für die Annahme unmittelbarer Wirkungen

a) Allgemeine Grundsätze, insbesondere Grundfreiheiten und Grundrechte

63 Der Anwendungsvorrang des Unionsrechts gilt, soweit das Unionsrecht unmittelbar angewandt werden kann. Dies setzt voraus, dass der entsprechenden Vorschrift des Unionsrechts eine **hinreichend genaue und unbedingte Verpflichtung oder Berechtigung** zu entnehmen ist.

64 Bei Art. 45 Abs. 1 AEUV ist dies der Fall (genauer siehe unten § 3, Rn. 10). Auch die Grundrechte sind im Anwendungsbereich des Unionsrechts (Art. 51 Abs. 1 EU-GRC) überwiegend unmittelbar anwendbar. Jedenfalls der Gleichbehandlungsgrundsatz (Art. 20 EU-GRC) und die Diskriminierungsverbote in Art. 21 und 23 EU-GRC sind unmittelbar, dh ohne weitere Umsetzungsakte, anwendbar. Das gleiche gilt für Art. 31 Abs. 2 EU-GRC.[50] EU-Verordnungen sind ebenfalls unmittelbar anwendbar. Ein Beispiel für eine in den Mitgliedstaaten nicht unmittelbar anwendbare Vorschrift ist hingegen Art. 19 AEUV.

48 Vorabentscheidungsersuchen des BAG 18.10.2016 – 9 AZR 196/16 (A); 18.10.2016 – 9 AZR 45/16 (A) zur Auslegung von § 7 Abs. 4 BUrlG iVm § 1922 Abs. 1 BGB.

49 EuGH 12.6.2014 – C-118/13 (Bollacke), ECLI:EU:C:2014:1755.

50 EuGH 6.11.2018 – C-569/16 u. C-570/16 (Bauer und Broßonn), ECLI:EU:C:2018:871, Rn. 85 ff.

Für **Beispielsfall 5 (1)** bedeutet dies, dass bei Verstoß eines deutschen Gesetzes gegen ein Unionsgrundrecht das Grundrecht unmittelbar wirkt – falls das deutsche Gesetz im Anwendungsbereich des Unionsrechts liegt. Diese Voraussetzung für die Anwendung des Art. 21 Abs. 1 EU-GRC ist hier erfüllt, weil der Sachverhalt im Anwendungsbereich einer Richtlinie der EU liegt (genauer zu diesem Fall Rn. 71). 65

Das gleiche gilt in **Beispielsfall 5 a:** Da er im Anwendungsbereich einer Richtlinie der EU liegt, ist auch Art. 31 Abs. 2 EU-GRC anwendbar.

Die Frage ist allerdings, welche Konsequenzen sich aus dieser unmittelbaren Anwendbarkeit im Fall eines Widerspruchs zwischen Unionsgrundrecht und mitgliedstaatlichem Recht ergeben. Die Grundsätze hierfür hat der EuGH aus dem Zusammenspiel zwischen Richtlinien und Grundrechten entwickelt, weshalb zunächst auf die Wirkung von Richtlinien im Unionsrecht eingegangen werden soll.

b) Unmittelbare Wirkung von Richtlinien

Eine besondere Rechtssituation besteht im Fall von Richtlinien. Nach **Art. 288 Abs. 3 AEUV** sind Richtlinien für jeden Mitgliedstaat, an den sie gerichtet wird, hinsichtlich des zu erreichenden Ziels verbindlich. Sie überlassen jedoch den innerstaatlichen Stellen die Wahl der Form und der Mittel, bedürfen also der Umsetzung in das mitgliedstaatliche Recht (siehe unten § 4, Rn. 201 ff. zu den allgemeinen Grundsätzen der Richtlinienumsetzung, insbesondere Effektivität und Äquivalenz). Für diese Umsetzung enthalten die Richtlinien in der Regel Fristen von zwei oder drei Jahren. 66

Ist allerdings die **Umsetzungsfrist abgelaufen** und hat ein Mitgliedstaat die Richtlinie nicht vollständig in die einzelstaatliche Rechtsordnung umgesetzt, so können sich in bestimmten Fällen auch unmittelbar aus der Richtlinie Rechte und Pflichten der Bürgerinnen und Bürger gegenüber dem Staat ergeben. Eine Bestimmung einer Richtlinie hat unmittelbare Wirkung in diesem Sinne, wenn sie **klar, genau und unbedingt**[51] bzw. **inhaltlich unbedingt und hinreichend genau**[52] ist. 67

In **Beispielsfall 5 a (1)** war insofern nur fraglich, ob das Recht auf Urlaub in Art. 7 Abs. 2 der Arbeitszeit-Richtlinie 2003/88/EG hinreichend klar, genau und unbedingt geregelt ist – was der EuGH bejaht. Frau Bauer kann sich also gegenüber der Stadt Wuppertal, einem **staatlichen Arbeitgeber**, unmittelbar auf diese Richtlinienbestimmung berufen. 68

Während des Laufs der Umsetzungsfrist bestehen noch keine hinreichend genauen und verbindlichen Vorgaben, die eine solche unmittelbare Anwendung begründen könnten. Allerdings: Mit Inkrafttreten begründet eine Richtlinie Pflichten der Mitgliedstaaten, sie rechtzeitig in mitgliedstaatliches Recht umzusetzen, wobei das zu erreichende Ziel verbindlich ist (Art. 288 Abs. 3 AEUV). Außerdem dürfen die Mitgliedstaaten grundsätzlich nicht der Zielsetzung des Unionsrechts direkt entgegenarbeiten; dies erfasst auch die Ziele einer bereits in Kraft gesetzten Richtlinie. Rechtsgrundlage hierfür ist das Ziel des „effet utile", das sich ua aus Art. 4 Abs. 3 UAbs. 2 EUV ergibt: 69

> „Die Mitgliedstaaten treffen alle geeigneten Maßnahmen allgemeiner oder besonderer Art zur Erfüllung der Verpflichtungen, die sich aus diesem Vertrag oder aus Handlungen der Organe der Gemeinschaft ergeben. Sie erleichtern dieser die Erfüllung ihrer Aufgabe. Sie

51 EuGH 15.1.2014 – C-176/12 (Association de médiation sociale), ECLI:EU:C:2014:2, Rn. 36.
52 EuGH 6.11.2018 – C-569/16 u. C-570/16 (Bauer und Broßonn), EU:C:2018:871, Rn. 70.

unterlassen alle Maßnahmen, welche die Verwirklichung der Ziele dieses Vertrags gefährden könnten."[53]

70 Die Richtlinien entfalten insofern Vorwirkungen im Sinne der **Pflicht zu „unionsrechtsfreundlichem" Verhalten.**[54] Die Geltung der Richtlinie verlangt, dass die Mitgliedstaaten konkrete Maßnahmen ergreifen, um ihre Regelungen dem in der Richtlinie vorgeschriebenen Ergebnis anzunähern. Ein Mitgliedstaat, an den eine Richtlinie gerichtet ist, darf während der Umsetzungsfrist keine Vorschriften erlassen, die geeignet sind, die Erreichung des in der Richtlinie vorgeschriebenen Zieles ernstlich in Frage zu stellen. Dies gilt auch zB dann, wenn ein Mitgliedstaat, der zur Umsetzung eines Altersdiskriminierungsverbots verpflichtet ist, während der Umsetzungsfrist eine neue altersdiskriminierende Regelung schafft, deren Geltung kurz nach Ablauf der Umsetzungsfrist endet.[55]

71 Außerdem: Bereits während der Laufzeit der Richtlinie fällt die entsprechende Materie in den Anwendungsbereich des Unionsrechts im Sinne des Art. 51 Abs. 1 Satz 1 EU-GRC. Auf entsprechende Sachverhalte können also jedenfalls die **Grundrechte** angewandt werden.

c) Unmittelbare Horizontalwirkung

72 Die unmittelbare Wirkung betrifft nur die unmittelbare Wirkung im Anwendungsbereich der jeweiligen unionsrechtlichen Regelung. Das Unionsrecht richtet sich in aller Regel aber nur an die Mitgliedstaaten und begründet nur für und gegen diese Rechte und Pflichten (**vertikale Wirkung**). Weil auch die Gerichte der Mitgliedstaaten an das Unionsrecht gebunden sind, sind diese zur unionsrechtskonformen Auslegung des innerstaatlichen Rechts bis hin zur Rechtsfortbildung verpflichtet (**mittelbare Horizontal-/Drittwirkung**). Außerdem haben Bürgerinnen und Bürger zB Anspruch auf Schadensersatz gegen den Mitgliedstaat, wenn sie einen Schaden erlitten haben, weil der Mitgliedstaat EU-Recht nicht ordnungsgemäß umgesetzt hat (zB weil keine unionsrechtskonforme Auslegung vorgenommen oder weil eine Richtlinie nicht innerhalb der Umsetzungsfrist ins innerstaatliche Recht überführt wurde) (**„Francovich"-Haftung**).[56]

73 Für das Primärrecht hat der EuGH allerdings mittlerweile zahlreiche Ausnahmen von diesen Grundsätzen angenommen und in vielen Fällen auch eine **unmittelbare Horizontalwirkung** angenommen.

- Die erste Ausnahme betrifft die Bindung von „intermediären Gewalten" oder kollektiven Akteuren (**Wirtschafts-, Berufs- oder Sportverbände**) an die Grundfreiheiten. Sie sind jedenfalls insoweit unmittelbar gebunden, als sie abstrakt-generelle Regelungen setzen. Auch die meisten Grundrechte können Kollektivvertragsparteien unmittelbar binden, soweit diese im Anwendungsbereich des Unionsrechts kollektive Regelungen treffen.[57]

---

53 Zu diesen Rechtsgrundlagen siehe auch EuGH 15.4.2008 – C-286/06 (Impact), ECLI:EU:C:2008:586, Rn. 90.

54 Siehe auch Sagan, § 1 Grundlagen des europäischen Arbeitsrechts, in: Preis/Sagan (Hrsg.), Europäisches Arbeitsrecht, 2. Aufl. 2019, Rn. 115 ff.: Vorwirkung und Sperrwirkung, Zitier- und Transparenzgebot.

55 EuGH 22.11.2005 – C-144/04 (Mangold), ECLI:EU:C:2005:709. Die Entscheidung betraf die Neueinführung des § 14 Abs. 3 TzBfG für die Zeit von 2002 bis 2006 (Inkrafttreten der Richtlinie: 2000; Ablauf der Umsetzungsfrist: 2006).

56 EuGH 19.11.1991 – C-6/90 (Francovich), ECLI:EU:C:1991:428; BGH 24.10.1996 – III ZR 127/91, BGHZ 134, 30.

57 EuGH 11.12.2007 – C-438/05 (Viking), ECLI:EU:C:2007:772.

- Begründen lässt sich dies einerseits damit, dass diese Regelungen ähnliche Auswirkungen wie staatliche Regelungen haben. Der **effet utile** verlangt dann, dass die Staatsangehörigen der Mitgliedstaaten auch gegen solche Regelungen geschützt werden.
- Andererseits verlangt die **Einheitlichkeit** der Durchsetzung des Unionsrechts eine solche Horizontalwirkung. Denn in den Mitgliedstaaten sind die Rechtssetzungsbefugnisse im Arbeitsrecht sehr ungleich zwischen Staat, Arbeitsvertragsparteien und Kollektivvertragsparteien verteilt. Wäre nur derjenige Mitgliedstaat an Grundfreiheiten und Grundrechte gebunden, der das Arbeitsrecht durch staatliche Gesetze regelt, würden diese in den Mitgliedstaaten ungleich wirken.

- Mit der Notwendigkeit einer einheitlichen Durchsetzung des Unionsrechts lässt sich 74
auch eine zweite Gruppe von Ausnahmen begründen: Bei vielen **Grundfreiheiten** nimmt der EuGH mittlerweile in fast allen Gewährleistungen eine umfassende unmittelbare Horizontalwirkung an. Was das für die Arbeitnehmerfreizügigkeit bedeutet, wird unter § 3, Rn. 81 ff. erläutert.
- Eine dritte Gruppe von Ausnahmen bilden die **Grundrechte**. Hier bedarf es immer 75
einer Betrachtung jedes einzelnen Grundrechts. Jedenfalls schließt Art. 51 Abs. 1 EU-GRC eine Bindung Privater an die Grundrechte nicht aus.[58] Für die Gleichbehandlungsgrundrechte nach Art. 21 Abs. 1 EU-GRC ist die unmittelbare Horizontalwirkung bereits anerkannt.[59] Gleiches gilt für die Rechte auf Urlaub, auf Begrenzung der Höchstarbeitszeit und auf tägliche und wöchentliche Ruhezeiten aus Art. 31 Abs. 2 EU-GRC; auch diese Norm verpflichte Private unmittelbar.[60]

Anders ist es bei der **Horizontalwirkung von Richtlinien:** In diesem Bereich hat der 76
EuGH noch keinerlei Ausnahmen von der Beschränkung der unmittelbaren Anwendung zugelassen. Schließlich wird die Beschränkung der Bindung auf die Mitgliedstaaten in Art. 288 Abs. 3 AEUV ausdrücklich betont. Aber was heißt dies genau?

Die Bindung der Mitgliedstaaten führt zunächst dazu, dass die mitgliedstaatlichen Ge- 77
richte dazu verpflichtet sind, das mitgliedstaatliche Recht so weit wie möglich **unionsrechtskonform auszulegen** – bis hin zur Abänderung einer höchstrichterlichen gefestigten Rechtsprechung oder zur Rechtsfortbildung.[61] Man könnte nun meinen, dass diese Pflicht der Gerichte an den Grenzen dessen endet, was nach innerstaatlicher Rechtstradition methodisch erlaubt ist. Im Prinzip gesteht der EuGH dies auch zu. Allerdings: Es hat noch keinen einzigen Fall gegeben, in dem der EuGH einen solchen Einwand in der Sache akzeptiert hätte.[62] Man kann seine Rechtsprechung vereinfachend so zusammenfassen: Der EuGH verpflichtet die mitgliedstaatlichen Gerichte dazu, das unionsrechtskonforme Ergebnis zu erreichen. Welche methodischen Wege sie dafür finden, ist nicht Sache des EuGH. Sollte es einem Mitgliedstaat bzw. seinen Gerichten nicht gelin-

58 EuGH 6.11.2018 – C-569/16 u. C-570/16 (Bauer und Broßonn), ECLI: EU: C: 2018:871, Rn. 87–89; EuGH 17.4.2018 – C-414/16 (Egenberger), ECLI:EU:C:2018:257, Rn. 76.

59 EuGH 17.4.2018 – C-414/16 (Egenberger), ECLI:EU:C:2018:257, Rn. 71.

60 EuGH 6.11.2018 – C-569/16 u. C-570/16 (Bauer und Broßonn), ECLI:EU:C:2018:871, Rn. 87–89; weniger eindeutig allerdings EuGH 14.5.2019 – C-55/18 (Comisiones Obreras), ECLI:EU:C:2019:402 in Bezug auf die Begrenzung der täglichen Arbeitszeiten.

61 Siehe zB EuGH 11.9.2018 – C-68/17 (IR), ECLI:EU:C:2018:696, Rn. 64 mwN.

62 Siehe insbesondere die Diskussion um EuGH 19.4.2016 – C-441/14 (Dansk Industri), ECLI:EU:C:2016:278, zB Baldus/Raff GPR 2016, 71 ff. Zur Weigerung der dänischen Gerichte, eine unionsrechtskonforme Auslegung in diesem Fall zu finden: Steensgaard ZEuP 2019, 407.

gen, das Ergebnis zu erreichen, ist dies als Vertragsverletzung des Mitgliedstaats anzusehen.

78 Ein wichtiges Instrument für die mitgliedstaatlichen Gerichte ist dabei die **Nichtanwendung entgegenstehenden innerstaatlichen Rechts**. Diese „Verbotswirkung" von Richtlinien ist mittlerweile weithin akzeptiert.[63]

Auch das BVerfG hält deutsches Recht, das dem Unionsrecht in dessen Anwendungsbereich entgegensteht, für grundsätzlich unanwendbar. Es handele sich aber nur um einen Anwendungs-, nicht um einen Geltungsvorrang: „Der Anwendungsvorrang des Unionsrechts führt [aber] nicht dazu, dass entgegenstehendes nationales Recht nichtig wäre. Mitgliedstaatliches Recht kann vielmehr weiter seine Geltung entfalten, wenn und soweit es jenseits des Anwendungsbereichs einschlägigen Unionsrechts einen sachlichen Regelungsbereich behält."[64] An die Stelle des nicht anzuwendenden innerstaatlichen Rechts treten diejenigen allgemeinen Vorschriften des einzelstaatlichen Rechts, die ohne die unanwendbare Vorschrift ohnehin gelten würden.

79 Dementsprechend war in **Beispielsfall 5 (1)-(3)** § 622 Abs. 2 Satz 2 BGB a.F. nicht anzuwenden.[65] Auf die Kündigung von Frau Kücükdeveci musste stattdessen das deutsche Recht im Übrigen angewandt werden. Aus § 622 Abs. 2 Satz 1 Nr. 4 BGB ergab sich dann eine Kündigungsfrist von vier Monaten.

80 Schwierig wird es dann, wenn sich die unionsrechtswidrige Vorschrift nicht so einfach aus dem mitgliedstaatlichen Recht „streichen" lässt, wenn also nicht genug mitgliedstaatliches Recht übrig bleibt, um dem Sachverhalt gerecht werden zu können. Hier gilt: „[S]ogar eine klare, genaue und unbedingte Richtlinienbestimmung, mit der dem Einzelnen Rechte gewährt oder Verpflichtungen auferlegt werden sollen, [kann] im Rahmen eines Rechtsstreits, in dem sich ausschließlich Private gegenüberstehen, nicht als solche Anwendung finden."[66] Eine Richtlinie tritt folglich im Streit unter Privatleuten nicht an die Stelle des mitgliedstaatlichen Rechts, Richtlinien haben **keine Gestaltungswirkung zwischen Privaten**. Dies lässt sich auch damit begründen, dass der Grundsatz der Rechtssicherheit der Begründung von Verpflichtungen für den Einzelnen durch nicht umgesetzte Richtlinien entgegensteht. Gegenüber Privatpersonen können die Bestimmungen einer Richtlinie nur Rechte, aber keine Pflichten begründen.[67]

d) Grundrechtskonkretisierung durch Richtlinien

81 Die Funktion von Richtlinien, Grundrechte zu konkretisieren, hat in der EuGH-Rechtsprechung der letzten Jahre an Bedeutung gewonnen – und zwar nicht nur für die Phase vor Ablauf der Umsetzungsfrist einer Richtlinie, sondern weitergehend in allen Fällen, in denen die Rechtsfolgen eines Widerspruchs zwischen Richtlinie und mitgliedstaatlichem Recht festzustellen war. Hintergrund ist wahrscheinlich auch die Häufung von Fällen, in denen mitgliedstaatliche Gerichte die Auffassung vertreten haben, eine

63 EuGH 19.1.2010 – C-555/07 (Kücükdeveci), ECLI:EU:C:2010:21.

64 BVerfG 6.7.2010 – 2 BvR 2661/06, Rn. 53 (Honeywell), BVerfGE 126, 286.

65 Mit Wirkung vom 1. Januar 2019 wurde Satz 2 des § 622 Abs. 2 BGB dementsprechend gestrichen.

66 EuGH 19.1.2010 – C-555/07 (Kücükdeveci), ECLI:EU:C:2010:21, Rn. 46; EuGH 15.1.2014 – C-176/12 (Association de médiation sociale), ECLI:EU:C:2014:2, Rn. 36; kritisch Seifert EuR 2010, 802 (er plädiert für eine unmittelbare positive Drittwirkung).

67 EuGH 7.1.2004 – C-201/02 (Wells), ECLI:EU:C:2004:12; EuGH 26.2.1986 – C-152/84 (Marshall I), ECLI:EU:C:1986:84, Rn. 48.

unionsrechtskonforme Auslegung des nationalen Rechts sei nicht möglich. Der EuGH verwendet nun zunehmend die Grundrechte dazu,

- einerseits den Grundsatz der Nichtanwendung entgegenstehenden staatlichen Rechts zu stärken
- und andererseits Ansprüche und Pflichten auch im Privatrechtsverhältnis aus Unionsrecht herzuleiten.

Der Grundgedanke der **Konkretisierung von Grundrechten durch Richtlinienbestimmungen** lautet: Wenn und soweit eine Richtlinie ein **unmittelbar geltendes Grundrecht** konkretisiert, entfaltet dieses Grundrecht und mit ihm der Inhalt der entsprechenden Richtlinienbestimmung ab dem Zeitpunkt des Richtlinienerlasses unmittelbare Wirkung.

Ein solches Konkretisierungsverhältnis zwischen Unionsgrundrecht und Richtlinie hat 82
der EuGH bereits in folgenden Fällen anerkannt:

- Antidiskriminierungsrichtlinien 2000/43/EG, 2000/78/EG und 2006/54/EG mit Art. 21 Abs. 1 EU-GRC;[68]
- Recht auf Urlaub nach Art. 7 Abs. 2 der Arbeitszeitrichtlinie 2003/88/EG mit Art. 31 Abs. 2 EU-GRC.[69]
- Begrenzung der Höchstarbeitszeit, tägliche und wöchentliche Ruhezeiten nach Art. 3, 5 und 6 der Arbeitszeitrichtlinie 2003/88/EG mit Art. 31 Abs. 2 EU-GRC.[70]

Kein solches Konkretisierungsverhältnis besteht zwischen Art. 3 Abs. 1 der Anhörungsrichtlinie 2002/14/EG und Art. 27 EU-GRC.[71]

Dies bedeutet im **Beispielsfall 5 (2):** Da der Sachverhalt in den Anwendungsbereich der 83
Richtlinie 2000/78/EG fällt, kann Art. 21 Abs. 1 EU-GRC unmittelbar angewandt werden (siehe schon Rn. 66).[72] Auch bei **Beispielsfall 5 (3)** sind also das Grundrecht des Art. 21 Abs. 1 EU-GRC sowie die Richtlinienbestimmungen, die dieses Grundrecht konkretisieren, unmittelbar anzuwenden. Gleiches galt in Beispielsfall 5 a für das Recht auf Urlaub nach Art. 7 Abs. 2 der Arbeitszeitrichtlinie 2003/88/EG, da es nach Meinung des EuGH Art. 31 Abs. 2 EU-GRC konkretisiert. Dies hat jedenfalls zur Folge, dass entgegenstehende nationale Regelungen unangewendet bleiben müssen.[73]

Unmittelbare Anwendung heißt aber noch nicht, dass das nationale Gericht unmittelbar in einem Rechtsstreit zwischen Privaten auf das EU-Recht zurückgreifen dürfte. Dies ist eine Frage der **unmittelbaren Horizontalwirkung**, die vor allem in **Beispielsfall 5 a (2)** relevant ist. Denn während Frau Bauer sich gegen den staatlichen Arbeitgeber ihres verstorbenen Mannes unmittelbar auf die Richtlinie berufen kann (siehe oben Rn. 68), ist dies Frau Broßonn mangels unmittelbarer Horizontalwirkung von Richtli-

68 EuGH 17.4.2018 – C-414/16 (Egenberger), ECLI: EU: C: 2018:257; vgl. Sagan, § 1 Grundlagen des europäischen Arbeitsrechts, in: Preis/Sagan (Hrsg.), Europäisches Arbeitsrecht, 2. Aufl. 2019, Rn. 168 für das Antidiskriminierungsrecht.

69 EuGH 6.11.2018 – C-569/16 u. C-570/16 (Bauer und Broßonn), ECLI:EU:C:2018:871.

70 EuGH 14.5.2019 – C-55/18 (Comisiones Obreras, CCOO), ECLI:EU:C:2019:402, Rn. 31.

71 EuGH 15.1.2014 – C-176/12 (Association de médiation sociale), ECLI:EU:C:2014:2.

72 EuGH 19.1.2010 – C-555/07 (Kücükdeveci), ECLI: EU: C: 2010:21; EuGH 22.11.2005 – C-144/04 (Mangold), ECLI:EU:C:2005:709 (im Fall Mangold fiel die streitige Regelung des § 14 Abs. 3 TzBfG ohnehin als Maßnahme zur Umsetzung der Befristungs-Richtlinie 1999/70/EG in den Anwendungsbereich des Gemeinschaftsrechts).

73 Dies bedeutet, dass alle Stellen, die Recht anwenden, zu dieser Nichtanwendung befugt sein müssen (EuGH 4.12.2018 – C-378/17 (An Garda Síochána), ECLI:EU:C:2018:979).

nien nicht auf Grundlage der Richtlinie möglich. Und hier bringt der EuGH die konkretisierten Grundrechte ins Spiel, denn Grundrechten kann anders als der Richtlinie auch unmittelbare Horizontalwirkung zukommen (siehe oben Rn. 75) – mit der Folge, dass der Anspruch, der sich aus Art. 31 Abs. 2 EU-GRC ergibt, von jedem und jeder Einzelnem gegenüber anderen Privaten geltend gemacht werden kann.[74]

Diese Dogmatik trägt zweifellos erheblich zum *effet utile* bei und überwindet das Patt, das entsteht, wenn mitgliedstaatliche Gericht auch nach wiederholter Bitte des EuGH keine unionsrechtskonformen Auslegung und Anwendung des nationalen Rechts gelingt (siehe oben Rn. 77). Allerdings wirft sie auch zahlreiche neue Fragen auf, insbesondere zur Normenhierarchie und zur Ermittlung des Norminhalts in dieser Normverflechtung.[75] Die Frage des Norminhalts zB ist bei Gleichbehandlungsrechten weniger problematisch als beim Urlaubsanspruch. Der EuGH hat diesem Grundrecht insoweit jedenfalls einen Anspruch des Arbeitnehmers auf finanzielle Vergütung sowie die Vererbbarkeit des Abgeltungsanspruchs entnommen; die genaue Dauer des Jahresurlaubes und die Voraussetzungen für die Wahrnehmung des Rechts ergäben sich hingegen aus der Richtlinie.[76]

Prüfungsschema zur Unionsrechtskonformität einer mitgliedstaatlichen Regelung: [77]

84 ■ *Eröffnung des Anwendungsbereichs einer europäischen Richtlinie*

Beachte: Auch außerhalb des Anwendungsbereichs des Unionsrechts kommt im Einzelfall eine richtlinienkonforme Auslegung des nationalen Rechts in Betracht, wenn der mitgliedstaatliche Gesetzgeber bei überschießender Umsetzung eine einheitliche Regelung gewollt hat.[78]

■ *Richtlinienkonforme Auslegung des nationalen Rechts*
- Voraussetzung: Ablauf der Umsetzungsfrist
- Auslegung der Richtlinie (autonome Auslegung oder Auslegung nach Recht der Mitgliedstaaten?[79])
- Allgemeine Grundsätze der Richtlinienauslegung (insbesondere Äquivalenz, Effektivität)[80]
- Primärrechtskonformität der Auslegung (insbesondere Grundfreiheiten und Grundrechte)
- Auslegung des mitgliedstaatlichen Rechts bis hin zur Rechtsfortbildung und Aufgabe ständiger Rechtsprechung

74 EuGH 6.11.2018 – C-569/16 u. C-570/16 (Bauer und Broßonn), ECLI:EU:C:2018:871, Rn. 84 f.; das BAG fand in der Folge allerdings stattdessen zu einer unionsrechtskonformen Auslegung des deutschen Rechts: BAG 22.1.2019 – 9 AZR 10/17, ECLI:DE:BAG:2019:220119.U.9AZR10.17.0.

75 Zur Debatte siehe zB Baldus/Raff GPR 2016, 71 ff.; Sura EuZA 2019, 350 ff.

76 EuGH 6.11.2018 – C-569/16 u. C-570/16 (Bauer und Broßonn), ECLI:EU:C:2018:871, Rn. 85; dogmatisch etwas zurückhaltender aber EuGH 14.5.2019 – C-55/18 (Comisiones Obreras), ECLI:EU:C:2019:402, Rn. 31 ff.

77 Angelehnt an Sagan, § 1 Grundlagen des europäischen Arbeitsrechts, in: Preis/Sagan (Hrsg.), Europäisches Arbeitsrecht, 2. Aufl. 2019, Rn. 168.

78 EuGH 18.10.2012 – C-583/10 (Nolan), ECLI: EU: C: 2012:638, Rn. 45 ff. mwN Siehe auch Sagan, in: Preis/Sagan, § 1, Rn. 1.165 ff.

79 Siehe unten Rn. 85 ff.

80 Genauer unten § 4, Rn. 201 ff.

- *(falls keine richtlinienkonforme Auslegung möglich ist:) Unmittelbare Anwendung der Richtlinie*
  - Voraussetzung: Ablauf der Umsetzungsfrist
  - Richtlinienbestimmungen inhaltlich unbedingt und hinreichend genau
  - Unanwendbarkeit entgegenstehenden nationalen Rechts[81]
  - Anwendung gegenüber dem Mitgliedstaat oder staatlichem Arbeitgeber (keine horizontale Anwendung von Richtlinienbestimmungen gegenüber privaten Arbeitgebern!)
- *(falls unmittelbare Anwendung nicht möglich:) Unmittelbare Anwendung eines Grundrechts*
  - Voraussetzung: Grundrechtskonkretisierung durch die Richtlinie
  - Grundrecht inhaltlich unbedingt und hinreichend genau
  - Anwendung auch horizontal zwischen privaten Arbeitgebern

2. Autonome Auslegung

Die Frage nach der Wirkung des Unionsrechts ist von der Frage zu unterscheiden, nach welchen Grundsätzen das Unionsrecht auszulegen ist. Hier kommen zwei Methoden in Betracht: 85

- Die **autonome Auslegung** nach Grundsätzen des Unionsrechts ermöglicht es dem EuGH, verbindliche Auslegungsvorgaben zu machen.
- Die **Auslegung nach den Rechtsgrundsätzen und Gepflogenheiten der Mitgliedstaaten** überlässt die konkrete Bestimmung eines unionsrechtlichen Begriffs den mitgliedstaatlichen Rechtsordnungen und damit auch den mitgliedstaatlichen Gerichten.

Im Zweifel sind unionsrechtliche Vorschriften in der gesamten Union einheitlich und damit autonom auszulegen. Der EuGH weist darauf hin, dass auch der Gleichheitssatz dies verlangen kann.[82] 86

Argumente und Methoden der autonomen Auslegung:[83] 87

- **Wortlaut** (wobei die unterschiedlichen Sprachenfassungen zu beachten und zu vergleichen sind).
- **Regelungszusammenhang** (wobei das Unionsrecht aufgrund des Grundsatzes der begrenzten Einzelermächtigung einen geringeren Anspruch auf konsistente Gesamtsystematik und -dogmatik haben kann als das mitgliedstaatliche Recht).
- **Sinn und Zweck** (hier ist in der Regel als wichtiges Ziel des Unionsrechts der „effet utile“ und die Effektivität der Harmonisierung und Einheitlichkeit zu beachten).
- **Entstehungsgeschichte.**
- **rechtsvergleichende** Auslegung.
- **primärrechtskonforme** Auslegung.

---

81 Teilweise (zB Sagan § 1, Rn. 168) wird angenommen, dass diese Rechtsfolge die Anwendung eines Grundrechts voraussetzt; der EuGH äußert sich hier nicht immer klar genug.

82 EuGH 27.1.2005 – C-188/03 (Junk), ECLI:EU:C:2005:59, Rn. 29.

83 Riesenhuber (Pechstein/Drechsler), Europäische Methodenlehre, § 8 Rn. 17 ff.; aus der Rechtsprechung des EuGH siehe zB EuGH 19.9.2018 – C-41/17 ECLI:EU:C:2018:736 (Gonzalez Castro), Rn. 39.

88 Eine Auslegung nach dem Recht der Mitgliedstaaten findet nur statt, wenn eine Vorschrift des Unionsrechts für die Ermittlung ihres Sinnes und ihrer Bedeutung ausdrücklich auf das Recht der Mitgliedstaaten verweist. Aufgrund der Tatsache, dass die Sozialpolitik im Grundsatz einen Vorbehaltsbereich der Mitgliedstaaten darstellt, kommt dies im Arbeitsrecht häufiger vor als in anderen Rechtsbereichen.

3. Das Mehrebenensystem des Grundrechtsschutzes

89 Die Grundrechte der EU-Bürgerinnen und -Bürger werden in einem Mehrebenensystem gewährleistet: Zu den völkerrechtlichen Menschenrechten, die im Fall der Europäischen Menschenrechtskonvention (EMRK) durch eine spezielle Gerichtsbarkeit (EGMR) geschützt sind, treten die Grundrechte der EU-GRC sowie der mitgliedstaatlichen Verfassungsrechtsordnungen. Eine Normenhierarchie gibt es hier nur zum Teil. Die zuständigen Gerichtsbarkeiten bemühen sich um Kompetenzabstimmungen und damit um einen Dialog der Gerichte, womit die Bedeutung der Normenhierarchie zurücktritt.[84]

a) Verhältnis zwischen Unionsrecht und deutschem Verfassungsrecht

90 Die Verfassungsgerichte der Mitgliedstaaten und der Europäische Gerichtshof können es mit ähnlichen Rechtsfragen zu tun bekommen (wie bei **Beispielsfall 5 (4)** deutlich wird). Ein Überschneidungsbereich besteht in Rechtsfragen der Gleichbehandlung, die in allen Rechtsordnungen eine große Rolle spielen, oder bei anderen Grundrechten und Grundfreiheiten. In der Logik des EU-Rechts gibt es hier allerdings eine **Normenhierarchie:** Dem EU-Recht kommt der Vorrang zu.

91 Aus Sicht des mitgliedstaatlichen Rechts ist dies nicht immer ganz einfach, denn bereits die Übertragung von Hoheitsrechten an die EU muss ja verfassungsrechtlich eingebunden sein. Das deutsche BVerfG bekennt sich seit seiner Maastricht-Entscheidung aus dem Jahre 1998 zu einem **„Kooperationsverhältnis"**.[85] Die maßgeblichen Grundsätze wurden in einer Reihe wichtiger Entscheidungen des BVerfG entwickelt. Im Jahre 1974 kritisierte das Gericht noch, dass „der Integrationsprozess der [Europäischen Wirtschafts-]Gemeinschaft nicht so weit fortgeschritten ist, daß das Gemeinschaftsrecht auch einen von einem Parlament beschlossenen und in Geltung stehenden formulierten Katalog von Grundrechten enthält, der dem Grundrechtskatalog des Grundgesetzes adäquat ist […]". **„Solange"** dies so sei, halte das BVerfG sich bei der Grundrechtsprüfung nicht zurück.[86]

92 Bereits 1986 erkannte das BVerfG aber, dass „die Europäischen Gemeinschaften, insbesondere die Rechtsprechung des Gerichtshofs der Gemeinschaften einen wirksamen Schutz der Grundrechte gegenüber der Hoheitsgewalt der Gemeinschaften generell gewährleisten, der dem vom Grundgesetz als unabdingbar gebotenen Grundrechtsschutz im wesentlichen gleichzuachten ist, zumal den Wesensgehalt der Grundrechte generell verbürgt […]".[87] **„Solange"** dies der Fall sei, werde das BVerfG seine Gerichtsbarkeit

84 Siehe zB Kirchhof NJW 2011, 3681.

85 BVerfG 12.10.1993 – 2 BvR 2134 u. 2159/92 (Maastricht), BVerfGE 89, 155; BVerfG 6.11.2019 – 1 BvR 276/17 (Recht auf Vergessen II), Rn. 68 ff.

86 BVerfG 29.5.1974 – BvL 52/71 (Solange I), BVerfGE 37, 271; BVerfG 6.11.2019 – 1 BvR 276/17 (Recht auf Vergessen II), Rn. 49.

87 BVerfG 22.10.1986 – 2 BvR 197/83 (Solange II), BVerfGE 73, 339.

über abgeleitetes Gemeinschaftsrecht nicht mehr ausüben.[88] Allerdings erweiterte das BVerfG seinen Prüfungsvorbehalt in der **Lissabon-Entscheidung** wieder. Es behält sich nun nicht nur die Grundrechtskontrolle, sondern auch die Kontrolle vor, ob der unantastbare Kerngehalt der Verfassungsidentität des Grundgesetzes gewahrt sei und das Prinzip der begrenzten Einzelermächtigung eingehalten sei (Ultra-Vires-Kontrolle „ausbrechender" Rechtsakte).[89]

Die Einhaltung dieser Grundsätze wird im Wesentlichen durch zwei Instrumente gewährleistet: 93

- Die Vorlage zum EuGH nach Art. 267 AEUV (Vorabentscheidungsverfahren)[90] ist verfassungsrechtliche Pflicht der deutschen Gerichte: Der **EuGH ist gesetzlicher Richter** im Sinne von Art. 101 Abs. 1 Satz 2 GG. Kommt also ein deutsches Gericht seiner Pflicht zur Anrufung des EuGH nicht nach, handelt es sich um einen Verstoß gegen das Gebot des gesetzlichen Richters nach Art. 101 Abs. 1 Satz 2 GG.[91] Dies betrifft insbesondere die Vorlagepflicht nach Art. 267 Abs. 3 AEUV, also die Vorlage in schwebenden Verfahren durch ein Gericht, dessen Entscheidungen selbst nicht mehr mit Rechtsmitteln des innerstaatlichen Rechts angefochten werden können.[92] Die Entscheidung eines deutschen Fachgerichts darüber, ob Zweifel bestanden, die zu einer Vorlage zum EuGH führen mussten, überprüft das BVerfG allerdings nur auf Willkür.[93] Es überprüft,
  - ob die Vorlagepflicht bei Zweifeln grundsätzlich verkannt wurde,
  - ob das Gericht bewusst von Rechtsprechung des EuGH abgewichen ist, oder
  - ob Zweifel in einem Bereich bestehen mussten, in dem die Rechtsprechung des EuGH unvollständig war.
- Ein deutsches Gericht darf nicht mit einem **konkreten Normenkontrollverfahren nach Art. 100 GG** vorpreschen, wenn es verfassungsrechtliche Zweifel an einem Gesetz hat, obwohl gleichzeitig wegen unionsrechtlicher Zweifel eine Vorlage zum EuGH angebracht gewesen wäre – oder wenn der EuGH bereits über die Unionsrechtswidrigkeit entschieden hat. In solchen Fällen ist die konkrete Normenkontrolle nach Art. 100 Abs. 1 Satz 1 GG unzulässig; die Vorlage ist nicht entscheidungserheblich, weil das fragliche Gesetz ohnehin wegen Europarechtswidrigkeit unanwendbar ist. Insoweit gibt es kein Verwerfungsmonopol des BVerfG, vielmehr erhält der EuGH Gelegenheit zur Auslegung und Fortentwicklung des Unionsrechts. Dies entspricht den Vorgaben des EuGH, nach dessen Auffassung Art. 267 AEUV es nicht erlaubt, dass die mitgliedstaatlichen Gerichte innerstaatlich zwingend zu-

88 Die Anwendung von Unionsgrundrechten durch das BVerfG (BVerfG 6.11.2019 – 1 BvR 276/17 (Recht auf Vergessen II), Rn. 32 ff.) kommt in arbeitsrechtlichen Fällen allerdings praktisch nicht in Betracht, da das BVerfG sie unter die Voraussetzung einer vollständigen Vereinheitlichung des Regelungsbereichs durch Unionsrecht gestellt hat.

89 BVerfG 30.6.2009 – 2 BvE 2, 5/08 ua BVerfGE 123, 267. Zur Konkretisierung der Ultra-Vires-Kontrolle siehe auch BVerfG 6.7.2010 – 2 BvR 2661/06 (Honeywell), BVerfGE 126, 286.

90 Ausführlich zu diesem Verfahren Roloff, § 2 Vorabentscheidungsverfahren, in: Preis/Sagan (Hrsg.), Europäisches Arbeitsrecht, 2. Aufl. 2019.

91 Für ein Beispiel siehe BVerfG 25.2.2010 – 1 BvR 230/09, NZA 2010, 439, zur Vorlagepflicht des BAG in Bezug auf die Massenentlassungs-Richtlinie (siehe dazu unten § 5, Rn. 130).

92 Zur Vorlage nach Art. 267 Abs. 1 und 2 AEUV siehe BVerfG 4.10.2011 – 1 BvL 3/08, BVerfGE 129, 186.

93 BVerfG 5.1.2011 – 1 BvR 2870/10, NJW 2011, 1131; BVerfG 25.1.2011 – 1 BvR 1741/09, BVerfGE 128, 157; BVerfG 19.7.2011 – 1 BvR 1916/09 (Cassina), NJW 2011, 3428.

nächst das Verfassungsgericht mit einem Normenkontrollantrag befassen müssen, statt ein unionsrechtswidriges Gesetz selbstständig unangewandt zu lassen.[94]

94 Bestehen also (wie in **Beispielsfall 5 (4)**) sowohl verfassungsrechtliche als auch unionsrechtliche Zweifel, so kann ein deutsches Gericht zwischen der Normenkontrolle nach Art. 100 Abs. 1 Satz 1 GG und der Vorlage zum EuGH im Wege des Vorabentscheidungsverfahrens **nicht wählen**. Letzteres ist auch nach deutschem Verfassungsrecht vorrangig.

b) Verhältnis zwischen Unionsrecht und Europäischer Menschenrechtskonvention

95 Lange Zeit gab es keine formelle Grundrechte-Erklärung für die Europäische (Wirtschafts-)Gemeinschaft. Allerdings entwickelte der EuGH **Grundrechte und allgemeine Rechtsgrundsätze**, nicht zuletzt angestoßen durch die „Solange"-Rechtsprechung des BVerfG (Rn. 91 f.). Mit dem Lissabon-Vertrag wird nun nicht nur die EU-GRC rechtlich verbindlich; nach Art. 6 Abs. 3 EUV werden auch die durch die EMRK anerkannten Grundrechte, als allgemeine Grundsätze, Teil des Unionsrechts. Soweit die Grundrechte in EU-GRC und EMRK sich decken, haben die Grundrechte der Charta nach Art. 52 Abs. 3 EU-GRC die gleiche Bedeutung und Tragweite wie die entsprechenden Grundrechte der EMRK.[95]

96 Darüber hinaus sieht Art. 6 Abs. 2 EUV vor, dass die Europäische Union selbst der EMRK beitreten wird. Dieser Beitritt sollte durch ein von der Kommission eingeleitetes Gutachtenverfahren vor dem EuGH vorbereitet werden. Allerdings erklärte der EuGH am 18.12.2014 in einer Plenumsentscheidung die vorgelegte Beitrittsübereinkunft für unvereinbar mit EU-Recht.[96] Die Autonomie des EU-Rechts wird in diesem Gutachten gegen den Grundrechtsschutz und den **Europäischen Gerichtshof für Menschenrecht (EGMR)** in Stellung gebracht. Zum gegenwärtigen Zeitpunkt muss man davon ausgehen, dass die vertragsrechtliche Verpflichtung zum Beitritt vorerst nicht umgesetzt wird.

97 Solange der Beitritt zur EMRK noch nicht erfolgt ist, ist die EMRK aber nicht formell in die Unionsrechtsordnung übernommen.[97] Damit stellt sich die Frage, wie mit der Parallelität des Grundrechtsschutzes durch EuGH und EGMR umzugehen ist. Der EGMR hat zu dieser Frage eine ähnliche Haltung und eine ähnliche „Solange"-Rechtsprechung entwickelt wie das BVerfG für das deutsche Recht. Er verweist darauf, dass der EuGH seit den 1970er-Jahren begonnen habe, auch ohne explizite Rechtsgrundlage, aber inspiriert durch die Verfassungstraditionen der Mitgliedstaaten, Grundrechte in seinen Entscheidungen zu berücksichtigen und zu schützen. Der EuGH nehme seit den 1990er-Jahren in der Auslegung der Grundrechte explizit auf die EMRK Bezug. Wenn nun ein EU-Mitgliedstaat vor dem EGMR verklagt wird und sich darauf berufen kann, dass sein Verhalten im Streitfall durch Unionsrecht determiniert ist, dann hält der EGMR sich in der Prüfung zurück. Weil der Grundrechtsschutz in der EU „gleichwertig", dh „vergleichbar" mit dem der EMRK sei, prüft der EGMR in einem solchen Fall mögliche Verstöße gegen die EMRK nur dann, wenn deren Vorgaben offensichtlich missachtet wurden.[98]

---

94 EuGH 11.9.2014 – C-112/13 (A / B. ua), ECLI:EU:C:2014:2195.
95 Krebber RdA 2009, 224 äußert sich kritisch zum Umgang des EuGH mit der Quellenvielfalt.
96 EuGH 18.12.2014 – Gutachten 2/2013, ECLI:EU:C:2014:2454.
97 EuGH 26.2.2013 – C-617/10 (Åkerberg Fransson), ECLI:EU:C:2013:105, Rn. 44.
98 EGMR 30.6.2005 – Az. 45036/98 (Bosphorus Hava Yolları Turizm), NJW 2006, 197, Rn. 73 f.; Rn. 147 ff.

4. Die Bedeutung von Case Law im Europäischen Arbeitsrecht

Die Entwicklungsgeschichte des Rechts der Europäischen Union ist erst kurz, verglichen mit den mitgliedstaatlichen Rechtsordnungen. Darüber hinaus entsteht das EU-Recht in mühsamen politischen Verhandlungen im Rat, in Auseinandersetzungen zwischen Kommission, Rat und Parlament und enthält deshalb jeweils von Fall zu Fall unterschiedliche Kompromisse. Systematisierungen und (zusammenhängende) Kodifizierungen bestimmter Regelungsbereiche erfolgen häufig erst im Zuge von Initiativen zur Verbesserung der Rechtssetzung. Nicht selten ist der **EuGH eine treibende Kraft** bei der Entwicklung des Unionsrechts. Die Rechtsprechung des Gerichtshofs füllt die oft recht abstrakten Rechtssätze des Primär- und Sekundärrechts mit Inhalt, den Rechtsanwenderinnen und Rechtsanwender handhaben können.[99] 98

Bei der **Systematisierung** des Rechts der Europäischen Union geht es daher meist darum, die Rechtsprechung des EuGH zu verstehen und als einheitliches Ganzes nachzuvollziehen. Denn das Recht der Europäischen Union ist vor allem „**Case Law**". 99

Im vorliegenden Lehrbuch wird deshalb ebenfalls anhand von konkreten Fällen vorgegangen. Ausgehend von den Rechtsquellen im Primärrecht und im Sekundärrecht werden einzelne Auslegungsfragen anhand von konkreten Fällen und Entscheidungen des Europäischen Gerichtshofs erläutert. 100

IV. Ein Grundbegriff: Der „Arbeitnehmer" im europäischen Arbeitsrecht

Literatur: *Europäische Kommission*, Grünbuch „Ein moderneres Arbeitsrecht für die Herausforderungen des 21. Jahrhunderts", KOM(2006) 708 endg.; *Junker, Abbo*, Die Einflüsse des europäischen Rechts auf die personelle Reichweite des Arbeitnehmerschutzes – Der Arbeitnehmerbegriff in der Rechtsprechung des Europäischen Gerichtshofs, EuZA 9 (2016), 184; *Rebhahn, Robert*, Die Arbeitnehmerbegriffe des Unionsrechts in der neueren Judikatur des EuGH, EuZA 5 (2012), 3; *Sutschet, Holger*, Neuere Tendenzen zur personellen Reichweite des Arbeitnehmerschutzes im englischen Arbeitsrecht, EuZA 9 (2016), 171; *Wank, Rolf*, Die personellen Grenzen des Europäischen Arbeitsrechts: Arbeitsrecht für Nicht-Arbeitnehmer?, EuZA 1 (2008), 172; *Ziegler, Katharina*, Arbeitnehmerbegriffe im Europäischen Arbeitsrecht, 2011.

Der Anwendungsbereich des europäischen Arbeitsrechts wird in fast allen primär- und sekundärrechtlichen Grundlagen durch den **Begriff des „Arbeitsverhältnisses"** und in diesem Zusammenhang durch den Begriff des „Arbeitnehmers" festgelegt. Dieser Begriff ist ein zentraler Begriff des Arbeitsrechts, und zwar sowohl der mitgliedstaatlichen Arbeitsrechtsordnungen wie des Europäischen Arbeitsrechts. Er bestimmt darüber, ob auf einen privatrechtlichen Vertrag oder auf eine Tätigkeit arbeitsrechtliche Vorschriften oder allgemeines Wirtschaftsrecht anwendbar sind. Die Eigenschaft als Arbeitnehmerin oder Arbeitnehmer hat zudem weitreichenden Einfluss auf die sozialversicherungsrechtliche Situation einer Person. 101

Das Unionsrecht kennt jedoch **keinen einheitlichen Arbeitnehmerbegriff**. Die Europäische Kommission hatte sich zwar im Jahre 2006 für die Normierung eines einheitlichen unionsautonomen Arbeitnehmerbegriffs eingesetzt;[100] verfolgt dieses Projekt nach seinem Scheitern (siehe oben Rn. 52) aber vorerst nicht weiter. Ein erneuter An- 102

---

99 Siehe auch das Plädoyer für eine Fachkammer für Arbeitsrecht am EuGH bei: Jacobs/Münder/Richter, Spezialisierung der Unionsgerichtsbarkeit im Arbeitsrecht – Fachkammer für Arbeitsrecht am EuGH, 2016.

100 Europäische Kommission, Grünbuch „Ein moderneres Arbeitsrecht für die Herausforderungen des 21. Jahrhunderts", KOM(2006) 708 endg., vgl. oben Rn. 52.

lauf, im Zusammenhang mit der Richtlinie 2019/1152/EU über transparente und vorhersehbare Arbeitsbedingungen in der Europäischen Union, eine unionsautonome Definition des Arbeitnehmers zu kodifizieren,[101] scheiterte im Jahre 2019. Die Auslegung des Begriffs „Arbeitnehmer" hängt deshalb immer davon ab, wie in der jeweiligen Norm der Begriff „Arbeitnehmer" zu verstehen ist.

103 Für die Auslegung kommen zwei grundsätzlich unterschiedliche Herangehensweisen in Betracht: In einigen Rechtsgrundlagen ist der Begriff **unionsautonom** auszulegen unter Anwendung von Argumenten und Methoden der autonomen Auslegung (siehe oben Rn. 85 ff.). In anderen Rechtsgrundlagen ist der Begriff **nach den Gepflogenheiten und dem Recht der Mitgliedstaaten auszulegen.** Auch in diesem Fall sind allerdings unionsrechtlich bestimmte Rahmenbedingungen zu beachten.

104 Im Folgenden wird dieser Grundbegriff an unterschiedlichen Anwendungsfeldern des europäischen Arbeitsrechts entwickelt.

1. Der Begriff des Arbeitnehmers im Recht der Arbeitnehmerfreizügigkeit

105 Ausgangspunkt und Referenzpunkt für die Rechtsprechung des EuGH ist der **Arbeitnehmerbegriff des Art. 45 AEUV.** Er dient der Eingrenzung des Anwendungsbereichs dieser Grundfreiheit. Nach ihm richtet sich, ob für eine bestimmte Tätigkeit die Arbeitnehmerfreizügigkeit oder eine andere Grundfreiheit gilt.

106 ▶ **Beispielsfall 6**

Frau Levin ist britische Staatsbürgerin. Ihr Ehemann lebt und arbeitet in den Niederlanden, ist jedoch selbst indonesischer Staatsbürger. Sie beruft sich nun für ihren Aufenthalt in den Niederlanden auf die Arbeitnehmerfreizügigkeit mit der Begründung, dass sie in einem kleinen Einzelhandelsgeschäft als Verkäuferin eine geringfügige Tätigkeit von drei Stunden pro Woche ausübe. Ihr Lebensunterhalt wird im Übrigen durch Unterhaltsleistungen ihres Ehemannes gesichert. Ist Frau Levin Arbeitnehmerin im Sinne des Art. 45 AEUV? ◀

EuGH 23.3.1982 – 53/81 (Levin), ECLI:EU:C:1982:105

107 ▶ **Beispielsfall 7**

Wie ist es, wenn Frau Levin lediglich als Auszubildende tätig ist und hierfür eine geringe Ausbildungsvergütung bekommt? ◀

108 ▶ **Beispielsfall 8**

Herr Steymann, ein Deutscher, lebte in den Niederlanden als Mitglied der Bagwhan-Gemeinschaft („De Stad Rajneesh Neo-Sannyas Commune") und war für diese als Klempner tätig, allerdings ohne dafür ein finanzielles Entgelt zu bekommen. Die Baghwan-Gemeinschaft kam jedoch für seinen Unterhalt auf: Er lebte in der Gemeinschaft, ohne dafür etwas bezahlen zu müssen, und bekam auch ein kleines Taschengeld. Ist Herr Steymann Arbeitnehmer im Sinne des Art. 45 AEUV? ◀

EuGH 5.10.1988 – 196/87 (Steymann), Slg 1998, I-6159, ECLI:EU:C:1988:475

109 ▶ **Beispielsfall 9**

Michel Trojani ist ein französischer Staatsbürger, der in Belgien lebt. Als er obdachlos wurde, wohnte er zunächst einige Jahre auf einem Campingplatz und dann in einer Jugendherber-

101 Siehe Art. 2 lit. A) des Vorschlags der Europäischen Kommission, COM(2017) 797 (siehe unten Rn. 102, 137).

ge in Brüssel. Ein Jahr später wurde er dort in ein Heim der Heilsarmee aufgenommen, wo mit ihm ein individuelles Projekt für seine gesellschaftliche und berufliche Eingliederung vereinbart wurde. Dies beinhaltete, dass er für seine Unterkunft und etwas Taschengeld etwa 30 Stunden je Woche verschiedene Leistungen erbringen sollte. Wenn es sich bei diesen Leistungen zB um Botendienste sowie Hilfstätigkeiten in der Küche und im Verwaltungssektor handelte: War Herr Trojani Arbeitnehmer im Sinne des Art. 45 AEUV? ◀

EuGH 7.9.2004 – C-456/02 (Trojani), ECLI:EU:C:2004:488

▶ **Beispielsfall 10** 110

Frau H war durch den Aufsichtsrat ihres Unternehmens für vier Jahre zur Vorsitzenden bestellt worden. Sie war damit dazu befugt, das Unternehmen selbstständig zu leiten. Allerdings konnte der Aufsichtsrat sie bei schlechter Finanzverwaltung oder mangelnder Loyalität jederzeit des Amtes entheben. Außerdem mussten einzelne Entscheidungen wie zB der Haushaltsvoranschlag, eventuelle Abweichungen hiervon, die Jahresabschlussrechnung sowie die Einstellung von Personal durch den Aufsichtsrat genehmigt werden. War Frau H Arbeitnehmerin im Sinne des Art. 45 AEUV? ◀

Sachverhalt angelehnt an EuGH 10.9.2014 – C-270/13 (Haralambidis), ECLI:EU:C:2014:2185, Rn. 31 ff.

▶ **Beispielsfall 11** 111

Herr M ist belgischer Staatsangehöriger und Geschäftsführer einer Gesellschaft mit Sitz in den Niederlanden, deren einziger Anteilseigner er ist. Seine Ehefrau ist ebenfalls belgische Staatsangehörige und bei dieser Gesellschaft zwei Tage in der Woche im Sekretariat gegen Entgelt beschäftigt. Handelt es sich bei Herrn bzw. bei Frau M um einen Arbeitnehmer bzw. um eine Arbeitnehmerin im Sinne des Art. 45 AEUV? ◀

EuGH 27.6.1996 – C-107/94 (Asscher), Slg 1996, I-3089, ECLI:EU:C:1996:251;
EuGH 8.6.1999 – C-337/97 (Meeussen), ECLI:EU:C:1999:284

a) Autonome Auslegung

112 Als erste Frage bei Auslegung des Begriffs „Arbeitnehmer“ ist die Frage nach dem Auslegungsmaßstab zu beantworten: Handelt es sich um einen Begriff, der autonom unionsrechtlich ausgelegt werden muss, oder richtet es sich nach dem jeweiligen mitgliedstaatlichen Recht, ob eine Person Arbeitnehmer im Sinne des Art. 45 AEUV ist oder nicht? Der EuGH hat sich hier klar zur **autonomen Auslegung** bekannt. Denn die Reichweite des Arbeitnehmerbegriffs bestimmt die Reichweite der Europäisierung der Arbeitsmärkte. Würde man die Definition des Arbeitnehmerbegriffs an dieser Stelle den Mitgliedstaaten überlassen, so überließe man es gleichzeitig den Mitgliedstaaten, festzulegen, wo sie die Freizügigkeit anwenden wollen und wo nicht.[102]

113 Deshalb legt der EuGH den Arbeitnehmerbegriff in diesem Zusammenhang grundsätzlich **weit**[103] bzw. „nicht eng“[104] aus. Das heißt auf der anderen Seite, dass Ausnahmen, Abweichungen und Einschränkungen eng auszulegen sind.[105]

114 Bei den sachlichen Kriterien, die sich bei der unionsrechtlichen Auslegung des Begriffs Arbeitnehmer ergeben, lassen sich in der Rechtsprechung des EuGH vor allem zwei

102 St. Rspr. des EuGH, erstmals 19.3.1964 – 75/63 (Unger), ECLI:EU:C:1964:19.
103 EuGH 3.6.1986 – C-139/85 (Kempf), ECLI:EU:C:1986:223, Rn. 13.
104 EuGH 6.11.2003 – C-413/01 (Ninni-Orasche), ECLI:EU:C:2003:600, Rn. 23.
105 Zur Auslegung des Abs. 4 siehe unten § 3, Rn. 23 ff.

Kriterien identifizieren. Sie ähneln den Merkmalen, nach denen der Arbeitnehmerbegriff in den mitgliedstaatlichen Rechtsordnungen in aller Regel bestimmt wird:

- Alle mitgliedstaatlichen Arbeitsrechtsordnungen sehen vor, dass es sich nur dann um abhängige Arbeit handelt, wenn eine Tätigkeit in „persönlicher Abhängigkeit", in einem „Unterordnungsverhältnis" bzw. in „**Weisungsgebundenheit**" ausgeübt wird.[106] Dieses letztgenannte Kriterium verwendet auch der EuGH für den unionsautonomen Arbeitnehmerbegriff (siehe dazu Rn. 128 ff.).
- Ein zweites Kriterium ist schwieriger zu identifizieren und auf den Punkt zu bringen: Die Mitgliedstaaten gehen beim Arbeitnehmerbegriff idR von bestimmten privatrechtlichen Austauschverträgen aus. Im deutschen Recht zB ist der Arbeitsvertrag ein Sonderfall des Dienstvertrags nach §§ 611 ff. BGB, so dass werkvertragliche Leistungen nicht dem Arbeitsrecht unterfallen. Dies ist ein Kriterium, das sich im Europäischen Arbeitsrecht so nicht wiederfinden lässt, denn die Frage des Vertrags oder des Vertragstyps setzt eine in sich geschlossene vertragsrechtliche Ordnung voraus, die es auf der Ebene des europäischen Rechts nicht gibt. Das europäische Recht der Grundfreiheiten grenzt nicht Vertragstypen voneinander ab, sondern wirtschaftliche Sachverhalte. Der EuGH fragt also nicht nach dem Vertragstyp, sondern danach, ob eine echte und tatsächliche Berufstätigkeit, dh **(erwerbs-)wirtschaftliche Tätigkeit** vorliegt (siehe dazu Rn. 118 ff.).

115 Von diesen Überlegungen ausgehend lautet die Arbeitnehmerdefinition des EuGH:

> „Arbeitnehmer/in ist, wer für einen anderen nach dessen Weisung Leistungen erbringt, für die er als Gegenleistung eine Vergütung erhält und die eine echte und tatsächliche Berufstätigkeit, also erwerbswirtschaftliche Tätigkeit darstellen."

116 Es spielt also keine Rolle, ob jemand nach mitgliedstaatlichem Recht als Arbeiter oder Arbeiterin, Angestellter oder Angestellte, als Beamter oder Beamtin beschäftigt wird bzw. ob das Beschäftigungsverhältnis öffentlichem oder privatem Recht unterliegt.[107]

117 Zu beachten ist darüber hinaus, dass auch im Rahmen der autonomen unionsrechtlichen Auslegung der Grundsatz des „Vorrangs der Tatsachen" gilt: Wenn eine Person die Kriterien für das Vorliegen eines Arbeitsverhältnisses erfüllt, aber (im Vertragstext) als selbstständig erwerbstätig bezeichnet wird, zB um bestimmte rechtliche und steuerliche Verpflichtungen zu vermeiden, handelt es sich um **Scheinselbstständigkeit**. Die Ermittlung des Vorliegens eines Arbeitsverhältnisses orientiert sich an Tatsachen bezogen auf die tatsächliche Arbeitsleistung, und nicht an der Beschreibung des Verhältnisses seitens der Parteien.[108]

b) Echte und tatsächliche wirtschaftliche Tätigkeit gegen Entgelt

118 Um eine echte und tatsächliche Berufstätigkeit handelt es sich bei allen Tätigkeiten, die Teil des Wirtschaftslebens sind. Dies wird auch als Erfordernis einer **erwerbswirtschaftlichen Tätigkeit** bezeichnet.

---

106 Rebhahn EuZA 5 (2012), 3 (8 ff.); Wank EuZA 1 (2008), 172 (186 ff.).

107 So zB für die Arbeitszeitrichtlinie: EuGH 3.5.2012 – C-337/10 (Neidel), ECLI:EU:C:2012:263, Rn. 25.

108 Erwägungsgrund 8 der Richtlinie 2019/1152/EU über transparente und vorhersehbare Arbeitsbedingungen in der Europäischen Union unter Berufung auf die Rechtsprechung des EuGH (siehe zB EuGH 13.1.2004 – C-256/01 (Allonby), ECLI:EU:C:2004:18; EuGH 4.12.2014 – C-413/13 (FNV Kunsten), ECLI:EU:C:2014:2411.

Das wichtigste Kriterium, an dem gemessen werden kann, ob eine Tätigkeit Teil des Wirtschaftslebens ist oder nicht, ist das **Kriterium des Entgelts:** Wird für die Tätigkeit ein Entgelt gezahlt, dh werden wirtschaftliche Werte ausgetauscht? Dabei kommt es nicht auf die Rechtsgrundlage des Entgelts an. Auch der Präsident einer Hafenbehörde, dessen Vergütung durch eine ministerielle Verordnung festgesetzt wird, erhält diese als Gegenleistung für die Erfüllung der ihm gesetzlich zugewiesenen Aufgaben – damit hat auch seine Vergütung „den vorhersehbaren und regelmäßigen Charakter, der einem Arbeitsverhältnis in Form einer abhängigen Beschäftigung inhärent ist".[109] 119

Es spielt keine Rolle, ob die Tätigkeit im nationalen Recht **erlaubt** ist. Mitgliedstaatliche Verbote sind allein unter dem Gesichtspunkt der Einschränkbarkeit der Freizügigkeit zu diskutieren. 120

In **Beispielsfall 6** wäre Frau Levin dann Arbeitnehmerin im Sinne des Art. 45 AEUV, wenn ihre Tätigkeit als Verkäuferin eine echte und tatsächliche Berufstätigkeit (erwerbswirtschaftliche Tätigkeit) darstellte. Zweifelhaft könnte dies deshalb sein, weil sie daraus so geringe Einkünfte erzielte, dass sie daneben auf Unterhaltsleistungen ihres Ehemannes angewiesen wäre. Allerdings: 121

- Allein deshalb, weil jemand nur in **Teilzeit** tätig ist, fällt er oder sie noch nicht aus dem Anwendungsbereich des Art. 45 AEUV.
- Auch die Tatsache, dass jemand **weniger verdient als das Existenzminimum**, kann keinen Grund dafür darstellen, der Tätigkeit die Ernsthaftigkeit oder die erwerbswirtschaftliche Bedeutung abzusprechen. Es spielt also keine Rolle, ob neben der Erwerbstätigkeit noch Sozialleistungen beantragt werden oder nicht[110] (wobei die Frage des Anspruchs auf Sozialleistungen nach anderen Regeln zu beantworten ist[111]).
- Maßgeblich ist allein, ob die Tätigkeit noch im Wirtschaftsleben verortet ist oder nicht. Der EuGH hat dies theoretisch ausgeschlossen für den Fall, dass eine Tätigkeit „einen so geringen Umfang [hat], dass sie sich als **völlig untergeordnet und unwesentlich** darstellt". Es hat aber noch keinen konkreten Fall gegeben, in dem dies bejaht wurde. Selbst bei einem sogenannten KAPOVAZ-Vertrag (kapazitätsorientierte variable Arbeitszeit) mit geringem Umfang bejahte der EuGH die Voraussetzungen.[112]

Für **Beispielsfall 6** gilt also: Eine Teilzeittätigkeit von drei Stunden pro Woche ist eine echte und tatsächliche Berufstätigkeit, die wirtschaftliche Bedeutung hat. 122

Bei der Abwandlung in **Beispielsfall 7** stellt sich die Frage, ob eine Auszubildende bereits im Sinne des Art. 45 AEUV am Wirtschaftsleben teilnimmt. Problematisch ist dies deshalb, weil die **Ausbildung** den Interessen der Auszubildenden selbst dient, ähnlich wie eine schulische Ausbildung oder ein Hochschulstudium. Allein deshalb, weil jemand eine Finanzierung des Lebensunterhalts für die Zeit der Ausbildung bekommt, handelt es sich deshalb noch nicht um eine Beteiligung am Wirtschaftsleben; eine Studienbeihilfe macht die Zuwendung noch nicht zur Gegenleistung für das Studium. An- 123

109 EuGH 10.9.2014 – C-270/13 (Haralambidis), ECLI:EU:C:2014:2185, Rn. 35 f.
110 EuGH 3.6.1986 – C-139/85 (Kempf), ECLI:EU:C:1986:223.
111 EuGH 15.9.2015 – C-67/15 (Alimanovic), ECLI:EU:C:2015:597.
112 EuGH 26.2.1992 – C-357/89 (Raulin), ECLI:EU:C:1992:87 (dieser Vertrag gab lediglich einen Rahmen vor, wonach innerhalb von drei Monaten bis zu 60 Stunden gearbeitet werden sollte, wobei aber weder eine Untergrenze von Stunden vereinbart war, noch eine Verpflichtung des Arbeitnehmers, einem „Abruf" von Seiten des Arbeitgebers nachzukommen).

ders ist es aber bei Ausbildungen in Betrieben, wie es sie im deutschen dualen Ausbildungssystem gibt, oder bei der Ausbildung im Rahmen des deutschen Referendariats. In beiden Fällen üben die Auszubildenden bzw. die Referendarinnen und Referendare bereits diejenigen Tätigkeiten aus, die sie lernen sollen, und erbringen insofern einen wirtschaftlich verwertbaren Beitrag für den auszubildenden Arbeitgeber. Die Vergütungen, die sie erhalten, sind deshalb auch Gegenleistungen für ihre Tätigkeit. Deshalb handelt es sich in Beispielsfall 7 um eine Arbeitnehmerin im Sinne des Art. 45 AEUV.

124 Ähnlich ist vorzugehen, wenn unklar ist, welcher **wirtschaftliche Ertrag** erbracht wird/werden soll bzw. inwiefern eine erhaltene Leistung im Austausch gegen Arbeitskraft, also als Gegenleistung gewährt wird. Zu prüfen ist jeweils,

- ob die Tätigkeit selbst wirtschaftlicher Art ist,
- ob die Gegenleistung wirtschaftlicher Art ist,
- ob Tätigkeit und Gegenleistung in einem direkten oder indirekten Austauschverhältnis stehen.

125 Dies war in **Beispielsfall 8** zu prüfen. Hier erbrachte die Baghwan-Gemeinschaft mit der Unterbringung und dem Taschengeld eine wirtschaftliche Leistung an Herrn Steymann; es spielt insofern keine Rolle, dass es sich überwiegend um Sachleistungen handelte. Fraglich war aber, ob diese Leistungen als **Gegenleistung für eine wirtschaftlich zu bewertende Tätigkeit** von Herrn Steymann gewährt wurden. Hier ist einerseits zu beachten, dass seine konkreten handwerklichen Tätigkeiten auf dem Arbeitsmarkt außerhalb der Gemeinschaft einen wirtschaftlichen Wert hatten. Andererseits war relevant, dass die Gemeinschaft sich selbst durch wirtschaftliche Aktivitäten finanzierte, sie betrieb zB eine Diskothek, eine Bar und einen Waschsalon. Sowohl auf dem Arbeitsmarkt als auch für die Gemeinschaft selbst waren die Tätigkeiten von Herrn Steymann also von wirtschaftlicher Bedeutung. Ein Zusammenhang zwischen Leistung und Gegenleistung war zwar nicht direkt und explizit gegeben. Da die Gemeinschaft aber von all ihren Mitgliedern Beiträge in Form von Tätigkeiten erwartete, handelte es sich zumindest um ein implizites und indirektes „quid pro quo“. Auch in Beispielsfall 8 war also die Arbeitnehmereigenschaft zu bejahen.

126 Genauso ist in der Fallgruppe der sozialpädagogischen Projekte und Arbeitsbeschaffungsprojekte vorzugehen. So stellte sich in **Beispielsfall 9** die Frage, ob die erbrachten Tätigkeiten tatsächlich dem Wirtschaftsleben zuzurechnen waren. Denn sie dienten auch der Rehabilitation bzw. der **Wiedereingliederung in das Arbeitsleben**, also persönlichen Zwecken von Herrn Trojani. Allerdings schließt auch eine solche Zwecksetzung nicht von vornherein aus, dass die Tätigkeit gleichzeitig wirtschaftlichen Charakter hat. Dies kommt insbesondere dann in Betracht, wenn ein Entgelt gezahlt wird – und zwar unabhängig von dessen Höhe. Man wird einerseits darauf abstellen müssen, ob das Entgelt tatsächlich als Gegenleistung („quid pro quo“) für die Tätigkeit gezahlt wird, oder ob es sich um eine bloße Sozialleistung handelt. In Beispielsfall 9 sprach viel für ersteres.

127 Andererseits kommt es darauf an, ob die erbrachten Tätigkeiten und Leistungen „auf dem Beschäftigungsmarkt üblich“ sind, bzw. ob die Bedingungen der Tätigkeit „soweit wie möglich auf das abgestimmt sind, was für die Ausübung entgeltlicher Arbeit unter normalen Bedingungen von Rechts wegen gilt oder üblich ist“.[113] Diese Voraussetzun-

113 EuGH 7.9.2004 – C-456/02 (Trojani), ECLI:EU:C:2004:488, Rn. 24; EuGH 26.3.2015 – C-316/13 (Fenoll), ECLI:EU:C:2015:200.

gen lagen bei Herrn Trojani jedenfalls vor. Auch die Frage, ob die Tätigkeit für den jeweiligen Arbeitgeber oder Projektträger einen wirtschaftlichen Wert hatte,[114] war zu bejahen; die Tätigkeit erfolgte nicht ausschließlich und allein im (Rehabilitations-)Interesse des Beschäftigten. Die Arbeitnehmereigenschaft war in **Beispielsfall 9** also zu bejahen.[115]

c) Unterordnungsverhältnis/Weisungsgebundenheit

Das zweite sachliche Kriterium, um zu klären, ob eine Tätigkeit Ausübung der Arbeit- 128
nehmerfreizügigkeit darstellt, ist das Kriterium des Unterordnungs- bzw. Abhängigkeitsverhältnisses, dh das Kriterium der **Weisungsgebundenheit.** Diese wird sich in der Regel aus der Vertragsgestaltung ergeben; im deutschen Recht ist es das Weisungsrecht des Arbeitgebers nach § 106 Satz 1 GewO, das den Arbeitsvertrag vom „selbstständigen" (§ 84 Abs. 1 Satz 2 HGB) Dienstvertrag unterscheidet.[116]

Das Merkmal der Weisungsgebundenheit wird zT auch als „Unterordnungsverhältnis" 129
oder „**Abhängigkeitsverhältnis**" bezeichnet.[117] Allein die wirtschaftliche Abhängigkeit reicht aber auch im Unionsrecht nicht aus, um die Arbeitnehmereigenschaft zu bejahen.[118] (Weisungs-) Abhängigkeit drückt sich vielmehr in der Regel darin aus, dass eine Arbeit die Integration des Beschäftigten in die Organisation des Unternehmens mit sich bringt.[119]

Zur Vermeidung von Missbrauch ist bei der Prüfung der Weisungsgebundenheit eine 130
wirtschaftliche Betrachtungsweise anzuwenden.[120] Denn es kann sein, dass eine behauptete „Selbstständigkeit nur fiktiv ist und damit ein Arbeitsverhältnis im Sinne dieses Artikels verschleiert".[121] Es kommt nicht entscheidend darauf an, wie die Parteien den Vertrag bezeichnet haben. Der Begriff des Arbeitnehmers ist vielmehr „nach objektiven Kriterien zu definieren, die das Arbeitsverhältnis in Ansehung der Rechte und Pflichten der betreffenden Personen charakterisieren" („Vorrang der Tatsachen", siehe Rn. 117). Die formale Einstufung als Selbstständiger nach innerstaatlichem Recht schließt deshalb nicht aus, dass jemand als Arbeitnehmer oder Arbeitnehmerin im Sinne des Unionsrechts einzustufen ist.[122]

Es gibt aber eine wichtige Besonderheit des Arbeitnehmerbegriffs im Rahmen des 131
Art. 45 AEUV im Vergleich mit den mitgliedstaatlichen Arbeitnehmerbegriffen. Der **deutsche Arbeitnehmerbegriff** ergibt sich beispielsweise aus der Abgrenzung der selbstständigen von unselbstständigen Dienstnehmerinnen und -nehmern. Deshalb können Personen, die als **Vorstandsmitglieder juristischer Personen** eingestellt sind, als selbst-

114 EuGH 26.3.2015 – C-316/13 (Fenoll), ECLI:EU:C:2015:200.
115 Siehe hierzu auch die Vertiefung unten zu Beispielsfall 14, Rn. 140, 147.
116 Siehe zB Franzen, in: Dauner-Lieb/Langen BGB Schuldrecht, 3. Aufl. 2016, § 611, Rn. 24; Müller-Glöge, in: MüKo BGB, 7. Aufl. 2016, § 611, Rn. 174.
117 EuGH 4.2.2010 – C-14/09 (Genc), ECLI:EU:C:2010:57, Rn. 21; EuGH 17.7.2008 – C-94/07 (Raccanelli), ECLI: EU:C:2008:425, Rn. 34.
118 Ziegler, S. 144; vgl. aber auch Rebhahn EuZA 5 (2012), 3 (32 f.) („ungeklärt").
119 Nr. 13 a) der ILO-Empfehlung Nr. 198 aus dem Jahr 2006 betreffend das Arbeitsverhältnis.
120 Aus rechtsvergleichender Sicht siehe Waas, Werkvertrag, freier Dienstvertrag und Arbeitsvertrag: Abgrenzung und Identifikation im deutschen Recht und in ausländischen Rechtsordnungen, 2012.
121 EuGH 13.1.2004 – C-256/01 (Allonby), ECLI:EU:C:2004:18, Rn. 69 ff. in Bezug auf den Arbeitnehmerbegriff des Art. 157 AEUV; EuGH 11.11.2010 – C-232/09 (Danosa), ECLI:EU:C:2010:674, Rn. 41 f. für die Mutterschutz-Richtlinie 92/85/EG.
122 EuGH 6.11.2003 – C-413/01 (Ninni-Orasche), ECLI:EU:C:2003:600, Rn. 24; EuGH 13.1.2004 – C-256/01 (Allonby), ECLI:EU:C:2004:18, Rn. 71.

ständige Dienstnehmer oder Dienstnehmerinnen eingeordnet werden, da sie im Unternehmen weitgehend weisungsfrei arbeiten. Die notwendige wirtschaftsvertragsrechtliche Regelung ergibt sich dann allein aus §§ 611 ff. BGB ohne zusätzlichen arbeitsrechtlichen Schutz.

132 Der **Arbeitnehmerbegriff des Art. 45 AEUV** dient jedoch nicht dazu, Personen einen besonderen rechtlichen Schutz gegenüber ihrem Arbeitgeber zu gewähren. Er soll vielmehr den Anwendungsbereich für die grenzüberschreitende abhängige Erwerbstätigkeit festlegen, in Abgrenzung zu den Grundfreiheiten der selbstständigen Erwerbstätigkeit, also in Abgrenzung zur Niederlassungsfreiheit und zur Dienstleistungsfreiheit.[123] Fragt man sich vor diesem Hintergrund nach der richtigen Einordnung von **Vorstandsmitgliedern juristischer Personen**, so muss man konstatieren, dass diese aufgrund der vertraglichen Bindung zum Unternehmen keine eigenständige wirtschaftliche Tätigkeit ausüben. Sie machen nicht selbst, sondern allenfalls im Namen ihres Unternehmens von der Niederlassungs- oder Dienstleistungsfreiheit Gebrauch. Vor diesem Hintergrund bejaht der EuGH zu Recht in weitergehendem Maße als die mitgliedstaatlichen Rechtsordnungen eine Arbeitnehmereigenschaft von Geschäftsführungs- oder Vorstandsmitgliedern.

133 In **Beispielsfall 10** findet die Tätigkeit unter der Leitung und Kontrolle eines anderen Organs statt; die Abhängigkeit und Weisungsgebundenheit ist zwar sehr schwach, da sie nur in Bezug auf einige wenige Entscheidungen besteht. Darauf kommt es für die Bestimmung der Arbeitnehmereigenschaft im Hinblick auf Art. 45 AEUV jedoch nicht maßgeblich an. Entscheidend ist vielmehr, ob andere Grundfreiheiten für Frau H in Betracht kämen. Denn es geht hier nicht um die Abgrenzung zum selbstständigen Dienstvertrag, sondern um die **Abgrenzung zur selbstständigen Dienstleistung**. Dem EuGH ist also darin zuzustimmen, dass in Beispielsfall 10 die Arbeitnehmerfreizügigkeit anzuwenden war: Die Tätigkeit „weist nicht die Merkmale auf, die typischerweise mit dem Bild eines eigenständigen Dienstleisters verbunden sind, dh freiere Wahlmöglichkeiten bezüglich der Art der auszuführenden Arbeiten und Aufgaben, der Modalitäten der Ausführung dieser Aufgaben bzw. Arbeiten, der Arbeitszeiten und des Arbeitsorts sowie des Einsatzes eigenen Personals". Die Anwendung des autonomen unionsrechtlichen Arbeitnehmerbegriffs ist deshalb zu bejahen.

134 In **Beispielsfall 11** ist die Arbeitnehmereigenschaft für Frau M unproblematisch zu bejahen. Der Umfang der Tätigkeit reicht aus, um ihr wirtschaftlichen Charakter zu attestieren. Die personenrechtlichen und vermögensrechtlichen Beziehungen, die sich aus der Ehe ergeben, schließen nicht aus, dass zwischen den **Ehegatten** auch ein Arbeitsverhältnis abgeschlossen wird, in dessen Rahmen ein Unterordnungsverhältnis und Weisungsgebundenheit bestehen.[124]

135 Schwieriger ist die Arbeitnehmereigenschaft in **Beispielsfall 11** für Herrn M zu beurteilen, denn er erteilt zwar selbst Weisungen, muss aber gleichzeitig Weisungen der Gesellschaft entgegen nehmen. Es scheint sich also um einen ähnlichen Fall wie in Beispielsfall 10 zu handeln. Ein Unterschied besteht darin, dass Herr M nicht nur Geschäftsführer ist, sondern gleichzeitig Inhaber, dh der **einzige Gesellschafter** der Gesellschaft, für die er tätig ist. Er bestimmt also über die Person, die ihm Weisungen erteilen könnte – und ist damit nicht Arbeitnehmer im Sinne des Art. 45 AEUV. Er übt

123 Kocher, Die wirtschaftliche Betrachtungsweise des Arbeitsverhältnisses im Recht der Europäischen Union FS Kohte 2016, 925–939.

124 EuGH 8.6.1999 – C-337/97 (Meeussen), ECLI:EU:C:1999:284.

durch seine Gesellschaft eine selbstständige Erwerbstätigkeit aus und macht nicht von seiner Arbeitnehmerfreizügigkeit, sondern von seiner Niederlassungsfreiheit Gebrauch.[125]

2. Weitere Anwendungsfelder eines autonom bestimmten Arbeitnehmerbegriffs

Die im Rahmen des Art. 45 AEUV entwickelten Kriterien verwendet der EuGH in aller Regel dann, wenn eine **autonome Auslegung** des Arbeitnehmerbegriffs ansteht – wenn also in der jeweiligen Rechtsgrundlage nicht ausdrücklich erwähnt wird, dass sich der Begriff des Arbeitnehmers nach dem Recht oder den Gepflogenheiten der Mitgliedstaaten bestimme.[126] 136

Dies sind nach der Rechtsprechung des EuGH insbesondere die folgenden **Rechtsgrundlagen:** 137

- Art. 157 AEUV und die Antidiskriminierungsrichtlinien 2006/54/EG, 2000/43/EG und 2000/78/EG (zu den Regelungen im Einzelnen siehe unten § 4)
- Mutterschutz-Richtlinie 92/85/EG (zu den Regelungen im Einzelnen siehe unten § 5, Rn. 36 ff.)
- Arbeitszeit-Richtlinie 2003/88/EG[127] (zu den Regelungen im Einzelnen siehe unten § 5, Rn. 51 ff.)
- Massenentlassungs-Richtlinie 98/59/EG[128] (zu den Regelungen im Einzelnen siehe unten § 5, Rn. 134 ff.)
- Insolvenzschutz-Richtlinie 2008/94/EG (zu den Regelungen im Einzelnen siehe unten § 5, Rn. 170 ff.)

Eine **spezifische Definition**, die aber ebenfalls autonomer Auslegung unterliegt, enthält Art. 3 a) der Arbeitsschutz-Rahmenrichtlinie 89/391/EWG (siehe unten § 5, Rn. 28). Auch im Zusammenhang mit der Kollektivverhandlungsfreiheit hat der EuGH angedeutet, dass er einen unionsautonomen Arbeitnehmerbegriff für maßgeblich hält, der sich etwas anders als die Lawrie-Blum-Definition begründet.[129]

Eine interessante Technik findet sich in Erwägungsgrund 8 der Richtlinie 2019/1152/EU über transparente und vorhersehbare Arbeitsbedingungen in der Europäischen Union: Nachdem es der Europäischen Kommission nicht geglückt war, in dieser Richtlinie die Lawrie-Blum-Definition des Arbeitnehmers zu kodifizieren, weisen lediglich die Erwägungsgründe darauf hin, dass „Hausangestellte, Arbeitnehmer, die auf Abruf, intermittierend, auf der Grundlage von Gutscheinen und auf Online-Plattformen beschäftigt sind, sowie Praktikanten und Auszubildende in den Anwendungsbereich dieser Richtlinie fallen". Dieser Aussage kommt jedoch keine rechtlich bindende Wirkung zu.

---

125 EuGH 27.6.1996 – C-107/94 (Asscher), ECLI:EU:C:1996:251, Rn. 26.

126 Vgl. Definitionsvorschlag der Europäischen Kommission in Art. 2 lit. a) des Vorschlags der Europäischen Kommission, COM(2017)797 (siehe oben Rn. 102): „Für die Zwecke dieser Richtlinie bezeichnet der Ausdruck ‚Arbeitnehmerin' oder ‚Arbeitnehmer' eine natürliche Person, die während einer bestimmten Zeit für eine andere Person nach deren Weisung Leistungen erbringt, für die sie als Gegenleistung eine Vergütung erhält."

127 Zum Verhältnis zur Arbeitsschutz-Rahmenrichtlinie 89/391 siehe EuGH 14.10.2010 – C-428/09 (Union syndicale Solidaires Isère), ECLI:EU:C:2010:612, Rn. 27 f.; zust. Junker EuZA 2016, 184 (188).

128 AA Junker EuZA 2016, 184 (187).

129 EuGH 4.12.2014 – C-413/13 (FNV Kunsten), ECLI:EU:C:2014:2411; genauer unten § 8 Rn. 58 f.

138 ▶ **Beispielsfall 12**

Debra Allonby war Dozentin an einem privaten College in Großbritannien. Zunächst war sie festangestellt in Teilzeit und befristet stundenweise tätig. Als dies dem College zu teuer wurde, verlängerte es den Vertrag nicht, bot Frau Allonby aber an, dieselbe Lehre wie bisher künftig in einer neuen vertraglichen Konstruktion als Selbstständige anzubieten. In der Folge war sie deshalb nicht mehr im Betriebsrentensystem versichert, da dieses nur „Festangestellten" offen stand.

Debra Allonby weist nun darauf hin, dass der Anteil der weiblichen Dozentinnen unter den Festangestellten deutlich unterproportional und der Anteil der Frauen unter den „Selbstständigen" deutlich überproportional sei. Sie verlangt deshalb auf Grundlage von Art. 157 AEUV Zugang zum Betriebsrentensystem des Colleges. ◀

EuGH 13.1.2004 – C-256/01 (Allonby), ECLI:EU:C:2004:18

139 ▶ **Beispielsfall 13**

Dita Danosa war Vorstandsmitglied eines lettischen Leasingunternehmens, das in einer gesellschaftsrechtlichen Form organisiert ist, die zum Teil mit der deutschen Aktiengesellschaft vergleichbar ist. Frau Danosa war als Vorstandsmitglied hauptamtlich für das Unternehmen tätig; mit dem Amt war also ein Beschäftigungsverhältnis verbunden.

Als das Unternehmen in eine wirtschaftliche Schieflage geriet, berief die Hauptversammlung Frau Danosa aus dem Amt des Vorstandsmitglieds ab. Diese Abberufung hatte den Verlust des Beschäftigungsverhältnisses in der Geschäftsführung zur Folge. Frau Danosa war zum Zeitpunkt der Abberufung schwanger und machte Rechte auf Mutterschutz geltend. Ist sie Arbeitnehmerin im Sinne der Mutterschutz-Richtlinie 92/85/EWG? ◀

EuGH 11.11.2010 – C-232/09 (Danosa), ECLI:EU:C:2010:674

140 ▶ **Beispielsfall 14**

Herr Fenoll ist als behinderte Person in einem französischen „Zentrum für Hilfe durch Arbeit" (Centre d'aide par le travail, CAT) tätig. (Diese Zentren sind mit den deutschen Werkstätten für behinderte Menschen (§§ 136 ff. SGB IX) vergleichbar.) Herr Fenoll erhält dort soziale und medizinische Betreuung, erbringt aber auch eine Arbeitsleistung und erhält eine Einkommenssicherung. Der Bemessung dieser Einkommenssicherung werden aber nicht die geleisteten Arbeitsstunden zugrunde gelegt. Er macht einen Anspruch auf bezahlten Jahresurlaub geltend. Ist er Arbeitnehmer im Sinne der Arbeitszeit-Richtlinie 2003/88/EG? ◀

EuGH 26.3.2015 – C-316/13 (Fenoll), ECLI:EU:C:2015:200

141 ▶ **Beispielsfall 15**

Der Feuerwehrdienst in der belgischen Stadt Nivelles wird durch Berufsfeuerwehrleute und freiwillige Feuerwehrleute geleistet. Die freiwilligen Feuerwehrleute nehmen an den Einsätzen teil und übernehmen Wach- und Bereitschaftsdienste in der Kaserne nach einem Zeitplan, der jeweils zu Jahresbeginn festgelegt wird. Sie erhalten dafür auch eine Vergütung. Herr Matzak ist einer dieser freiwilligen Feuerwehrleute; er macht nun Rechte geltend, die sich aus der Arbeitszeitrichtlinie 2003/88/EG ergeben. ◀

EuGH 21.2.2018 – C-518/15 (Matzak), ECLI:EU:C:2018:82

142 ▶ **Beispielsfall 16**

In Mitgliedstaat F wurde die Massenentlassungs-Richtlinie 98/59/EG so umgesetzt, dass alle Arbeitgeber verpflichtet wurden, Arbeitnehmervertretungen bei Massenentlassungen zu

unterrichten und anzuhören. Eine Massenentlassung sollte vorliegen, wenn innerhalb eines Zeitraums von 90 Tagen mindestens 20 Arbeitnehmerinnen und Arbeitnehmern entlassen werden (sog. Schwellenwert).
Einige Jahre nach der Umsetzung traf Mitgliedstaat F eine Reihe von Maßnahmen, mit denen die Beschäftigung von jüngeren Arbeitnehmerinnen und Arbeitnehmern gefördert werden sollte. Eine dieser Maßnahmen änderte die Berechnung des Schwellenwerts für die Unterrichtung und Anhörung von Arbeitnehmervertretungen. Arbeitnehmerinnen und Arbeitnehmer, die das 26. Lebensjahr noch nicht vollendet hatten, wurden seither beim Schwellenwert für die Massenentlassung nicht mehr mitgerechnet. Die zuständige Gewerkschaft hielt dies für einen Verstoß gegen die Massenentlassungs-Richtlinie 98/59/EG. ◀

EuGH 18.1.2007 – C-385/05 (CGT), ECLI:EU:C:2007:37

Mit der Anknüpfung des Arbeitnehmerbegriffs an eine Definition, die zu Art. 45 AEUV entwickelt wurde, wird ein Begriff aus dem Recht der Grundfreiheiten in der Sozialpolitik verwendet. 143

In **Beispielsfall 12** stellte sich die Frage der Arbeitnehmereigenschaft bei einem möglichen Anspruch auf gleiches Entgelt nach Art. 157 AEUV (konkretisiert in Art. 4 der Richtlinie 2006/54/EG; zu diesem Anspruch genauer unten § 4, Rn. 15 ff.). Bei Frau Allonby war insofern das Merkmal der erwerbswirtschaftlichen Tätigkeit, dh die Frage der Vergütung für eine Leistung in echter und tatsächlicher Berufstätigkeit unproblematisch. Fraglich war, ob sie diese Leistungen nach Weisung des privaten College erbrachte, ob es sich also um eine Tätigkeit in Weisungsabhängigkeit und Unterordnung handelte. 144

Hier geht es um die **Abgrenzung zwischen selbstständiger Tätigkeit und „Scheinselbstständigkeit"** und die Frage, ob diese Abgrenzung nach formalen Kriterien erfolgt oder aufgrund einer Bewertung der tatsächlichen Weisungsverhältnisse (vgl. oben Rn. 130). Hierzu stellte der EuGH in Beispielsfall 12 zu Recht fest, dass „die formale Einstufung als Selbstständiger nach innerstaatlichem Recht [...] nicht aus[schließt], dass jemand als Arbeitnehmer [...] einzustufen ist, wenn seine Selbstständigkeit nur fiktiv ist".[130] Dies festzustellen ist Sache der mitgliedstaatlichen Gerichte, allerdings unter Anwendung autonom-unionsrechtlicher Regelungen. Für die Arbeitnehmereigenschaft von Frau Allonby sprach jedenfalls, dass ihre Tätigkeiten nach der „Ausgliederung" dieselben waren wie vorher.[131]

In **Beispielsfall 13** ging es um die Anwendung der Mutterschutz-Richtlinie. Auch hier wurden unproblematisch Leistungen in echter und tatsächlicher (erwerbs-)wirtschaftlicher Berufstätigkeit gegen Entgelt erbracht. Fraglich war allein, ob dies in **Weisungsabhängigkeit** erfolgte. Hier ist wieder zu berücksichtigen, dass der unionsautonome Arbeitnehmerbegriff des Art. 45 AEUV allein in Abgrenzung zu anderen Grundfreiheiten entwickelt wurde. In der autonomen Begriffsbestimmung des EuGH gibt es deshalb lediglich Arbeitnehmerinnen und Arbeitnehmer einerseits, sowie selbstständige Dienstleistende andererseits – es entfällt die (zB im deutschen Recht relevante) Kategorie des selbstständigen Dienstvertrags, in dem selbstständige Dienste für einen anderen erbracht werden. 145

Aus der Abgrenzung des EuGH ergibt sich in **Beispielsfall 13**, dass „die **Eigenschaft als Mitglied der Unternehmensleitung einer Kapitalgesellschaft** [...] nicht als solche aus- 146

130 EuGH 13.1.2004 – C-256/01 (Allonby), ECLI:EU:C:2004:18; siehe auch Schiek 2007, S. 218 ff.
131 Zu den Grenzen dieses Vergleichs siehe EuGH 17.7.2008 – C-94/07 (Raccanelli), ECLI:EU:C:2008:425.

schließen [kann], dass sich [Frau Danosa] in einem Unterordnungsverhältnis gegenüber der betreffenden Gesellschaft befand."[132] Umgekehrt zeigt die Tatsache, dass sie – obwohl Mitglied der Unternehmensleitung – durch Gesellschafterbeschluss von ihrem Amt abberufen werden konnte, dass es ein Organ gab, das von ihr nicht kontrolliert wurde und das jederzeit gegen ihren Willen über sie entscheiden konnte. Für die Feststellung von Weisungsgebundenheit und eines Unterordnungsverhältnisses nach autonomem Unionsrecht reichte dies aus. Anders wäre dies nur zu beurteilen gewesen, wenn sie allein („oder zusammen mit engen Verwandten"[133]) als Inhaberin eines wesentlichen Teils des Unternehmens bestimmenden Einfluss auf dessen Tätigkeiten gehabt hätte.

Diese Auslegung hat weitreichende Konsequenzen, da sie anders als es die Mitgliedstaaten häufig tun, auch nicht zwischen „Arbeitnehmern" und „**Leitenden Angestellten**" unterscheidet.[134]

147 In **Beispielsfall 14** ging es um den Anwendungsbereich von Art. 7 der Arbeitszeit-Richtlinie 2003/88/EG. Da diese keinen Verweis auf mitgliedstaatliche Gesetze und/oder Gepflogenheiten enthält, geht der EuGH von einem autonomen Arbeitnehmerbegriff aus.[135] In Beispielsfall 14 war anders als in den Beispielsfällen 12 und 13 jedoch nicht die Weisungsabhängigkeit problematisch, sondern die Frage, ob die Tätigkeit „echte und tatsächliche Berufstätigkeit", also „**erwerbswirtschaftliche Tätigkeit**" darstellte. Zweifel ergaben sich, weil die sonst meist hilfreiche Frage, ob die erbrachten Tätigkeiten und Leistungen „auf dem Beschäftigungsmarkt üblich" sind,[136] hier nicht weiterhalf. Der EuGH hatte darüber hinaus in einer früheren Entscheidung zu Art. 45 AEUV die Beschäftigung von Personen in einem Rehabilitationsprogramm für Drogenabhängige außerhalb des Arbeitnehmerbegriffs gesehen, weil die Betroffenen „infolge von in ihrer Person begründeten Umständen auf unbestimmte Zeit nicht in der Lage [waren], unter normalen Bedingungen zu arbeiten".[137] Und auch in Beispielsfall 14 waren die Arbeitsplätze für die behinderten Beschäftigten besonders eingerichtet. Der EuGH weist hier aber zu Recht darauf hin, dass es für die Einordnung als Arbeitnehmerin oder Arbeitnehmer letztlich doch vor allem darauf ankommen muss, ob die Tätigkeiten für den jeweiligen Arbeitgeber oder Projektträger einen wirtschaftlichen Wert haben – oder ob sie im Gegenteil allein im (Rehabilitations-)Interesse des Beschäftigten erfolgten.[138] Da letzteres in Beispielsfall 14 zu verneinen und das Entgelt deshalb mehr als eine bloße Sozialleistung war, musste die Arbeitnehmereigenschaft bejaht werden.

148 Auch in **Beispielsfall 15** ging es letztlich um die Frage, ob freiwillige Feuerwehrleute einer erwerbswirtschaftlichen Tätigkeit nachgehen und deshalb arbeitsrechtlichen Schutz genießen. Der EuGH bejahte dies.[139] Als maßgeblich wurde auch hier angesehen, dass Herr Matzak für seine Tätigkeit eine Vergütung mit der Funktion einer Ge-

---

132 EuGH 11.11.2010 – C-232/09 (Danosa), ECLI:EU:C:2010:674; vgl. auch EuGH 11.4.2019 – C-603/17 (Bosworth and Hurley).

133 So die – allerdings problematische – Erweiterung in EuGH 10.2.2011 – C-30/10 (Lotta Andersson), ECLI:EU:C:2011:66 zur Insolvenzschutzrichtlinie 2008/94/EG.

134 Für das deutsche Recht siehe jetzt EuGH 9.7.2015 – C-229/14 (Balkaya), ECLI:EU:C:2015:455.

135 EuGH 26.3.2015 – C-316/13 (Fenoll), ECLI:EU:C:2015:200, Rn. 24 f.

136 EuGH 7.9.2004 – C-456/02 (Trojani), ECLI:EU:C:2004:488, Rn. 24.

137 EuGH 31.5.1989 – C-344/87 (Bettray), ECLI:EU:C:1989:226, zu Art. 45 AEUV.

138 EuGH 26.3.2015 – C-316/13 (Fenoll), ECLI:EU:C:2015:200; vgl. auch die Kriterien von Junker EuZA 2016, 184 (202 ff.): Schutzzwecke und Produktivität..

139 EuGH 21.2.2018 – C-518/15 (Matzak), ECLI:EU:C:2018:82; so auch schon EuGH 14.7.2005 – C-52/04 (Personalrat der Feuerwehr Hamburg), ECLI:EU:C:2005:467 mit Anm. Lörcher AuR 2005, 415.

genleistung erhielt. Ähnliches gilt für andere **Freiwilligendienste** wie zB Gelegenheits- und Saisontätigkeiten in Ferien- und Freizeitzentren.[140] Auch Praktikantinnen und Praktikanten und andere Personen in der Ausbildung unterfallen dem unionsautonomen Arbeitnehmerbegriff (siehe schon oben Rn. 123).[141]

Beispielsfall 16 warf die Frage des Anwendungsbereichs der Massenentlassungs-Richtlinie 98/59/EG auf. Hier blieben **jüngere Personen** (bis zum 26. Lebensjahr) bei Berechnung der Schwellenwerte für Unterrichtung und Anhörung der Arbeitnehmervertretungen unberücksichtigt.[142] Da diese Personen im Übrigen die Kriterien des Arbeitnehmerbegriffs erfüllten, und das Alter keine Rolle für die unionsrechtliche Einordnung spielt, stellte die Regelung einen Verstoß gegen die Richtlinie dar. 149

3. Unionsrechtliche Anforderungen an den Arbeitnehmerbegriff bei der Auslegung nach mitgliedstaatlichem Recht

In einer Reihe von sekundärrechtlichen Normen zur Sozialpolitik heißt es ausdrücklich, dass sich der **Arbeitnehmerbegriff nach der gesetzlich, tarifvertraglich oder der nach den Gepflogenheiten in jedem Mitgliedstaat geltenden Definition bzw. dem einzelstaatlichen Schutz** bestimmt. In einem solchen Fall kommt eine ausschließlich autonome Auslegung des Arbeitnehmerbegriffs nicht in Betracht. 150

Dies gilt zB für die folgenden Richtlinien: 151

- Vereinbarkeits-Richtlinie 2019/1158/EU (zu den Regelungen im Einzelnen siehe unten § 5, Rn. 83 ff.)
- Rahmenvereinbarung zur Teilzeit-Richtlinie 97/81/EG (zu den Regelungen im Einzelnen siehe unten § 5, Rn. 93 ff.)
- Rahmenvereinbarung zur Befristungs-Richtlinie 99/70/EG (zu den Regelungen im Einzelnen siehe unten § 5, Rn. 105 ff.)
- Leiharbeits-Richtlinie 2008/104/EG (zu den Regelungen im Einzelnen siehe unten § 5, Rn. 124 ff.)
- Betriebsübergangs-Richtlinie 2001/23/EG (zu den Regelungen im Einzelnen siehe unten § 5, Rn. 156 ff.)
- Anhörungs-Richtlinie 2002/14/EG (zu den Regelungen im Einzelnen siehe unten § 6, Rn. 4 ff.)
- Entsende-Richtlinie 96/71/EG (zu den Regelungen im Einzelnen siehe unten § 7, Rn. 29 ff.)

Die Auslegung nach dem Recht der Mitgliedstaaten bedeutet jedoch nicht, dass der Definitionsmacht der Mitgliedstaaten keine **Grenzen** gesetzt sind: 152

Zunächst ist zu beachten: Hat das mitgliedstaatliche Recht eine Gruppe von Beschäftigten einmal grundsätzlich als „Arbeitnehmer“ eingeordnet, so handelt es sich auch um Arbeitnehmer im Sinne der hier genannten Richtlinien, selbst wenn das nationale

140 EuGH 14.10.2010 – C-428/09 (Union syndicale Solidaires Isère), ECLI:EU:C:2010:612; siehe Krimphove NZA 2017, 1374 ff.

141 EuGH 9.7.2015 – C-229/14 (Balkaya), ECLI:EU:C:2015:455 m. zust. Anm. Weber/Zimmer EuZA 9 (2016), 224 (234 f.).

142 EuGH 18.1.2007 – C-385/05 (CGT), ECLI:EU:C:2007:37, Rn. 34; EuGH 15.1.2014 – C-176/12 (Association de médiation sociale), ECLI:EU:C:2014:2, Rn. 25 ff., Rn. 32 ff. für Arbeitnehmerinnen und Arbeitnehmer, die im Rahmen eines durch öffentliche Mittel bezuschussten Vertrags beschäftigt sind.

Recht sie zumindest teilweise aus deren Anwendungsbereich ausgenommen haben sollte.[143]

- Grenzen ergeben sich zunächst aus dem Grundsatz des **effet utile:**
  Die praktische Wirksamkeit des Unionsrechts muss gewahrt sein.

Diesen Grundsatz hat der EuGH zuletzt dazu verwendet, die Mitgliedstaaten auch im Bereich der mitgliedstaatlichen Definition weitgehend auf die **Grundsätze der Lawrie-Blum-Definition** zu verpflichten. Wenn der Unionsgesetzgeber in einer Richtlinie die „Konturen" des Arbeitnehmerbegriffs „umrissen" habe (wie zB in Art. 3 Abs. 1 a) der Leiharbeits-Richtlinie 2008/104/EG, wo es heißt, „Arbeitnehmer" sei „eine Person, die in dem betreffenden Mitgliedstaat nach dem nationalen Arbeitsrecht als Arbeitnehmer geschützt ist"), dann habe er es gerade nicht den Mitgliedstaaten überlassen, den Begriff zu bestimmen; diese müssten also die Definition der Lawrie-Blum-Entscheidung zugrunde legen. Ansonsten bestehe die Gefahr, dass die praktische Wirksamkeit der Richtlinie durch eine übermäßige und ungerechtfertigte Einschränkung ihres Anwendungsbereichs beeinträchtigt werde.[144]

Diese Methode der Begrenzung mitgliedstaatlicher Definitionsmacht beim Anwendungsbereich arbeitsrechtlicher Richtlinien ist in der Vereinbarkeits-Richtlinie 2019/1158/EU sogar kodifiziert worden. Dort heißt es in Art. 2 zum Anwendungsbereich:

> „Diese Richtlinie gilt für alle Arbeitnehmer, Männer wie Frauen, die nach der die Rechtsprechung des Gerichtshofs berücksichtigenden Definition im Recht, in den Kollektiv- bzw. Tarifverträgen oder den Gepflogenheiten jedes einzelnen Mitgliedstaats einen Arbeitsvertrag haben oder in einem Beschäftigungsverhältnis stehen."

Es ist also zwar „Sache der Mitgliedstaaten, die Begriffe ‚Arbeitsvertrag' und ‚Beschäftigungsverhältnis' zu definieren"; sie müssen dabei aber die Rechtsprechung des EuGH „zu den Kriterien für die Festlegung des Arbeitnehmerbegriffs" berücksichtigen.

153 Im Vergleich zum effet utile sind die beiden anderen Grundsätze, an denen die Mitgliedstaaten sich zu orientieren haben, in ihrer Zielrichtung klarer bestimmt: Zu beachten ist auch

- der **Äquivalenzgrundsatz:** Die Umsetzung von Unionsrecht darf nicht weniger günstig gestaltet sein als vergleichbares innerstaatliches Recht (genauer unten § 4, Rn. 220 ff.).
- Weitere Grenzen ergeben sich aus den Grundrechten und insbesondere aus dem **Gleichbehandlungsgrundsatz** (Art. 20 EU-GRC): Ein Mitgliedstaat darf nicht „nach seinem Belieben bestimmte Personalkategorien von dem […] bezweckten Schutz ausnehmen".[145]

154 ▶ **Beispielsfall 16 a**

In Mitgliedstaat F wurde die Anhörungs-Richtlinie 2002/14/EG so umgesetzt, dass die Arbeitgeber zur Unterrichtung und Anhörung von Arbeitnehmervertretungen verpflichtet wurden, wenn eine bestimmte Mindestzahl von Arbeitnehmerinnen und Arbeitnehmern von wesentlichen Änderungen der Arbeitsbedingungen betroffen war. Bei der Berechnung

143 EuGH, 13.6.2019 – C-317/18 (Correia Moreira), ECLI:EU:C:2019:499, Rn. 45 ff.
144 EuGH 17.11.2016 – C-216/15 (Betriebsrat der Ruhrlandklinik), ECLI:EU:C:2016:883, Rn. 32 ff.
145 EuGH 1.3.2012 – C-393/10 (O'Brien), ECLI:EU:C:2012:110, Rn. 29 ff. zur Rahmenvereinbarung über Teilzeit.

der hierfür maßgeblichen Schwellenwerte wurden ab einem bestimmten Zeitpunkt Arbeitnehmerinnen und Arbeitnehmer, die das 26. Lebensjahr noch nicht vollendet hatten, nicht mehr mitgerechnet (siehe auch Beispielsfall 16, oben Rn. 142, 149). ◀

EuGH 15.1.2014 – C-176/12 (Association de médiation sociale), ECLI:EU:C:2014:2

▶ **Beispielsfall 17** 155

Herr O'Brien ist im Vereinigten Königreich beim Justizministerium als Teilzeitrichter in einem beamtenähnlichen Treue- und Fürsorgeverhältnis beschäftigt und wird auf der Basis von Gebühren in Form von Tagessätzen vergütet. Ihm stehen dabei ua Ansprüche auf Entgeltfortzahlung im Krankheitsfall, Mutterschafts- bzw. Vaterschaftsgeld, Elterngeld und ähnliche Leistungen zu. Was die Art und Weise der Arbeitsorganisation angeht, so wird von den Teilzeitrichtern erwartet, dass sie zu bestimmten Zeiten und während bestimmter Zeiträume arbeiten; sie unterliegen auch Dienstvorschriften, können aber ihre Arbeit mit größerer Flexibilität einteilen als Angehörige anderer Berufe. Herr O'Brien macht nun geltend, dass die Teilzeit-Richtlinie 97/81/EG bei der Regelung seines Beschäftigungsverhältnisses zu berücksichtigen sei. ◀

EuGH 1.3.2012 – C-393/10 (O'Brien), ECLI:EU:C:2012:110

In **Beispielsfall 16 a** machte Mitgliedstaat F geltend, dass die Anhörungs-Richtlinie (anders als die Massenentlassungs-Richtlinie) gerade keinen autonomen Arbeitnehmerbegriff vorsieht. Der Personenkreis, der für die Schwellenwerte hier zu berücksichtigen ist, wird in der Richtlinie unter Bezug auf das Recht der Mitgliedstaaten definiert: 156

> Art. 2 d) der Anhörungs-Richtlinie 2002/14/EG: „Im Sinne dieser Richtlinie bezeichnet der Ausdruck ‚Arbeitnehmer' eine Person, die in dem betreffenden Mitgliedstaat als Arbeitnehmer aufgrund des einzelstaatlichen Arbeitsrechts und entsprechend den einzelstaatlichen Gepflogenheiten geschützt ist“.

In **Beispielsfall 16 a** war ein Verstoß gegen Unionsrecht zu bejahen: Auch nach dem innerstaatlichen Recht von Mitgliedstaat F waren Arbeitnehmerinnen und Arbeitnehmer unter 26 Jahren arbeitsrechtlich als Arbeitnehmer geschützt. Es konnte bereits als Verstoß gegen das **Äquivalenzprinzip** angesehen werden, diese Arbeitnehmergruppe bei der Umsetzung von EU-Recht nicht mitzuzählen. Der EuGH wies darüber hinaus darauf hin, dass die **mitgliedstaatliche Definitionsmacht** über den Arbeitnehmerbegriff nicht beinhalte, eine bestimmte Gruppe von Personen, die „ursprünglich zu diesem Kreis gehörte“, bei dieser Berechnung unberücksichtigt zu lassen.[146] 157

Ein Problem der Gleichbehandlung warf auch **Beispielsfall 17** auf. Denn der **Gleichbehandlungsgrundsatz** verlangt, dass eine Gruppe von Personen nur dann von der Anwendung einer Regelung ausgenommen wird, wenn deren Rechtsverhältnis „seinem Wesen nach“ erhebliche Unterschiede zum geregelten Rechtsverhältnis aufweist. „Andernfalls [wäre] dieser Ausschluss als willkürlich zu betrachten“. Der bloße Umstand, dass Richterinnen und Richter als Inhaber eines besonderen öffentlichen Amts eingestuft werden, reicht deshalb für sich genommen nicht aus, um ihnen die Rechte aus der Rahmenvereinbarung zur Teilzeit-Richtlinie zu entziehen. Der EuGH überließ es hier dann aber dem mitgliedstaatlichen Gericht, abschließend zu prüfen, inwiefern sich das Rechtsverhältnis der Teilzeitrichterinnen und -richter seinem Wesen nach – insbesondere im Hinblick auf Arbeitsorganisation, Ernennung und Abberufung – erheblich von 158

146 EuGH 15.1.2014 – C-176/12 (Association de médiation sociale), ECLI:EU:C:2014:2.

den Arbeitsverhältnissen unterscheidet, bei denen im mitgliedstaatlichen Recht typischerweise von der Arbeitnehmereigenschaft der Beschäftigten ausgegangen wird.[147] Der zur Entscheidung berufene Oberste Gerichtshof des Vereinigten Königreichs erkannte dann im Ergebnis keine wesentlichen Unterschiede zwischen Teilzeitrichterinnen und -richtern und anderen Arbeitnehmerinnen und Arbeitnehmern und sah deshalb keine Rechtfertigung dafür, Herrn O'Brien ungleich zu behandeln.[148]

147 EuGH 1.3.2012 – C-393/10 (O'Brien), ECLI:EU:C:2012:110.

148 UK-Supreme Court, 6.2.2013 (O'Brien v. Ministry of Justice (Formerly the Department for Constitutional Affairs)) [2013] UKSC 6.

§ 2 Formen und Verfahren der Normsetzung im Arbeitsrecht der EU

Rechtsgrundlagen: Art. 151–155 AEUV.

Der AEUV enthält für das Europäische Arbeitsrecht drei große Regelungsbereiche: 1

- Die primärrechtlich gewährleistete Personenverkehrsfreiheit **der Arbeitnehmerfreizügigkeit** soll einen europäischen Binnenmarkt für Arbeitskräfte herstellen.
- Die einzige Norm mit sozialpolitischer Zielsetzung, die bereits in den Römischen Verträgen seit 1957 auf primärrechtlicher Ebene vorgesehen ist, stellt der heutige Art. 157 AEUV dar. Er schreibt vor, dass Männer und Frauen bei gleicher und gleichwertiger Arbeit gleiches Entgelt erhalten müssen. Ausgehend von dieser Norm ist im Europäischen Arbeitsrecht ein großer Bereich des **Schutzes vor sozialer Diskriminierung** entwickelt worden.
- Die Art. 151 ff. AEUV enthalten ein eigenes Kapitel zur **Sozialpolitik.** Die Zielsetzung dieser Maßnahmen wird durch Art. 151 AEUV bestimmt.

In allen drei Bereichen finden sich Kompetenzen, auf deren Grundlage die Europäische Union Sekundärrecht erlassen kann, das in seiner Gesamtheit das Europäische Arbeitsrecht ausmacht: 2

- Auf die Kompetenzgrundlagen der Art. 46 und Art. 48 AEUV zur Herstellung und Unterstützung der **Arbeitnehmerfreizügigkeit** wird unten § 3, Rn. 10 ff. eingegangen.
- Für den **sozialen Diskriminierungsschutz** finden sich Rechtssetzungskompetenzen nicht nur in Art. 157 AEUV, sondern auch in Art. 19 AEUV. Diese werden unten § 4, Rn. 10 ff. behandelt.
- Die wichtigste allgemeine Kompetenzgrundlage für die **Sozialpolitik** enthält Art. 153 AEUV. Das Sekundärrecht, das auf dieser Grundlage erlassen wurde, ist Gegenstand der Kapitel § 5 und § 6. An dieser Stelle soll nur auf die Reichweite dieser Kompetenz sowie das Rechtssetzungsverfahren eingegangen werden.

I. Die Reichweite des Art. 153 AEUV

▶ **Beispielsfall 18** 3

In Abschnitt II der Arbeitszeit-Richtlinie werden die täglichen Mindestruhezeiten, die wöchentliche Ruhezeit, der Jahresurlaub sowie die Ruhepause und die wöchentliche Höchstarbeitszeit geregelt. Die erste Fassung dieser Richtlinie aus dem Jahre 1993[1] enthielt ua die folgenden Vorschriften:

- Die Mitgliedstaaten müssen alle erforderlichen Maßnahmen treffen, damit jedem Arbeitnehmer und jeder Arbeitnehmerin pro Siebentageszeitraum eine kontinuierliche Mindestruhezeit von 24 Stunden gewährt wird (Art. 5 Abs. 1).
- Diese Ruhezeit schließt grundsätzlich den Sonntag ein (Art. 5 Abs. 2).

Das Vereinigte Königreich beantragte (ua), Art. 5 Abs. 1 und 2 der Arbeitszeit-Richtlinie von 1993 wegen Kompetenzverstoßes für nichtig zu erklären. ◀

EuGH 12.11.1996 – C-84/94 (Vereinigtes Königreich./. Rat), ECLI:EU:C:1996:431

1 Es handelte sich um die Arbeitszeit-Richtlinie 93/104/EG; sie wurde später durch die bis heute geltende Arbeitszeit-Richtlinie 2003/88/EG ersetzt.

4 Auch in der Sozialpolitik gilt der **Grundsatz der beschränkten Einzelermächtigung**, dh jede Maßnahme der Europäischen Union muss in vollem Umfang von der Kompetenz umfasst sein.

Art. 153 Abs. 1 enthält in a)-k) insgesamt elf **Kompetenzbereiche** für das Europäische Arbeitsrecht.[2]

5 Diese Normen sind immer im Zusammenhang mit Art. 153 Abs. 4 und 5 AEUV zu lesen. Diese **Bereichsausnahmen** markieren die sachlichen Grenzen der Kompetenzen der EU in der Sozialpolitik. Es geht dabei um zwei Bereiche:

- Nach Art. 153 Abs. 4 dürfen unionsrechtliche Bestimmungen nicht die „anerkannte Befugnis der Mitgliedstaaten, die Grundprinzipien ihres Systems der sozialen Sicherheit festzulegen", berühren. Hierin ist vor allem eine Absage an ein eigenständiges europäisches System der sozialen Sicherung zu sehen.[3]
- Nach Art. 153 Abs. 5 erstrecken sich die Rechtssetzungskompetenzen der Union nicht auf „das Arbeitsentgelt, das Koalitionsrecht, das Streikrecht sowie das Aussperrungsrecht". Diese Kompetenzgrenzen benennen den Kern der mitgliedstaatlichen Selbstgestaltungsfähigkeit (siehe oben § 1, Rn. 10, 16 ff.).

6 Bei der Kompetenzwahrnehmung ist zu beachten, dass die sozialpolitischen Kompetenzen nach Art. 153 Abs. 1 AEUV ausschließlich zur **Unterstützung und Ergänzung der Tätigkeit der Mitgliedstaaten** auf diesen Gebieten dienen. Der allgemeine Grundsatz der Subsidiarität (Art. 5 Abs. 3 EUV) ist hier für die Sozialpolitik spezialgesetzlich betont und verschärft. Was damit konkret gemeint ist, macht Art. 153 Abs. 2 UAbs. 1 b) AEUV deutlich:

- Die Rechtssetzung auf dem Gebiet der Sozialpolitik darf ausschließlich in der **Form der Richtlinie** erfolgen. Zulässig sind also nur Maßnahmen, die den Mitgliedstaaten im Sinne von Art. 288 Abs. 3 AEUV einen ausreichenden Gestaltungsspielraum übertragen; nicht zulässig sind unmittelbar wirkende Verordnungen. Zudem darf die Rechtssetzung sich nur auf die Angelegenheiten des Art. 153 Abs. 1 a)-i) erstrecken, nicht aber auf j) und k) (siehe Art. 153 Abs. 2 UAbs. 1 b) AEUV).
- Nach Art. 153 Abs. 2 UAbs. 1 b) AEUV dürfen die Richtlinien nur „unter Berücksichtigung der in den einzelnen Mitgliedstaaten bestehenden Bedingungen und technischen Regelungen [...] **Mindestvorschriften** [enthalten], die schrittweise anzuwenden sind." Dies ist das Gegenkonzept zur Vollharmonisierung[4] und besagt, dass die Europäische Union den Mitgliedstaaten nicht nur die allgemeinen Umsetzungsspielräume lassen muss, die sich bei Richtlinien notwendig ergeben, sondern dass sie nur in einer einzigen Richtung bindende Vorgaben machen darf, nämlich nur im Interesse des Arbeitnehmerschutzes.

  Mit Mindestschutz ist immer der **Mindestschutz von Beschäftigten** gemeint. Diese Auslegung ergibt sich aus der Zielsetzung der Sozialpolitik nach Art. 151 AEUV, die der *Verbesserung* der Lebens- und Arbeitsbedingungen sowie der Angleichung auf dem *Wege des Fortschritts* dienen soll. Art. 153 Abs. 4, zweiter Spiegelstrich AEUV bestätigt diese Vorgabe. Danach hindern die aufgrund dieses Artikels erlassenen Be-

2 Ausführlich Krebber, Art. 153 AEUV, in: Calliess/Ruffert (Hrsg.), EUV/AEUV, Rn. 6 ff.
3 Siehe genauer *Eichenhofer* VSSR 2014, 29 (62 ff.); außerdem dürfen unionsrechtliche Maßnahmen nach Art. 153 Abs. 4, Spiegelstrich 1 das finanzielle Gleichgewicht der mitgliedstaatlichen Systeme nicht erheblich beeinträchtigen und müssen nach Spiegelstrich 2 das Günstigkeitsprinzip für die Mitgliedstaaten beachten.
4 EuGH 12.11.1996 – C-84/94 (Vereinigtes Königreich./. Rat), ECLI:EU:C:1996:431, Rn. 52, 56.

stimmungen die Mitgliedstaaten nicht daran, strengere Schutzmaßnahmen beizubehalten oder zu treffen (**Günstigkeitsprinzip**).

In **Beispielsfall 18** war fraglich, ob der Europäischen Union die Kompetenz für die streitigen Regelungen zustand. Als Kompetenzgrundlage kam (nach heutiger Rechtslage) insbesondere Art. 153 Abs. 1 a), Abs. 2 UAbs. 1 b) AEUV infrage.[5] Zwar ließe sich behaupten, dass sich eine Vereinheitlichung von Arbeitszeitregelungen auf die Errichtung und das Funktionieren des Binnenmarkts auswirken kann; insofern käme auch Art. 115 AEUV in Betracht. Art. 153 AEUV enthält jedoch spezielle Vorgaben, die Norm ist deshalb **vorrangig**. 7

Die gewählte Rechtssetzungsform der Richtlinie ist nach Art. 153 Abs. 2 UAbs. 1 b) AEUV möglich. 8

Für Art. 153 Abs. 1 a) AEUV musste es sich in der Sache um Regelungen zur „Verbesserung insbesondere der Arbeitsumwelt zum Schutz der Gesundheit und der Sicherheit der Arbeitnehmer" handeln. Bei der Frage, ob die Gewährleistung eines Ruhetags pro Woche die Verbesserung insbesondere der Arbeitsumwelt fördern kann, um die Sicherheit und die Gesundheit der Arbeitnehmer zu schützen, ist die Zuständigkeit **weit auszulegen**. Auch allgemeine arbeitsrechtliche Vorgaben sind danach möglich, nicht lediglich Maßnahmen für bestimmte Gruppen von Arbeitnehmerinnen und Arbeitnehmern. Die Gewährleistung einer wöchentlichen Mindestruhezeit, konkret die Gewährleistung eines freien Tages pro Woche, ist insofern unproblematisch eine Maßnahme des notwendigen Arbeits- und Gesundheitsschutzes. 9

Zudem muss es sich um eine **Mindestvorschrift** handeln. Dies ist der Fall, wenn die Richtlinie es den Mitgliedstaaten erlaubt, weitergehende Vorschriften zum Schutz von Arbeitnehmerinnen und Arbeitnehmern zu erlassen, also auf mitgliedstaatlicher Ebene zB mindestens zwei Ruhetage pro Woche zu regeln. Dies war bei der vorliegenden Richtlinie der Fall. Ergibt sich dies nicht ausdrücklich aus dem Wortlaut einer Richtlinie, so ist der Grundsatz des Mindestschutzes allen Richtlinien, die auf Art. 153 Abs. 2 UAbs. 1 b) AEUV gestützt werden, durch Auslegung zu entnehmen.[6] 10

Vorliegend (**Beispielsfall 18**) war allerdings Art. 5 Abs. 2 der Richtlinie problematisch. Denn es ist nicht nachvollziehbar, wieso gerade der Sonntag der Gesundheit und Sicherheit von Arbeitnehmerinnen und Arbeitnehmern besser dienen sollte als ein anderer Wochentag. Der EuGH hat in seiner Entscheidung diesen Teil der Richtlinie zu Recht für nichtig erklärt. 11

II. Rechtssetzungsverfahren

Das Rechtssetzungsverfahren im Bereich der Sozialpolitik ist (etwas versteckt) in Art. 153 Abs. 2 UAbs. 2 AEUV geregelt. Im Regelfall gilt danach das **ordentliche Gesetzgebungsverfahren** im Sinne des Art. 294 AEUV, dh das Verfahren der Mitentscheidung, in dem auf Vorschlag der Kommission der Rat und das Europäische Parlament entscheiden. Im Rat reicht dabei qualifizierte Mehrheit für die Beschlussfassung aus. Können sich Rat und Parlament nicht einigen, kommt es zu einem Vermittlungsverfahren. 12

5 Wortgleich mit dem 1993 geltenden Art. 118 a EG-Vertrag.
6 Siehe zB für die Arbeitsschutz-Rahmenrichtlinie unten § 5, Rn. 19.

13 In der Sozialpolitik sind zwei Besonderheiten zu beachten:

- Das ordentliche Gesetzgebungsverfahren ist ergänzt durch eine **Anhörung des Wirtschafts- und Sozialausschusses** sowie eine **Anhörung des Ausschusses der Regionen** (Art. 153 Abs. 2 UAbs. 2 AEUV).
- Vorgeschaltet ist die **Anhörung und Beteiligung der Sozialpartner nach Art. 154, 155 AEUV.**

14 Das ordentliche Verfahren der Mitentscheidung gilt nur in den Bereichen des Art. 153 Abs. 1 a), b), e), h) und i) AEUV. In den Fällen des Art. 153 Abs. 1 c), d), f.) und g) AEUV hingegen kann hingegen eine unionsrechtliche Maßnahme ausschließlich in einem **besonderen Gesetzgebungsverfahren** getroffen werden. In diesen Fällen beschließt der Rat einstimmig; das Europäische Parlament wird genau wie der Wirtschafts- und Sozialausschuss sowie der Ausschuss der Regionen lediglich angehört (Art. 153 Abs. 2 UAbs. 3 und 4 AEUV).

III. Die Rolle der Sozialpartner in der Rechtssetzung im Bereich der Sozialpolitik

15 **Beispielsfall 19**

Eine Reihe von Richtlinien sehen Rechte von Arbeitnehmerinnen und Arbeitnehmern auf Unterrichtung und Anhörung vor, wenn erhebliche Änderungen in Betriebsabläufen geplant sind (genauer unten § 6, Rn. 4 ff.). Diese Richtlinien gelten jedoch nicht für die Beschäftigten in den Regierungsverwaltungen der Mitgliedstaaten. Vor diesem Hintergrund schlossen mehrere Gewerkschaften, u.a. die European Federation of Public Service Unions (EPSU) mit dem Europäischen Arbeitgeberverband der öffentlichen Verwaltung (EUPAE) am 21.12.2015 eine Sozialpartner-Rahmenvereinbarung über Informations- und Anhörungsrechte für Beamte und Bedienstete der Zentralverwaltungen.
Im Anschluss stellten sie bei der Kommission den Antrag, diese Rahmenvereinbarung nach Art. 155 Abs. 2 AEUV in einer EU-Richtlinie für verbindlich zu erklären. Als die Kommission dies ablehnte, erhoben die Vertragsparteien Nichtigkeitsklage.

EuG 24.10.2019 – T-310/18 (EPSU), ECLI:EU:T:2019:757

Beispielsfall 19 a

1983 hatte die Kommission einen Vorschlag für eine Richtlinie über Elternurlaub ausgearbeitet; die Richtlinie wurde jedoch vom Rat nicht erlassen. Im Jahre 1995 machte die Kommission einen neuen Anlauf und hörte verschiedene Sozialpartnerorganisationen (Arbeitnehmervereinigungen und Arbeitgebervereinigungen) zur Frage an, wie eine Richtlinie zum Elternurlaub aussehen könnte. Dabei wurde auch die „Union européenne de l'artisanat et des petites et moyennes entreprises“ (UEAPME) angehört, eine europäische Vereinigung, welche die Interessen kleiner und mittlerer Unternehmen auf europäischer Ebene wahrnimmt.
Kurz nach der Anhörung teilten drei Sozialpartnerorganisationen der Kommission mit, dass sie das Verfahren nach Art. 155 AEUV [heutige Nummerierung] eröffnen und in Verhandlungen über den Elternurlaub eintreten wollten. Es handelte sich um den Arbeitgeberverband in der privaten Wirtschaft,[7] den Arbeitgeberverband der öffentlichen Dienste[8] und den Europäischen Gewerkschaftsbund (EGB). Diese drei Organisationen verhandelten mit-

7 „Union der Industrien der Europäischen Gemeinschaft“ (UNICE), heute „BusinessEurope“.
8 „Europäische Zentrale der öffentlichen Wirtschaft“ (CEEP).

einander und einigten sich im Laufe der Verhandlungen auf eine Rahmenvereinbarung über Elternurlaub.

Diese Rahmenvereinbarung wurde daraufhin der Kommission übermittelt mit dem Antrag, die Vereinbarung durch einen Beschluss des Rates auf Vorschlag der Kommission durchzuführen. Die Kommission hörte daraufhin zunächst diejenigen Sozialpartnerorganisationen an, die nicht zu den Unterzeichnern gehörten – also auch die UEAPME. Diese sprach sich gegen die Rahmenvereinbarung aus. Ungeachtet dessen erließ der Rat auf Vorschlag der Kommission und nach Anhörung des Europäischen Parlaments am 3.6.1996 die Richtlinie 96/34/EG des Rates zu der von UNICE, CEEP und EGB geschlossenen Rahmenvereinbarung über Elternurlaub[9].

Die UEAPME beantragte daraufhin Nichtigerklärung dieser Richtlinie. Sie sei nicht ausreichend beteiligt gewesen. ◀

EuG 17.6.1998 – T-135/96 (UEAPME), EU:T:1998:128

1. Grundsätze

In der Sozialpolitik und bei der Gestaltung der Arbeitsbedingungen spielen in allen Mitgliedstaaten der Europäischen Union die Arbeitgeberverbände und Gewerkschaften eine wichtige Rolle. Zwar sind das Ausmaß und die Form der **Mitwirkung der Verbände an der Rechtssetzung in den Mitgliedstaaten** sehr unterschiedlich. Man unterscheidet zB „bipartistische" und „tripartistische" Modelle (siehe oben § 1, Rn. 14 f.). In bipartistischen Modellen wie zB in Deutschland stehen den Kollektivverhandlungsparteien breite Spielräume für die autonome Regelung durch Tarifverträge zur Verfügung. In tripartistischen Modellen wirken der Staat und die Sozialpartner in der Sozialpolitik eng zusammen. 16

Vertiefung:

Übrigens wird auch im Völkerrecht ein tripartistisches Vorgehen praktiziert: Die Internationale Arbeitsorganisation IAO (auf Englisch: International Labour Organisation, ILO), die UN-Organisation für den Bereich des Arbeitsrechts, setzt sich aus Vertreterinnen und Vertretern der Vertragsstaaten, der Gewerkschaften sowie der Arbeitgeberverbände zusammen,[10] *und bezeichnet die Kollektivverhandlungsfreiheiten als „Kernarbeitsnorm" und damit in der Sache als zwingendes Völkerrecht.*

Art. 152 Abs. 1 AEUV betont die Bedeutung der Sozialpartner für die Rechtssetzung der Europäischen Union („**Sozialer Dialog**"). Was das konkret bedeutet, ergibt sich aus Art. 154 und 155 AEUV. 17

Rechtsgrundlage des Sozialen Dialogs auf europäischer Ebene sind heute die Art. 154 und 155 AEUV. 18

Art. 154 AEUV betrifft die **Anhörung** zu Maßnahmen, welche die Kommission für die Europäische Union plant und vorbereitet. Die Arbeitgebervereinigungen und Gewerkschaftsverbände auf europäischer Ebene sind danach zu allen sozialpolitischen Rechtssetzungsvorschlägen auf Unionsebene anzuhören – und zwar bereits bevor die Kom- 19

9 Später ersetzt durch die Richtlinie 2010/18/EU, die ab 2022 durch die Vereinbarkeitsrichtlinie 2019/1158/EU ersetzt wird.

10 Siehe Art. 3 Nr. 1 Satz 2 der ILO-Verfassung, wonach jeder Vertragsstaat vier Vertreterinnen und Vertreter entsendet, von denen zwei die Regierung und je eine/r die Arbeitgeber- und Arbeitnehmerseite repräsentieren.

mission dem Rat einen Vorschlag unterbreitet. Denn die Anhörung der Sozialpartner bezieht sich nicht nur auf den Inhalt eines Vorschlags der Kommission (dazu Art. 154 Abs. 3 AEUV), sondern schon auf die grundsätzliche Frage, „wie eine Unionsaktion gegebenenfalls ausgerichtet werden sollte" (Art. 154 Abs. 2 AEUV).

20 Daneben können die Sozialpartner einen eigenständigen Sozialen Dialog auf europäischer Ebene führen. Dies ist Gegenstand des Art. 155 AEUV. Dieser Dialog kann, falls die Sozialpartner es wünschen, „zur **Herstellung vertraglicher Beziehungen einschließlich des Abschlusses von Vereinbarungen** führen" (Art. 155 Abs. 1 AEUV).

21 Dieses Verhandlungsverfahren dürfen die Sozialpartner jederzeit nutzen, auch während des Anhörungsprozesses durch die Kommission. Sie können also die Anhörung vorübergehend stoppen und das Verfahren in die eigenen Hände nehmen. Dazu teilen die Sozialpartner der Kommission mit, dass sie Verhandlungen nach Art. 155 AEUV führen wollen; in dieser Zeit ruht das Anhörungsverfahren der Kommission bis zu neun Monate lang, wenn nicht die betroffenen Sozialpartner und die Kommission gemeinsam eine Verlängerung beschließen (Art. 154 Abs. 4 AEUV).

22 Wenn das Anhörungsverfahren nur nach Art. 154 AEUV durchgeführt wird, geht es in das ordentliche oder besondere Gesetzgebungsverfahren über, je nachdem, in welchem Bereich die Unionsmaßnahme erfolgt (siehe Rn. 14 ff.).

23 Schwieriger wird es, wenn die Verhandlungen zwischen den Sozialpartnern zu einer **vertraglichen Vereinbarung** geführt haben. Dann fragt sich, wie diese Vereinbarung umgesetzt bzw. verbindlich gemacht werden kann.

24 Art. 155 Abs. 2 AEUV sieht hierfür zwei Wege vor:

- Durchführung nach den jeweiligen Verfahren und Gepflogenheiten der Sozialpartner und der Mitgliedstaaten oder
- Durchführung durch Beschluss des Rats auf entsprechenden Antrag der Unterzeichnerparteien, auf Vorschlag der Kommission und nach Anhörung des Europäischen Parlaments.

25 Für die erste Variante gibt es noch wenig Erfahrung. Zum Teil wird dies auch als **„autonome" Umsetzung** bezeichnet. Da es für solche Sozialpartnervereinbarungen keine Regelungen über eine normative Verbindlichkeit gibt, richten sich die Wirkungen solcher Vereinbarungen allein nach den allgemeinen Regeln, also nach dem mitgliedstaatlichen Recht. Was das im Einzelnen bedeutet, ist streitig. Es spricht viel dafür, die kollisionsrechtlichen Vorschriften der Rom I-Verordnung[11] anzuwenden. Umstritten ist aber auch, zu welchem Ergebnis die (analoge) Anwendung der Art. 3 und 4 Rom I-VO führt. Wenn keine Rechtswahl vereinbart ist,[12] könnte man auf den Ort des Vertragsschlusses abstellen. Der Regelungsschwerpunkt eignet sich jedenfalls nicht als Anknüpfung, da er meist nicht in einem einzigen Mitgliedstaat liegen wird.[13] *Deinert* vertritt dagegen ein „Konzept paralleler Wirkungsstatute", wonach ein europäischer Kollektivvertrag in jedem Mitgliedstaat diejenigen Wirkungen erzeugt, die ein Tarifvertrag innerstaatlichen Rechts erzeugen würde.[14]

11 Verordnung (EG) Nr. 593/2008 vom 17.6.2008 über das auf vertragliche Schuldverhältnisse anzuwendende Recht (Rom I), ABl. 2008, L 177/6.
12 Deinert, Internationales Arbeitsrecht, § 15, Rn. 39 ff.
13 Vgl. Kocher, TVG § 4 Rn. 48 ff.; aA Ojeda Avilés FS Däubler, S. 536: Der Gewerkschaftsverband sei das Subjekt der prägenden Leistung, es sei also das Recht des Staates, in dem dieser seinen Sitz habe, anzuwenden.
14 Deinert, Internationales Arbeitsrecht, § 15, Rn. 80.

In der Praxis sind bislang nur wenige europäische Rahmenvereinbarungen zur autonomen Umsetzung vereinbart worden, wie zB in Fragen der Telearbeit, gegen Stress am Arbeitsplatz oder gegen Mobbing und Gewalt am Arbeitsplatz.[15] In den Mitgliedstaaten haben sie sich meist nicht gut durchsetzen können. 26

Anders ist die Verbindlichkeit bei einer **Umsetzung durch Beschluss des Rats** nach der zweiten Variante des Art. 155 Abs. 2 Satz 1 AEUV. Dieses Verfahren kommt nur im Rahmen des Art. 153 AEUV in Betracht, dh 27

- soweit eine Kompetenz nach Art. 153 Abs. 1 AEUV besteht,
- unter Beachtung der Rechtssetzungsformen nach Art. 153 Abs. 2 AEUV (Mindestvorschriften in Richtlinien),
- und unter Einhaltung der in Art. 153 Abs. 2 b) AEUV benannten Rechtssetzungsverfahren. Zu beachten ist allerdings: Im ordentlichen Gesetzgebungsverfahren sieht Art. 155 Abs. 2 Satz 1, Alt. 2 AEUV – anders als Art. 153 Abs. 2 – **nur eine Unterrichtung des Parlaments** vor.[16]

Einige wichtige Rahmenvereinbarungen der europäischen Sozialpartner-Dachverbände sind auf diese Weise bereits als Richtlinien verbindlich geworden: Die Rahmenvereinbarungen über Elternurlaub (Richtlinie 2010/18/EU[17]), Teilzeitarbeit (Richtlinie 97/81/EG), Befristung (Richtlinie 99/70/EG) und über die Arbeitszeit von Seeleuten (Richtlinie 1999/63/EG) und Flugpersonal (Richtlinie 2000/79/EG) wurden so in geltendes Unionsrecht überführt, das von den Mitgliedstaaten umzusetzen war. Die Richtlinien zur Umsetzung von Rahmenvereinbarungen sehen in der Praxis so oder ähnlich aus: 28

> Art. 1: „Mit dieser Richtlinie wird die im Anhang wiedergegebene […] Rahmenvereinbarung über […] in Kraft gesetzt".
>
> Art. 3 „Die Mitgliedstaaten erlassen bis […] die erforderlichen Rechts- und Verwaltungsvorschriften, um dieser Richtlinie nachzukommen, oder sie gewährleisten, dass die Sozialpartner die notwendigen Maßnahmen bis zu diesem Zeitpunkt durch Vereinbarung eingeführt haben." […]
>
> Die eigentlichen materiellrechtlichen Vorgaben sind in der Rahmenvereinbarung (Anhang zur Richtlinie) enthalten.[18]

Die Tatsache, dass Rahmenvereinbarungen der Sozialpartner mit Beschluss des Rates zu einer Maßnahme des Unionsrechts werden, gilt in jeder Hinsicht. Die Rahmenvereinbarung wird dadurch **„integraler Bestandteil der Richtlinie"**. Dies hat zB zur Konsequenz, dass der Europäische Gerichtshof für die Auslegung der Rahmenvereinbarung in gleicher Weise zuständig ist wie für die Auslegung anderer in Richtlinien enthaltener Bestimmungen.[19] 29

Bei der **Auslegung von Richtlinien, die auf der Grundlage von Rahmenvereinbarungen beschlossen werden** (Art. 155 Abs. 2 AEUV), stellt sich die Frage, ob sie überhaupt der Auslegungs- und Entscheidungskompetenz des EuGH unterliegen. Denn die Regelun- 30

15 Genauer: Theiss 2005.

16 Das ordentliche und das besondere Gesetzgebungsverfahren unterscheiden sich hier also nur noch dadurch, dass der Rat im einen Fall mit qualifizierter Mehrheit und im andern Fall einstimmig beschließt.

17 Diese Richtlinie wird ab 2022 durch die Vereinbarkeitsrichtlinie 2019/1158/EU ersetzt.

18 Formulierungen aus der Elternurlaubsrichtlinie 2010/18/EU (die allerdings nur noch bis 2022 in Kraft bleibt, siehe § 5, Rn. 84).

19 EuGH 16.9.2010 – C-149/10 (Chatzi), ECLI:EU:C:2010:534, Rn. 25 f.

gen befinden sich ja in einer Vereinbarung der Sozialpartner. Bezeichnenderweise heißt es in § 8 Nr. 6 der Rahmenvereinbarung zur Elternurlaubs-Richtlinie 2010/18/EU,[20] dass jede Frage der Auslegung dieser Vereinbarung auf europäischer Ebene zunächst von der Kommission an die Unterzeichnerparteien zur Stellungnahme zurückverwiesen werden muss. Die Rahmenvereinbarung regelt dies aber selbst „unbeschadet der Rolle der Kommission, der nationalen Gerichte und des Europäischen Gerichtshofs".

Es erschiene auch aus normhierarchischen und demokratietheoretischen Gründen befremdlich, wenn eine Richtlinie nur deshalb das Gewaltengefüge des EU-Primärrechts modifizieren könnte, weil sie auf einer Sozialpartnervereinbarung beruht. Dem EuGH ist deshalb darin zuzustimmen, dass diese spezielle Vorschrift lediglich die Auslegung der Rahmenvereinbarung als solche betrifft, nicht aber die Auslegung der Rahmenvereinbarung in ihrer Eigenschaft als Anhang und integraler Bestandteil der Richtlinie. „Folglich unterscheidet sich die Zuständigkeit des Gerichtshofs für die Auslegung der Rahmenvereinbarung nicht von seiner allgemeinen Zuständigkeit für die Auslegung anderer in Richtlinien enthaltener Bestimmungen."[21]

31 In **Beispielsfall 19** stellte sich die Frage, welche **rechtliche Qualität** dem Vorschlag der Kommission an den Rat bzw. der Weigerung der Kommission, einen solchen Vorschlag zu machen, zukommt. Das Europäische Gericht behandelte die Nichtigkeitsklage der European Federation of Public Service Unions (EPSU) insofern zu Recht als zulässig, denn die Kommission hatte mit ihrer Weigerung eine definitive Position bezogen und mit dieser das Vorbereitungsverfahren für die Sozialpartner verbindlich abgeschlossen – es handelte sich also nicht lediglich um eine rechtlich unverbindliche Vorbereitungshandlung.

Dennoch wurde die Klage abgewiesen, wobei das Gericht zunächst einen breiten **Ermessensspielraum der Kommission** annahm. Deshalb seien nur Verfahrensfragen, Rechtsfragen und offensichtliche Einschätzungsfehler der gerichtlichen Überprüfung zugänglich.[22] Interessanterweise prüfte das Gericht dennoch die Argumente der Kommission im Einzelnen und hielt sie für tragfähig. Entscheidend waren dabei systematische Argumente: Da Art. 155 Abs. 2 AEUV ausdrücklich zwei unterschiedliche Wege vorsehe, wie Vereinbarungen der Sozialpartner Verbindlichkeit erlangen könnten, könne die Kommission zur Verbindlicherklärung nicht verpflichtet sein. Darüber hinaus müsse die Rolle der Kommission respektiert werden, wie sie in den Verträgen geregelt ist: Danach kann der Rat nur auf Vorschlag der Kommission agieren, der insofern unabhängige Entscheidungskompetenzen zukommen; diese würden nach Art. 155 AEUV nicht den Sozialpartnern übertragen.[23]

2. Beteiligte Sozialpartner

32 In **Beispielsfall 19 a** hatten einige Sozialpartnerorganisationen von der Option des heutigen Art. 154 Abs. 4 Satz 1 AEUV Gebrauch gemacht, das Verfahren in eigene Verhandlungsherrschaft zu übernehmen. Damit waren aber Organisationen, die im Verfahren nach Art. 154 AEUV ursprünglich beteiligt waren, vom weiteren Verfahren ausgeschlossen und hatten damit geringeren Einfluss auf das Verhandlungsergebnis und

20 Die Richtlinie wird ab 2022 durch die Vereinbarkeitsrichtlinie 2019/1158/EU ersetzt.
21 EuGH 16.9.2010 – C-149/10 (Chatzi), ECLI:EU:C:2010:534, Rn. 24 ff.
22 EuG 24.10.2019 – T-310/18 (EPSU), ECLI:EU:T:2019:757, Rn. 108 ff.
23 EuG 24.10.2019 – T-310/18 (EPSU), ECLI:EU:T:2019:757, Rn. 64 ff.; 74 ff.; 83 ff. Siehe auch unten Rn. 37 zur Bewertung aus dem Gesichtspunkt der Demokratie.

die schlussendlich beschlossene Richtlinie als die späteren Unterzeichner der Rahmenvereinbarung.

Zu unterscheiden sind bei Art. 154, 155 AEUV mehrere Phasen: 33

- die Anhörungsphase
- die Verhandlungsphase
- die Rechtssetzungsphase

Für die Frage, wer im **Anhörungsverfahren** nach Art. 154 AEUV beteiligt wird, hat die Kommission einen Leitfaden und Kriterien entwickelt. Auf dieser Grundlage erstellte sie eine Liste der Organisationen, die regelmäßig angehört werden.[24] Die Kriterien dieses Leitfadens orientieren sich ausschließlich daran, ob die jeweiligen Organisationen inhaltliche Expertise in ihrem Bereich mitbringen, und ob sie materiell in der Lage sind, auf europäischer Ebene mitzuwirken: 34

(1) Die Organisationen sollen branchenübergreifend, sektor- oder berufsspezifisch sein und über eine Struktur auf europäischer Ebene verfügen.

(2) Sie sollen Dachorganisationen sein, dh aus Organisationen bestehen, die selbst in die Strukturen der Sozialpartner der Mitgliedstaaten eingebunden und zur Aushandlung von Abkommen befugt sind. Außerdem sollen sie mehrere Mitgliedstaaten repräsentieren.

(3) Sie sollen über angemessene Ressourcen verfügen, um wirksam am Anhörungsprozess teilnehmen zu können.

Für die **Verhandlungsphase** nach Art. 155 Abs. 1 AEUV entspricht es der inneren Logik von autonomen Verhandlungen, dass die Initiative für und die Herrschaft über die Verhandlungsphase ausschließlich bei den Sozialpartnern liegt. Im Grundsatz sind alle angehörten Sozialpartner befugt, solche Verhandlungen einzuleiten. Es widerspricht aber dem Prinzip autonomer Verhandlungen, Teilnahmerechte zu formulieren. Die Frage, wer mit wem verhandeln möchte, muss den verhandelnden Organisationen selbst überlassen sein. 35

Das Europäische Gericht hat in **Beispielsfall 19 a** das Problem also völlig zu Recht in der **Rechtssetzungsphase** verortet. Denn sobald die Verhandlungspartner eine Vereinbarung getroffen haben und gemeinsam die Durchführung auf Unionsebene beantragen, wird der Rat auf Vorschlag der Kommission tätig. Die Kommission übernimmt also nun wieder die Herrschaft über das Verfahren und muss prüfen, ob ein Beschlussvorschlag an den Rat zu richten ist. Die Kommission hat diesen Vorschlag zunächst in gleicher Weise zu prüfen wie einen Vorschlag, den sie selbst ausarbeitet, und sie hat nach Art. 154 AEUV alle Organisationen anzuhören. Fraglich ist, ob die Kommission darüber hinaus zusätzlich das Verfahren überprüfen muss, in dem die Rahmenvereinbarung zustande gekommen ist. 36

Dafür spricht vor allem, dass im Verfahren nach Art. 155 Abs. 2 AEUV gerade nicht das ordentliche Gesetzgebungsverfahren stattfindet. Denn statt einer Mitentscheidung des Europäischen Parlaments wird dieses hier nur unterrichtet. Dieses Verfahren ist im Hinblick auf das **Demokratieprinzip** ohnehin nicht unumstritten. Einige haben unter Verweis auf den Grundsatz der repräsentativen Demokratie (Art. 10 Abs. 1 EUV) die 37

24 Siehe Mitteilungen der Kommission KOM(1998) 322 endg. und KOM(2002) 341 endg. Zur Auslegung des Art. 154 AEUV insofern genauer Krebber, in: Calliess/Ruffert (Hrsg.), EUV/AEUV AEUV Art. 154 Rn. 4 ff.

Legitimität dieses Rechtssetzungsverfahrens bestritten.[25] Andere ziehen hingegen Parallelen zur sonstigen Beteiligung von Fachausschüssen und Fachgremien an Rechtssetzungsverfahren der Union. Auch diese gelten im Unionsrecht schließlich als mit dem demokratischen Prinzip vereinbar.[26] Die Sozialpartnerbeteiligung ist allerdings noch etwas anderes als ein reines Expertengremium, denn sie gründet selbst auf Grundrechten der Bürgerinnen und Bürger und kann insofern im Sinn des Art. 10 Abs. 3 EUV als Ausdruck eines zivilgesellschaftlich verstandenen Demokratieprinzips interpretiert werden.[27] Auch die Tatsache, dass die Beteiligung der Sozialpartner zum Teil die Beteiligung des Parlaments ersetzt, spricht dafür, dass hier ein alternatives, aber legitimes demokratisches Modell verwirklicht wurde.

Die Parallelität von Parlamentsbeteiligung und Sozialpartnerbeteiligung war auch ein Argument in **Beispielsfall 19** gegen die Verpflichtung der Kommission, Anträgen von Sozialpartnern auf Verbindlicherklärung ihrer Vereinbarung nachzukommen: Auch das Parlament könne schließlich die Kommission nicht zur Ausübung ihres Initiativrechts zwingen.[28]

38 Weil aber die Beteiligung an den Verhandlungen in diesem Sinne demokratische Funktionen erfüllt, spricht einiges dafür, dass der Kommission im anschließenden Rechtssetzungsverfahren die Aufgabe zukommt, die Einhaltung zivilgesellschaftlich-demokratischer Grundsätze zu prüfen. So ist auch das Europäische Gericht in **Beispielsfall 19 a** verfahren. Zu Recht hat es dabei den Grundsatz der **Repräsentativität** der Unterzeichner der Vereinbarung in den Mittelpunkt gestellt. Hiermit ist gemeint, dass die unterzeichnenden Verbände hinreichend mitgliedsstark sein, also eine hinreichende Anzahl der vom Abkommen betroffenen Beschäftigten und Arbeitgeber vertreten müssen. Denn das demokratische Prinzip wird im Verfahren nach Art. 155 AEUV nicht durch formale Repräsentativität verwirklicht, sondern durch materiell verstandene Interessenrepräsentation. Die Kommission muss also prüfen, ob die Unterzeichner der Vereinbarung „im Hinblick auf deren Inhalt insgesamt hinreichend repräsentativ sind" („Gesamtrepräsentativität").[29] Darüber hinaus brauchen die jeweiligen Dachorganisationen ein konkretes Mandat für die Vereinbarung durch die angeschlossenen Organisationen.[30]

39 Die **Gesamtrepräsentativität** für die jeweilige Vereinbarung beurteilt sich nach Inhalt und Reichweite der Vereinbarung. Legt eine Rahmenvereinbarung Mindestanforderungen für alle Arbeitsverhältnisse fest, ist das Erfordernis einer ausreichenden Gesamtrepräsentativität nur erfüllt, wenn die Unterzeichner alle Gruppen von Arbeitgebern und

25 Löwisch/Rieble (Hrsg.), TVG Kommentar, 3. Aufl., 2012, Grundl., Rn. 397 ff. kritisch zur demokratischen Legitimität; grundsätzlich ablehnend Krebber, in: Callies/Ruffert, EUV/AEUV AEUV Art. 155 Rn. 28.

26 Siehe insbesondere Langenbucher ZEuP 2002, 265 mit der Parallele zum EU-Wertpapierausschuss (KOM(2001) 1493) (mit dem demokratischen Prinzip „gerade noch" vereinbar).

27 Vgl. auch Deinert RdA 2004, 211 (222 f.), wonach das Erfordernis der „virtuellen" Repräsentativität „nicht allein" aus dem Demokratieprinzip folge, sondern „aus dessen Verknüpfung mit dem im Prinzip der horizontalen Subsidiarität wurzelnden Sachnähegesichtspunkt", der wiederum Ausdruck der „mit dem Subsidiaritätsprinzip verbundenen Bürgernähe" sei; siehe auch EuG 17.6.1998 – T-135/96 (UEAPME), ECLI:EU:T:1998:128, Rn. 88 ff.: „Beteiligung der Völker [...] durch Vermittlung der Sozialpartner, die die Vereinbarung geschlossen haben".

28 EuG 24.10.2019 – T-310/18 (EPSU), ECLI:EU:T:2019:757, Rn. 95; zu den weiteren systematischen Argumenten siehe oben Rn. 29 a.

29 EuG 17.6.1998 – T-135/96 (UEAPME), ECLI:EU:T:1998:128, Rn. 88 ff.

30 Für ein Beispiel siehe Europäische Kommission, Vorschlag für eine Richtlinie zur Durchführung der Europäischen Vereinbarung über die Regelung bestimmter Aspekte der Arbeitszeitgestaltung in der Binnenschifffahrt, KOM(2014) 452 endg.

Beschäftigten auf europäischer Ebene repräsentieren. Beschränkt sich eine Vereinbarung auf einen Sektor bzw. eine Branche, muss Repräsentativität für den jeweiligen Anwendungsbereich gegeben sein.[31]

In **Beispielsfall 19 a** ging es um eine Rahmenvereinbarung, die Mindestanforderungen für alle Arbeitsverhältnisse ungeachtet ihres jeweiligen Rahmens festlegen sollte. Das Erfordernis ausreichender Gesamtrepräsentativität konnte somit nur erfüllt sein, wenn die Unterzeichner der Rahmenvereinbarung alle Gruppen von Unternehmen und Arbeitnehmerinnen und Arbeitnehmern auf europäischer Ebene repräsentierten. Dies war zunächst formal zu bejahen: Die Arbeitgebervereinigung für die Privatwirtschaft UNICE (heute: „BusinessEurope") vertrat zum Zeitpunkt des Abschlusses der Rahmenvereinbarung Unternehmen jeder Größe des privaten Sektors, also auch kleine und mittlere Unternehmen. Zu ihren Mitgliedern gehörten mehrere Vereinigungen, die auch der UEAPME angeschlossen waren. Auch materiell beanspruchte die Rahmenvereinbarung, die Interessen von kleinen und mittleren Unternehmen zu berücksichtigen; so hieß es in der Rahmenvereinbarung, dass „die Mitgliedstaaten und/oder die Sozialpartner die Genehmigung erteilen [können], dass besondere Vorkehrungen getroffen werden, um den Bedürfnissen kleiner Unternehmen im Blick auf Arbeitsweise und Organisation gerecht zu werden" (später § 3 Nr. 1 d) der Rahmenvereinbarung zur Elternurlaubs-Richtlinie 2010/18/EU, heute Erwägungsgrund 48 der Vereinbarkeits-Richtlinie 2019/1158/EU). 40

Das EuG entschied in **Beispielsfall 19 a** also zu Recht, dass die UEAPME nicht weitergehend beteiligt werden musste, als dies geschehen war, und dass die Organisation keine Interessen vertrat, die im Rechtssetzungsverfahren nicht berücksichtigt worden waren.[32] 41

31 EuG 17.6.1998 – T-135/96 (UEAPME), ECLI:EU:T:1998:128, Rn. 94 f.

32 Zu den verfahrensrechtlichen Fragen und der Antragsbefugnis siehe EuG 17.6.1998 – T-135/96 (UEAPME), ECLI:EU:T:1998:128.

42 *Grafischer Überblick über das Gesetzgebungsverfahren*

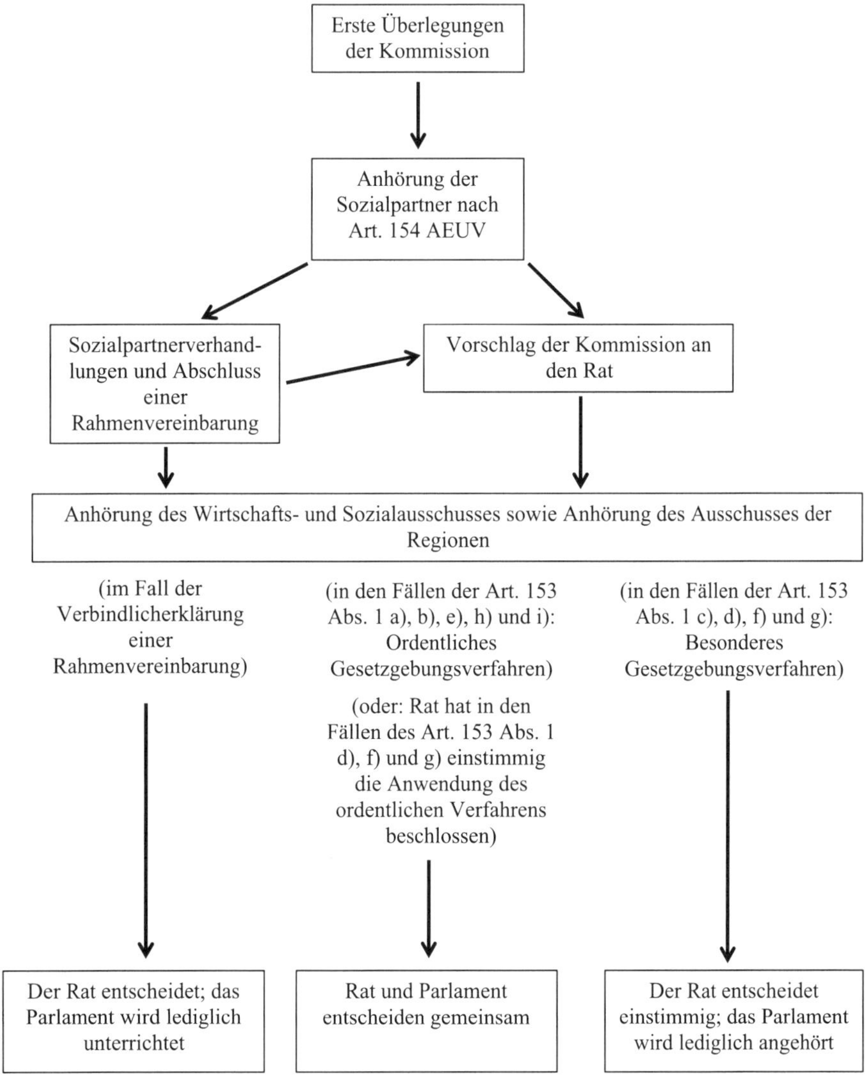

§ 3 Die Arbeitnehmerfreizügigkeit

Rechtsgrundlagen: Art. 45–48 AEUV; Verordnung (EU) Nr. 492/2011 vom 5.4.2011 über die Freizügigkeit der Arbeitnehmer innerhalb der Union, ABl. 2011, L 141/1; Richtlinie 2014/54/EU des Europäischen Parlaments und des Rates vom 16.4.2014 über Maßnahmen zur Erleichterung der Ausübung der Rechte, die Arbeitnehmern im Rahmen der Freizügigkeit zustehen, ABl. 2014, L 128/8.

Literatur: *Böhm, Monika*, Europäische Grundfreiheiten – Teil 2, JA 2009, 328; *Streinz, Rudolf/Herrmann, Christoph*, (Original-)Referendarexamensklausur – Europarecht: Ausländerklauseln im Sport – Sammy Kefir will auch spielen, JuS 2008, 903; *Terhechte, Jörg Philipp*, § 1 Arbeitnehmerfreizügigkeit, in: Schlachter/Heinig (Hrsg.), Europäisches Arbeits- und Sozialrecht. Band 7 der Enzyklopädie Europarecht [EnzEur], 2016.

I. Bedeutung und Entwicklung

1. Allgemeines

Das Recht der Arbeitnehmerinnen und Arbeitnehmer auf Freizügigkeit (heute Art. 45 AEUV) ist die älteste europarechtliche Norm über die **Regulierung der Arbeitsmärkte**. Sie gehört seit den Römischen Verträgen zu den zentralen Gewährleistungen des Primärrechts und steht im funktionalen Kontext des Binnenmarktes: Die Grundfreiheit soll den Beschäftigten die Arbeitsmärkte aller Mitgliedstaaten öffnen und umgekehrt den Arbeitgeberinnen und Arbeitgebern das Arbeitskräfteangebot aller Mitgliedstaaten bereitstellen. Man hofft, dass „die Mobilität der Arbeitskräfte innerhalb der Union […] für den Arbeitnehmer eines der Mittel sein [solle], das ihm die Möglichkeit einer Verbesserung der Lebens- und Arbeitsbedingungen garantieren und damit auch seinen sozialen Aufstieg erleichtern, wobei gleichzeitig der Bedarf der Wirtschaft der Mitgliedstaaten befriedigt wird“[1]. 1

Die Verwirklichung der grenzüberschreitenden Mobilität von Arbeitnehmerinnen und Arbeitnehmern in der Union ist bis heute allerdings defizitär: Die **Mobilitätsrate** innerhalb der EU27 beträgt lediglich 0,29 % im Vergleich zu 1,5 % in Australien und 2,4 % in den USA; der Wunsch nach Arbeitsmobilität ist höher als die Nutzung in der Praxis.[2] 2

Die Verwirklichung von Mobilität und Arbeitnehmerfreizügigkeit werden deshalb, über die Rechte und Freiheiten hinaus, durch institutionelle Vorkehrungen sowie Maßnahmen zur Information und Integration unterstützt. Es besteht ein Europäisches Netz der mitgliedstaatlichen, öffentlichen Arbeitsvermittlungen (EURES) zum länderübergreifenden Abgleich von Lebensläufen mit dem Angebot an Arbeits-, Praktikums- und Ausbildungsstellen;[3] aktuell wird die Einrichtung der EU-Arbeitsbehörde in Bratislava vorbereitet, die den Mitgliedstaaten bei der Förderung der grenzüberschreitenden Ar-

1 Erwägungsgrund 4 der Arbeitnehmer-Freizügigkeitsverordnung (EU) 492/2011 (siehe unten Rn. 13 ff.); sie kodifiziert die frühere Verordnung 1612/68/EWG.

2 Europäische Kommission, Vorschlag vom 17.1.2014 für eine Verordnung des Europäischen Parlaments und des Rates über ein Europäisches Netz der Arbeitsvermittlungen, den Zugang von Arbeitskräften zu mobilitätsfördernden Diensten und die weitere Integration der Arbeitsmärkte, KOM(2014) 6, 2 f.; zu den empirischen Daten siehe auch Neal, ELLJ 4 (2013), 33 (34).

3 Verordnung (EU) 2016/589 über ein Europäisches Netz der Arbeitsvermittlungen (EURES).

beitskräftemobilität operative und technische Unterstützung geben und die bestehenden europäischen Strukturen und Instrumente ergänzen soll.[4]

3 Seit dem Vertrag von Maastricht (1992) gibt es die **allgemeine Freizügigkeit** nach Art. 21 AEUV. Damit haben alle Unionsbürgerinnen und Unionsbürger ein Recht auf Einreise und Aufenthalt in anderen Mitgliedstaaten; die Bürgerinnen und Bürger der EU-Mitgliedsländer können sich ohne Reisepass und Visum im gesamten EU-Gebiet frei bewegen.[5]

4 Vor 1992 hingegen war die Freizügigkeit nur im Rahmen von wirtschaftlichen Aktivitäten möglich, dh nur im Rahmen der Grundfreiheiten. Der Arbeitnehmerfreizügigkeit nach Art. 45 AEUV kommt dabei besondere Bedeutung zu. Sie erlaubt ebenfalls Einreise, Aufenthalt und Verbleib in einem anderen Mitgliedstaat – allerdings nur zur Ausübung einer abhängigen Erwerbstätigkeit. Insofern stellt Art. 45 AEUV heute eine **spezielle Regelung** gegenüber der allgemeinen Unionsbürgerfreizügigkeit dar.[6] Im Anwendungsbereich der Arbeitnehmerfreizügigkeit ist insbesondere auch keine Arbeitserlaubnis erforderlich.

5 Die Grundfreiheit der Arbeitnehmerfreizügigkeit entspricht in Schutzzweck und Gegenstand dem Grundrecht der **Berufsfreiheit** (Art. 15 Abs. 1 und 2 GRC).

6 Arbeitnehmerinnen und Arbeitnehmer wechseln ihren Arbeitsort, gerade grenzüberschreitend, oft eher aus Gründen, die mit Wünschen und Bedarfen des Arbeitgebers zu tun haben, insbesondere im Zusammenhang einer Entsendung ins Ausland. Diese Fälle sind bislang ausschließlich als Ausübung unternehmerischer Grundfreiheiten (Dienstleistungsfreiheit) behandelt worden (genauer zu dieser Diskussion unten in Rn. 21).

2. Übergangsfristen bei Beitritten zur Europäischen Union

7 Die Arbeitnehmerfreizügigkeit ist im Rahmen der Europäischen Wirtschaftsgemeinschaft als Instrument zur Europäisierung von Arbeitsmärkten eingeführt worden und erfüllt nach wie vor diese Funktion. Da die Sozialstandards in den Mitgliedstaaten äußerst unterschiedlich sind, kann sie Gefahren für die mitgliedstaatlichen Sozialpolitiken mit sich bringen. Konkret bedeutet dies: Mitgliedstaaten mit hohen Sozialstandards befürchten einen „race to the bottom“, wenn Arbeitnehmerinnen und Arbeitnehmer aus Mitgliedstaaten mit niedrigeren Standards (und mit niedrigeren Lebenshaltungskosten) ihre Arbeitskraft zu günstigeren Bedingungen anbieten.

8 Dies ist der Grund, weshalb in allen Erweiterungen und Beitritten zur Europäischen Wirtschaftsgemeinschaft, Europäischen Gemeinschaft und Europäischen Union befristete Ausnahmen im Bereich der Arbeitnehmerfreizügigkeit gemacht wurden. **Übergangsfristen** für die Wahrnehmung der Arbeitnehmerfreizügigkeit waren bereits beim Beitritt Spaniens und Portugals im Jahre 1986 vereinbart worden. Mit den Übergangsfristen wurde den bisherigen Mitgliedstaaten erlaubt, Einschränkungen der Arbeitnehmerfreizügigkeit und Dienstleistungsfreiheit vorzusehen, denn die Sozialstandards (insbesondere die Arbeitsentgelte) in den Beitrittsstaaten lagen und liegen unterhalb derjenigen in den Gründungsmitgliedstaaten. Aus dem gleichen Grund wurden in den Bei-

4 Verordnung (EU) 2019/1149 des Europäischen Parlaments und des Rates vom 20.6.2019 zur Errichtung einer Europäischen Arbeitsbehörde.

5 Vgl. Art. 5 Abs. 1 der Freizügigkeitsrichtlinie; im deutschen Recht siehe § 2 Abs. 4 FreizügG/EU.

6 EuGH 11.9.2007 – C-287/05 (Hendrix), ECLI:EU:C:2007:494, Rn. 61; EuGH 10.9.2009 – C-269/07 (Kommission./. Deutschland), ECLI:EU:C:2009:527, Rn. 106.

trittsverträgen von 2004 (Tschechische Republik, Estland, Lettland, Litauen, Ungarn, Polen, Slowenien und Slowakische Republik[7]), von 2007 (Rumänien und Bulgarien) sowie 2013 (Kroatien) Übergangsfristen für die Arbeitnehmerfreizügigkeit festgelegt.[8] Während der Geltung dieser Fristen war jedoch eine Verringerung der Freizügigkeit untersagt („Verschlechterungsverbot"). Da Deutschland in Bezug auf Kroatien nur noch eine Übergangsfrist von zwei Jahren nutzte, gilt hier mittlerweile für alle EU-Bürgerinnen und -Bürger uneingeschränkte Arbeitnehmerfreizügigkeit.

Mit den Übergangsfristen für Arbeitnehmerfreizügigkeit wurden immer auch Übergangsfristen für die **Ausübung der Dienstleistungsfreiheit** vereinbart (jedenfalls in den Branchen Bau, Gebäudereinigung und Innendekoration). Dies ist damit zu erklären, dass auch die Ausübung der Dienstleistungsfreiheit Auswirkungen auf die Arbeitsmärkte hat. Da Unternehmen ihre Dienstleistungen auf den Märkten anderer Mitgliedstaaten in der Regel mithilfe von Arbeitnehmerinnen und Arbeitnehmern aus ihren Heimatländern anbieten, erfasst die Dienstleistungsfreiheit auch die Entsendung von Arbeitnehmern, und diese kann ähnliche Gefahren eines „race to the bottom" mit sich bringen wie die Arbeitnehmerfreizügigkeit. Die Rückwirkungen für das Europäische Arbeitsrecht bezeichnet man als „negative Harmonisierung" (siehe oben § 1, Rn. 34 ff.; im Einzelnen wird dies unten § 7, Rn. 18 ff. behandelt). 9

Vertiefung:

Die Übergangsfristen folgten immer wieder demselben Modell. Innerhalb eines Zeitraums von insgesamt sieben Jahren sollte die Freizügigkeit schrittweise eingeführt werden. Nach der „2+3+2"-Regel" durften in den ersten zwei Jahren nach Beitritt allein das nationale Recht der Mitgliedstaaten (und etwaige bilaterale Abreden) angewandt werden. In den folgenden drei Jahren galt die Arbeitnehmerfreizügigkeit, soweit die Mitgliedstaaten sich nicht selbst ausdrücklich davon freistellten. In den letzten beiden Jahren der Übergangsfristen sollten Beschränkungen der Arbeitnehmerfreizügigkeit nur noch im Fall schwerwiegender Störungen des Arbeitsmarktes (oder der Gefahr derartiger Störungen) zulässig sein. Die letzte Phase haben zuletzt nur noch Deutschland und Österreich genutzt – begründet mit der hohen Arbeitslosigkeit und der geografischen Lage an der Ostgrenze der alten Europäischen Union.

3. Grundstruktur der Vorschriften zur Gewährleistung der Arbeitnehmerfreizügigkeit

a) Art. 45–48 AEUV

Die zentrale Vorschrift zur Arbeitnehmerfreizügigkeit ist Art. 45 AEUV. Die Norm enthält eine unmittelbar wirksame Gewährleistung, die im Zentrum dieses Abschnitts stehen wird. 10

Zu einer effektiven Wahrnehmung von Freizügigkeitsrechten bedarf es aber begleitender Maßnahmen. Denn die Wirksamkeit der Arbeitnehmerfreizügigkeit ist auf gesellschaftliche Integration angewiesen. Hier enthalten die Art. 46 und Art. 48 AEUV **Rechtssetzungskompetenzen** zum Erlass von Sekundärrecht (Verordnungen oder Richtlinien) der EU. Art. 47 enthält eine Förderungsverpflichtung der Mitgliedstaaten zum Austausch junger Arbeitskräfte. 11

7 Lediglich die Arbeitnehmerinnen und Arbeitnehmer aus Malta und Zypern genossen sofort mit dem Beitritt uneingeschränkte Freizügigkeit.
8 Neal RdA 2012, 266.

12 Art. 48 enthält eine wichtige Rechtssetzungskompetenz der EU auf dem Gebiet der sozialen Sicherheit. Auf der Grundlage von Vorgängervorschriften dieser Norm wurde im Jahre 1958 eine der allerersten Verordnungen erlassen, die es in der Europäischen Wirtschaftsgemeinschaft gab (damals Verordnung Nr. 3 über die Soziale Sicherheit der Wanderarbeitnehmer). Sie wurde abgelöst durch die Verordnung 1408/71/EWG, die wiederum ab 2010 durch die Verordnung 883/2004/EG ersetzt wurde. Heute ermöglichen es die **Verordnungen zur Koordinierung der Sozialversicherungssysteme** (VO 883/2004, VO 987/2009) insbesondere, erworbene Sozialleistungs- und Sozialversicherungsrechte ins europäische Ausland mitzunehmen.

13 Art. 46 betrifft die **Konkretisierung und Effektivierung der Arbeitnehmerfreizügigkeit** und die Arbeitsmarktpolitik. Auf dieser Grundlage wurde die Arbeitnehmerfreizügigkeits-Verordnung 492/2011 erlassen, welche die Verordnung 1612/68/EWG ersetzte (Rn. 14 f.). Ergänzt wird die Verordnung neuerdings durch Richtlinie 2014/54/EU zur Arbeitnehmerfreizügigkeit (Rn. 16 f.).

b) Die Arbeitnehmerfreizügigkeits-Verordnung 492/2011

14 Die Arbeitnehmerfreizügigkeits-Verordnung 492/2011 konkretisiert Art. 45 AEUV. Sie berücksichtigt insbesondere, dass es nicht nur die Mitgliedstaaten, sondern auch die privaten Arbeitgeber sind, welche die Bedingungen auf den Arbeitsmärkten wesentlich mitgestalten. Die Verordnung enthält deshalb Vorschriften für das Verhältnis zwischen Arbeitgeber und Arbeitnehmer und entfaltet **unmittelbare Horizontalwirkung** (Art. 2, 6, 7, 8 und 9 der Verordnung). Darüber hinaus erkennt die Verordnung an, dass die Ausübung von Arbeitnehmerfreizügigkeit genau wie die Erwerbsarbeit insgesamt das Leben eines Menschen maßgeblich prägt und eng mit dem Privatleben verbunden ist. Die meisten Menschen wohnen und leben in der Nähe ihres Arbeitsorts, haben familiäre und private Verbindungen im Zusammenhang mit ihrer Erwerbsarbeit und wünschen sich gesellschaftliche Integration. Die Verordnung enthält deshalb Vorschriften für die Gleichbehandlung beim Zugang zu Wohnraum und für die Berufsausbildung von Kindern (Art. 9 und 10).

15 Die Verordnung enthält drei **Regelungsbereiche:**

- Regelungen über den Zugang zum Arbeitsmarkt
  - Art. 1: Grundsatz
  - Art. 2, 6: Diskriminierungsverbot beim Abschluss von Arbeitsverträgen
  - Art. 3, 4, 5: Gleichstellung mit Inländern bei der Arbeitsvermittlung
  - Koordinierung von Arbeitsmarktpolitiken:[9]
    - Art. 13–23: Verwaltungskoordinierung zwischen den Mitgliedstaaten
    - Art. 24–37: Verwaltungskoordinierung auf EG-Ebene
- Regelungen über die Gleichbehandlung auf dem Arbeitsmarkt
  - Art. 7 Abs. 1 und 4: Gleichbehandlung im Arbeitsverhältnis
  - Art. 7 Abs. 2: Gleichbehandlung bei sozialen und steuerlichen Vergünstigungen. Hier geht es um die Gleichbehandlung zB bei Fahrpreisermäßigungen für kinderreiche Familien, bei Sozialhilfe, steuerlichen Zuschüssen, usw.

9 Zum institutionellen Kontext siehe oben Rn. 1.

  - Art. 7 Abs. 1 und 3: Gleichbehandlung bei beruflicher Wiedereingliederung, Berufsschulen, Umschulung, usw.
  - Art. 8: gleiche gewerkschaftliche und betriebsverfassungsrechtliche Rechte
- Regelungen über die Gleichbehandlung außerhalb des Arbeitsverhältnisses
  - Art. 9: Zugang zu Wohnraum, Gleichbehandlung bei Miete und Eigentumserwerb
  - Art. 10: Gleichbehandlung bei (Berufsaus-)Bildung der Kinder

c) Die Arbeitnehmerfreizügigkeits-Richtlinie 2014/54/EU

Vor dem Hintergrund einer nach wie vor defizitären Nutzung der Arbeitnehmerfreizügigkeit verpflichtet die Arbeitnehmerfreizügigkeits-Richtlinie 2014/54/EU die Mitgliedstaaten dazu, Regelungen für eine **effektivere Durchsetzung der Arbeitnehmerfreizügigkeit** zu schaffen. Die Richtlinie bezieht sich auf die effektive Durchsetzung aller Rechte, die in der Verordnung 492/2011 gewährleistet sind, insbesondere der horizontal unmittelbar wirkenden Rechte im Arbeitsverhältnis und beim Zugang zu Wohnungen. 16

Da aber die gerichtliche und verwaltungsmäßige Durchsetzung von Rechten in den Mitgliedstaaten sehr unterschiedlich geregelt ist, beschränkt sich die Richtlinie auf die Vorgabe eines Rahmens, insbesondere auf die Rahmenbedingungen der Rechtsdurchsetzung:[10] 17

- Verbandsunterstützung im Gerichtsverfahren (Art. 3 Abs. 2)
- Einrichtung einer unabhängigen Stelle für die Förderung, Analyse, Überwachung und Unterstützung der Gleichbehandlung aller Arbeitnehmerinnen und Arbeitnehmer der Union und ihrer Familienangehörigen (Art. 4)
- Information der Arbeitnehmerinnen und Arbeitnehmer (Art. 6)

d) Überblick über Art. 45 AEUV

Art. 45 Abs. 1 AEUV garantiert die Freizügigkeit der Arbeitnehmerinnen und Arbeitnehmer auf dem Gebiet der Europäischen Union, dh das Recht, in einem anderen Mitgliedstaat eine Arbeit aufzunehmen, ohne daran durch innerstaatliche Vorschriften gleich welcher Art gehindert zu werden. Diese Freizügigkeit ist insbesondere gegenüber der Dienstleistungsfreiheit (Art. 56 AEUV) sowie der Niederlassungsfreiheit (Art. 49 AEUV) abzugrenzen. Der entscheidende Begriff zur Abgrenzung ist der Begriff des Arbeitnehmers: Während die Dienstleistungsfreiheit sowie die Niederlassungsfreiheit allen selbstständig tätigen Unternehmen und Personen zustehen, erfasst die Arbeitnehmerfreizügigkeit nur die abhängige Erwerbstätigkeit (genauer dazu Rn. 22 ff.). 18

Art. 45 Abs. 2 und Abs. 3 AEUV konkretisieren den Gewährleistungsgehalt der Arbeitnehmerfreizügigkeit, stellen also spezielle Ausformungen dar. Sie sagen aus, unter welchen Voraussetzungen Beeinträchtigungen der Arbeitnehmerfreizügigkeit unionsrechtlich zulässig oder unzulässig sind. 19

Art. 45 AEUV hat unmittelbare vertikale Wirkung und – jedenfalls nach der Rechtsprechung des EuGH (siehe unten Rn. 87 ff.) – auch unmittelbare Wirkung in Rechtsverhältnissen zwischen Privaten (Horizontalwirkung). 20

Prüfungsschema:

10 Siehe zB Kocher ZEuP 2004, 260 zu verfahrensrechtlichen Regelungen in arbeitsrechtlichen Richtlinien.

21 - *Räumlicher Bezug zum Gebiet der Union*
  (zB: Maßnahme eines Mitgliedstaats oder:
  das Arbeitsverhältnis ist durch das Recht eines Mitgliedstaats geregelt)
- *Grenzüberschreitender Bezug (räumlicher Anwendungsbereich):*[11]
  - Eine Arbeitnehmerin oder ein Arbeitnehmer macht von der Freizügigkeit Gebrauch oder hat dies in der Vergangenheit getan, dh sie oder er tritt auf dem Arbeitsmarkt eines anderen Mitgliedstaats auf
    - Grenzarbeitnehmer/in
    - Wanderarbeitnehmer/in
    - Beschäftigung bei der Europäischen Union oder anderen transnationalen Organisationen[12]
    - Umstritten ist, ob Arbeitnehmerinnen und Arbeitnehmer, die von ihrem Arbeitgeber vorübergehend zur Erbringung einer Dienstleistung in einen anderen Mitgliedstaat entsandt werden, Rechte aus Art. 45 AEUV haben. Nach Meinung des EuGH ist dies zu verneinen, da sie nach Erfüllung ihrer Aufgabe in ihr Herkunftsland zurückkehren, also zu keinem Zeitpunkt auf dem Arbeitsmarkt des Aufnahmemitgliedstaats auftreten.[13] Hier kann sich allerdings der Arbeitgeber auf die Dienstleistungsfreiheit berufen (siehe unten § 7, Rn. 18 ff.).
    - Bei der Entsendung zum Zwecke der grenzüberschreitenden Arbeitnehmerüberlassung/Leiharbeit sind die Voraussetzungen für die Anwendung der Arbeitnehmerfreizügigkeit in der Regel erfüllt.[14]
  - Ein grenzüberschreitender Bezug liegt bei rein innerstaatlichen Sachverhalten vor, wenn die Regelung den Zugang zum Arbeitsmarkt eines anderen Mitgliedstaates spürbar beeinflussen kann.
- *Gegenstandsbereich und persönlicher Anwendungsbereich*
  - Arbeitsverhältnis = Arbeitnehmerin oder Arbeitnehmer betroffen (siehe oben § 1, Rn. 105 ff. und unten § 3, Rn. 22 ff.)
    - bestehendes Arbeitsverhältnis
    - Suche nach einem Arbeitsverhältnis (auch bei vorübergehender Arbeitslosigkeit)
    - nachwirkende Rechte und Pflichten nach Beendigung eines Arbeitsverhältnisses
  - keine Beschäftigung in der öffentlichen Verwaltung (Art. 45 Abs. 4 AEUV) (siehe unten Rn. 25 ff.)

Beachte: Dies schließt nicht aus, dass sich aus Abs. 1 und 2 auch Rechte von Arbeitgebern oder Arbeitsvermittlern ergeben.

---

11 Vgl. Papadileris JuS 2011, 123 ff.

12 EuGH 16.2.2006 – C-185/04 (Öberg), ECLI:EU:C:2006:107, Rn. 12.

13 EuGH 27.3.1990 – C-113/89 (Rush Portuguesa), ECLI: EU: C: 1990:142, Rn. 15. Die Entscheidung hatte die Reichweite der Übergangsfristen für die Arbeitnehmerfreizügigkeit im Falle des Beitritts von Portugal und Spanien zum Gegenstand. In diesen Fällen war also zu prüfen, ob die Gefahr einer Störung des Arbeitsmarkts des Aufnahmemitgliedstaats bestand.

14 EuGH 10.2.2011 – C-307/09 bis C-309/09 (Vicoplus), ECLI:EU:C:2011:64, Rn. 30; EuGH 11.9.2014 – C-91/13 (Essent Energie Productie), ECLI: EU: C: 2014:2206; EuGH 18.6.2015 – C-586/13 (Martin Meat), ECLI: EU: C: 2015:405.

- *Beeinträchtigung/Eingriff in den Gewährleistungsgehalt*
  - Freizügigkeitsrechte aus Art. 45 Abs. 3 (siehe unten Rn. 39 f.)
    - Recht, sich auf tatsächlich angebotene Stellen zu bewerben
    - Aufenthaltsrecht
      - für die Arbeitssuche und Ausübung der Beschäftigung
      - für die Zeit nach Beendigung der Beschäftigung (nach Maßgabe des Sekundärrechts)
  - Abs. 2: Diskriminierung wegen der Staatsangehörigkeit in Bezug auf Beschäftigung, Entlohnung und sonstige Arbeitsbedingungen
    - Unmittelbare Diskriminierung (siehe unten Rn. 41 ff.)
    - Mittelbare Diskriminierung (siehe unten Rn. 51 ff.)
    - Es kommen sowohl Diskriminierungen durch staatliche als auch Diskriminierungen durch private Akteure (Verbände oder einzelne Private, insbesondere einzelne Arbeitgeber) in Betracht (unmittelbare Horizontalwirkung) (siehe unten Rn. 87 ff.)
  - Beschränkung der Arbeitnehmerfreizügigkeit (siehe unten Rn. 73 ff.)
    - diskriminierungsfrei anwendbare Vorschriften oder Maßnahmen, welche die Ausübung der Freizügigkeit behindern
    - Es kommen sowohl Beschränkungen durch staatliche, als auch Beschränkungen durch private Akteure (Verbände oder einzelne Private, insbesondere einzelne Arbeitgeber) in Betracht (unmittelbare Horizontalwirkung) (siehe unten Rn. 87 ff.)
- *Keine Rechtfertigung der Beeinträchtigung*
  - (Unmittelbare Diskriminierung:) Art. 45 Abs. 3 Einschub AEUV
  - (Mittelbare Diskriminierung:) sachlicher Grund
  - (Beschränkung:) zwingender Grund des Allgemeininteresses

II. Anwendungsbereich des Art. 45 AEUV: Arbeitnehmerbegriff

Literatur: *Schlachter, Monika*, Die Freizügigkeit der Arbeitnehmer in der Europäischen Union – Wer ist Träger dieses Rechts?, ZESAR 2011, 156.

1. Autonome Auslegung

Allgemeine Grundsätze zur Frage, was das autonome Unionsrecht unter einem **Arbeitnehmer** im Sinne des Art. 45 AEUV versteht, wurden bereits oben § 1, Rn. 105 ff. dargestellt. Das wesentliche Merkmal des Arbeitsverhältnisses besteht nach der Rechtsprechung des EuGH darin, dass jemand für einen anderen nach dessen Weisung Leistungen erbringt, für die er als Gegenleistung eine Vergütung erhält; es muss sich um echte und tatsächliche Berufstätigkeit, also um erwerbswirtschaftliche Tätigkeit handeln. 22

Dieser Arbeitnehmerbegriff ist auch im Sekundärrecht auf Grundlage von Art. 46 ff. AEUV anwendbar. Er gilt also auch für die Verordnung 492/2011 (Freizügigkeits-VO) und die Richtlinie 2014/54/EG (siehe Rn. 14 f., 16 f.). 23

Art. 45 AEUV gilt mit all seinen Gewährleistungsgehalten, also auch mit dem Diskriminierungsverbot, nur für Arbeitnehmerinnen und Arbeitnehmer, die von ihrer Freizügigkeit innerhalb der Union Gebrauch gemacht haben oder Gebrauch machen wollen. Die Norm verlangt also diesen **grenzüberschreitenden Bezug** und steht nicht Regelungen entgegen, die Beschäftigte in einem transnational tätigen Unternehmen je nach na- 24 tionalem Standort unterschiedlich behandeln, solange damit nicht die Entscheidung, in einem anderen Mitgliedstaat tätig werden zu wollen, tatsächlich behindert oder weniger attraktiv wird.[15]

2. Beschäftigung in der öffentlichen Verwaltung

25 In Ausnahmefällen können Mitgliedstaaten den Zugang zu Stellen im öffentlichen Dienst auf eigene Staatsangehörige beschränken. Art. 45 Abs. 4 AEUV formuliert deshalb, dass die Arbeitnehmerfreizügigkeit „keine Anwendung auf die Beschäftigung in der öffentlichen Verwaltung [findet]“.

Als Ausnahme ist diese Norm eng auszulegen. Da sie lediglich dem berechtigten Interesse der Mitgliedstaaten Rechnung tragen soll, hoheitliche Befugnisse nur durch ihre eigenen Staatsangehörigen auszuüben, gilt sie nicht, wenn **eigene Staatsangehörige** (zB als Grenz- oder Wanderarbeitnehmer) sich auf die Arbeitnehmerfreizügigkeit berufen.[16]

Wegen der Bedeutung für den Anwendungsbereich der Arbeitnehmerfreizügigkeit unterliegt die Norm **unionsrechtlich autonomer Interpretation.**[17]

26 Aufgrund seiner Zwecksetzung ist der Begriff der öffentlichen Verwaltung in Art. 45 Abs. 4 AEUV **funktional-materiell** und nicht institutionell-formal auszulegen. Es reicht also nicht aus, dass der Staat oder eine andere öffentlich-rechtliche Einrichtung Arbeitgeber ist oder dass es sich um ein öffentlich-rechtliches Beschäftigungsverhältnis wie zB das Beamtenverhältnis handelt. Ansonsten gäbe man den Mitgliedstaaten die Möglichkeit, Stellen nach Belieben durch Zuordnung zum öffentlichen Dienst ihren eigenen Staatsangehörigen vorzubehalten.[18] Umgekehrt können funktional öffentliche Aufgaben (wie im Fall der Beleihung) auch von Privaten wahrgenommen werden.[19]

27 Für die Frage, ob es sich um eine „Beschäftigung in der öffentlichen Verwaltung“ handelt, kommt es also auf den **Charakter der ausgeübten Tätigkeiten am konkreten Arbeitsplatz** an. Zu fragen ist, ob die jeweilige Tätigkeit ein **Verhältnis besonderer Verbundenheit des jeweiligen Stelleninhabers zum Staat** verlangt, ob also ein Gegenseitigkeitsverhältnis besonderer Rechte und Pflichten, die dem Staatsangehörigkeitsband zugrunde liegen, notwendig vorausgesetzt ist.

28 Der Begriff der **öffentlichen Verwaltung** betrifft also[20]

- einzelne Stellen,
- die eine Teilnahme an der Ausübung hoheitlicher Befugnisse mit sich bringen und
- auf denen Aufgaben wahrgenommen werden, die auf die Wahrung der allgemeinen Belange des Staats oder anderer öffentlicher Körperschaften gerichtet sind.

29 Diese Voraussetzungen werden in aller Regel erfüllt sein, wenn gegenüber Bürgerinnen und Bürgern **hoheitliche Befugnisse** ausgeübt werden. Das ist vor allem anzunehmen,

15 EuGH 18.7.2017 – Rs. C-566/15 (Erzberger), ECLI:EU:C:2017:562, Rn. 28 ff.
16 EuGH 6.10.2015 – C-298/14 (Brouillard), ECLI:EU:C:2015:652, Rn. 32 f.
17 Forsthoff, in: Grabitz/Hilf/Nettesheim (Hrsg.), Das Recht der Europäischen Union, Stand 2015, AEUV Art. 45 Rn. 424; ausführlich zum Folgenden auch Brechmann, Art. 45 AEUV, in: Calliess/Ruffert (Hrsg.), EUV/AEUV, 4. Aufl. 2011, Rn. 107 ff.
18 EuGH 3.7.1986 – 66/85 (Lawrie-Blum), ECLI:EU:C:1986:284.
19 EuGH 30.9.2003 – C-47/02 (Anker ua), ECLI:EU:C:2003:516.
20 St. Rspr., EuGH 17.12.1980 – C-149/79 (Kommission./. Belgien), ECLI: EU: C: 1982:195, Rn. 10 f.; EuGH 30.9.2003 – C-47/02 (Anker ua), ECLI:EU:C:2003:516, Rn. 58.

wenn Aufgaben mit einer Aufrechterhaltung der Sicherheit und der Ausübung polizeilicher Befugnisse verbunden sind. Beispiele sind weite Bereiche von Militär, Polizei, Rechtspflege, Ministerialverwaltung, Steuerverwaltung oder Auswärtigem Dienst.

Umgekehrt handelt es sich nicht um die Ausübung hoheitlicher Befugnisse, wenn es sich nur um **vorbereitende oder technische Tätigkeiten** handelt, also bei Verwaltungsaufgaben, technischer Beratung und Instandhaltung, selbst wenn dies in Bereichen von Polizei, Rechtspflege, uä erfolgt. Auch wenn der Staat als normaler Wirtschaftsteilnehmer seine wirtschaftlichen Interessen verfolgt, handelt es sich nicht um öffentliche Verwaltung. 30

▶ **Beispielsfall 20** 31

Die niederländischen Kläger waren als Seeleute auf Hochseefischereischiffen unter deutscher Flagge und damit nach deutschem Recht beschäftigt. Sie verfügten über die Qualifikationen zur Führung von Seeschiffen und beantragten deshalb nach der deutschen Schiffsbesetzungsverordnung eine Befähigungsbescheinigung als Kapitäne. Die Anträge wurden abgewiesen, weil nach der Verordnung nur Deutsche im Sinne des Grundgesetzes Kapitäne auf Schiffen unter deutscher Flagge sein konnten.
Begründet wurde dies damit, dass der Kapitän zwar Angestellter einer privatrechtlichen Reederei ist, aber gleichzeitig nach § 106 SeemG nicht nur der Vorgesetzte aller Besatzungsmitglieder ist und oberste Anordnungsbefugnis hat, sondern bei unmittelbarer Gefahr auch Maßnahmen zur Gefahrenabwehr treffen kann und hierzu erforderliche Zwangsmittel einschließlich der vorübergehenden Festnahme einsetzen darf. Darüber hinaus hat der Kapitän einige personenstandsrechtliche Hilfsfunktionen; so nimmt er zB Mitteilungen von der Geburt oder dem Tod einer Person während der Reise entgegen (die öffentlichen Urkunden hierzu stellt allerdings ein Standesamt an Land aus). ◀

EuGH 30.9.2003 – C-47/02 (Anker ua), ECLI:EU:C:2003:516;
EuGH 30.9.2003 – C-405/01 (Colegio de Oficiales de la Marina Mercante Española), ECLI:EU:C:2003:515;
EuGH 10.12.2009 – C-460/08 (Kommission./. Griechenland), ECLI:EU:C:2009:774

Sehr viele Mitgliedstaaten sahen für die Tätigkeit als Kapitän auf einem Seeschiff ein Staatsangehörigkeitserfordernis vor. In den Entscheidungen von 2003 (die der EuGH auf Klage der Kommission 2009 bestätigte) war die Frage zu beantworten, ob es sich um „**Beschäftigung in der öffentlichen Verwaltung**“ handelt. 32

Die Tatsache, dass die Kapitäne von einer natürlichen oder juristischen Person des Privatrechts beschäftigt werden, ist dabei für sich genommen kein Grund, die Anwendbarkeit auszuschließen. Auch die Frage, ob ein Kapitän auf einem Seeschiff **hoheitliche Befugnisse** ausübt, war relativ unproblematisch zu bejahen. Zwar bestehen nach Meinung des EuGH bei den personenstandsrechtlichen Aufgaben gewisse Zweifel, obwohl viel dafür spricht, dass gerade die Feststellung personenstandsrechtlicher Angelegenheiten eine besondere Vertrauensstellung zum jeweiligen Staat mit sich bringt; der Kapitän vertritt hier materiell den Staat. Jedenfalls die Rechte und Befugnisse zur Aufrechterhaltung der Sicherheit an Bord bringen jedoch unbestritten polizeiliche Befugnisse mit sich, einschließlich Untersuchungs-, Zwangs- oder Sanktionsbefugnisse, die über das hinausgehen, was jeder Bürger und jede Bürgerin zur Aufrechterhaltung der öffentlichen Sicherheit zu tun verpflichtet ist. Hier handelt es sich um hoheitliche Befugnisse. 33

Allerdings: Die **Hauptaufgabe** von Kapitänen in der Hochseefischerei besteht darin, kleinere Schiffe mit geringer Besatzung zu führen und unmittelbar am Fischfang und 34 an der Verarbeitung der Fischereierzeugnisse mitzuwirken. Die Aufgabe der Vertretung des Flaggenstaats macht in der Praxis nur einen sehr geringen Teil der Tätigkeiten aus. Man könnte zwar einwenden, dass die Ausübung solcher Befugnisse von so großer Bedeutung für den Staat ist, dass sie immer durch das besondere Band der Staatsangehörigkeit legitimiert sein müsse. Nach Meinung des EuGH spielt aber das **Ausmaß der hoheitlichen Tätigkeit** durchaus eine Rolle für die Einordnung als „Beschäftigung in der öffentlichen Verwaltung“. Denn wenn hoheitliche Befugnisse nur sporadisch oder ausnahmsweise von Staatsangehörigen anderer Mitgliedstaaten ausgeübt würden, wären die staatlichen Belange nicht gefährdet.[21] Dem ist auch deshalb zuzustimmen, weil die Ausnahme vom Freizügigkeitsrecht eng ausgelegt werden muss und den Mitgliedstaaten nicht zu große Flexibilität bei der eigenständigen Bestimmung des Anwendungsbereichs des Art. 45 AEUV gegeben werden darf. In **Beispielsfall 20** handelt es sich also nicht um eine Beschäftigung in der öffentlichen Verwaltung im Sinne des Art. 45 Abs. 4 AEUV.

Im deutschen Recht wurde übrigens § 2 a Satz 1 Schiffsbesetzungsverordnung mittlerweile dahin gehend geändert, dass der Kapitän Unionsbürger sein muss.

Prüfungsschema:

35 Aus den dargelegten Kriterien ergibt sich folgendes Prüfungsschema für den autonom zu bestimmenden Arbeitnehmerbegriff im Sinne des Art. 45 AEUV:

- Arbeitnehmer (unionsrechtlicher Begriff/autonome Auslegung)
  - echte und tatsächliche Berufstätigkeit
  - „für eine Gegenleistung“ = (erwerbs-)wirtschaftlicher Wert = alle Tätigkeiten, die Teil des Wirtschaftslebens sind
  - unter Anleitung eines anderen = Weisungsgebundenheit = Unterordnungsverhältnis
- keine „Beschäftigung in der öffentlichen Verwaltung“. Eine solche liegt vor bei Ausübung hoheitlicher Befugnisse und Wahrnehmung allgemeiner Belange des Staats (funktionaler Verwaltungsbegriff), d.h.:
  - Ausübung besonderer Befugnisse gegenüber den Bürgerinnen und Bürgern
  - Die Tätigkeit ist nicht lediglich vorbereitender oder technischer Natur
  - Im Erscheinungsbild des Arbeitsplatzes überwiegen die hoheitlichen Tätigkeiten

36 Das Sekundärrecht (siehe oben Rn. 14 f.) gewährt zT darüber hinaus Rechte für Studierende und/oder Familienangehörige.

III. Die Gewährleistungsgehalte der Arbeitnehmerfreizügigkeit

37 Die Arbeitnehmerfreizügigkeit verbietet Eingriffe in den Gewährleistungsbereich des Art. 45 AEUV. Dabei spielt es keine Rolle, welchen Charakter die Maßnahme hat, die zu Eingriffen führt.

- Es kann sich um eine staatliche Maßnahme handeln, die **unmittelbar** die Arbeitsbedingungen, den Zugang oder die Entlassung von Arbeitnehmerinnen und Arbeitnehmern regelt.

21 EuGH 30.9.2003 – C-47/02 (Anker ua), ECLI:EU:C:2003:516; EuGH 10.9.2014 – C-270/13 (Haralambidis), ECLI:EU:C:2014:2185.

- Es kann sich um eine staatliche Maßnahme handeln, die wirtschaftliche Beziehungen zwischen den Arbeitgebern regelt oder sozialrechtliche Leistungen an Arbeitgeber vorsieht. Auch solche Maßnahmen können **mittelbar** Einfluss auf die Beschäftigungsbedingungen der Arbeitnehmerinnen und Arbeitnehmer haben und insofern dem Anwendungsbereich der Arbeitnehmerfreizügigkeit unterfallen.

Die Frage, wer sich auf eine Verletzung der Arbeitnehmerfreizügigkeit berufen kann (Berechtigte), wird unten Rn. 108 ff. angesprochen. Die Frage, inwieweit private Maßnahmen von einzelnen Arbeitgebern oder Wirtschaftsvereinigungen bzw. Wirtschaftsverbänden unter Art. 45 AEUV fallen, ist eine Frage nach der Horizontalwirkung der Grundfreiheit (Verpflichtete). Sie kann differenziert je nach Gewährleistungsgehalt beantwortet werden und wird unten Rn. 87 ff. angesprochen. 38

1. Freizügigkeitsrechte aus Art. 45 Abs. 3 AEUV

Freizügigkeit der Arbeitnehmerinnen und Arbeitnehmer[22] bedeutet nach Art. 45 Abs. 3 AEUV, dass diese das Recht haben, 39

a) sich in allen EU-Mitgliedstaaten um tatsächlich angebotene Stellen zu **bewerben**; dies erfasst insbesondere das Recht, entsprechende Arbeitsvermittlungen in Anspruch zu nehmen.[23]
b) sich zum Zweck der Bewerbung und Arbeitssuche im Hoheitsgebiet aller Mitgliedstaaten frei zu bewegen, also **einzureisen** und sich dort aufzuhalten.
c) sich in einem Mitgliedstaat zur Ausübung einer Beschäftigung **aufzuhalten.**
d) nach Beendigung einer Beschäftigung im Hoheitsgebiet eines Mitgliedstaats zu **verbleiben.**[24]

Ein Eingriff in diese Rechte kommt in Form der Diskriminierung (Abs. 2) oder in Form der Beschränkung (Abs. 1 und 3) in Betracht. Art. 45 Abs. 3 nennt mit den „aus Gründen der öffentlichen Ordnung, Sicherheit und Gesundheit gerechtfertigten Beschränkungen" einige mögliche Rechtfertigungsgründe (siehe unten Rn. 47 ff.). Für bestimmte Eingriffe (mittelbare Diskriminierung oder Beschränkung) kommen weitere Rechtfertigungsgründe in Betracht. Diese Fragen werden im Folgenden genauer betrachtet: 40

2. Unmittelbare Diskriminierung wegen der Staatsangehörigkeit und ihre Rechtfertigung

Nach dem ausdrücklichen **Wortlaut** des Art. 45 Abs. 2 AEUV erfasst die Arbeitnehmerfreizügigkeit insbesondere „die Abschaffung jeder auf der Staatsangehörigkeit beruhenden unterschiedlichen Behandlung der Arbeitnehmer der Mitgliedstaaten in Bezug auf Beschäftigung, Entlohnung und sonstige Arbeitsbedingungen". Es handelt sich um eine spezielle Regelung, die Art. 18 AEUV vorgeht.[25] 41

Diskriminierungsverbote sind Gleichbehandlungsgrundsätze, verlangen also einen **Vergleich** zwischen unterschiedlichen Personen, Gegenständen oder Situationen. Für die 42

22 Für Familienangehörige siehe unten Rn. 117 ff.
23 Dieses Recht wird durch die Arbeitnehmerfreizügigkeitsverordnung 492/2011 konkretisiert.
24 Die Bedingungen für den Verbleib ergeben sich aus Art. 17 der Freizügigkeitsrichtlinie 2004/38/EG und stellen vor allem darauf ab, wie lange ein Arbeitnehmer im betreffenden Mitgliedstaat eine Beschäftigung ausgeübt hat, bevor er in Rente ging oder arbeitsunfähig wurde.
25 EuGH 18.7.2017 – Rs. C-566/15 (Erzberger), ECLI:EU:C:2017:562, Rn. 24 ff.; siehe auch zur Spezialität des Art. 45 gegenüber Art. 21 AEUV oben Rn. 3 f.

Frage, welche Personen oder Personengruppen verglichen werden müssen, benennt das Diskriminierungsverbot das Unterscheidungskriterium und erleichtert damit die Prüfung eines solchen Vergleichs: Mit der unmittelbaren Diskriminierung wegen der Staatsangehörigkeit ist jede Benachteiligung verboten, die eine Person gerade wegen der Staatsangehörigkeit gegenüber anderen Personen in gleicher Situation erfasst. Die Staatsangehörigkeit muss also das Unterscheidungskriterium zwischen den Personengruppen sein, die ungleich behandelt werden. Darunter fallen insbesondere aufenthaltsrechtliche Maßnahmen, die begriffsnotwendig nur gegenüber Ausländerinnen und Ausländern getroffen werden.

43 ▶ **Beispielsfall 21**

Frau Adoui und Frau Cornuaille sind französische Staatsangehörige und arbeiten in Belgien als Serviererinnen in Bars; sie wirken in diesem Zusammenhang auch in Peep-Shows mit. Kann den beiden Französinnen diese Tätigkeit als eine Gefährdung der Sittlichkeit verboten werden, wenn sie gleichzeitig belgischen Staatsangehörigen erlaubt ist? ◀

EuGH 18.5.1982 – 115 und 116/81 (Adoui und Cornuaille), ECLI:EU:C:1982:183

44 ▶ **Beispielsfall 22**

Frau van Duyn ist Niederländerin und kam 1973 nach Großbritannien, um als Sekretärin bei der Scientology Church zu arbeiten. Britischen Staatsangehörigen wurde eine solche Beschäftigung nicht verwehrt; die Tätigkeit der Scientology Church war auch nicht verboten. Allerdings hielt Großbritannien die Praktiken dieser Organisation für „gesellschaftsschädlich“. Darf Großbritannien nun Niederländerinnen und anderen Ausländern diese Beschäftigung verbieten? ◀

EuGH 4.12.1974 – 41/74 (van Duyn), ECLI:EU:C:1974:133

45 Der **Tatbestand der unmittelbaren Diskriminierung** ist in den Beispielsfällen 21 und 22 leicht festzustellen: Den Französinnen wird wegen der Staatsangehörigkeit etwas verboten, was Belgierinnen erlaubt ist. Der Niederländerin wird wegen der fehlenden britischen Staatsangehörigkeit etwas verboten, was ihr als Britin erlaubt wäre.

46 Fraglich ist, ob eine solche Ungleichbehandlung gerechtfertigt werden kann. Art. 45 Abs. 3 AEUV sieht eine Rechtfertigung aus Gründen der öffentlichen Ordnung, Sicherheit und Gesundheit vor (sog. **ordre-public-Vorbehalt**). Diese gilt für die speziellen und grundlegenden Arbeitnehmerrechte des Abs. 3. Wegen der hohen Bedeutung der Rechte aus Abs. 3 kann der ordre-public-Vorbehalt aber erst recht zur Rechtfertigung anderer Beeinträchtigungen der Arbeitnehmerfreizügigkeit angewandt werden.

47 Dabei stellt sich (wie immer) zunächst die Frage, ob die Begriffe der **„öffentlichen Ordnung, Sicherheit und Gesundheit“** autonom unionsrechtlich oder nach mitgliedstaatlichem Recht auszulegen sind. Ein Argument für die unionsrechtliche Auslegung ist die Befürchtung, die Mitgliedstaaten könnten andernfalls über diese Rechtfertigungsmöglichkeit den Anwendungsbereich der Grundfreiheit selbst bestimmen. Allerdings sind insbesondere Fragen der öffentlichen Ordnung und Sicherheit stark kulturell und historisch geprägt. Dies zeigt sich insbesondere an den Fragen, welche Bedeutung der Religion im öffentlichen Leben zukommt, oder inwieweit „Sittlichkeit“ als öffentliches oder privates Interesse gilt. Diese Angelegenheiten dürfen nicht im Rahmen eines vorrangig auf das Wirtschaftsleben ausgerichteten Rechts wie der Arbeitnehmerfreizügigkeit einer negativen Harmonisierung unterworfen werden. Eine autonome Auslegung ist hier deshalb nicht angebracht.

Es muss also eine **Auslegung nach den Maßstäben des mitgliedstaatlichen Rechts** erfolgen. Die Mitgliedstaaten können über ihre Wertordnung selbst entscheiden. Der Maßstab für die Gewichtung muss jedoch dennoch einheitlich sein. Das Unionsrecht schreibt den Mitgliedstaaten hier zwar keine einheitliche Werteskala vor, aber eine **einheitliche Gewichtung:** Voraussetzung für die Rechtfertigung einer unmittelbaren Diskriminierung ist eine „tatsächliche und hinreichend schwere Gefährdung, die Grundinteressen der Gesellschaft berührt".[26] 48

> Art. 27 ff. der Unionsbürger-Freizügigkeits-Richtlinie 2004/38/EG konkretisieren den ordre-public-Vorbehalt:
>
> Art. 27 Abs. 2: Bei Maßnahmen aus Gründen der öffentlichen Ordnung oder Sicherheit [...] darf ausschließlich das persönliche Verhalten des Betroffenen ausschlaggebend sein. Strafrechtliche Verurteilungen allein können ohne Weiteres diese Maßnahmen nicht begründen. Das persönliche Verhalten muss eine tatsächliche, gegenwärtige und erhebliche Gefahr darstellen, die ein Grundinteresse der Gesellschaft berührt. Vom Einzelfall losgelöste oder auf Generalprävention verweisende Begründungen sind nicht zulässig.
>
> Art. 29 Abs. 1 („öffentliche Gesundheit"): Als Krankheiten, die eine die Freizügigkeit beschränkende Maßnahme rechtfertigen, gelten ausschließlich die Krankheiten mit epidemischem Potenzial im Sinne der einschlägigen Rechtsinstrumente der Weltgesundheitsorganisation und sonstige übertragbare, durch Infektionserreger oder Parasiten verursachte Krankheiten, sofern gegen diese Krankheiten Maßnahmen zum Schutz der Staatsangehörigen des Aufnahmemitgliedstaats getroffen werden.

In **Beispielsfall 21** wurde als Grundinteresse der Schutz der Sittlichkeit angeführt, der durch persönliches Verhalten der Arbeitnehmerinnen gefährdet sein konnte. Gegen die Tätigkeit von Frau van Duyn für die Scientology Church in **Beispielsfall 22** wurde angeführt, dass diese und damit auch ihre Mitglieder eine Gefahr für die Gesellschaft seien. In den Beispielsfällen war die grundsätzliche Einordnung als gesellschaftliches Interesse nicht umstritten; diese obliegt innerhalb der benannten **Grenzen der Einschätzungsprärogative der Mitgliedstaaten.** 49

Die mitgliedstaatliche Rechtsordnung muss aber **widerspruchsfrei** sein. Unerwünschtes Verhalten einer Arbeitnehmerin oder eines Arbeitnehmers darf nur dann zum Anlass für aufenthaltsbeendende Maßnahmen genommen werden, wenn der Mitgliedstaat bei entsprechenden Verhaltensweisen seiner eigenen Staatsangehörigen ebenfalls einschreiten würde. Dieses Problem bezeichnet der EuGH neuerdings zu Recht als eines der Plausibilität, Kohärenz bzw. der Konsistenz. So hat er dies implizit in den beiden Beispielsfällen bereits thematisiert: Ergreift ein Staat keine Maßnahmen zur Bekämpfung eines Verhaltens, wenn es von eigenen Staatsangehörigen ausgeübt wird, so kann es nicht plausibel als „hinreichend schwerwiegende Gefährdung eines Grundinteresses der Gesellschaft" angesehen werden.

So hielt der EuGH in **Beispielsfall 21** fest, dass die belgischen Behörden keine Sanktionen gegen Ausländerinnen verhängen dürfen, wenn sie nicht auch ihre eigenen Prostituierten bestrafen. Denn dann könne von einer schwerwiegenden Gefährdung von Grundinteressen der Gesellschaft keine Rede sein.[27] In **Beispielsfall 22** wies der EuGH darauf hin, dass der Staat nicht gegen Ausländerinnen und Ausländer vorgehen dürfe, 50

26 EuGH, 18.5.1982 -115 und 116/81 (Adoui und Cornuaille), ECLI:EU:C:1982:183, Rn. 8.
27 EuGH 18.5.1982 – 115 und 116/81 (Adoui und Cornuaille), ECLI:EU:C:1982:183, Rn. 9.

wenn er nicht gleichzeitig gegenüber seinen eigenen Staatsangehörigen „Zwangsmaßnahmen oder andere tatsächliche und effektive Maßnahmen zur Bekämpfung dieses Verhaltens“ ergreife. Allerdings: Die Scientology Church müsse nicht notwendig verboten werden, um Zwangsmaßnahmen gegen ausländische Staatsangehörige zu rechtfertigen. Der Staat müsse nur insoweit stimmig und konsistent handeln, als er seine Haltung gegenüber der Organisation eindeutig festgelegt und Verwaltungsmaßnahmen ergriffen haben muss, um die Betätigung der Organisation zu bekämpfen.[28] Diese Voraussetzungen sah der EuGH in Beispielsfall 22, nicht aber in Bezug auf das Verhalten in Beispielsfall 21 als erfüllt an.

3. Mittelbare Diskriminierung wegen der Staatsangehörigkeit und ihre Rechtfertigung

51 Art. 45 Abs. 2 AEUV verbietet nicht nur die unmittelbare, sondern auch die mittelbare Diskriminierung (früher oft als „verdeckte“ Diskriminierung bezeichnet). Sie ist dadurch gekennzeichnet, dass die Anwendung anderer Unterscheidungsmerkmale als die Staatsangehörigkeit tatsächlich zu demselben Ergebnis führt wie eine unmittelbare Diskriminierung.[29]

52 Eine **mittelbare Diskriminierung** liegt vor, wenn

- eine Regelung gerade nicht nach der Staatsangehörigkeit, sondern nach anderen Merkmalen unterscheidet (neutrale Regelung)
- und geeignet ist, Personen anderer Staatsangehörigkeit gegenüber Personen der Staatsangehörigkeit des Mitgliedstaats tatsächlich überwiegend nachteilig zu treffen und damit in besonderer Weise zu benachteiligen,
- ohne dass dies objektiv gerechtfertigt ist, dh ohne dass
  - die betreffenden Vorschriften, Kriterien oder Verfahren durch ein rechtmäßiges Ziel sachlich gerechtfertigt und
  - die Mittel zur Erreichung dieses Ziels geeignet, erforderlich und angemessen sind (Verhältnismäßigkeit).

Was damit gemeint ist, lässt sich an folgendem Fall illustrieren:

53 ▶ **Beispielsfall 23**

Im österreichischen öffentlichen Dienst werden die Rechte von Arbeitnehmerinnen und Arbeitnehmern, die auf der Grundlage eines privatrechtlichen Arbeitsvertrags tätig sind, durch ein Gesetz geregelt. Dieses Gesetz sieht für das Monatsentgelt der vollbeschäftigten Arbeitnehmer insgesamt 21 Entlohnungsstufen vor. Jeder Arbeitnehmer und jede Arbeitnehmerin rückt nach jeweils zwei Jahren in die nächsthöhere Entlohnungsstufe vor.
Bei der Berechnung der Zeiten für den Aufstieg werden frühere Beschäftigungszeiten im österreichischen öffentlichen Dienst vollständig angerechnet. Dabei kommt es nicht darauf an, ob die frühere Tätigkeit irgendeinen sachlichen Zusammenhang mit der jetzigen Beschäftigung hatte; es spielt auch keine Rolle, ob bei der früheren Tätigkeit Qualifikationen und Kenntnisse erworben wurden, die in der jetzigen Beschäftigung von Nutzen sein können. Anders ist dies für Beschäftigungszeiten im öffentlichen Dienst eines anderen EU-Mitgliedstaats. Diese werden nur dann vollständig berücksichtigt, wenn daran ein öffentliches

---

28 EuGH 4.12.1974 – 41/74 (van Duyn), ECLI:EU:C:1974:133, Rn. 18 f.
29 Zu den Konzepten der mittelbaren Diskriminierung genauer unten § 4, Rn. 109.

Interesse besteht und wenn die fraglichen Beschäftigungszeiten „für die erfolgreiche Verwendung des Vertragsbediensteten von besonderer Bedeutung" sind. ◀

EuGH 30.11.2000 – C-195/98 (ÖGB), ECLI:EU:C:2000:655;
siehe auch Streinz, JuS 2001, 1015

Der Fall ähnelt dem oben vorgestellten Beispielsfall 3 (§ 1, Rn. 28).[30] In **Beispielsfall 23** unterscheidet eine gesetzliche Regelung danach, ob die Beschäftigungszeiten im öffentlichen Dienst in Österreich oder in einem anderen EU-Mitgliedstaat erworben wurden. Diese Regelung benachteiligt diejenigen, die Beschäftigungszeiten in einem anderen EU-Mitgliedstaat als Österreich erworben haben, denn die Anforderungen an die Berücksichtigung dieser Zeiten sind strenger als diejenigen, die für in Österreich zurückgelegte Zeiten gelten. 54

Das verwendete Kriterium ist formal unabhängig von der Staatsangehörigkeit, denn sowohl Österreicherinnen und Österreicher als auch Ausländerinnen und Ausländer können im Inland oder im Ausland tätig gewesen sein (**neutrales Kriterium**). Allerdings: Es ist anzunehmen (was auch statistisch nachweisbar sein dürfte), dass Arbeitnehmer mit großer Wahrscheinlichkeit eher in dem Mitgliedstaat beschäftigt sind, dessen Staatsangehörigkeit sie haben. Die Regelung ist deshalb **geeignet, Staatsangehörige anderer Mitgliedstaaten tatsächlich überwiegend nachteilig zu treffen** und damit in besonderer Weise zu benachteiligen.[31] 55

Deshalb ist die Regelung nur zulässig, wenn sie durch objektive Erwägungen gerechtfertigt ist, die von der Staatsangehörigkeit der betroffenen Arbeitnehmerinnen und Arbeitnehmer unabhängig sind. Die Einschränkung muss im Verhältnis zu dem verfolgten objektiven Ziel verhältnismäßig, dh geeignet und erforderlich sein sowie in einem angemessenen Verhältnis zum verfolgten Zweck stehen. Für **Regelungen, die an die Dauer der Betriebszugehörigkeit anknüpfen** (sog. Anciennitätsregeln oder Senioritätsregeln), kommen unterschiedliche Rechtfertigungsgründe in Betracht: 56

- Es gibt Anciennitätsregelungen, die **erworbene Berufserfahrung** honorieren sollen. Für die Verfolgung dieses Ziels ist die vorliegende Regelung jedoch nicht geeignet, da sie alle Dienstzeiten im österreichischen öffentlichen Dienst anerkennt, nicht nur Dienstzeiten mit einer Beschäftigung, die konkrete Berufserfahrung im ausgeübten Beruf gewährleistet.
- Als objektives Ziel der Regelung käme auch das Honorieren der **Treue von Beschäftigten** zu einem öffentlich-rechtlichen Arbeitgeber in Betracht. Insofern scheint die Regelung aber ebenfalls nicht geeignet zur Zielerreichung; denn das Gesetz sieht die Anrechnung unabhängig davon vor, bei welcher konkreten Einrichtung des öffentlichen Diensts der Arbeitnehmer oder die Arbeitnehmerin beschäftigt war. Bei der großen Vielfalt öffentlich-rechtlicher Arbeitgeber ist das System zur Honorierung von Treue nicht geeignet.[32] Darüber hinaus widerspricht es gerade den Zielen der

30 EuGH 15.1.1998 – C-15/96 (Schöning-Kougebetopoulou), ECLI:EU:C:1998:3.

31 Zur dogmatischen Einordnung dieses Kriteriums genauer Rebhahn/Kietaibl Rechtswissenschaft 2010, 373 (393); vgl. auch EuGH 8.5.2019 – C-24/17 (ÖGB), ECLI:EU:C:2019:373, Rn. 78 ff., wo eine vergleichbare Regelung als Beschränkung (unten Rn. 73 ff.) geprüft wurde.

32 Der EuGH, behandelt dies in der vorliegenden Entscheidung eher als eine Frage der Konsistenz und Plausibilität: „Was schließlich das Honorieren der Treue der betroffenen Bediensteten anbelangt, will das Entlohnungssystem angesichts der Vielzahl in § 26 Absatz 2 VBG aufgeführten Arbeitgeber eine größtmögliche Mobilität der Beschäftigung innerhalb einer Gruppe rechtlich eigenständiger Arbeitgeber gewährleisten und nicht die Treue eines Bediensteten gegenüber einem bestimmten Arbeitgeber honorieren.".

Arbeitnehmerfreizügigkeit, die Treue zu einem national definierten Arbeitsmarkts zu honorieren. Es handelt sich also schon nicht um ein rechtmäßiges Ziel.

- Es bleibt also als mögliches zulässiges Ziel, eine **größtmögliche Mobilität innerhalb einer Gruppe rechtlich eigenständiger Arbeitgeber** (hier den verschiedenen österreichischen Verwaltungskörperschaften) **zu gewährleisten**; ohne die vorgesehene Anrechnungsmöglichkeit wären die Beschäftigten faktisch an ihren jeweiligen Arbeitgeber gebunden. Die Regelung in **Beispielsfall 23** könnte insofern die Freizügigkeit und die Ausübung der Berufsfreiheit fördern; angesichts der gleichgerichteten Zielsetzung des Art. 45 AEUV darf sie dann aber gerade keinen Unterschied zwischen der Tätigkeit in Österreich und der Tätigkeit in anderen EU-Mitgliedstaaten machen. Diese Erwägung schließt bereits Eignung und Erforderlichkeit aus, jedenfalls aber die Angemessenheit der Regelung.

57 ▶ **Beispielsfall 24**

Giovanni Maria Sotgiu ist italienischer Staatsangehöriger, sein Hauptwohnsitz liegt in Italien. Er ist bei einem deutschen öffentlich-rechtlichen Arbeitgeber beschäftigt, der denjenigen Beschäftigten eine Trennungsentschädigung bezahlt, die an einem anderen Ort tätig sind als an ihrem Hauptwohnsitz.
Die Regelung unterscheidet zwischen Beschäftigten mit Hauptwohnsitz im Inland (= Deutschland) und solchen mit Hauptwohnsitz im Ausland. Im ersten Fall wird eine höhere Trennungsentschädigung gezahlt, allerdings nur unter der Voraussetzung, dass sich am Beschäftigungsort keine Wohnung finden lässt. Bei einem Hauptwohnsitz im Ausland wird eine geringere Trennungsentschädigung gewährt, allerdings unabhängig davon, ob ein Umzug an den Beschäftigungsort möglich wäre oder nicht. ◀

EuGH 12.2.1974 – 152/73 (Sotgiu), ECLI:EU:C:1974:13

58 Hier erfolgt eine unterschiedliche Behandlung von Beschäftigten bei der Trennungsentschädigung danach, ob sie ihren **Hauptwohnsitz im Inland** oder im Ausland haben. Ein Nachteil ist damit insofern verbunden, als die erste Gruppe eine höhere Entschädigung erhält als die zweite Gruppe. Das verwendete Kriterium (Ort des Hauptwohnsitzes) ist zwar im Hinblick auf die Staatsangehörigkeit neutral. Da aber Gebietsfremde meist Ausländer sind, Inländer also in der begünstigten Gruppe (Hauptwohnsitz im Inland) mit weit größerem Anteil vertreten sein werden als in der benachteiligten Gruppe (Hauptwohnsitz im Ausland), kommt eine mittelbare Diskriminierung wegen der Staatsangehörigkeit im Sinne des Art. 45 Abs. 2 AEUV in Betracht. Denn die Regelung ist geeignet, Staatsangehörige anderer Mitgliedstaaten tatsächlich überwiegend nachteilig zu treffen und damit in besonderer Weise zu benachteiligen.

59 Als **sachlicher Grund für die unterschiedliche Behandlung** kommt in Betracht, dass beide Gruppen sich in Bezug auf die Trennungsentschädigung in einer unterschiedlichen Situation befinden. Der EuGH hielt es in **Beispielsfall 24** im Jahre 1974 insofern für möglich, die Ungleichbehandlung damit zu rechtfertigen, dass die Trennungsentschädigung bei Wohnsitz im Inland nur vorübergehend gewährt wurde und mit einer Obliegenheit zum Umzug an den Beschäftigungsort verbunden war, während sie an Arbeitnehmerinnen und Arbeitnehmer mit Wohnsitz im Ausland auf unbeschränkte Zeit und ohne Obliegenheit zum Umzug gewährt wurde. Dies ist allerdings nicht unproblematisch. Überzeugender wäre es gewesen, nach dem objektiven Ziel zu fragen, das mit der Regelung angestrebt wurde. In der Sache ging es hier um eine Kompensation erhöhter Kosten der Haushaltsführung für den Fall, dass ein Umzug nicht möglich war.

Eine Differenzierung zwischen dem Ort des Hauptwohnsitzes erscheint insofern nicht plausibel und konsistent; schließlich ist ein Umzug aus dem Ausland nicht grundsätzlich unzumutbarer als ein Umzug aus dem Inland. Für den Fall, dass der Umzug aus dem Ausland nicht möglich sein sollte, ist es also hier nicht gerechtfertigt, eine geringere Trennungsentschädigung zu gewähren.

▶ **Beispielsfall 25** 60

Bewerberinnen und Bewerber für den lokalen öffentlichen Dienst müssen in Belgien Kenntnisse der niederländischen, französischen oder deutschen Sprache nachweisen – je nachdem, in welchem der belgischen Sprachgebiete die Stelle angesiedelt ist, auf die sie sich bewerben.
Hierfür mussten sie eine Bescheinigung vorlegen, die von der staatlichen Personalauswahlstelle Belgiens (SELOR) ausgestellt wird; andere Bescheinigungen waren als Nachweis für Sprachkenntnisse nicht zulässig. Für den Erwerb der Bescheinigung verlangt die SELOR das Bestehen einer von ihr in Belgien abgehaltenen Prüfung. ◀

EuGH 5.2.2015 – C-317/14 (Kommission./. Belgien), ECLI:EU:C:2015:63

Auch diese Regelung ist in der Sache unterschiedslos auf belgische Staatsangehörige und auf Staatsangehörige der anderen Mitgliedstaaten anwendbar; es handelt sich also um eine **neutrale Regelung**. Benachteiligt werden alle diejenigen, die keine SELOR-Bescheinigung vorlegen können, denn sie werden bei der Personalauswahl nicht berücksichtigt. In der Sache trifft diese Diskriminierung allerdings in besonderem Maße Angehörige anderer Mitgliedstaaten, die sich um eine Stelle in Belgien bewerben wollen. Denn sie müssten sich nach Belgien begeben, nur um ihre Kenntnisse im Rahmen der SELOR-Prüfung bewerten zu lassen und werden deshalb häufiger nicht über diesen Nachweis verfügen. Eine mittelbare Diskriminierung kommt in **Beispielsfall 25** also in Betracht. 61

Für die objektive Rechtfertigung ist ein legitimes Ziel zu bejahen: Selbstverständlich dürfen bestimmte **Anforderungen an Sprachkenntnisse** gestellt werden, wenn solche Kenntnisse für die Ausübung der jeweiligen Tätigkeit von Bedeutung sind – was hier der Fall war. Auch ist die verlangte Bescheinigung geeignet, solche Sprachkenntnisse nachzuweisen. Allerdings ist es nicht erforderlich und angemessen, den Nachweis auf diese Bescheinigung zu beschränken; Sprachkenntnisse müssen auch durch Bescheinigungen nachgewiesen werden können, die in anderen Mitgliedstaaten erlangt wurden, soweit sie der SELOR-Bescheinigung gleichwertig sind. Der EuGH bejahte deshalb in **Beispielsfall 25** einen Verstoß gegen Art. 45 Abs. 2 AEUV. 62

Ähnliche Grundsätze gelten allgemein für die **Nichtanerkennung von Qualifikationen, die in anderen Mitgliedstaaten erworben wurden**. Nur für bestimmte Berufe wurde die Anerkennung durch die Richtlinie 2005/36/EG über die Anerkennung von Berufsqualifikationen harmonisiert. Für alle anderen Fälle gilt: Solange die Voraussetzungen für den Zugang zu einem Beruf aber noch nicht harmonisiert sind, dürfen die Mitgliedstaaten bzw. die Arbeitgeber festlegen, welche Kenntnisse und Fähigkeiten sie für notwendig erachten – müssen allerdings für die Bescheinigung der erforderlichen Kenntnisse und Fähigkeiten sämtliche Diplome, Prüfungszeugnisse oder sonstigen Befähigungsnachweise sowie einschlägige Erfahrung berücksichtigen, auch wenn diese in anderen Mitgliedstaaten erworben wurden.[33] 63

33 EuGH 6.10.2015 – C-298/14 (Brouillard), ECLI:EU:C:2015:652, Rn. 48; Rn. 53 ff. (Bewerbung als Jurist in Belgien: Der französische Masterabschluss, der nicht die Kenntnis belgischen Rechts zertifizierte, musste nicht

64 ▶ **Beispielsfall 26**

Für die Arbeitsverträge von Fremdsprachenlektorinnen und -lektoren an Universitäten galten in mehreren Mitgliedstaaten (ua in Deutschland) Sonderregelungen. So war es in Italien zulässig, die Verträge für Fremdsprachenlektorate (anders als für andere Lektorate und Lehrkräfte) immer nur auf ein Jahr zu begrenzen (zT wurden dabei Verlängerungen von Vergütungsminderungen abhängig gemacht). Begründet wurde diese Regelung damit, dass es im Sprachunterricht von großer Bedeutung sei, die lebendige Entwicklung der unterrichteten Sprache zu verfolgen und den Kontakt zur Muttersprache zu erhalten. ◀

EuGH 2.8.1993 – C-259/91, C-331/91 und C-332/91 (Allué ua), ECLI:EU:C:1993:333; EuGH 20.10.1993 – C-272/92 (Spotti), ECLI:EU:C:1993:848

65 Die Regelung in diesem Beispiel unterscheidet zwischen Lektoren und Fremdsprachenlektoren, also nach einem **neutralen Merkmal.** Allerdings sind Fremdsprachenlektoren sachlich bedingt überdurchschnittlich häufig Wanderarbeitnehmerinnen und Wanderarbeitnehmer, also überdurchschnittlich häufig ausländische Staatsangehörige. In Italien jedenfalls hatten nur 25 % der Fremdsprachenlektorinnen und -lektoren die italienische Staatsangehörigkeit. Die Regelung trifft also in besonderem Maße die Angehörigen anderer Mitgliedstaaten. Eine mittelbare Diskriminierung kommt in Betracht.

66 Die Ungleichbehandlung wäre aber zulässig, wenn sie **objektiv gerechtfertigt** wäre. Als legitimes Ziel wurde hier vorgetragen, dass die Lektorinnen und Lektoren die Entwicklung der Sprache durch Aufenthalte im Land der Sprache beobachten. Die Qualität des Sprachenunterrichts zu sichern, ist ein legitimes Ziel. Allerdings ist die Ungleichbehandlung in der Vertragsgestaltung nicht erforderlich, um dieses Ziel zu erreichen. Der Erhalt des Kontakts mit der Muttersprache ließe sich auch durch Fortbildungsverpflichtungen und regelmäßige Freistellungen erreichen. Darüber hinaus ist die Problematik der regelmäßigen Fortbildungsnotwendigkeit nicht auf diese Beschäftigtengruppe beschränkt, sondern gilt auch für andere Unterrichtsfächer. Die Ungleichbehandlung in **Beispielsfall 26** war damit nicht verhältnismäßig, inkonsistent und verstieß gegen Art. 45 Abs. 2 AEUV.

4. Diskriminierung von Grenz- und Wanderarbeitnehmern

67 ▶ **Beispielsfall 27**

Frau Scholz, eine gebürtige Deutsche, die nach der Heirat Italienerin geworden war, hatte sich in einer Kantine im italienischen öffentlichen Dienst beworben. Über die Vergabe der Stelle wurde in einem allgemeinen Auswahlverfahren für den öffentlichen Dienst entschieden; in diesem Rahmen wurden Berufstätigkeiten im italienischen öffentlichen Dienst positiv (in Form von „Punkten") berücksichtigt. Nicht angerechnet wurde die frühere Tätigkeit von Frau Scholz im deutschen öffentlichen Dienst. Wäre diese Tätigkeit berücksichtigt worden, hätte Frau Scholz die nötige Punktzahl erreicht, um für die Stelle ausgewählt zu werden. ◀

EuGH 23.2.1994 – C-419/92 (Scholz), ECLI:EU:C:1994:62

68 Hier handelt es sich um eine typische Konstellation der mittelbaren Diskriminierung, nämlich um einen Fall der **Nichtberücksichtigung von Dienstzeiten in einem anderen Mitgliedstaat.** Was die Diskriminierung und objektive Rechtfertigung angeht, so gilt

anerkannt werden). Der Fall wurde allerdings unter dem Gesichtspunkt des Beschränkungsverbots behandelt (siehe dazu unten Rn. 73 ff.).

Ähnliches wie in Beispielsfall 23 (oben Rn. 53, 56): Eine Anknüpfung an die Betriebszugehörigkeit kann im Hinblick auf den Erwerb von Qualifikation und Berufserfahrung, Honorierung von Treue zum Arbeitgeber oder zur Förderung von Mobilität gerechtfertigt werden. Diese Kriterien verlangen aber nach einer Differenzierung der berücksichtigten Dienstzeiten im Hinblick auf Qualifikationen, Berufserfahrung, geübte Treue oder gewünschte Mobilität. Sie rechtfertigen es nicht, generell Dienstzeiten im gesamten öffentlichen Dienst eines Mitgliedstaats stärker zu berücksichtigen als entsprechende Dienstzeiten bei öffentlichen Dienstherren anderer Mitgliedstaaten.

Problematisch war aber in **Beispielsfall 27**, dass Frau Scholz durch eine Regelung Italiens benachteiligt wurde, selbst aber italienische Staatsangehörige war. Der EuGH wies in der damaligen Entscheidung darauf hin, dass sich diese Tatsache nicht auf die Anwendung des Grundsatzes der Nichtdiskriminierung auswirken könne. Frau Scholz müsse sich ebenfalls auf dieses Recht berufen können. Es spiele keine Rolle, dass sie selbst Staatsangehörige des benachteiligenden Mitgliedstaats ist.[34] 69

Zu einem ähnlichen Ergebnis kommt man, wenn man davon ausgeht, dass Art. 45 Abs. 2 AEUV auch die **Diskriminierung von Grenz- und Wanderarbeitnehmerinnen und -arbeitnehmern** erfasst, also von Beschäftigten, die von ihrem Recht auf Arbeitnehmerfreizügigkeit Gebrauch gemacht und in einem anderen Mitgliedstaat eine Berufstätigkeit ausgeübt haben. 70

In der Benachteiligung von Grenz- und Wanderarbeitnehmerinnen und -arbeitnehmern liegt notwendig eine mittelbare Diskriminierung wegen der Staatsangehörigkeit, denn unter ihnen wird sich in der Regel eine überdurchschnittlich große Gruppe ausländischer Staatsangehöriger finden. Sie stellt also einen Anwendungsfall des Verbots der mittelbaren Diskriminierung dar. Auf das Verbot können sich auch Staatsangehörige desjenigen Mitgliedstaats berufen, dem Diskriminierung vorgeworfen wird.

Der Europäische Gerichtshof hat allerdings Fälle der Diskriminierung von Grenz- und Wanderarbeitnehmern in den letzten Jahren zunehmend unter dem Gesichtspunkt des Art. 45 Abs. 1 AEUV (Verbot der Beschränkung, siehe unten Rn. 73 ff.) behandelt,[35] anstatt – was zutreffend wäre – von einer Spezialität der Diskriminierungsverbote auszugehen.[36] Denn jede Diskriminierung von Grenz- und Wanderarbeitnehmern wegen der Wahrnehmung von Freizügigkeitsrechten macht es gleichzeitig weniger attraktiv, grenzüberschreitend zu arbeiten[37] bzw. stellt eine „**Behinderung der tatsächlichen Ausübung**" der Arbeitnehmerfreizügigkeit dar.[38] 71

Art. 45 Abs. 2 AEUV gilt allerdings nur „in Bezug auf Beschäftigung, Entlohnung und sonstige Arbeitsbedingungen". Ungleichbehandlungen zB bei der Gewährung sozialer 72

34 EuGH 23.2.1994 – C-419/92 (Scholz), ECLI:EU:C:1994:62, Rn. 11.

35 ZB EuGH 13.12.2012 – C-379/11 (Caves Krier), ECLI: EU: C: 2012:798, Rn. 47: Wohnsitzerfordernis als Beschränkung; Rn. 44: Benachteiligung. EuGH 30.11.2000 – C-195/98 (ÖGB), ECLI:EU:C:2000:655: mittelbare Benachteiligung von Wanderarbeitnehmern gegenüber inländischen Arbeitnehmern.

36 EuGH 11.1.2007 – C-208/05 (ITC), ECLI:EU:C:2007:16, Rn. 31 ff.; einen klaren Vorrang der Diskriminierungsverbote prüft jedoch richtig: EuGH 27.1.2000 – C-190/98 (Graf), ECLI:EU:C:2000:49, Rn. 15 ff.

37 ZB EuGH 8.5.2019 – C-24/17 (ÖGB), ECLI: EU: C: 2019:373, Rn. 78 ff. zur Anerkennung von Vordienstzeiten/Betriebszugehörigkeiten bei Arbeitgebern in anderen Mitgliedstaaten; zu den Überschneidungsbereichen von Beschränkung und mittelbare Diskriminierung bei Freizügigkeitsrechten genauer Rebhahn/Kietaibl Rechtswissenschaft 2010, 373 (375 f.).

38 EuGH 6.10.2015 – C-298/14 (Brouillard), ECLI: EU: C: 2015:652, Rn. 52; EuGH 18.7.2017 – Rs. C-566/15 (Erzberger), ECLI:EU:C:2017:562, Rn. 39.

oder steuerlicher Leistungen lassen sich nur als **Beschränkungen** behandeln, insofern sie grenzüberschreitende Erwerbstätigkeit weniger attraktiv machen.

5. Beschränkung der Arbeitnehmerfreizügigkeit und ihre Rechtfertigung

73 ▶ **Beispielsfall 28**

Volker Graf ist Österreicher und in Österreich beschäftigt. Dort gibt es bei Beendigung des Arbeitsverhältnisses einen gesetzlichen Anspruch auf Abfindung („Abfertigung"). Der Anspruch setzt voraus, dass die Beendigung des Arbeitsverhältnisses durch den Arbeitgeber veranlasst wurde. Herr Graf hat sein Arbeitsverhältnis gekündigt, um in Düsseldorf zu arbeiten. Er hält es für eine Beschränkung seiner Freizügigkeit, dass er keine Abfertigung erhält. ◀

EuGH 27.1.2000 – C-190/98 (Graf), ECLI:EU:C:2000:49

74 Freizügigkeit ist mehr als nur der Schutz vor Diskriminierung. Das Recht auf Freizügigkeit nach Art. 45 Abs. 1 AEUV bedeutet ein Recht auf grenzüberschreitende Ausübung abhängiger Erwerbstätigkeit. Eine **Beschränkung** liegt immer vor, wenn die Ausübung der Freizügigkeit behindert oder weniger attraktiv gemacht wird, selbst wenn die Maßnahme oder Regelung auf alle Staatsangehörigen unterschiedslos angewandt wird und alle in gleicher Weise betrifft.[39]

75 Gegenstand der Beschränkung ist die Ausübung der Arbeitnehmerfreizügigkeit (siehe Art. 45 Abs. 3 AEUV), d.h.:

- das Verlassen des Herkunftslands
- der Zugang zum Arbeitsmarkt eines anderen Mitgliedstaats
- die Ausübung der Erwerbstätigkeit in einem Zielland

76 In **Beispielsfall 28** bestritt der EuGH allerdings das Vorliegen einer Beschränkung: Da der Abfertigungsanspruch nicht von der Entscheidung des Arbeitnehmers abhänge, ob er bei seinem derzeitigen Arbeitgeber bleibt oder nicht, könne die Regelung den Arbeitnehmer auch nicht daran hindern oder davon abhalten, sein Arbeitsverhältnis zu beenden, um ins Ausland zu wechseln. Die Regelung beeinflusse also „eindeutig" nicht den Zugang zum Arbeitsmarkt.[40]

77 Dieser Argumentation ist zu Recht entgegen gehalten worden, dass sie ungenau ist.[41] Schließlich hängt der Anspruch auf Abfertigung durchaus unter anderem davon ab, ob eine Arbeitnehmerin oder ein Arbeitnehmer den Arbeitsplatz wechselt oder nicht, denn in diesem Fall verliert sie oder er den Anspruch auf jeden Fall, während bei Verbleib im Arbeitsverhältnis zumindest die **Chance auf eine Abfertigung** erhalten bleibt. Wenn der EuGH insofern darauf abstellt, wie „ungewiss" eine spätere arbeitgeberseitige Beendigung ist, wie groß also die Gefahr der späteren Kündigung ist, trifft er bereits eine gewichtende und abwägende Entscheidung, für die bei der Frage des Vorliegens einer Beschränkung kein Raum sein dürfte. Sachgerechter wäre es, die Beschränkung zu bejahen, da ein Hindernis für die Arbeitnehmerfreizügigkeit besteht, wenn bei ihrer Ausübung eine Anwartschaft verloren geht.

39 Die Kriterien wurden genauer entwickelt in EuGH 15.12.1995 – C-415/93 (Bosman), ECLI:EU:C:1995:463, Rn. 94 ff.

40 EuGH 27.1.2000 – C-190/98 (Graf), ECLI:EU:C:2000:49, Rn. 15 ff.

41 Siehe ausführlich Thüsing, Europäisches Arbeitsrecht, 3. Aufl. 2017, S. 56 ff. (Fn. 57 ff.), der ebenfalls eine deutlichere Differenzierung durch den EuGH einfordert.

Beschränkungen der Arbeitnehmerfreizügigkeit können zulässig sein, wenn sie durch **zwingende Gründe des Allgemeininteresses** gerechtfertigt erscheinen,[42] weil das Handeln geeignet ist, die Erreichung eines solchen Allgemeininteresses zu gewährleisten, und nicht über das hinausgeht, was zur Erreichung des verfolgten Ziels erforderlich ist.[43] 78

In **Beispielsfall** 28 wäre darauf zu verweisen, dass die Abfertigung ein konkretes Ziel verfolgt, nämlich die **Kompensation für einen unverschuldeten Verlust des Arbeitsplatzes** – angesichts der großen wirtschaftlichen Bedeutung, die ein Arbeitsplatz für Arbeitnehmerinnen und Arbeitnehmer in der Regel hat, handelt es sich um einen legitimen zwingenden Grund. Da dieser Grund in Fällen der Eigenkündigung nicht relevant ist, erscheint die Beschränkung des Berechtigtenkreises zulässig. 79

▶ **Beispielsfall 29** 80

Die Bundesagentur für Arbeit gab an Arbeitslose Vermittlungsgutscheine aus, mit denen diese die Hilfe von privaten Arbeitsvermittlungen in Anspruch nehmen konnten. Die privaten Arbeitsvermittlungen erhielten über die Gutscheine ein Honorar durch die Bundesagentur für Arbeit. Die Gutscheine konnten jedoch nur eingesetzt werden, wenn das vermittelte Beschäftigungsverhältnis in Deutschland sozialversicherungspflichtig war. ◀

EuGH 11.1.2007 – C-208/05 (ITC), ECLI:EU:C:2007:16, Rn. 25 ff.

In diesem Fall war das Diskriminierungsverbot des Art. 45 Abs. 2 AEUV schon deshalb nicht einschlägig, weil dieses lediglich auf Diskriminierungen bei Arbeitsbedingungen Anwendung findet. 81

Eine Benachteiligung bei der Gewährung sozialer Leistungen wie in **Beispielsfall** 29 stellt aber in aller Regel eine Beschränkung der Arbeitnehmerfreizügigkeit dar, da sie grenzüberschreitende Erwerbstätigkeit weniger attraktiv macht (siehe auch die Konkretisierung in Art. 7 Abs. 2 der Arbeitnehmerfreizügigkeitsverordnung 492/2011). Die Einlösebedingungen der Gutscheine machten es ferner unwahrscheinlich, dass die Vermittlungsunternehmen Arbeitsuchende auf Angebote in anderen Mitgliedstaaten vermittelten und hinderten die Arbeitsuchenden daher an der Wahrnehmung der Arbeitnehmerfreizügigkeit.

Eine solche Beschränkung kann durch **zwingende Gründe des Allgemeininteresses** gerechtfertigt sein. Allerdings: 82

- Die **Erzielung einer stärkeren Bindung von Beschäftigten an den jeweiligen Mitgliedstaat** reicht in aller Regel nicht zur Rechtfertigung. Die Mitgliedstaaten müssen berücksichtigen, dass es gerade „zum Wesen der Arbeitnehmerfreizügigkeit" gehört, „dass die Abwanderung eines Arbeitnehmers in einen anderen Mitgliedstaat durch die Zuwanderung eines Arbeitnehmers aus einem anderen Mitgliedstaat ausgeglichen werden kann".

42 Die Formulierungen des EuGH zur Rechtfertigung von Beschränkungen der Arbeitnehmerfreizügigkeit sind uneinheitlich; der EuGH spricht teilweise von „(zwingenden) Gründen des Allgemeininteresses" (EuGH 15.12.1995 – C-415/93 (Bosman), ECLI:EU:C:1995:463, Rn. 104; EuGH 11.1.2007 – C-208/05 (ITC), ECLI:EU:C:2007:16, Rn. 37), teilweise noch – wenn es um Beschränkungen durch Private geht, siehe unten Rn. 87 ff. – von „sachlichen Erwägungen" (EuGH 6.6.2000 – C-281/98 (Angonese), ECLI:EU:C:2000:296, Rn. 42).

43 EuGH 11.1.2007 – C-208/05 (ITC), ECLI:EU:C:2007:16, Rn. 37.

- Auch das **Ziel einer Verhinderung des Verlusts von Fachkräften** darf nicht auf eine Weise verfolgt werden, die zu Beschränkungen bei allen Arbeitnehmerinnen und Arbeitnehmern führt.[44]

Ähnliches gilt für das Argument, dass **steuerliche oder sozialversicherungsrechtliche Leistungen verloren gehen**, wenn Beschäftigte oder Arbeitsuchende künftig in einem anderen Mitgliedstaat Leistungen erbringen. Der Befürchtung einer erheblichen Gefährdung des finanziellen Gleichgewichts des Systems der sozialen Sicherheit ist entgegen zu halten, dass die Arbeitnehmerfreizügigkeit dazu führen soll, dass Verluste durch entsprechende Gewinne durch Staatsangehörige anderer Mitgliedstaaten ausgeglichen werden. In **Beispielsfall 29** war darüber hinaus zu berücksichtigen, dass die betroffenen Arbeitsuchenden bei einer Vermittlung in einen anderen Mitgliedstaat zwar keine Sozialbeiträge im Herkunftsstaat mehr leisteten, dieser jedoch auch keine Arbeitslosenunterstützung mehr zahlen musste.[45]

83 ▶ **Beispielsfall 29 a**

Die TUI-Gruppe ist weltweit tätig. Sie hat in der Europäischen Union ungefähr 50 000 Arbeitnehmerinnen und Arbeitnehmer, von denen etwas mehr als 10 000 in Deutschland arbeiten. Nach deutschem Recht fällt TUI unter das MitbestG und wird von zwei Organen geführt, nämlich dem Vorstand, dem die Unternehmensleitung obliegt, und dem Aufsichtsrat, der die Aufgabe hat, den Vorstand zu überwachen. Der TUI-Aufsichtsrat hat 20 Mitglieder und besteht zur Hälfte aus Vertreterinnen und Vertretern der Anteilseignerseite und zur Hälfte aus Arbeitnehmervertreterinnen und -vertretern. ◀

Die Vertreterinnen und Vertreter der Arbeitnehmerseite werden gewählt, und zwar durch die in Deutschland beschäftigten Arbeitnehmerinnen und Arbeitnehmer; nur diese sind auch als Delegierte wählbar. Ein Arbeitnehmer, der in Deutschland bei TUI beschäftigt und Mitglied des Aufsichtsrats ist, muss aus dem Aufsichtsrat ausscheiden, wenn er eine Stelle in einem anderen Mitgliedstaat antritt. ◀

EuGH 18.7.2017 – C-566/15 (Erzberger), ECLI:EU:C:2017:562

84 Auch in **Beispielsfall 29 a** geht es um die Frage, ob die Arbeitnehmerfreizügigkeit dadurch beschränkt wird, dass mit einem grenzüberschreitenden Wechsel des Tätigkeitsorts bestimmte Rechtspositionen verloren gehen, weil eine andere Rechtsordnung anwendbar wird.

Aufgrund der geringen ökonomischen Bedeutung dieser Rechtspositionen ist hier schon fraglich, ob der Nachteil ernsthaft relevant sein kann für eine Entscheidung für oder gegen die Wahrnehmung der Freizügigkeit, ob diese also tatsächlich weniger attraktiv und damit behindert wird.[46] Jedenfalls aber kann ein Nachteil, der allein auf Unterschieden in Rechtsordnungen der Mitgliedstaaten beruht, nicht als Beschränkung angesehen werden. In den Worten des EuGH: Art. 45 AEUV „kann einem Arbeitnehmer jedoch nicht garantieren, dass ein Umzug in einen anderen Mitgliedstaat […] in sozialer Hinsicht neutral ist, da ein solcher Umzug aufgrund der Unterschiede, die zwischen den Systemen und den Rechtsvorschriften der Mitgliedstaaten bestehen, für die betreffende Person je nach Einzelfall Vorteile oder Nachteile in diesem Bereich haben kann."[47] In diesem Zusammenhang kann auch auf Art. 45 Abs. 3 c) AEUV hingewie-

44 EuGH 11.1.2007 – C-208/05 (ITC), ECLI:EU:C:2007:16, Rn. 39, 44.
45 EuGH 11.1.2007 – C-208/05 (ITC), ECLI:EU:C:2007:16, Rn. 36 ff.
46 Krause ZIP 2015, 636.
47 EuGH 18.7.2017 – C-566/15 (Erzberger), ECLI:EU:C:2017:562, Rn. 34.

sen werden, wonach die Freizügigkeit das Recht umfasst, „sich in einem Mitgliedstaat aufzuhalten, um dort nach den für die Arbeitnehmer dieses Staates geltenden Rechts- und Verwaltungsvorschriften eine Beschäftigung auszuüben".

Prüfungsschema:

Aus den dargelegten Kriterien ergibt sich folgendes Prüfungsschema für die Frage, ob eine Maßnahme unzulässig in den Gewährleistungsgehalt des Art. 45 AEUV eingreift: 85

- Unmittelbare Diskriminierung
  - Vergleich zweier Gruppen
    - Die Gruppen unterscheiden sich nur durch die Staatsangehörigkeit
    - Vergleich von benachteiligter Gruppe/Person und (hypothetischer) Vergleichsgruppe/-person
    - in Bezug auf Beschäftigung, Entlohnung und sonstige Arbeitsbedingungen
  - Keine Rechtfertigung
    - Die Ungleichbehandlung verfolgt kein legitimes Ziel im Sinne von Art. 45 Abs. 3 Einschub AEUV:
      - öffentliche Sicherheit
      - öffentliche Ordnung
      - öffentliche Gesundheit
    - oder ist zur Erreichung dieses Ziels nicht geeignet, erforderlich und angemessen (Verhältnismäßigkeit).
- Mittelbare Diskriminierung
  - Vergleich zweier Gruppen:
    - Die Gruppen unterscheiden sich nicht nur durch die Staatsangehörigkeit (= neutrale Regelung)

Beachte: Soweit die (zu prüfende) mittelbare Diskriminierung wegen der Staatsangehörigkeit auch Nachteile für Personen mit der Staatsangehörigkeit des diskriminierenden Mitgliedstaats mit sich bringt, wird es sich meist um eine Beschränkung handeln – der EuGH prüft deshalb zunehmend Beschränkung, ohne den Aspekt der mittelbaren Diskriminierung noch zu thematisieren (siehe Rn. 71).

- Vergleich von benachteiligter Gruppe/Person und (hypothetischer) Vergleichsgruppe/-person
- in Bezug auf Beschäftigung, Entlohnung und sonstige Arbeitsbedingungen
- Die Regelung ist geeignet, Staatsangehörige anderer Mitgliedstaaten tatsächlich überwiegend nachteilig zu treffen und damit in besonderer Weise zu benachteiligen. Ein deutliches Indiz hierfür ist es, wenn in der benachteiligten Gruppe der Anteil ausländischer Staatsangehöriger deutlich höher ist als in der begünstigten Gruppe.
- Die Ungleichbehandlung ist nicht objektiv gerechtfertigt.
  - Die Ungleichbehandlung verfolgt kein rechtmäßiges Ziel (zB Qualifikationsanforderungen an Arbeitsplätzen)
  - oder ist zur Erreichung des Ziels nicht geeignet, erforderlich und angemessen (Verhältnismäßigkeit).

- Beschränkung
  - Ausübung der Arbeitnehmerfreizügigkeit
  - Beschränkung: Die Ausübung der Arbeitnehmerfreizügigkeit wird
    - behindert oder
    - weniger attraktiv.
  - Die Beschränkung ist nicht gerechtfertigt.
    - Bei Beschränkung durch Mitgliedstaaten: keine Verfolgung eines zwingenden Allgemeininteresses
    - Bei Beschränkung durch Private: keine sachlichen Gründe
    - Oder: Das Handeln ist zur Zielerreichung nicht geeignet, erforderlich und angemessen (Verhältnismäßigkeit).

Beachte: Die Frage der Rechtfertigung ist häufig eine Einzelfallfrage, bei der viele Aspekte abgewogen werden müssen.

86 Zu den Kriterien, die eine genauere Prüfung der mittelbaren Diskriminierung oder der Beschränkung nahelegen, gehören insbesondere:

- *Nichtanerkennung von Berufserfahrung und Dienstalter aus einem anderen Mitgliedstaat.*
- *Nichtanerkennung von Qualifikationen aus einem anderen Mitgliedstaat.*
- *Benachteiligung wegen eines Wohnsitzes im Ausland.*

IV. Verpflichtete: Unmittelbare Horizontalwirkung?

1. Diskriminierungsverbot

87 ▶ **Beispielsfall 30**

Roman Angonese aus Bozen/Bolzano (Südtirol/Italien) ist italienischer Staatsangehöriger und zweisprachig (Deutsch als Muttersprache und Italienisch als Zweitsprache). Er studierte in Österreich und bewarb sich danach von Österreich aus auf eine Ausschreibung als Bankangestellter der privaten Sparkasse (Cassa di Risparmio) in Bozen/Bolzano. Wie in Südtirol üblich, wurde als Einstellungsvoraussetzung der Nachweis der Zweisprachigkeit (Italienisch und Deutsch) verlangt. Der Nachweis erfolgte durch das sog. Patentino, eine Urkunde, welche die erfolgreiche Teilnahme an einem bestimmten Zweisprachigkeitstest bescheinigt. Diese Tests wurden von der Bezirksregierung Bozen durchgeführt und fanden viermal jährlich zu festen Terminen statt, welche Herr Angonese wegen seiner Studien in Österreich nicht wahrnehmen konnte. Die Sparkasse beachtete seine Bewerbung nicht, da das Patentino nicht beilag. Ist Herr Angonese dadurch unzulässig diskriminiert worden? ◀

EuGH 6.6.2000 – C-281/98 (Angonese), ECLI:EU:C:2000:296

88 Der vorliegende Fall ähnelt in vielem Beispielsfall 25 (oben Rn. 60 ff.). Für die Anwendung des Art. 45 AEUV reicht es aus, wenn sich eine Unionsbürgerin oder ein Unionsbürger auf ein Arbeitsverhältnis bewirbt wie in **Beispielsfall 30**. Wie dort wird auch hier keine Unterscheidung nach der Staatsangehörigkeit getroffen, sondern danach, ob eine ganz bestimmte Bescheinigung zum Nachweis von Sprachkenntnissen erworben wurde.

Wiederholung:

Diese Anforderung ist geeignet, Personen mit anderer als der italienischen Staatsangehörigkeit besonders zu benachteiligen; es spielt insofern keine Rolle, welche Staatsangehörigkeit Herr Angonese hat (siehe oben Beispielsfall 25, Rn. 60 ff.).

Man könnte natürlich einwenden, dass der Erwerb des Patentino in Bozen auch für viele Italienerinnen und Italiener nicht mit weniger Beschwerlichkeiten verbunden ist, zum Teil sogar in stärkerem Maße als für Personen wie Herrn Angonese, der sich in Österreich aufhielt. Allerdings ist für das Unionsrecht das gesamte Gebiet der Europäischen Union zu berücksichtigen. In diesem Kontext sind Bevorzugungen in regionaler Hinsicht grundsätzlich als mittelbar diskriminierend anzusehen. Denn, wie der EuGH in „Angonese" formuliert, „Personen, die nicht in dieser Provinz wohnen, [haben] wenig Möglichkeiten, die Bescheinigung zu erwerben [...]. Da die Mehrheit der Einwohner der Provinz Bozen die italienische Staatsangehörigkeit besitzen, benachteiligt die Verpflichtung, die geforderte Bescheinigung zu erlangen, die Staatsangehörigen der anderen Mitgliedstaaten im Verhältnis zu diesen Einwohnern. [...Es ist] nicht erforderlich, daß diese Maßnahme bewirkt, daß alle inländischen Arbeitnehmer begünstigt werden oder daß nur Arbeitnehmer aus anderen Mitgliedstaaten und nicht die inländischen Arbeitnehmer benachteiligt werden."

Auch für die Frage der objektiven Rechtfertigung gilt in Beispielsfall 30 dasselbe wie oben Rn. 62: Es ist legitim, von einem Bewerber um eine Stelle Sprachkenntnisse eines bestimmten Niveaus zu verlangen. Ein Diplom wie das Patentino ist auch geeignet, dem Arbeitgeber eine Bewertung dieser Kenntnisse zu ermöglichen. Es fehlt aber an der Erforderlichkeit der Anforderung, denn der Nachweis der Kenntnisse kann auf andere Weise erfolgen, insbesondere durch in anderen Mitgliedstaaten erlangte gleichwertige Bescheinigungen. Jedenfalls ist die Beschränkung des Nachweises von Sprachkenntnissen auf das Patentino nicht angemessen.

Der Unterschied von Beispielsfall 30 zu **Beispielsfall 25** besteht darin, dass es sich hier nicht um eine Maßnahme eines Mitgliedstaats, sondern um eine Anforderung eines privaten Arbeitgebers, nämlich der Sparkasse, handelte. Es stellt sich deshalb die Frage, ob das italienische Gericht unmittelbar auf Art. 45 AEUV als Rechtsgrundlage zurückgreifen darf, wenn sich dem italienischen Recht keine Grundlage entnehmen lässt, die den Anforderungen des Unionsrechts genügt. Dies ist die Frage der **Dritt- oder Horizontalwirkung der Arbeitnehmerfreizügigkeit**. 89

Die Arbeitnehmerfreizügigkeit wird durch **Art. 7 Abs. 4 der Verordnung** (EU) **492/2011 über Arbeitnehmerfreizügigkeit** so konkretisiert, dass „alle Bestimmungen in Tarif- oder Einzelarbeitsverträgen oder sonstigen Kollektivvereinbarungen betreffend Zugang zur Beschäftigung, Entlohnung und sonstige Arbeits- und Kündigungsbedingungen [...] von Rechts wegen nichtig [sind], soweit sie für Arbeitnehmer, die Staatsangehörige anderer Mitgliedstaaten sind, diskriminierende Bedingungen vorsehen oder zulassen". 90

Es ließe sich aber fragen, ob diese Rechtsfolge sich nicht bereits unmittelbar aus Art. 45 AEUV ergibt. Auf den ersten Blick richtet sich Art. 45 AEUV zwar nur an die Mitgliedstaaten, und auch nur diese haben sich mit ihrer Unterschrift unter den Vertrag von Lissabon auf die Einhaltung verpflichtet. Allerdings: Wegen der großen Bedeutung der Grundfreiheiten für die Schaffung eines gemeinsamen Binnenmarkts führt der EuGH in der Regel den **effet utile als Argument für eine unmittelbare Horizontalwirkung** ins Feld. 91

92 Im Bereich des Arbeitsrechts, das für die Verwirklichung der Arbeitnehmerfreizügigkeit von großer Bedeutung ist, sprechen darüber hinaus zwei zusätzliche Argumente für die unmittelbare Horizontalwirkung:

- Zum einen haben die Tarifparteien, aber auch andere große „intermediäre" Organisationen oft wenigstens regionale **faktische Machtstellungen**, die sich mit der des Staats vergleichen lassen; dies spricht dafür, dass sie sich an den gleichen Regeln messen lassen müssen. Der EuGH hat eine unmittelbare Horizontalwirkung deshalb anerkannt für „sonstige Maßnahmen [...], die eine kollektive Regelung im Arbeits- und Dienstleistungsbereich enthalten".[48]
  Dasselbe gilt für viele einzelne Arbeitgeber. Auf den Arbeitsmärkten haben wir es mit anderen Macht(un-)gleichgewichten zu tun als bei anderen Märkten und Grundfreiheiten, was es rechtfertigt, die dortigen Akteure in gleicher Weise zu binden wie die Mitgliedstaaten.
- Zum anderen sind **hoheitliche und private Maßnahmen bei der Gestaltung von Arbeitsverhältnissen** nicht nur faktisch, sondern oft auch rechtlich funktional äquivalent, dh öffentlich-rechtliche Regelungen und privatrechtliche Verträge regeln ähnliche Sachverhalte mit ähnlichen Wirkungen. Ob eine arbeitsrechtliche Frage hoheitlich oder privatrechtlich geregelt ist, unterscheidet sich von Mitgliedstaat zu Mitgliedstaat. In den Mitgliedstaaten sind die Arbeitsbedingungen in ganz unterschiedlichem Verhältnis teilweise durch Gesetze oder Verordnungen und teilweise durch Individual- oder Kollektivverträge geregelt. Würde man das Diskriminierungsverbot der Arbeitnehmerfreizügigkeit auf staatliche Maßnahmen beschränken, würde dies notwendig zu Ungleichheiten bei seiner Anwendung führen.[49]

In **Beispielsfall 30** hat der EuGH deshalb eine unmittelbare Horizontalwirkung gegen einzelne Arbeitgeber anerkannt: Das Diskriminierungsverbot gelte auch für Individualverträge und binde auch einzelne Private, insbesondere einzelne Arbeitgeber.

2. Beschränkungsverbot

93 ▶ **Beispielsfall 31**

Der Profifußballspieler Bosman hatte einen befristeten Arbeitsvertrag mit dem belgischen Fußballverein RC Liège. Nach Auslaufen dieses Vertrags wollte er ein Angebot des französischen Vereins US Dunkerque annehmen. Die Vereinssatzungen der FIFA sowie der UEFA verlangten hierfür eine Freigabebescheinigung und erlaubten es, dass der RC Liège die Freigabe von der Zahlung einer Ablösesumme abhängig machte. Diese Regelung galt nicht nur für einen Wechsel ins Ausland, sondern auch für einen Wechsel innerhalb Belgiens. Weil die Vereine in Liège und Dünkirchen sich nicht über eine Ablösesumme einigen konnten, scheiterte die Freigabe von Herrn Bosman. Erst drei Jahre später erhielt Herr Bosman die Freigabebescheinigung und konnte einen Vertrag mit einem französischen Drittligisten (Réunion Madagaskar) abschließen. ◀

EuGH 15.12.1995 – C-415/93 (Bosman), ECLI:EU:C:1995:463

94 Herr Bosman war in **Beispielsfall 31** durch seinen bisherigen Verein daran gehindert worden, nach Ablauf seines befristeten Vertrags von einem Verein eines anderen Mitgliedstaats beschäftigt zu werden, ohne dass dieser dem bisherigen Verein eine Trans-

48 EuGH 12.12.1974 – 36/74 (Walrave und Koch), ECLI:EU:C:1974:140, Rn. 17.
49 EuGH 6.6.2000 – C-281/98 (Angonese), ECLI:EU:C:2000:296, Rn. 30 ff.; EuGH 17.7.2008 – C-94/07 (Raccanelli), ECLI:EU:C:2008:425, Rn. 41 ff.

fer-, Ausbildungs- oder Förderungsentschädigung gezahlt hatte. Art. 45 AEUV wäre anzuwenden, wenn Herr Bosman als **Arbeitnehmer** im Sinne dieser Vorschrift zu qualifizieren wäre. Da die Weisungsgebundenheit unproblematisch war, kam es darauf an, ob die Tätigkeit als Sportprofi eine „wirtschaftliche Tätigkeit" im Sinne des Art. 45 AEUV ist. Dabei kommt es aber in erster Linie darauf an (siehe oben § 1, Rn. 118 ff.), ob die Tätigkeit für den Arbeitgeber von wirtschaftlichem Wert ist; auch die Tätigkeit von Sportprofis wird diese Voraussetzung in der Regel erfüllen und damit eine entgeltliche Arbeitsleistung in diesem Sinne darstellen. Die Tatsache, dass eine Sportvereinigung ihre Mitglieder einseitig als Amateure qualifiziert, reicht nicht aus, die Tätigkeit der Sportlerinnen und Sportler außerhalb des Anwendungsbereichs der Art. 45 ff. AEUV zu verorten.[50] Anderes gilt für Tätigkeiten in einem allein nichtwirtschaftlichen sportlichen Rahmen, wie zum Beispiel für Begegnungen zwischen Nationalteams verschiedener Länder (dort können ausländische Spielerinnen und Spieler also von der Mitwirkung ausgeschlossen werden).[51]

Das Diskriminierungsverbot des Art. 45 Abs. 2 AEUV ist allerdings hier nicht betroffen. Die Regelung gilt in gleicher Weise unabhängig von der Staatsangehörigkeit, und sie betrifft auch alle in gleicher Weise. In Betracht kommt also nur ein Verstoß gegen das **Beschränkungsverbot**, da die Regelung die Profis daran hindert, nach Ablauf der Arbeitsverträge eine Erwerbstätigkeit in einem anderen Mitgliedstaat aufzunehmen. 95

Fraglich war insofern die **unmittelbare Horizontalwirkung**. Schließlich beruhte das Erfordernis einer Freigabebescheinigung nicht auf staatlichem Recht, sondern auf den Statuten der UEFA/FIFA, bei denen es sich um privatrechtlich-organisierte Akteure handelt. Es lassen sich ähnliche Argumente für die Geltung einer unmittelbaren Horizontalwirkung anführen wie beim Diskriminierungsverbot (siehe oben Rn. 85 f.). Der EuGH hat in **Beispielsfall 31** für kollektive Regeln der Sportverbände sowie für solche Regeln, „die die wirtschaftlichen Beziehungen zwischen den Arbeitgebern eines Tätigkeitsbereichs betreffen", eine unmittelbare Horizontalwirkung des Beschränkungsverbots der Arbeitnehmerfreizügigkeit bejaht. 96

Eine Beschränkung der Arbeitnehmerfreizügigkeit kann durch zwingende Gründe des Allgemeininteresses **gerechtfertigt** sein. Die Anwendung einer solchen Anforderung ist nicht ganz unproblematisch, setzt sie doch implizit voraus, dass die Beschränkung durch den Staat als einem Vertreter des Allgemeininteresses erfolgt. Bei der Anwendung auf Private muss das „Allgemeininteresse" also modifiziert verstanden werden, als ein durch Private legitimerweise vertretenes Allgemeininteresse. Im Bereich der Drittwirkung spricht der EuGH deshalb teilweise von **„sachlichen Erwägungen"**, womit auch Privatinteressen wirtschaftlicher Art erfasst wären.[52] 97

In Bezug auf den Sport reichen **sportliche Gründe** für eine Rechtfertigung aus, insbesondere die Notwendigkeiten der Organisation eines sportlichen Wettkampfs. So dürfen Sportverbände zB die Auswahl von Teilnehmerinnen und Teilnehmern für Turniere den Landesverbänden überlassen.[53] Auch die Festsetzung von Fristen für Spielertransfers im Profisport kann dem Zweck dienen, den geordneten Ablauf sportlicher Wett- 98

50 EuGH 14.7.1976 – C-13/76 (Donà), ECLI:EU:C:1976:115, Rn. 12, 13 für Fußballprofis oder -halbprofis.
51 EuGH 14.7.1976 – C-13/76 (Donà), ECLI:EU:C:1976:115, Rn. 14–16.
52 EuGH 6.6.2000 – C-281/98 (Angonese), ECLI:EU:C:2000:296, Rn. 42; Forsthoff, in: Grabitz/Hilf/Nettesheim, Das Recht der Europäischen Union, Stand 2015, Art. 45, Rn. 180 ff.
53 EuGH 11.4.2000 – C-51/96 und C-191/97 (Deliège und Pacquée), ECLI:EU:C:2000:199, Rn. 67 f. (Benennung für das Olympia-Team) für das Diskriminierungsverbot der Dienstleistungsfreiheit.

kämpfe sicherzustellen, da sie die Vergleichbarkeit der Ergebnisse verschiedener Teams sicherstellen kann.[54] Als legitimes Interesse anerkannt ist auch das Interesse, die Anwerbung und Ausbildung von Nachwuchskräften zu fördern.[55] Keiner dieser Gründe kam jedoch in **Beispielsfall 31** in Betracht, so dass der EuGH die dort verwandten Regeln für europarechtswidrig erklärte.[56]

99 In der Folge dieser EuGH-Entscheidung bemühten sich FIFA und UEFA, neue Regelungen zu finden, um die Interessen der Vereine an einer Kommerzialisierung von Marktwerten der Spieler und Spielerinnen zu schützen – und um Ablösesummen nach wie vor auch außerhalb der Laufzeit eines Vertrags zu ermöglichen. Man knüpfte dabei an die Aussage des EuGH an, dass die Anwerbung und Ausbildung von Nachwuchsspielern und -spielerinnen ein legitimes Interesse zur Beschränkung der Arbeitnehmerfreizügigkeit sein könne.

100 Ein erster Kompromiss in dieser Sache war Entscheidungsgegenstand im folgenden Beispiel:

101 ▶ **Beispielsfall 32**

Olivier Bernard schloss 1997 mit dem Fußballverein „Olympique Lyonnais" einen befristeten Vertrag als Jugend- und Ausbildungsspieler für drei Spielzeiten ab. Der Vertrag gab dem Verein das Recht, von dem Spieler nach Ablauf des Ausbildungsspieler-Vertrags zu verlangen, dass der folgende erste Berufsspieler-Vertrag mit dem Verein abgeschlossen wurde. Bei Weigerung des Spielers sollte dem Verein Schadensersatz zustehen.

Nachdem der Verein Herrn Bernard nach Abschluss des Ausbildungsspieler-Vertrags einen Vertrag als Berufsspieler mit einer Laufzeit von einem Jahr angeboten hatte, lehnte Herr Bernard ab und schloss seinen ersten Vertrag als Berufsspieler mit dem Newcastle UFC ab. Der Verein „Olympique Lyonnais" klagte daraufhin auf Schadensersatz und bekam eine Summe in Höhe von 53.357,16 Euro zugesprochen. Die Summe entsprach dem Entgelt, das Herr Bernard während eines Jahres erhalten hätte, wenn er den vorgeschlagenen Vertrag geschlossen hätte. (Die Ausbildung selbst hatte deutlich weniger gekostet.) ◀

EuGH 16.3.2010 – C-325/08 (Olympique Lyonnais), ECLI:EU:C:2010:143

102 Im Unterschied zum **Beispielsfall 31** („Bosman") ging es hier vordergründig nur um eine Regelung des einzelnen Vereins, nicht um eine Verbandsregelung. Der EuGH nutzte deshalb die Chance festzustellen, dass die **Horizontalwirkung des Beschränkungsverbots** nicht nur in Bezug auf Verbände und „intermediäre Organisationen" gelte, sondern auch in Bezug auf einzelne Arbeitgeber.

103 Die Vertragsklausel, um die es in **Beispielsfall 32** ging, hatte **beschränkenden Charakter**. Mit der drohenden „Ausbildungsentschädigung" (wie auch bei anderen Klauseln über die Rückzahlung von Aus- und Weiterbildungskosten) wird der Wechsel in einen anderen Mitgliedstaat behindert oder zumindest weniger attraktiv gemacht.

104 Das Interesse, die Anwerbung und Ausbildung von Nachwuchskräften zu fördern, kann solche Klauseln rechtfertigen. Denn die **Nachwuchsförderung** kann gerade auf lokaler Ebene von erheblicher Bedeutung für die Erfüllung der sozialen und erzieherischen Funktion des Sports sein. Grundsätzlich ist eine entsprechende Entschädigung

---

54 EuGH 13.4.2000 – C-176/96 (Lehtonen und Castors Braine), ECLI:EU:C:2000:201, Rn. 53 ff., insbesondere bei Wettkampf mit Play-Off-Phase wie bei der belgischen Basketballmeisterschaft der ersten Liga (Rn. 55).

55 Siehe dazu genauer unten Beispielsfall 32, Rn. 101 ff.

56 Auch die sogenannte „Ausländersperrklausel", nach der die Fußballvereine bei Wettkämpfen nur eine begrenzte Anzahl von Ausländern aufstellen durften, wurde für europarechtswidrig erklärt.

des ausbildenden Vereins ein geeignetes Mittel, um dieses Ziel zu erreichen. Schließlich ist nicht gewährleistet, dass Investitionen in den Nachwuchs ihr Qualifizierungsziel erreichen und dass die Kosten durch den Gewinn ausgeglichen werden, den der ausbildende Verein während der Ausbildungszeit aus den Spielern ziehen kann.[57]

Als problematisch sah der EuGH in **Beispielsfall 32** aber die **Erforderlichkeit** und die **Angemessenheit** an: Denn der verlangte Schadensersatz war unabhängig von der tatsächlichen Höhe der Ausbildungskosten, also von der Höhe der getätigten Investitionen. Um einen Anreiz für Ausbildungsinvestitionen zu schaffen, sei es nur erforderlich und angemessen, die Entschädigung an diesen Kosten zu orientieren – wobei nach Meinung des EuGH alle Kosten berücksichtigt werden können, also auch die Kosten für die Ausbildung derjenigen, die später dann doch nie Berufsspieler und -spielerinnen werden. 105

Seit 2001 gilt dementsprechend im Fußball (also im Bereich von FIFA und UEFA) ein neuer **Kompromiss zur Ausbildungsentschädigung:** Wenn zB eine Spielerin zum ersten Mal als Berufsspieler registriert wird, zahlt der Verein, für den die Spielerin registriert wird, allen Vereinen, die zu ihrer Ausbildung beigetragen haben, eine Ausbildungsentschädigung anteilig gemäß der Zeit, die sie bei den betreffenden Vereinen verbracht hat. Zur Berechnung der Trainingskosten werden die Vereine nach Maßgabe ihrer Ausbildungsaufwendungen in mehrere Kategorien eingeteilt. So wird eine unmittelbare Beschränkung der Arbeitnehmerfreizügigkeit der Spieler und Spielerinnen vermieden. 106

Offen bleibt noch, wie **außerhalb des Profisports** zu entscheiden ist, wenn die Ausbildung zwar Kosten für den Arbeitgeber bedeutete, ihr jedoch für die betreffenden Beschäftigten kein materieller Wert zukommt, den diese auf dem Arbeitsmarkt verwerten können.[58] 107

V. Berechtigte

1. Arbeitnehmer, Arbeitgeber und Arbeitsvermittler

Bereits bei der Frage, ob sich auch Arbeitnehmerinnen und Arbeitnehmer mit der Staatsangehörigkeit des diskriminierenden Mitgliedstaats auf Art. 45 Abs. 2 AEUV berufen können, ist der Schutzbereich der Norm weit definiert worden. Da auch Grenz- und Wanderarbeitnehmerinnen und -arbeitnehmer erfasst werden, kommt es auf die Staatsangehörigkeit nicht an (siehe oben Rn. 67 ff.). 108

Die Frage, ob auch **Arbeitgeber** sich auf Art. 45 AEUV berufen können, ist hingegen nicht einfach zu beantworten. Denn die Arbeitnehmerfreizügigkeit bezieht sich nach dem klaren Wortlaut nur auf die Freizügigkeit von abhängig Erwerbstätigen. Allerdings: Die Arbeitnehmerfreizügigkeit wird durch den Abschluss von Arbeitsverträgen ausgeübt, und sie kann nur dann ihre volle Wirkung entfalten („effet utile"), wenn auch die Arbeitgeber ein Recht darauf haben, Arbeitnehmerinnen und Arbeitnehmer grenzüberschreitend einzustellen. Der Europäische Gerichtshof geht also zu Recht davon aus, dass Arbeitgeberinnen und Arbeitgeber eigene Rechte aus Art. 45 AEUV herleiten können. Dies ist dann relevant, wenn eine diskriminierende Regelung dazu führen kann, dass ein Arbeitgeber davon abgehalten wird, Arbeitnehmerinnen und Arbeitnehmer aus einem anderen Mitgliedstaat einzustellen: 109

---

57 Die Suche nach Talenten und die Ausbildung junger Spieler hat also aleatorischen Charakter (so die Formulierung des EuGH zu Beispielsfall 32).

58 Kocher GPR 2011, 132.

110 **▶ Beispielsfall 33**

Nach österreichischem Gewerberecht waren Gewerbetreibende verpflichtet, einen Geschäftsführer zu bestellen, der im Inland wohnt. Die Firma Clean Car Autoservice wollte den in Berlin wohnenden deutschen Staatsangehörigen Henssen zum Geschäftsführer bestellen. Diesem gelang es längere Zeit nicht, eine geeignete Wohnung in Österreich anzumieten. Konnte deshalb der Clean Car Autoservice die Ausübung ihres Gewerbes untersagt werden? ◀

EuGH 7.5.1998 – C-350/96 (Clean Car Autoservice), ECLI:EU:C:1998:205

111 Die Firma Clean Car Autoservice in **Beispielsfall 33** kann als Unternehmen Rechte aus der **Dienstleistungsfreiheit** geltend machen, soweit sie an der Erbringung von Dienstleistungen gehindert wird. Zwar wurde das Unternehmen durch die Untersagung des Gewerbes an der Erbringung von Dienstleistungen gehindert – es bestand allerdings kein grenzüberschreitender Bezug, so dass der Schutzbereich der Dienstleistungsfreiheit nicht eröffnet war. Grenzüberschreitenden Bezug wies hingegen die Beschäftigung eines Geschäftsführers mit Wohnsitz im Ausland auf.

112 Hierbei wäre zunächst zu prüfen, ob es sich um eine Problematik der Niederlassungsfreiheit von Herrn Henssen als Selbstständigem oder um eine Problematik der **Arbeitnehmerfreizügigkeit** handelte. Wie bereits oben § 1, Rn. 131 ff. angesprochen, ist der Anwendungsbereich des Art. 45 AEUV aber nicht gegenüber jeglicher „selbstständiger" Tätigkeit abzugrenzen, sondern nur gegenüber selbstständiger unternehmerischer Tätigkeit im Anwendungsbereich anderer Grundfreiheiten. Die Einstellung eines weisungsabhängigen Geschäftsführers, der nicht über sämtliche Anteile und nicht über die Mehrheit im Entscheidungsgremium verfügt, fällt in den Anwendungsbereich der Arbeitnehmerfreizügigkeit.

113 Vorliegend konnte sich auch die Arbeitgeberin darauf berufen, dass ein Verstoß vorliege. Wie der EuGH richtig ausführt, verbietet Art. 45 AEUV den Mitgliedstaaten auch den Erlass solcher Vorschriften, die das Handeln von Arbeitgebern beschränken, indem sie diesen die Einstellung von Arbeitnehmerinnen und Arbeitnehmern verbieten und auf diese Weise die Arbeitnehmerfreizügigkeit beschränken.[59] Die Clean Car Autoservice in **Beispielsfall 33** konnte sich also auf die Arbeitnehmerfreizügigkeit berufen. Es ist allerdings darauf hinzuweisen, dass Arbeitgeber sich nur auf das Beschränkungsverbot, nicht aber auf das Diskriminierungsverbot des Art. 45 Abs. 2 AEUV berufen können.

114 **▶ Erinnerung an Beispielsfall 29**

Die Bundesagentur für Arbeit gab an Arbeitslose Vermittlungsgutscheine aus, mit denen diese die Hilfe von privaten Arbeitsvermittlungen in Anspruch nehmen konnten. Die privaten Arbeitsvermittlungen erhielten in diesem Fall über die Gutscheine ein Honorar durch die Bundesagentur für Arbeit. Die Gutscheine konnten jedoch nur eingesetzt werden, wenn das vermittelte Beschäftigungsverhältnis in Deutschland sozialversicherungspflichtig war. ◀

EuGH 11.1.2007 – C-208/05 (ITC), ECLI:EU:C:2007:16, Rn. 25 ff.

115 Bereits oben wurde zu **Beispielsfall 29** festgestellt, dass eine solche Regelung eine Beschränkung der Arbeitnehmerfreizügigkeit darstellt, weil Arbeitsuchende, deren finan-

59 EuGH 7.5.1998 – C-350/96 (Clean Car Autoservice), ECLI: EU: C: 1998:205, Rn. 21; EuGH 13.12.2012 – C-379/11 (Caves Krier), ECLI:EU:C:2012:798.

zielle Mittel begrenzt sind, davon abgehalten werden können, in einem anderen Mitgliedstaat Arbeit zu suchen.

Der EuGH weist aber zu Recht darauf hin, dass sich auf das Beschränkungsverbot nicht nur Arbeitnehmer und Arbeitgeber berufen können müssen, sondern auch alle anderen Arbeitsmarktakteure, welche die Wirksamkeit der Arbeitnehmerfreizügigkeit in der Praxis herstellen. Deshalb können sich **Arbeitsvermittlerinnen und -vermittler** auf die Arbeitnehmerfreizügigkeit berufen, wenn sie davon abgehalten werden, ausländische Grenz- oder Wanderarbeitnehmerinnen und -arbeitnehmer zu vermitteln. 116

2. Familienangehörige

Die Freizügigkeit von Arbeitnehmern und Arbeitnehmerinnen wäre nur unvollständig gewährleistet, wenn sie nicht gleichzeitig ein Recht für Familienangehörige erfasste, in den Staat des Arbeitsortes einzureisen und sich dort aufzuhalten. Wird einem Arbeitnehmer oder einer Arbeitnehmerin verboten, die Familie mitzunehmen oder mitzubringen, so wird er oder sie in der freien Ausübung der Arbeitnehmerfreizügigkeit beschränkt. Dieses **Recht auf Einreise und Aufenthalt von Familienangehörigen** ergibt sich unmittelbar aus Art. 45 AEUV und kann auch von diesen selbst geltend gemacht werden. 117

Die Rechte der Familienangehörigen werden durch Art. 23 der Freizügigkeits-Richtlinie 2004/38/EG auf ein **Recht auf Zugang zum Arbeitsmarkt** erweitert.[60] Außerdem enthält Art. 10 der Arbeitnehmerfreizügigkeits-VO (EU) 492/2011 ein Recht für Kinder von Grenz- oder Wanderarbeitnehmerinnen und -arbeitnehmern, unter den gleichen Bedingungen wie die Staatsangehörigen dieses Mitgliedstaats am allgemeinen Unterricht sowie an der Lehrlings- und Berufsausbildung teilzunehmen. 118

3. Drittstaatenangehörige

Art. 45 AEUV gilt nur für die Staatsangehörigen der EU-Mitgliedstaaten. Mit einigen **Drittstaaten** sind aber Kooperationsabkommen abgeschlossen, die vergleichbare Bestimmungen zur Arbeitnehmerfreizügigkeit enthalten. So hat das Assoziierungsabkommen EWG/Türkei von 1964 die stufenweise Herstellung der Freizügigkeit der Arbeitnehmerinnen und Arbeitnehmer zwischen den Mitgliedstaaten und der Türkei zum Ziel;[61] ähnliches gilt für das Abkommen mit der Schweiz. 119

Über diese Abkommen hinaus ist der **Zugang zu den Arbeitsmärkten** eine **migrationsrechtliche Frage**. Für den Erlass harmonisierender Regelungen gilt Art. 79 Abs. 2 a) und b) AEUV. In den letzten Jahren sind auf dieser Grundlage zB die Richtlinie 2003/86 betreffend das Recht auf Familienzusammenführung sowie die Richtlinie 2014/66/EU über Einreise und Aufenthalt im Rahmen einer konzerninternen Entsendung („intra-corporate transfer“, sog. ICT-Richtlinie) geschaffen worden. Darüber hinaus sind Einreise und Aufenthalt von Drittstaatenangehörigen zum Zweck der Beschäftigung als Saisonarbeitnehmer und -arbeitnehmerinnen in der Richtlinie 2014/36/EU einheitlich geregelt worden. 120

Für die Regelung der **Beschäftigungsbedingungen** von Drittstaatsangehörigen enthält Art. 153 Abs. 1 g) AEUV eine sozialpolitische Rechtssetzungskompetenz. Insofern ist 121

60 Der Begriff des Familienangehörigen wird in Art. 2 Nr. 2 der Richtlinie 2004/38 definiert.

61 Abkommen 64/733/EWG vom 12.9.1963, zur Gründung einer Assoziation zwischen der Europäischen Wirtschaftsgemeinschaft und der Republik Türkei, ABl. 1964, 217/3687.

der Mindeststandard des Art. 15 Abs. 3 GRC zu beachten, wonach „die Staatsangehörigen dritter Länder, die im Hoheitsgebiet der Mitgliedstaaten arbeiten dürfen, [...] Anspruch auf Arbeitsbedingungen [haben], die denen der Unionsbürgerinnen und Unionsbürger entsprechen.“ Dementsprechend sieht die ICT-Richtlinie 2014/66/EU vor, dass Arbeitnehmerinnen und Arbeitnehmer, die aus Drittstaaten in die EU entsandt werden, mit EU-Arbeitnehmerinnen und Arbeitnehmern gleich behandelt werden.

122 Nicht notwendig eine Frage der Freizügigkeit ist die Tätigkeit aufgrund einer **Entsendung** (zur Abgrenzung siehe oben Rn. 26[62]). Die Entsendung findet im Rahmen einer Ausübung der Dienstleistungsfreiheit des Arbeitgebers statt; die einschlägigen Regelungen (siehe unten § 7, Rn. 17 ff.) unterscheiden nicht zwischen den Staatsangehörigen der EU-Mitgliedstaaten und Drittstaatsangehörigen.

62 EuGH 10.2.2011 – C-307/09 bis C-309/09 (Vicoplus), ECLI:EU:C:2011:64, Rn. 30; EuGH 11.9.2014 – C-91/13 (Essent Energie Productie), ECLI:EU:C:2014:2206; EuGH 18.6.2015 – C-586/13 (Martin Meat), ECLI:EU:C:2015:405.

§ 4 Schutz vor sozialer Diskriminierung

Rechtsgrundlagen: Art. 157 AEUV; Richtlinie 2006/54/EG; Richtlinien 2000/43/EG und 2000/78/EG.

Literatur: *Grünberger, Michael/Husemann, Tim*, § 5 Gleichbehandlung, in: Preis/Sagan (Hrsg.), Europäisches Arbeitsrecht, 2. Aufl. 2019; *Hartmann, Felix*, Diskriminierung durch Antidiskriminierungsrecht? Möglichkeiten und Grenzen eines postkategorialen Diskriminierungsschutzes in der Europäischen Union, EuZA 2019, 24; *Huster, Stefan*, Gleichheit im Mehrebenensystem: Die Gleichheitsrechte der Europäischen Union in systematischer und kompetenzrechtlicher Hinsicht, EuR 2010, 325; *Jacobs, Matthias*, Aktuelle Entwicklungen im deutschen und europäischen Antidiskriminierungsrecht, RdA 2018, 263; *Koch, Katharina/Nguyen, Alexander*, Schutz vor mittelbarer Diskriminierung – Gleiches Recht für alle?, EuR 2010, 364; *Kocher, Eva*, „Geschlecht" im Anti-Diskriminierungsrecht, KJ 2009, 386; *Köhlert, Sophie*, Die neue Rechtsprechung des BAG zur Anforderung „sehr guter" Deutschkenntnisse in Stellenanzeigen – Ein Einfallstor für die Benachteiligung von Immigrierten auf dem Arbeitsmarkt?, NZA 2018, 1172; *Liebscher, Doris/Naguib, Tarek/Plümecke, Tino/Remus, Juana*, Wege aus der Essentialismusfalle: Überlegungen zu einem postkategorialen Antidiskriminierungsrecht, KJ 2012, 204; *Payandeh, Mehrdad*, Rechtlicher Schutz vor rassistischer Diskriminierung, JuS 2015, 695.

I. Einführung

Gleichbehandlungsgebote und Diskriminierungsverbote bilden das Fundament jeder Rechtsordnung – und dementsprechend das Fundament der Rechtsordnung der Europäischen Union. Das Gebot der Gleichbehandlung ist vom Europäischen Gerichtshof bereits früh als Grundrecht entwickelt worden; es findet sich heute in Art. 20, 21 und 23 der EU-Grundrechte-Charta. Mit jeder Grundfreiheit ist zudem ein spezifisches Verbot der Diskriminierung wegen der Staatsangehörigkeit bzw. ein Verbot der Diskriminierung wegen grenzüberschreitender Wirtschaftstätigkeit verbunden. 1

Zwischen allgemeinem Gleichheitssatz und Diskriminierungsverboten besteht ein enger systematischer Zusammenhang. Jedes Diskriminierungsverbot verbietet die Ungleichbehandlung wegen eines konkreten Merkmals, erklärt also bestimmte Ungleichbehandlungen merkmalsbezogen für rechtswidrig. **Diskriminierungsverbote sind also immer Konkretisierungen des allgemeinen Gleichheitssatzes.** 2

1. Kategorien und Merkmale des Antidiskriminierungsrechts

Allerdings kennen unterschiedliche Rechtsordnungen unterschiedliche Konkretisierungen, also unterschiedliche Diskriminierungsverbote. In Deutschland sind in Art. 3 Abs. 3 GG Diskriminierungen wegen des Geschlechtes, der Rasse, der Sprache oder den religiösen oder politischen Anschauungen verboten. In anderen Rechtsordnungen sind Diskriminierungen wegen der familiären Situation verboten, oder es wird über Verbote der Diskriminierung wegen des Aussehens nachgedacht. In der Europäischen Union sind nach Art. 21 Abs. 1 der EU-Grundrechte-Charta die folgenden **Merkmale** bzw. **Kategorien** von besonderer Relevanz: 3

> „Geschlecht, Rasse, Hautfarbe, ethnische oder soziale Herkunft, genetische Merkmale, Sprache, Religion oder Weltanschauung, politische oder sonstige Anschauung, Zugehörigkeit zu einer nationalen Minderheit, Vermögen, Geburt, Behinderung, Alter und sexuelle Ausrichtung"

Blickt man auf den völkerrechtlichen Menschenrechtsschutz, so sind Fragen der

> Geschlechtsdiskriminierung, der Rassendiskriminierung und der Behindertendiskriminierung

rechtlich hervorgehoben geregelt, da es zu diesen Fragen völkerrechtliche Konventionen mit großer Reichweite und Regelungsdichte gibt, sowie spezielle Fachausschüsse, die auch Einzelbeschwerden entgegennehmen können.[1]

4 Für das Sekundärrecht der Europäischen Union bestimmt Art. 19 AEUV, dass Maßnahmen (ua auch Richtlinien) zur Bekämpfung von Diskriminierungen

> „aus Gründen des Geschlechts, der Rasse, der ethnischen Herkunft, der Religion oder der Weltanschauung, einer Behinderung, des Alters oder der sexuellen Ausrichtung"

erlassen werden können. Um diese Diskriminierungsmerkmale geht es im Folgenden.

5 Zwar wird immer wieder diskutiert, ob nicht der Diskriminierungsschutz auf **weitere soziale und persönliche Kategorien** wie zB Familienstand[2] oder körperliche Merkmale[3] ausgedehnt werden könnte. Art. 21 Abs. 1 EU-GRC, der Diskriminierungskategorien nur beispielhaft („insbesondere") aufzählt, könnte hierfür einen rechtlichen Anknüpfungspunkt bieten.[4] Insbesondere die Problematik der Kombination oder Überschneidung von mehreren Diskriminierungsgründen und Kategorien (**Intersektionalität**) könnte so angemessener behandelt werden.[5] Der EuGH hat die Erweiterung der Kategorien durch Auslegung des Sekundärrechts jedoch bislang abgelehnt.[6]

In diesem Zusammenhang ist auch zu fragen, ob das Antidiskriminierungsrecht, das dazu beitragen soll, Menschen aus dem Korsett kategorialer und diskriminierender Zuschreibungen und Rollenerwartungen zu befreien, nicht gleichzeitig diskriminierende Strukturen reproduziert, indem es die Kategorien immer wieder benennt. Wenn Antidiskriminierungsrecht allerdings als Verbot gesellschaftlicher Hierarchisierung von Unterschieden funktionieren soll, muss es Machtverhältnisse und Hierarchien explizit benennen.[7] Vorschläge für ein **postkategoriales Antidiskriminierungsrecht** plädieren jedoch dafür, die Machtverhältnisse (zB Rassismus) und Gründe für die Benachteiligung direkt zu benennen, statt auf Kategorien wie „ethnische Herkunft" abzustellen, die unveränderliche Unterschiede zwischen Menschen suggerieren.[8]

2. Der Schutz vor sozialer Diskriminierung im Arbeitsrecht der EU

6 Wie bei der Arbeitnehmerfreizügigkeit bereits deutlich wurde, benötigt selbst eine Wirtschaftsgemeinschaft mehr als nur wirtschaftliche Rechte, wenn sie auf breiter Ebene gesellschaftlich funktionieren soll. Arbeitskräfte sind Menschen mit Privat- und Fa-

1 Überblicksinformationen über diese Menschenrechtsinstrumente finden sich auf der Website des Deutschen Instituts für Menschenrechte (http://www.institut-fuer-menschenrechte.de/menschenrechtsinstrumente/vereinte-nationen/menschenrechtsabkommen/).
2 Zur Relevanz im Kontext der Diskriminierung wegen der sexuellen Orientierung siehe unten Rn. 177.
3 Zur Relevanz im Kontext der Diskriminierung wegen des Geschlechts siehe unten Rn. 119 ff.
4 Hartmann EuZA 2019, 24 ff.
5 EuGH, 24.11.2016 – C-443/15 (Parris), ECLI:EU:C:2016:897; kritisch Schiek EuZA 2017, 407.
6 EuGH 18.12.2014 – C-354/13 (FOA), ECLI: EU: C: 2014:2463; zust. Forst EuZA 2015, 241; vgl. auch EuGH, 24.11.2016 – C-443/15 (Parris), ECLI:EU:C:2016:897.
7 Vgl. Elsuni, in: Buckel/Christensen/Fischer-Lescano (Hrsg.), Neue Theorien des Rechts, 2. Aufl., Stuttgart 2009, S. 157, S. 169 f.
8 Liebscher/Naguib/Plümecke/Remus KJ 2012, 204; Hartmann EuZA 2019, 31.

milienleben; für diesen Bereich braucht es Diskriminierungsverbote **über die Erwerbstätigkeit hinaus** (siehe zB Art. 7, 9 und 10 der Arbeitnehmerfreizügigkeits-VO (EU) 492/2011 für die Gleichbehandlung bei Steuern, Sozialleistungen, Wohnung und Schulbesuch). Die Arbeitnehmerfreizügigkeit verbietet aber nur die Diskriminierung wegen der Staatsangehörigkeit. Eine funktionierende Wirtschaftsgemeinschaft ist jedoch darüber hinaus darauf angewiesen, dass alle Wirtschaftsteilnehmerinnen und -teilnehmer tatsächlich nur als solche behandelt werden, dass sie also nicht wegen sozialer Merkmale ausgegrenzt werden.

Die Römischen Verträge erkannten dies bereits früh mit der einzigen sozialpolitischen Norm an, die schon 1957 galt: Der heutige Art. 157 AEUV verbietet die Diskriminierung wegen des Geschlechts beim Arbeitsentgelt. Beginnend mit dieser Norm wurde bereits seit den 1970er-Jahren ein umfangreiches Regelungswerk zum **Verbot der Diskriminierung wegen des Geschlechts in Beschäftigung und Beruf** geschaffen, das nicht nur das Arbeitsentgelt, sondern Geschlechtergleichbehandlung bei Einstellung, Arbeitsbedingungen und Entgelt sowie bei der betrieblichen Sozialversicherung vorsieht (alle heute kodifiziert in Richtlinie 2006/54/EG) sowie die „schrittweise Verwirklichung des Grundsatzes der Gleichbehandlung von Männern und Frauen im Bereich der sozialen Sicherheit“ (Richtlinie 79/7/EG). 7

Mit dem Diskriminierungsschutz hat das Europäische Arbeitsrecht bereits in den 1970er-Jahren eine Bedeutung für die Mitgliedstaaten erlangt, die bis heute spürbar ist. Das Arbeitsrecht ist (neben dem Wettbewerbsrecht) derjenige Rechtsbereich, in dem die Bedeutung des Unionsrechts für die Mitgliedstaaten am klarsten auf der Hand liegt. Dies ist dem Diskriminierungsschutz zu verdanken, der viele hergebrachte Strukturen in den mitgliedstaatlichen Arbeitsrechtsordnungen umgestürzt hat. Ende der 1980er-Jahre ist schon prognostiziert worden, bei konsequenter Anwendung des europäischen Arbeitsrechts könne“[i]m überkommenen [Arbeits-]Rechtssystem (...) **kaum mehr ein Stein auf dem anderen** bleiben“.[9] Damals galt dies vor allem für den Schutz vor mittelbarer Diskriminierung wegen des Geschlechts, der diskriminierende Strukturen zB zulasten von Teilzeitbeschäftigten infrage stellt(e); heute ist es das Verbot der Altersdiskriminierung, das überkommene Strukturen rechtlichen Zweifeln unterwirft. 8

Aber auch für die Entwicklung des Unionsrechts selbst hat der Diskriminierungsschutz im Arbeitsrecht herausragende Bedeutung gehabt. In Fällen zum Verbot der Geschlechtsdiskriminierung sind viele der bis heute anerkannten allgemeinen Grundsätze der Richtlinienumsetzung entwickelt worden, insbesondere der Grundsatz der Effektivität (siehe unten Rn. 201 ff.). 9

3. Überblick über Rechtsgrundlagen und Anwendungsbereiche

Im Zusammenhang mit der Schaffung der Unionsbürgerschaft wurde auch die Notwendigkeit sozialer Integration in der Union immer offensichtlicher. Seit dem Jahre 1999 (Amsterdamer Vertrag) wird der **Schutz vor Diskriminierung wegen anderer sozialer Merkmale als dem Geschlecht** im Primärrecht explizit thematisiert: Eine neue Kompetenzvorschrift (Art. 19 AEUV) erlaubt der Europäischen Union die Rechtssetzung zur Bekämpfung von Diskriminierungen aus Gründen des Geschlechts, der Rasse, 10

9 Däubler 1988, S. 625.

der ethnischen Herkunft, der Religion oder der Weltanschauung, einer Behinderung, des Alters oder der sexuellen Ausrichtung.

11 Diese Kompetenz wurde folgendermaßen genutzt:

- Antirassismus-Richtlinie **2000/43/EG** (Vorschriften gegen Diskriminierungen wegen der Rasse oder ethnischen Herkunft)
- Gleichbehandlungs-Rahmenrichtlinie **2000/78/EG** (Vorschriften gegen Diskriminierungen wegen des Alters, einer Behinderung, der sexuellen Orientierung sowie der Religion oder Weltanschauung)
- Gender-Richtlinie **2004/113/EG** (Vorschriften gegen die Diskriminierung wegen des Geschlechts beim Zugang zu und der Versorgung mit Gütern und Dienstleistungen)
- Im Anschluss wurden die bereits geltenden Vorschriften zur Diskriminierung wegen des Geschlechts in Beschäftigung und Beruf (siehe oben Rn. 7) an die neu erarbeiteten Strukturen in der Richtlinie **2006/54/EG** angepasst.

12 Die Richtlinien 2000/43, 2000/78/EG und 2006/54/EG sind genau wie Art. 157 AEUV im **Bereich von Beschäftigung und Beruf**, also im Arbeitsrecht, anzuwenden.

Daneben wurden Diskriminierungsverbote für den **Bereich des allgemeinen Wirtschaftslebens** entwickelt:

- in der Antirassismus-Richtlinie 2000/43/EG
- in der Richtlinie 2004/113/EG für die Geschlechtergleichbehandlung im Wirtschaftsleben
- Die Europäische Kommission verfolgt das Ziel, diese beiden Richtlinien durch eine „5. Gleichstellungsrichtlinie" zu ergänzen. Die Kommission legte im Jahr 2008 einen Entwurf dafür vor, um auch im Wirtschaftsleben eine Anwendung des Grundsatzes der Gleichbehandlung ungeachtet der Religion oder der Weltanschauung, einer Behinderung, des Alters oder der sexuellen Ausrichtung zu normieren.[10] Sie fand für den Erlass jedoch noch keine Mehrheit im Rat.

Die aufgrund von Art. 19 AEUV erlassenen Richtlinien wurden in Deutschland nach langer rechtspolitischer Diskussion im Jahre 2006 im Allgemeinen Gleichbehandlungsgesetz (AGG) umgesetzt.

13 Der **sachliche Anwendungsbereich „Beschäftigung und Beruf"** beschränkt sich nicht auf das Arbeitsrecht; er erfasst zB auch öffentlich-rechtliche Regelungen oder vertragliche Barrieren zum Zugang zu Ausbildung und Beschäftigung.[11] Anders als im Recht der Arbeitnehmerfreizügigkeit gibt es hier keine Ausnahmebestimmungen für den Bereich der öffentlichen Verwaltung.

Hinsichtlich des **persönlichen Anwendungsbereichs** wendet der EuGH im Rahmen des Art. 157 AEUV einen autonomen Arbeitnehmerbegriff an (siehe oben § 1, Rn. 136 ff.; unten Rn. 27 f.). Aufgrund des systematischen Zusammenhangs der Antidiskriminierungsrichtlinien mit dieser Norm gilt dieser Arbeitnehmerbegriff auch für die Richtlinien 2006/54, 2000/43/EG und 2000/78/EG, soweit dort von „Arbeitsverhältnissen" und „Arbeitnehmerinnen und Arbeitnehmern" die Rede ist.

---

10 Europäische Kommission, Vorschlag für eine Richtlinie des Rates zur Anwendung des Grundsatzes der Gleichbehandlung ungeachtet der Religion oder der Weltanschauung, einer Behinderung, des Alters oder der sexuellen Ausrichtung, 2.7.2008, KOM(2008) 426 endg.

11 Art. 14 Abs. 1 RL 2006/54/EG, Art. 3 Abs. 1 RL 2000/78/EG und Art. 3 Abs. 1 RL 2000/43/EG; vgl. EuGH 10.11.2016 – C-548/15 (de Lange), ECLI:EU:C:2016:850 (Steuerabzug von Ausbildungskosten).

In Deutschland stand die Debatte um das sogenannte **„AGG-Hopping"** lange Zeit im Mittelpunkt des Interesses am Antidiskriminierungsrecht. Dabei geht es um Fälle, in denen Bewerberinnen und Bewerbern auf eine Stelle entgegengehalten wurde, sie hätten kein echtes Interesse an der Stelle, sondern seien nur auf eine Entschädigung nach dem AGG aus.[12] 14

In der deutschen Rechtsprechung waren zwei Ansatzpunkte zum Umgang mit solchen Fällen entwickelt worden. Die eine fragte nach der Anwendbarkeit des Antidiskriminierungsrechts und verlangt für die Stellung als Bewerber oder Bewerberin, dass die Person „objektiv für die zu besetzende Stelle in Betracht kommt und sich subjektiv ernsthaft um die Aufnahme eines Beschäftigungsverhältnisses bemüht".[13] Der zweite Ansatzpunkt verortete die fehlende objektive Eignung bei der Frage der Vergleichbarkeit der Situation und prüfte bei fehlender subjektiver Ernsthaftigkeit der Bewerbung den Einwand des Rechtsmissbrauchs.[14] Auf Vorlage des BAG hat der EuGH nun beide Wege als unionsrechtskonform akzeptiert.[15] Zwar kennt das Unionsrecht den Begriff des Bewerbers nicht; der EuGH hält es aber für unionsrechtskonform, in solchen Fällen den Anwendungsbereich „Beschäftigung und Beruf" zu verneinen.[16]

Allerdings hat der EuGH Hinweise darauf gegeben, dass für die Verneinung des Anwendungsbereichs eine ähnliche hohe Schwelle wie für den Rechtsmissbrauchseinwand gelte: Ein Anspruchsausschluss komme nur in Betracht, wenn die Bewerbung „mit dem alleinigen Ziel [erfolgt sei], auf der Grundlage der Richtlinien [...] eine Entschädigung geltend zu machen"; er komme nicht in Betracht, wenn die fraglichen Handlungen eine andere Erklärung haben können als nur die Erlangung eines Vorteils.[17]

II. Art. 157 AEUV: Entgeltgleichheit zwischen den Geschlechtern

1. Überblick

Die älteste primärrechtliche Norm der Sozialpolitik ist **Art. 157 AEUV.** Danach stellt jeder Mitgliedstaat die Anwendung des Grundsatzes des gleichen Entgelts für Männer und Frauen bei gleicher oder gleichwertiger Arbeit sicher. 15

Art. 157 AEUV dient einem doppelten, nämlich einem **wirtschaftlichen und einem sozialen Zweck.** Einerseits soll die Vorschrift Wettbewerbsgleichheit zwischen den Mitgliedstaaten gewährleisten. So wurde die Regelung ursprünglich von Frankreich gefordert, das Wettbewerbsnachteile der französischen Wirtschaft gegenüber deutschen Un- 16

12 Zur (geringen) tatsächlichen Relevanz dieses Problems siehe zB Rolfs NZA 2016, 586; Thüsing, Europäisches Arbeitsrecht, 3. Aufl. 2017, § 3, Rn. 139; Berghahn/Egenberger/Klapp/Klose/Liebscher/Supik/Tischbirek, Evaluation des AGG, 2016, S. 105 f. Einen Überblick aus den ersten Jahren nach Erlass des AGG geben Diller/Kern/Zeh NZA 2009, 1386 ff.

13 BAG 21.7.2009 – 9 AZR 431/08, BAGE 131, 232; BAG 17.12.2009 – 8 AZR 670/08, NZA 2010, 383.

14 BAG 19.8.2010 – 8 AZR 466/09, AP Nr. 5 zu § 3 AGG; BAG 13.10.2011 – 8 AZR 608/10, AP Nr. 9 zu § 15 AGG; BVerwG 3.3.2011 – 5 C 16.10, BVerwGE 139, 135.

15 EuGH 28.7.2016 – C-423/15 (Kratzer), ECLI:EU:C:2016:604.; Anm. Kocher GPR 2017, 113.

16 EuGH 28.7.2016 – C-423/15 (Kratzer) ECLI:EU:C:2016:604, Rn. 36.

17 EuGH 28.7.2016 – C-423/15 (Kratzer) ECLI:EU:C:2016:604, Rn. 29; Rn. 40 mAnm Kocher GPR 2017, 113 ff. Das BAG sah daraufhin die Voraussetzungen des Rechtsmissbrauchseinwands im Ausgangsfall nicht mehr als gegeben an (BAG 26.1.2017 – 8 AZR 848/13, ECLI:DE:BAG:2017:260117.U.8AZR848.13.0 im Gegensatz zu Vorabentscheidungsersuchen vom 18.6.2015 – 8 AZR 848/13 (A), Rn. 15), und das LAG Hessen sprach dem Kläger eine Entschädigung iHv 14.000 Euro zu (LAG Hessen 18.6.2018 – 7 Sa 851/17, ECLI:DE:LAGHE:2018:0618.7SA851.17.00; das BAG wies die Nichtzulassungsbeschwerde (Az. 8 AZN 507/18) mit Beschluss vom 12.12.2018 zurück (Rolfs, https://community.beck.de/2018/12/27/agg-urteil-in-sachen-nils-kratzer/rv-versicherung-rechtskraeftig (Abruf 26.10.2019)).

ternehmen befürchtete, weil die französischen Unternehmen Entgeltgleichheit zwischen den Geschlechtern besser als zB die deutschen Unternehmen verwirklichten. Andererseits dient die Entgeltgleichheit den sozialen Zielen der Union, insbesondere der Sicherung des sozialen Fortschritts und einer ständigen Verbesserung der Lebens- und Beschäftigungsbedingungen der europäischen Bevölkerungen. Der Charakter als Grundrecht (Art. 23 Abs. 1 EU-GRC) und damit als subjektives Recht der Arbeitnehmerinnen und Arbeitnehmer macht deutlich, dass dem wirtschaftlichen gegenüber dem sozialen Zweck nur nachgeordnete Bedeutung zukommt.[18]

Vertiefung:

Die Aufnahme des Entgeltgleichheitsgebots als Grundrecht in Art. 23 Abs. 1 EU-GRC ändert nichts am Inhalt des Rechts (siehe Art. 52 Abs. 2 EU-GRC).

Art. 4 der Richtlinie 2006/54/EG dient der Konkretisierung des Art. 157 AEUV, berührt also ebenfalls in keiner Weise Inhalt oder Tragweite der Norm. Die Begriffe „Entgelt" und „gleiche Arbeit" sind in beiden Rechtsnormen gleich auszulegen.[19]

17 Das Verbot der Entgeltdiskriminierung ist in Art. 157 **Abs. 1 und 2** AEUV geregelt.

18 Art. 157 **Abs. 3** AEUV enthält eine darüber hinausgehende Rechtssetzungskompetenz für die Verwirklichung der Gleichbehandlung von Männern und Frauen in allen Arbeits- und Beschäftigungsfragen (dazu genauer unten Rn. 70 ff.).

19 Art. 157 **Abs. 4** AEUV enthält eine Erlaubnis für „positive Maßnahmen" (genauer unten Rn. 94 ff.) und geht ebenfalls über den Anwendungsbereich des Entgelts hinaus.

Prüfungsschema:

20 Ein Verstoß gegen Art. 157 AEUV liegt vor, wenn die folgenden Voraussetzungen erfüllt sind:

- Arbeitsverhältnis
- unterschiedliches Arbeitsentgelt
- für Frauen und Männer
  - bei gleicher Arbeit
  - bei gleichwertiger Arbeit
- wegen des Geschlechts
  - unmittelbare Diskriminierung
  - mittelbare Diskriminierung

21 Alle Grundbegriffe in Art. 157 AEUV (Arbeitsverhältnis, Arbeitsentgelt) sind wegen der grundsätzlichen (primärrechtlich festgeschriebenen) Bedeutung für die Harmonisierung **unionsrechtlich autonom auszulegen**, also unabhängig davon, wie die entsprechenden Begriffe in den mitgliedstaatlichen Rechtsordnungen zu verstehen sind.[20]

18 Zum Ganzen EuGH 8.4.1976 – 43/75 (Defrenne II), ECLI: EU: C: 1976:56, Rn. 8–11; EuGH 10.2.2000 – C-270/97 (Sievers und Schrage), ECLI:EU:C:2000:76, Rn. 53 ff.

19 Vgl. Art. 2 Abs. 1 e) der Richtlinie 2006/54/EG.

20 EuGH 13.1.2004 – C-256/01 (Allonby), ECLI:EU:C:2004:18, Rn. 64 ff.

2. Unterschiedliches Arbeitsentgelt

▶ **Beispielsfall 34** 22

Frau Defrenne war bei der belgischen Fluggesellschaft SABENA beschäftigt, zunächst als Stewardess, dann als Chefstewardess ("Purserette"). Nach ihrer Beförderung verrichtete sie die gleiche Tätigkeit wie ein männlicher Purser, erhielt dafür aber vier Jahre lang weniger Lohn als ein männlicher Purser bei gleichem Dienstalter.
Ist dies mit Art. 157 AEUV vereinbar? ◀

EuGH 25.5.1971 – 80/70 (Defrenne I), ECLI:EU:C:1971:55;
EuGH 8.4.1976 – 43/75 (Defrenne II), ECLI:EU:C:1976:56;
EuGH 15.6.1978 – 149/77 (Defrenne III), ECLI:EU:C:1978:130

▶ **Beispielsfall 35** 23

Wie ist es, wenn die unterschiedliche Bezahlung eines männlichen Stewards und einer weiblichen Stewardess darauf beruht, dass beide bei unterschiedlichen Fluggesellschaften beschäftigt sind, die mit ein und derselben Gewerkschaft getrennte Tarifverhandlungen geführt haben? ◀

EuGH 27.10.1993 – C-127/92 (Enderby), ECLI:EU:C:1993:859

▶ **Beispielsfall 36** 24

Wie ist es, wenn die unterschiedliche Bezahlung sich nicht auf das Grundentgelt bezieht, sondern auf die Entgeltfortzahlung im Krankheitsfall? ◀

vgl. EuGH 13.7.1989 – 171/88 (Rinner-Kühn), ECLI:EU:C:1989:328

▶ **Beispielsfall 37** 25

Bei Firma D ist Lohngruppe I („leichte Tätigkeiten") die niedrigste Lohngruppe; eine Stufe darüber liegt die etwas besser bezahlte Lohngruppe II („schwere körperliche Arbeit"). Lohngruppe II wird an Arbeitsplätzen bezahlt, die große muskelmäßige Beanspruchung durch die Bewegung von Gewichten ab 30 kg mit sich bringen. Diese Arbeitsplätze sind fast ausschließlich mit Männern besetzt. Lohngruppe I wird an Arbeitsplätzen bezahlt, die fast ausschließlich mit Frauen besetzt sind.
Frau R verlangt nun ebenfalls Bezahlung nach Lohngruppe II mit der Begründung, für sie stelle es schwere körperliche Arbeit dar, Pakete mit über 20kg Gewicht zu verpacken. ◀

EuGH 1.7.1986 – 237/85 (Rummler), ECLI:EU:C:1986:277

▶ **Beispielsfall 38** 26

Frau P macht bei Firma D (Beispielsfall 37) ebenfalls Bezahlung nach Lohngruppe II geltend und beruft sich darauf, dass in ihrer Abteilung stehende Tätigkeit mit hoher Belastung der Fingermuskeln geleistet würde. Auch dies müsse als „schwere körperliche Arbeit" gewertet werden. ◀

a) Arbeitsverhältnis

Die Anwendung des Art. 157 AEUV setzt zunächst voraus, dass es sich um **Entgelt in einem Arbeitsverhältnis** handelt. Der Begriff findet sich zwar in Abs. 1 nicht ausdrücklich; dort wird auf ein Arbeitsverhältnis nur indirekt mit dem Verweis auf gleiche oder gleichwertige „Arbeit" Bezug genommen. Dass es sich hier aber um Rechte für Arbeitnehmerinnen und Arbeitnehmer handelt, wird mit Abs. 2 deutlich. Denn danach ist mit Entgelt die Leistung gemeint, die von Arbeitgebern an Arbeitnehmer und Arbeit- 27 nehmerinnen gezahlt wird; es handelt sich also um Leistungen innerhalb von Arbeitsverhältnissen.

28 Es liegt nahe, den **Arbeitnehmerbegriff** hier genauso wie im Rahmen des Art. 45 AEUV auszulegen (siehe oben § 1, Rn. 101 ff., 136ff.). Allerdings ist zu berücksichtigen, dass der systematische Zusammenhang des Art. 157 AEUV sich von dem der Arbeitnehmerfreizügigkeit unterscheidet: Bei Art. 45 AEUV geht es um die Abgrenzung unterschiedlicher wirtschaftlicher Grundfreiheiten voneinander, insbesondere um die Abgrenzung der Arbeitnehmerfreizügigkeit von Dienstleistungsfreiheit und Niederlassungsfreiheit. Bei Art. 45 AEUV muss deshalb der selbstständige Dienstvertrag, in dem Dienste für einen anderen erbracht werden, von der Arbeitnehmerfreizügigkeit erfasst werden. Art. 157 AEUV ist hingegen eine sozialpolitische Norm, die sich nur deshalb auf Arbeitsverhältnisse beschränkt, weil hier aufgrund struktureller Ungleichgewichte zwischen den beiden Vertragsparteien nicht von vornherein davon ausgegangen werden kann, dass das vertraglich vereinbarte Entgelt den Gerechtigkeitsvorstellungen beider Vertragsparteien entspricht. Dennoch verwendet der EuGH im Wesentlichen dieselben Rechtsgrundsätze für Art. 45 und Art. 157 AEUV. Als Arbeitnehmerin oder Arbeitnehmer ist seiner Meinung nach also auch im Rahmen des Art. 157 Abs. 1 und 2 AEUV anzusehen, wer

- für einen anderen nach dessen Weisung Leistungen erbringt,
- für die er als Gegenleistung eine „Vergütung“ erhält.[21]

b) Arbeitsentgelt

29 Für den **Begriff des Arbeitsentgelts** enthält Art. 157 Abs. 2 Satz 1 AEUV eine Definition. Es handelt sich um alle Vergütungen oder Vergünstigungen, unabhängig davon, ob diese **bar oder als Sachleistungen** gewährt werden. Das können Fahrpreisermäßigungen sein, eine betriebliche Altersversorgung, oder sonstige wirtschaftliche Werte wie die Zurverfügungstellung eines Firmenparkplatzes.

30 Die Vergütung kann **unmittelbar** von der Arbeitgeberin oder dem Arbeitgeber an den Arbeitnehmer bezahlt werden oder mittelbar. Um eine **mittelbare Zahlung** handelt es sich, wenn Leistungen an Familienangehörige erbracht werden, zB wenn ein Verkehrsunternehmen die Fahrpreise nicht nur für seine Beschäftigten, sondern auch für deren Familienangehörige ermäßigt, oder wenn ein Unternehmen bei Tod eines Arbeitnehmers oder einer Arbeitnehmerin den Hinterbliebenen eine Zahlung erbringt. Mittelbar ist die Zahlung auch, wenn auf Seiten des Arbeitgebers ein Dritter dazwischen geschaltet wird, zB wenn eine betriebliche Altersversorgung durch eine rechtlich selbstständige Pensionskasse ausgezahlt wird.

31 Entscheidend für die Einordnung einer Zahlung als Entgelt ist, ob sie **„auf dem Arbeitsverhältnis beruht“**. Im Zweifel wird dies anzunehmen sein. Denn es ist meist kaum ein anderer plausibler Grund für Zahlungen des Arbeitgebers ersichtlich als die Erbringung einer Gegenleistung für die Erfüllung des Arbeitsvertrags durch den Arbeitnehmer. So ist zB eine Jubiläumszahlung, mit der Betriebstreue belohnt werden soll, als Gegenleistung des Arbeitgebers anzusehen. Das gleiche gilt für eine Abfindung für den Verlust des Arbeitsplatzes, selbst wenn diese erst nach Beendigung des Arbeits-

21 St. Rspr., zB EuGH 13.1.2004 – C-256/01 (Allonby), ECLI:EU:C:2004:18, Rn. 67; vgl. EuGH 9.9.2015 – C-20/13 (Unland), ECLI:EU:C:2015:561 für die Anwendung der Richtlinie 2000/78/EG auf Besoldungsbedingungen von Richterinnen und Richtern.

verhältnisses gezahlt wird. Denn der Wert der Abfindung wurde durch den Arbeitnehmer oder die Arbeitnehmerin im Lauf der Beschäftigung verdient, es handelt sich also um ein „aufgeschobenes Entgelt“[22].

Schwieriger ist es, wenn der **Arbeitgeber durch Gesetz zu einer Zahlung verpflichtet** 32 wird. Gesetzliche Pflichtbeiträge des Arbeitgebers zur Sozialversicherung von Arbeitnehmern und Arbeitnehmerinnen sind jedenfalls im Zweifel nicht als Entgelt anzusehen. Bei der Beamtenversorgung kann dies aber anders sein.[23] Für die Abgrenzung ist entscheidend, ob der Arbeitgeber nur als Zahlstelle für öffentlich-rechtliche und soziale Leistungen dient, oder ob die Leistungsverpflichtung dem Arbeitgeber aufgrund der Risiken des Beschäftigungsverhältnisses zugewiesen ist und „im Interesse des Betriebes“[24] liegt. Im letzteren Fall handelt es sich um Entgelt im Sinne des Art. 157 AEUV.

Wenn der Arbeitgeber wie zB im deutschen Entgeltfortzahlungsgesetz (EFZG) gesetz- 33 lich verpflichtet ist, bei **Krankheit der Arbeitnehmerin oder des Arbeitnehmers** ein Entgelt zu bezahlen, so steht seiner Leistung zwar keine Leistung des Arbeitnehmers oder der Arbeitnehmerin gegenüber. Die Leistung dient aber der Wiederherstellung der Arbeitsfähigkeit und damit einem Interesse des Betriebs. Auch die Ungleichbehandlung in **Beispielsfall 36** fällt deshalb unter Art. 157 Abs. 1 und 2 AEUV. Ähnliches gilt für Leistungen des Arbeitgebers im **Mutterschaftsurlaub**, also für die Zeit der gesetzlich geregelten Beschäftigungsverbote unmittelbar vor und nach der Entbindung. Damit werden der Schutz der Gesundheit der schwangeren Arbeitnehmerin und die Erhaltung ihrer Arbeitsfähigkeit bezweckt, die Leistung liegt also im Interesse des Betriebs und ist damit als Entgelt einzuordnen.

Streitig war lange Zeit die Einordnung von **Arbeitgeberleistungen während der Frei-** 34 **stellung für die Betriebsratstätigkeit** nach § 37 Abs. 2 BetrVG. Nach Meinung des EuGH liegt diese Leistung im Interesse des Betriebs, da das Betriebsratsamt der Aufrechterhaltung harmonischer Arbeitsbeziehungen und damit dem Arbeitsverhältnis dient.[25]

Im einzigen Fall, in dem der EuGH bei einer Leistung des Arbeitgebers an einen Arbeitnehmer den Entgeltcharakter verneint hat, ging es um die Erbringung von Leistungen während **gesetzlicher Wehrdienst- und Zivildienstzeiten.** Der EuGH verneinte den Entgeltcharakter mit der Begründung, der Arbeitgeber werde hier durch den Gesetzgeber in Anspruch genommen, ohne dass es einen Bezug zum Beschäftigungsverhältnis gebe.[26]

c) Ungleichheit des Entgelts

Bei der Frage der Gleichheit oder Ungleichheit des Entgelts unterscheidet Art. 157 35 Abs. 2 UAbs. 1 AEUV zwischen Zeitlohn („die üblichen Grund- oder Mindestlöhne und -gehälter“) und Leistungslohn.

Beim **Zeitlohn** muss das Entgelt für Männer und Frauen nach Art. 157 Abs. 2 36 UAbs. 2 b) AEUV gleich sein. Beim **Leistungslohn** wird die Bezahlung aufgrund von

---

22 EuGH 27.6.1990 C- 33/89 (Kowalska), ECLI.EU.C.1990.265, Rn. 10.
23 EuGH 17.5.1990 – C-262/88 (Barber), ECLI: EU: C: 1990:209, Rn. 22; EuGH 25.5.1971 – 80/70 (Defrenne I), ECLI: EU: C: 1971:55, Rn. 7, 8; zur Krankenversicherung für Beamtinnen und Beamte (Beihilfe): EuGH 6.12.2012 – C-124/11 (Dittrich), C-125/11 (Klinke) und C-143/11 (Müller), ECLI:EU:C:2012:771.
24 EuGH 8.6.2004 – C-220/02 (ÖGB), ECLI:EU:C:2004:334.
25 EuGH 4.6.1992 – C-360/90 (Bötel), ECLI:EU:C:1992:246.
26 EuGH 8.6.2004 – C-220/02 (ÖGB), ECLI:EU:C:2004:334.

anderen Maßeinheiten als der Zeit festgesetzt und hängt ganz oder wesentlich vom Arbeitsergebnis des Arbeitnehmers oder der Arbeitnehmerin ab. Beispiele für Leistungslohn sind Akkordlohn, Stücklohn oder Projektentgelte aufgrund von Zielvereinbarungen. Für den Leistungslohn legt Art. 157 Abs. 2 UAbs. 2 a) AEUV fest, dass das Entgelt für Männer und Frauen aufgrund der gleichen Maßeinheit festgesetzt werden muss.

37 Von ungleichem Entgelt kann nur die Rede sein, wenn die Entgeltunterschiede sich auf **ein und dieselbe Quelle** zurückführen lassen. Sonst bliebe der Adressat des Rechtssatzes unklar.[27] Diese Anforderung spielt vor allem dann eine Rolle, wenn die Entgelte – wie in **Beispielsfall 35** – durch unterschiedliche Kollektivverträge geregelt werden.

38 Mit dem Begriff der „Quelle" des Entgeltunterschieds ist allerdings nicht die Rechtsquelle im formalen Sinne gemeint. Eine unterschiedliche Quelle liegt nicht allein deshalb vor, weil es sich um verschiedene Tarifverträge handelt. Denn die Beschränkung des Entgeltgleichheitsgebots auf Entgelte aus derselben Quelle soll lediglich klarstellen, wer die Adressaten des Entgeltgleichheitssatzes sind. Sie soll also identifizieren, wer für die Ungleichbehandlung verantwortlich ist und Gleichbehandlung herstellen muss. Entscheidend ist also, ob die Entgeltunterschiede sich auf Rechtsgrundlagen zurückführen lassen, die **denselben Urheber** haben. Wenn also getrennt durchgeführte Tarifverhandlungen zu unterschiedlichen Tarifverträgen zwischen demselben Arbeitgeber und derselben Gewerkschaft geführt haben, bleibt der Entgeltgleichheitssatz anwendbar.[28] In **Beispielsfall 35** wäre er hingegen unanwendbar, da es sich um verschiedene Arbeitgeber handelt.

3. Gleiche oder gleichwertige Arbeit

39 ▶ **Beispielsfall 39**

Frau Wendy Smith war seit 1.3.1976 bei der Firma Macarthys Ltd, einer Großhandelsfirma für pharmazeutische Erzeugnisse, als Lagerverwalterin mit einem Wochenlohn von 50 UK-£ beschäftigt. Sie hatte die Stelle nach viermonatiger Vakanz übernommen. Ihr Vorgänger, ein Mann, hatte einen Wochenlohn von 60 UK-£ erhalten. Diesen fordert sie nun ebenfalls ein. ◀

EuGH 27.3.1980 – 129/79 (Wendy Smith), ECLI:EU:C:1980:103

40 In **Beispielsfall 39** ist die Voraussetzung des Art. 157 Abs. 1 AEUV, dass ein Arbeitsverhältnis vorliegen muss, in dem Arbeitsentgelt gezahlt wird, unproblematisch zu bejahen. Es wird auch „ungleiches" Entgelt gezahlt, wenn man Frau Smith mit ihrem Vorgänger vergleicht. Das Problem liegt in der Frage, ob der Vorgänger eine geeignete Vergleichsperson darstellt.

41 Die Problematik der **geeigneten Vergleichsperson** wird in Art. 157 Abs. 1 AEUV mit den Begriffen „gleiche oder gleichwertige Arbeit" benannt. Da in einem Unternehmen nicht immer alle Positionen sowohl mit Frauen als auch mit Männern besetzt sind, muss eine hypothetische Vergleichsperson ausreichen. Deshalb kann die Ungleichheit des Entgelts für Mann und Frau sich wie in **Beispielsfall 39** auch aus einem Vergleich

27 EuGH 7.9.2002 – C-320/00 (Lawrence), ECLI:EU:C:2002:498, Rn. 18; EuGH 13.1.2004 – C-256/01 (Allonby), ECLI:EU:C:2004:18, Rn. 46.

28 EuGH 27.10.1993 – C-127/92 (Enderby), ECLI:EU:C:1993:859, Rn. 22; EuGH 28.2.2013 – C-427/11 (Kenny ua), ECLI:EU:C:2013:122.

mit dem Vorgänger ergeben. (Selbstverständlich bleibt noch zu überprüfen, ob die Ungleichbehandlung „aufgrund des Geschlechts erfolgt“[29] (genauer unter Rn. 46 ff.)).

Beispielsfall 40 42

Bei der irischen Landespolizei („An Garda Síochána“) sind unterschiedliche Gruppen von Beschäftigten tätig. Für „Polizeibeamtinnen und Polizeibeamte“ gibt es insgesamt 353 Stellen, von denen 279 mit Männern und 74 mit Frauen besetzt sind. Für „Verwaltungssekretärinnen und -sekretäre“ gibt es insgesamt 761 Stellen, die überwiegend mit Frauen besetzt sind. Allerdings üben eine Reihe von Personen, die als „Polizeibeamte“ eingestellt wurden und als solche bezahlt werden, keine polizeilichen Befugnisse aus, sondern sind genau wie Verwaltungssekretäre mit Verwaltungsaufgaben betraut. Nun machen mehrere Verwaltungssekretärinnen einen Anspruch auf gleiche Bezahlung wie Polizeibeamte geltend.

EuGH 27.6.2011 – C-427/11 (Kenny ua), ECLI:EU:C:2013:122

Der Grundsatz der Entgeltgleichheit gilt auch für Tätigkeiten und Arbeiten, die sich unterscheiden, also nicht „gleich“, aber „gleichwertig“ sind. **Gleichwertige Arbeit** kann selbst dann vorliegen, wenn die Tätigkeiten unterschiedlichen betrieblichen Ebenen zugeordnet und/oder unterschiedlichen Branchen zugeordnet sind. Reinigungstätigkeiten lassen sich mit Tätigkeiten in den Bereichen Gartenpflege, Müllabfuhr und Kanalwartung vergleichen, Logopäden mit Apothekerinnen oder klinischen Psychologen, diplomierte Psychologen mit Ärztinnen, Hebammen mit Krankenhausingenieurinnen, maschinengesteuerte Arbeit mit Handarbeit. 43

Für die Bewertung der Gleichwertigkeit sind insofern maßgeblich: **Art der Arbeit, Ausbildungsanforderungen und Arbeitsbedingungen**. Die Bewertung ist im Einzelfall äußerst schwierig. Letztlich ist dies die Aufgabe der mitgliedstaatlichen Gerichte. In **Beispielsfall 40** ergab der Blick auf die Art der Arbeit und die Arbeitsbedingungen, dass die Tätigkeit der (überwiegend weiblichen) Verwaltungssekretärinnen sich nicht von der Tätigkeit derjenigen Beamten (überwiegend männlich) unterschied, die eine Ausbildung als Polizeibeamte hatten, aber in der Verwaltung eingesetzt wurden. Der EuGH wies aber darauf hin, dass bei ähnlichen Tätigkeiten Unterschiede in der Berufsausbildung die Gleichwertigkeit hindern könnten: **Berufsausbildung und Qualifikation** gehörten zu den Kriterien, anhand derer festzustellen sei, ob Arbeitnehmerinnen und Arbeitnehmer eine gleichwertige Arbeit verrichten. So kann es sein, dass die Tätigkeiten von Psychologen und Ärztinnen, die scheinbar eine gleichwertige Tätigkeit ausüben, wegen unterschiedlich breiter Berechtigungen und Ausbildungen unterschiedlich zu bewerten sind – weil sie sich bei der Behandlung ihrer Patientinnen und Patienten auf unterschiedliche Kenntnisse und Fähigkeiten stützen.[30] 44

Problematisch ist allerdings, dass der EuGH in „Kenny ua“ das Verhältnis der Kriterien zueinander nicht klärt. Die Entscheidung lässt sich so verstehen, als könne nach Ansicht des EuGH allein die Berufsausbildung ein unterschiedliches Entgelt rechtfertigen. Diese kann jedoch nicht mehr als ein Indiz für oder gegen Gleichwertigkeit darstellen. Materiellrechtlich muss es auf die **Gleichwertigkeit der Tätigkeiten** ankommen. Ist deshalb die unterschiedliche Berufsausbildung von zwei Arbeitnehmerinnen und Arbeit- 45

29 EuGH 27.3.1980 – 129/79 (Wendy Smith), ECLI:EU:C:1980:103, Rn. 11 f.

30 EuGH 11.5.1999 – C-309/97 (Angestelltenbetriebsrat der Wiener Gebietskrankenkasse), ECLI: EU: C: 1999:241, Rn. 19.

nehmern nicht relevant für die Art oder Qualität ihrer Berufsausübung, rechtfertigt sie kein unterschiedliches Entgelt.[31]

4. Ungleichbehandlung „aufgrund des Geschlechts"

46 Steht fest, dass weibliche und männliche Beschäftigte ungleiches Entgelt bei gleicher oder gleichwertiger Arbeit erhalten, bleibt zu prüfen, ob diese Ungleichbehandlung „**aufgrund des Geschlechts**" erfolgt. Dies ist eine Frage der Kausalität, also des Zusammenhangs zwischen der Ungleichbehandlung und dem Diskriminierungsmerkmal.

47 Die **Kausalität** wird bei jedem Diskriminierungstatbestand relevant; die Tatbestände der „unmittelbaren" oder „mittelbaren" Diskriminierung sind unterschiedliche Fallgruppen der Kausalität. Sie unterscheiden sich dadurch, welche Anforderungen zu stellen sind, um eine festgestellte Ungleichbehandlung ausnahmsweise zu rechtfertigen:

- **Unmittelbare Diskriminierung** liegt vor, wenn das Geschlecht selbst als Grund für die Differenzierung von Leistungen verwendet wurde. In diesem Fall erlaubt Art. 157 AEUV keine Rechtfertigung einer Ungleichbehandlung.
- **Mittelbare Diskriminierung** kann vorliegen, wenn das Geschlecht nicht selbst der Grund für die Differenzierung von Leistungen ist, sondern ein neutrales Kriterium angewandt wurde. Diese Ungleichbehandlung ist rechtmäßig, soweit sie sachlich gerechtfertigt ist.

a) Unmittelbare Diskriminierung

48 Um eine **unmittelbare Diskriminierung** handelt es sich, wenn beim Vergleich von Männern und Frauen eine der beiden Gruppen gegenüber der anderen Nachteile hat, und wenn der Grund für den Nachteil gerade im Geschlecht liegt.

49 So unterschieden sich in **Beispielsfall 34** Frau Defrenne und ihre Kollegen in derselben Position ausschließlich im Geschlecht. Dies war der maßgebliche Differenzierungsgrund, der dazu führte, dass sie weniger Entgelt bekam als ein männlicher Kollege (Nachteil).

50 Eine unmittelbare Entgeltdiskriminierung war auch für diejenigen deutschen Tarifverträge zu bejahen, die bis in die 1960er-Jahre hinein bei Beschäftigung von Frauen einen „**Frauenabschlag**" berechneten. Einen solchen Fall hatte das BAG schon im Jahre 1955 zu entscheiden. Es erklärte damals einen Tarifvertrag für verfassungswidrig, in dem es hieß: „Weibliche Arbeitskräfte erhalten für die Spulenindustrie 75 %, für die übrige unter diese Tarifvereinbarung fallende holzverarbeitende Industrie 80 % der betreffenden Männerlöhne."[32] Eine solche tarifliche Regelung wäre heute auch als Verstoß gegen das Entgeltgleichheitsgebot des Art. 157 AEUV zu qualifizieren; eine Rechtfertigung kommt in einem solchen Fall nicht in Betracht.

b) Mittelbare Diskriminierung

51 Um eine **mittelbare Diskriminierung** handelt es sich, wenn sich die beiden Gruppen, die im Hinblick auf eine mögliche Diskriminierung verglichen werden, nicht notwendig durch das Geschlecht unterscheiden. In diesem Fall liegt eine (im Hinblick auf das

31 So auch Rubenstein, Industrial Relations Law Review 2013, 425 mit einer Kritik am Urteil des EuGH, in der Rechtssache „Kenny ua" (EuGH 28.2.2013 – C-427/11, ECLI:EU:C:2013:122).

32 BAG 15.1.1955 – 1 AZR 305/54, AP Nr. 4 zu Art. 3 GG.

Geschlecht) „neutrale" Regelung vor. Es ist dann zu prüfen, ob die Regelung geeignet ist, Angehörige eines Geschlechts tatsächlich überwiegend nachteilig zu treffen und damit in besonderer Weise zu benachteiligen.

Mit „**Benachteiligung in besonderer Weise**" ist nicht gemeint, dass die Benachteiligung besonders schwer oder gravierend sein muss. Es kommt allein darauf an, ob ein Geschlecht stärker als das andere Geschlecht betroffen ist.[33] Dafür ist insbesondere zu prüfen, ob in der benachteiligten Gruppe **der Anteil der Frauen** (**oder der Männer**) deutlich höher ist als in der bevorrechtigten Gruppe – konkret kommt es also darauf an, ob eine Arbeitnehmerin „auf der Grundlage einer relativen großen Zahl von Arbeitnehmern [belegen kann], dass das durchschnittliche Entgelt der Frauen niedriger als das der Männer ist".[34] Hierfür können zwei Tätigkeiten verglichen werden, die unterschiedlich entgolten werden, und von denen die eine hauptsächlich durch Frauen und die andere hauptsächlich durch Männer ausgeübt wird. Erforderlich sind jeweils aussagekräftige Statistiken, die sich auf eine ausreichende Zahl von Personen beziehen und nicht rein zufällige oder konjunkturelle Erscheinungen widerspiegeln.[35] 52

Die (möglicherweise mittelbar diskriminierende) Ungleichbehandlung kann aber **objektiv gerechtfertigt** sein und verstößt dann nicht gegen Art. 157 AEUV. Dies setzt voraus, dass die Ungleichbehandlung ein rechtmäßiges Ziel verfolgt und zur Erreichung des Ziels geeignet, erforderlich und angemessen ist (Verhältnismäßigkeit). Um ein rechtmäßiges Ziel handelt es sich insbesondere, wenn der Arbeitsplatz die jeweiligen „neutral" definierten Qualifikationen oder Fähigkeiten verlangt. 53

Ein wichtiges Anwendungsbeispiel der mittelbaren Entgeltdiskriminierung ist die **Entgeltdiskriminierung von Teilzeitbeschäftigten**. Da diese mittlerweile in der Teilzeit-Richtlinie 97/81/EG konkretisiert wird, wird das Problem unten § 5, Rn. 97 ff. behandelt. 54

Auch **Kriterien für die Leistungsbemessung** und darauf basierende Entgeltzahlungen können ungleiche Auswirkungen auf männliche und weibliche Arbeitnehmerinnen und Arbeitnehmer haben. Dies ist zB für das Kriterium der muskelmäßigen Anstrengung (körperliche „Schwere" der Arbeit) angenommen worden, da männliche Arbeitnehmer im statistischen Durchschnitt über größere Körperkraft verfügen. So tritt durch die Lohngruppenbewertung in den Beispielsfällen 37 und 38 ein Effekt der besonderen Benachteiligung von weiblichen Beschäftigten ein. Die Bewertung nach der Schwere der Arbeit ist zwar im Hinblick auf das Geschlecht formal neutral, aber geeignet, weibliche Beschäftigte tatsächlich überwiegend nachteilig zu treffen und damit in besonderer Weise zu benachteiligen. 55

Der Tatbestand der mittelbaren Diskriminierung ist in einem solchen Fall nur dann nicht erfüllt, wenn es gelingt, diesen Effekt objektiv zu rechtfertigen. Es ist zB objektiv gerechtfertigt, zur Differenzierung der Lohnstufen auf den **objektiv messbaren Krafteinsatz** abzustellen, der für die Verrichtung der Tätigkeit erforderlich ist.[36] In **Beispielsfall 37** spricht also im Prinzip nichts dagegen, das Kriterium „schwere körperliche Arbeit" für die tarifliche Einstufung zu verwenden. Die Einordnung konkreter Arbeitsplätze muss dann nach objektiven Kriterien erfolgen; für alle Arbeitnehmerinnen und 56

33 EuGH 16.7.2015 – C-83/14 (CHEZ Razpredelenie Bulgaria), ECLI:EU:C:2015:480.

34 EuGH 17.10.1989 – C-109/88 (Danfoss), ECLI:EU:C:1989:383, Rn. 13 ff.

35 EuGH 28.2.2013 – C-427/11 (Kenny ua), ECLI:EU:C:2013:122; EuGH 27.10.1993 – C-127/92 (Enderby), ECLI:EU:C:1993:859, Rn. 13, 16.

36 EuGH 1.7.1986 – 237/85 (Rummler), ECLI:EU:C:1986:277, Rn. 14 f., 24.

Arbeitnehmer muss also der gleiche Maßstab angewandt werden. Es kann nicht für Frauen ein anderer Maßstab für „schwere körperliche Arbeiten“ gelten als für Männer, wie es Frau R fordert. Ihr Anliegen hatte deshalb vor dem EuGH keinen Erfolg.

57 Schwierig wird es aber dann, wenn der Arbeitgeber aufgrund von Geschlechterstereotypen lediglich Männer an Arbeitsplätzen einsetzt, bei denen große Muskelgruppen und hoher Krafteinsatz verlangt wird, während Frauen an Arbeitsplätzen eingesetzt werden, an denen eher die Fingermuskeln beansprucht werden. Denn das Kriterium des „körperlichen Krafteinsatzes“ ist zwar gerechtfertigt. Jedoch darf ein **tarifliches Gesamtsystem** nicht nur punktuell eine bestimmte Art von körperlichen Belastungen berücksichtigen, während andere körperliche Belastungen, wie sie an Arbeitsplätzen weiblicher Arbeitskräfte auftreten, unberücksichtigt bleiben. Sonst entstünde ein insgesamt geschlechtsdiskriminierendes System. In den Worten des EuGH (Rammler): Ein System beruflicher Einstufung darf nicht „in seiner Gesamtheit“ diskriminierenden Charakter haben und muss so ausgestaltet sein, dass bei der Bewertung der Gleichwertigkeit von Arbeitsplätzen auch Kriterien berücksichtigt werden, „hinsichtlich deren die weiblichen Arbeitnehmer besonders geeignet sein können.“ Kollektive Entgeltsysteme müssten insofern objektive Kriterien enthalten, die an die Art der Tätigkeit gebunden sind und das „Wesen“ der Arbeit abbilden. Art. 4 Abs. 2 der Richtlinie 2006/54/EG kodifiziert die Rechtsprechung des EuGH dahin gehend, dass „insbesondere wenn zur Festlegung des Entgelts ein System beruflicher Einstufung verwendet wird, [...] dieses System auf für männliche und weibliche Arbeitnehmer gemeinsamen Kriterien beruhen und so beschaffen sein [muss], dass Diskriminierungen aufgrund des Geschlechts ausgeschlossen werden.“

58 Für **Beispielsfall 38** bedeutet dies, dass der Tarifvertrag insgesamt so ausgelegt werden muss, dass „schwere körperliche Belastungen“ nur dort berücksichtigt werden dürfen, wo sie das Wesen der Arbeit prägen. Es darf nicht lediglich eine gelegentliche körperliche Belastung für die Eingruppierung ausschlaggebend sein. Darüber hinaus müssen auch diejenigen körperlichen Belastungen bewertet werden, die am Arbeitsplatz von Frau P vorherrschen. Das mitgliedstaatliche Gericht könnte dieser Anforderung im vorliegenden Fall durch eine europarechtskonforme Auslegung des Begriffs der „körperlichen Belastungen“ nachkommen und als körperliche Belastung auch die stehenden Tätigkeiten mit hoher Belastung der Fingermuskeln am Arbeitsplatz von Frau P werten. Diese hätte dann auch Anspruch auf Lohngruppe II.

Vertiefung:

In der Praxis ist häufig unklar, weshalb zwei Personen ungleich bezahlt werden. Viele Entscheidungen des EuGH haben gerade solche unklaren Sachverhalte zum Gegenstand. Dieses Problem lässt sich nur durch eine angemessene Beweislastverteilung lösen. Da allein der Arbeitgeber die Kriterien kennt, nach denen seine Entgeltpolitik gestaltet ist, trägt dieser die Darlegungs- und Beweislast für die Diskriminierungsfreiheit. Wenn in einem Unternehmen ein intransparentes Entlohnungssystem angewandt wird, obliegt dem Arbeitgeber der Nachweis, dass seine Lohnpolitik nicht diskriminierend ist.[37]

37 EuGH 31.5.1995 – C-400/93 (Royal Copenhagen), ECLI:EU:C:1995:155.

5. Rechtsfolgen

Nach dem Wortlaut des Art. 157 Abs. 1 AEUV hat „jeder Mitgliedstaat" die Gewährleistung des Entgeltgleichheitsgrundsatzes „sicherzustellen". Hier stellen sich drei Fragen: 59

- Hat die Norm unmittelbare Wirkung, ergeben sich also Rechtsansprüche unmittelbar aus dieser Norm? Handelt es sich um eine Anspruchsgrundlage? (dazu Rn. 60 f.)
- Falls eine unmittelbare Wirkung zu bejahen ist: Gilt diese auch gegenüber einem privaten Arbeitgeber, hat die Norm also unmittelbare Dritt-/Horizontalwirkung? (dazu Rn. 63 ff.)
- Falls sich aus Art. 157 Abs. 1 AEUV ein unmittelbares subjektives Recht ergibt, was ist dessen Inhalt? (dazu Rn. 66 ff.)

a) Unmittelbare Wirkung

Gegen die Annahme einer unmittelbaren Wirkung spricht zunächst der **Wortlaut**, der lediglich ein Gebot der „Sicherstellung" enthält. Dies lässt darauf schließen, dass noch weitere Umsetzungsakte der Mitgliedstaaten erforderlich sind, um Rechtsansprüche zu schaffen. 60

Eine ähnliche Konstruktion weisen aber auch Richtlinien im Sinne von Art. 288 Abs. 3 AEUV auf. Bei Bestimmungen in Richtlinien ist man sich jedoch darüber einig, dass diese (**vertikal**) **unmittelbar wirken** können, wenn sie inhaltlich unbedingt und hinreichend genau sind. Ähnlich könnte man an Art. 157 Abs. 1 AEUV herangehen: Das Gebot der Entgeltgleichheit enthält zwar einige unbestimmte Rechtsbegriffe, ist aber zum einen inhaltlich unbedingt (gleiches Entgelt muss in allen Fällen gleicher oder gleichwertiger Arbeit von Männern und Frauen bezahlt werden) und im Übrigen auch hinreichend genau, was die Rechtsfolgen angeht: Der Anspruch richtet sich auf die Zahlung desjenigen Entgelts, das die Vergleichsperson oder Vergleichsgruppe bekommt (genauer unten Rn. 66 ff.). Der EuGH hat deshalb zu Recht entschieden, dass der heutige Art. 157 Abs. 1 AEUV ein unmittelbar anwendbares Recht enthält und die Anwendung im konkreten Fall keiner weiterer Umsetzungsakte bedarf.[38] 61

Unmittelbar berechtigt sind alle Arbeitnehmerinnen und Arbeitnehmer. 62

b) Dritt-/Horizontalwirkung

Für die Frage der **unmittelbaren (Dritt-/Horizontal-)Wirkung zwischen Privaten** lassen sich dieselben Pro- und Kontra-Argumente anführen wie bei der Arbeitnehmerfreizügigkeit (siehe oben § 3, Rn. 91 f.): Sowohl der effet utile als auch rechtsvergleichende Überlegungen sprechen für eine unmittelbare Drittwirkung. In den Mitgliedstaaten ist das Arbeitsrecht teils stärker durch Gesetz, teils stärker durch Kollektivvertrag, teils stärker durch Individualvertrag geregelt. Würde man bei der Wirkung eines so fundamentalen Rechtsgrundsatzes wie der primärrechtlich gewährleisteten Entgeltgleichheit nach der Rechtsquelle differenzieren, hätte die Norm ganz unterschiedliche Reichweite in den Mitgliedstaaten. 63

38 EuGH 31.3.1981 – C-96/80 (Jenkins), ECLI:EU:C:1981:80, Rn. 18; EuGH 8.4.1976 – 43/75 (Defrenne II), ECLI:EU:C:1976:56, Rn. 31.

64 Der EuGH hat deshalb entschieden, dass Art. 157 AEUV nicht nur für alle Kollektivverträge, sondern auch **für alle Verträge zwischen Privatpersonen** gilt. Entgegenstehende Normen in Gesetzen, Kollektiv- und Individualverträgen sind unwirksam.[39]

65 Unmittelbar verpflichtet sind alle Arbeitgeber und Kollektivvertragsparteien sowie alle Institutionen, die mittelbare Leistungen zu verwalten oder auszuzahlen haben.[40]

c) Inhalt des Rechtsanspruchs

66 Als **Rechtsfolge** eines Verstoßes gegen Art. 157 Abs. 1 AEUV ist auf die Angehörigen der benachteiligten Gruppe die Regelung anzuwenden, die für die übrigen Arbeitnehmerinnen und Arbeitnehmer gilt.

67 Die diskriminierten Arbeitnehmerinnen und Arbeitnehmer haben damit meistens Anspruch auf das Entgelt, das die nichtdiskriminierten Arbeitnehmerinnen und Arbeitnehmer erhalten. Das nennt man auch „**Angleichung nach oben**". Frau Defrenne konnte in **Beispielsfall 34** denselben Lohn verlangen wie ihre männlichen Kollegen.

68 Diese Folge ist aber nicht immer zwingend. Denn auf die Diskriminierten ist diejenige Regelung anzuwenden, die für die bislang Begünstigten gilt. Diese Regelung bleibt Bezugssystem und damit einschlägige Anspruchsgrundlage, solange Art. 157 AEUV nicht ordnungsgemäß umgesetzt ist. Die Angleichung nach oben gilt aber nur, solange **das bisherige Regelungssystem** noch existiert – insbesondere wenn es um Gleichbehandlung für die Vergangenheit geht.[41] Wenn für eine ordnungsgemäße Umsetzung des Art. 157 AEUV auf mitgliedstaatlicher oder tariflicher Ebene ein neues Bezugssystem als Grundlage für Ansprüche eingeführt wird, ergibt sich für die Zukunft aus diesem auch der Inhalt des Gleichbehandlungsanspruchs. Für die Zukunft kann die Gleichbehandlung also auch durch Angleichung nach unten hergestellt werden, also dadurch, dass ungerechtfertigte Vergünstigungen der bis dahin besser gestellten Personen eingeschränkt oder abgeschafft werden. Art. 157 AEUV verlangt schließlich nur, dass Männer und Frauen bei gleicher Arbeit das gleiche Entgelt erhalten, schreibt aber keine bestimmte Höhe des Entgelts vor.[42] In **Beispielsfall 34** hätte also die Europarechtswidrigkeit auch dadurch beseitigt werden können, dass künftig die männlichen Kollegen das niedrigere Entgelt von Frau Defrenne erhalten hätten[43] – soweit ein „Gleichgewicht" zwischen der Beseitigung der Altersdiskriminierung und dem Fortbestand der unter der alten gesetzlichen Regelung erworbenen Rechte abstellt.[44]

---

39 EuGH 13.1.2004 – C-256/01 (Allonby), ECLI:EU:C:2004:18, Rn. 77; EuGH 27.6.1990 – C-33/89 (Kowalska), ECLI:EU:C:1990:265, Rn. 18.

40 EuGH 28.9.1994 – C-128/93 (Fisscher), ECLI:EU:C:1994:353. Zur mittelbaren Leistung siehe oben Rn. 29.

41 EuGH 8.5.2019 – C-24/17 (ÖGB), ECLI:EU:C:2019:373.

42 EuGH 28.9.1994 – C-28/93 (van den Akker), ECLI:EU:C:1994:351, Rn. 19.

43 Vgl. EuGH 14.3.2018 – C-482/16 (Stollwitzer), ECLI:EU:C:2018:180, Rn. 28 ff.; Rn. 44 im Anschluss an EuGH 18.6.2009 – C-88/08 (Hütter), ECLI:EU:C:2009:381. Siehe auch vertiefend für den Fall, dass das bisherige Bezugssystem aufgrund seines diskriminierenden Charakters insgesamt auch für die Vergangenheit entfällt, weil Benachteiligung und Begünstigung untrennbar miteinander verbunden sind (im deutschen Recht: Nichtigkeit): EuGH 19.6.2014 – C-501/12 bis C-506/12, C-540/12 und C-541/12 (Specht ua), ECLI:EU:C:2014:2005, Rn. 95 f. zu Richtlinie 2000/78/EG.

44 EuGH 14.3.2018 – C-482/16 (Stollwitzer), ECLI:EU:C:2018:180, Rn. 45. Genauer zu den Anforderungen an Übergangsregelungen Kocher, EnzEuR, 2. Aufl. 2020, § 5, Rn. 245 ff.

Prüfungsschema:

Ein Verstoß gegen Art. 157 AEUV liegt vor, wenn die folgenden Voraussetzungen erfüllt sind: 69

- Arbeitsverhältnis:
  - Jemand erbringt für einen anderen nach dessen Weisung Leistungen,
  - für die er als Gegenleistung eine Vergütung erhält.
- unterschiedliches Arbeitsentgelt:
  - alle Vergütungen oder Vergünstigungen
  - bar oder als Sachleistungen
  - mittelbar oder unmittelbar gezahlt
  - von einem Arbeitgeber oder einer Arbeitgeberin an einen Arbeitnehmer oder eine Arbeitnehmerin aufgrund des Arbeitsverhältnisses gezahlt (= Gegenleistung für eine Leistung, die im Interesse des Betriebs liegt)
- für Frauen und Männer
  - bei gleicher Arbeit oder
  - bei gleichwertiger Arbeit
- wegen des Geschlechts
  - unmittelbare Diskriminierung
    - Die Gruppen unterscheiden sich nur durch das Geschlecht
    - Vergleich von benachteiligter Gruppe/Person und (hypothetischer) Vergleichsgruppe/-person
    - Vergleich zweier Gruppen in Bezug auf das Arbeitsentgelt
  - mittelbare Diskriminierung
    - Die Gruppen unterscheiden sich nicht nur durch das Geschlecht (= neutrale Regelung)
    - Vergleich von benachteiligter Gruppe/Person und (hypothetischer) Vergleichsgruppe/-person
    - Vergleich zweier Gruppen in Bezug auf das Arbeitsentgelt
    - Die Regelung ist geeignet, Angehörige eines Geschlechts tatsächlich überwiegend nachteilig zu treffen und damit in besonderer Weise zu benachteiligen. Zu prüfen ist, ob in der benachteiligten Gruppe der Anteil der Frauen (oder der Männer) deutlich höher ist als in der begünstigten Gruppe.
    - Die Ungleichbehandlung ist nicht objektiv gerechtfertigt. Die objektive Rechtfertigung setzt voraus, dass
      - die Ungleichbehandlung ein rechtmäßiges Ziel verfolgt (zB Qualifikationsanforderungen an Arbeitsplätzen) und
      - das Ziel in verhältnismäßiger Weise verfolgt:
        - Eignung zur Erreichung des Ziels
        - Erforderlichkeit
        - Angemessenheit

III. Sekundärrechtlicher Diskriminierungsschutz wegen des Geschlechts

1. Rechtsgrundlagen

70 ▶ **Beispielsfall 41**

Frau Defrenne, die bei der belgischen Fluggesellschaft SABENA als Chefstewardess ("Pursette") beschäftigt war (siehe Beispielsfall 34, oben Rn. 22, 49, 67 f.), sah sich noch aus einem anderen Grund gegenüber ihren männlichen Kollegen benachteiligt: Ihr Arbeitsvertrag enthielt eine Klausel, nach der ihre Tätigkeit mit Vollendung des 40. Lebensjahrs endete. Diese Klausel war in allen Arbeitsverträgen des weiblichen Kabinenpersonals enthalten; beim männlichen Kabinenpersonal lag die Altersgrenze bei 55 Jahren.
Sind solche Regelungen mit Art. 157 AEUV vereinbar? ◀

EuGH 25.5.1971 – 80/70 (Defrenne I), ECLI:EU:C:1971:55;
EuGH 8.4.1976 – 43/75 (Defrenne II), ECLI:EU:C:1976:56;
EuGH 15.6.1978 – 149/77 (Defrenne III), ECLI:EU:C:1978:130

71 Die belgische Flugbegleiterin Gabrielle Defrenne und ihre Rechtsanwältin Éliane Vogel-Polsky spielten mit den von ihnen geführten Verfahren eine große Rolle für die Entwicklung des europäischen Antidiskriminierungsrechts in den Anfangsjahren der 1970er Jahre.[45]

Die Klage, die **Beispielsfall 41** zugrunde lag, betraf dabei nicht Ungleichbehandlung wegen des Entgelts, sondern bei sonstigen **Arbeitsbedingungen**. Art. 157 Abs. 1 und 2 AEUV kam hier nicht in Betracht. Als der EuGH in den 1970er-Jahren mit einem solchen Fall konfrontiert war, musste er feststellen, dass mangels Anwendbarkeit des Entgeltgleichheitsgebots weitere unionsrechtliche und mitgliedstaatliche Maßnahmen erforderlich waren – an denen es damals noch fehlte.[46] Erst im Jahre 1976 wurde eine Richtlinie über die Gleichbehandlung von Männern und Frauen hinsichtlich des Zugangs zur Beschäftigung, zur Berufsbildung und zum beruflichen Aufstieg sowie in Bezug auf die Arbeitsbedingungen erlassen (Richtlinie 76/207/EWG, heute ersetzt durch Richtlinie 2006/54/EG).

72 Eine Kompetenzgrundlage hierfür findet sich heute in Art. 157 Abs. 3 AEUV. Auf dieser Grundlage wurde die **Richtlinie 2006/54/EG** erlassen, die sowohl die Richtlinie 76/207/EWG als auch eine Reihe weiterer EG-Richtlinien zum Verbot der Geschlechtsdiskriminierung aus den 1970er-Jahren konsolidiert und ersetzt.[47] Art. 14 Abs. 1 der Richtlinie 2006/54/EG verbietet jede unmittelbare oder mittelbare Diskriminierung aufgrund des Geschlechts bei den dort genannten Fragen des Arbeitslebens; dies sind alle Arbeitsbedingungen einschließlich des Entgelts.[48]

45 Degryse/Tilly, 1973–2013. 40 years of history of the European Trade Union Confederation, European Trade Union Institute, 2013, S. 29.

46 EuGH 8.4.1976 – 43/75 (Defrenne II), ECLI:EU:C:1976:56, Rn. 16–20; EuGH 15.6.1978 – 149/77 (Defrenne III), ECLI:EU:C:1978:130, Rn. 21 ff., 30 ff.

47 RL 2006/54/EG vom 5.7.2006 zur Verwirklichung des Grundsatzes der Chancengleichheit und Gleichbehandlung von Männern und Frauen in Arbeits- und Beschäftigungsfragen, ABl. 2006, L 204/23.

48 RL 79/7/EWG vom 19.12.1978 zur schrittweisen Verwirklichung des Grundsatzes der Gleichbehandlung von Männern und Frauen im Bereich der sozialen Sicherheit, ABl. 1979, L 6/24. Diese Richtlinie wurde aufgrund des (heutigen) Art. 352 AEUV erlassen.

Überblick über die Rechtsgrundlagen des Verbots der Diskriminierung wegen des Geschlechts in Beschäftigung und Beruf:[49] 73

- Entgeltgleichheit
  - Art. 157 AEUV
  - Art. 4 der Richtlinie 2006/54/EG
- Gleichbehandlung bei Zugang, Aufstieg und Arbeitsbedingungen
  - Art. 14 ff. der Richtlinie 2006/54/EG
    - Zugang zur Erwerbstätigkeit
      - unselbstständige Erwerbstätigkeit
      - selbstständige Erwerbstätigkeit
      - jeweils einschließlich des beruflichen Aufstiegs
    - Zugang zu Berufsberatung, Berufsausbildung, beruflicher Weiterbildung und Umschulung sowie praktischer Berufserfahrung
    - Beschäftigungs- und Arbeitsbedingungen
    - Entlassungsbedingungen
    - Arbeitsentgelt
    - Mitgliedschaft und Mitwirkung in einer Arbeitnehmer-, Arbeitgeber- oder Berufsgruppenorganisation sowie Inanspruchnahme von deren Leistungen
  - Art. 5 ff. der Richtlinie 2006/54/EG: betriebliche Systeme der sozialen Sicherheit
- Richtlinie 79/7/EWG: Gleichbehandlung in Systemen der sozialen Sicherheit

Die **unmittelbare Anwendung** von Richtlinienbestimmungen setzt voraus, dass diese hinreichend klar, genau und unbedingt formuliert sind, so dass sie von einem mitgliedstaatlichen Gericht angewandt werden können. Diese Voraussetzungen sind jedenfalls bei Art. 14 Abs. 1 c) der Richtlinie 2006/54/EG (Verbot der Geschlechtsdiskriminierung im Arbeitsverhältnis) erfüllt.[50] 74

Die Richtlinie kann selbst keine Verpflichtungen für einen Einzelnen begründen, entfaltet also **keine unmittelbare Horizontalwirkung**. Die mitgliedstaatlichen Gerichte haben allerdings das mitgliedstaatliche Recht „so weit wie möglich anhand des Wortlauts und der Zielsetzung dieser Richtlinie auszulegen [...], um das [...] angestrebte Ergebnis zu erreichen“ (siehe oben § 1, Rn. 77).[51] 75

2. Unmittelbare Diskriminierung wegen des Geschlechts

▶ Beispielsfall 42 76

Frau Brandt-Nielsen wurde von der Firma Tele Danmark für einen Zeitraum von sechs Monaten für eine Tätigkeit im Kundendienst für Mobiltelefonkunden eingestellt. Die Vertragsparteien vereinbarten, dass Frau Brandt-Nielsen in den ersten beiden Monaten ihres Beschäftigungsverhältnisses an einer Schulung teilnehmen sollte. Kurz nach dem Ende dieser beiden Monate teilte Frau Brandt-Nielsen der Tele Danmark mit, dass sie im sechsten Monat

49 Zum Verbot der Diskriminierung wegen des Geschlechts im Wirtschaftsleben siehe Richtlinie 2004/113/EG.

50 EuGH 6.3.2014 – C-595/12 (Napoli), ECLI:EU:C:2014:128, Rn. 45 ff. Siehe auch schon für Art. 5 Abs. 1 der Richtlinie 76/207/EWG: EuGH 26.2.1986 – 152/84 (Marshall I), ECLI:EU:C:1986:84, Rn. 52, 56.

51 Siehe zB EuGH 10.3.2005 – C-196/02 (Nikoloudi), ECLI:EU:C:2005:141, Rn. 71.

schwanger sei und deshalb nur noch ungefähr vier Wochen tätig sein könne, bevor sie in Mutterschaftsurlaub gehe. Darauf beendete Tele Danmark das Arbeitsverhältnis. ◀

EuGH 4.10.2001 – C-109/00 (Tele Danmark), ECLI:EU:C:2001:513

77 Eine unmittelbare Diskriminierung im Sinne des Art. 2 Abs. 1 a) der Richtlinie 2006/54/EG liegt vor, wenn

- eine Person eine weniger günstige Behandlung erfährt
- als eine andere Person in einer vergleichbaren Situation erfährt, erfahren hat oder erfahren würde (auch hypothetische Vergleichsperson möglich)[52]
- und dies aufgrund des Geschlechts geschieht.

78 Bis in die 1950er-Jahre hinein war es noch üblich, Beschäftigungsverhältnisse von Frauen automatisch zu beenden, wenn sie heirateten oder Kinder bekamen.[53] Solche direkten und ausgesprochenen Ungleichbehandlungen von Frauen sind selten geworden.

79 Heute sind die Gründe, weshalb Frauen auch bei gleicher Qualifikation bei ihrem Weg in Führungsetagen eine bestimmte unsichtbare Grenze nicht überschreiten können, im Einzelfall oft intransparent; bei der Frage, weshalb der Frauenanteil in Führungspositionen so gering ist, spricht man deshalb auch von einer „gläsernen Decke"[54].

80 Die Diskriminierung wegen des „Geschlechts" erfasst nach der Rechtsprechung des EuGH auch Diskriminierung wegen **Transsexualität**, dh insbesondere wegen einer Geschlechtsumwandlung.[55]

81 Als Fallgruppe eines direkten und ausgesprochenen Ausschlusses aus dem Arbeitsverhältnis wegen des Geschlechts kommt jedoch noch heute die **Verweigerung des Zugangs zu einem Arbeitsverhältnis wegen einer Schwangerschaft** vor. Da sie biologisch nur Frauen betrifft, stellt sich die Frage der rechtlichen Einordnung. Das deutsche Bundesarbeitsgericht hatte solche Fälle im Jahre 1986 nur eingeschränkt als Geschlechtsdiskriminierung werten wollen, nämlich allenfalls dann, wenn sich neben der schwangeren Frau noch mindestens ein Mann auf die Stelle beworben hatte. Hätten sich nur Frauen beworben, bedeute die negative Reaktion auf eine Schwangerschaft gegenüber den anderen Bewerberinnen keine geschlechtsspezifische Diskriminierung.[56] Dahinter stand unausgesprochen die Erwägung, dass es an einer Vergleichsperson des anderen Geschlechts fehle. Nach dem Unionsrecht reichen allerdings hypothetische Vergleichspersonen aus. Der EuGH widersprach dem BAG: Gerade weil die Verweigerung einer Einstellung wegen Schwangerschaft nur Frauen gegenüber in Betracht komme, handele es sich um eine unmittelbare (und nicht nur mittelbare!) Diskriminierung aufgrund des Geschlechts.[57]

---

52 Hierzu ausführlich Grünberger/Husemann, § 5 Gleichbehandlung, in: Preis/Sagan (Hrsg.), Europäisches Arbeitsrecht, 2015, Rn. 110 ff.

53 Das Reichsgericht beschäftigte sich am 30.4.1896 mit einer arbeitsvertraglichen Vereinbarung, nach der die Anstellung einer Lehrerin an einer städtischen höheren Töchterschule unter der auflösenden Bedingung der Verheiratung der Lehrerin stand.

54 Vgl. auch Wenckebach KJ 2011, 370.

55 EuGH 30.4.1996 – Rs. C-13/94 (P./S.), ECLI:EU:C:1996:170, Slg 1996, I-2159, Rn. 20; 27.4.2006, Rs. C-423/04 (Richards), ECLI:EU:C:2006:256, Slg 2006, I-3585, Rn. 20 ff.; Erwägungsgrund 3 zur RL 2006/54/EG; vgl. BAG 17.12.2015 – 8 AZR 421/14, wonach nach deutschem Recht auch eine Zuordnung bei „sexueller Ausrichtung" in Betracht käme.

56 BAG AP Nr. 31 zu § 123 BGB, wo als Diskriminierung allerdings nicht die Auflösung des Arbeitsverhältnisses behandelt wurde, sondern die Frage nach der Schwangerschaft.

57 EuGH 8.11.1990 – C-177/88 (Dekker), ECLI:EU:C:1990:383. Das BAG gab daraufhin seine entgegen stehende Rechtsprechung auf (BAG 15.10.1992 – AP Nr. 8 zu § 611 a BGB).

In der Literatur ist diese unmittelbare Verknüpfung der Schwangerschaft mit dem Geschlecht auch als „**Zusammenhangseigenschaft**" bezeichnet worden.[58] Mittlerweile ist die Rechtsprechung des EuGH durch Art. 2 Abs. 2 c) der Richtlinie 2006/54/EG kodifiziert worden. Diese Vorschrift verbietet jede ungünstigere Behandlung einer Frau im Zusammenhang mit Schwangerschaft oder Mutterschaftsurlaub als **unmittelbare Diskriminierung.**[59] 82

Damit ist die Diskriminierung wegen Schwangerschaft oder Mutterschaft nur unter sehr engen Voraussetzungen zu rechtfertigen. Der EuGH wendet das Verbot der Diskriminierung wegen Schwangerschaft jedenfalls streng an und hat insofern noch **keine Rechtfertigung** akzeptiert. So hielt er (gegen das BAG) eine Entlassung auch dann für diskriminierend, wenn die Frau die vereinbarte (unbefristete) Tätigkeit wegen eines mutterschutzrechtlichen Beschäftigungsverbots zunächst nicht aufnehmen konnte.[60] Dies dehnte er in **Beispielsfall 42** auf einen Fall aus, in dem feststand, dass die Person aufgrund ihrer Schwangerschaft während eines wesentlichen Teils der Vertragszeit nicht würde arbeiten können.[61] 83

Es wird interessant sein zu beobachten, wie dieser enge Zusammenhang von Geschlecht und Schwangerschaft künftig im Zusammenhang mit **modernen Fortpflanzungstechniken** behandelt werden wird. Den Fall der Kündigung einer Arbeitnehmerin, die sich im vorgerückten Behandlungsstadium einer In-vitro-Fertilisation befand, wertete der EuGH jedenfalls als Geschlechtsdiskriminierung, weil „Maßnahmen wie eine Follikelpunktion und die Einsetzung der daraus hervorgegangenen Eizellen sofort nach ihrer Befruchtung in die Gebärmutter der Frau unmittelbar nur Frauen betreffen".[62] 84

3. Rechtfertigung einer unmittelbaren Diskriminierung wegen des Geschlechts

Eine unmittelbare Diskriminierung wegen des Geschlechts kann aus drei Gründen gerechtfertigt sein: 85

- Art. 14 Abs. 2 der Richtlinie 2006/54/EG: Das Geschlecht ist eine **wesentliche und entscheidende berufliche Anforderung** aufgrund der Art der Tätigkeit oder der Bedingungen ihrer Ausübung (sofern es sich um einen rechtmäßigen Zweck und eine angemessene Anforderung handelt).
- Art. 28 Abs. 1 der Richtlinie 2006/54/EG: Die Richtlinie steht den Vorschriften zum Schutz der Frau, insbesondere bei Schwangerschaft und Mutterschaft, nicht entgegen.
- Art. 3 der Richtlinie 2006/54/EG (siehe auch Art. 157 Abs. 4 AEUV): Erlaubt sind **positive Maßnahmen,** dh spezifische Maßnahmen zur Gewährleistung der völligen Gleichstellung im Berufsleben, mit denen Diskriminierungen wegen des Geschlechts verhindert oder ausgeglichen werden.

58 Schrader/Schubert, in: Däubler/Bertzbach (Hrsg.), AGG, § 3, Rn. 34.
59 Siehe zB EuGH 4.10.2001 – C-438/99 (Jiménez Melgar), ECLI:EU:C:2001:509, Rn. 45 f.: Nichterneuerung eines befristeten Arbeitsvertrags wegen einer Schwangerschaft.
60 EuGH 5.5.1994 – C-421/92 (Habermann-Beltermann), ECLI: EU: C: 1994:187; EuGH 3.2.2000 – C-207/98 (Mahlburg), ECLI:EU:C:2000:64.
61 EuGH 4.10.2001 – C-109/00 (Tele Danmark), ECLI:EU:C:2001:513.
62 EuGH 26.6.2008 – C-506/06 (Mayr), ECLI:EU:C:2008:119.

86 **▶ Beispielsfall 43**

Frau Kreil, die als Elektronikerin ausgebildet ist, bewarb sich 1996 für den freiwilligen Dienst in der Bundeswehr mit dem Verwendungswunsch Instandsetzung (Elektronik). Ihr Antrag wurde vom Zentrum für Nachwuchsgewinnung und danach vom Personalstammamt der Bundeswehr mit der (zutreffenden) Begründung abgelehnt, es sei nach damals geltendem deutschen Recht ausgeschlossen, dass Frauen Dienst mit der Waffe leisteten. Um einen solchen Dienst handele es sich auch bei der von ihr gewünschten Verwendung.[63] ◀

EuGH 11.1.2000 – C-285/98 (Kreil), ECLI:EU:C:2000:2;
siehe auch EuGH 26.10.1999 – C-273/97 (Sirdar), ECLI:EU:C:1999:523

87 **▶ Beispielsfall 44**

Herr K und Frau G wurden im Rahmen eines Verfahrens zur Besetzung einer Stelle als Sachgebietsleiter zum Vorstellungsgespräch eingeladen. Beide erfüllten die Voraussetzungen der Stellenbeschreibung und brachten vergleichbare Qualifikationen mit. Die Behörde entschied sich für Frau G und orientierte sich dabei an der landesgesetzlichen Regelung: „Bei Vorliegen gleichwertiger Qualifikation werden Frauen bevorzugt berücksichtigt." Herr K sah sich wegen seines Geschlechts benachteiligt. ◀

EuGH 17.10.1995 – C-450/93 (Kalanke), ECLI:EU:C:1995:322;
EuGH 11.11.1997 – C-409/95 (Marschall), ECLI:EU:C:1997:533;
siehe auch EuGH 20.3.2000 – C-158/97 (Badeck), ECLI:EU:C:2000:163;
EuGH 6.7.2000 – C-407/98 (Abrahamsson und Anderson), ECLI:EU:C:2000:367

88 **▶ Beispielsfall 45**

Gegen Alfred Stöckel, Direktor der französischen Firma Suma SA ist ein Strafverfahren vor dem französischen Tribunal de Police anhängig, weil er unter Verstoß gegen die strafbewehrte Vorschrift des Art. L 213–1 des französischen Code du Travail 77 Frauen in Nachtarbeit beschäftigt hatte. Nach dieser Vorschrift dürfen Frauen unter anderem in Fabriken, Manufakturen und Werkstätten gleich welcher Art nicht in Nachtarbeit beschäftigt werden. ◀

EuGH 25.7.1991 – (C-345/89) (Stoeckel), ECLI:EU:C:1991:324;
siehe auch BVerfG 28.2.1991 – BVerfGE 85, 191 ff. (Nachtarbeitsverbot)

a) Das Geschlecht als wesentliche berufliche Anforderung

89 Die Mitgliedstaaten können nach Art. 14 Abs. 2 der Richtlinie 2006/54/EG vorsehen, dass eine Ungleichbehandlung aufgrund des Geschlechts keine Diskriminierung darstellt, wenn das Geschlecht „aufgrund der Art einer bestimmten beruflichen Tätigkeit oder der Rahmenbedingungen ihrer Ausübung eine **wesentliche und entscheidende berufliche Anforderung** darstellt". Dies gilt allerdings nur für Diskriminierungen beim Zugang zur Beschäftigung und bei der Berufsbildung.

90 Dabei darf ein Arbeitgeber zwar über den Aufgabenbereich einer Stelle („berufliche Anforderungen") grundsätzlich frei entscheiden; das Geschlecht darf er jedoch nur als Anforderung verwenden, soweit es **zur ordnungsgemäßen Durchführung der Aufgabe erforderlich** ist. So darf zB das Geschlecht nicht als Hilfsvariable für Körperkraft verwandt werden, und Frauen dürfen nicht „wegen eines allgemeinen, nicht frauenspezifischen Risikos" von beruflichen Tätigkeiten ausgeschlossen werden. So wies der EuGH in **Beispielsfall 45** zu Recht darauf hin, dass sich die Gefahren der Nachtarbeit für

63 Das deutsche Recht (Auslegung des BVerwG) orientierte sich hierfür am völkerrechtlichen Kombattantenbegriff, der Ausnahmen nur für den Sanitätsdienst und die Seelsorge vorsieht; siehe dazu Zuck NJW 2000, 1701.

Frauen und Männer nicht ersichtlich unterscheiden. Sollten Frauen gesellschaftlich eher für die Betreuung von Kindern als zuständig angesehen werden, so hat dies nichts mit dem „Geschlecht", sondern mit gesellschaftlichen Geschlechterrollen zu tun.[64] Ähnlich ist es, wenn ein Arbeitgeber der Meinung sein sollte, Frauen seien für „körperlich schwere" Tätigkeiten weniger geeignet als Männer. Auch die körperliche Eignung ist vom Einzelfall und der individuellen Person abhängig und hat nur begrenzt etwas mit einer notwendig unterschiedlichen körperlichen Konstitution der Geschlechter zu tun. In all diesen Fällen prägt nicht das Geschlecht als solches, sondern eine sonstige, nur statistisch mit dem Geschlecht verbundene Eigenschaft die beruflichen Anforderungen.

Das Geschlecht kann nur in wenigen Gruppen von Fällen als wesentliche und entscheidende berufliche Anforderung relevant werden:[65] 91

- Dies ist der Fall, wenn eine Tätigkeit nach dem legitimen Konzept des Arbeitgebers eine bestimmte Form der **Authentizität** verlangt:
  - Tätigkeiten, in denen die **Körperlichkeit der Arbeitsperson** einschließlich ihrer geschlechtsbezogenen Merkmale in die auszuübende Tätigkeit mit einbezogen ist (Model, Theaterrollen).
  - Tätigkeiten, in denen **das soziale Geschlecht nach außen repräsentiert** werden muss (Funktionsträgerin eines frauenpolitischen Verbands).
- Zu einer zweiten Gruppe von Fällen, in denen das Geschlecht als solches für die Tätigkeit relevant werden kann, gehören:
  - **Schutz der Intimsphäre** (Aufseherinnen in Haftanstalten,[66] Personal im Nacktbereich einer Sauna).
  - **Schutz der persönlichen und/oder der öffentlichen Sicherheit** („bestimmte Tätigkeiten der Polizei bei schweren inneren Unruhen"[67]).
  - **Pädagogische Konzepte** (und andere vergleichbare Konzepte), die auf gruppenspezifische Identitätserfahrungen reagieren (Gleichstellungsbeauftragte, die in Fragen sexueller Belästigung berät).

In **Beispielsfall 43** kam als Rechtfertigung in Betracht, dass die Verwendung von Waffen zum Schutz des öffentlichen Interesses auf Männer beschränkt werden sollte – bei **Fragen der inneren und äußeren Sicherheit**, insbesondere bei der Organisation der Streitkräfte, kommt den Mitgliedstaat ohnehin ein etwas größerer Entscheidungsspielraum zu. In der Entscheidung „Sirdar" hatte der EuGH es dem Vereinigten Königreich bereits erlaubt, Frauen von „speziellen Kampfeinheiten" auszuschließen, wenn für diese die Regel der allseitigen Verwendbarkeit und Einsetzbarkeit galt, und wenn Frauen von einigen der dabei erfassten Tätigkeiten ausgeschlossen werden durften.[68] 92

Dies bedeutet aber nicht, dass sich die Anforderung des Geschlechts nicht dennoch auf konkrete und spezifische Tätigkeiten beziehen muss. An dieser **Bezugnahme auf konkrete Tätigkeiten** fehlte es im vorliegenden Beispiel. Der Ausschluss galt für nahezu alle militärischen Verwendungen in der Bundeswehr und war deshalb nicht „durch die 93

64 EuGH 25.7.1991 – C-345/89 (Stoeckel), ECLI:EU:C:1991:324, Rn. 15; EuGH 3.9.2014 – C-318/13 (X), ECLI:EU:C:2014:2133, Rn. 37 f.; EuGH 15.5.1986 – C-222/84 (Johnston), ECLI:EU:C:1986:206, Rn. 45.
65 Systematisierung bei Kocher KJ 2009, 386.
66 EuGH 30.6.1988 – C-318/86 (Kommission./. Frankreich), ECLI:EU:C:1988:352, Rn. 11–18.
67 EuGH 15.5.1986 – C-222/84 (Johnston), ECLI:EU:C:1986:206, Rn. 37.
68 EuGH 26.10.1999 – C-273/97 (Sirdar), ECLI:EU:C:1999:523.

spezifische Art der betreffenden Beschäftigungen oder die besonderen Bedingungen ihrer Ausübung gerechtfertigt."[69]

b) Positive Maßnahmen

94 Eine weitere Ausnahme vom Grundsatz der (formalen) Gleichbehandlung ist Art. 3 der Richtlinie 2006/54/EG, der auf die Erlaubnis des heutigen Art. 157 Abs. 4 AEUV verweist:

> „Im Hinblick auf die effektive Gewährleistung der vollen Gleichstellung von Männern und Frauen im Arbeitsleben hindert der Grundsatz der Gleichbehandlung die Mitgliedstaaten nicht daran,
>
> - zur Erleichterung der Berufstätigkeit des unterrepräsentierten Geschlechts oder
> - zur Verhinderung bzw. zum Ausgleich von Benachteiligungen in der beruflichen Laufbahn
>
> spezifische Vergünstigungen
>
> - beizubehalten oder
> - [neu] zu beschließen."

95 Wie der Begriff der zulässigen „Vergünstigungen" deutlich macht, geht es hier darum, solche Maßnahmen zu erlauben, die ohne diese spezielle Erlaubnis gegen das Gleichbehandlungsgebot verstoßen würden. Als **Ausnahme** ist die Vorschrift eng auszulegen.[70]

96 Die Anwendung positiver Maßnahmen setzt immer voraus, dass eine **Benachteiligung beseitigt** werden soll – und zwar nicht eine individuelle Benachteiligung einer konkreten Person, sondern ein Nachteil „des Geschlechts". Die Unterrepräsentation eines Geschlechts ist als Beispiel einer solchen Benachteiligung explizit genannt. Der EuGH akzeptiert dabei zu Recht eine Einschätzungsprärogative der Mitgliedstaaten. So kann zB bei der Frage, ob eine Unterrepräsentation (noch) vorliegt, auf die Zielvorgaben eines Frauenförderplans abgestellt werden.[71]

97 In **Beispielsfall 44** war die Rechtfertigung einer unmittelbaren Diskriminierung aufgrund des Geschlechts zu prüfen. Denn das Geschlecht hatte hier letztlich den Ausschlag für die Bevorzugung der Frau gegeben. Auf der behördlichen Führungsebene, um die es in diesem Fall ging, waren allerdings Frauen gegenüber Männern deutlich unterrepräsentiert. Der EuGH akzeptierte dies grundsätzlich als Anlass (bestehender Nachteil) für eine positive Maßnahme. Die **Bevorzugung von Frauen gegenüber Männern bei Beförderungsentscheidungen** erscheine auch grundsätzlich als geeignetes Mittel zum Ausgleich dieser Benachteiligung. Es bestehe sonst die Tendenz, männliche Bewerber vorrangig vor weiblichen Bewerberinnen zu befördern, was mit Vorurteilen und stereotypen Vorstellungen über die Rolle und die Fähigkeiten der Frau im Erwerbsleben zusammenhänge.[72] Die Tatsache, dass die „Frauenförderung" in Beispielsfall 44 bereits längere Zeit angewandt worden war, ohne dass sich eine Verbesserung

69 EuGH 11.1.2000 – C-285/98 (Kreil), ECLI:EU:C:2000:2, Rn. 27 f.

70 So zu Art. 2 Abs. 4 RL 76/207/EWG: EuGH 17.10.1995 – C-450/93 (Kalanke), ECLI:EU:C:1995:322, Rn. 21; EuGH 15.5.1986 – C-222/84 (Johnston), ECLI:EU:C:1986:206, Rn. 36.

71 EuGH 28.3.2000 – C-158/97 (Badeck ua), ECLI:EU:C:2000:163, Rn. 23 ff., 28 f., 37 f., 44 (flexible Quoten), 51 ff. (starre Quoten).

72 EuGH 11.11.1997 – C-409/95 (Marschall), ECLI:EU:C:1997:533, Rn. 29 f.

der Gleichstellung an konkreten Zahlen nachweisen ließ, reichte jedenfalls als Indiz für eine mangelnde Eignung der Maßnahme nicht aus.

Positive Maßnahmen müssen darüber hinaus im engeren Sinne verhältnismäßig, also **angemessen** sein. Der EuGH prüft insofern, ob eine bestimmte Maßnahme zu dem verfolgten Ziel „außer Verhältnis [steht]“.[73] An dieser Stelle muss eine Abwägung mit dem Individualrecht des betroffenen Manns auf Gleichbehandlung erfolgen. Nach der Rechtsprechung des EuGH muss dessen Individualrecht den Vorrang haben, solange die konkurrierende Frau nicht **mindestens gleich qualifiziert** ist. Eine positive Maßnahme, die eine Bevorzugung von Frauen bei bloß „hinreichender Qualifizierung“ erlaubt, ist danach unionsrechtswidrig.[74] 98

Auch diese Voraussetzung war in **Beispielsfall 44** gegeben. Als problematisch sah der EuGH es aber an, dass bei gleicher Qualifikation die Bevorzugung der Frau „automatisch“ und ohne Ausnahme wirkte. In späteren Entscheidungen konkretisierte er diesen Einwand dahin gehend, dass eine Vorrangregelung zugunsten von Frauen nur zulässig sei, wenn sie eine **Öffnungsklausel im Sinne einer Einzelfallprüfung** enthalte.[75] Diese Einzelfallbetrachtung stellt in der Sache einen angemessenen Interessenausgleich dar. Sie gewährleistet, dass Maßnahmen im Hinblick auf strukturelle Diskriminierungen getroffen werden können. Auf der anderen Seite gewährleistet sie, dass über individuelle Rechte und Interessen der benachteiligten Person nur nach einer persönlichen Einzelfallbetrachtung hinweggegangen werden kann. 99

Diese Betrachtung hat zur Folge, dass strukturelle Maßnahmen wie zB verbindliche Ergebnisquoten für unterschiedliche Gruppen rechtlich unproblematischer sind als die Entscheidungsquote, die in **Beispielsfall 44** angewandt wurde. Bei der Entscheidungsquote richtet sich die positive Maßnahme zwingend gegen eine konkrete Person. Bei der **Ergebnisquote** wird für jedes Geschlecht ein bestimmter Prozentsatz an Ausbildungs- oder Aufstiegsplätzen vorgesehen (zB es müssen mindestens 50 % weibliche Auszubildende eingestellt werden). Dabei hat jede Person eine individuelle faire Chance – innerhalb der jeweiligen Gruppe. Rechtlich problematisch sind Ergebnisquoten nur, soweit sie einen bestimmten Arbeitsmarkt für ein Geschlecht absperren, wenn also für eine der Gruppen der Prozentsatz so gering ist, dass Einzelne keine faire Chance mehr haben.[76] 100

Ähnliches gilt für **positive Maßnahmen außerhalb des Zugangs zur Beschäftigung und des Aufstiegs**. So hat es der EuGH akzeptiert, das knappe Gut subventionierter Kindertagesstättenplätze den weiblichen Beschäftigten vorzubehalten und männlichen Beschäftigten nur in Notfällen Zugang zu diesen Plätzen zu gewähren. Eine solche Maßnahme sei für die Gleichstellung geeignet und erforderlich, wenn „das erwiesenermaßen unzureichende Angebot an angemessenen und erschwinglichen Kinderbetreuungseinrichtungen insbesondere die weiblichen Arbeitnehmer zur Aufgabe ihrer Beschäfti- 101

73 EuGH 30.9.2004 – C-319/03 (Briheche), ECLI:EU:C:2004:574, Rn. 31; vgl. in diesem Sinne EuGH 6.7.2000 – C-407/98 (Abrahamsson und Anderson), ECLI:EU:C:2000:367, Rn. 55.

74 EuGH 6.7.2000 – C-407/98 (Abrahamsson und Anderson), ECLI:EU:C:2000:367, Rn. 52, 49.

75 EuGH 11.11.1997 – C-409/95 (Marschall), ECLI:EU:C:1997:533, Rn. 33–35; EuGH 28.3.2000 – C-158/97 (Badeck ua), ECLI: EU: C: 2000:163, Rn. 23 in Abgrenzung zur automatischen Vorrangregelung, die in EuGH 17.10.1995 – C-450/93 (Kalanke), ECLI:EU:C:1995:322, Rn. 15 für europarechtswidrig erklärt worden war.

76 EuGH 28.3.2000 – C-158/97 (Badeck ua), ECLI:EU:C:2000:163, Rn. 51 ff.; für den Fall, dass bei einer 50 %-Quote nicht genügend Bewerbungen von Frauen vorlagen, konnte in diesem Fall auch mehr als die Hälfte dieser Plätze mit Männern besetzt werden.

gung veranlassen [könnte]".[77] Weil solche Maßnahmen (anders als Quoten für die Einstellung) Geschlechterstereotype eher verstärken als abbauen, sind sie allerdings bedenklich. In solchen Fällen, in denen Leistungen nicht im Gegensatz, sondern in Übereinstimmung mit herrschenden Stereotypen gewährt werden, sind Eignung und Erforderlichkeit einer Beschränkung auf Frauen streng zu prüfen.

c) Schutz bei Schwangerschaft und Mutterschaft

102 Art. 28 Abs. 1 der Richtlinie 2006/54/EG erlaubt darüber hinaus einen besonderen „Schutz der Frau, insbesondere bei Schwangerschaft und Mutterschaft". Auch diese Vorschrift kann als **Rechtfertigungsgrund für unmittelbare Diskriminierungen wegen des Geschlechts** dienen.

103 Rechtfertigungsbedürftig kann es einerseits sein, wenn bestimmte **Rechte auf Schwangere und Mütter beschränkt** sind. Diese Problematik wird unten § 5, Rn. 44 ff. vertieft, denn dabei geht es um die Differenzierung zwischen Mutterschaftsrechten und Elternschaftsrechten.

104 Art. 28 Abs. 1 der Richtlinie 2006/54/EG (bzw. ihre Vorgängernorm) ist in der Vergangenheit aber auch schon als Argument dafür herangezogen worden, **Frauen von bestimmten Tätigkeiten auszunehmen, weil diese mit der Mutterschaft nicht vereinbar seien** (siehe **Beispielsfall 45**). Dem ist zu widersprechen. Die Vorschrift darf nicht dazu benutzt werden, die strengen Anforderungen der Ausnahme in Art. 14 Abs. 2 der Richtlinie („wesentliche und entscheidende berufliche Anforderung") aufzuweichen. Die Verantwortung für die Betreuung von Kindern oder die Sorge für Pflegebedürftige ist nicht qua Geschlecht eine Verantwortung von Frauen; es muss jeder Person und jeder Familie überlassen bleiben, selbst darüber zu bestimmen, wie die Arbeitsteilung in der Kinderbetreuung organisiert werden soll. Sollte ein Mitgliedstaat der Meinung sein, dass Eltern betreuungsbedürftiger Kinder oder Pflegende eines besonderen Schutzes bedürfen, so darf er diesen Schutz jedenfalls nicht auf Frauen beschränken. Der EuGH hat in Beispielsfall 45 das Nachtarbeitsverbot deshalb für europarechtswidrig erklärt.[78]

105 Nach richtiger Auslegung beschränkt sich die Ausnahme des Art. 28 Abs. 1 der Richtlinie 2006/54/EG damit auf das Mutterschutzrecht im engeren Sinn und damit im Wesentlichen auf einen Schutz der körperlichen Verfassung von Schwangeren und Müttern (siehe dazu unten § 5, Rn. 44 ff.).

4. Mittelbare Diskriminierung wegen des Geschlechts und ihre Rechtfertigung

106 ▶ **Beispielsfall 46**

Die Firma Bilka Kaufhaus GmbH gehörte zu einem deutschen Kaufhauskonzern mit mehreren tausend Beschäftigten. Sie gewährte ihren Mitarbeiterinnen und Mitarbeitern seit Jahren Leistungen der betrieblichen Altersversorgung. Beschäftigte hatten danach Anspruch auf betriebliche Altersversorgung, wenn sie mindestens 15 Jahre als Vollzeitbeschäftigte tätig waren. Karin Weber von Hartz war von 1960 bis 1976 bei Bilka als Verkäuferin beschäf-

---

77 EuGH 19.2.2002 – C-476/99 (Lommers), ECLI:EU:C:2002:183, Rn. 37, 44 ff., 50.

78 EuGH 25.7.1991 – C-345/89 (Stoeckel), ECLI:EU:C:1991:324. Im deutschen Recht, in dem das BVerfG im Ergebnis eine ähnliche Entscheidung traf wie der EuGH (BVerfG 28.1.1992 – 1 BvR 1025/82, BVerfGE 85, 191), wird der Schutz von Eltern in der Nachtarbeit nach § 6 Abs. 4 ArbZG jetzt unabhängig vom Geschlecht gewährleistet.

tigt, bis 1972 in Vollzeit, danach in Teilzeit. Sie meinte, dass ihre 16jährige Betriebszugehörigkeit ausreichen sollte, um sie für die Betriebsrente zu qualifizieren. ◀

EuGH 13.5.1986 – 170/84 (Bilka), ECLI:EU:C:1986:204

▶ **Beispielsfall 47** 107

Frau Cadman bekleidete seit nahezu fünf Jahren als Inspektorin der Entgeltgruppe 2 einen Dienstposten mit Leitungsfunktionen. Vier männliche Kollegen, sämtlich ebenfalls Inspektoren der Entgeltgruppe 2, gehörten derselben Entgeltgruppe an wie Frau Cadman, erhielten jedoch ein deutlich höheres Entgelt. Die vier männlichen Vergleichspersonen hatten eine längere Betriebszugehörigkeit als Frau Cadman; für die Berechnung der Betriebszugehörigkeit waren allerdings Zeiten einbezogen worden, in denen die Betreffenden noch auf untergeordneten Dienstposten gearbeitet hatten. ◀

EuGH 3.10.2006 – C-17/05 (Cadman), ECLI:EU:C:2006:633;
siehe auch EuGH 17.10.1989 – C-109/88 (Danfoss), ECLI:EU:C:1989:383

▶ **Beispielsfall 47 a** 108

Maria-Elena Kalliri bewarb sich um die Einschreibung in den griechischen Polizeiakademien. Nach dem Präsidialdekret, das die Voraussetzungen dafür regelte, mussten die Bewerberinnen und Bewerber hierfür ohne Schuhe mindestens 1,70 m groß sein. Frau Kalliri, die nur 1,68 m groß ist, wurde deshalb abgewiesen. ◀

EuGH 18.10.2017 – C-409/16 (Kalliri), ECLI:EU:C:2017:767

Eine **mittelbare Diskriminierung** liegt nach Art. 2 Abs. 1 b) der Richtlinie 2006/54/EG vor, wenn 109

- eine „neutrale“ Regelung, die gerade nicht nach dem Geschlecht, sondern nach anderen Merkmalen unterscheidet,
- Personen des einen Geschlechts in besonderer Weise gegenüber Personen des anderen Geschlechts benachteiligen kann,
- ohne dass dies objektiv gerechtfertigt wäre, dh ohne dass
  - die betreffenden Vorschriften, Kriterien oder Verfahren durch ein rechtmäßiges Ziel sachlich gerechtfertigt und
  - die Mittel zur Erreichung dieses Ziels angemessen und erforderlich sind.

Das Freizügigkeitsrecht (Art. 45 AEUV, siehe oben § 3 Rn. 49 ff.) und das Antidiskriminierungsrecht verwenden vergleichbare Definitionen der mittelbaren Diskriminierung. Dieses Konzept war ursprünglich als bloße Beweiserleichterung für „verdeckte“ Diskriminierung entwickelt worden, hat sich mittlerweile aber zu einem **eigenständigen Diskriminierungstatbestand** entwickelt. Dies ist insbesondere daran sichtbar, dass es letztlich nicht auf die Motive oder Ursachen für den Einsatz einer mittelbar benachteiligenden Regelung ankommt, sondern vor allem auf deren tatsächliche oder potenzielle Auswirkung.[79] 110

a) Beispiel Teilzeitbeschäftigung

Ein Beispiel für mittelbare Geschlechtsdiskriminierung ist die Benachteiligung von Teilzeitbeschäftigten. Die Teilzeitbeschäftigung ist ein neutrales Merkmal. Die Voraussetzung der **Benachteiligung „in besonderer Weise“** ist jedoch in aller Regel erfüllt, weil 111

79 Rebhahn/Kietaibl Rechtswissenschaft 2010, S. 373 (384 f.; 388 ff.).

aufgrund vorherrschender familiärer Arbeitsteilungen erheblich mehr weibliche als männliche Beschäftigte durch eine Benachteiligung von Teilzeitbeschäftigten betroffen sind. Es kann in **Beispielsfall 46** insofern nicht maßgeblich sein, dass über 80 % aller Betriebsrenten auf Frauen entfielen, obwohl deren Anteil an der Belegschaft nur 72 % betrug. Entscheidend ist vielmehr, dass der Anteil der Frauen unter den Teilzeitbeschäftigten deutlich höher war als unter den Vollzeitbeschäftigten, so dass sie von einer Benachteiligung wegen der Teilzeitbeschäftigung überproportional betroffen waren.[80]

112 Das unterschiedliche zeitliche Ausmaß der Beschäftigung kann natürlich für die objektive Rechtfertigung unterschiedlichen Entgelts relevant sein.[81] Unter welchen Voraussetzungen Leistungen **„pro rata temporis"** gewährt werden können, und welche Leistungen Teilzeitbeschäftigten in gleicher Höhe wie Vollzeitbeschäftigten zu gewähren sind, wird unten anlässlich der Teilzeit-Richtlinie 97/81/EG behandelt (siehe unten § 5, Rn. 98 ff.). Denn das Verbot der Diskriminierung von Teilzeitbeschäftigten ist mittlerweile auch in § 4 der Rahmenvereinbarung zur Teilzeit-Richtlinie festgeschrieben. Diese Rechtsgrundlage konkretisiert Richtlinie 2006/54/EG und Art. 157 AEUV.

113 In Beispielsfall 46 zog der EuGH noch das personalpolitische Ziel, einen Anreiz zur Vollzeitarbeit zu geben, als **objektiven und legitimen Grund für eine Rechtfertigung** in Betracht.[82] In der Vergangenheit ist es allerdings (soweit ersichtlich) noch keinem Unternehmen gelungen, ein solches Ziel hinreichend konsistent und plausibel zu substantiieren. Der EuGH verlangte dafür in Beispielsfall 46, dass der Arbeitgeber oder die Arbeitgeberin jederzeit bereit ist, teilzeitbeschäftigte Arbeitnehmerinnen und Arbeitnehmer auf deren Wunsch in eine Vollzeitbeschäftigung zu übernehmen. Seit Erlass der Teilzeit-Richtlinie 97/81/EG, die unter anderem der Förderung der Teilzeitarbeit dient, ist das Ziel, einen Anreiz für Vollzeitarbeit zu schaffen, aber wohl nicht mehr als legitim anzuerkennen.[83]

114 Der Arbeitgeber kann sich als Argument für eine Benachteiligung von Teilzeitbeschäftigten auch nicht darauf beziehen, dass Teilzeitbeschäftigte mit einer sehr geringen Stundenzahl schlechter in den Betrieb eingegliedert und ihm weniger verbunden seien. Es ist schon nicht klar, inwiefern diese Erwägung Entgeltunterschiede rechtfertigen kann.[84] Darüber hinaus liegt es in der Verantwortung des Arbeitgebers, eine solche Integration zu gewährleisten.[85] Richtigerweise ist der EuGH umgekehrt der Auffassung, dass **Betriebszugehörigkeitszeiten bei Teilzeitbeschäftigten** in vollem Umfang berücksichtigt werden müssen, jedenfalls wenn die Arbeitszeit täglich oder wöchentlich reduziert ist, und zwar unabhängig davon, ob mit den Betriebszugehörigkeitszeiten Erfahrungswissen oder Betriebstreue gewürdigt werden soll (dazu siehe § 3, Rn. 56). Im

80 Siehe zB EuGH 9.2.1999 – C-167/97 (Seymour-Smith), ECLI:EU:C:1999:60, Rn. 60; Langenfeld in: Grabitz/Hilf/Nettesheim, Das Recht der Europäischen Union, Stand 2015, AEUV Art. 157 Rn. 33 f. Rebhahn/Kietaibl Rechtswissenschaft 2010, S. 373 (392 f.): Auf die Frage, ob die zahlenmäßig überwiegende Betroffenheit gerade wegen des unzulässigen Merkmals auftritt (Kausalität), wird heute idR nicht mehr gesondert geprüft.

81 Vgl. auch EuGH 30.3.2000 – C-236/98 (JämO), ECLI:EU:C:2000:173, Rn. 61 (objektive Bedingungen).

82 EuGH 31.3.1981 – C-96/80 (Jenkins), ECLI:EU:C:1981:80, Rn. 12; 13.5.1986 – 170/84 (Bilka), ECLI:EU:C:1986:204, Rn. 37.

83 So auch *Rebhahn*, in: Schwarze/Becker/Hatje/Schoo (Hrsg.), EU-Kommentar AEUV Art. 157 Rn. 32; vgl. in diese Richtung auch EuGH 17.6.1998 – C-243/95 (Hill und Stapleton), ECLI:EU:C:1998:298, Rn. 42.

84 EuGH 13.7.1989 – 171/88 (Rinner-Kühn), ECLI:EU:C:1989:328, Rn. 13 f. für die Entgeltfortzahlung im Krankheitsfall für geringfügig Beschäftigte im Sinne des deutschen Rechts; vgl. auch BAG 25.4.2007 – 6 AZR 746/06, BAGE 122, 215: Zeiten geringfügiger Beschäftigung müssen als Beschäftigungszeiten gelten.

85 Dieses Argument ergibt sich insbesondere aus dem Verständnis des Verbots der mittelbaren Diskriminierung als eines eigenständigen Diskriminierungstatbestands (vgl. Rebhahn/Kietaibl Rechtswissenschaft 2010, S. 373 (391)).

Zweifel sei bei Teilzeitbeschäftigten von gleichwertiger Integration, Erfahrung und Betriebstreue auszugehen.[86]

b) Beispiel Betriebszugehörigkeit

Ein weiteres neutrales, aber im Hinblick auf das Geschlecht diskriminierend wirkendes Merkmal ist die **Betriebszugehörigkeit.** Weil Frauen häufig für Zeiten der Kindererziehung aus der Erwerbsarbeit aussteigen und dann später oft bei einem anderen Arbeitgeber einen Wiedereinstieg suchen, haben sie typischerweise geringere Betriebszugehörigkeiten als Männer.[87] 115

Leistungen können nach der Betriebszugehörigkeit bemessen werden, wenn dies **objektiv gerechtfertigt**, also durch ein rechtmäßiges Ziel sachlich gerechtfertigt ist. Die möglichen Ziele von Betriebszugehörigkeitsregeln wurden bereits oben (§ 3, Rn. 56) dargestellt. Zu unterscheiden sind Betriebszugehörigkeiten im Hinblick auf die Ziele der 116

- Honorierung von Berufserfahrung[88] und
- Honorierung von Betriebstreue[89].

Welcher Zweck mit der jeweiligen Betriebszugehörigkeitszeit verfolgt wird, ergibt sich daraus, welche **konsistente Struktur** die Leistung hat: Eine Honorierung von Berufserfahrung muss vergleichbare Zeiten der Berufstätigkeit bei anderen Arbeitgebern berücksichtigen, während eine Regelung, die Betriebstreue honoriert, nur Beschäftigungszeiten bei dem konkreten Unternehmen berücksichtigen darf.[90] 117

In **Beispielsfall 47** kam deshalb als Zweck der Anknüpfung nur die Berücksichtigung von Berufserfahrung in Betracht. Der EuGH hielt es für verzichtbar, deren Bedeutung für die Ausführung der spezifischen Aufgaben im Einzelfall zu prüfen: Im Zweifel könne in einem Entgeltsystem davon ausgegangen werden, dass Arbeitnehmerinnen und Arbeitnehmer während des einschlägigen Zeitraums eine Erfahrung erwerben, die es ihnen ermögliche, die Arbeit besser zu verrichten.[91] Im Regelfall bedarf es danach konkreter Anhaltspunkte, um die Vermutung zu widerlegen, dass längere Betriebszugehörigkeitszeiten die Qualifikation erhöhen. (Solche Anhaltspunkte würden zB vorliegen, wenn die angerechneten Betriebszugehörigkeitszeiten in ganz anderen Berufskarrieren erworben wurden). 118

c) Beispiel Körpergröße

Körperliche Merkmale wie zB die Größe oder das Gewicht sind zwar zunächst neutral, können aber ebenfalls im Hinblick auf das Geschlecht benachteiligen. Dies macht **Beispielsfall 47 a** deutlich: Frauen sind im Durchschnitt kleiner als Männer, so dass diese Regelung Frauen im Vergleich zu Männern „sehr deutlich benachteiligt".[92] 119

---

86 EuGH 7.2.1991 – C-184/89 (Nimz), ECLI:EU:C:1991:50, Rn. 13; EuGH 6.10.2010 – C-395/08 und C-396/08 (Bruno und Pettini), ECLI:EU:C:2010:329, Rn. 66.

87 EuGH 17.10.1989 – C-109/88 (Danfoss), ECLI:EU:C:1989:383, Rn. 24.

88 EuGH 17.10.1989 – C-109/88 (Danfoss), ECLI:EU:C:1989:383, Rn. 24; EuGH 3.10.2006 – C-17/05 (Cadman), ECLI:EU:C:2006:633, Rn. 34 ff.

89 Siehe zB EuGH 30.9.2003 – C-224/01 (Köbler), ECLI: EU: C: 2003:513; BAG 15.11.2012 – 6 AZR 359/11, ZTR 2013, 196; BAG 18.9.2014 – 6 AZR 636/13, NZA 2014, 1400.

90 EuGH 15.1.1998 – C-15/96 (Schöning-Kougebetopoulou), ECLI:EU:C:1998:3.

91 EuGH 17.10.1989 – C-109/88 (Danfoss), ECLI:EU:C:1989:383, Rn. 24; EuGH 3.10.2006 – C-17/05 (Cadman), ECLI:EU:C:2006:633, Rn. 34 ff.

92 EuGH 18.10.2017 – C-409/16 (Kalliri), ECLI:EU:C:2017:767, Rn. 32.

120 Auch solche Regelungen können aber gerechtfertigt sein, wenn sie durch ein legitimes Ziel sachlich gerechtfertigt sind und die Mittel zur Erreichung dieses Ziels angemessen und erforderlich sind. Dabei gilt zunächst auch hier, dass die Gewährleistung der notwendigen Anforderungen an die Tätigkeit, um die es geht, oder die Sicherung der Funktionsfähigkeit der jeweiligen Arbeitseinheit ein legitimes Ziel darstellt. So war es in **Beispielsfall 47 a** ein legitimes Ziel, die wirksame Erfüllung der Polizeiaufgaben zu gewährleisten.

Problematisch war aber, ob dafür eine **bestimmte Mindestkörpergröße** von 1,70 m erforderlich war. Der EuGH weist insofern zunächst darauf hin, dass das Aufgabenfeld von Polizistinnen und Polizisten eine Vielzahl unterschiedlicher Aufgaben umfasst, von denen nur einige (wie die Festnahme von Straftätern oder der präventive Streifendienst) die Anwendung körperlicher Gewalt und damit auch besondere körperliche Fähigkeiten erforderlich machen können, während andere (wie der Beistand für Bürgerinnen und Bürger oder die Verkehrsregelung) keinen hohen körperlichen Einsatz fordern. Das Hauptargument war aber der fehlende notwendige Zusammenhang zwischen der Körpergröße und den körperlichen Fähigkeiten: Es sei nicht ersichtlich, dass „kleinere Personen [...] von Natur aus nicht [über eine besondere körperliche Eignung] verfügen." Jedenfalls könne man als milderes Mittel eine „spezifische Prüfung zur Überprüfung ihrer körperlichen Fähigkeiten" machen, statt pauschal von der Körpergröße auf die körperliche Eignung zu schließen.[93]

121 Der EuGH wies in **Beispielsfall 47 a** auch darauf hin, dass die griechische Regelung selbst zunächst eine niedrigere Körpergröße für Frauen festgesetzt hatte, und für vergleichbare Positionen (zB bei den Streitkräften oder der Hafenpolizei) für Frauen sogar eine Körpergröße von 1,60 m genügen ließ.

Solche Überlegungen zur **Konsistenz** spielen eine immer größere Rolle in der Rechtsprechung. Diese Erwägungen dienen hier der Hinterfragung, wie plausibel die Behauptung des Mitgliedstaats ist, eine bestimmte Regelung sei wirklich „erforderlich". Sie zeigen gleichzeitig, dass die Verwendung geschlechtsdifferenzierter Zugangsregelungen keine geeignete Lösung darstellt, da die Absenkung von Anforderungen für eine bestimmte Gruppe die Notwendigkeit des Kriteriums grundsätzlich in Frage stellt.

5. Vertiefung: Diskriminierende Belästigung und sexuelle Belästigung

122 Nach Art. 2 Abs. 1 c) der Richtlinie 2006/54/EG gilt auch die **diskriminierende Belästigung** als Diskriminierung. Der Begriff bezeichnet „unerwünschte auf das Geschlecht einer Person bezogene Verhaltensweisen, die bezwecken oder bewirken, dass die Würde der betreffenden Person verletzt und ein von Einschüchterungen, Anfeindungen, Erniedrigungen, Entwürdigungen oder Beleidigungen gekennzeichnetes Umfeld geschaffen wird". Damit wird ein besonderer Fall eines Mobbing-Tatbestands normiert.

123 Ein besonderer Fall der diskriminierenden Belästigung ist die **sexuelle Belästigung**. Dabei handelt es sich nach Art. 2 Abs. 1 d) der Richtlinie 2006/54/EG um „jede Form von unerwünschtem Verhalten sexueller Natur, das sich in unerwünschter verbaler, nichtverbaler oder physischer Form äußert und das bezweckt oder bewirkt, dass die Würde der betreffenden Person verletzt wird, insbesondere wenn ein von Einschüchterungen,

93 EuGH 18.10.2017 – C-409/16 (Kalliri), ECLI:EU:C:2017:767, Rn. 39 ff.; genauer auch Köhlert ZESAR 2018, 68. Zu den Anforderungen an polizeiliche und ähnliche Tätigkeiten siehe auch die Rechtsprechung zur Altersdiskriminierung unten Rn. 197 ff.

Anfeindungen, Erniedrigungen, Entwürdigungen und Beleidigungen gekennzeichnetes Umfeld geschaffen wird".

Mit dem Bezug auf das durch die Belästigung geschaffene „Umfeld" wird in beiden Tatbeständen (diskriminierende sowie sexuelle Belästigung) deutlich, dass es sich um einen **Dauertatbestand** handelt, der eine wertende Gesamtschau aller Faktoren erfordert;[94] in bestimmten Fällen kann aber auch ein einmaliges Verhalten das Klima dauerhaft vergiften. 124

Die Einordnung der **Belästigung als Diskriminierung** (und nicht ausschließlich als Würde- bzw. Persönlichkeitsrechtsverletzung) ist von großer Bedeutung.[95] Sie lenkt den Blick auf die Ausschließungseffekte des Mobbing und die Verantwortlichkeit des Arbeitgebers dafür, Belästigungen durch Beschäftigte zu verhindern. Diese Verantwortung kann unabhängig vom Verschulden der handelnden Personen gegeben sein.[96] 125

Diskriminierung in Form der Belästigung muss sich nicht gegen eine bestimmte konkrete Person richten, sondern liegt auch vor, wenn ein Arbeitgeber oder eine Arbeitgeberin zB öffentlich ankündigt, Frauen seien als Bewerberinnen für eine Stelle nicht willkommen.[97] 126

IV. Die Richtlinien 2000/43/EG und 2000/78/EG

Der Schutz vor Geschlechtsdiskriminierung in Beschäftigung und Beruf ist bereits seit Mitte der 1970er-Jahre im europäischen Arbeitsrecht verankert. Im Jahre 2000 wurde der Schutz vor Diskriminierung aufgrund der neuen Kompetenzgrundlage des (heutigen) Art. 19 AEUV erweitert. Die Richtlinien 2000/43/EG und 2000/78/EG erstrecken ihn auf **Diskriminierungen aus Gründen der Rasse oder ethnischen Herkunft, wegen einer Behinderung, der Religion oder Weltanschauung, der sexuellen Orientierung oder des Alters.** 127

Wie bereits Art. 14 der Richtlinie 2006/54/EG sind auch die Diskriminierungsverbote nach Art. 2 Abs. 2 der Richtlinien 2000/43/EG und 2000/78/EG **unmittelbar anwendbar**, da sie hinreichend klar, genau und unbedingt formuliert sind, um von einem mitgliedstaatlichen Gericht angewandt werden zu können. Auch diese Richtlinien begründen nicht selbst Verpflichtungen für Private; die mitgliedstaatlichen Gerichte müssen also das einzelstaatliche Recht so weit wie möglich anhand des Wortlauts und der Zielsetzung dieser Richtlinie auslegen, um das angestrebte Ergebnis zu erreichen. 128

Die beiden Richtlinien unterscheiden sich in ihrem arbeitsrechtlichen Teil kaum voneinander. Die Antirassismus-Richtlinie 2000/43/EG hat allerdings einen weiteren Anwendungsbereich, der über die Felder Beschäftigung und Beruf hinausgeht. 129

Auch die **Unterschiede** zur Geschlechtergleichbehandlungs-Richtlinie 2006/54/EG sind gering. Alle drei Richtlinien verwenden dieselben Definitionen von „Diskriminierung" und erlauben die Rechtfertigung von Differenzierungen wegen wesentlicher und ent-

---

94 BAG 24.9.2009 – 8 AZR 705/08, AP Nr. 2 zu § 3 AGG.

95 Ausf. zu diesem Verständnis Baer, Würde oder Gleichheit?, 1995.

96 Siehe auch BAG 9.6.2011 – 2 AZR 323/10, NZA 2011, 1342; BAG 20.11.2014 – 2 AZR 651/13, NZA 2015, 294 („Unmaßgeblich ist, wie [der Täter] selbst sein Verhalten zunächst eingeschätzt und empfunden haben mag und verstanden wissen wollte").

97 Vgl. EuGH 10.7.2008 – C-54/07 (Feryn), ECLI:EU:C:2008:397 (bezogen auf die Diskriminierung wegen einer bestimmten ethnischen Herkunft, siehe dazu Art. 2 Richtlinie 2000/43/EG); EuGH 25.4.2013 – C-81/12 (Asociaţia Accept), ECLI:EU:C:2013:275 (bezogen auf die Diskriminierung wegen der sexuellen Orientierung, siehe dazu Art. 2 Richtlinie 2000/78/EG).

scheidender beruflicher Anforderungen (Rn. 89 ff.) sowie positiver Maßnahmen (Rn. 94 ff.) Unterschiede betreffen neben dem Gebot angemessener Vorkehrungen für Behinderte (unten Rn. 154 ff.) im Wesentlichen die möglichen Rechtfertigungen einer Diskriminierung; hier enthält Richtlinie 2000/78/EG Sonderregelungen für die Beschäftigung in religiösen oder weltanschaulichen Organisationen (unten Rn. 165 ff.) und für die Altersdiskriminierung (unten Rn. 180 ff.).

130 Einen zusätzlichen Grund für die Rechtfertigung von Differenzierungen enthält Richtlinie 2000/78/EG mit Art. 2 Abs. 5, wonach die Richtlinie „nicht die im einzelstaatlichen Recht vorgesehenen Maßnahmen [berührt], die in einer demokratischen Gesellschaft für die **Gewährleistung der öffentlichen Sicherheit**, die Verteidigung der Ordnung und die Verhütung von Straftaten, zum Schutz der Gesundheit und zum Schutz der Rechte und Freiheiten anderer notwendig sind".

131 Im Folgenden werden nur die Besonderheiten dieser Richtlinien im Hinblick auf die Anwendungsbereiche der Diskriminierungsverbote und die möglichen Rechtfertigungen dargestellt. Im Übrigen gilt für diese Richtlinien im Wesentlichen dasselbe wie für die Richtlinie 2006/54/EG.

1. Diskriminierung aus Gründen der Rasse oder ethnischen Herkunft

132 ▶ **Beispielsfall 48**

B schickt auf eine Ausschreibung hin ein Bewerbungsschreiben an die X-AG. Er erhielt seine Bewerbungsunterlagen umgehend zurückgesandt, weil eine Mitarbeiterin der Personalabteilung alle Bewerberinnen und Bewerber mit türkisch oder arabisch klingenden Namen aussortierte. ◀

133 ▶ **Beispielsfall 49**

A hatte sich im Juli 2009 bei C, einem in Stuttgart ansässigen Unternehmen, auf ein Stellenangebot beworben. Sie erhielt eine Absage, weil sie aus dem Gebiet der ehemaligen DDR stammte; sie bekam ihre Bewerbungsunterlagen mit der Bleistiftrandnotiz „OSSI!" zurückgeschickt. ◀

ArbG Stuttgart 15.4.2010 – 17 Ca 8907/09, NZA-RR 2010, 344
(Berufungsverfahren vor dem LAG durch Vergleich beendet)

134 ▶ **Beispielsfall 50**

Ein Kunstverein suchte einen Kulturmanager oder eine Kulturmanagerin mit Hochschulabschluss für den Aufbau eines „Infopoint und Visitor Service". Die Bewerberin D besitzt einen Magisterabschluss für Medienwissenschaften von der Universität Mexiko-Stadt und einen Masterabschluss in Kunst von der Universität der Künste in Berlin. Sie verfügt über Berufserfahrung als Kuratorin, Referentin, Redakteurin und Publizistin. Sie erhielt dennoch eine Absage, weil sie trotz guter Deutschkenntnisse nicht deutsche Muttersprachlerin ist. Der Kunstverein gab an, perfekte Deutschkenntnisse in Wort und Schrift seien zwingende Voraussetzung für die Besetzung der Stelle. ◀

ArbG Berlin 11.2.2009 – NZA-RR 2010, 16 ff.;
siehe auch BAG 29.6.2017 – 8 AZR 402/15, ECLI:DE:BAG:2017:290617.U.8AZR402.15.0;
BAG 23.11.2017 – 8 AZR 372/16, ECLI:DE:BAG:2017:231117.U.8AZR372.16.0

135 Der **Begriff der „Rasse"** ist problematisch. Er könnte Annahmen über Unterschiede zwischen Menschen nahelegen, die diskriminierender Art sind, wie die Annahme, es gäbe innerhalb der Menschheit (homo sapiens) unterschiedliche Rassen. Nach Erwä-

gungsgrund 6 weist die Richtlinie 2000/43/EG deshalb Theorien, mit denen versucht wird, die Existenz verschiedener menschlicher Rassen zu belegen, explizit zurück.

Es wird seit längerem darüber diskutiert, ob das Recht nicht auf diesen Begriff verzichten könnte. Dabei ist aber fraglich, wie das verbotene Verhalten des Rassismus hinreichend deutlich bezeichnet werden kann, ohne den Begriff „Rasse“ zu verwenden – wie also Antirassismus ohne die Benennung von Rassismus möglich ist.[98] Das Unionsrecht verwendet den Begriff, um darauf zu reagieren, dass Menschen wegen ihrer äußerlichen Merkmale ausgegrenzt oder benachteiligt werden. Für die Umsetzung im mitgliedstaatlichen Recht wäre es auch möglich, diese Zielsetzung dadurch zu verwirklichen, dass nur der Begriff der „ethnischen Herkunft“ oder der „ethnischen Zugehörigkeit“ verwendet wird, wenn dieser erweiternd ausgelegt wird (wie dies in einigen Mitgliedstaaten erfolgt).[99] Auf eine begriffliche Trennung zwischen „Rasse“ und „ethnischer Herkunft“ kann also verzichtet werden.[100] 136

Der **Begriff der ethnischen Herkunft** geht von der Annahme aus, bestimmte gesellschaftliche Gruppen seien durch eine Gemeinsamkeit der Staatsangehörigkeit, Religion, Sprache, kulturellen und traditionellen Herkunft und Lebensumgebung von anderen abgrenzbar.[101] 137

Dieser Begriff der ethnischen Herkunft ist durchaus in ähnlicher Weise problematisch wie der Begriff der Rasse. Denn häufig wird eine Gemeinsamkeit ethnischer Herkunft allein aufgrund einer Zuschreibung bestehen, unabhängig von Selbstverständnis und gelebter Kultur der hiervon betroffenen Menschen. Es kann deshalb nicht darauf ankommen, welcher „ethnischen Herkunft“ eine benachteiligte Person „ist“. So steht in **Beispielsfall 48** keineswegs fest, dass Bewerberinnen und Bewerber mit türkisch oder arabisch klingendem Namen tatsächlich eine bestimmte (gemeinsame) ethnische Herkunft teilen. Entscheidend muss allein sein, worauf die konkrete Benachteiligung zurückgeht.[102] Ein Verstoß gegen das Diskriminierungsverbot liegt also in Beispielsfall 48 schon deshalb vor, weil Personen(gruppen) als „kulturell fremd“ eingeordnet und deshalb benachteiligt werden.

Noch etwas schwieriger ist es in **Beispielsfall 49**. Das Arbeitsgericht Stuttgart meinte, den „Ossis“ fehle es an Gemeinsamkeiten „in Tradition, Sprache, Religion, Kleidung oder in gleichartiger Ernährung“ und versuchte dies damit zu begründen, dass die DDR zu kurze Zeit, nämlich „nur wenig mehr als eine Generation […] eine von der Bundesrepublik unterschiedliche Entwicklung genommen habe“. 138

Es mutet aber befremdlich an, den Anspruch auf Diskriminierungsschutz davon abhängig zu machen, ob objektiv das Bestehen einer „ethnischen Gruppe“ festgestellt

98 Ausführlich Cremer, „...und welcher Rasse gehören Sie an?“, Berlin 2009, sowie Cremer, Ein Grundgesetz ohne „Rasse“, Berlin 2010. Es handelt sich um ein Dilemma, das im Diskriminierungsschutz auch an anderen Stellen diskutiert wird; siehe zB Liebscher/Naguib/Plümecke/Remus KJ 2012, 204.

99 Die Europäische Kommission hält dies zu Recht für unproblematisch (Gemeinsamer Bericht über die Anwendung der Richtlinie zur „Rassengleichheit“ und der Gleichbehandlungsrichtlinie für den Bereich Beschäftigung, KOM(2014) 2, S. 13).

100 So auch Grünberger/Husemann, § 5 Gleichbehandlung, in: Preis/Sagan (Hrsg.), Europäisches Arbeitsrecht, 2. Aufl. 2019, Rn. 62.

101 EuGH 16.7.2015 – C-83/14 (CHEZ Razpredelenie Bulgaria), ECLI:EU:C:2015:480, Rn. 46; EuGH 6.4.2017 – C-668/15 (Jyske Finans), ECLI:EU:C:2017:278, Rn. 17. Vgl. auch die Definition bei BAG 21.6.2012 – 8 AZR 364/11, BAGE 142, 158 ff.: Herkunft, Geschichte, Kultur, Sprache, ihre Verbindung zu einem spezifischen Territorium und ein geteiltes Gefühl der Solidarität.

102 Siehe auch Grünberger/Husemann, § 3 Gleichbehandlung, in: Preis/Sagan (Hrsg.), Europäisches Arbeitsrecht, 2. Aufl. 2019, Rn. 65.

werden kann. Denn offensichtlich hatte eine verantwortliche Person beim beklagten Arbeitgeber mit der geografischen Herkunft als „Ossi“ unterstellte ethnische Merkmale verbunden. Es muss für den Diskriminierungstatbestand auch hier ausreichen, wenn nach dem Vorstellungsbild des Diskriminierenden mit der Herkunft bestimmte ethnisierte Merkmale der Person notwendig verbunden sind.[103]

139 Nicht dem Begriff der ethnischen Herkunft zuzurechnen ist die **Staatsangehörigkeit** als solche. Die Richtlinie 2000/43/EG berührt insbesondere nicht Vorschriften und Bedingungen für die Einreise von Drittstaatsangehörigen und andere ausländerrechtliche Fragen.[104]

140 Da die ethnische Herkunft durch ein ganzes Bündel an Indizien definiert wird[105] (siehe Rn. 137), ist die Feststellung und Abgrenzung von unmittelbarer oder mittelbarer Diskriminierung nicht ganz einfach. Man geht in der Regel davon aus, dass zB die gezielte Benachteiligung von bestimmten Gruppen wie Roma, Russlanddeutschen oder „Marokkanern“ unproblematisch als **unmittelbare Diskriminierung wegen der ethnischen Herkunft** einzuordnen ist.[106] Schwieriger wird es, wenn eins der Indizien zum Anknüpfungspunkt von Benachteiligung genommen wird. Der EuGH ist der Meinung, dass mangels einer unmittelbaren oder untrennbaren Verbindung zwischen einem Indiz, wie dem Geburtsland und der ethnischen Herkunft, jedenfalls keine unmittelbare Diskriminierung angenommen werden kann.[107]

Es liegt nahe, in solchen Fällen eine **mittelbare Diskriminierung** zu prüfen.[108] Dabei stellt sich die Frage, für welche Personengruppe(n) sich eine „Benachteiligung in besonderer Weise“ ergeben muss. Der EuGH hat dazu formuliert, es müssten „insbesondere Personen einer bestimmten ethnischen Herkunft [...] durch die fragliche Maßnahme benachteiligt werden.[109] Wenn damit allerdings gemeint sein sollte, dass es nicht ausreicht, wenn (zB) alle Personen mit Migrationshintergrund benachteiligt werden (die vermutlich keine gemeinsame bestimmte ethnischer Herkunft haben werden), ist dem zu widersprechen; eine solche Auslegung würde das Ziel der Richtlinie, Rassismus und Fremdfeindlichkeit entgegenzutreten, verfehlen.[110]

141 Eine Frage mittelbarer Diskriminierung spricht **Beispielsfall 50** an. Denn hier wird an die Muttersprache bzw. an Sprachkenntnisse angeknüpft – also an Merkmale, die im Hinblick auf ethnische Herkunft oder „Rasse“ neutral sind. Da allerdings die gemeinsame Sprache ein wesentliches Merkmal bzw. Indiz ethnischer Herkunft ist, werden Sprachanforderungen gewöhnlich „in besonderer Weise“ Ausländerinnen und Ausländer, dh wegen der ethnischen Herkunft, benachteiligen.[111] Die neue Rechtsprechung des BAG, wonach dies nur für die Anforderung „Deutsch als Muttersprache“ gelte,

103 So auch Greiner DB 2010, 1940.
104 Art. 3 Abs. 2 der RL 2000/43/EG = Art. 3 Abs. 2 RL 2000/78/EG.
105 EuGH 6.4.2017 – C-668/15 (Jyske Finans), ECLI:EU:C:2017:278, Rn. 19 f.
106 EuGH 10.7.2008 – C-54/07 (Feryn), ECLI:EU:C:2008:397; EuGH 16.7.2015 – C-83/14 (CHEZ Razpredelenie Bulgaria), ECLI:EU:C:2015:480; siehe auch BAG 21.6.2012 – 8 AZR 364/11, BAGE 142, 158 ff. zur ethnischen Gruppe der „Ausländer“.
107 EuGH 6.4.2017 – C-668/15 (Jyske Finans), ECLI:EU:C:2017:278, Rn. 20 ff.
108 EuGH 6.4.2017 – C-668/15 (Jyske Finans), ECLI:EU:C:2017:278, Rn. 23 ff.
109 EuGH 16.7.2015 – C-83/14 (CHEZ Razpredelenie Bulgaria), ECLI:EU:C:2015:480, Rn. 99 f.; EuGH 6.4.2017 – C-668/15 (Jyske Finans), ECLI:EU:C:2017:278; EuGH 15.11.2018 – C-457/17 (Maniero), ECLI:EU:C:2018:912, Rn. 49 f.
110 Zu dieser Kritik ausführlicher: Valentine NZA 2019, 364 ff. in ihrer Anmerkung zu EuGH 15.11.2018 – C-457/17 (Maniero), ECLI:EU:C:2018:912.
111 So noch BAG 22.6.2011 – 8 AZR 48/10, Rn. 40; ausführlich Köhlert NZA 2018, 1172 ff.

nicht aber für sonstige Anforderungen an die Deutschkenntnisse,[112] überzeugt deshalb nicht. Solche (mittelbar benachteiligenden) Anforderungen müssen immer objektiv gerechtfertigt sein.[113]

Es ist damit weiter zu prüfen, ob die Sprachanforderung **objektiv gerechtfertigt** ist, ob also das jeweils geforderte Sprachniveau für die Ausübung der jeweiligen Tätigkeit erforderlich ist. Deutschkenntnisse können (nur) insoweit verlangt werden, als sie für die Kommunikation am jeweiligen Arbeitsplatz tatsächlich nötig sind. In Beispielsfall 50 verneinte das ArbG Berlin diese Frage und bejahte deshalb das Vorliegen einer Diskriminierung: Aus den konkreten Arbeitsaufgaben ergebe sich keine Notwendigkeit, nur Personen mit Deutsch als Muttersprache einzustellen.[114]

2. Diskriminierung wegen einer Behinderung

▶ Beispielsfall 51 142

Frau Chacón Navas wurde von ihrem Arbeitgeber gekündigt. Die Kündigung war (nach spanischem Recht zulässigerweise) damit begründet, dass sie fast acht Monate lang krankgeschrieben war und in einem Krankenhaus auf eine Operation wartete. Der Medizinische Dienst der Krankenkassen ging davon aus, dass mit einer Wiederaufnahme der Arbeit kurzfristig nicht zu rechnen sei. ◀

EuGH 11.7.2006 – C-14/05 (Chacón Navas), ECLI:EU:C:2006:465

▶ Beispielsfall 52 143

Herr Kaltoft war 15 Jahre lang bei der dänischen Billund Kommune als Tagesvater beschäftigt; er betreute also fremde Kinder im Auftrag der Kommune in seinem eigenen Zuhause. Während der gesamten Zeit seiner Beschäftigung war er adipös im Sinne der Definition der Weltgesundheitsorganisation (WHO), hatte also einen BMI von 30 oder höher. Als im Jahre 2010 einer der Tagesbetreuer entlassen werden musste, entschied man sich für Herrn Kaltoft; ein wichtiger Gesichtspunkt bei dieser Entscheidung war seine Adipositas. ◀

EuGH 18.12.2014 – C-354/13 (FOA), ECLI:EU:C:2014:2463;
siehe auch EuGH 11.4.2013 – C-335/11 und C-337/11 (Ring und Skouboe Werge), ECLI:EU:C:2013:222

▶ Beispielsfall 53 144

K ist an einer symptomlosen HIV-Infektion erkrankt. Von B, einem Unternehmen, das Arzneimittel herstellt, wurde er als Chemisch-technischer Assistent für eine Tätigkeit im sog. Reinraumbereich eingestellt. Nachdem B wenige Tage nach Beginn des Arbeitsverhältnisses von Ks HIV-Infektion erfuhr, kündigte sie das Arbeitsverhältnis mit der Begründung, der Betriebsarzt habe Bedenken gegen den Einsatz von K im Reinraumbereich. Möglichkeiten zur Beschäftigung außerhalb des Reinraumbereichs bestünden nicht. Es war allerdings nicht

---

112 BAG 29.6.2017 – 8 AZR 402/15, ECLI:DE:BAG:2017:290617.U.8AZR402.15.0 (Deutsch als Muttersprache); BAG 23.11.2017 – 8 AZR 372/16, ECLI:DE:BAG:2017:231117.U.8AZR372.16.0 (sehr gute Deutsch- und Englischkenntnisse) behandelt das Verbot der mittelbaren Diskriminierung auch zu Unrecht lediglich als Beweiserleichterung einer unmittelbaren Diskriminierung („nur vorgeschoben") und unterscheidet nicht klar genug zwischen dem Tatbestand der Benachteiligung in besonderer Weise und der Rechtfertigung der mittelbaren Diskriminierung; zur Kritik vgl. auch Köhlert NZA 2018, 1172 ff.

113 Grünberger/Husemann, § 3 Gleichbehandlung, in: Preis/Sagan (Hrsg.), Europäisches Arbeitsrecht, 2015, Rn. 67.

114 ArbG Berlin 11.2.2009 – NZA-RR 2010, 16 (17).

festgestellt worden, ob es überhaupt ein messbares Risiko einer Kontamination der Produkte gab. ◀

BAG 19.12.2013 – 6 AZR 190/12;
siehe auch EGMR 3.10.2013 – Nr. 552/10 (I. B../. Griechenland)

a) Begriff der Behinderung

145 Dem Verbot der Diskriminierung wegen einer Behinderung kommt ein besonderer Stellenwert im Recht der EU zu. Zum einen betrifft dieses Diskriminierungsverbot Menschen, die tatsächlich eingeschränkt sind. Es geht hier also nicht nur darum, grundlose Vorurteile und deren Auswirkungen zu beschränken und zu verhindern, sondern auch darum, Menschen trotz ihrer Einschränkungen im Erwerbsleben zu integrieren. Zum anderen ist das Verbot der Diskriminierung wegen einer Behinderung rechtssystematisch von besonderer Bedeutung, denn die EU hat selbst das Übereinkommen der Vereinten Nationen über die Rechte von Menschen mit Behinderungen (**UN-Behindertenrechtskonvention**, UN-BRK) ratifiziert.[115]

146 Die UN-BRK war völkerrechtlich ein großer Schritt im Diskriminierungsschutz. Sie etablierte den **sozialen Behinderungsbegriff**, der nicht nur darauf abstellt, wie Personen behindert *sind*, sondern auch wie sie (durch andere) behindert *werden*. Bei der Auslegung des Begriffs der Behinderung in Richtlinie 2000/78/EG zieht der EuGH durchgehend die Definition von Menschen mit Behinderung in Art. 1 Abs. 2 UN-BRK heran.

Der Begriff der Behinderung im Sinne der Richtlinie 2000/78/EG meint also[116]

- eine Einschränkung, die ua auf physische, geistige oder psychische Beeinträchtigungen von Dauer zurückzuführen ist, und
- die in Wechselwirkung mit verschiedenen Barrieren die Betreffenden an der vollen und wirksamen Teilhabe am Berufsleben, gleichberechtigt mit den anderen Arbeitnehmerinnen und Arbeitnehmern, hindern kann.

147 In **Beispielsfall 51** stellte sich die Frage, wie Behinderung von **Krankheit** abzugrenzen ist. Eine Krankheit ist in aller Regel etwas Vorübergehendes und schränkt nicht auf Dauer ein. Andererseits ist die Dauer einer Einschränkung oft nicht absehbar; manche Krankheiten führen mittel- oder längerfristig zu dauerhaften Einschränkungen. Bei der Abgrenzung von Krankheit und Behinderung spielt deshalb das Zeitmoment eine entscheidende Rolle.

Für das Unionsrecht hat der EuGH in einer Entscheidung aus dem Jahre 2013 die **Unterscheidung zwischen Krankheit und Behinderung** konkretisiert.[117] Er weist zu Recht darauf hin, dass es für die Unterscheidung nicht darauf ankomme, ob die Krankheit heilbar oder unheilbar sei. Allein entscheidend sei, ob die Einschränkung „von langer Dauer" ist. Diese Voraussetzung war in Beispielsfall 51 wohl erfüllt (der EuGH konnte dies nicht selbst entscheiden, sondern verwies insofern an das mitgliedstaatliche (spanische) Gericht). In einem weiteren Fall wies der EuGH darauf hin, dass es ein Anhaltspunkt für eine lange Dauer sei, wenn im Zeitpunkt der Diskriminierung ein kurzfristiges Ende der Arbeitsunfähigkeit noch nicht genau absehbar gewesen sei; die mitglied-

115 Beschluss des Rates (EU) 2010/48/EG vom 26.11.2009 über den Abschluss des Übereinkommens der Vereinten Nationen über die Rechte von Menschen mit Behinderungen durch die Europäische Gemeinschaft (ABl. L 23 vom 27.1.2010, S. 35–61).

116 EuGH 9.3.2017 – C-406/15 (Milkova), ECLI:EU:C:2017:198, Rn. 36; EuGH 1.12.2016 – C-395/15 (Daouidi), ECLI:EU:C:2016:917, Rn. 42.

117 EuGH 11.4.2013 – C-335/11 und C-337/11 (Ring und Skouboe Werge), ECLI:EU:C:2013:222.

staatlichen Gerichte sollten objektive Umstände wie insbesondere ärztliche Bescheinigungen berücksichtigen.[118] Im deutschen Recht ist die Konkretisierung der Dauer mit § 2 Abs. 1 Satz 1 SGB IX erfolgt; dabei wird auf sechs Monate abgestellt.

Eine „neutrale" Bestimmung, die nur an kurzfristigen Krankheiten, also nicht an eine Behinderung, anknüpft, kann aber eine **mittelbare Diskriminierung** darstellen. Denn behinderte Arbeitnehmerinnen und Arbeitnehmer sind oft einem höheren und zusätzlichen Risiko ausgesetzt, an einer mit der Behinderung zusammenhängenden (kürzeren) Krankheit zu erkranken. Auch die Benachteiligung wegen einer Krankheit, die selbst keine Behinderung darstellt, kann also Behinderte mittelbar diskriminieren. 148

Dies ist zB relevant für eine Kündigung wegen **krankheitsbedingter Fehlzeiten**; diese ist nur europarechtskonform, wenn sie im Interesse eines sachlichen Ziels (zB dem „Kampf gegen Absentismus") unter Berücksichtigung sowohl der Interessen des Arbeitgebers als auch des Arbeitnehmers gerechtfertigt ist.[119]

Das Vorliegen einer Einschränkung, die ua auf physische, geistige oder psychische Beeinträchtigungen von Dauer zurückzuführen ist, konnte auch in **Beispielsfall 52** bejaht werden. Dafür spricht schon, dass die Weltgesundheitsorganisation WHO die Adipositas unter Code E66 in der „Internationalen statistischen Klassifikation der Krankheiten und verwandter Gesundheitsprobleme" (ICD 10) aufführt. Problematisch war hier das zweite Element des sozialen Behinderungsbegriffs, also die Frage, ob die **Adipositas** „den Betreffenden an der vollen und wirksamen Teilhabe am Berufsleben, gleichberechtigt mit den anderen Arbeitnehmern, hindern" konnte („zB aufgrund eingeschränkter Mobilität oder dem Auftreten von Krankheitsbildern, die ihn an der Verrichtung seiner Arbeit hindern oder zu einer Beeinträchtigung der Ausübung seiner beruflichen Tätigkeit führen"[120]). Der EuGH verneinte dies in Beispielsfall 52. 149

Dieser einschränkenden Auslegung ist entgegen zu halten, dass sie den Schutz vor Diskriminierung wegen einer Behinderung vom Schutz vor Vorurteilen und Stereotypen löst – also von wichtigen Schutzzwecken, die das Antidiskriminierungsrecht verfolgt. Angemessener wäre es, auch hier an die allgemeinen Grundsätze des Diskriminierungsschutzes anzuknüpfen und auf die Sichtweise und Vorstellungen derjenigen Person abzustellen, die benachteiligt. **Beeinträchtigungen durch Vorurteile und Stereotypen** nicht als Einschränkungen der wirksamen Teilhabe am Berufsleben im Sinne des Behinderungsbegriffs anzusehen, widerspricht der UN-BRK.[121] 150

Die Auslegung des EuGH[122] würde zudem dazu führen, dass nicht mehr selbstverständlich davon ausgegangen werden könnte, dass die **Schwerbehinderung des deutschen Rechts** immer eine Behinderung im Sinne der Richtlinie 2000/78/EG darstellt. Denn die Anerkennung als Schwerbehinderte oder Schwerbehinderter nach §§ 2 Abs. 2, 69 SGB IX knüpft nicht an konkrete Einschränkungen bei der Berufstätigkeit an. Eine Diskriminierung wegen einer Schwerbehinderung ist aber als unmittelbare

118 EuGH, 1.12.2016 – C-395/15 (Daouidi), ECLI:EU:C:2016:917, Rn. 56 f.

119 EuGH 18.1.2018 – C-270/16 (Ruiz Conejero), ECLI:EU:C:2018:17 mit Anm. Bayreuther EuZW 2018, 209; Hänlein ZESAR 2018, 489; Tischbirek EuZA 2018, 357; siehe auch schon EuGH 11.4.2013 – C-335/11 u. C-337/11 (HK Danmark), ECLI:EU:C:2013:222, Rn. 76.

120 EuGH 18.12.2014 – C-354/13 (FOA), ECLI:EU:C:2014:2463, Rn. 58 ff.; genauso EuGH 18.1.2018 – C-270/16 (Ruiz Conejero), ECLI:EU:C:2018:17, Rn. 30.

121 BAG 19.12.2013 – 6 AZR 190/12; Pärli/Naguib/Kuratli, Schutz vor Benachteiligung aufgrund chronischer Krankheit, 2012, S. 65 ff.; *Grünberger/Husemann*, in Preis/Sagan (Hrsg.), § 5 Rn. 96.

122 Siehe dazu auch EuGH 18.3.2014 – C-363/12 (Z./. A Government Department), ECLI:EU:C:2014:159.

Diskriminierung wegen einer Behinderung einzuordnen. Gleiches gilt für eine Diskriminierung wegen des Bezugs einer Erwerbsminderungsrente.[123]

151 Eine Einschränkung der gleichen Teilhabe, wie sie der soziale Behinderungsbegriff voraussetzt, kann also auch durch Vorurteile und Stereotypen eintreten. Nach richtiger Auslegung war in **Beispielsfall 52** die wirksame Teilhabe am Berufsleben gerade dadurch gehindert, dass die Kommune offensichtlich davon ausging, Herr Kaltoft sei wegen seiner Adipositas weniger schutzwürdig als seine Kolleginnen und Kollegen. Eine Diskriminierung wegen der Behinderung war zu bejahen.[124]

152 In **Beispielsfall 53** (**symptomlose HIV-Infektion**) war nach einer medizinischen Betrachtung die physische Beeinträchtigung zu bejahen.[125] Für die Frage, ob auch die Berufstätigkeit dadurch beeinträchtigt war, stellte das BAG entsprechend der hier dargelegten Sichtweise zu Recht darauf ab, dass sich Einschränkungen der gesellschaftlichen Teilhabe aufgrund sozialen Vermeidungsverhalten und Stigmatisierungen ergaben. Das Vorliegen einer Behinderung war schon deshalb zu bejahen.

153 In **Beispielsfall 53** kam aber eine Rechtfertigung der Diskriminierung in Betracht. Denn die Arbeitgeberin war der Meinung, dem Arbeitnehmer mangele es wegen der HIV-Infektion an einer **wesentlichen und entscheidenden beruflichen Anforderung** (siehe dazu genauer oben Rn. 89 f.). Für diese Anforderung berief sie sich in Beispielsfall 53 ua auf Best-Practice-Leitlinien für die Arzneimittelherstellung, die für den Reinraumbereich verlangten: „Es sollten Vorkehrungen getroffen werden, die, soweit es praktisch möglich ist, sicherstellen, dass in der Arzneimittelherstellung niemand beschäftigt wird, der an einer ansteckenden Krankheit leidet oder offene Verletzungen an unbedeckten Körperstellen aufweist."[126] Dieser Einwand scheiterte vor dem BAG allerdings zu Recht. Denn die Arbeitgeberin hatte es unterlassen, Möglichkeiten der Anpassung des Arbeitsplatzes zu prüfen, die es dem Arbeitnehmer ermöglicht hätten, die Anforderungen des Arbeitsplatzes zu erfüllen. Dies verlangt aber Art. 5 der Richtlinie 2000/78/EG, wie im Folgenden dargestellt werden soll:

b) Unterlassung angemessener Vorkehrungen als Diskriminierung

154 Eine Besonderheit des Behindertendiskriminierungsschutzes besteht darin, dass die Mitgliedstaaten den Arbeitgebern spezifische Maßnahmen für die Integration von Behinderten ins Erwerbsleben vorschreiben müssen. Nach Art. 5 Satz 1 der Richtlinie 2000/78/EG müssen die Mitgliedstaaten die Arbeitgeber verpflichten, **angemessene Vorkehrungen** zu treffen, dh notwendige und geeignete Änderungen und Anpassungen,

---

123 BAG 7.6.2011 – 1 AZR 34/10, BAGE 138, 107, Rn. 23 ff.; BAG 16.2.2012 – 6 AZR 553/10, BAGE 141, 1, wo allerdings für die Frage nach der Schwerbehinderung das Entstehen eines Nachteils verneint wird; ähnlich schon BAG 7.7.2011 – 2 AZR 396/10, NZA 2012, 34, Rn. 43.

124 Das dänische Gericht (Ret i Kolding = Gericht in Kolding) bejahte in Beispielsfall 52 ebenfalls die Rechtswidrigkeit der Kündigung, verneinte allerdings das Vorliegen einer Behinderung und entschied den Fall allein unter Anwendung des dänischen Kündigungsschutzrechts (Urteil vom 31.3.2013).

125 Die Argumentation des BAG (BAG 19.12.2013 – 6 AZR 190/12, BAGE 147, 60) hingegen, die Benachteiligung wegen einer ansteckenden Krankheit sei immer eine versteckte unmittelbare Diskriminierung wegen einer Behinderung, ist dagegen unzureichend, weil sie nicht berücksichtigt, dass nicht alle ansteckenden Krankheiten notwendig auch Behinderungen darstellen.

126 Ziff. 2.15 der Leitlinien der EU-Kommission (veröffentlicht als Anlage 2 zur Bekanntmachung des Bundesministeriums für Gesundheit zu § 2 Nr. 3 der Verordnung über die Anwendung der Guten Herstellungspraxis bei der Herstellung von Arzneimitteln und Wirkstoffen und über die Anwendung der Guten fachlichen Praxis bei der Herstellung von Produkten menschlicher Herkunft (Arzneimittel- und Wirkstoffherstellungsverordnung – AMWHV) vom 27.10.2006 (BAnz S. 6887).

die im konkreten Fall erforderlich sind, um zu gewährleisten, dass Menschen mit Behinderungen gleichberechtigt mit anderen am Erwerbsleben teilnehmen können.[127]

Definition „angemessene Vorkehrungen":

Art. 5 Satz 2 der Richtlinie 2000/78/EG: „Das bedeutet, dass der Arbeitgeber die geeigneten und im konkreten Fall erforderlichen Maßnahmen ergreift, um den Menschen mit Behinderung den Zugang zur Beschäftigung, die Ausübung eines Berufes, den beruflichen Aufstieg und die Teilnahme an Aus- und Weiterbildungsmaßnahmen zu ermöglichen, es sei denn, diese Maßnahmen würden den Arbeitgeber unverhältnismäßig belasten. Diese Belastung ist nicht unverhältnismäßig, wenn sie durch geltende Maßnahmen im Rahmen der Behindertenpolitik des Mitgliedstaates ausreichend kompensiert wird."

Art. 2 UN-BRK: „notwendige und geeignete Änderungen und Anpassungen, die keine unverhältnismäßige oder unbillige Belastung darstellen und die, wenn sie in einem bestimmten Fall erforderlich sind, vorgenommen werden, um zu gewährleisten, dass Menschen mit Behinderungen gleichberechtigt mit anderen alle Menschenrechte und Grundfreiheiten genießen oder ausüben können."

Dies ist Ausdruck eines Verständnisses materieller Gleichheit, das die Unterschiedlichkeiten von Menschen zu berücksichtigen vorschreibt.[128] **Angemessene Vorkehrungen** sind zB „eine entsprechende Gestaltung der Räumlichkeiten oder eine Anpassung des Arbeitsgeräts, des Arbeitsrhythmus, der Aufgabenverteilung oder des Angebots an Ausbildungs- und Einarbeitungsmaßnahmen".[129] Eine angemessene Vorkehrung kann auch darin bestehen, die Arbeitszeit zu verkürzen.[130] 155

Die Verpflichtung zu angemessenen Vorkehrungen muss nur soweit reichen, als Arbeitgeber **nicht unverhältnismäßig belastet** werden. Hierfür betont Art. 5 Satz 3 der Richtlinie 2000/78/EG, dass eine Belastung dann nicht als unverhältnismäßig anzusehen ist, wenn sie durch geltende Maßnahmen im Rahmen der Behindertenpolitik des Mitgliedstaates ausreichend kompensiert wird. „Bei der Prüfung der Frage, ob diese Maßnahmen zu übermäßigen Belastungen führen, sollten insbesondere der mit ihnen verbundene finanzielle und sonstige Aufwand sowie die Größe, die finanziellen Ressourcen und der Gesamtumsatz der Organisation oder des Unternehmens und die Verfügbarkeit von öffentlichen Mitteln oder anderen Unterstützungsmöglichkeiten berücksichtigt werden".[131] 156

Das Gebot angemessener Vorkehrungen verlangt nicht, dass auf Anforderungen der Qualifikation, Fähigkeit oder Verfügbarkeit „für die **Erfüllung der wesentlichen Funktionen des Arbeitsplatzes**" verzichtet werden muss.[132] Allerdings ist bei der Frage, ob die behinderte Person die wesentlichen Funktionen des Arbeitsplatzes erfüllen kann, zu berücksichtigen, welche angemessenen Vorkehrungen im Vorwege möglich (gewesen) wären. Beurteilungsgrundlage für die Rechtfertigungsprüfung ist also der (hypothetisch) geänderte Arbeitsplatz. 157

127 Zur Frage, inwieweit hierfür Kenntnis des Arbeitgebers von der Behinderung Voraussetzung ist, siehe Generalanwältin Sharpston, Schlussanträge v. 19.10.2017 – C-270/16 (Ruiz Conejero), ECLI:EU:C:2017:788, Rn. 36, 45.

128 Siehe Art. 2 UN-BRK.

129 Erwägungsgrund 20 zur Richtlinie 2000/78/EG.

130 EuGH 11.4.2013 – C-335/11 und C-337/11 (Ring und Skouboe Werge), ECLI:EU:C:2013:222.

131 Erwägungsgrund 21 der Richtlinie 2000/78/EG.

132 Erwägungsgrund 17 zur Richtlinie 2000/78/EG.

158 Diese Prüfung hatte die Arbeitgeberin in **Beispielsfall 53** versäumt. Sie hatte vor dem BAG nicht einmal dargelegt, welche Maßnahmen getroffen werden, wenn es zu blutenden Schnitt- oder Stichverletzungen kommt[133] – denn nicht nur bei einer HIV-Infektion, auch bei anderen, evtl. unerkannten Infektionen von Arbeitnehmerinnen und Arbeitnehmern müssen umgehend Vorkehrungen getroffen werden, um eine Kontamination der Produkte zu verhindern. Ergänzend sei darauf hingewiesen, dass nach den Empfehlungen der Deutschen Vereinigung zur Bekämpfung der Viruskrankheiten und der Gesellschaft für Virologie selbst HIV-positive Chirurginnen und Chirurgen unterhalb einer bestimmten Viruslast ohne Gefährdung Dritter operieren können.[134]

3. Diskriminierung wegen der Religion oder Weltanschauung

Literatur: *Brors, Christiane*, Gibt es eine religiöse oder weltanschauliche Neutralität? Zum Einfluss der EuGH-Entscheidungen Achbita und Bougnaoui auf das deutsche Arbeitsrecht, AuR 2018, 112.

159 ▶ **Beispielsfall 54**

Das Diakonische Werk der Evangelischen Kirche hatte in einer deutschen Großstadt eine befristete Projektstelle für eine Sozialpädagogin oder einen Sozialpädagogen in einem EU-finanzierten Projekt zur beruflichen Integration von Migrantinnen und Migranten ausgeschrieben. Es bewarb sich eine Sozialpädagogin, die Türkin und gebürtige Muslimin war und keine Religion praktizierte. Sie wurde abgelehnt, weil die Arbeitgeberin als diakonische Einrichtung nur Mitglieder einer christlichen Kirche einstellen wollte. Die Arbeitgeberin berief sich darauf, dass es eine Angelegenheit der kirchlichen Selbstbestimmung sei, festzulegen, für welche Tätigkeiten die Religionszugehörigkeit erforderlich sei. ◀

LAG Hamburg 29.10.2008 – 3 Sa 15/08; BAG 19.8.2010 – 8 AZR 466/09; vgl. EuGH 17.4.2018 – C-414/16 (Egenberger), ECLI:EU:C:2018:257

160 ▶ **Beispielsfall 55**

Im österreichischen Recht ist der Karfreitag für Angehörige christlicher Kirchen ein bezahlter Feiertag. Arbeitet ein Angehöriger einer dieser Kirchen an diesem Tag dennoch, hat er Anspruch auf ein zusätzliches Feiertagsentgelt. Herr Achatzi, der keiner dieser Kirchen angehört, ist Arbeitnehmer bei Cresco, einer privaten Detektei, und verlangt ebenfalls das zusätzliche Feiertagsentgelt für seine am Karfreitag geleistete Arbeit. ◀

EuGH 22.1.2019 – C-193/17 (Cresco), ECLI:EU:C:2019:43

161 ▶ **Beispielsfall 56**

Eine Unternehmensberatung untersagt es einer angestellten Wirtschaftsprüferin, bei der Kundenberatung ein islamisches Kopftuch zu tragen. Als Grund wird angegeben, dass einige Kunden sich darüber beschwert hätten. ◀

EuGH 14.3.2017 – C-188/15 (Bougnaoui und ADDH), ECLI:EU:C:2017:204; siehe auch EuGH 14.3.2017 – C-157/15 (Achbita), ECLI:EU:C:2017:203

162 Die deutsche Rechtsprechung definiert **Religion** (Art. 4 GG) als „eine mit der Person des Menschen verbundene Gewissheit über bestimmte Aussagen zum Weltganzen so-

133 BAG 19.12.2013 – 6 AZR 190/12, BAGE 147, 60; siehe auch BAG 22.5.2014 – 8 AZR 662/13, NZA 2014, 924 ff.

134 Siehe auch die im Einzelnen weniger spezifische Empfehlung 200 der Internationalen Arbeitsorganisation (ILO) betreffend HIV und AIDS und die Welt der Arbeit.

wie zur Herkunft und zum Ziel des menschlichen Lebens".[135] Der EuGH versteht den Begriff der Religion so, „dass er sowohl das forum internum, dh den Umstand, Überzeugungen zu haben, als auch das forum externum, dh die Bekundung des religiösen Glaubens in der Öffentlichkeit, umfasst".[136]

Eine **Weltanschauung** ist demgegenüber ein umfassendes Erklärungs- und Überzeugungssystem mit einem festgefügten und gedanklich einigermaßen folgerichtigen Gedankengebäude, das ungefähr die Qualität des religiösen Glaubens hat. Dieses muss also einen gewichtigen Aspekt des menschlichen Lebens und Verhaltens betreffen und ein bestimmtes Niveau an Bedeutung, Ernsthaftigkeit und innerer Schlüssigkeit aufweisen, also mehr als nur eine Meinung oder ein Standpunkt auf der Basis von Information sein.[137] Der Unterschied zur Religion besteht vor allem darin, dass eine Weltanschauung nicht gleichzeitig transzendentale Aussagen über das menschliche Leben machen will.

Religionen sind zB Protestantismus, Katholizismus, Judentum und Islam. Buddhismus 163
oder Hinduismus sind jedenfalls Weltanschauungen. Weitere Beispiele für Weltanschauungen sind der Pazifismus oder die ZEN-Philosophie, aber auch die Bagwhan-Lehren.[138] Die Einordnung der Scientology Church ist umstritten.[139]

Nach **Art. 17 Abs. 1 AEUV** achtet die Union den Status, den Kirchen und religiöse Ver- 164
einigungen oder Gemeinschaften in den Mitgliedstaaten nach deren Rechtsvorschriften genießen, und beeinträchtigt ihn nicht. Abs. 2 sieht die gleiche Achtung für den Status weltanschaulicher Gemeinschaften nach mitgliedstaatlichem Recht vor. Damit wird zum Ausdruck gebracht, dass es Sache der Mitgliedstaaten ist, ihre Beziehungen zu Kirchen und religiösen Vereinigungen oder Gemeinschaften zu gestalten; die Europäische Union soll sich insofern **neutral** verhalten.[140] Diese Neutralität hindert aber nicht die Konkretisierung eines Verbots der Benachteiligung aufgrund der Religionszugehörigkeit im Arbeitsverhältnis, wie es Richtlinie 2000/78/EG vorsieht.

a) Beschäftigung in religiösen oder weltanschaulichen Organisationen

In **Beispielsfall 54** handelte es sich ohne Zweifel um eine unmittelbare Benachteiligung 165
der Bewerberin wegen ihrer (fehlenden) Religion(szugehörigkeit). Fraglich war allein die Rechtfertigung dieser Anforderung als wesentlicher und entscheidender beruflicher Anforderung. Zur **Rechtfertigung** enthält Art. 4 Abs. 2 der RL 2000/78/EG Sonderregelungen für „berufliche Tätigkeiten innerhalb von Kirchen und anderen öffentlichen oder privaten Organisationen, deren Ethos auf religiösen Grundsätzen oder Weltanschauungen beruht". Zum einen kann nach UAbs. 1 dieser Bestimmung das **Ethos der Organisation** eine Rolle bei der Festlegung solcher Anforderungen spielen. Zum ande-

135 BAG 22.3.1995 – 5 AZB 21/94, BAGE 79, 319; BVerwG 27.3.1992 – 7 C 21/90, BVerwGE 90, 112; siehe auch BVerfG 19.10.1971 – 1 BvR 387/65, BVerfGE 32, 98 (108).

136 EuGH 22.1.2019 – C-193/17 (Cresco), ECLI:EU:C:2019:43, Rn. 58; EuGH 14.3.2017 – C-157/15 (Achbita), ECLI:EU:C:2017:203, Rn. 28; EuGH 14.3.2017 – C-188/15 (Bougnaoui und ADDH), ECLI:EU:C:2017:204, Rn. 30.

137 BAG 20.6.2013 – 8 AZR 482/12, NZA 2014, 21; genauso Employment Appeal Tribunal, 9.11.2009, 2 All ER (2010) 253 ff. (Burton J).

138 Ausführlich zu Beispielen Grünberger/Husemann, § 5 Gleichbehandlung, in: Preis/Sagan (Hrsg.), Europäisches Arbeitsrecht, 2. Aufl. 2019, Rn. 81 ff.

139 Vgl Schiek, in: Schiek (Hrsg.), AGG, § 1, Rn. 20 ausführlich zu den unterschiedlichen Herangehensweisen in den Mitgliedstaaten.

140 EuGH 17.4.2018 – C-414/16 (Egenberger), ECLI:EU:C:2018:257, Rn. 58; EuGH 11.9.2018 – C-68/17 (IR), ECLI:EU:C:2018:696, Rn. 48; EuGH 22.1.2019 – C-193/17 (Cresco), ECLI:EU:C:2019:43, Rn. 33.

ren sieht UAbs. 2 der Regelung vor, dass auch loyales und aufrichtiges Verhalten im Sinne des Ethos der Organisation eingefordert werden kann. Der EuGH versteht die beiden Unterabsätze als einheitlichen Rechtfertigungstatbestand, so dass auch die Anforderungen an loyales und aufrichtiges Verhalten durch die Anforderungen der konkreten beruflichen Tätigkeit begründet sein müssen.[141]

166 Allerdings hat der Bezug auf das Ethos der Organisation nicht zur Folge, dass die Frage, ob wesentliche und entscheidende berufliche Anforderungen vorliegen, keiner gerichtlichen Kontrolle mehr unterliegt. Nach Meinung des EuGH ergibt sich dies auch aus dem **Gebot effektiven Rechtsschutzes** (Art. 47 EU-GRC).[142] Während das BVerfG das kirchliche Selbstbestimmungsrecht nach dem GG sehr weit auslegt,[143] bestätigt der EuGH für Fälle wie Beispielsfall 54, dass das Recht auf kirchliche Autonomie nach Art. 17 AEUV in der Richtlinie 2000/78/EG durch die Sonderregelungen in Art. 4 Abs. 2 bereits hinreichend berücksichtigt sei. Dies bedeute auch, dass besondere kirchliche Bindungen (wie zB das Verbot der Wiederheirat nach Scheidung in katholischen Kirchen) nur gerechtfertigt werden könnten, wenn sie konsistent aufgrund der **Anforderungen der Tätigkeit** eingefordert werden.[144] Auch in **Beispielsfall 54** dürfte sich die Zugehörigkeit zur evangelischen Konfession nicht als berufliche Anforderung rechtfertigen lassen.[145]

167 Auch in **Beispielsfall 55** ging es fraglos um eine Unterscheidung, die unmittelbar auf der Zugehörigkeit der Arbeitnehmer zu einer bestimmten Religion beruhte. Der EuGH problematisierte darüber hinaus allerdings auch die **Vergleichbarkeit** der christlichen Arbeitnehmerinnen und Arbeitnehmer, die am Karfreitag möglicherweise religiöse Pflichten zu erfüllen hätten, mit anderen Kolleginnen und Kollegen (zu diesem Kriterium vgl. Rn. 77). Allerdings war die Wahrnehmung religiöser Pflichten nicht Voraussetzung der Freistellung am Karfreitag (und schon gar nicht der Bezahlung); es reichte aus, formal einer der im Gesetz genannten christlichen Kirchen anzugehören.[146] Damit handelte es sich nur um eine zusätzliche Freistellung, die nach eigenem Belieben genutzt werden konnte; und insofern waren die christlichen Arbeitnehmerinnen und Arbeitnehmer in derselben Situation wie andere, also mit diesen vergleichbar.

Art. 17 AEUV könnte die Regelung nicht rechtfertigen, ging es hier doch nicht unmittelbar um die Gestaltung der Beziehungen zwischen einem Mitgliedstaat und den Kirchen, die Gegenstand des Art. 17 AEUV ist.[147]

168 Der EuGH ging auch auf die Frage ein, ob die Regelung in **Beispielsfall 55** nicht aufgrund des Art. 2 Abs. 5 der Richtlinie 2000/78 (oben Rn. 130) gerechtfertigt sein konnte, die ua notwendige Maßnahmen **zum Schutz der Rechte und Freiheiten anderer** erlaubt. Zu Recht verneinte er dies unter Hinweis darauf, dass der Schutz der Religionsfreiheit nur konsistent gewährleistet ist, wenn die Freiheit aller Religionen in glei-

141 EuGH 11.9.2018 – C-68/17 (IR), ECLI:EU:C:2018:696; aA Greiner NZA 2018, 1289.

142 EuGH 17.4.2018 – C-414/16 (Egenberger), ECLI:EU:C:2018:257, Rn. 46; Rn. 59.

143 BVerfG 4.6.1985 – 2 BvR 1703, 1718/83 u. 856/84, BVerfGE 70, 138; BVerfG 22.10.2014 – 2 BvR 661/12, BVerfGE 137, 273.

144 EuGH 11.9.2018 – C-68/17 (IR), ECLI:EU:C:2018:696, Rn. 59; vgl. EuGH 17.4.2018 – C-414/16 (Egenberger), ECLI:EU:C:2018:257, Rn. 57, 52.

145 Vgl. BAG 25.10.2018 – 8 AZR 501/14, DE:BAG:2018:251018.U.8AZR501.14.0, Rn. 95 ff.: unionsrechtskonforme Auslegung des § 9 Abs. 1 Alt. 2 AGG und Unanwendbarkeit des § 9 Abs. 1 Alt. 1 AGG („im Hinblick auf ihr Selbstbestimmungsrecht").

146 EuGH 22.1.2019 – C-193/17 (Cresco), ECLI:EU:C:2019:43, Rn. 46 f.

147 EuGH 22.1.2019 – C-193/17 (Cresco), ECLI:EU:C:2019:43, Rn. 33.

cher Weise geregelt werde. Der EuGH thematisiert diese Konsistenz hier wieder einmal als Plausibilitätskontrolle: Wenn die religiösen Pflichten an hohen Feiertagen anderer Religionen allein dadurch geschützt werden, dass man die Arbeitnehmerinnen und Arbeitnehmer darauf verweist, vom Arbeitgeber eine gewisse Fürsorgepflicht einzufordern, so leuchtet es nicht ein, weshalb dies nicht auch für die hohen christlichen Feiertage ausreichen kann.[148]

Die entsprechenden Vorschriften der Richtlinie 2000/78/EG konkretisieren das Grundrecht des Art. 21 Abs. 1 EU-GRC, das auch im Verhältnis zwischen Privaten unmittelbar anwendbar ist. Solange die europarechtswidrige gesetzliche Regelung noch in Kraft ist, ergibt sich aus dem Grundrecht der Anspruch der benachteiligten Arbeitnehmerinnen und Arbeitnehmer auf Gleichbehandlung (genauer zu diesen Rechtsfolgen oben § 1 Rn. 81 ff. und § 4 Rn. 66 ff.). 169

b) Religiöse Symbole: das sog. Kopftuchverbot

Ist das Tragen **religiöser Symbole** verboten, so ist dies gleichbedeutend mit einer Diskriminierung wegen der Religion (Zusammenhangseigenschaft, siehe Rn. 82). Genauso ist es zu beurteilen, wenn wegen des **Tragens eines islamischen Kopftuchs** benachteiligt wird. Dies tragen zwar nicht alle Muslima. Aber nur diese kommen definitionsgemäß in Betracht. Es handelt sich in **Beispielsfall 56** also um eine unmittelbare Diskriminierung wegen der Religion.[149] 170

Eine unmittelbare Diskriminierung kann nur als positive Maßnahme **gerechtfertigt** sein (die hier nicht in Betracht kommt) oder als wesentliche und entscheidende berufliche Anforderung (siehe oben Rn. 89 ff.). Um eine zulässige **berufliche Anforderung** handelt es sich zB, wenn Hygiene- oder Sicherheitsvorschriften am Arbeitsplatz bestimmte Einschränkungen bei der Wahl der Kleidung verlangen, oder wenn eine sinnvolle Kommunikation verunmöglicht wird.[150] 171

Dagegen scheidet in **Beispielsfall 56** eine wesentliche berufliche Anforderung aus; „besondere **Kundenwünsche**“ sind gerade keine objektiven Tätigkeitsanforderungen.[151] Im Einzelfall kann die Bewertung jedoch anders ausfallen. Eine öffentlich-rechtliche Behörde in einem laizistischen Staat zB kann durchaus ein legitimes Interesse daran haben, dass ihre Beschäftigten keine religiösen Äußerungen nach außen tragen. Allerdings stellt das Merkmal der „beruflichen Anforderung“ auf die jeweilige Tätigkeit ab. Bei einer einfachen meldebehördlichen Tätigkeit ist es noch nicht erfüllt.

Das allgemeine Verbot, Kopfbedeckungen jeder Art zu tragen, kann eine **mittelbare Religionsdiskriminierung** darstellen, die sich in besonderer Weise nachteilig für diejeni- 172

148 EuGH 22.1.2019 – C-193/17 (Cresco), ECLI:EU:C:2019:43, Rn. 60. Gleiches gilt für die Förderung der Wahrnehmung religiöser Pflichten durch positive Maßnahmen; auch insofern leuchtet es nicht ein, weshalb diejenigen Rechte, die den Angehörigen anderer Religionen zustehen, nicht auch für christliche Arbeitnehmerinnen und Arbeitnehmer hinreichend sein können (EuGH 22.1.2019 – C-193/17 (Cresco), ECLI:EU:C:2019:43, Rn. 68).

149 EuGH 14.3.2017 – C-188/15 (Bougnaoui und ADDH), ECLI:EU:C:2017:204; aA für vergleichbare Fälle (mittelbare Diskriminierung) Laskowski KJ 2003, 420 (427); 439 ff. und Baer/Wrase KritV 2006, 401.

150 Zu den freiheitsrechtlichen Argumentationen (Religionsfreiheit) siehe für die EMRK: EGMR 15.1.2013 – Az. 48420/10, 59842/10, 51671/10 und 36516/10 (Ladele, Eweida, McFarlane); für das GG: BVerfG 27.1.2015 – 1 BvR 417 und 1181/10, NJW 2015, 1359, das auch darauf abstellt, ob das Tragen des Kopftuchs die Funktionsfähigkeit der Anstellungsbehörde (hier bei einer Lehrerin in Form des Schulfriedens) beeinträchtigt; für eine öffentlich-rechtliche Regelung zulasten von Gesichtsverschleierungen siehe EGMR 11.7.2017 – Nr. 4619/12 (Dakir ./. Belgien); EGMR 11.7.2017 – Nr. 37798/13 (Belcacemi und Oussar / Belgien).

151 EuGH 14.3.2017 – C-188/15 (Bougnaoui und ADDH), ECLI:EU:C:2017:204.

gen auswirkt, die sich aus religiösen Gründen verpflichtet fühlen, eine Kopfbedeckung zu tragen. Auch ein solches Verbot bedarf deshalb der objektiven Rechtfertigung.

Allerdings hat der EuGH eine zusätzliche Unterscheidung eingeführt: Wenn es eine allgemeine unternehmerische Regelung gebe, die den Arbeitnehmerinnen und Arbeitnehmern nicht nur religiöse, sondern auch politische und philosophische Neutralität gebiete, handele es sich nicht um unmittelbare, sondern um mittelbare Diskriminierung.[152] Dies überzeugt nicht; es kann keinen Unterschied in der rechtlichen Einordnung machen, ob eine Benachteiligung auf andere Diskriminierungskategorien ausgeweitet wird – zumal wenn sie mit dem Ziel eingeführt wird, gerade muslimische Frauen zu treffen.[153] Relevant ist vielmehr, ob es sich um eine Bekleidungsvorschrift handelt, die typischerweise auch religiöse Kleidung betrifft, oder um eine Vorschrift zu religiösen (und anderen) Merkmalen.[154]

173 Soweit mittelbare Diskriminierung anzunehmen ist, stellt sich die Frage der sachlichen Rechtfertigung durch ein rechtmäßiges Ziel (Rn. 109). So lassen sich Bekleidungsvorschriften durch Sicherheit und Gesundheitsschutz rechtfertigen. Inwieweit Vorschriften, die eine religiöse Benachteiligung und damit meist auch eine Einschränkung der religiösen Freiheit mit sich bringen, schlicht durch ein unternehmerisches Interesse an einem einheitlichen „neutralen“ Auftreten nach außen gerechtfertigt werden können, ist allerdings umstritten. Denn in diesem Zusammenhang muss eine Abwägung der in Art. 16 EU-GRC geschützten unternehmerischen Freiheit mit der Religionsfreiheit (Art. 10 EU-GRC) erfolgen, die für den Regelfall zugunsten der Religionsfreiheit ausgehen wird.[155]

4. Diskriminierung wegen der sexuellen Ausrichtung

174 ▶ **Beispielsfall 57**

Herr R war seit 1950 bei der Freien und Hansestadt Hamburg (FHH) als Verwaltungsangestellter beschäftigt. Seit Eintritt seiner Erwerbsunfähigkeit erhält er von der FHH ein Ruhegeld. Er lebt seit 1969 ohne Unterbrechung mit Herrn U zusammen; die beiden haben eine Eingetragene Lebenspartnerschaft gemäß dem LPartG begründet. Wäre Herr R verheiratet, so würde er ein höheres Ruhegeld erhalten. ◀

EuGH 1.4.2008 – C-267/06 (Maruko), ECLI:EU:C:2008:179;
EuGH 10.5.2011 – C-147/08 (Jürgen Römer), ECLI:EU:C:2011:286

175 ▶ **Beispielsfall 58**

Herr Hay ist in einer ähnlichen Situation wie Herr R. Allerdings lebt er in Frankreich. Dort hat er mit seinem Lebenspartner einen „zivilen Solidaritätspakt“ (Pacte civil de solidarité, PACS) nach französischem Recht abgeschlossen. Anders als die Ehe, die nur Paaren von Mann und Frau offensteht, kann ein PACS von zwei Personen jeglichen Geschlechts begründet werden.

---

152 EuGH 14.3.2017 – C-157/15 (Achbita), ECLI:EU:C:2017:203.

153 So auch ArbG Hamburg 21.11.2018 – 8 Ca 123/18 (anhängig beim EuGH unter Az. C-804/18 (WABE)), mAnm Sandhu ZESAR 2019, 173 ff.; siehe Kocher, EnzEuR, 2. Aufl. 2020, § 5, Rn. 125; BAG 30.1.2019 – 10 AZR 299/18 (A) (MH Müller Handel) (beim EuGH anhängig unter Az. C-341/19) zu einem auf auffällige großflächige religiöse, politische und sonstige weltanschauliche Zeichen begrenzten Verbot.

154 Kocher, EnzEuR, 2. Aufl. 2020, § 5, Rn. 139; 158.

155 Vgl. BAG 30.1.2019 – 10 AZR 299/18 (A) (MH Müller Handel) (beim EuGH anhängig unter Az. C-341/19), das allerdings die einzelstaatlichen Grundrechte (Art. 4 GG) anführt und den EuGH darüber hinaus um eine Prüfung bittet, inwieweit das innerstaatliche Recht eine gemäß Art. 8 RL 2000/78/EG zulässige günstigere Regelung darstelle, weil sie die Religionsfreiheit der Arbeitnehmer im höheren Maße schützt.

Dieses Rechtsinstitut steht also sowohl heterosexuellen als auch homosexuellen Paaren offen. Herr Hay möchte nun einen Sonderurlaubstag und eine Prämie aus Anlass des Abschlusses eines PACS erhalten; diese Leistungen werden anderen Arbeitnehmerinnen und Arbeitnehmern aus Anlass einer Eheschließung gewährt. Er verlangt Gleichbehandlung. ◀

EuGH 12.12.2013 – C-267/12 (Hay), ECLI:EU:C:2013:823

Das Verbot der Diskriminierung aus Gründen der sexuellen Ausrichtung war zum Zeitpunkt der Umsetzung der Richtlinie 2000/78/EG für nahezu alle Mitgliedstaaten neu.[156] Es erfasst jedenfalls Diskriminierungen wegen **Heterosexualität, Homosexualität oder Bisexualität.** Wer Diskriminierungen wegen Intersexualität oder Genderidentität nicht – wie es zutreffend wäre[157] – dem Verbot der Geschlechtsdiskriminierung zuordnet, muss sie ebenfalls als Diskriminierungen wegen der sexuellen Ausrichtung einordnen. 176

Wichtige Anwendungsfälle dieses Diskriminierungsverbots sind Ungleichbehandlungen von **gleichgeschlechtlichen Partnerschaften** gegenüber der Ehe. Dabei stellt sich zunächst die Frage, ob die Benachteiligung einer gleichgeschlechtlichen Partnerschaft gegenüber der Ehe eine unmittelbare oder eine mittelbare Diskriminierung wegen der sexuellen Ausrichtung darstellt. Dabei ist dem EuGH darin zuzustimmen, dass jedenfalls bei der deutschen Lebenspartnerschaft (**Beispielsfall 57**) im Verhältnis zur Ehe eine unmittelbare Ungleichbehandlung anzunehmen ist.[158] Wenn auch in Deutschland weder mit der Lebenspartnerschaft noch mit der Ehe notwendig eine bestimmte sexuelle Ausrichtung verbunden ist, so richten diese Rechtsinstitute sich doch ausschließlich an heterosexuelle Paare (Ehe) bzw. homosexuelle Paare (Lebenspartnerschaft). Deshalb handelt es sich um eine **unmittelbare Diskriminierung** wegen der sexuellen Ausrichtung.[159] 177

Anders ist es in **Beispielsfall 58** beim französischen PACS. Er steht Paaren unterschiedlichen Geschlechts offen. Da heterosexuelle Paare aber auch eine Ehe schließen können, ist der PACS nur für gleichgeschlechtliche Paare die einzige Möglichkeit, ihrer Partnerschaft einen festen rechtlichen Status zu verleihen, der Dritten entgegengehalten werden kann.[160] Eine Benachteiligung des PACS im Verhältnis zur Ehe benachteiligt also homosexuelle Arbeitnehmerinnen und Arbeitnehmer in besonderer Weise. Deshalb liegt in diesem Fall jedenfalls eine **mittelbare Diskriminierung** vor.

Die Annahme einer unmittelbaren Diskriminierung kommt nur in Betracht, soweit die Rechtsinstitute **vergleichbar** sind. „Die Beurteilung der Vergleichbarkeit fällt in die Zuständigkeit des vorlegenden Gerichts und hat sich auf die jeweiligen, unter Berücksichtigung des Zwecks und der Voraussetzungen für die Gewährung der fraglichen Leistung relevanten Rechte und Pflichten der Ehegatten und der in einer Lebenspartnerschaft lebenden Personen zu konzentrieren, wie sie im Rahmen der entsprechenden 178

156 Europäische Kommission, Gemeinsamer Bericht über die Anwendung der „Richtlinie zur Rassengleichheit" und der „Gleichbehandlungsrichtlinie für den Bereich Beschäftigung", KOM(2014) 2 endg., S. 17.

157 Siehe zB Kocher, in: Schlachter/Heinig (Hrsg.), Europäisches Arbeits- und Sozialrecht (EnzEuR Bd. 7), § 5, Rn. 85 f.; Grünberger/Husemann, § 5 Gleichbehandlung, in: Preis/Sagan (Hrsg.), Europäisches Arbeitsrecht, 2. Aufl. 2019, Rn. 74 f. Zur Diskussion siehe auch BAG 17.12.2015 – 8 AZR 421/14.

158 EuGH 10.5.2011 – C-147/08 (Römer), ECLI:EU:C:2011:286; anders wohl BVerfG 19.6.2012 – 2 BvR 1397/09, BVerfGE 131, 239 (mittelbare Diskriminierung: „gesetzliche Bestimmungen, die die Rechte eingetragener Lebenspartner regeln, erfassen typischerweise homosexuelle Menschen").

159 Siehe auch Grünberger/Husemann, § 5 Gleichbehandlung, in: Preis/Sagan (Hrsg.), Europäisches Arbeitsrecht, 2. Aufl. 2019, Rn. 90.

160 EuGH 12.12.2013 – C-267/12 (Hay), ECLI: EU: C: 2013:823, 153, Rn. 36; siehe auch EuGH 7.1.2004 – C-117/01 (K.B../. NHS), ECLI:EU:C:2004:7, Rn. 28 f. zur Diskriminierung aufgrund der Unmöglichkeit, eine Ehe einzugehen (in Bezug auf Transsexuelle).

Rechtsinstitute geregelt sind."[161] Soweit das einzelstaatliche Recht neben der Ehe eine formalisierte Lebenspartnerschaft für gleichgeschlechtliche Paare kennt, ist diese im Anwendungsbereich der Richtlinie 2000/78/EG insoweit gleich zu behandeln, als die Lebenspartnerschaft nach mitgliedstaatlichem Recht Funktionen einer Ehe erfüllt.[162] Für die deutsche eingetragene Lebenspartnerschaft ist dies auch nach der Öffnung der Ehe für alle in der Regel anzunehmen.

179 Für die Frage der Rechtfertigung einer mittelbaren Diskriminierung in **Beispielsfall 58** kommt es darauf an, ob die Differenzierung im Hinblick auf die Zwecksetzung der jeweiligen Leistung **gerechtfertigt** ist. Und da die Leistungen an die Ehe anknüpfen, also dieses Rechtsinstitut würdigen und Belastungen ausgleichen sollen, kommt es für die Rechtfertigung entscheidend darauf an, inwiefern die gleichgeschlechtliche Partnerschaft im Hinblick auf diese Leistungen mit der Ehe vergleichbar ist. Die Maßstäbe entsprechen denen in Beispielsfall 57 (Rn. 177). Jedenfalls im Hinblick auf die Prämie für eine Eheschließung hat der EuGH die Vergleichbarkeit des französischen PACS mit der Ehe zu Recht bejaht.

5. Diskriminierung wegen des Alters

Literatur: *Preis, Ulrich/Reuter, Marc*, § 6 Verbot der Altersdiskriminierung, in: Preis/Sagan (Hrsg.), Europäisches Arbeitsrecht, 2. Aufl. 2019.

180 ▶ **Beispielsfall 59**

Nach § 26 Abs. 1 Satz 2 des Tarifvertrags für den öffentlichen Dienst (TVöD) ist die Dauer des Jahresurlaubs an das Lebensalter des Arbeitnehmers oder der Arbeitnehmerin geknüpft. Danach beträgt der Urlaubsanspruch in jedem Kalenderjahr

- 26 Arbeitstage bis zum vollendeten 30. Lebensjahr,
- 29 Arbeitstage bis zum vollendeten 40. Lebensjahr,
- 30 Arbeitstage nach dem vollendeten 40. Lebensjahr.

Bei körperlich ermüdender und schwerer Arbeit werden ab dem 58. Lebensjahr zwei zusätzliche Urlaubstage gewährt. ◀

BAG 20.3.2012 – 9 AZR 529/10; BAG 21.10.2014 – 9 AZR 956/12

181 ▶ **Beispielsfall 60**

Frau Rosenbladt war beruflich 39 Jahre lang mit Tätigkeiten der Gebäudereinigung befasst. Nach dem einschlägigen Tarifvertrag für das Gebäudereinigungsgewerbe endete ihr Arbeitsverhältnis mit Ablauf des Kalendermonats, in dem sie Anspruch auf eine Altersrente hat. Bei Frau Rosenbladt war das mit Ablauf des 65. Lebensjahres der Fall. Da sie allerdings lange Zeit nur zu einer Bruttomonatsvergütung von 307,48 Euro mit zwei Stunden pro Tag teilzeitbeschäftigt war, reicht ihre Altersrente für eine eigenständige Existenzsicherung nicht aus. Sie wendet sich gegen das automatische Ende ihres Arbeitsverhältnisses. ◀

EuGH 12.10.2010 – C-45/09 (Rosenbladt), ECLI:EU:C:2010:601

---

161 EuGH 10.5.2011 – C-147/08 (Römer), ECLI: EU: C: 2011:286; EuGH 6.12.2012 – C-124/11 (Dittrich), C-125/11 (Klinke), C-143/11 (Müller), ECLI:EU:C:2012:771; siehe auch schon EuGH 1.4.2008 – C-267/06 (Maruko), ECLI:EU:C:2008:179.

162 So auch EuGH 12.12.2013 – C-267/12 (Hay), ECLI:EU:C:2013:823, für den französischen PACS. Vgl. EuGH, 24.11.2016 – C-443/15 (Parris), ECLI:EU:C:2016:897; zur Frage einer Diskriminierung solcher Paare, deren Partnerschaft nicht die zeitliche Mindestdauer für bestimmte Rechte erfüllt, weil ihnen die Eingehung der Partnerschaft rechtlich erst spät ermöglicht wurde (nach Meinung des EuGH keine Alterdiskriminierung).

Beispielsfall 61 182

Herr Prigge, Herr Fromm und Herr Lambach waren langjährig als Flugzeugführer bei der Deutschen Lufthansa beschäftigt. Ihre Arbeitsverträge endeten mit Vollendung des 60. Lebensjahres, also vor Erreichen des Rentenalters. Rechtsgrundlage für die Beendigung war eine Bestimmung des anwendbaren Tarifvertrags, die lautete: „Das Arbeitsverhältnis endet – ohne dass es einer Kündigung bedarf – mit Ablauf des Monats, in dem das 60. Lebensjahr vollendet wird."

EuGH 13.9.2011 – C-447/09 (Prigge ua), ECLI:EU:C:2011:573; siehe auch EuGH 5.7.2017 – C-190/16 (Fries), ECLI:EU:C:2017:513

Das Verbot der **Diskriminierung wegen des Alters** ist seit Jahren selbstverständlicher Bestandteil des US-amerikanischen Arbeitsrechts,[163] hatte jedoch vor Erlass der Richtlinie 2000/78/EG kaum Vorbilder in europäischen Rechtsordnungen. Mittlerweile findet es sich allerdings zunehmend in den Rechtsordnungen der EU-Mitgliedstaaten verankert.[164] Auch im Völkerrecht wurde ein entsprechendes Diskriminierungsverbot als Verbot der Diskriminierung wegen eines „sonstigen Status" entwickelt.[165] Während allerdings der US-amerikanische *Age Discrimination in Employment Act* (ADEA) vor allem Arbeitnehmerinnen und Arbeitnehmer schützt, die älter als 40 Jahre sind, ist das Diskriminierungsverbot wegen des Alters im Recht der EU **symmetrisch gestaltet**; es verbietet sowohl die Diskriminierung Älterer als auch die Diskriminierung Jüngerer. 183

In den europäischen Sozial- und Arbeitsrechtsordnungen ist das Alter jedoch herkömmlich ein wichtiges Anknüpfungselement. Denn die europäischen Sozialpolitiken waren lange Zeit und sind weitgehend immer noch vom **Leitbild** des lebenslang unbefristet bei einem einzigen Arbeitgeber beschäftigten Vollzeitarbeitnehmers beherrscht. Solche Arbeitsverhältnisse sind häufig mit einem automatischen Aufstieg und mit einem langsamen Anwachsen von Besitzständen verbunden. Der Besitzstand wächst dabei mit den Jahren der Betriebszugehörigkeit (andere Begriffe hierfür sind „Dienstzeit", „Anciennität" oder „Seniorität"). 184

Soweit solche **Besitzstände** sozialstaatlich gerechtfertigt sind, sollen sie nach der Richtlinie 2000/78/EG weiter verwendet werden dürfen. Sie erlaubt bei Diskriminierung wegen des Alters eine deutlich weiter gehende Rechtfertigung als bei anderen Diskriminierungen. Die sachliche Rechtfertigung von Altersanknüpfungen ist in Art. 6 Abs. 1 UAbs. 1 der Richtlinie 2000/78/EG speziell geregelt: 185

- Die Mitgliedstaaten können vorsehen, dass Ungleichbehandlungen wegen des Alters keine Diskriminierung darstellen, sofern sie objektiv und angemessen sind und im Rahmen des nationalen Rechts durch ein **legitimes Ziel** gerechtfertigt sind, und sofern die Mittel zur Erreichung dieses Ziels angemessen und erforderlich sind. Legitime Ziele sind insbesondere rechtmäßige Ziele aus den Bereichen Beschäftigungspolitik, Arbeitsmarkt und berufliche Bildung.
- Ungleichbehandlungen können folgendermaßen gerechtfertigt werden:
  - Besondere Bedingungen für den Zugang zur Beschäftigung und zur beruflichen Bildung sowie besondere Beschäftigungs- und Arbeitsbedingungen,

163 Ausf. dazu Fenske, Verbot der Altersdiskriminierung im US-amerikanischen Arbeitsrecht, Berlin 1998.

164 Europäische Kommission, KOM(2014) 2, S. 16; siehe auch zum deutschen Verbot der Altersdiskriminierung nach Art. 3 Abs. 1 GG (BVerfG 20.3.2001 – 1 BvR 491/96 – BVerfGE 103, 172) und nach dem allgemeinen arbeitsrechtlichen Gleichbehandlungsgrundsatz (BAG 15.11.2012 – 6 AZR 359/11, ZTR 2013, 196).

165 Schlachter, 2014, S. 17 zu Art. 14 EMRK und Art. 26 Abs. 2 IPBRP mwN.

  - um die berufliche Eingliederung von Jugendlichen, älteren Arbeitnehmerinnen und Arbeitnehmern und Personen mit Fürsorgepflichten zu fördern oder
  - um deren Schutz sicherzustellen.
- Mindestanforderungen an das Alter, die Berufserfahrung oder das Dienstalter für den Zugang zur Beschäftigung oder für bestimmte mit der Beschäftigung verbundene Vorteile.
- Festsetzung eines Höchstalters für die Einstellung:
  - aufgrund der spezifischen Ausbildungsanforderungen eines bestimmten Arbeitsplatzes oder
  - aufgrund der Notwendigkeit einer angemessenen Beschäftigungszeit vor dem Eintritt in den Ruhestand.

186 Altersgrenzen sind nach Art. 6 Abs. 2 der Richtlinie 2000/78/EG insbesondere in Betriebsrentensystemen zulässig.[166]

187 Daneben kommen natürlich auch bei Diskriminierungen wegen des Alters die allgemeinen Rechtfertigungsgründe in Betracht:

- positive Maßnahmen.
- wesentliche und entscheidende berufliche Anforderungen.
- notwendige Maßnahmen zur Gewährleistung der öffentlichen Sicherheit, [...] zum Schutz der Gesundheit und zum Schutz der Rechte und Freiheiten anderer (Art. 2 Abs. 5 der Richtlinie 2000/78/EG) (Rn. 130).

a) Altersabhängige Leistungen

188 Für **Altersdiskriminierungen beim Grundentgelt** sind keine Rechtfertigungsmöglichkeiten ersichtlich. Lebensaltersstufen beim Entgelt (nach denen das Grundentgelt automatisch mit dem Alter ansteigt) diskriminieren jüngere Beschäftigte, ohne dass es hierfür eine sachliche Rechtfertigung gäbe.[167] Das gleiche gilt für Lohnabschlagsklauseln zulasten jüngerer Beschäftigter oder Regelungen, die für Beschäftigte bis zum 18. oder 25. Lebensjahr bestimmte Leistungen kürzen oder ausschließen.[168] Sollen Berufserfahrung oder Betriebstreue honoriert werden, so kann dies nur unabhängig von dem Alter geschehen (zur Frage der mittelbaren Diskriminierung siehe unten Rn. 200). Das Alter darf auch nicht generell als Indiz für schwindende Leistungsfähigkeit und geringere Flexibilität verwendet werden, darf also kein Grund für eine automatische Absenkung von Leistungen sein.

189 Eine **längere Urlaubsdauer** wie in **Beispielsfall 59** kann aber dem legitimen Ziel des Gesundheitsschutzes älterer Beschäftigter dienen. Die Regelung ist dafür geeignet und erforderlich, wenn sie ein gesteigertes Erholungsbedürfnis ausgleichen kann. Dies setzt voraus, dass sie an ein Alter anknüpft, in dem typischerweise das Erholungsbedürfnis

166 Siehe aber auch BAG 11.12.2018 – 3 AZR 400/17; BAG 20.2.2018 – 3 AZR 43/17 zum Problem von Klauseln, die für die Hinterbliebenenversorgung einen Höchst-Altersabstand zwischen den Partnern verlangen.

167 EuGH 8.9.2011 – C-297/10 und C-298/10 (Hennigs und Mai), ECLI:EU:C:2011:560; genauso für das Beamtenrecht EuGH 19.6.2014 – C-501/12 bis C-506/12, C-540/12 und C-541/12 (Specht ua), ECLI: EU: C: 2014:2005, Rn. 63 ff., EuGH 9.9.2015 – C-20/13 (Unland), ECLI:EU:C:2015:561.

168 EuGH 18.6.2009 – C-88/08 (Hütter), ECLI:EU:C:2009:381, Rn. 43 ff.; EuGH 14.3.2018 – C-482/16 (Stollwitzer), ECLI:EU:C:2018:180; EuGH 19.1.2010 – C-555/07 (Kücükdeveci), ECLI:EU:C:2010:21, zu § 622 Abs. 2 S. 2 BGB a.F.; siehe oben § 1, Rn. 79. Siehe zB zur Europarechtswidrigkeit von Altersgruppen beim Mindestlohn: Ulber AuR 2014, 404 (406).

tatsächlich höher ist. In Beispielsfall 59 war die Staffelung bereits ab dem 30. bzw. 40. Lebensjahr als unionsrechtswidrig anzusehen. Zulässig ist aber der zusätzliche Urlaub ab dem 58. Lebensjahr.

Nach ähnlichen Kriterien der Eignung und Erforderlichkeit sind **arbeitsmarktpolitische** Maßnahmen zu prüfen, wie zB die Regelung des § 14 Abs. 2 TzBfG, die im Gefolge der Mangold-Entscheidung (vgl. oben bei § 1, Rn. 62) verändert wurde. Jedenfalls nach Meinung des BAG kann die erleichterte Befristung geeignet sein, die Beschäftigungschancen älterer Arbeitsuchender zu verbessern und Anreize zu ihrer Einstellung zu schaffen.[169] Der EuGH wiederum hat entsprechende Regelungen auch schon gebilligt, die den Eintritt jüngerer Arbeitnehmerinnen und Arbeitnehmer in den Arbeitsmarkt fördern sollten.[170] 190

b) Das Alter bei Begründung und Beendigung von Beschäftigungsverhältnissen

Für die **Begründung von Arbeitsverhältnissen** wünschen sich Arbeitgeber zT lieber jüngere Beschäftigte. Unmittelbare Benachteiligung, also Höchstaltersgrenzen werden sich insofern allerdings schwerlich durch berufliche Anforderungen rechtfertigen lassen. Auch für die mittelbaren Benachteiligungen älterer Bewerberinnen und Bewerber bedarf es jedoch einer sachlichen Rechtfertigung, die selten gelingen dürfte. Problematisch ist in solchen Fällen allerdings meist, inwiefern bestimmte Anforderungen in Stellenausschreibungen („frisch gebacken aus der Ausbildung“, „ohne Berufserfahrung“) tatsächlich geeignet sind, ältere Personen zu benachteiligen.[171] 191

In der Rechtspraxis spielen **Altersgrenzen bei der Beendigung von Beschäftigungsverhältnissen** eine große Rolle für das Verständnis des Verbots der Altersdiskriminierung. Sozialpolitisch sind allgemeine Altersgrenzen in fast allen europäischen Rechtsordnungen im Zusammenhang mit der Altersrente üblich gewesen. Das Verbot der Altersdiskriminierung stellt insofern langjährige sozialpolitische Routinen infrage und befördert eine Verlängerung der Zeit der Erwerbsarbeit im Alter. Für die Arbeitnehmerinnen und Arbeitnehmer greifen Altersgrenzen in das Recht auf Arbeit und Berufsfreiheit ein. Im deutschen Recht waren sie deshalb immer im Hinblick auf Art. 12 GG problematisch; für das Unionsrecht hat der EuGH Altersgrenzen ebenfalls im Hinblick auf die Berufsfreiheit des Art. 15 Abs. 1 EU-GRC problematisiert.[172] 192

Zu unterscheiden sind: 193

- allgemeine Altersgrenzen.
- berufs- und tätigkeitsbezogene Altersgrenzen.

Um eine **allgemeine Altersgrenze** handelt es sich in **Beispielsfall 60.** Denn sie hängt lediglich vom Bezug einer Altersrente ab. Solche Altersgrenzen werden beschäftigungspolitisch in der Regel damit gerechtfertigt, dass sie die Einstellung jüngerer Beschäftigter fördern, indem Arbeitsplätze freigemacht werden. Dabei handelt es sich zwar um ein legitimes Ziel, „aus den Bereichen Beschäftigungspolitik, Arbeitsmarkt und berufli- 194

169 BAG 26.4.2006 – 7 AZR 500/04, AP Nr. 23 zu § 14 TzBfG.
170 EuGH, 19.7.2017 – C-143/16 (Abercrombie & Fitch Italia), ECLI:EU:C:2017:566; zur Kritik Kocher, EnzEuR, 2. Aufl. 2020, § 5, Rn. 216; siehe auch EuGH 1.10.2015 – C-432/14 (Bio Philippe Auguste SARL), ECLI:EU:C:2015:643.
171 Für ein Beispiel siehe BAG 15.12.2016 8 AZR 454/15.
172 EuGH 21.7.2011 – C-159/10 (Fuchs und Köhler), ECLI:EU:C:2011:508, Rn. 62 f.; zur Diskussion im deutschen Recht siehe Söllner RdA 1989, 144.

che Bildung“ (Art. 6 Abs. 1 UAbs. 1 der Richtlinie 2000/78/EG). Nach dem Wortlaut dieser Norm scheint eine Rechtfertigung dennoch problematisch, wenn man die Anforderung ernst nimmt, dass die Altersgrenze für die Förderung von jüngeren Beschäftigten geeignet und erforderlich sein muss.[173]

195 In vielen Einzelurteilen zu tariflichen und betrieblichen Regelungen hat sich das **Case Law des EuGH** hier mittlerweile aber stabilisiert, und der Gerichtshof akzeptiert allgemeine Altersgrenzen nun weitgehend. Die automatische Beendigung der Arbeitsverhältnisse von Beschäftigten, welche die Voraussetzungen für den Bezug einer Altersrente erfüllen, sei nun einmal „seit Langem Teil des Arbeitsrechts zahlreicher Mitgliedstaaten und in den Beziehungen des Arbeitslebens weithin üblich“. Dieser Mechanismus beruhe auf einem Ausgleich zwischen politischen, wirtschaftlichen, sozialen, demografischen und/oder haushaltsbezogenen Erwägungen.[174] Dem sozialpolitischen Ermessensspielraum der Mitgliedstaaten bzw. der Sozialpartner wird so Rechnung getragen. Die Annahme, jüngere Beschäftigte könnten tatsächlich vom Aufhören älterer Beschäftigter profitieren, akzeptiert der EuGH als jedenfalls „nicht unvernünftig“.[175]

196 Was die Interessen der Arbeitnehmerinnen und Arbeitnehmer angeht, so setzt die **Zulässigkeit allgemeiner Altersgrenzen** voraus,

- dass die Arbeitgeber nicht aufgrund des Alters zur einseitigen Beendigung des Arbeitsverhältnisses ermächtigt sind.
- dass die Altersgrenze nicht zwingend den Eintritt in den Ruhestand verlangt, sondern lediglich das Beschäftigungsverhältnis (zunächst) beendet und die weitere Teilnahme am Arbeitsmarkt zulässt.[176]
- dass den Betroffenen ein finanzieller Ausgleich in Gestalt einer Altersrente zugutekommt, ihre finanzielle Versorgung also gewährleistet ist. Allerdings verlangen die Gerichte nicht, dass der konkrete Rentenanspruch tatsächlich eine ausreichende wirtschaftliche Basis darstellt, sondern lassen den Anspruch auf Regelaltersrente ohne weitere Prüfung ausreichen – jedenfalls solange eine Grundsicherung zur Existenzsicherung gewährleistet ist.[177] In **Beispielsfall 60** wurde die Altersgrenze deshalb für zulässig gehalten, obwohl Frau Rosenbladt nach Beendigung des Arbeitsverhältnisses auf Zuverdienste zur Rente bzw. auf Sozialleistungen angewiesen war.

197 Um eine ganz andere Konstellation ging es in **Beispielsfall 61**. Hier handelte es sich um eine **berufs- und tätigkeitsbezogene Altersgrenze**. Da diese Altersgrenze bereits eingriff, bevor ein Anspruch auf Altersrente bestand, bedurfte es einer anderen Rechtfertigung als bei der allgemeinen Altersgrenze; Art. 6 der Richtlinie 2000/78/EG kam als Rechtfertigungsgrund nicht in Betracht, denn dann hätte im Einzelnen dargelegt werden müssen, inwiefern die Altersgrenze wirklich erforderlich ist, um beschäftigungspolitische Ziele zu erreichen.[178] Dies war in Beispielsfall 61 nicht gelungen.

173 Siehe zB Kocher RdA 2008, 238; Dewhurst CMLR 2013, 1333 (1351 ff.).

174 EuGH 12.10.2010 – C-45/09 (Rosenbladt), ECLI: EU: C: 2010:601, Rn. 44; vgl. schon EuGH 16.10.2007 – C-411/05 (Palacios de la Villa), ECLI:EU:C:2007:604, Rn. 69; Brors RdA 2012, 346.

175 EuGH 16.10.2007 – C-411/05 (Palacios de la Villa), ECLI: EU: C: 2007:604; Kocher RdA 2008, 238; EuGH 12.10.2010 – C-45/09 (Rosenbladt), ECLI:EU:C:2010:601.

176 Bayreuther NJW 2012, 2758.

177 EuGH 5.7.2012 – C-141/11 (Hörnfeldt), ECLI: EU: C: 2012:421; EuGH 12.10.2010 – C-45/09 (Rosenbladt), ECLI:EU:C:2010:601; Bayreuther NJW 2012, 2758 (2761 f.).

178 Siehe zB EuGH 12.1.2010 – C-341/08 (Petersen), ECLI:EU:C:2010:4, Rn. 77; Brors RdA 2012, 346.

198 Hier kam aber eine Rechtfertigung als **wesentliche und entscheidende berufliche Anforderung** in Betracht (Art. 4 Abs. 1 der Richtlinie 2000/78/EG), denn die Altersgrenze war mit der Erwägung begründet, dass die Tätigkeit eines Flugzeugführers Fähigkeiten verlangt, die im Alter abnehmen. Der EuGH ist hier etwas großzügiger mit der Stereotypisierung als bei anderen Diskriminierungsgründen. In bestimmten Grenzen erlaubt er hier die Annahme, dass mit dem Alter als solchem eine geringere körperliche oder psychische Belastbarkeit verbunden sei. Eine individuelle Leistungsbewertung könne nicht nur unpraktisch und undurchführbar, sondern für die betroffenen Arbeitnehmerinnen und Arbeitnehmer mit Beeinträchtigungen („erniedrigenden Bedingungen") verbunden sein. Unter Berufung auf aktuelle medizinische Erkenntnisse, die einen deutlichen Leistungsabfall ab dem 50. Lebensjahr zeigen, hat der EuGH zB eine Altersgrenze von 30 Jahren für den feuerwehrtechnischen Dienst wegen der „besonders ausgeprägten körperlichen Eignung" für zulässig gehalten.[179] In anderen Fällen wurde mangels entsprechender Daten und mangels Konsistenz in der Regulierung keine solche Altersgrenze anerkannt.[180]

199 Allerdings sind die beruflichen Anforderungen an die Leistungsfähigkeit möglicherweise weniger streng zu beurteilen, wenn diese mit öffentlichen Interessen im Sinne des Art. 2 Abs. 5 Richtlinie 2000/78/EG übereinstimmen.[181] In **Beispielsfall 61** waren Gründe der Sicherheit der Passagiere und der Bewohnerinnen und Bewohner der überflogenen Gebiete geltend gemacht worden, also Ziele, die mit der **öffentlichen Sicherheit und dem Schutz der Gesundheit** in Zusammenhang stehen. Bei der Berufung auf die öffentliche Sicherheit und Gesundheit sind aber öffentlich-rechtliche Rahmenregelungen zu beachten. In Bezug auf die Tätigkeit von Flugzeugführerinnen und Flugzeugführern sah die damals noch geltende Verordnungsregelung über Luftfahrtpersonal (in Übereinstimmung mit dem internationalen Regelungswerk für Flugzeugführer) vor, dass Pilotinnen und Piloten noch bis zur Vollendung des 65. Lebensjahres ihre Tätigkeit ausüben durften. Die Tarifparteien durften also nicht eine Beendigung mit dem 60. Lebensjahr als erforderlich für den Schutz von Sicherheit und Gesundheit ansehen.[182] Die Altersgrenze war europarechtswidrig. Eine Altersgrenze von 65 Jahren ist allerdings möglich und verstößt nicht gegen Grundrechte der Pilotinnen und Piloten, wenn sie auf das Erforderliche und Angemessene begrenzt bleibt.[183]

c) Anknüpfung an die Betriebszugehörigkeit oder Berufserfahrung als mittelbare Altersdiskriminierung

200 Zahlreiche betriebliche, tarifliche und gesetzliche Regelungen in allen Mitgliedstaaten verbinden mit einer höheren Betriebszugehörigkeit bzw. einem höheren Dienstalter

179 EuGH 12.1.2010 – C-229/08 (Wolf), ECLI:EU:C:2010:3.

180 EuGH 13.9.2011 – C-447/09 (Prigge ua), ECLI:EU:C:2011:573; EuGH 13.11.2014 – C-416/13 (Pérez), ECLI: EU:C:2014:2371, Rn. 54 (örtliche Polizei: geringere körperliche Anforderungen als bei der Feuerwehr insbesondere bei der Brandbekämpfung); vgl. aber auch EuGH 15.11.2016 – C-258/15 (Gorka Salaberria Sorondo), ECLI:EU:C:2016:873; siehe auch oben Rn. 114 a f. zur Verbindung vo Körpergröße und körperlichen Fähigkeiten.

181 Art. 2 Abs. 5: „Diese Richtlinie berührt nicht die im einzelstaatlichen Recht vorgesehenen Maßnahmen, die in einer demokratischen Gesellschaft für die Gewährleistung der öffentlichen Sicherheit, die Verteidigung der Ordnung und die Verhütung von Straftaten, zum Schutz der Gesundheit und zum Schutz der Rechte und Freiheiten anderer notwendig sind." Zur Differenzierung zwischen sozialpolitischen Zielen nach Art. 6 Abs. 1 und den Zielen des Gesundheitsschutzes nach Art. 2 Abs. 5 siehe auch BVerfG 24.10.2011 – 1 BvR 1103/11, NZA 2012, 202; siehe oben Rn. 130.

182 EuGH 13.9.2011 – C-447/09 (Prigge ua), ECLI:EU:C:2011:573, Rn. 64.

183 EuGH 5.7.2017 – C-190/16 (Fries), ECLI:EU:C:2017:513.

(Anciennität, Seniorität) bessere Leistungen. Dies ist ein im Hinblick auf das Alter neutrales Kriterium, das aber geeignet ist, Jüngere besonders zu benachteiligen – hier kommt also eine mittelbare Diskriminierung in Betracht. Diese bedarf einer sachlichen Rechtfertigung. Hierfür kommen im Wesentlichen zwei legitime Ziele in Betracht (genauer siehe oben § 3, Rn. 56):

- Eine Anknüpfung an die Betriebszugehörigkeit kann **Berufserfahrung** honorieren.
- Eine Anknüpfung an die Betriebszugehörigkeit kann **Betriebstreue** honorieren bzw. zur Herstellung oder Vertiefung der betrieblichen Bindung beitragen.

V. Allgemeine Grundsätze der Richtlinienumsetzung

201 Die Antidiskriminierungsrichtlinien 2000/43/EG, 2000/78/EG und 2006/54/EG beschränken sich – wie die meisten unionsrechtlichen Richtlinien – im Wesentlichen darauf festzulegen, welche Verhaltensweisen verboten und verhindert werden müssen. Sie benennen im Sinne des Art. 288 Abs. 3 AEUV das Ziel, das die mitgliedstaatliche Umsetzung erreichen muss.

202 Für die Mitgliedstaaten ist dieses Ziel verbindlich. Sie dürfen sich auch nicht darauf beschränken, nur Verbote in das einzelstaatliche Recht zu übernehmen. Vielmehr ist in der **Umsetzungsgesetzgebung** zu regeln, welche Rechte (der Arbeitnehmerinnen und Arbeitnehmer oder anderer Personen) sich bei einer Verletzung dieser Pflichten ergeben. Die Durchsetzung der Pflichten kann durch privatrechtliche Ansprüche, aber auch durch straf- oder öffentlich-rechtliche Kontrollen (zB der Arbeitsschutzbehörden) oder durch Mitbestimmungsrechte (zB der Betriebsräte) erfolgen. Welche Mittel die Mitgliedstaaten zur Erreichung des Ziels verwenden, ist ihnen überlassen. Insbesondere dürfen sie Rechte im Fall missbräuchlicher Ausübung versagen.[184]

Allerdings gibt es einige Mindestanforderungen an die Richtlinienumsetzung:

- Die Umsetzung muss **effektiv** sein (siehe dazu Rn. 203 ff.).
- Die Rechte bei Verstoß gegen das Unionsrecht müssen den Rechten bei Verstoß gegen allein mitgliedstaatliche Rechtsnormen gleichwertig sein (**Äquivalenzgrundsatz**) (siehe dazu Rn. 220 ff.).
- Die Umsetzung der Richtlinie darf nicht dazu genutzt werden, bestehende Schutzniveaus zu beeinträchtigen (**Absenkungs- oder Verschlechterungsverbot** (siehe dazu Rn. 225).

1. Effektivität

203 ▶ **Beispielsfall 62**

Das Unternehmen Speech Design veröffentlichte eine Stellenanzeige für „eine/n Softwareentwickler/-in mit Erfahrung mit C#". Darauf bewarb sich Galina Meister, die 45 Jahre alt, russischer Herkunft und Inhaberin eines russischen Diploms als Systemtechnik-Ingenieurin war, dessen Gleichwertigkeit mit einem deutschen Fachhochschuldiplom anerkannt war. Sie verfügte über Erfahrung mit dem Software-System C#, das in Russland wesentlich gebräuchlicher ist als im deutschsprachigen Raum. Speech Design lehnte die Bewerbung dennoch ab, ohne Frau Meister zu einem Vorstellungsgespräch einzuladen. Kurz danach er-

184 Genauer oben § 4 Rn. 13 a zum sog. „AGG-Hopping".

schien eine zweite Stellenanzeige von Speech Design, deren Inhalt dem der ersten Anzeige entsprach; die erneute Bewerbung Frau Meisters wurde wieder abgelehnt. ◀

vgl. EuGH 19.4.2012 – C-415/10 (Meister) ECLI:EU:C:2012:217;
siehe auch EuGH 21.7.2011 – C-104/10 (Kelly), ECLI:EU:C:2011:506

Der Grundsatz der **Effektivität des Rechtsschutzes** ergibt sich allgemein bereits aus Art. 47 EU-GRC. Diese Norm betrifft die Notwendigkeit, wirksamen Individualrechtsschutz zu gewährleisten. Die Antidiskriminierungsrichtlinien 2006/54/EG, 2000/43/EG und 2000/78/EG enthalten darüber hinaus spezielle Normen zur Konkretisierung dieses Grundrechts. 204

Auch aus den Grundrechten können sich **verfahrensrechtliche Mindestanforderungen** ergeben, die erforderlich sind, um ein Grundrecht vor praktischer „Aushöhlung" zu schützen und seine praktische Durchsetzung und Wirkung zu sichern. Für das Grundrecht auf Begrenzung der Höchstarbeitszeit, auf tägliche und wöchentliche Ruhezeiten sowie auf bezahlten Jahresurlaub (Art. 31 Abs. 2 EU-GRC) hat der EuGH diese Dimensionen bereits anerkannt.[185] Diese Anforderungen sind für die Richtlinienumsetzung insbesondere dort von Bedeutung, wo eine Richtlinie bestimmte Grundrechte konkretisiert. 205

Der Grundsatz der **Effektivität der Richtlinienumsetzung** steht in einem engen Zusammenhang mit dem Gebot effektiven Rechtsschutzes. Dieser Grundsatz ergibt sich in der Sache aus Art. 288 Abs. 3 AEUV, wonach eine Richtlinie für die Mitgliedstaaten „hinsichtlich des zu erreichenden Ziels verbindlich" ist. Er ergibt sich darüber hinaus aus Art. 4 Abs. 3 UAbs. 2 Satz 1 EUV („Die Mitgliedstaaten treffen alle geeigneten Maßnahmen allgemeiner oder besonderer Art zur Erfüllung der Verpflichtungen, die sich aus diesem Vertrag oder aus Handlungen der Organe der Union ergeben"). 206

Die Frage, wie die Effektivität der Richtlinienumsetzung durch Rechtsschutz oder behördliche Verfahren gewährleistet wird, ist eine Frage, die den Regelungsspielräumen der Mitgliedstaaten überantwortet ist. Die Antidiskriminierungsrichtlinien regeln dazu allerdings die folgenden Mindestanforderungen: 207

- **Beweislast:** Wenn Personen, die sich durch die Verletzung eines Diskriminierungsverbots für beschwert halten und deswegen klagen, Tatsachen glaubhaft machen, die das Vorliegen einer Diskriminierung vermuten lassen, dann obliegt es dem Beklagten zu beweisen, dass kein Verstoß vorliegt (siehe Rn. 208 f.).[186]
- **Unterstützung durch Antidiskriminierungsverbände:** „Verbände, Organisationen oder andere juristische Personen, die gemäß den in ihrem einzelstaatlichen Recht festgelegten Kriterien ein rechtmäßiges Interesse daran haben, für die Einhaltung der Bestimmungen [der Richtlinien] zu sorgen, [müssen] sich an [...] Gerichts- und/ oder Verwaltungsverfahren beteiligen können".[187]
- Für die Verwirklichung der Geschlechtergleichbehandlung (Richtlinie 2006/54/EG) und die Bekämpfung der rassistischen Diskriminierung (Richtlinie 2000/43/EG) müssen die Mitgliedstaaten **Antidiskriminierungsstellen** bezeichnen, die unabhängi-

185 EuGH 14.5.2019 – C-55/18 (Comisiones Obreras, CCOO), ECLI:EU:C:2019:402, Rn. 31 f.; 43; 48; 50; 65.
186 Art. 19 Abs. 1 RL 2006/54/EG = Art. 8 Abs. 1 RL 2000/43/EG = Art. 10 Abs. 1 RL 2000/78/EG; die Regelung gilt nicht für Verfahren mit Amtsermittlung.
187 Art. 7 Abs. 2 RL 2000/43/EG = Art. 9 Abs. 2 RL 2000/78/EG; zur Verbandsklage siehe auch Joussen RdA 2015, 305 ff. (307).

ge Untersuchungen durchführen und Beschwerden unabhängig unterstützen können.[188]

a) Beispiel Beweislast und Auskunftsrechte

208 Für die effektive Rechtsdurchsetzung ist die Frage der **Beweislast** von besonderer Bedeutung. In Fortsetzung der mittlerweile aufgehobenen Richtlinie 97/80/EG über die Beweislast bei Diskriminierung aufgrund des Geschlechts enthalten alle Antidiskriminierungsrichtlinien eine Vorschrift, wonach die Mitgliedstaaten die Beweislast erleichtern müssen. Personen, die sich durch die Verletzung des Gleichbehandlungsgrundsatzes für beschwert halten, müssen lediglich Tatsachen (Indizien) glaubhaft machen, die das Vorliegen einer Diskriminierung vermuten lassen; dann obliegt es dem Beklagten zu beweisen, dass keine Verletzung des Gleichbehandlungsgrundsatzes vorgelegen hat.[189] Die Mitgliedstaaten können eine für Kläger günstigere Beweislastregelung vorsehen.[190]

209 Wenn eine Arbeitnehmerin aber wie in **Beispielsfall 62** nur schlüssig darlegen kann, dass sie die in einer Stellenausschreibung genannten Voraussetzungen erfüllt, und ansonsten nicht weiß, weshalb die Bewerbung nicht berücksichtigt wurde, so wird es ihr an ausreichenden Indizien fehlen. Die Beweislasterleichterung hilft hier nicht weiter. Es wäre zwar nützlich zu wissen, wen der Arbeitgeber am Ende des Einstellungsverfahrens eingestellt hat (bzw. ob überhaupt jemand eingestellt wurde). Die Rechtsvorschriften der Union sehen aber für einen solchen Fall **keinen Auskunftsanspruch** vor.[191] Es bleibt aber die allgemeine unionsrechtliche Vorgabe, Effektivität der Richtlinienumsetzung und praktische Wirksamkeit des Diskriminierungsschutzes zu gewährleisten. In einem Fall wie Beispielsfall 62 müssen es die mitgliedstaatlichen Gerichte deshalb bei einer Gesamtschau der Indizien zumindest zulasten des Arbeitgebers berücksichtigen, wenn dieser jeden Zugang zu Informationen verweigert. Zu berücksichtigen ist auch, ob es andere Möglichkeiten als die verweigerte Auskunft gäbe, um eine Diskriminierung nachzuweisen.[192]

b) Beispiel Sanktionen

210 ▶ **Beispielsfall 63**

Die Richtlinie zur Gleichbehandlung wegen des Geschlechts in Beschäftigung und Beruf wurde in Deutschland im Jahre 1980 umgesetzt (damals Richtlinie 76/207/EWG, heute durch Richtlinie 2006/54/EG ersetzt). Der damalige § 611 a Abs. 2 BGB sah bei Verstoß gegen das Diskriminierungsverbot den Ersatz des Vertrauensschadens vor, dh des Schadens, der diskriminierten Bewerberinnen oder Bewerbern dadurch entstanden war, dass sie darauf vertraut hatten, nicht diskriminiert zu werden. Bei einer Diskriminierung im Bewerbungsverfahren bedeutete dies in der Regel eine Erstattung der Bewerbungskosten (Kosten

188 Art. 20 RL 2006/54/EG = Art. 13 der RL 2000/43/EG.

189 Art. 19 Abs. 1 RL 2006/54/EG = Art. 8 Abs. 1 RL 2000/43/EG = Art. 10 Abs. 1 RL 2000/78/EG: Beweislast; zur Auslegung siehe zB EuGH 21.7.2011 – C-104/10 (Kelly), ECLI:EU:C:2011:506; zur Beweislast bei mittelbarer Diskriminierung siehe BAG 15.12.2016 – 8 AZR 454/15.

190 Art. 19 Abs. 5 RL 2006/54/EG, insofern leicht abweichend von Art. 8 Abs. 3 RL 2000/43/EG = Art. 10 Abs. 3 RL 2000/78/EG.

191 EuGH 21.7.2011 – C-104/10 (Kelly), ECLI:EU:C:2011:506; EuGH 19.4.2012 – C-415/10 (Meister), ECLI:EU:C:2012:217.

192 EuGH 19.4.2012 – C-415/10 (Meister), ECLI:EU:C:2012:217; BAG 25.4.2013 – 8 AZR 287/08, NZA 2014, 224.

der Bewerbungsunterlagen, Porto, evtl. Fahrtkosten; die Norm wurde deshalb auch „Porto-Paragraf" genannt). ◀

EuGH 10.4.1984 – 14/83 (von Colson und Kamann), ECLI:EU:C:1984:153

▶ **Beispielsfall 64** 211

In einer Stellenanzeige wird eine „Sekretärin" gesucht. Die Bewerbung von Herrn D wird deshalb nicht berücksichtigt. Allerdings hätte Herr D die Stelle wohl auch dann nicht bekommen, wenn man seine Bewerbung berücksichtigt hätte, statt ihn sofort wegen seines Geschlechts auszusortieren. Nach dem heutigen § 15 Abs. 2 AGG stand ihm deshalb ein Anspruch auf Entschädigung in Höhe von höchstens drei Monatsgehältern zu. ◀

Siehe EuGH 22.4.1997 – C-180/95 (Draehmpaehl), ECLI:EU:C:1997:208

Die Antidiskriminierungsrichtlinien sehen für den **individuellen Rechtsschutz** vor, dass Personen, die sich für diskriminiert halten, ihre Ansprüche gerichtlich geltend machen können, und zwar auch dann, wenn das Rechtsverhältnis, in dem die Diskriminierung vorgekommen sein soll, bereits beendet ist. Die Mitgliedstaaten dürfen eine obligatorische „Inanspruchnahme anderer zuständiger Behörden" oder ein Schlichtungsverfahren vorschalten[193] – soweit dies nicht den effektiven Rechtsschutz im Sinne von Art. 47 EU-GRC beeinträchtigt.[194] 212

Darüber hinaus muss durch ein „Viktimisierungsverbot" (im deutschen Recht **Maßregelungsverbot** genannt, siehe § 612 a BGB) gesichert sein, dass Einzelne keine Angst vor Repressionen haben müssen, wenn sie Rechte geltend machen. Arbeitnehmerinnen und Arbeitnehmer müssen also vor Entlassung oder anderen Benachteiligungen durch den Arbeitgeber geschützt werden, die auf eine Beschwerde innerhalb des Unternehmens oder auf die Einleitung eines sonstigen Verfahrens zur Durchsetzung des Diskriminierungsverbots zurückgehen.[195] Dieses Benachteiligungsverbot gilt auch für alle anderen Arbeitnehmerinnen und Arbeitnehmer, die evtl. auch auf die Diskriminierung anderer reagieren oder als Zeugen zur Verfügung stehen.[196] 213

Im deutschen Recht werden die Antidiskriminierungsrichtlinien fast ausschließlich privatrechtlich umgesetzt. Damit erfüllen die individuellen privatrechtlichen Rechtsansprüche über den Individualrechtsschutz hinaus die Funktion, Verstöße gegen das Diskriminierungsverbot zu sanktionieren. Dies war das Problem in den **Beispielsfällen 63 und 64**. Zu Recht betonte der EuGH in Beispielsfall 63: Wenn sich ein Mitgliedstaat dafür entscheidet, den Verstoß gegen ein Diskriminierungsverbot mit der **Sanktion einer Entschädigung** zu belegen, so muss diese Sanktion[197] 214

- in einem angemessenen Verhältnis zum erlittenen Schaden stehen,
- tatsächlichen und wirksamen Rechtsschutz gewährleisten und
- eine wirklich abschreckende Wirkung gegenüber dem/der Diskriminierenden haben.

193 Art. 17 Abs. 1 RL 2006/54/EG = Art. 7 Abs. 1 RL 2000/43/EG = Art. 9 Abs. 1 RL 2000/78/EG.

194 Zum wortgleichen Art. 6 EMRK siehe insofern EuGH 18.3.2010 – C-317–320/08 (Alassini ua), ECLI:EU:C:2010:146 (Anforderungen an eine zulässige Verpflichtung zum obligatorischen außergerichtlichen Schlichtungsversuch); BVerfG 25.2.2009 – 1 BvR 3598/08, NJW-RR 2009, 1026 für das deutsche Verfassungsrecht.

195 Für das Verbot der diskriminierenden und sexuellen Belästigung stellt Art. 2 Abs. 2 a) der Geschlechtergleichbehandlungs-Richtlinie 2006/54/EG außerdem klar, dass auch jede nachteilige Behandlung aufgrund der Zurückweisung oder Duldung von belästigenden Verhaltensweisen eine Diskriminierung darstellt.

196 EuGH, 20.6.2019 – C-404/18 (Hakelbracht u.a.), ECLI:EU:C:2019:523, zu Art. 24 RL 2006/54/EG.

197 Art. 15 RL 2000/43/EG; Art. 17 RL 2000/78/EG; Art. 18 RL 2006/54/EG.

215 Was das erste Kriterium angeht, so muss **der tatsächlich entstandene Vermögensschaden in vollem Umfang ausgeglichen** werden.[198] Eine Begrenzung des Anspruchs wie in Beispielsfall 64 darf deshalb nicht Ansprüche auf Ersatz des tatsächlich entstandenen Schadens betreffen (also den Schadensersatzanspruch nach § 15 Abs. 1 AGG). Kann der Arbeitgeber allerdings wie hier nachweisen, dass einem Bewerber oder einer Bewerberin nur insofern ein Nachteil entstanden ist, als die Bewerbung nicht berücksichtigt wurde, gibt es keinen Vermögensschaden. Es kommt nur ein Sanktions- und Entschädigungsanspruch in Betracht (§ 15 Abs. 2 AGG). Bei diesem Anspruch erlaubt der EuGH eine im Voraus festgelegte Höchstgrenze.[199]

216 Was das zweite Kriterium der Effektivität angeht, so darf zB ein zivilrechtlicher Entschädigungsanspruch, der Sanktionsfunktion erfüllt, **nicht an Verschulden gebunden** sein. Deswegen begegnet bereits § 15 Abs. 1 Satz 2 AGG europarechtlichen Bedenken.[200] Jedenfalls aber hat das Unionsrecht insofern Auswirkungen auf die Auslegung des § 15 Abs. 2 AGG. Denn nach der Rechtsprechung des EuGH muss der (objektive) Verstoß gegen das Diskriminierungsverbot „für sich genommen" ausreichen, um die volle Haftung des Urhebers der Diskriminierung zu begründen.[201]

217 Das dritte Kriterium der abschreckenden Wirkung wurde in **Beispielsfall 63** entwickelt; der deutsche Porto-Paragraf war ein klarer Fall einer unzureichenden und damit nicht ausreichend effektiven Umsetzung. Der deutsche Gesetzgeber reagierte auf das entsprechende Urteil des EuGH mit einer Regelung, die dann in **Beispielsfall 64** durch den EuGH überprüft und im Wesentlichen für europarechtskonform befunden wurde. Für **Fälle ohne Vermögensschäden** sei eine Höchstgrenze von drei Monatsgehältern nicht ineffektiv; der Schaden bestehe hier ja nur im Ausschluss aus dem Bewerbungsverfahren und sei deutlich geringer als der von Bewerbern oder Bewerberinnen, die bei diskriminierungsfreier Auswahl die zu besetzende Position erhalten hätten.[202]

218 Anders ist es jedoch bei **kumulativen Höchstgrenzen** für den Fall, dass mehrere Bewerber und Bewerberinnen eine solche Entschädigung geltend machen. Das deutsche Recht hatte eine Zeitlang vorgesehen, dass mehrere diskriminierte Bewerber und Bewerberinnen im Rahmen eines einzigen Bewerbungsverfahrens nur insgesamt kumulativ sechs Monatsgehälter geltend machen konnten. Hierdurch war der tatsächliche und wirksame Rechtsschutz beeinträchtigt. Weil die geschädigten Bewerber und Bewerberinnen von der Geltendmachung ihrer Rechte abgehalten werden könnten, hat der EuGH diese kumulative Höchstgrenze für europarechtswidrig erklärt.[203]

219 Im deutschen Recht ungelöst ist nach wie vor das Problem der Sanktionierung von **Diskriminierungen ohne identifizierbare Opfer**, wie zB bei „Hate Speech".[204] Hiermit sind öffentliche Aussagen (zB von Unternehmensverantwortlichen) gemeint, in welchen bekundet wird, Angehörige bestimmter Personengruppen (zB Migrantinnen und Migranten) prinzipiell nicht einstellen zu wollen. Hier ergeben sich regelmäßig keine individuellen Rechte, weil Personen aus dem angesprochenen Personenkreis sich gar

198 EuGH 2.8.1993 – C-271/91 (Marshall II), ECLI:EU:C:1993:335.

199 Art. 18 Satz 2 der Richtlinie 2006/54/EG.

200 Wagner/Potsch JZ 2006, 1085 (1091).

201 EuGH 8.11.1990 – C-177/88 (Dekker), ECLI:EU:C:1990:383, Rn. 22; EuGH 22.4.1997 – C-180/95 (Draehmpaehl), ECLI:EU:C:1997:208, Rn. 17 ff.

202 EuGH 22.4.1997 – C-180/95 (Draehmpaehl), ECLI:EU:C:1997:208, Rn. 33 f.

203 EuGH 22.4.1997 – C-180/95 (Draehmpaehl), ECLI:EU:C:1997:208, Rn. 38 ff.

204 Siehe die Fälle von EuGH 10.7.2008 – C-54/07 (Feryn), ECLI:EU:C:2008:397; EuGH 25.4.2013 – C-81/12 (Asociaţia Accept), ECLI:EU:C:2013:275.

nicht erst bewerben werden. Erfolgt eine Sanktionierung dieses Verhaltens also allein durch individuelle Rechtsansprüche, fehlt es für solche Fälle an einer effektiven Richtlinienumsetzung. Das Unionsrecht gebietet aber nicht die Einführung eines Strafschadensersatzes.[205]

2. Äquivalenz

▶ **Beispielsfall 65** 220

Frau Bulicke bewarb sich am 16.11.2007 im Alter von 41 Jahren auf eine Stellenanzeige, die der Deutsche Büro Service in einer Zeitung geschaltet hatte. Die Stellenanzeige hatte folgenden Wortlaut: „Wir suchen für unser junges Team in der City motivierte Mitarbeiter/innen. [...] Du bist zwischen 18–35 Jahre alt und verfügst über gute Deutschkenntnisse und suchst eine Vollzeitaufgabe? [...]" Am 21.11.2007 wurde Frau Bulicke telefonisch mitgeteilt, dass ihre Bewerbung nicht berücksichtigt worden sei. Sie erhob am 29.1.2008 beim Arbeitsgericht Klage auf Entschädigung für die Diskriminierung, die sie erlitten zu haben behauptet. ◀

BAG 24.9.2009 – 8 AZR 705/08, AP Nr. 2 zu § 3 AGG;
siehe auch EuGH 8.7.2010 – C-246/09 (Susanne Bulicke), ECLI:EU:C:2010:418;
BAG 11.12.2014 – 8 AZR 838/13; BAG 18.5.2017 – 8 AZR 74/16

221 In **Beispielsfall 65** war ein bestehender individualrechtlicher Anspruch wegen einer Altersdiskriminierung erst nach Ablauf der hierfür vorgesehenen Frist von zwei Monaten geltend gemacht worden (siehe § 15 Abs. 4 AGG). Die Antidiskriminierungs-Richtlinien selbst stellen zwar keine Fristen auf, erlauben aber grundsätzlich Geltendmachungsfristen, denn diese ermöglichen Rechtssicherheit im individuellen Streitfall. Allerdings: Zur Gewährleistung eines **effektiven Rechtsschutzes** dürfen solche Fristen die Rechtsausübung nicht praktisch unmöglich machen oder übermäßig erschweren. Dies wäre bei einer nur vierzehntägigen Frist wohl der Fall. Der EuGH war hier aber der Meinung, dass eine Zwei-Monats-Frist den notwendigen Rechtsschutz noch ausreichend effektiv gewährleisten konnte.[206]

222 Als problematisch konnte in **Beispielsfall 65** auch angesehen werden, dass die Frist im Fall einer Bewerbung bereits mit dem Zugang der Ablehnung zu laufen begann (§ 15 Abs. 4 Satz 2 AGG). Zu diesem Zeitpunkt ist aber möglicherweise für die Bewerberin noch gar nicht erkennbar, dass und in welchem Umfang sie diskriminiert wurde. Das BAG legt die Vorschrift deshalb im Hinblick auf den unionsrechtlichen Effektivitätsgrundsatz jetzt so aus, dass die Frist erst mit dem Zeitpunkt beginnt, zu dem der Bewerber oder die Bewerberin von der behaupteten Diskriminierung Kenntnis erlangt.[207]

223 Ein zweites unionsrechtliches Problem der Geltungsmachungsfristen wird mit dem Begriff „**Äquivalenzgrundsatz**" bezeichnet: Verfahren zur Durchsetzung von Unionsrecht dürfen nicht weniger günstig gestaltet sein als Verfahren, die nur innerstaatliches Recht betreffen. Verstöße gegen Unionsrecht müssen nach ähnlichen sachlichen und verfah-

205 EuGH 17.12.2015 – C-407/14 (Arjona Camacho), ECLI:EU:C:2015:831.

206 EuGH 8.7.2010 – C-246/09 (Susanne Bulicke), ECLI:EU:C:2010:418; EuGH 29.10.2009 – C-63/08 (Pontin), ECLI:EU:C:2009:666; anders für Ansprüche in Bezug auf den immateriellen Schaden bei diskriminierender Belästigung (Mobbing): BAG 11.12.2014 – 8 AZR 838/13.

207 BAG 21.6.2012 – 8 AZR 188/11, NJW 2013, 555 im Anschluss an EuGH 8.7.2010 – C-246/09 (Susanne Bulicke), ECLI:EU:C:2010:418; siehe auch BAG 18.5.2017 – 8 AZR 74/16.

rensrechtlichen Regeln geahndet werden wie Verstöße gegen das mitgliedstaatliche Recht, die nach Art und Schwere gleichartig sind.[208]

224 Bei der Frage, ob die Ausschlussfrist in § 15 Abs. 4 AGG den Anforderungen des Äquivalenzgrundsatzes standhält, muss zunächst ein geeigneter **Vergleichsmaßstab** gefunden werden. Das ist nicht ganz einfach, wenn das einzelstaatliche (deutsche) Recht vor Erlass der Antidiskriminierungsrichtlinien keinen spezifischen Diskriminierungsschutz kannte. Das BAG hält einen Vergleich mit den Fristen aus dem Kündigungsschutzverfahren für möglich und verneint deshalb einen Verstoß gegen das Äquivalenzgebot.[209] Allerdings muss die Vergleichbarkeit in Bezug auf Gegenstand und Rechtsgrund beurteilt werden. Die Geltendmachungsfrist gewährleistet nur dann effektiven Rechtsschutz, wenn sie es ermöglicht, rechtliche und prozessuale Risiken einzuschätzen. Der EuGH nennt als Maßstab der Vergleichbarkeit deshalb Klagen, die „einen ähnlichen Gegenstand und Rechtsgrund haben".[210] Insofern spräche viel dafür, die Fristen für die allgemeine Haftung für vorvertragliches Verhalten des Arbeitgebers oder die Haftung wegen vertraglicher Pflichtverletzung als Vergleichsmaßstab heranzuziehen.[211] Da in diesem Kontext nur Verjährungsfristen von drei Jahren gelten, läge bei diesem Vergleich ein Verstoß gegen den Äquivalenzgrundsatz vor.

225 Zuletzt seien die **Verschlechterungs- und Absenkungsverbote** erwähnt. Auch sie sind im Hinblick auf die Geltendmachungsfrist des § 15 Abs. 4 AGG relevant, denn das bisherige Benachteiligungsverbot (§ 611 a BGB aF) sah eine Geltendmachungsfrist von sechs Monaten vor. Da diese Norm jedoch nur für Diskriminierungen wegen des Geschlechts galt, war sie vorliegend nicht einschlägig.[212] Ein ausdrückliches Absenkungsverbot war lange Zeit nur in den Richtlinien 2000/43/EG (Art. 6 Abs. 2) und 2000/78/EG (Art. 8 Abs. 2) enthalten. Jetzt gibt es zwar in Art. 27 Abs. 2 der Richtlinie 2006/54/EG ebenfalls ein Verbot der „Beeinträchtigung des Schutzniveaus der Arbeitnehmer in dem von ihr abgedeckten Bereich" – es bezieht sich aber nur noch auf die Rechtslage im Zeitpunkt der Bekanntgabe dieser Richtlinie.

---

208 EuGH 22.4.1997 – C-180/95 (Draehmpaehl), ECLI:EU:C:1997:208, Rn. 38 ff.

209 BAG 24.9.2009 – 8 AZR 705/08, AP Nr. 2 zu § 3 AGG.

210 EuGH 8.7.2010 – C-246/09 (Susanne Bulicke), ECLI:EU:C:2010:418; EuGH 29.10.2009 – C-63/08 (Pontin), ECLI:EU:C:2009:666, Rn. 52.

211 Siehe BAG 14.3.1989 – 8 AZR 447/87, NZA 1990, 21 und BAG 14.3.1989 – 8 AZR 351/86, BAGE 61, 209 ff. und 219 ff.

212 BAG 24.9.2009 – 8 AZR 705/08, AP Nr. 2 zu § 3 AGG.

Prüfungsschema:

- Unmittelbare Diskriminierung 226
  - Vergleich von benachteiligter Gruppe/Person und (hypothetischer) Vergleichsgruppe/-person
  - Die Gruppen unterscheiden sich nur durch das Geschlecht, die Rasse, die ethnische Herkunft, die Religion, die Weltanschauung, das Vorliegen einer Behinderung, das Alter, oder die sexuelle Ausrichtung
  - Vergleich im Hinblick auf Zugang zu Beschäftigung oder Berufsausbildung, Arbeits-, Beschäftigungs- und Entlassungsbedingungen, Arbeitsentgelt oder Mitgliedschaft/ Mitwirkung in einer Arbeitnehmer-, Arbeitgeber- oder Berufsgruppenorganisation bzw. Inanspruchnahme von deren Leistungen
  - Keine Rechtfertigung. Eine Rechtfertigung kommt in folgenden Fällen in Betracht:
    - Das Diskriminierungsmerkmal ist eine wesentliche und entscheidende berufliche Anforderung
      - *Bei Geschlechtsdiskriminierung* kommt dieser Rechtfertigungsgrund nur für Diskriminierungen beim Zugang zur Beschäftigung und bei der Berufsbildung in Betracht
      - *In allen anderen Fällen* kommt dieser Rechtfertigungsgrund bei allen Arbeits- und Beschäftigungsfragen in Betracht
    - Es handelt sich um eine positive Maßnahme, die dem Ausgleich von Nachteilen dient.
      - Vorliegen eines Nachteils bei der geschützten Gruppe.
      - Maßnahme ist geeignet zum Ausgleich oder zur Beseitigung von Nachteilen.
      - Angemessenheit der Maßnahme: Abwägung mit Individualrechten der durch die positive Maßnahme benachteiligten Personen (insbesondere Einzelfallbetrachtung).
    - Weitere Rechtfertigungsgründe, die nur jeweils für einzelne verpönte Merkmale in Betracht kommen:
      - *Geschlechtsdiskriminierung*: Schutz von Frauen bei Schwangerschaft und Mutterschutz (= Schutz der körperlichen Verfassung von Schwangeren und Müttern)
      - *Altersdiskriminierung*: jeder legitime Grund
      - *Diskriminierung wegen Religion oder Weltanschauung*: Art. 9 der Richtlinie 2000/78/EG
      - *Diskriminierung wegen Behinderung, Religion oder Weltanschauung, sexueller Ausrichtung oder Alters*: Öffentliche Sicherheit und Gesundheit (Art. 2 Abs. 5 der Richtlinie 2000/78/EG).
- Mittelbare Diskriminierung
  - Vergleich von benachteiligter Gruppe/Person und (hypothetischer) Vergleichsgruppe/-person
  - Die Gruppen unterscheiden sich nicht nur durch das Geschlecht, die Rasse, die ethnische Herkunft, die Religion, die Weltanschauung, das Vorliegen einer Behinderung, das Alter, oder die sexuelle Ausrichtung (= neutrale Regelung)

- Vergleich im Hinblick auf Zugang zu Beschäftigung oder Berufsausbildung, Arbeits-, Beschäftigungs- und Entlassungsbedingungen, Arbeitsentgelt oder Mitgliedschaft/ Mitwirkung in einer Arbeitnehmer-, Arbeitgeber- oder Berufsgruppenorganisation bzw. Inanspruchnahme von deren Leistungen
- Die Regelung ist geeignet, Personen wegen eines Diskriminierungsmerkmals (also wegen des Geschlechts, der Rasse, der ethnischen Herkunft, der Religion, der Weltanschauung, einer Behinderung, des Alters, oder der sexuellen Ausrichtung) tatsächlich überwiegend nachteilig zu treffen und damit in besonderer Weise zu benachteiligen.
- Die Ungleichbehandlung ist nicht objektiv gerechtfertigt. Dies wäre der Fall, wenn
  - die Ungleichbehandlung ein rechtmäßiges Ziel verfolgte (zB Qualifikationsanforderungen an Arbeitsplätzen) und
  - zur Erreichung des Ziels geeignet, erforderlich und angemessen wäre (Verhältnismäßigkeit).

§ 5 Unionsrechtliche Harmonisierung I: Individualarbeitsrecht

1 Art. 153 Abs. 1 AEUV enthält eine Bandbreite an Kompetenzen der Europäischen Union in der Sozialpolitik. Der Schwerpunkt liegt dabei im individuellen Arbeitsrecht. Allerdings wirft die **Harmonisierung im Arbeitsrecht** immer noch größere Schwierigkeiten auf als die Harmonisierung in anderen (zB wirtschaftsrechtlichen) Bereichen. Das hat vor allem mit der Struktur der Regulierung und der Rechtsquellen in den mitgliedstaatlichen Rechtsordnungen zu tun, insbesondere mit dem Verhältnis zwischen kollektivvertraglicher und gesetzlicher Rechtssetzung.

- In einigen Mitgliedstaaten, insbesondere in den skandinavischen Mitgliedstaaten, wird das Arbeitsrecht **überwiegend durch Kollektivverträge oder Tarifverträge** geregelt; der Gesetzgeber hält sich hier stark zurück.
- In den meisten romanischen Mitgliedstaaten (Spanien, Frankreich, Portugal, Italien) hat der Gesetzgeber mit einem **Arbeitsgesetzbuch** die Grundsätze des Arbeitsrechts weitgehend festgelegt; daneben nehmen die Kollektivverträge wichtige Spielräume wahr.
- Dazwischen liegen Rechtsordnungen wie die deutsche, in denen es keine systematisierte Arbeitsrechtsgesetzgebung, sondern lediglich **eine Vielzahl von Einzelgesetzen** gibt, die durch Kollektivverträge ergänzt werden.
- Im Vereinigten Königreich wird im Arbeitsrecht seit langem die case-law-Tradition durch eine Vielzahl geschriebener Einzelgesetze ergänzt. Kollektivverträge spielen dort allerdings eine wesentlich schwächere Rolle als auf dem Festland.

2 Je nach Struktur der Arbeitsrechtsgesetzgebung unterscheidet sich damit die **Umsetzung des Europäischen Arbeitsrechts in den Mitgliedstaaten**: Zum Teil müssen die Kollektivvertragsparteien verpflichtet werden; zum Teil müssen Richtlinienvorgaben in ein Arbeitsgesetzbuch dogmatisch konsistent eingearbeitet werden; zum Teil kann die Umsetzung durch ein Einzelgesetz erfolgen, das neben eine Reihe von anderen Einzelgesetzen tritt.

I. Allgemeine arbeitsvertragsrechtliche Grundsätze

1. Die Nachweis- und Arbeitsbedingungen-Richtlinie

Rechtsgrundlagen: Richtlinie 2019/1152/EU über transparente und verlässliche Arbeitsbedingungen in der Europäischen Union

3 ▶ **Beispielsfall 66**

K war als Dreher bei B beschäftigt. Nach seinem Arbeitsvertrag betrug die wöchentliche Arbeitszeit 40 Stunden. Über die Leistung von Überstunden enthielt der Vertrag keine Angaben. Auch einen Nachweis iSd § 2 NachwG hat B nie erteilt. Eines Tages ordnete B gegenüber K die Leistung von Überstunden an, um Kundenaufträge termingemäß bearbeiten zu können. Es lag ein Kapazitätsengpass vor, jedoch kein Notfall. Als K sich weigerte, sprach B eine verhaltensbedingte Kündigung mit der Begründung aus, K habe mit seiner Weigerung arbeitsvertraglich vereinbarte Pflichten verletzt.
B behauptet, K habe sich bei Vertragsschluss bereit erklärt, auf Anordnung der Firma bei Kapazitätsengpässen Überstunden zu leisten; K behauptet, er habe sich dazu nur für Notfälle bereit erklärt. Beide können keinen Beweis für ihre Behauptung erbringen. ◀

EuGH 8.2.2001 – C-350/99 (Lange/Schünemann), ECLI:EU:C:2001:84

4 Im Europäischen Arbeitsrecht gab es lange Zeit nur eine einzige Richtlinie mit allgemeinen arbeitsvertraglichen Grundsätzen, die **Nachweis-Richtlinie** 91/533/EWG. Und selbst diese Richtlinie machte keine inhaltlichen Vorgaben für die mitgliedstaatlichen Arbeitsrechtsordnungen, sondern regelte lediglich einige Unterrichtungspflichten der Arbeitgeber. Im Zuge einer Überarbeitung der Richtlinie[1] wurde diese um weitere arbeitsvertragliche Grundsätze erweitert; der neue Name (Richtlinie über transparente und verlässliche Arbeitsbedingungen) drückt dies aus. Die **Arbeitsbedingungen-Richtlinie** 2019/1152/EU soll insbesondere auch auf „neue Formen der Beschäftigung" reagieren, wie zB Abrufarbeit oder Scheinselbstständigkeit in der digitalen Arbeit. In der verabschiedeten Fassung spiegelt sich dies allerdings nicht in dem Ausmaß, wie die Kommission sich dies gewünscht hatte.[2] Richtlinie 2019/1152 ist bis August 2022 **umzusetzen**; ab diesem Datum wird die Richtlinie 91/533/EWG aufgehoben.

Laut Erwägungsgründen **konkretisiert** die Richtlinie das Grundrecht des Art. 31 EU-GRC auf auf gesunde, sichere und würdige Arbeitsbedingungen.

5 Zentraler Regelungsgegenstand sowohl der Nachweis- wie der Arbeitsbedingungen-Richtlinie ist die Unterrichtung der Arbeitnehmerinnen und Arbeitnehmer über die Bedingungen des Arbeitsverhältnisses. **Gegenstand der Unterrichtung** müssen die für den Arbeitsvertrag oder das Arbeitsverhältnis geltenden „wesentlichen" Aspekte sein. Hierfür enthält Art. 4 Abs. 2 der Arbeitsbedingungen-Richtlinie einen Beispielskatalog wesentlicher Bedingungen. Der Katalog erweitert den in Art. 2 der Nachweis-Richtlinie festgelegten Katalog, insbesondere im Hinblick auf atypische Arbeitszeitmodelle, in der Richtlinie „Arbeitsmuster"[3] genannt.

Die Arbeitsbedingungen-Richtlinie enthält in Art. 2 auch detailliertere Regelungen als die Nachweis-Richtlinie zur Form der Informationen[4] und (in Art. 5 Abs. 1) zur Frist.[5]

6 Die Arbeitsbedingungen-Richtlinie enthält darüber hinaus einige weitere Vorschriften, die nicht nur die Transparenz von Arbeitsbedingungen, sondern auch einige materiellrechtliche Mindestanforderungen regeln: So darf nach Art. 8 die **Probezeit** höchstens sechs Monate betragen. Nach Art. 9 darf es Arbeitnehmerinnen und Arbeitnehmern nicht verboten werden, parallel eine **Beschäftigung bei anderen Arbeitgebern** aufzunehmen, soweit die Beschäftigungsverhältnisse zeitlich miteinander vereinbar sind; konkrete Unvereinbarkeitsbestimmungen, zB zur Vermeidung von Interessenkonflikten, sind allerdings zulässig. Art. 10 und 11 enthalten weitere Vorschriften über die „**Mindestvorhersehbarkeit**" der Arbeitszeit. Art. 13 sieht vor, dass verpflichtende **Fortbildungen** kostenlos sein und während der Arbeitszeit stattfinden müssen.

7 In **Beispielsfall 66** wurde mit dem verpflichtenden Nachweis insbesondere auch die Pflicht zur Information über Arbeitszeitregelungen verletzt (die Arbeitsbedingungen-Richtlinie enthält nun in Art. 4 Abs. 2 lit. l) eine Konkretisierung hinsichtlich „Modalitäten und Vergütung von Überstunden"), Soweit sich eine solche Pflicht nicht (wie hier) schon aus dem mitgliedstaatlichen Recht ergibt, lässt sich eine entsprechende Ver-

1 Die Überarbeitung erfolgte im Kontext der Europäischen Säule sozialer Rechte (Grundsätze Nr. 5 und Nr. 7), s. o. § 1 Rn. 58.

2 Die Anliegen lassen sich teils noch den Erwägungsgründen 2, 3, 7, 11 entnehmen.

3 Nach Art. 2 c) der Arbeitsbedingungen-Richtlinie eine „Organisationsform der Arbeitszeit nach einem bestimmten Schema, das vom Arbeitgeber festgelegt wird".

4 Schriftform = „Papierform" oder elektronisch, falls für den Arbeitnehmer zugänglich, speicherbar und druckbar und falls es einen Übermittlungsnachweis für den Arbeitgeber gibt.

5 Informationen zu essentialia negotii innerhalb einer Woche, im Übrigen innerhalb eines Monats.

pflichtung aus der inhaltlich unbedingten und hinreichend genauen Richtlinienvorgabe entnehmen. Diese hat insofern **unmittelbare Wirkung** – allerdings nur im Verhältnis der Beschäftigten zum Mitgliedstaat. Im Rechtsstreit mit dem Arbeitgeber wirkt sich die Richtlinie dahin gehend aus, dass die Arbeitsgerichte das mitgliedstaatliche Recht richtlinienkonform auslegen müssen[6] (siehe zur Wirkung des Unionsrechts auf das Recht der Mitgliedstaaten oben § 1, Rn. 59 ff.; vorliegend ließe sich künftig allerdings auch diskutieren, ob sich nicht aus Art. 31 Abs. 1 EU-GRC, der durch die Richtlinie 2019/1152 konkretisiert wird, auch eine unmittelbare Horizontalwirkung ergeben kann).

Es fragt sich nun, welche Folgerungen sich aus unionsrechtlicher Sicht aus einem sol- 8
chen Verstoß ergeben. Das sekundäre Unionsrecht regelte nur die notwendigen **Pflichten**, die den Arbeitgebern aufzuerlegen sind. In **Beispielsfall 66** konnte für die Herleitung von Rechtsfolgen des Verstoßes gegen das Nachweisgesetz nur auf allgemeine zivilrechtliche Grundsätze des deutschen Rechts zurückgegriffen werden. In Betracht kam **Schadensersatz** nach § 280 Abs. 1 Satz 1 BGB.[7] Eine **Nichtigkeit** vertraglicher Abreden, die nicht ausreichend nachgewiesen wurden, ließ sich nicht begründen.

Zuletzt wäre (unter Geltung der Nachweis-Richtlinie) eine **beweisrechtliche Rechtsfol-** 9
ge in Betracht gekommen – insbesondere die Annahme einer Beweisvereitelung, die nach allgemeinen zivilprozessualen Regeln zu einer Beweiserleichterung zugunsten der Arbeitnehmerinnen und Arbeitnehmer führen würde. Der EuGH hielt eine solche beweisrechtliche Rechtsfolge allerdings nicht für unionsrechtlich verbindlich; die **Nachweis-Richtlinie** schreibe es nicht vor, bei Nichterfüllung der Nachweispflicht eine Beweisvereitelung anzunehmen.[8] Aus der Richtlinie folgt aber, dass nach dem Äquivalenzgrundsatz alle Nachweise und Mitteilungen im mitgliedstaatlichen Recht den gleichen beweisrechtlichen Wert erhalten müssen wie ähnliche vom Arbeitgeber ausgestellte und dem Arbeitnehmer bzw. der Arbeitnehmerin übermittelte Dokumente.

Die neue **Arbeitsbedingungen-Richtlinie** 2019/1152 geht nun aber darüber hinaus und schreibt zumindest im Grundsatz vor, welche **Rechte** (der Arbeitnehmerinnen und Arbeitnehmer oder anderer Personen) sich bei einer Verletzung dieser Pflichten mindestens ergeben müssen. Art. 15 gibt den Mitgliedstaaten insofern die Wahl zwischen zwei Instrumenten: eine widerlegliche Rechtsvermutung zugunsten des Arbeitnehmers (Abs. 1 a)) oder die Möglichkeit einer Beschwerde bei einer zuständigen Behörde oder Stelle mit effektiver und zeitnaher Abhilfe (Abs. 1 b) der Richtlinie 2019/1152).

2. Beschäftigtendatenschutz

Rechtsgrundlagen: Datenschutz-Grundverordnung (EU) 2016/679 (DSGVO)
Literatur: *Däubler, Wolfgang*, Informationsbedarf vs. Persönlichkeitsschutz – was muss, was darf der Arbeitgeber wissen?, NZA 2017, 1481; *Körner, Marita*, Die Datenschutz-Grundverordnung und nationale Regelungsmöglichkeiten für Beschäftigtendatenschutz, NZA 2016, 1385; *Pötters, Stephan/Schmidt, Maximilian*, in: Preis/Sagan (Hrsg.), Europäisches Arbeitsrecht, 2. Aufl. 2019, § 11 Beschäftigtendatenschutz.

6 EuGH 14.12.1997 – C-253/96 (Kampelmann), ECLI:EU:C:1997:585, in Bezug auf Art. 2 Abs. 2 c) der Richtlinie 91/533/EWG.

7 Relevant ist dies vor allem dann, wenn der Arbeitnehmer oder die Arbeitnehmerin es versäumte, seine oder ihre Ansprüche innerhalb der einschlägigen Ausschlussfrist (die ihm oder ihr nicht durch einen Nachweis mitgeteilt wurde) geltend zu machen, und deshalb Ansprüche verliert (BAG 21.2.2012 – 9 AZR 486/10, NZA 2012, 750).

8 EuGH 4.12.1997 – C-253/96 bis 258/96 (Kampelmann), ECLI:EU:C:1997:585.

10 Weitere Vorgaben für das allgemeine Arbeitsvertragsrechts ergeben sich aus Datenschutznormen. Nachdem im Jahre 2003 Verhandlungen zum Beschäftigtendatenschutz auf Unionsebene gescheitert waren,[9] wurde im Jahre 2016 der Datenschutz grundsätzlich neu geregelt. Mit Anwendbarkeit der **Datenschutz-Grundverordnung** (EU) 2016/679 (ab 25.5.2018), wurde die bisherige Datenschutz-Richtlinie 95/46/EG aufgehoben.

11 Die DSGVO bringt eine Vollharmonisierung für das Datenschutzrecht mit sich. Es handelt sich um eine Verordnung mit unmittelbarer Drittwirkung, die das Grundrecht auf Schutz personenbezogener Daten (Art. 8 EU-GRC) **konkretisiert.**[10] Allerdings enthält die Verordnung eine Ausnahme für den **Beschäftigtendatenschutz**. Nach Art. 88 DSGVO können Kollektivvereinbarungen spezifischere Regelungen zur Verarbeitung personenbezogener Daten im Beschäftigungskontext schaffen; für den Beschäftigtendatenschutz gerade keine EU-einheitlichen Vorgaben schaffen.

12 Art. 5 DSGVO fasst die Grundprinzipien des Datenschutzes nach der Verordnung zusammen: Rechtmäßigkeit, Transparenz, Zweckbindung, Datenminimierung, Richtigkeit, Speicherbegrenzung, Integrität und Vertraulichkeit, Rechenschaftspflicht/Dokumentation. Insbesondere ist nach dem Grundsatz der Rechtmäßigkeit für jeden Datenverarbeitungsvorgang eine Rechtsgrundlage erforderlich.

Für das Arbeitsrecht sind insofern insbesondere die Generalklausel des Art. 6 DSGVO von Bedeutung, wonach personenbezogene Daten verarbeitet werden dürfen, wenn dies insbesondere für die Erfüllung einer rechtlichen Verpflichtung oder zur Wahrung berechtigter Interessen **erforderlich** ist (Art. 6 Abs. 1).[11] Deshalb dürfen zB personenbezogene Daten wie die Arbeitszeiten einzelner Arbeitnehmerinnen und Arbeitnehmer aufgezeichnet und einer Aufsichtsbehörde zur Verfügung gestellt werden, wenn die Behörde nur so effektiv die Einhaltung von Arbeitszeitregelungen überwachen kann (vgl. auch zur Aufzeichnungspflicht unten Rn. 80).[12]

13 Enger sind die Anforderungen nach Art. 9 DSGVO für die Verarbeitung „personenbezogener Daten, aus denen die rassische („racial") und ethnische Herkunft, politische Meinungen, religiöse oder philosophische Überzeugungen oder die Gewerkschaftszugehörigkeit hervorgehen, sowie von genetischen Daten, biometrischen Daten zur eindeutigen Identifizierung einer natürlichen Person, Gesundheitsdaten oder Daten zum Sexualleben oder der sexuellen Orientierung einer natürlichen Person". Sie ist idR nur zulässig, wenn sie zur Ausübung von Rechten oder zur Erfüllung von Rechtspflichten erforderlich ist (Art. 9 Abs. 2 b) DSGVO).

3. Whistle-Blowing und Geschäftsgeheimnisse

14 **Rechtsgrundlagen:** Richtlinie 2016/943/EU über den Schutz vertraulichen Know-hows und vertraulicher Geschäftsinformationen (Geschäftsgeheimnisse) vor rechtswidrigem Erwerb sowie rechtswidriger Nutzung und Offenlegung; Richtlinie 2019/1937/EU zum Schutz von Personen, die Verstöße gegen das Unionsrecht melden (Whistleblowing-Richtlinie)

---

9 Genauer Degryse/Tilly, 1973–2013. 40 years of history of the European Trade Union Confederation, ETUI, 2013, S. 100 ff.

10 Pötters/Schmidt, Rn. 11.18.

11 Pötters/Schmidt, Rn. 11.37 ff.

12 Vgl. zur früheren (insofern vergleichbaren) Rechtslage EuGH 30.5.2013 – C-342/12 (Worten), ECLI:EU:C:2013:355.

Als „**Whistleblower**“ bezeichnet man Personen, die rechtswidrige Handlungen anderer aufdecken und verhindern, indem sie Dritten, insbesondere Behörden oder gegenüber der Öffentlichkeit, entsprechende Hinweise geben oder dies anders offenlegen. Wenn es sich um Arbeitnehmerinnen und Arbeitnehmer handelt, die auf rechtswidrige Handlungen des Unternehmens, für das sie arbeiten, hinweisen, gehen diese häufig ein beträchtliches Risiko ein, Respressalien und Nachteile zu erleiden. Da solche Hinweise für die **effektive Rechtsdurchsetzung** zT von großer Bedeutung sind, liegt der Schutz solcher Personen aber nicht nur in deren eigenem, sondern auch im öffentlichen Interesse. Auf der anderen Seite stellen solche Hinweise (die sich auch als unberechtigt erweisen können) eine Gefahr für die Reputation der betroffenen Unternehmen dar. 15

Vor diesem HIntergrund soll die Whistleblower-Richtlinie 2019/1937, die am 16.12.2019 in Kraft getreten und innerhalb von zwei Jahren von den Mitgliedstaaten umzusetzen ist, den Schutz der „**Hinweisgeber**“ genannten Personen europaweit einheitlich regeln, und zwar unabhängig davon, ob diese sich in einem Arbeitsverhältnis befinden oder nicht (Art. 4). Sie dient nach Art. 1 der Durchsetzung des Unionsrechts und ist nach Art. 1 anwendbar auf die Meldung von Verstößen gegen bestimmte Bereiche des Unionsrechts (Verstöße im Bereich des öffentlichen Auftragswesens, im Verbraucherschutz, im Datenschutz, gegen die öffentliche Gesundheit oder durch Finanzdienstleistungen). Die Mitgliedstaaten dürfen bei der Umsetzung der Richtlinie den Anwendungsbereich auf Verstöße gegen sonstiges (insbesondere einzelstaatliches) Recht ausdehnen (Art. 2 Abs. 2).

Die zentrale Frage beim rechtlichen Schutz von Whistleblowern ist meist, inwieweit diese **interne Kanäle** derjenigen Person, bei der sie Verstöße bemerkt haben, nutzen müssen, bevor eine „externe Meldung“ an die zuständigen Behörden oder eine „Offenlegung“ gegenüber der Öffentlichkeit ergehen darf, ohne Nachteile zu erleiden. Die Richtlinie verzichtet in Art. 10 darauf, einen Vorrang der internen vor der **externen Meldung** vorzusehen. 16

Die **Offenlegung** von Informationen gegenüber einer unbestimmten Zahl von Personen ist nach Art. 15 Abs. 1 allerdings nur gestattet, wenn a) interne und externe Kanäle nicht zu Maßnahmen geführt haben oder b) das öffentliche Interesse unmittelbar oder offenkundig gefährdet ist, im Fall einer externen Meldung Repressalien zu befürchten sind oder ein wirksames Handeln durch die externe Meldung gefährdet werden könnte (zB bei Gefahr der Beweismittelvernichtung oder einer Beteiligung der Behörde am Verstoß),

Wenn die Bedingungen der Whistleblower-Richtlinie erfüllt sind, gilt die Meldung oder Offenlegung als rechtmäßig im Sinne von Art. 3 Abs. 2 der Geschäftsgeheimnisse-Richtlinie 2016/943/EU, auch wenn **Geschäftsgeheimnisse** betroffen sind (Art. 21 Abs. 7 UAbs. 2 der Richtlinie 2019/1937/EU).

Allerdings müssen die Mitgliedstaaten juristische Personen des privaten und öffentlichen Rechts nach Maßgabe von Art. 7–9 der Whistle-Blowing-Richtlinie dazu verpflichten, interne „Kanäle und Verfahren“ zu schaffen, an die sich Hinweisgeberinnen und Hinweisgeber wenden und bei denen Verstöße wirksam gemeldet werden können, ohne Nachteile befürchten zu müssen. Die Mitgliedstaaten müssen darüber hinaus externe Kanäle, dh behördliche Stellen als unmittelbare Ansprechpartner mit **wirksamen Verfahrensweisen** schaffen (Art. 11–14; weitere Anforderungen sowohl an interne wie an externe Verfahren enthalten Art. 16–19). 17

18 Der **Schutz von Whistleblowern** durch die Richtlinie ist so ausgestaltet, dass diese vor allen vor „Repressalien", „einschließlich der Androhung und dem Versuch von Repressalien" zu schützen sind (Art. 19) und Zugang zu unterstützenden Maßnahmen und Rechtsschutz gewährleistet ist (Art. 20–24).

Die Mitgliedstaaten müssen nach Art. 23 Abs. 2 der Whistle-Blower-Richtlinie auch wirksame, angemessene und abschreckende Sanktionen gegen solche Personen einführen, die nachweisbar wissentlich **falsche Meldungen oder Offenlegungen** vorgenommen haben. Auch sollen Regelungen zur Wiedergutmachung von Schäden durch falsche Meldungen oder Offenlegungen geschaffen werden.

II. Arbeitsschutz (Gesundheit und Sicherheit am Arbeitsplatz)

Rechtsgrundlagen: Arbeitsschutz-Rahmenrichtlinie 89/391/EWG; Mutterschutz-Richtlinie 92/85/EWG; Arbeitszeit-Richtlinie 2003/88/EG.
Literatur: *Bücker, Andreas*, § 19 Europäisches Arbeitsschutzrecht, in: Schlachter/Heinig (Hrsg.), Europäisches Arbeits- und Sozialrecht. Band 7 der Enzyklopädie Europarecht [EnzEur], 2016.

1. Rechtsgrundlagen: Rahmenrichtlinie und Einzelrichtlinien

19 Die älteste Schicht des Arbeitsrechts ist das **Arbeitsschutzrecht** – Regeln, welche die Gesundheit der Arbeitnehmerinnen und Arbeitnehmer schützen und die zu diesem Zweck die Sicherheit am Arbeitsplatz gewährleisten. Dazu gehören insbesondere Vorschriften über die Begrenzung der täglichen und wöchentlichen Arbeitszeit, aber auch Regeln zur Gestaltung von Arbeitsplätzen.

20 Auch im Unionsrecht steht der Schutz der Gesundheit und Sicherheit bei der Arbeit schon seit langem im Fokus der Harmonisierung. Entsprechende Richtlinien finden ihre **Kompetenzgrundlage** in Art. 153 Abs. 1 a) AEUV. Art. 31 EU-GRC enthält darüber hinaus ein Grundrecht auf „gerechte und angemessene" bzw. „gesunde, sichere und würdige Arbeitsbedingungen" (Abs. 1), das durch Richtlinien konkretisiert werden soll.

21 Der unionsrechtliche Ansatz der Harmonisierung im Arbeitsschutz verlangt von den Mitgliedstaaten die Verankerung einer spezifischen, auf Prävention und Mitwirkung orientierten **„prozeduralen" Herangehensweise**. Diese ist in der Arbeitsschutz-Rahmenrichtlinie 89/391/EWG geregelt.

22 Der allgemeine Rahmen, der in dieser Richtlinie geregelt ist, wird durch zahlreiche Einzelrichtlinien konkretisiert. Anders als im Fall der „Rahmenrichtlinie" zur Gleichbehandlung 2000/78/EG handelt es sich hier um eine echte **Rahmenrichtlinie** in dem Sinn, dass sie eine Art „Allgemeinen Teil" für die Einzelrichtlinien darstellt, auf den diese sich explizit beziehen. Auch bei Anwendung der Einzelrichtlinien sind also die Rechtsvorschriften der Rahmenrichtlinie immer zu beachten.

23 Von großer Bedeutung ist das Verhältnis von Rahmenrichtlinie und Einzelrichtlinien für die **Ausnahmen vom Anwendungsbereich**, die Art. 2 Abs. 2 der Arbeitsschutz-Rahmenrichtlinie 89/391/EWG vorsieht. Sie gelten auch für die Einzelrichtlinien. Als Aus-

nahmevorschrift sind die Einschränkungen eng auszulegen.[13] Rahmenrichtlinie und Einzelrichtlinien finden danach

> „keine Anwendung, soweit dem Besonderheiten bestimmter spezifischer Tätigkeiten im öffentlichen Dienst, zB bei den Streitkräften oder der Polizei, oder bestimmter spezifischer Tätigkeiten bei den Katastrophenschutzdiensten zwingend entgegenstehen."

Die Einzelrichtlinien lassen sich in vier Typen einteilen: 24

- Eine Reihe von Einzelrichtlinien regelt **spezifische Instrumente des Arbeits- und Gesundheitsschutzes.** Die praktisch wichtigste Einzelrichtlinie mit dem breitesten Anwendungsbereich ist die Arbeitszeit-Richtlinie 2003/88/EG (siehe unten Rn. 47 ff.). In diese Gruppe gehören aber auch die 2. Einzelrichtlinie 2009/104/EG und die 3. Einzelrichtlinie 89/686/EWG über die Benutzung von Arbeitsmitteln bzw. persönlicher Schutzausrüstungen, oder die 9. Einzelrichtlinie 92/58/EWG über Gesundheitsschutzkennzeichnung am Arbeitsplatz.
- Weitere Richtlinien regeln den Arbeitsschutz für **besonders gefährdete Gruppen von Arbeitnehmerinnen und Arbeitnehmern.** Dazu gehören die Mutterschutz-Richtlinie 92/85/EWG sowie die Jugendarbeitsschutz-Richtlinie 94/33/EWG.
- Viele Einzelrichtlinien beziehen sich auf **spezifische Gefahrenquellen** (Bildschirmgeräte, Karzinogene, biologische und chemische Arbeitsstoffe, Vibration, Lärm).
- Ein letzter Typ von Richtlinien regelt Anforderungen für **spezifische Arbeitsstellen** (Baustellen, Fischereifahrzeuge, mineralgewinnende Betriebe).

2. Die Arbeitsschutz-Rahmenrichtlinie

▶ **Beispielsfall 67** 25

Richtlinie 2003/10/EG ist die 17. Einzelrichtlinie zur Arbeitsschutz-Rahmenrichtlinie. Sie soll Sicherheit und Gesundheit der Arbeitnehmerinnen und Arbeitnehmer vor der Gefährdung durch Lärm schützen. Dafür sieht sie (in Art. 3) bestimmte Tageshöchstwerte für die Lärmexposition am Arbeitsplatz vor. Nach Art. 5 sind ab einem Wert von 85 dB(A) Maßnahmen zur Vermeidung oder Verringerung der Lärmexposition zu treffen. Nur wenn Gefahren durch Lärm nicht anders vermieden werden können, kann den Betroffenen stattdessen ein persönlicher Gehörschutz zur Verfügung gestellt werden.
Herr F arbeitete bei seinem Arbeitgeber G in der Verarbeitung von Naturstein an einer automatischen Schneidemaschine. Während der täglichen Arbeitszeit überstieg der durchschnittliche Lärmpegel in aller Regel 85 dB(A). Deshalb händigte G ihm eine persönliche Gehörschutzausrüstung aus. Dank der so erreichten Dämmung erreichte die tägliche Lärmexposition nur noch einen Pegel von unter 80 dB(A). F erhält deshalb nicht mehr die tarifliche Zulage, die für den Ausgleich von Gesundheitsgefahren durch Lärm vorgesehen ist. ◀

EuGH 5.5.2011 – C-256/10 und C-261/10 (Barcenilla Fernández und Macedo Lozano), ECLI:EU:C:2011:326

▶ **Beispielsfall 68** 26

Nach Art. 7 Abs. 1 der Arbeitsschutz-Rahmenrichtlinie 89/391/EWG müssen die Arbeitgeber verpflichtet werden, einen oder mehrere Arbeitnehmer mit Schutzmaßnahmen und Maßnahmen zur Verhütung berufsbedingter Gefahren im Unternehmen bzw. im Betrieb zu beauftragen. Abs. 3 sieht vor, dass der Arbeitgeber außerbetriebliche Fachleute hinzuziehen

13 EuGH 3.10.2000 – C-303/98 (SIMAP), ECLI:EU:C:2000:528.

muss, wenn die betrieblichen Möglichkeiten nicht ausreichen, um diese Organisation der Schutzmaßnahmen und Gefahrenverhütung durchzuführen.
Im niederländischen Arbeitsrecht wurde diese Vorgabe so umgesetzt, dass es den Arbeitgebern gestattet wurde, frei zwischen inner- und außerbetrieblichen Gesundheitsschutzdiensten zu wählen. Nach Meinung der Niederlande ist das Netz hochwertiger betriebsexterner Dienste besser für einen effektiven Arbeitsschutz geeignet als innerbetriebliche Stellen. ◀

EuGH 22.5.2003 – C-441/01 (Kommission./. Niederlande), ECLI:EU:C:2003:308

27 Die Arbeitsschutz-Rahmenrichtlinie 89/391/EWG enthält allgemeine Regeln über die Gewährleistung von **Sicherheit und Gesundheit am Arbeitsplatz**.

28 Für die Bestimmung des Anwendungsbereichs enthält Art. 3 a) der Arbeitsschutz-Rahmenrichtlinie 89/391/EWG einen **spezifischen Arbeitnehmerbegriff**, der sich nur hier findet und zT in den Einzelrichtlinien nicht in Bezug genommen wird[14] (siehe auch zu den Einzelrichtlinien über Mutterschutz (Rn. 36 ff.) bzw. Arbeitszeit (Rn. 51 ff.)). Dieser Begriff ist unionsrechtsautonom auszulegen[15] und erfasst „jede Person, die von einem Arbeitgeber beschäftigt wird, einschließlich Praktikanten und Lehrlingen, jedoch mit Ausnahme von Hausangestellten".

29 Bis vor einigen Jahrzehnten enthielt das Arbeitsschutzrecht vor allem Regeln über die technische Gestaltung von Maschinen oder über die Zulässigkeit bestimmter chemischer Stoffe sowie Immissionsgrenzen am Arbeitsplatz. Im Zuge des Strukturwandels der Wirtschaft arbeiten aber zunehmend weniger Beschäftigte im verarbeitenden Gewerbe und immer mehr in **Dienstleistungsberufen**. Heutzutage liegt der Fokus im Arbeitsschutz in gleicher Weise auf der Ergonomie von Arbeitsplätzen sowie auf den psychischen Belastungen, die durch die Gestaltung der Arbeit entstehen können. Solchen Gesundheitsgefahren kann nicht einfach durch technische Vorschriften begegnet werden. Um Burnouts und krank machenden Stress zu vermeiden, bedarf es einer genauen Betrachtung des individuellen Arbeitsplatzes, der Arbeitsumgebung und der Gestaltung der Arbeitsabläufe. Die Entwicklung entfernt sich also von allgemeingültigen Grenzwerten und Anforderungen hin zu stärker individualisierten Schutzanforderungen. Die Erkenntnis, dass Sicherheit und Gesundheit nur mithilfe einer individuellen Gefährdungsanalyse gewährleistet werden können, beansprucht aber auch für „klassische" körperliche Gesundheitsgefahren Gültigkeit. Diesen Ansatz nennt man **prozeduralen Ansatz**.

30 Das europäische Arbeitsschutzrecht war einer der wichtigsten Katalysatoren, über den sich der prozedurale Ansatz für das Arbeitsschutzrecht durchgesetzt hat. Er ist in der Rahmenrichtlinie zum Arbeitsschutz 89/391/EWG verankert. Danach ist der Arbeitgeber verpflichtet,

- für die Sicherheit und den Gesundheitsschutz der Arbeitnehmerinnen und Arbeitnehmer zu sorgen, ohne dass diesen dadurch Kosten entstehen (insbesondere durch Präventionsmaßnahmen),
- die berufsbedingten Gefahren zu beurteilen, ua bei der Auswahl der Arbeitsmittel und der Gestaltung der Arbeitsplätze (sog. „**Gefährdungsbeurteilung**"),
- Arbeitsschutzbeauftragte zu benennen,

14 EuGH 14.10.2010 – C-428/09 (Union syndicale Solidaires Isère), ECLI:EU:C:2010:612, Rn. 28.
15 Genauer Ziegler, S. 267 ff.

- eine Liste der Arbeitsunfälle zu führen und Arbeitsunfallberichte auszuarbeiten,
- Maßnahmen zur Ersten Hilfe bei Unfällen zu treffen (ua Brandbekämpfung und Evakuierung der Arbeitnehmerinnen und Arbeitnehmern bei ernsten und unmittelbaren Gefahren).

Die Zielrichtung der Verhinderung von Gefahren (**Prävention**) wird dabei betont. Dies macht auch die Entscheidung des EuGH in **Beispielsfall 67** deutlich. Dort stellte sich die Frage, ob das spanische Recht eine Lärmexposition als nicht (mehr) gesundheitsgefährdend einordnen durfte, sobald die Lärmgefahren durch eine persönliche Schutzausrüstung gedämmt waren. Der EuGH weist in seiner Entscheidung darauf hin, dass es der Richtlinie darum gehe, die Arbeitgeber zur Verringerung des Tages-Lärmexpositionspegels am Entstehungsort durch ein entsprechendes Programm zu verpflichten. Die Richtlinie selbst enthalte zwar keine Vorgaben und Verpflichtungen zur Zahlung von Lohnzuschlägen. Allerdings muss das mitgliedstaatliche Recht gewährleisten, dass ein Arbeitnehmer oder eine Arbeitnehmerin Rechte auf Reduzierung des Lärmpegels hat, wenn dieser 85 dB(A) überschreitet – und zwar ohne Berücksichtigung der Wirkungen eines persönlichen Gehörschutzes. Da vorliegend der Gehörschutz bei der Bemessung des Lärmpegels berücksichtigt wurde, war die Erreichung des Präventionsziels der Richtlinie nicht ausreichend gewährleistet. 31

Viele Maßnahmen zur Gewährleistung von Sicherheit und Gesundheit sind auf die **Mitwirkung der Arbeitnehmer** angewiesen, insbesondere wenn es um die Einhaltung von Verfahren und die korrekte Bedienung von Arbeitsmitteln geht. Die Arbeitnehmerinnen und Arbeitnehmer sind nach der Arbeitsschutz-Rahmenrichtlinie deshalb verpflichtet, 32

- Maschinen und sonstige Arbeitsmittel sowie ihre persönliche Schutzausrüstung und die Schutzvorrichtungen ordnungsgemäß zu benutzen,
- jede ernste und unmittelbare Gefahr sowie jeden Defekt an den Schutzsystemen zu melden,
- darauf hinzuwirken, dass die für die Sicherheit und den Gesundheitsschutz vorgeschriebenen Auflagen eingehalten werden.

Die Richtlinie fordert darüber hinaus eine Beteiligung im Vorfeld der Maßnahmenbestimmung, also bei der **Gefährdungsanalyse** und der Auswahl von Maßnahmen. Bei dem prozeduralen Ansatz der Richtlinie, demzufolge Maßnahmen im Rahmen einer Gefährdungsanalyse für jeden einzelnen Arbeitsplatz entwickelt werden, ist dies besonders wichtig. Der Arbeitgeber hat insofern 33

- die Arbeitnehmerinnen und Arbeitnehmer zu unterrichten, sie anzuhören und ihre Beteiligung bei allen Fragen der Sicherheit und Gesundheit am Arbeitsplatz zu ermöglichen,
- (während der Arbeitszeit) für ausreichende und angemessene Unterweisung in Fragen der Sicherheit und des Gesundheitsschutzes zu sorgen.

Diesen **beteiligungsorientierten Grundansatz** der Richtlinie betonte der EuGH auch in der Entscheidung zu Beispielsfall 68.[16] Die Richtlinie räume nicht zufällig, sondern ganz bewusst der innerbetrieblichen Mitwirkung der Arbeitnehmerinnen und Arbeitnehmer den Vorrang vor der Hinzuziehung außerbetrieblicher Fachleute ein. Dabei spiele der Grundansatz des Europäischen Arbeitsrechts eine Rolle, den Dialog und die 34

16 Siehe auch die Anmerkung hierzu von Kohte/Faber ZESAR 2007, 39.

ausgewogene Zusammenarbeit zwischen Arbeitgebern und Arbeitnehmerschaft zu fördern (vgl. Art. 152 AEUV).

35 Bei dem vorliegenden Fall ist noch ein Gesichtspunkt von allgemeinem Interesse, der die allgemeine Kompetenz der Mitgliedstaaten betrifft, von Richtlinienvorgaben im Sinne des Art. 153 Abs. 1 AEUV abzuweichen. Die niederländische Regierung hatte argumentiert, dass die Hinzuziehung externer Fachleute im Rahmen eines „Netzes hochwertiger Dienste im ganzen Land" letztlich effektiver sei und die Ziele der Richtlinie besser verwirklichen könne als die innerbetriebliche Beteiligung. Sie war also der Ansicht, über den Regelungsgehalt der Richtlinie hinaus höherwertigen Arbeitsschutz geregelt zu haben. Es stellte sich also die Frage, ob die niederländische Regelung nicht **„günstiger"** war als die unionsrechtliche. Da die Richtlinie auf der Kompetenzgrundlage des (heutigen) Art. 153 Abs. 1 a) AEUV basiert, darf sie schließlich wegen Art. 153 Abs. 2 nur **„Mindestvorschriften**, die schrittweise anzuwenden sind" enthalten. Ein im Vergleich zum Richtlinieninhalt weitergehender, günstigerer mitgliedstaatlicher Arbeitsschutz ist also prinzipiell zulässig. Diese Abweichungskompetenz der Mitgliedstaaten bezieht sich aber nur auf Regelungen, die „zusätzlich oder über das Unionsrecht hinaus" getroffen werden; die Vorschrift erlaubt keine Abweichung von den Richtlinienvorgaben selbst. Die Niederlande waren deshalb nicht dazu berechtigt, in Abweichung von den Richtlinienvorgaben eine andere Einschätzung zur Frage zu treffen, wie der Arbeitsschutz am effektivsten zu regeln ist.[17]

3. Die Mutterschutz-Richtlinie

Literatur: *Brose, Wiebke*, § 9 Mutterschutz, in: Preis/Sagan (Hrsg.), Europäisches Arbeitsrecht, 2. Aufl. 2019.

36 ▶ **Beispielsfall 69**

Sanna Maria Parviainen war bei Finnair als Flugbegleiterin in leitender Position (Kabinenchefin) beschäftigt. Nachdem sie schwanger wurde, konnte sie die Tätigkeit als Flugbegleiterin nicht mehr ausüben, da sie dabei ionisierenden und nicht ionisierenden Strahlungen ausgesetzt gewesen wäre, die zu Schädigungen des Fötus führen konnten. Sie bekam deshalb während der Schwangerschaft einen Büroarbeitsplatz am Boden zugewiesen; dabei übte sie keine leitende Position aus.

Dies wirkte sich auf ihr Entgelt aus. Als Flugbegleiterin bestand ein relevanter Teil (etwa 25 %) des Gesamtarbeitsentgelts von Frau Parviainen aus Zulagen (etwa für Nacht- und Sonntagsarbeit, für Urlaubstage, für Überstunden, für Langstreckenflüge und für Flüge mit Zeitverschiebung). Weitere 15 % des Entgelts erhielt sie aufgrund der leitenden Position der Kabinenchefin. Alle diese Entgeltbestandteile entfielen während der vorübergehenden Beschäftigung am Boden. Sie beansprucht jetzt für den fraglichen Zeitraum die Zahlung des gleichen Entgelts, das sie vor ihrer Schwangerschaft erhielt. ◀

EuGH 1.7.2010 – C-471/08 (Parviainen), ECLI:EU:C:2010:391;
siehe auch EuGH 1.7.2010 – C-194/08 (Gassmayr), ECLI:EU:C:2010:386

17 EuGH 22.5.2003 – C-441/01 (Kommission./. Niederlande), ECLI:EU:C:2003:308; eine genaue Begründung findet sich in den Schlussanträgen des Generalanwalts Ruiz-Jarabo Colomer vom 16.1.2001 – C-441/01, ECLI:EU:C:2003:32, Rn. 24 ff. (auf diese bezieht sich der EuGH in seinem Urteil explizit).

Beispielsfall 69 a 37

Art. 37 Abs. 4 des spanischen Arbeitsgesetzbuchs (Estatuto de los Trabajadores) sieht die Gewährung eines bezahlten „Stillurlaubs" vor. Arbeitnehmerinnen hatten danach Anspruch auf täglich eine Stunde Arbeitsbefreiung, um ein Kind zu stillen, das weniger als neun Monate alt ist. Auch männliche Arbeitnehmer konnten die Arbeitsbefreiung als Vater in Anspruch nehmen – allerdings nur, wenn die Mutter des Kindes ebenfalls als Arbeitnehmerin, also abhängig erwerbstätig war. Der Antrag von Herrn Roca Álvarez auf bezahlten Stillurlaub wurde deshalb mit der Begründung zurückgewiesen, dass die Mutter des Kindes von Herrn Roca Álvarez keine Arbeitnehmerin, sondern selbstständig tätig sei. ◀

EuGH 30.9.2010 – C-104/09 (Roca Álvarez), ECLI:EU:C:2010:561

a) Überblick über die Regelungen der Richtlinie

Die Mutterschutz-Richtlinie 92/85/EWG ist die 10. Einzelrichtlinie zur Arbeitsschutz-Rahmenrichtlinie 89/391/EWG. Sie regelt den Gesundheitsschutz für Schwangere, Wöchnerinnen und stillende Arbeitnehmerinnen. Sie ist anwendbar auf Arbeitsverhältnisse im Sinne des **unionsautonomen Arbeitnehmerbegriffs** (siehe oben § 1, Rn. 105 ff., 136 ff.).[18] 38

Sie wird ergänzt durch die Vereinbarkeits-Richtlinie 2019/1158/EU, die nicht nur Elternrechte (meist im Anschluss an den Mutterschutz) vorsieht, sondern auch einen **Vaterschaftsurlaub**, der parallel zum Mutterschutz zu gewähren ist (siehe unten Rn. 83 ff.).

Die zentralen Vorgaben der Richtlinie: 39

- Art. 4 und 5: **Risikoeinschätzung („Beurteilung")**. Es ist eine spezifische Gefährdungsbeurteilung vorzunehmen und zu prüfen, ob für die Zeit der Schwangerschaft vorübergehend Änderungen der Arbeitssituation angezeigt erscheinen.[19]
- Art. 6: **Beschäftigungsverbot** bei Gesundheitsgefahren für Mutter oder Kind. Die Umgestaltung von Arbeitsbedingungen oder Arbeitszeiten hat dabei den Vorrang vor einem Arbeitsplatzwechsel. Die erforderlichen Maßnahmen sind nach Vornahme einer spezifischen Gefährdungsbeurteilung zu bestimmen. Dies entspricht dem allgemeinen prozeduralen Ansatz der Arbeitsschutz-Rahmenrichtlinie (siehe oben Rn. 23).
- Art. 8: **Mutterschaftsurlaub** von 14 Wochen. Wie diese 14 Wochen auf die Zeit vor und/oder nach der Entbindung aufzuteilen sind, bestimmt das einzelstaatliche Recht. Nach deutschem Recht bestehen ein (verzichtbarer) Anspruch auf vorgeburtlichen Mutterschutz von sechs Wochen und ein unabdingbarer Anspruch auf acht Wochen nach Entbindung.
- Art. 10: **Kündigungsschutz**, dh ein grundsätzliches präventives (und unmittelbar wirkendes[20]) Verbot der Kündigung während Schwangerschaft und Mutterschutzzeit, das über einen Schutz vor den Folgen der Kündigung als Wiedergutmachung hinausgeht.[21]

18 EuGH 11.11.2010 – C-232/09 (Danosa), ECLI:EU:C:2010:674, Rn. 39.
19 EuGH 19.9.2018 – C-41/17 (Gonzalez Castro), ECLI:EU:C:2018:736.
20 EuGH 4.10.2001 – C-438/99 (Jiménez Melgar), ECLI:EU:C:2001:509.
21 Vgl. EuGH 22.2.2018 – C-103/16 (Porras Guisado), ECLI:EU:C:2018:99: Ziel sei es, Arbeitnehmerinnen vor den physischen und psychischen Auswirkungen einer schwangerschaftsbedingten Kündigung zu schützen.

- Art. 11: In den Mutterschutzzeiten nach Art. 5 und Art. 8 müssen die mit dem Arbeitsvertrag verbundenen **Rechte erhalten** bleiben. Insbesondere ist ein Arbeitsentgelt fortzuzahlen, und es ist eine angemessene Sozialleistung zu gewähren.

40 Für Art. 11 Nrn. 1 bis 3 der Richtlinie 92/85/EWG hat der EuGH bereits anerkannt, dass die Vorgaben **unmittelbare Wirkung** erzeugen. Sie begründen also für die Einzelnen Rechte, die diese gegenüber dem Mitgliedstaat, der diese Richtlinie nicht oder nur unzulänglich in einzelstaatliches Recht umgesetzt hat, geltend machen kann.[22] Gleiches muss auch für Art. 8 der Richtlinie gelten.

b) Insbesondere: „Fortzahlung eines Arbeitsentgelts" in der Zeit des Mutterschutzes

41 Der Mutterschaftsurlaub ist nur dann effektiv gewährleistet, wenn seine Geltendmachung auch wirtschaftlich möglich ist. Dies soll Art. 11 der Mutterschutz-Richtlinie 92/85/EWG gewährleisten. In **Beispielsfall 69** stellte sich die Frage, wie dabei **„Fortzahlung eines Arbeitsentgelts"** auszulegen ist. Insbesondere war fraglich, ob nicht dasjenige Arbeitsentgelt fortzuzahlen war, das die Arbeitnehmerin vor ihrer Schwangerschaft erhalten hatte.

42 Der EuGH verwendet in seiner Entscheidung zu **Beispielsfall 69** eine **Wortlautauslegung**: Art. 11 Nr. 1 der Mutterschutz-Richtlinie gebietet in den meisten Sprachfassungen die Fortzahlung „eines" Arbeitsentgelts und nicht „des" Arbeitsentgelts der betroffenen Arbeitnehmerin. Außerdem könnten die Mitgliedstaaten nach Art. 11 Nr. 4 der Richtlinie den Anspruch auf Fortzahlung eines Arbeitsentgelts davon abhängig machen, dass die einzelstaatlich vorgesehenen Bedingungen für das Entstehen des Anspruchs erfüllt seien.[23] Dem entgegen steht eine Auslegung nach dem **Sinn und Zweck der Richtlinie**, denn Art. 11 soll schließlich gewährleisten, dass eine Mutter ohne schwerwiegende wirtschaftliche Einbußen effektiv von ihrem Recht auf Mutterschaftsurlaub Gebrauch machen kann.

Im Ergebnis trifft der EuGH deshalb eine umstrittene Entscheidung, die zwischen den unterschiedlichen Entgeltbestandteilen und Zulagen differenziert:

- Die **tätigkeitsbezogenen Zulagen** müssen nicht weiter gezahlt werden (in Beispielsfall 69 betrifft dies 25 % des Entgelts, also die Zulagen für Nacht- und Sonntagsarbeit, für Urlaubstage, für Überstunden, für Langstreckenflüge und für Flüge mit Zeitverschiebung).[24]
- Anderes gilt aber für **Entgeltbestandteile oder Zulagen, die an die berufliche Stellung anknüpfen**, also zB an eine leitende Position, an die Dauer der Betriebszugehörigkeit und an die beruflichen Qualifikationen.[25] In Beispielsfall 69 waren also jedenfalls diejenigen 15 % des Entgelts weiter zu gewähren, die Frau Parviainen vor der Schwangerschaft aufgrund ihrer leitenden Position als Kabinenchefin erhalten hatte.

Daher untersage das Kündigungsverbot bereits Vorbereitungsmaßnahmen wie die Suche und Planung eines Ersatzes für die schwangere Arbeitnehmerin.

22 EuGH 1.7.2010 – C-194/08 (Gassmayr), ECLI:EU:C:2010:386 und EuGH 1.7.2010 – C-471/08 (Parviainen), ECLI:EU:C:2010:391.

23 EuGH 1.7.2010 – C-471/08 (Parviainen), ECLI:EU:C:2010:391 (genauso EuGH 1.7.2010 – C-194/08 (Gassmayr), ECLI:EU:C:2010:386).

24 Genauso EuGH 14.7.2016 – C-335/15 (Ornano), ECLI:EU:C:2016:564 für eine besondere Belastungszulage für Richterinnen und Richter.

25 EuGH 1.7.2010 – C-471/08 (Parviainen), ECLI:EU:C:2010:391.

43 Allerdings hat der EuGH zuletzt betont, dass die Bezüge mindestens die Höhe des Entgeltausgleichs bei Krankheit erreichen müssten und nicht so niedrig sein dürfen, dass der Zweck des Mutterschutzes gefährdet würde.[26] Die Mitgliedstaaten können einen weitergehenden Schutz vorsehen (siehe zB die deutsche Regelung in § 11 MuSchG, die auf den Durchschnittsverdienst einschließlich aller Zulagen abstellt).

c) Vertiefung: Mutterschutz und Geschlechtsdiskriminierung

44 Wie bereits erwähnt, ist jede **Diskriminierung wegen der Schwangerschaft** als ein Fall der unmittelbaren Diskriminierung wegen des Geschlechts anzusehen (siehe oben § 4, Rn. 81 f.). Dieser Schutz vor Diskriminierung ist jedoch nicht in der Mutterschutz-Richtlinie, sondern in der Richtlinie 2006/54/EG geregelt (siehe oben § 4, Rn. 102 ff.). Er wird in deren Art. 28 Abs. 2 wie folgt konkretisiert:

- Schutz vor Entlassung infolge der Inanspruchnahme von Mutter- oder Vaterschaftsurlaub
- nach Ablauf des Mutter- oder Vaterschaftsurlaubs: Anspruch, an den früheren oder einen gleichwertigen Arbeitsplatz zu gleichen Bedingungen zurückzukehren
- Anspruch auf alle Verbesserungen der Arbeitsbedingungen, auf die während des Mutter- oder Vaterschaftsurlaubs ein Anspruch bestanden hätte

Darüber hinaus aber ordnet der EuGH auch jede Verletzung von Rechten von schwangeren oder stillenden Müttern (wie zB das Unterlassen der erforderlichen Risikoeinschätzungen) als unmittelbare Diskriminierung aufgrund des Geschlechts iSd Art. 2 Abs. 2 c) Geschlechtergleichbehandlungs-Richtlinie 2006/54/EG ein.[27]

45 Anders als der Diskriminierungsschutz sind die Rechte nach der Mutterschutz-Richtlinie nur für **Schwangere, Stillende und Wöchnerinnen** (also Frauen, die gerade entbunden haben) vorgesehen. Diese Richtlinie verlangt also nicht, dass die Rechte auch Männern zugestanden werden.

Es ließe sich aber fragen, ob nicht die Richtlinie 2006/54/EG eine solche Gleichbehandlung der Geschlechter verlangt. Allerdings erlaubt Art. 28 Abs. 1 der Richtlinie die **unmittelbare Benachteiligung von Männern**, wenn der Schutz Frauen bei Schwangerschaft und Mutterschaft gilt. In Art. 16 heißt es sogar explizit, „Diese Richtlinie lässt das Recht der Mitgliedstaaten unberührt, eigene Rechte auf Vaterschaftsurlaub und/oder Adoptionsurlaub anzuerkennen." Daraus lässt sich schließen, dass sich der Richtlinie 2006/54/EG keine Verpflichtung der Mitgliedstaaten zur Einführung von **Vaterschaftsurlaub** oder Adoptionsurlaub entnehmen lässt. Allerdings enthält die neue Vereinbarkeits-Richtlinie in Art. 5 einen Vaterschaftsurlaub, der weitgehend an den Mutterschaftsurlaub angelehnt ist (siehe unten Rn. 87).

46 Dennoch stellt sich die Frage, worin eigentlich der sachliche Grund für die spezifischen Regelungen für Mütter nach der Mutterschutz-Richtlinie liegt. Nach Meinung des EuGH soll der Mutterschutzurlaub auf „wesentliche Änderungen in den Lebensbedingungen der Frauen während des begrenzten Zeitraums" des Mutterschutzes reagieren und „zum einen den Schutz der körperlichen Verfassung der Frau während und nach ihrer Schwangerschaft und zum anderen den Schutz der besonderen Beziehung zwi-

26 EuGH 14.7.2016 – C-335/15 (Ornano), ECLI:EU:C:2016:564.

27 EuGH 19.10.2017 – C-531/15, (Otero Ramos), ECLI:EU:C:2017:789; EuGH 19.9.2018 – C-41/17 (González Castro), ECLI:EU:C:2018:736, Rn. 72.

schen der Mutter und ihrem Kind während der an Schwangerschaft und Entbindung anschließenden Zeit gewährleisten, damit diese Beziehung nicht durch die Doppelbelastung infolge der gleichzeitigen Ausübung eines Berufs gestört wird".[28] Der zuletzt genannte Schutz der „**besonderen Beziehung zwischen Mutter und Kind**" ist allerdings wohl kaum geeignet, spezifische Rechte für Mütter zu begründen, die nicht auch Vätern zustehen sollten.[29]

Anders ist es mit Unterscheidungen nach dem Geschlecht, die mit dem **Gesundheitsschutz** begründet werden, der aufgrund der besonderen körperlichen Belastungen erforderlich ist, denen Schwangere und Wöchnerinnen ausgesetzt sind. Diesen zu gewährleisten ist Ziel der Mutterschutz-Richtlinie; deshalb ist sie als Einzelrichtlinie zum Arbeitsschutz auf die Kompetenzgrundlage von Art. 153 Abs. 1 a) AEUV gestützt.

47 *Weitere Vertiefung:*

Die Große Kammer des EuGH ging im Fall „Z" davon aus, dass der Mutterschaftsurlaub nicht auf eine „Bestellmutter" anwendbar sei (nichtbiologische Mutter, die sich einer Ersatz- oder Leihmutterschaft bedient), die direkt nach Übergabe des Kinds Mutterschaftsurlaub geltend macht.[30] Im Hinblick auf das vom EuGH behauptete Ziel des Mutterschaftsurlaubs, die „besondere Beziehung zwischen Mutter und Kind" zu schützen, ist diese Ungleichbehandlung jedoch nicht nachvollziehbar.

48 In **Beispielsfall 69 a** stellte sich die Frage, ob die spezifische Arbeitsfreistellung zum Zwecke des Stillens sich tatsächlich als spezifisches Recht von Müttern begründen ließ. Weil (unmittelbar an das Geschlecht anknüpfend) höhere rechtliche Barrieren für Väter galten als für Mütter, handelte es sich um eine unmittelbare Benachteiligung wegen des Geschlechts. Art. 28 Abs. 1 der Richtlinie 2006/54/EG erlaubt jedoch geschlechterdifferenzierende Regelungen, wenn diese zum besonderen „Schutz der Frau, insbesondere bei Schwangerschaft und Mutterschaft" begründet sind. Dies erfordert letztlich eine Analyse der Zwecke, die mit der hier fraglichen Regelung zum „**Stillurlaub**" verfolgt werden. Der EuGH hob hier zu Recht hervor, dass die Arbeitsfreistellung grundsätzlich sowohl Vätern als auch Müttern zustand, wenn auch unter anderen Bedingungen. Dies sprach dafür, dass es sich nicht um eine Freistellung zum Stillen handelte, sondern um eine Freistellung, um „**für die Ernährung und die Kinderbetreuung** [zu] sorgen" – also eine Freistellung, die Arbeitnehmern in ihrer Eigenschaft als Eltern gewährt wurde, die nicht den Schutz der körperlichen Verfassung der Frau nach der Schwangerschaft zum Ziel hat. Die Freistellung musste also allen Elternteilen unter den gleichen Bedingungen zustehen.[31]

d) Reformdiskussion

49 Bezüglich der Mutterschutz-Richtlinie bemüht sich die EU-Kommission seit langem um eine Novelle, angestoßen durch die Reform der **ILO-Konvention 153 über den**

28 EuGH 19.9.2013 – C-5/12 (Betriu Montull), ECLI:EU:C:2013:571; genauso schon EuGH 12.7.1984 – 184/83 (Hofmann), ECLI:EU:C:1984:273.

29 Kocher FS Eichenhofer 2015, S. 301 ff.; de la Corte Rodríguez, ELLJ 9 (2018), S. 171–194.

30 EuGH 18.3.2014 – C-363/12 (Z../. A Government Department), ECLI:EU:C:2014:159. Der Schwerpunkt der Urteilsbegründung liegt auf der Frage, ob hierin nicht eine Diskriminierung aufgrund der Behinderung liege, weil Frau Z aufgrund einer körperlichen Beeinträchtigung kein Kind gebären konnte.

31 EuGH 30.9.2010 – C-104/09 (Roca Álvarez), ECLI:EU:C:2010:561, Rn. 31.

Mutterschutz im Jahre 2000. Bereits im Jahre 2008 schlug sie eine Revision vor.[32] Dabei sollten der Mutterschaftsurlaub verlängert, der Kündigungsschutz verbessert und der Diskriminierungsschutz konkretisiert werden (insbesondere sollte ein Recht auf den gleichen oder tatsächlich gleichwertigen Arbeitsplatz bei Rückkehr aus dem Mutterschutz eingefügt werden).

Bis dato scheitert die Reform jedoch daran, dass sich Rat und Parlament nicht einigen 50
können. Zu den Hauptstreitpunkten gehört das Problem, das in **Beispielsfall 69** angesprochen war: Das Europäische Parlament fordert über die Rechtsprechung des EuGH hinaus eine Entgeltfortzahlung von 100 % in der Zeit des Mutterschutzes. Streit besteht auch über die Dauer des Mutterschaftsurlaubs. Das Parlament möchte ihn auf 20 Wochen verlängert haben und nicht nur auf 18 Wochen, wie von der Kommission vorgeschlagen. In dieser Diskussion wird immer wieder die Abgrenzung von Mutterschaftsurlaub und Elternurlaub problematisiert – eine Frage, die sich bei der Ausdehnung des Mutterschaftsurlaubs auf Väter und Adoptiveltern stellt (siehe Rn. 45; 87).

4. Die Arbeitszeit-Richtlinie

Literatur: *Bayreuther, Frank*, § 11 Arbeitszeit, in: Schlachter/Heinig (Hrsg.), Europäisches Arbeits- und Sozialrecht. Band 7 der Enzyklopädie Europarecht [EnzEur], 2016; *Ulber, Daniel*, § 7 Arbeitszeit, in: Preis/Sagan (Hrsg.), Europäisches Arbeitsrecht, 2. Aufl. 2019.

▶ **Beispielsfall 70** 51

Herr Marques da Rosa war zwischen 1991 und 2014 in einem Casino in Portugal beschäftigt, das täglich von nachmittags bis zum folgenden Morgen geöffnet war. Dabei arbeitete er teilweise sieben aufeinanderfolgende Tage ohne einen Ruhetag. Er hält dies für einen Verstoß gegen die Arbeitszeitrichtlinie. ◀

EuGH 9.11.2017 – C-306/16 (Maio Marques da Rosa), ECLI:EU:C:2017:844

▶ **Beispielsfall 71** 52

Herr Pfeiffer ist beim Deutschen Roten Kreuz (DRK) als Rettungsassistent in einer Rettungswache beschäftigt, die rund um die Uhr besetzt ist. Die Notfallrettung wird mit Transportfahrzeugen und Notarzt-Einsatzfahrzeugen durchgeführt, die bei Alarmierung ausrücken, um Patientinnen und Patienten am Einsatzort medizinisch zu versorgen. Üblicherweise wird die versorgte Person dann in ein Krankenhaus transportiert. Zwischen den Notfalleinsätzen kommt es zwangsläufig zu mehr oder weniger langen Phasen der Untätigkeit. ◀

Die Rettungsassistentinnen und -assistenten sind nach dem Tarifvertrag (der auch für Herrn Pfeiffer gilt) dazu verpflichtet, durchschnittlich mindestens drei Stunden täglich Arbeitsbereitschaft zu leisten; in dieser Zeit warten sie in der Rettungswache auf einen Einsatz. Die durchschnittliche wöchentliche Arbeitszeit (einschließlich Arbeitsbereitschaft) beträgt nach diesem Tarifvertrag 49 Stunden. ◀

EuGH 5.10.2004 – C-397/01 bis C-403/01 (Pfeiffer ua), ECLI:EU:C:2004:584;
siehe auch EuGH 9.9.2003 – C-151/02 (Jäger), ECLI:EU:C:2003:437;
EuGH 3.10.2000 – C-303/98 (SIMAP), ECLI:EU:C:2000:528

Die **Arbeitszeit-Richtlinie** 2003/88/EG ist eine Einzelrichtlinie zur Arbeitsschutz-Rah- 53
menrichtlinie 89/391/EWG. Sie dient dem Schutz der Gesundheit von Arbeitnehmerin-

32 Europäische Kommission, Vorschlag für eine Richtlinie zur Änderung der Richtlinie 92/85/EWG, KOM(2008) 637.

nen und Arbeitnehmern, indem sie die tägliche, die wöchentliche sowie die jährliche Arbeitszeit begrenzt. Die Vorgaben lauten insofern:

- **tägliche** Mindestruhezeit von elf Stunden;
  Ruhepause ab einer täglichen Arbeitszeit von sechs Stunden
- **wöchentliche** Höchstarbeitszeit von 48 Stunden (einschließlich Überstunden); wöchentliche Mindestruhezeit (zusätzlich zu den täglichen Mindestruhezeiten) von 24 Stunden
- **jährlicher** Urlaub von vier Wochen (Art. 7; dazu genauer unten Rn. 67 ff.)
- Sonderregelungen für Nacht- und Schichtarbeit:
  - Höchstens acht Stunden Nachtarbeit[33] pro 24-Stunden-Zeitraum
  - Anspruch auf unentgeltliche Untersuchung des Gesundheitszustands
  - Anspruch auf Versetzung auf einen Tagesarbeitsplatz
  - Auskunftspflicht des Arbeitgebers gegenüber der zuständigen Behörde

Art. 7 Abs. 2 (Urlaub) sowie Art. 3, 5 und 6 der Richtlinie (Begrenzung der Höchstarbeitszeit, tägliche und wöchentliche Ruhezeiten) konkretisieren Art. 31 Abs. 2 EU-GRC (siehe oben § 1 Rn. 81 ff.).[34]

54 Die Richtlinie sieht zahlreiche **Abweichungsmöglichkeiten** vor und ermöglicht Flexibilität, insbesondere für die wöchentliche Höchstarbeitszeit. So kommt für die wöchentliche Höchstarbeitszeit nach Art. 22 der Richtlinie 2003/88/EG ein **individuelles „opt-out"** in Betracht. Danach ist Arbeit über 48 Wochenstunden hinaus möglich, falls der Arbeitnehmer oder die Arbeitnehmerin sich hierzu bereit erklärt hat. Die Bereitschaft muss freiwillig sein; insbesondere dürfen aus einer fehlenden Bereitschaft keine Nachteile entstehen. Ein opt-out muss dokumentiert werden:[35] Der Arbeitgeber muss Listen über die Arbeitnehmerinnen und Arbeitnehmer führen, die ein opt-out erklärt haben, und muss diese Listen den zuständigen Behörden zur Verfügung stellen.

55 Einen weiteren Regelungsspielraum gewährt die Richtlinie den Mitgliedstaaten durch den „Bezugszeitraum" für die wöchentliche Höchstarbeitszeit: Die Mitgliedstaaten dürfen den Zeitraum festlegen, in dessen Durchschnitt sich die Erreichung der vorgegebenen 48 Stunden pro Woche berechnet (Art. 16 b) der Arbeitszeit-Richtlinie). Es stellte sich deshalb die Frage, ob die Vorschriften der Arbeitszeit-Richtlinie zur wöchentlichen Höchstarbeitszeit **unmittelbare Wirkung** haben können. Wegen der erläuterten Spielräume war für die wöchentliche Höchstarbeitszeit problematisch, ob die entsprechenden Vorschriften ausreichend genau und unbedingt sind. Hierfür ist entscheidend, ob es klare Grenzen für die mitgliedstaatliche Gestaltung gibt. Dies ist der Fall: Der Bezugszeitraum darf nach Art. 19 auf keinen Fall zwölf Monate überschreiten. „Bei Fehlen nationaler Vorschriften zur Umsetzung können diese Bestimmungen folglich dahin ausgelegt werden, dass sie unmittelbare Wirkung haben."[36]

33 = „Jede, in den einzelstaatlichen Rechtsvorschriften festgelegte Zeitspanne von mindestens sieben Stunden, welche auf jeden Fall die Zeitspanne zwischen 24 Uhr und 5 Uhr umfasst".

34 EuGH 6.11.2018 – C-569/16 u. C-570/16 (Bauer und Broßonn), ECLI: EU: C: 2018:871; EuGH 14.5.2019 – C-55/18 (Comisiones Obreras), ECLI:EU:C:2019:402, Rn. 31.

35 Deshalb muss das opt-out auch schriftlich vorliegen (EuGH 3.10.2000 – C-303/98 (SIMAP), ECLI: EU: C: 2000:528).

36 EuGH 3.10.2000 – C-303/98 (SIMAP), ECLI: EU: C: 2000:528; EuGH 5.10.2004 – C-397/01 bis C-403/01 (Pfeiffer), ECLI:EU:C:2000:528.

In **Beispielsfall 70** stellte sich die Frage, wie die Formulierung in Art. 5 der Arbeitszeit-Richtlinie zu verstehen ist, wonach jedem Arbeitnehmer „pro Siebentageszeitraum eine kontinuierliche Mindestruhezeit von 24 Stunden“ zustehen muss: Heißt dies, dass jeweils nach sechs aufeinanderfolgenden Arbeitstagen ein **Ruhetag** gewährt werden muss, oder kann der Ruhetag zB in der einen Woche am Montag und in der Folgewoche am Donnerstag liegen, so dass es zwar pro Siebentageszeitraum einen Ruhetag gibt, zwischen den Ruhetagen jedoch bis zu 12 Tage liegen können? Der EuGH legt den Begriff „pro Siebentageszeitraum“ autonom aus und verweist darauf, dass eine systematische Auslegung der Richtlinie nahelege, auch diesen Begriff als „Bezugszeitraum“ zu verstehen (vgl. Art. 16 der Richtlinie). Auch das Ziel des Gesundheitsschutzes erfordere es nicht, dass der Ruhetag zwingend nach jedem sechsten Arbeitstag gewährt werde. [37] 56

a) Anwendungsbereich

Als Einzelrichtlinie zur Arbeitsschutz-Rahmenrichtlinie ist die Arbeitszeit-Richtlinie anwendbar auf „alle privaten oder öffentlichen Tätigkeitsbereiche im Sinne des Art. 2 der Richtlinie 89/391/EWG“ (Art. 1 Abs. 3 Richtlinie 2003/88/EG). Für die Richtlinie gilt ein **unionsautonomer Arbeitnehmerbegriff** (siehe oben § 1, Rn. 136 ff.; § 5 Rn. 28).[38] 57

In **Beispielsfall 71** war fraglich, ob die Einschränkung des Geltungsbereichs nach Art. 2 Abs. 2 der Arbeitsschutz-Rahmenrichtlinie 89/391/EWG für die Tätigkeit der Rettungsassistentinnen und -assistenten in Betracht kam. Danach gelten die Arbeitsschutzvorgaben der EU nicht, „soweit dem **Besonderheiten bestimmter spezifischer Tätigkeiten im öffentlichen Dienst, zB bei den Streitkräften oder der Polizei, oder bestimmter spezifischer Tätigkeiten bei den Katastrophenschutzdiensten** zwingend entgegenstehen“ (siehe oben Rn. 23). Wie alle Ausnahmeregelungen ist diese Norm eng auszulegen. In einer systematischen Betrachtung war deshalb zu fragen, inwieweit die Tätigkeit des DRK-Rettungsdiensts dem Katastrophenschutz vergleichbar ist. Maßgeblich für die Vergleichbarkeit musste eine teleologische Sichtweise sein, die fragt, weshalb diese Tätigkeiten vom Anwendungsbereich ausgenommen sind. Der EuGH stellte hier zu Recht darauf ab, ob eine Situation dadurch gekennzeichnet sind, dass eine Arbeitszeitplanung für die Einsatz- und Rettungsteams nicht möglich ist. Diese Voraussetzungen waren in Beispielsfall 71 aber nicht gegeben: „Selbst wenn [der Rettungsdienst] Ereignisse bewältigen muss, die naturgemäß nicht vorhersehbar sind, so sind doch die unter gewöhnlichen Umständen damit verbundenen Tätigkeiten [...] einschließlich der Arbeitszeiten seines Personals, im Voraus planbar“ – über Schichtpläne kann gewährleistet werden, dass man allen Notfällen gerecht wird.[39] Die Arbeitszeit-Richtlinie ist also in Beispielsfall 71 anwendbar.[40] 58

37 EuGH 9.11.2017 – C-306/16 (Marques da Rosa), ECLI:EU:C:2017:844, Rn. 35 ff.; siehe auch EuGH 11.4.2019 – C-254/18 (syndicat des cadres), ECLI:EU:C:2019:318, Rn. 29 zur Auslegung des in C-306/16 verwendeten Begriff des „festen“ Zeitraums.

38 EuGH 3.5.2012 – C-337/10 (Neidel), ECLI:EU:C:2012:263, Rn. 23.

39 EuGH 5.10.2004 – C-397/01 bis C-403/01 (Pfeiffer), ECLI:EU:C:2000:528, Rn. 57.

40 Zur Anwendung auf freiwillige Feuerwehrleute (EuGH 21.2.2018 – C-518/15 (Matzak), ECLI:EU:C:2018:82) siehe oben § 1 Rn. 141.

59 Zusätzlich enthält die Arbeitszeit-Richtlinie weitere **Ausnahmen ihres Anwendungsbereichs** (die in Beispielsfall 71 allerdings nicht einschlägig waren)[41]: Für Ärztinnen und Ärzte in der Ausbildung, mobile Arbeitnehmerinnen und Arbeitnehmer, Arbeitnehmerinnen und Arbeitnehmer auf Offshore-Anlagen sowie Arbeitnehmerinnen und Arbeitnehmer an Bord von seegehenden Fischereifahrzeugen gilt die spezielle Richtlinie 2000/34/EG. Spezielle Arbeitszeitregelungen gibt es für Schwangere und Wöchnerinnen (Mutterschutz-Richtlinie 92/85/EWG), für Kinder und Jugendliche (Jugendschutz-Richtlinie 94/33/EWG), für Seeleute auf Seeschiffen (Richtlinie 1999/63/EG) und für das Fahrpersonal im Straßenverkehr (Verordnung 561/2006/EG; Richtlinie 2002/15/EG).

Im Übrigen reagiert die Arbeitszeit-Richtlinie auf spezifische Bedingungen der Arbeit, die größere Flexibilität in der Arbeitszeit erfordern, mit **Abweichungsmöglichkeiten**, zB (Art. 17 Abs. 1) wenn die Arbeitszeit wegen der besonderen Merkmale der ausgeübten Tätigkeit nicht gemessen und/oder nicht im Voraus festgelegt wird[42] oder von den Arbeitnehmern selbst festgelegt werden kann, insbesondere bei leitenden Angestellten, Familienangehörigen, im liturgischen Bereich von Kirchen oder Religionsgemeinschaften, oder (Art. 17 Abs. 2 und 3) wenn objektiv eine Kontinuität des Dienstes gewährleistet sein muss, wie bei Wach- und Schließdiensten oder in Ferien- und Freizeitzentren.[43]

b) Begriff der Arbeitszeit

60 Ist also die Arbeitszeit-Richtlinie auch auf Rettungsassistentinnen und Rettungsassistenten anwendbar, so stellt sich die Kernfrage, was unter Arbeitszeit im Sinne der Richtlinie zu verstehen ist. Denn bei Einbeziehung der Bereitschaftszeiten lag die wöchentliche Arbeitszeit von Herrn Pfeiffer über der Höchstarbeitszeit von 48 Stunden, welche die Richtlinie vorschreibt. Es kam daher darauf an, ob die **Bereitschaftszeit** auch Arbeitszeit im Sinne der Arbeitszeit- Richtlinie war.

61 Arbeitszeit ist zwar von Ruhezeit abzugrenzen; Ruhezeit ist aber nur ein negativ bestimmter Begriff: Ruhezeit ist jede Zeitspanne außerhalb der Arbeitszeit. Die Richtlinie definiert als **Arbeitszeit** „jede Zeitspanne, während der ein Arbeitnehmer gemäß den einzelstaatlichen Rechtsvorschriften und/oder Gepflogenheiten arbeitet, dem Arbeitgeber zur Verfügung steht und seine Tätigkeit ausübt oder Aufgaben wahrnimmt" (Art. 2 Nr. 1 der Richtlinie 2003/88/EG). Die Auslegung dieses zentralen Begriffs muss nach der Rechtsprechung des EuGH autonom, also unionseinheitlich und nicht nach den Begriffen der Mitgliedstaaten erfolgen. Diese Schlussfolgerung ist nicht unproblematisch, denn nach der Richtlinie verweist die Definition des Begriffs Arbeitszeit auf „die einzelstaatlichen Rechtsvorschriften und/oder Gepflogenheiten". Könnten allerdings die Mitgliedstaaten diesen zentralen Begriff selbst bestimmen, so würde die Zielsetzung der Rechtsharmonisierung verfehlt; die Wirksamkeit der Richtlinie kann tatsächlich nur gesichert werden, wenn in allen Mitgliedstaaten dieselben Kriterien für den

41 Der Anwendungsbereich erfasst deshalb jedenfalls auch Ärzte und Ärztinnen im öffentlichen Gesundheitsdienst (EuGH 3.10.2000 – C-303/98 (SIMAP), ECLI:EU:C:2000:528).

42 Zur Reichweite: EuGH 7.9.2006 – C-484/04 (Kommission ./. UK), ECLI:EU:C:2006:526.

43 EuGH 14.10.2010 – C-428/09 (Union syndicale Solidaires Isère), ECLI:EU:C:2010:612; für Kinderbetreuung in Wohngruppen/Familien siehe auch EuGH 26.7.2017 – C-175/16 (Hälvä ua), ECLI:EU:C:2017:617.

Begriff der Arbeitszeit gelten.[44] Dem EuGH ist also darin zuzustimmen, dass eine **unionsautonome Auslegung** vorzunehmen ist.

Bei der **Bereitschaftszeit** ist problematisch, dass der Arbeitnehmer oder die Arbeitnehmerin zwar dem Arbeitgeber zur Verfügung steht, jedoch keine konkrete Tätigkeit ausübt. Er oder sie nimmt beim Warten auf einen Einsatz allerdings Aufgaben wahr. Entscheidend für die Abgrenzung muss insofern sein, inwieweit der Arbeitnehmer oder die Arbeitnehmerin in der jeweiligen Zeitspanne tatsächlich über seine oder ihre Zeit verfügen kann. 62

Der EuGH hat das Vorliegen von Ruhezeit für den Fall verneint, dass ein Bereitschaftsdienst „in Form persönlicher Anwesenheit an dem von seinem Arbeitgeber bestimmten Ort" geleistet wird. Auch wenn die Betroffenen während dieses Diensts tatsächlich keine ununterbrochene berufliche Tätigkeit ausüben, und selbst wenn es gestattet ist, sich an der Arbeitsstelle auszuruhen, handele es sich in vollem Umfang um Arbeitszeit im Sinne der Arbeitszeit-Richtlinie. Dem ist zuzustimmen: Wenn jemand sich an einem vom Arbeitgeber bestimmten Ort aufhalten und diesem zur Verfügung stehen muss, um gegebenenfalls sofort Leistungen erbringen zu können, nimmt er oder sie damit Verpflichtungen aus dem Arbeitsverhältnis wahr.[45]

Etwas unklar ist jedoch noch, welche Rolle der „vom Arbeitgeber bestimmte Ort" für die Definition der Arbeitszeit spielt. In neueren Entscheidungen hat der EuGH zu Recht die teleologische Erwägung, inwieweit jemand noch frei über die Zeit verfügen kann, als wichtiger eingestuft als die Frage des Aufenthaltsorts. So ist zB jedenfalls bei Arbeitnehmerinnen und Arbeitnehmer, die keinen festen Arbeitsplatz haben, die Zeit der Anfahrt zum jeweils ersten oder letzten Kunden, in denen sie Weisungen des Arbeitgebers unterliegen, als Arbeitszeit zu werten.[46] Und auch Arbeitnehmerinnen und Arbeitnehmer, die sich zu Hause aufhalten dürfen, leisten Arbeitszeit, wenn sie soweit in ihrer Verfügungsbefugnis eingeschränkt sind, dass sie in der Lage sein müssen, sich innerhalb von acht Minuten am Arbeitsplatz einzufinden.[47]

In **Beispielsfall 71** war bei einer unionsrechtskonformen Auslegung des Begriffs der Arbeitszeit die wöchentliche Höchstarbeitszeit also überschritten. 63

c) Individuelles „opt-out"

In **Beispielsfall 71** war auch fraglich, ob die Überschreitung der wöchentlichen Höchstarbeitszeit nicht europarechtlich zulässig war, weil Herr Pfeiffer vom **individuellen opt-out** im Sinne des Art. 22 Abs. 1 a) der Richtlinie 2003/88/EG Gebrauch gemacht hatte.[48] Als Gegenstand des opt-out kämen die tarifvertraglichen Regelungen in Frage, die 64

44 EuGH 9.9.2003 – C-151/02 (Jäger), ECLI:EU:C:2003:437.

45 EuGH 5.10.2004 – C-397/01 bis C-403/01 (Pfeiffer), ECLI:EU:C:2000:528, Rn. 93; genauso EuGH 9.9.2003 – C-151/02 (Jäger), ECLI: EU: C: 2003:437, Rn. 71, 75, 103; EuGH 3.10.2000 – C-303/98 (SIMAP), ECLI: EU: C: 2000:528.

46 EuGH 10.9.2015 – C-266/14 (Federación de Servicios Privados del sindicato Comisiones obreras), ECLI:EU:C: 2015:578.

47 EuGH 21.2.2018 – C-518/15 (Matzak), ECLI:EU:C:2018:82, Rn. 63; mAnm von Bayreuther NZA 2018, 348; vgl. auch Generalanwältin Sharpston, Schlussanträge, 26.7.2017 – C-518/15 (Matzak), ECLI: EU: C: 2017:619, Rn. 57: Abstellen auf die Qualität der Zeit.

48 Die Norm lautet: „Es ist einem Mitgliedstaat freigestellt, Art. 6 (wöchentliche Höchstarbeitszeit) nicht anzuwenden, wenn er die allgemeinen Grundsätze der Sicherheit und des Gesundheitsschutzes der Arbeitnehmer einhält und mit den erforderlichen Maßnahmen dafür sorgt, dass a) kein Arbeitgeber von einem Arbeitnehmer verlangt, im Durchschnitt des in Artikel 16 Buchstabe b) genannten Bezugszeitraums mehr

auf das Arbeitsverhältnis von Herrn Pfeiffer qua individualvertraglicher Bezugnahme anwendbar waren.

65 Die Richtlinienvorschriften zum opt-out machen deutlich, dass diese **Ausnahmeregelung** sehr eng ausgelegt werden soll. Ausdrücklich verlangt die Richtlinie **Freiwilligkeit** sowie Maßnahmen zur Absicherung der Freiwilligkeit. Dies deutet darauf hin, dass es sich tatsächlich um ein individuelles Recht handeln muss, das nicht durch eine kollektive Regelung ersetzt werden kann. Die Vorgabe des Tarifvertrags in **Beispielsfall 71** erfüllte deshalb nicht die Anforderungen an ein wirksames opt-out im Sinne der Arbeitszeit-Richtlinie.[49]

d) Reformdiskussion

66 Die Arbeitszeit-Richtlinie wird in den Mitgliedstaaten sehr häufig verletzt.[50] Um die Effektivität zu erhöhen, wäre eine Überarbeitung dringend nötig. In den Jahren 2004 bis 2009 war bereits einmal über eine umfassende Reform verhandelt worden – allerdings vergeblich. In ihrer „Agenda zur besseren Rechtsetzung" 2015 plant die EU-Kommission nun weiterhin eine allerdings recht begrenzte Überarbeitung.[51]

5. Das Recht auf Urlaub (Art. 7 der Arbeitszeit-Richtlinie)

Literatur: *Mehrens, Christian/Witschen, Stefan*, § 8 Urlaub Arbeitszeit, in: Preis/Sagan (Hrsg.), Europäisches Arbeitsrecht, 2. Aufl. 2019.

67 ▶ **Beispielsfall 72**

Frau Williams ist Linienpilotin bei der British Airways plc. Ihr Entgelt besteht aus drei Bestandteilen: Der erste Bestandteil ist ein fester Jahresbetrag. Der zweite Bestandteil sind Zulagen, deren Höhe sich nach den geflogenen Zeiten richtet. Die Zulagen des dritten Bestandteils bemessen sich nach der Dauer der Abwesenheit vom Stützpunkt. Während ihres bezahlten Jahresurlaubs bekam Frau Williams allerdings nur den ersten Bestandteil des Entgelts. ◀

EuGH 15.9.2011 – C-155/10 (Williams), ECLI:EU:C:2011:588

68 ▶ **Beispielsfall 73**

Herr Schulte war seit fast 40 Jahren bei B als Schlosser beschäftigt. Auf das Arbeitsverhältnis fand ein Tarifvertrag Anwendung, aus dem sich ein tariflicher Urlaubsanspruch von jährlich 30 Arbeitstagen ergab. Nach einem Herzinfarkt und einer anschließenden Reha-Maßnahme war Herr Schulte dauerhaft arbeitsunfähig. Nach einer Arbeitsunfähigkeit von über drei Jahren wurde das Arbeitsverhältnis durch Aufhebungsvertrag beendet. Herr Schulte verlangt nun für diese drei Jahre Abgeltung des Urlaubs. ◀

EuGH 22.11.2011 – C-214/10 (KHS), ECLI:EU:C:2011:761;

---

als 48 Stunden innerhalb eines Siebentagezeitraums zu arbeiten, *es sei denn der Arbeitnehmer hat sich hierzu bereit erklärt"*.

49 EuGH 3.10.2000 – C-303/98 (SIMAP), ECLI:EU:C:2000:528, Rn. 72–74. Zur Europarechtskonformität des § 7 Abs. 2 a ArbZG: BAG 23.6.2010 – 10 AZR 543/09, NZA 2010, 1081 (Unterschrift auf Formular des Arbeitgebers; bei fehlender Einwilligung wird ein anderer Arbeitsplatz zur Verfügung gestellt); kritisch Wank AuR 2011, 175; siehe auch EuGH 25.11.2010 – C-429/09 (Fuß II), ECLI: EU: C: 2010:717; EuGH 14.10.2010 – C-243/09 (Fuß I), ECLI:EU:C:2010:609.

50 Siehe zB Bericht der Europäischen Kommission vom 21.12.2011 über die Umsetzung der Arbeitszeitrichtlinie in den Mitgliedstaaten, KOM(2010) 802 endg., teilweise abgedruckt in AuR 2011, 105 ff.

51 Genauer Franzen ZESAR 2015, 407 ff.

siehe auch EuGH 18.3.2004 – C-342/01 (Merino Gómez), ECLI:EU:C:2004:160; EuGH 20.1.2009 – C-350/06 (Schultz-Hoff), ECLI:EU:C:2009:18

a) Urlaubsanspruch

Nach Art. 7 Abs. 1 der Arbeitszeit-Richtlinie 2003/88/EG müssen Arbeitnehmerinnen und Arbeitnehmer ein Recht auf einen „**bezahlten Mindestjahresurlaub von vier Wochen**“ haben – „nach Maßgabe der Bedingungen für die Inanspruchnahme und die Gewährung, die in den einzelstaatlichen Rechtsvorschriften und/oder nach den einzelstaatlichen Gepflogenheiten vorgesehen sind“. 69

Diese Vorschrift ist **unmittelbar anwendbar**. Die Differenzierung hinsichtlich der einzelstaatlichen Vorgaben betrifft nicht den Umfang, sondern lediglich die Bedingungen der Inanspruchnahme des Rechts. Der Anwendungsbereich dieser Norm ist nicht weiter eingeschränkt als der Anwendungsbereich der Arbeitszeit-Richtlinie generell.[52] 70

Der Anspruch auf bezahlten Jahresurlaub verfolgt einen **doppelten Zweck**. Er soll es den Arbeitnehmerinnen und Arbeitnehmern ermöglichen, 71

- sich von der Arbeit zu erholen und
- über einen Zeitraum für Entspannung und Freizeit zu verfügen.[53]

Als „besonders bedeutsamer Grundsatz des Sozialrechts der Union“ ist dieses Recht nicht restriktiv auszulegen.[54] Es konkretisiert Art. 31 Abs. 2 EU-GRC.[55] Übrigens ist ein Recht auf bezahlte Freizeit bereits seit 1957 im Primärrecht verankert (siehe heute Art. 158 AEUV). 72

b) Urlaubsentgelt

In Übereinstimmung mit Art. 158 AEUV geht Art. 7 Abs. 1 der Arbeitszeit-Richtlinie davon aus, dass effektive „Freizeit“ nur möglich ist, wenn der Urlaub auch **bezahlt** ist. Die Entgeltfortzahlung während des Urlaubs ist erforderlich, um eine effektive Verwirklichung des Urlaubsrechts sicherzustellen.[56] Die Richtlinie 2003/88/EG behandelt den Anspruch auf Jahresurlaub und den Anspruch auf Zahlung des Urlaubsentgelts deshalb als zwei Aspekte eines einzigen Anspruchs.[57] 73

In **Beispielsfall 72** stellte sich die Frage, was unter dem Begriff „bezahlter Mindestjahresurlaub“ zu verstehen ist. Der EuGH interpretiert den Wortlaut dieser Vorschrift so, dass in diesem Fall für die Dauer des Jahresurlaubs im Sinne der Richtlinie das Arbeitsentgelt weiter zu gewähren ist, „dass der Arbeitnehmer mit anderen Worten für diese Ruhezeit **das gewöhnliche Arbeitsentgelt** erhalten muss“.[58] Anders als nach Art. 11 der Mutterschutz-Richtlinie 92/85/EWG (siehe oben Rn. 41 f.) reicht es also 74

---

52 EuGH 26.6.2001 – C-173/99 (Broadcasting, Entertainment, Cinematographic and Theatre Union), ECLI:EU:C:2001:356.

53 EuGH 22.11.2011 – C-214/10 (KHS), ECLI:EU:C:2011:761, Rn. 31; EuGH 21.6.2012 – C-78/11 (ANGED), ECLI:EU:C:2012:372, Rn. 19; EuGH 8.11.2012 – C-229/11 und C-230/11 (Heimann und Toltschin), ECLI:EU:C:2012:693, Rn. 29; EuGH 30.6.2016 – C-178/15 (Sobczyszyn), ECLI:EU:C:2016:502.

54 EuGH 22.4.2010 – C-486/08 (Zentralbetriebsrat der Landeskrankenhäuser Tirols), ECLI: EU: C: 2010:215, Rn. 28 f.; EuGH 8.11.2012 – C-229/11 und C-230/11 (Heimann und Toltschin), ECLI:EU:C:2012:693, Rn. 17, 22; EuGH 13.6.2013 – C-415/12 (Brandes), ECLI:EU:C:2013:398, Rn. 27 ff.

55 EuGH 6.11.2018 – C-569/16 u. C-570/16 (Bauer und Broßonn), ECLI:EU:C:2018:871.

56 EuGH 22.5.2014 – C-539/12 (Lock), ECLI:EU:C:2014:351.

57 EuGH 12.2.2015 – C-396/13 (Sähköalojen ammattiliitto), ECLI: EU: C: 2015:86, Rn. 67; EuGH 29.11.2017 – C-214/16 (King), ECLI:EU:C:2017:914, Rn. 35.

58 EuGH 16.3.2006 – C-131/04 und C-257/04 (Robinson-Steele ua), ECLI:EU:C:2006:177, Rn. 50.

nicht aus, ein Entgelt zu gewähren, das gerade noch so bemessen ist, dass keine ernsthafte Gefahr besteht, die Arbeitnehmerin oder der Arbeitnehmer könne ihren oder seinen Jahresurlaub nicht antreten. Vielmehr muss der Arbeitnehmer „während des ihm für Erholung und Entspannung zur Verfügung stehenden Zeitraums in den Genuss wirtschaftlicher Bedingungen [...] kommen, die mit denen vergleichbar sind, die die Ausübung seiner Arbeit betreffen"; er muss daher sein gewöhnliches Entgelt erhalten.[59] Es sind damit nicht nur (wie zu Art. 11 der Mutterschutz-Richtlinie) diejenigen Entgeltbestandteile fortzuzahlen, die an die persönliche und berufliche Stellung anknüpfen, sondern auch alle Entgeltbestandteile und Zulagen, die Belastungen ausgleichen. In Beispielsfall 72 sind dies alle Leistungen, die an die Arbeitsaufgaben und geflogenen Zeiten anknüpfen. Nur Aufwandsentschädigungen, die „ausschließlich gelegentlich anfallende Kosten oder Nebenkosten decken sollen", müssen nicht berücksichtigt werden.

c) Urlaubsabgeltung

75 In **Beispielsfall 73** konnte der Arbeitnehmer seinen Urlaub während insgesamt drei Jahren nicht nehmen, weil er arbeitsunfähig war. Es war damit zu fragen,

- ob sein Urlaubsanspruch verfallen war,
- ob ein bestehender Urlaubsanspruch in Geld abgegolten werden musste.

76 Nach Art. 7 Abs. 2 der Arbeitszeit-Richtlinie 2003/88/EG darf der bezahlte Mindestjahresurlaub nur bei Beendigung des Arbeitsverhältnisses durch eine finanzielle Vergütung ersetzt werden. **Der Urlaub darf also nicht einfach „verfallen", wenn er nicht genommen wird.** Denn es handelt sich um ein zwingendes Recht, das Gesundheitsschutz (Erholung und Freizeit) gewährleisten soll. Der EuGH hat deshalb mehrfach entschieden, dass der Urlaub nachgewährt werden muss, wenn eine Arbeitnehmerin oder ein Arbeitnehmer während des Urlaubs krank wird,[60] und dass der Urlaubsanspruch nicht entfallen darf, wenn er wegen Krankheit oder Mutterschaftsurlaubs nicht wahrgenommen werden konnte.[61]

77 In **Beispielsfall 73** war der Urlaubsanspruch also nicht verfallen. Nach Meinung des BAG musste der Urlaub aus Sicht des deutschen Rechts in einem solchen Fall aber nicht zwingend durch eine finanzielle Vergütung ersetzt werden, wenn er nicht mehr genommen werden konnte. Das BAG hatte insofern immer zwischen dem **Anspruch auf Urlaub und dem Anspruch auf Urlaubsabgeltung** unterschieden. Hiernach fand eine Abgeltung des Urlaubs von Dauerkranken nicht statt. Dieser Unterscheidung folgt der EuGH jedoch nicht. Seiner Meinung nach ergibt sich aus Art. 7 Abs. 2 der Arbeitszeit-Richtlinie, dass weder der Anspruch auf Urlaub noch der Anspruch auf Abgeltung des nicht genommenen Urlaubs verfallen kann. Selbst bei Tod eines Arbeitnehmers oder einer Arbeitnehmerin müsse deshalb zB die Witwe oder der Witwer einen finanziellen Ausgleich für den Urlaub verlangen können, den der oder die Verstorbene nicht mehr nehmen konnte (siehe dazu oben Beispielsfall 5 a, § 1, Rn. 62).[62] Ein wichtiges Argument hierfür sind Fehlanreize, die mit einem Erlöschen der Ansprüche verbunden sein könnten: Der Anreiz für den Arbeitgeber, Urlaub auch tatsächlich zu gewähren,

59 EuGH 15.9.2011 – C-155/10 (Williams), ECLI:EU:C:2011:588, Rn. 21 ff.
60 EuGH 21.6.2012 – C-78/11 (ANGED), ECLI:EU:C:2012:372.
61 EuGH 18.3.2004 – C-342/01 (Merino Gómez), ECLI:EU:C:2004:160.
62 EuGH 12.6.2014 – C-118/13 (Bollacke), ECLI:EU:C:2014:1755; EuGH 6.11.2018 – C-569/16 u. C-570/16 (Bauer und Broßonn), ECLI:EU:C:2018:871.

werde gestärkt, wenn der Anspruch auf finanzielle Abgeltung unabhängig vom Grund der Beendigung des Arbeitsverhältnisses bestehe.[63]

Diese **Differenz zwischen deutschem und europäischem Recht** führte zu einigen Irritationen in Deutschland und provozierte eine ganze Reihe von Vorlagen deutscher Arbeitsgerichte, die hofften, den EuGH zu einer Richtungsänderung bewegen zu können. 78
In diesem Zusammenhang wurde auch auf die völkerrechtliche Vorschrift des Art. 9 Abs. 1 des Übereinkommens Nr. 132 der Internationalen Arbeitsorganisation vom 24.6.1970 über den bezahlten Jahresurlaub hingewiesen; sie sieht eine zeitliche Begrenzung der Möglichkeit der Geltendmachung des Urlaubsanspruchs auf spätestens 18 Monate nach Ablauf des Jahres, für das der Urlaubsanspruch erworben wurde, vor. Mit seiner Entscheidung in **Beispielsfall 73** lenkte der EuGH zumindest insoweit ein, als er den Mitgliedstaaten erlaubte, eine Begrenzung der Übertragung des Urlaubsanspruchs durch Tarifvertrag oder Gesetz vorzunehmen: Jedenfalls eine tarifliche Befristung der Übertragung auf insgesamt 15 Monate sei mit der Arbeitszeit-Richtlinie zu vereinbaren.[64] Dies führt dazu, dass Beschäftigte nicht über Jahre Urlaubsansprüche aufhäufen und beim Ausscheiden aus dem Unternehmen Abgeltung verlangen können.

Vertiefung: Effektivität der Arbeitszeitkontrolle

Fragen der Rechtsdurchsetzung und der **Effektivität** des Arbeitszeitrechts haben den EuGH zuletzt stärker beschäftigt. 79
Die Arbeitszeit-Richtlinie 2003/88/EG enthält zwar über die allgemeine Gefährdungsbeurteilung hinaus kaum spezifische Vorgaben für die Verfahren, in denen die Rechte durchzusetzen sind. Auch der allgemeine Grundsatz der Effektivität der Richtlinienumsetzung (siehe oben § 4 Rn. 203 ff.) ist bisher hier noch kaum konkretisiert worden.

In seinen Entscheidungen zur Nichtverfallbarkeit der mit dem **Urlaub** in Zusammenhang stehenden Ansprüche hat der EuGH jedoch zuletzt bereits mit möglichen Anreizen und Fehlanreizen argumentiert (siehe oben Rn. 78). In den Entscheidungen „Kreuziger" und „Max-Planck-Gesellschaft" vom November 2018 hat er diese Überlegungen nun verallgemeinert und in einen argumentativen Zusammenhang der effektiven Rechtsdurchsetzung gestellt – ohne allerdings diesen Begriff oder Art. 47 EU-GRC zu erwähnen.

So griff er insbesondere den Gedanken der (Fehl-)**Anreize** auf Seiten der Arbeitnehmerinnen und Arbeitnehmer auf: Diesen sollten keinen Anreiz haben, anstelle des Urlaubs die Urlaubsabgeltung anzustreben, denn damit würde der Zweck des Urlaubsanspruch, die tatsächliche Ruhezeit, nicht erfüllt. Allein die Tatsache, dass ein Arbeitnehmer keinen Urlaub beantragt habe, dürfe deshalb nicht zum automatischen Verlust des Anspruchs führen. Vielmehr müsse der Arbeitgeber den Arbeitnehmer ausdrücklich darauf hinweisen, dass er noch Urlaub zu nehmen habe und ihm alle Rechte, insbesondere das geschuldete Urlaubsentgelt, während dieser Zeit zusichern.[65] Der Anspruch

63 EuGH 6.11.2018 – C-569/16 u. C-570/16 (Bauer und Broßonn), ECLI:EU:C:2018:871, Rn. 45; vgl. auch EuGH 20.7.2016 – C-341/15 (Maschek), ECLI:EU:C:2016:576 für Beendigung aufgrund Versetzung in den Ruhestand.

64 EuGH 22.11.2011 – C-214/10 (KHS), ECLI:EU:C:2011:761; im Anschluss daran dann genauso BAG 7.8.2012 – 9 AZR 353/10; BAG 16.10.2012 – 9 AZR 63/11; genauer Mehrens/Witschen, in: Preis/Sagan, § 8, Rn. 50 ff.

65 EuGH 6.11.2018 – C-619/16 (Kreuziger), ECLI:EU:C:2018:872 und C-684/16 (Max-Planck-Gesellschaft), ECLI: EU:C:2018:874 mAnm Seifert EzA EG-Vertrag 1999 Richtlinie 2003/88 Nr. 23; EuGH 29.11.2017 – C-214/16 (King), ECLI:EU:C:2017:914 (mAnm Bayreuther NZA 2018, 24 ff.): Urlaubsentgelt muss feststehen, um von „freiem Willen" reden zu können; BAG 19.2.2019 – 9 AZR 423/16.

auf bezahlten Jahresurlaub bzw. auf Abgeltung bei Beendigung des Arbeitsverhältnisses dürfe nur dann verfallen, wenn der Arbeitnehmer „aus freien Stücken und in voller Kenntnis der sich daraus ergebenden Konsequenzen“ auf die Wahrnehmung verzichtet hat. Dazu müsse der Arbeitgeber den Arbeitnehmer ggf. förmlich auffordern, den Urlaub zu nehmen, und mitteilen, dass der Urlaub am Ende des Bezugszeitraums bzw. des Übertragungszeitraums verfalle.[66]

80 In eine ähnliche Richtung geht die Entscheidung „Comisiones Obreras“ vom Mai 2019. Hier geht es nicht um Urlaubsgewährung, sondern um die Einhaltung der täglichen bzw. wöchentlichen **Höchstarbeitszeiten.** Insofern müssten die Arbeitgeber durch die Mitgliedstaaten verpflichtet werden, „ein **verlässliches System zur Erfassung** der täglichen Arbeitszeit einzurichten“. Nur wenn die geleistete Arbeitszeit gemessen werde, könnten Überstunden „objektiv und verlässlich“ ermittelt werden. Dies sei Voraussetzung dafür, dass die Arbeitnehmerinnen und Arbeitnehmer tatsächlich in den Genuss der Arbeitszeitbegrenzung kommen könnten, weil nur so eine Geltendmachung der Rechte gegenüber dem Arbeitgeber ermöglicht werde – ob im Rahmen der individuellen Rechtsdurchsetzung oder im Rahmen (öffentlich-rechtlicher) Ermittlungs- und Sanktionsbefugnisse der innerstaatlichen Arbeitsinspektion.[67]

81 In „Comisiones Obreras“ steht dabei eine Argumentation im Mittelpunkt der Begründung, die auch in „Kreuziger“ und „Max-Planck-Gesellschaft“ schon eine Rolle gespielt hatte: Weil Arbeitnehmer die **„schwächere Partei des Arbeitsvertrags“** seien, könne es sowohl sein, dass der Arbeitgeber versuche, ihnen Beschränkungen der Rechte aufzuerlegen, als auch, dass die Arbeitnehmerinnen und Arbeitnehmer Sanktionen befürchteten, wenn sie ihre Rechte geltend machten und deshalb davon abgeschreckt würden.[68]

82 Von besonderem Interesse ist insofern, dass der EuGH den „Schutz vor Aushöhlung“ und die „Sicherung der praktischen Durchsetzung bzw. Wirkung“ als **Dimensionen des Grundrechts** nach Art. 31 Abs. 2 EU-GRC formuliert.[69]

III. Vereinbarkeit von Beruf und Familie („Work-Life-Balance“)

Rechtsgrundlagen: Vereinbarkeits-Richtlinie 2019/1158/EU; Teilzeitarbeits-Richtlinie 97/81/EG.

1. Die Vereinbarkeits-Richtlinie

Literatur: Zur Rechtslage bis 2022 (Richtlinie 2010/18/EU): *Wietfeld, Anne Christin*, § 10 Elternurlaub, in: Preis/Sagan (Hrsg.), Europäisches Arbeitsrecht, 2. Aufl. 2019.

83 ▶ **Beispielsfall 74**

Frau Chatzi ist als Beamtin beim Finanzamt von Thessaloniki (Griechenland) beschäftigt. Am 21.5.2007 brachte sie Zwillinge zur Welt. Daraufhin wurde ihr ein neunmonatiger be-

66 EuGH 6.11.2018 – C-684/16 (Max-Planck-Gesellschaft), ECLI: EU: C: 2018:874, Rn. 56; vgl. auch EuGH 29.11.2017 – C-214/16 (King), ECLI: EU: C: 2017:914; Bayreuther NZA 2018, 24 ff.; so jetzt auch BAG 21.5.2019 – 9 AZR 259/18, ECLI:DE:BAG:2019:210519.U.9AZR259.18.0.

67 EuGH 14.5.2019 – C-55/18 (Comisiones Obreras, CCOO), ECLI:EU:C:2019:402, Rn. 46 ff.; Rn. 57. siehe auch oben Rn. 11 zu den datenschutzrechtlichen Fragen der Aufzeichnung.

68 EuGH 6.11.2018 – C-619/16 (Kreuziger), ECLI: EU: C: 2018:872, Rn. 41 und C-684/16 (Max-Planck-Gesellschaft), ECLI:EU:C:2018:874, Rn. 48 ff.; EuGH 14.5.2019 – C-55/18 (Comisiones Obreras, CCOO), ECLI:EU:C: 2019:402, Rn. 44 f.

69 EuGH 14.5.2019 – C-55/18 (Comisiones Obreras, CCOO), ECLI:EU:C:2019:402, Rn. 31 f.; 43; 48; 50; 65.

zahlter Elternurlaub gewährt, wie ihn das griechische Recht bei Geburt eines Kinds vorsieht. Im Anschluss daran beantragte sie die Gewährung eines zweiten neunmonatigen bezahlten Elternurlaubs für das zweite ihrer Zwillingskinder. Dieser Antrag wurde jedoch abgelehnt. ◀

EuGH 16.9.2010 – C-149/10 (Zoi Chatzi), ECLI:EU:C:2010:534

Nach **Art. 33 Abs. 2 EU-GRC** hat „jede Person [...] Anspruch [...] auf einen Elternurlaub nach der Geburt oder Adoption eines Kindes". Diese Bestimmung wird aktuell noch durch die Elternurlaubs-Richtlinie 2010/18/EU konkretisiert, welche die entsprechende Rahmenvereinbarung der europäischen Sozialpartner in Unionsrecht überführte (zu diesem Rechtssetzungsverfahren siehe oben § 2, Rn. 15 ff.).[70] Diese Richtlinie wird künftig durch Richtlinie 2019/1158/EU zur Vereinbarkeit von Beruf und Privatleben für Eltern und pflegende Angehörige ersetzt, die bis zum 2.8.2022 in innerstaatliches Recht umzusetzen (Art. 20 Abs. 1) ist. Mit diesem Zeitpunkt wird Richtlinie 2010/18/EU aufgehoben. Im Folgenden werden nur noch die Regelungen der Vereinbarkeits-Richtlinie genauer dargestellt. 84

Die Richtlinie soll es Personen, die gerade Eltern geworden sind, ermöglichen, ihre Berufstätigkeit zu unterbrechen. Diese **Unterbrechung** soll einerseits dabei helfen, für das Kind zu sorgen, und andererseits das Familienleben so zu organisieren, dass eine Rückkehr beider Elternteile ins Berufsleben möglich wird.[71] Darüber hinaus gewährleisten sie im Anschluss an den Elternurlaub das Recht auf Rückkehr an den Arbeitsplatz unter Wahrung von Besitzstand und geschützt vor Diskriminierung wegen der Elternschaft. 85

Die Vereinbarkeits-Richtlinie erweitert die Zielsetzung darüber hinaus allgemeiner um die **Vereinbarkeit von Beruf und Familienleben**, nicht nur für Eltern, sondern auch für pflegende Angehörige; sie soll damit auch zur Gleichstellung von Männern und Frauen im Hinblick auf Arbeitsmarktchancen und die Behandlung am Arbeitsplatz beitragen.

Die Richtlinie ergänzt den Gesundheitsschutz für schwangere und stillende Mütter der Mutterschutz-Richtlinie (oben Rn. 36 ff.).

Art. 2 der Vereinbarkeits-Richtlinie 2019/1158/EU regelt den **Anwendungsbereich** auf Arbeitnehmerinnen und Arbeitnehmer in Bezug auf die mitgliedstaatlichen Rechtsordnungen und Gepflogenheiten. Eine unionsrechtsautonome Auslegung findet insofern also nicht statt. Allerdings sieht die neue Definition, anders als noch die Rahmenvereinbarung zur Richtlinie 2010/18/EU, vor, dass die mitgliedstaatlichen Definitionen die Rechtsprechung des EuGH zu berücksichtigen haben (siehe oben § 1, Rn. 152). 86

Die Vereinbarkeits-Richtlinie verpflichtet die Mitgliedstaaten zur Gewährleistung der folgenden individuellen Rechte: 87

- Art. 4: **Vaterschaftsurlaub**[72] im Umfang von zehn Arbeitstagen anlässlich der Geburt eines Kindes zum Zweck der Betreuung und Pflege, und zwar mit einer Vergütung entsprechend der Bezahlung im Krankheitsfall (und entsprechend der Bezahlung im Mutterschaftsurlaub (Art. 8 Abs. 2; Erwägungsgrund 30; vgl. oben Rn. 41 ff.).

70 Die Entstehungsgeschichte dieser Richtlinie ist teilweise schon oben § 2, Rn. 15 ff. behandelt worden.
71 EuGH 16.9.2010 – C-149/10 (Chatzi), ECLI:EU:C:2010:534, Rn. 57.
72 Dies gilt für „Väter" unabhängig vom Ehe- oder Familienstand und auch – soweit nach nationalem Recht anerkannt – andere zweite Elternteile, die Vätern gleichgestellt sind.

- Art. 5: **Elternurlaub** von vier Monaten für jedes Elternteil, von denen zwei Monate nicht auf das andere Elternteil übertragbar sind (sog. „Vätermonate"). Der Elternurlaub soll in flexibler Form gewährt werden, ist aber vor dem achten Lebensjahr des Kindes zu nehmen. Nach Art. 8 Abs. 3 muss eine Vergütung oder Bezahlung vorgesehen werden, welche „die Inanspruchnahme von Elternurlaub durch beide Elternteile erleichtert".[73]
- Art. 6: **Pflegezeit** („Urlaub für pflegende Angehörige") von fünf Arbeitstagen pro Jahr, dh Arbeitsfreistellung zum Zweck der Pflege oder Unterstützung eines Angehörigen[74] oder einer im gleichen Haushalt lebenden Person, die aus schwerwiegenden medizinischen Gründen auf erhebliche Pflege oder Unterstützung angewiesen ist. Die Entscheidung, ob in dieser Zeit eine Bezahlung gewährt wird, ist Sache der Mitgliedstaaten.
- Art. 7: **Arbeitsfreistellung aufgrund höherer Gewalt** aus dringenden familiären Gründen, dh wenn eine Erkrankung oder ein Unfall die Anwesenheit erfordert.
- Art. 9: **flexible Arbeitsregelungen für Eltern und Pflegende**, dh das Recht, eine Anpassung von „Arbeitsmustern"[75] zu beantragen, zB Nutzung von Telearbeit oder flexiblen Arbeitsplänen oder (zeitlich begrenzte) Reduzierung der Arbeitszeit.[76]

Die mitgliedsataatlichen Rechtsordnungen enthalten aktuell eine große Vielfalt an Freistellungen für familiäre Zwecke, teils mit Entgeltersatzleistungen, teils unbezahlt, teils durch Sozialleistungen finanziert, teils mit Arbeitgeberleistungspflichten. Oft gehen diese über die Mindestanforderungen der Vereinbarkeits- und Mutterschutz-Richtlinie hinaus. Art. 20 Abs. 6 der Vereinbarkeits-Richtlinie sieht deshalb vor, dass unabhängig von der Bezeichnung jede Freistellung aus familiären Gründen und jede entsprechende Bezahlung für die Erfüllung dieser Richtlinie berücksichtigt werden kann, sofern das Absenkungsverbot (siehe oben § 4 Rn. 225) beachtet ist.

88 Der **Benachteiligungsschutz** ist in der Vereinbarkeits-Richtlinie in Art. 10 ff. konkretisiert. Hier geht es um den Schutz des Besitzstands, die Möglichkeit der Rückkehr auf den früheren oder einen gleichwertigen Arbeitsplatz sowie den Schutz vor Schlechterstellung oder gar Kündigung wegen der Beantragung oder Inanspruchnahme der in der Richtlinie geregelten Arbeitsfreistellungen,[77]

Diskriminierungen wegen der Elternschaft sind meist auch (mittelbare) **Diskriminierungen wegen des Geschlechts** im Sinne der Geschlechtergleichbehandlungsrichtlinie 2006/54/EG; die Regelungen der Vereinbarkeits-Richltinie stellen insofern leges speciales dar.[78]

---

73 Zu den Hintergründen siehe Erwägungsgründe 26 und 31: Die Inanspruchnahme von Elternurlaub führt idR zu einem Einkommensverlust in der Familie; Väter, die häufiger die familiären Hauptverdiener sind, machen deshalb nachweisbar ihren Anspruch auf Elternurlaub eher dann geltend, wenn dieser ausreichend vergütet wird.

74 „Angehöriger": Sohn, Tochter, Mutter, Vater, Ehepartner oder, sofern das nationale Recht diese Partnerschaften vorsieht, Partner in einer eingetragenen Partnerschaft.

75 Für den Begriff siehe Art. 2 c) der Arbeitsbedingungen-Richtlinie (oben Rn. 5).

76 Vgl. dazu noch § 7 der Rahmenvereinbarung zur Elternurlaubs-Richtlinie 2010/18/EU: Recht auf Antrag über „Arbeitsarrangements".

77 Für ein Beispiel siehe EuGH 7.9.2017 – C-174/16 (H./. Land Berlin), ECLI:EU:C:2017:637 mAnm Kocher NJW 2017, 3363: Verstoß gegen das elternurlaubsrechtliche Diskriminierungsverbot, wenn die Abwesenheit während der Elternzeit dazu führt, dass eine Probezeit als nicht bestanden gewertet wird.

78 So für die Elternurlaubs-Richtlinie 2010/18/EU: EuGH 7.9.2017 – C-174/16 (H./. Land Berlin), ECLI:EU:C:2017:637 mAnm Kocher NJW 2017, 3363; zur früheren Herangehensweise: EuGH 20.6.2013 – C-7/12 (Riežniece), ECLI:EU:C:2013:410; EuGH 18.11.2004 – C-284/02 (Sass), ECLI:EU:C:2004:722.

In **Beispielsfall 74** stellte sich hierzu die Frage, ob die Richtlinie verlangt, dass ein Elternurlaubsanspruch für jedes einzelne Kind besteht. Denn dann wäre bei Zwillingen der jeweils doppelte Anspruch zu gewähren. 89

Hinweis:

Auch im deutschen Recht haben Eltern von Mehrlingen nur einen Elternzeitanspruch pro Geburt, erhalten beim Elterngeld aber einen Mehrlingszuschlag in Höhe von 300 Euro je weiteres Kind.[79]

In der Sache ging es in **Beispielsfall 74** um die Auslegung der Formulierung **„individuelles Recht auf Elternurlaub im Fall der Geburt oder Adoption eines Kindes“** in der Rahmenvereinbarung zur Richtlinie 2010/18/EU. In der Vereinbarkeits-Richtlinie findet sich eine parallele Regelung im Zusammenspiel von Art. 3 Abs. 1 b) und Art. 5 Abs. 1, wonach jeder Arbeitnehmer einen eigenen Anspruch auf vier Monate Arbeitsfreistellung anlässlich der Geburt oder Adoption eines Kindes zur Betreuung dieses Kindes hat. Der EuGH hatte sich hierzu im Jahre 2005 etwas missverständlich dahin gehend geäußert, dass die Gewährung von Elternurlaub nicht von der Geburt abhänge, sondern davon, dass ein Kind geboren wurde.[80] Diese Formulierung bezog sich jedoch auf die zeitliche Anwendung der Richtlinie und sollte verdeutlichen, dass der Elternurlaub auch bei Kindern zu gewähren war, die vor Inkrafttreten der Richtlinie geboren worden waren. 90

Die Wortlautauslegung führt hier nicht weiter. Es bedarf einer Erwägung von **Sinn und Zweck der Richtlinie.** Diese soll schließlich Mutter oder Vater in die Lage versetzen, sich vollständig dem Kind und seiner Betreuung widmen zu können. Wie der EuGH richtig bemerkt, müssen die Eltern von Zwillingen tatsächlich quantitativ zusätzliche Belastungen bewältigen. Da aber Zwillinge grundsätzlich zur selben Zeit dieselben Entwicklungsphasen durchlaufen, ist die Belastung nicht unbedingt zeitlich doppelt so lange wie bei einem Kind. Die Erziehung von Zwillingen ist in zeitlicher Hinsicht von anderer Art als die Erziehung von zwei Kindern unterschiedlichen Alters und ähnelt zumindest insofern eher der Erziehung nur eines Kinds. 91

Ergänzend wäre zu bemerken, dass das zweite Ziel der Richtlinie, den Eltern die Organisation des Übergangs ins Berufsleben zu ermöglichen, ebenfalls unabhängig von der Zahl der zu versorgenden Kinder ist. Dies gilt allerdings nur eingeschränkt, denn Eltern von Zwillingen wird es schwerer fallen, die Abstimmung zwischen Familien- und Berufsleben zu gewährleisten. Auch dies wird nicht die doppelte Zeit erfordern wie bei der Geburt nur eines Kindes. Dennoch verlangt der EuGH von den Mitgliedstaaten zu Recht, diese Mehrbelastung zu berücksichtigen. Es sei jedoch den Mitgliedstaaten überlassen, in welcher Form sie dies umsetzen. In Betracht komme eine längere Dauer des Elternurlaubs, eine gewisse Flexibilität für die Eltern, um den Elternurlaub dem Alter des Kinds entsprechend zu nehmen, oder auch materielle Unterstützung für die Betreuung.[81] 92

---

79 Anders noch (für Kinder, die vor dem 1.1.2015 geboren wurden) BSG 27.6.2013 – B 10 EG 3/12 R für die Mutter und B 10 EG 8/12 R für den Vater.

80 EuGH 14.4.2005 – C-519/03 (Kommission./. Luxemburg), ECLI:EU:C:2005:234, Rn. 47.

81 EuGH 16.9.2010 – C-149/10 (Chatzi), ECLI:EU:C:2010:534.

2. Die Teilzeit-Richtlinie

Literatur: *Ulber, Daniel*, § 14 Teilzeit, in: Schlachter/Heinig (Hrsg.), Europäisches Arbeits- und Sozialrecht. Band 7 der Enzyklopädie Europarecht [EnzEur], 2016.

93 ▶ **Beispielsfall 75**

Arbeitgeber A zahlt seinen Arbeitnehmerinnen und Arbeitnehmern Kinderzulagen für jedes Kind, für das diese gesetzliche Familienbeihilfe beziehen. Die Familienbeihilfe soll die Eltern beim Unterhalt von Kindern finanziell unterstützen. Teilzeitbeschäftigte erhalten die Kinderzulage von Arbeitgeber A lediglich zeitanteilig. ◀

EuGH 5.11.2014 – C-476/12 (ÖGB), ECLI:EU:C:2014:2332

94 Die Teilzeit-Richtlinie 97/81/EG wurde im Verfahren nach Art. 155 Abs. 2 AEUV erlassen, beruht also auf einer Rahmenvereinbarung der europäischen Sozialpartner und überführt diese Rahmenvereinbarung in Unionsrecht (siehe oben § 2, Rn. 15 ff.). Die Richtlinie selbst besteht deshalb nur aus vier Artikeln, deren wichtigster lautet:

> Art. 1:
>
> „Mit dieser Richtlinie soll die am 6. Juni 1997 zwischen den europäischen Sozialpartnern (UNICE, CEEP, EGB) geschlossene Rahmenvereinbarung über Teilzeitarbeit, die im Anhang enthalten ist, durchgeführt werden."

Die eigentlichen materiellen Regelungen finden sich im Anhang, nämlich in der dazu gehörenden **„Rahmenvereinbarung über Teilzeitarbeit"**.

95 Die Rahmenvereinbarung zur Teilzeit-Richtlinie beschränkt sich inhaltlich darauf, den **Grundsatz der Nichtdiskriminierung** festzulegen (§ 4 der Rahmenvereinbarung). Es handelt sich um eine Kodifizierung und Konkretisierung des Verbots der mittelbaren Geschlechtsdiskriminierung, das sich bereits aus der Richtlinie 2006/54/EG ergibt (siehe oben § 4, Rn. 111 ff.).

96 § 2 Nr. 1 der Rahmenvereinbarung zur Teilzeit-Richtlinie 97/81/EG regelt den persönlichen **Anwendungsbereich** unter Bezugnahme auf den Arbeitnehmerbegriff nach den mitgliedstaatlichen Rechtsordnungen und Gepflogenheiten. Eine unionsrechtsautonome Auslegung findet insofern also nicht statt[82] (siehe oben § 1, Rn. 150 ff.).

97 Die Richtlinie verpflichtet die Mitgliedstaaten zur Gewährung der folgenden Rechte:

- **Diskriminierungsverbot:** „Teilzeitbeschäftigte dürfen in ihren Beschäftigungsbedingungen nur deswegen, weil sie teilzeitbeschäftigt sind, gegenüber vergleichbaren Vollzeitbeschäftigten nicht schlechter behandelt werden, es sei denn, die unterschiedliche Behandlung ist aus objektiven Gründen gerechtfertigt."
- In der Regel („wo dies angemessen ist") gilt dabei der **pro-rata-temporis-Grundsatz;**[83] in diesem Fall sind Leistungen zwar zeitanteilig, aber nach Maßgabe einer strengen Proportionalität zu berechnen.
- Rechte auf **Verlängerung oder Verkürzung** der Arbeitszeit.

---

82 EuGH 1.3.2012 – C-393/10 (O'Brien), ECLI:EU:C:2012:110.

83 Generalanwältin Sharpston weist in ihren Schlussanträgen vom 13.2.2014 zu C-476/12 (ÖGB), Fn. 24 darauf hin, dass das dem Vorgehen des Gutsbesitzers in Matthäus 20:1–16 widerspreche, der auch denjenigen, die nur einen halben Tag oder gar nur eine Stunde gearbeitet hatten, denselben Lohn bezahlte wie denjenigen, die den ganzen Tag gearbeitet hatten (wörtlich „ότι εγώ άγαθός είμι" – „weil ich gütig bin" [Vers 15]), ECLI:EU:C:2014:89.

Bei der Frage, ob eine **zeitanteilige Leistung** („pro rata temporis") zulässig ist oder nicht, kommt es im Wesentlichen auf den Zweck der jeweiligen Leistung an. So ist die zeitanteilige Berechnung des Ruhegehalts von Teilzeitbeschäftigten zulässig, da diese Leistung einen Entgeltersatz darstellt;[84] ähnliches gilt für den bezahlten Jahresurlaub.[85] Der pro-rata-temporis-Grundsatz gilt nach Meinung des EuGH aber auch für eine Leistung, die Betriebstreue würdigen soll, wie es bei der Weihnachtsgratifikation (Jahressonderzuwendung) in der Regel der Fall ist. Von dieser Leistung dürfen Teilzeitbeschäftigte (wie zB geringfügig Beschäftigte) zwar nicht ausgeschlossen werden; eine anteilige Zahlung erscheint hier aber angemessen, soweit sie quantitativ dem zeitlichen Verhältnis zur Vollzeitarbeit entspricht.[86] 98

Wird eine **Zulage als Ausgleich für besondere gesundheitliche Belastungen** bei der Arbeit gewährt, so kommt es hingegen darauf an, ob diese objektiv erst nach einer bestimmten Mindestdauer der Arbeitszeit auftreten oder nicht. Wird eine Leistung zB allein für das regelmäßige Arbeiten mit infektiösem Material gewährt,[87] so kommt eine Kürzung wegen Teilzeitarbeit nicht in Betracht. 99

In **Beispielsfall 75** war insofern zu klären, welcher **Zwecksetzung** die gewährte Leistung diente. Der EuGH zog sich hier auf die problematische und zu kurz gegriffene Formel zurück, die Leistung werde hier eben als „Entgelt" bezahlt und setze insofern allein den Bestand des Beschäftigungsverhältnisses voraus. Sie sei deshalb pro rata temporis zu gewähren.[88] Überzeugender war die Argumentation des Österreichischen Gewerkschaftsbundes (ÖGB), der das Verfahren initiiert hatte, und der davon ausging, dass die Leistung einen Ausgleich für die erhöhten Kosten darstellen sollte, die Eltern minderjähriger Kinder haben. Die Existenz eines Kinds und die Notwendigkeit, für die damit verbundenen Kosten aufzukommen, ist aber davon unabhängig, ob der Arbeitnehmer oder die Arbeitnehmerin vollzeit- oder teilzeitbeschäftigt ist, eine zeitanteilige Leistung wäre danach entgegen dem EuGH nicht zulässig. 100

IV. Prekäre Arbeitsverhältnisse

Rechtsgrundlagen: Befristungs-Richtlinie 99/70/EG; Leiharbeits-Richtlinie 2008/104/EG.

Im vorigen Kapitel „Vereinbarkeit von Beruf und Familie" ist mit der Teilzeitarbeit bereits ein Arbeitsverhältnis angesprochen worden, das zT als „atypisch" bezeichnet wird. Dies hängt damit zusammen, dass unter dem „Normalarbeitsverhältnis" überwiegend ein unbefristetes Vollzeitarbeitsverhältnis mit existenzsicherndem Lohn, sozialer Absicherung und Aufstiegsmöglichkeiten bei einem einzigen Arbeitgeber verstanden wird. Dieses Normalitätsverständnis hängt sozial- und familienpolitisch mit dem Modell des **(Allein-)Familienernährers** zusammen, das gesellschaftlich nur funktioniert, wenn es auf der anderen Seite Personen (meist Frauen) gibt, die unbezahlte Sorgearbeit in der Familie erledigen. Mit der Wandlung der Familienmodelle hin zu einem Modell der **Zuverdienerehe** (die Frau arbeitet dabei nach der Geburt des ersten Kinds in Teilzeit) hat sich auch der Blick auf das Normalarbeitsverhältnis verschoben: Die Teilzeit- 101

---

84 EuGH 23.10.2003 – C-4/02 u. C-5/02 (Schönheit und Becker), ECLI:EU:C:2003:583, Rn. 90 ff.
85 EuGH 22.4.2010 – C-486/08 (Zentralbetriebsrat der Landeskrankenhäuser Tirols), ECLI:EU:C:2010:215.
86 EuGH 9.9.1999 – C-281/97 (Krüger), ECLI:EU:C:1999:396, Rn. 29.
87 BAG 21.3.1995 – 9 AZR 596/93, BAGE 79, 300.
88 EuGH 5.11.2014 – C-476/12 (ÖGB), ECLI:EU:C:2014:2332.

arbeit ist jedenfalls für Mütter in den westlichen Bundesländern kein atypisches, sondern das typische Arbeitsverhältnis.[89]

102 Atypische Arbeitsverhältnisse verlangen häufig von den Unternehmen und/oder von den Beschäftigten eine höhere Flexibilität als das gut planbare Normalarbeitsverhältnis. Das Ziel, solche Flexibilitäten mit ausreichender sozialer Sicherheit und Planungssicherheit für die Beschäftigten zu verbinden, wird in der Sozialpolitik der Europäischen Kommission auch als **Flexicurity** (siehe oben § 1, Rn. 52) bezeichnet. Die Europäische Kommission erfasst mit flexiblen Beschäftigungsverhältnissen aber auch solche „atypischen" Arbeitsverhältnisse, denen es an der erforderlichen sozialen Sicherheit mangelt, weil sie nicht die nötige Planungssicherheit oder Zukunftssicherheit gewährleisten können. Die mangelnde Sicherheit kann verschiedene Gründe haben, zB Befristung oder die fehlende bzw. unzureichende Absicherung von Risiken wie Alter, Krankheit, Pflegebedürftigkeit oder Arbeitslosigkeit. Solche Abweichungen vom Normalarbeitsverhältnis werden auch als „prekär" bezeichnet. **Prekarität** entsteht im Arbeitsverhältnis oft durch Flexibilität ohne Sicherheit.

103 Mit der Regulierung atypischer Beschäftigungsverhältnisse haben sich in der Europäischen Union in erster Linie die Sozialpartner beschäftigt: Es gibt neben der Rahmenvereinbarung zur Teilzeitarbeit noch eine Rahmenvereinbarung zur befristeten Beschäftigung und eine Rahmenvereinbarung zur Telearbeit.

- Für die **Rahmenvereinbarung zur Telearbeit** von 2002 wurde allerdings nicht die Verbindlicherklärung durch eine Richtlinie nach Art. 155 Abs. 2, Alt. 2 AEUV beantragt, so dass sie allein dem Weg der autonomen Umsetzung „durch die jeweiligen Verfahren und Gepflogenheiten der Sozialpartner und der Mitgliedstaaten" (Art. 155 Abs. 2, Alt. 1 AEUV) überlassen wurde.
- Die **Rahmenvereinbarung zur Befristung** wurde im Jahre 1999 in die Richtlinie 1999/70/EG überführt (sie wurde im deutschen Recht gemeinsam mit der Teilzeit-Richtlinie im Teilzeit- und Befristungsgesetz (TzBfG) umgesetzt) (siehe Rn. 105 ff.).
- Für ein weiteres Instrument atypischer, flexibler und prekärer Beschäftigung, die Leiharbeit, kannte das europäische Recht bereits eine spezielle Arbeitsschutz-Richtlinie zur Sicherheit und Gesundheit am Arbeitsplatz (Richtlinie 91/383/EWG). Hier wurde im Jahre 2008 zusätzlich die **Leiharbeits-Richtlinie** 2008/104/EG beschlossen (siehe Rn. 124 ff.).

104 Bei all diesen Regulierungen atypischer und prekärer Beschäftigung stehen rechtliche **Vorschriften zur Gleichbehandlung und zum Diskriminierungsschutz** atypischer Arbeitsverhältnisse im Verhältnis zum Normalarbeitsverhältnis im Mittelpunkt des Rechts der Europäischen Union.

1. Die Befristungs-Richtlinie

Literatur: *Brose, Wiebke*, § 13 Befristungsrecht, in: Preis/Sagan (Hrsg.), Europäisches Arbeitsrecht, 2. Aufl. 2019; *Kamanabrou, Sudabeh*, Das Recht der Kettenbefristung in ausgewählten EU-Mitgliedstaaten, NZA 2016, 385; *Kamanabrou, Sudabeh*, § 15 Befristung, in: Schlachter/Heinig (Hrsg.), Europäisches Arbeits- und Sozialrecht. Band 7 der Enzyklopädie Europarecht [EnzEur], 2016.

89 So auch die Begriffsverwendung von „Normalarbeitsverhältnis" im Gutachten von Waltermann für den DJT 2010.

▶ **Beispielsfall 76** 105

Unión Fenosa, ein Strom- und Gasverteilungsunternehmen, beauftragte die Firma Cobra mit dem Ablesen und der Wartung von Stromzählern in der Provinz A Coruña (Spanien). Bei Cobra wurde diese Tätigkeit sowohl durch unbefristet beschäftigte Arbeitnehmerinnen und Arbeitnehmer ausgeübt als auch durch solche, die für diese spezifische Dienstleistung befristet eingestellt worden waren. Als Unión Fenosa den Dienstleistungsvertrag mit Cobra kündigte, endeten alle diese Arbeitsverträge. Nach spanischem Recht erhielten in der Folge alle Betroffenen eine Abfindung. Allerdings war die Abfindung der befristeten Arbeitnehmerinnen und Arbeitnehmer niedriger als die der unbefristet Beschäftigten. ◀

EuGH 11.4.2019 – C-29/18 ua (Cobra Servicios Auxiliares), ECLI:EU:C:2019:315

▶ **Beispielsfall 76 a** 106

Die Befristungs-Richtlinie 1999/70/EG war bis zum Juli 2001 umzusetzen. In Irland geschah dies mit einem Gesetz, das erst im Juli 2003 in Kraft trat. Das neue Gesetz sah in Sec. 9 (1) vor, dass der Arbeitgeber den befristeten Vertrag einer Arbeitnehmerin oder eines Arbeitnehmers, die oder der zum Zeitpunkt des Inkrafttretens des Gesetzes oder danach mindestens drei Jahre ununterbrochen bei ihm beschäftigt ist, nur einmal für höchstens ein Jahr befristet verlängern darf.

In einem irischen Ministerium waren im Jahre 2003 eine Reihe von außerplanmäßigen Bediensteten seit deutlich mehr als drei Jahren ununterbrochen auf der Grundlage einer Vielzahl von aufeinanderfolgenden Verträgen beschäftigt. Wie nach bisherigem irischem Recht zulässig, waren diese Verträge jeweils für Zeiträume zwischen einem und zwei Jahren befristet abgeschlossen und verlängert worden. In der Zeit unmittelbar vor Inkrafttreten des Gesetzes von 2003 verlängerte das Ministerium die Verträge dieser Bediensteten befristet um acht Jahre. ◀

EuGH 15.4.2008 – C-268/06 (Impact), ECLI:EU:C:2008:586

Sowohl die Elternurlaubs- und die Teilzeit-Richtlinie als auch die Befristungs-Richtlinie 99/70/EG gehen auf Rahmenvereinbarungen der europäischen Sozialpartner zurück. **Ziel der Rahmenvereinbarung zur Befristung** ist die Klarstellung, dass die Befristung von Arbeitsverhältnissen die Ausnahme bleiben soll, und dass der Normalfall des Arbeitsverhältnisses die unbefristete Beschäftigung sein soll. Die Befristungs-Richtlinie soll den potenziellen Missbrauch von Befristungen und die Prekarisierung der Lage der Beschäftigten eingrenzen.[90] 107

§ 2 Nr. 1 der Rahmenvereinbarung zur Befristungs-Richtlinie 99/70/EG regelt den persönlichen **Anwendungsbereich** unter Bezugnahme auf den Arbeitnehmerbegriff nach den mitgliedstaatlichen Rechtsordnungen und Gepflogenheiten. Eine unionsrechtsautonome Auslegung findet insofern also nicht statt (siehe oben § 1, Rn. 150 ff.). 108

Neben dem Schutz vor Diskriminierung hat die Rahmenvereinbarung die besondere **Missbrauchsproblematik der Kettenbefristung** im Blick: Hier wird ein befristeter Arbeitsvertrag abgeschlossen und bei Fristende durch einen neuen, wiederum befristeten Vertrag ersetzt, bei dessen Ablauf wieder dasselbe geschieht. Der Arbeitgeber gewährleistet in diesen Fällen zwar nicht die Sicherheit eines unbefristeten Arbeitsvertrags, schafft jedoch durch wiederholte aufeinanderfolgende Befristungen („Kettenbefris- 109

90 EuGH 15.4.2008 – C-268/06 (Impact), ECLI:EU:C:2008:586, Rn. 86 ff.; EuGH 4.7.2006 – C-212/04 (Adeneler ua), ECLI:EU:C:2006:443, Rn. 63; EuGH 21.11.2018 – C-245/17 (Viejobueno Ibánez und de la Vara González) ECLI:EU:C:2018:934, Rn. 39 ff.

tung") für die Arbeitnehmerinnen und Arbeitnehmer eine Erwartung, mit der diese ihr Leben planen. Der Arbeitgeber bindet so die Arbeitnehmer und Arbeitnehmerinnen wirtschaftlich an sich, ohne sich rechtlich längerfristig zu verpflichten. Für die Beschäftigten hat dies den Nachteil, dass kein Anspruch auf eine Weiterbefristung besteht. Sie sehen sich daher permanent dem Risiko ausgesetzt, dass der Arbeitgeber den befristeten Vertrag nicht verlängert, sondern auslaufen lässt.

110 Die Richtlinie verpflichtet die Mitgliedstaaten zur Gewährung der folgenden Rechte:

- Als wesentliche materielle Regelung sieht die Rahmenvereinbarung vor, dass in den Mitgliedstaaten **Maßnahmen zur Vermeidung des Missbrauchs von Kettenarbeitsverträgen** zu treffen sind (§ 5 der Rahmenvereinbarung).
  Die Rahmenvereinbarung gibt den Mitgliedstaaten insofern allerdings weite Handlungsspielräume. Diese haben zur Verhinderung von Kettenarbeitsverträgen die folgenden **Regelungsalternativen:**
  - grundsätzliche Erforderlichkeit eines sachlichen Grunds für die Verlängerung eines befristeten Vertrags
  - insgesamt maximal zulässige Dauer der Befristung
  - maximal zulässige Zahl von Verlängerungen befristeter Verträge
- § 4 der Rahmenvereinbarung enthält ein spezielles **Diskriminierungsverbot** für befristet Beschäftigte.
- In § 6 der Rahmenvereinbarung sind **Rechte zum erleichterten Übergang in ein unbefristetes Beschäftigungsverhältnis** geregelt (Information der befristet Beschäftigten über frei werdende Stellen und Möglichkeit des Zugangs zu Aus- und Weiterbildungsmöglichkeiten).

a) Begriff der Befristung

111 Die Rahmenvereinbarung und damit die Richtlinie gelten für befristete Arbeitsverhältnisse. Es kommt nicht darauf an, ob die Befristung sich aus der Festschreibung eines bestimmten Zeitpunkts oder eines Zwecks (zB Vertretungsbefristung) ergibt.

112 Nicht ganz einfach ist die Abgrenzung zwischen befristeten und unbefristeten Arbeitsverhältnissen bei Arbeitsverträgen in der **Probezeit**. Denn in dieser Zeit ist die Kündigung oft so stark vereinfacht, dass der Unterschied zu einer Befristung zu Beginn des Arbeitsverhältnisses nur gering ist. Soweit es sich jedenfalls um Probezeiten in einem unbefristeten Beschäftigungsverhältnis handelte, hielt der EuGH die Befristungs-Richtlinie für unanwendbar.[91]

Vertiefung:

Die Frage, ob eine Probezeit mit erleichterter Kündigungsmöglichkeit unter den Anwendungsbereich der Richtlinie fällt, ist vor allem deshalb interessant, weil bei einer Bejahung das Diskriminierungsverbot für befristet Beschäftigte anwendbar wäre.

Noch wichtiger ist jedoch, dass mit der Bejahung des Anwendungsbereichs der Richtlinie gleichzeitig nach Art. 51 EU-GRC der Anwendungsbereich des Unionsrechts und damit der EU-GRC eröffnet wäre (siehe oben § 1, Rn. 81 ff.). Damit wäre auch das Grundrecht auf Schutz vor ungerechtfertigter Entlassung in Art. 30 EU-GRC anwendbar, nach dessen Maß-

91 EuGH 5.2.2015 – C-117/14 (Nisttahuz Poclava), ECLI:EU:C:2015:60.

gabe eine Probezeit von einem Jahr[92] wohl als unverhältnismäßig zu werten wäre. Der EuGH entschied jedoch, dass der Anwendungsbereich der Befristungs-Richtlinie bei einer Probezeit von einem Jahr nicht eröffnet sei.

b) Diskriminierungsverbot

Für die Anwendung des Diskriminierungsverbots in § 4 Nr. 1 der Rahmenvereinbarung zur Befristungs-Richtlinie gilt derselbe **Diskriminierungsbegriff** wie im Recht der Arbeitnehmerfreizügigkeit sowie des sozialen Diskriminierungsschutzes. So müssen zB die Kündigungsfristen bei befristeten Arbeitsverträgen genauso berechnet werden wie bei unbefristeten Arbeitsverträgen.[93] Die Betriebszugehörigkeitszeiten, die jemand in einem befristeten Beschäftigungsverhältnis ansammelt, sind bei gleicher Qualifikation und gleichen Aufgaben genauso zu berücksichtigen wie die in unbefristeten Beschäftigungsverhältnissen.[94] Gewährt ein Arbeitgeber Arbeitnehmerinnen und Arbeitnehmern in unbefristeten Arbeitsverhältnissen Rechte auf bezahlten Urlaub für gewerkschaftliche Belange, so darf er Arbeitnehmerinnen und Arbeitnehmer im Rahmen eines befristeten Arbeitsverhältnisses nicht auf unbezahlten Urlaub für diese Zwecke verweisen.[95] 113

Das Diskriminierungsverbot in § 4 Nr. 1 der Rahmenvereinbarung zur Befristungs-Richtlinie ist inhaltlich hinreichend genau, um von privaten Einzelnen in Anspruch genommen und von einem Gericht angewandt werden zu können, es entfaltet also **unmittelbare Wirkung.**[96] 114

Ähnlich wie in § 4 Nr. 2 der Rahmenvereinbarung zur Teilzeit-Richtlinie 97/81/EG gibt es auch in § 4 Nr. 2 der Rahmenvereinbarung zur Befristungs-Richtlinie 99/70/EG einen **Pro-rata-temporis-Grundsatz.** Dieser wird zB in § 4 Nr. 4 dahin gehend konkretisiert,[97] dass bei befristet Beschäftigten dieselben Betriebszugehörigkeitszeiten anzurechnen sind wie für Dauerbeschäftigte, es sei denn, unterschiedliche Zeiten sind aus sachlichen Gründen gerechtfertigt. 115

In **Beispielsfall 76** lag fraglos eine Ungleichbehandlung zwischen befristet Beschäftigten und vergleichbaren Dauerbeschäftigten vor. Zu prüfen war dann, ob diese nach § 4 Abs. 1 der Rahmenvereinbarung zur Befristungs-Richtlinie aus sachlichen Gründen gerechtfertigt werden konnte. Diese Frage bejaht der EuGH: Da die Parteien eines befristeten Arbeitsvertrags von vorneherein wüssten, dass und wann der Vertrag ende, könne hier nicht in gleicher Weise von einer Störung des Vertragsverhältnisses gesprochen werden, wie bei einem unbefristeten Arbeitsvertrag, der legitime Erwartungen auf einen Fortbestand des Arbeitsverhältnisses begründe.[98] 116

92 Siehe den Fall des EuGH 5.2.2015 – C-117/14 (Nisttahuz Poclava), ECLI:EU:C:2015:60.
93 EuGH 13.3.2014 – C-38/13 (Nierodzik), ECLI:EU:C:2014:152.
94 EuGH 8.9.2011 – C-177/10 (Rosado Santana), ECLI:EU:C:2011:557, für die Beschäftigungszeiten von Beamten und Beamtinnen auf Zeit; genauso EuGH 18.10.2012 – C-302/11 (Valenza/AGCM), ECLI:EU:C:2012:646.
95 Vgl. die Fallgestaltung in EuGH 19.12.2013 – C-363/11 (Elegktiko Sinedrio), ECLI:EU:C:2012:825.
96 Ausführlich dazu EuGH 15.4.2008 – C-268/06 (Impact), ECLI:EU:C:2008:586, Rn. 60 ff.
97 EuGH 15.4.2008 – C-268/06 (Impact), ECLI:EU:C:2008:586, Rn. 65: § 4 Nr. 2 der Rahmenvereinbarung „hebt lediglich eine der Konsequenzen hervor, die sich gegebenenfalls aus der Anwendung des Grundsatzes der Nichtdiskriminierung zugunsten befristet beschäftigter Arbeitnehmer [...] ergeben, ohne den Gehalt dieses Grundsatzes selbst in irgendeiner Weise zu beeinträchtigen.".
98 EuGH 11.4.2019 – C-29/18 ua (Cobra Servicios Auxiliares), ECLI:EU:C:2019:315 Rn. 47 f.: genauso EuGH 30.4.2014 – C-89/13 (D'Aniello ua), ECLI:EU:C:2014:299 für den Fall der Entschädigung wegen rechtswidriger Beendigung; EuGH 14.9.2016 – C-596/14 (de Diego Porras), ECLI:EU:C:2016:683; EuGH 9.7.2015 – C-177/14 (Regojo Dans), ECLI:EU:C:2015:450 zur „Vergleichbarkeit" der Dauerbeschäftigten; siehe auch EuGH, 25.7.2018 – C-96/17 (Vernaza Ayovi), ECLI:EU:C:2018:603.

c) Maßnahmen gegen Kettenbefristungen

117 Die sachlich wichtigste Regelung der Rahmenvereinbarung richtet sich auf die Gewährleistung von **Maßnahmen gegen Kettenbefristungen.** Für den Abschluss eines ersten oder einzigen befristeten Arbeitsvertrags oder -verhältnisses gibt es keine spezifischen Schutzvorschriften.[99]

118 Nach § 5 Nr. 1 der Rahmenvereinbarung zur Befristungs-Richtlinie 99/70/EG stehen den Mitgliedstaaten mehrere Regelungsalternativen und damit ein Ermessen offen, ob sie auf eine oder mehrere der dort genannten Maßnahmen oder aber auf gleichwertige bestehende gesetzliche Maßnahmen zurückgreifen. Diese Vorschrift enthält keine unbedingte und hinreichend genaue Verpflichtung, entfaltet also **keine unmittelbare Wirkung.**[100]

Der EuGH weist aber darauf hin, dass die mitgliedstaatlichen Maßnahmen zumindest insofern wirksam sein müssen, als sie einen Missbrauch verhindern.[101] Dies bedeutet in Ermangelung anderer Regelungen mindestens, dass ein **sachlicher Grund** für die Verlängerung befristeter Arbeitsverhältnisse verlangt werden muss.[102] Außerdem kann es einen Verstoß gegen die Rahmenvereinbarung darstellen, wenn ein Mitgliedstaat einen strukturellen Mangel an festen Planstellen und Mitarbeitern zulässt und deshalb zahlreiche aufeinanderfolgende befristete Arbeitsverträge abgeschlossen werden, obwohl „ein ständiger und dauerhafter Bedarf" besteht.[103]

119 Allerdings hat der EuGH es akzeptiert, dass im Fall von **Rentnerinnen und Rentnern** (die Anspruch auf Altersrente haben) befristete Arbeitsverträge mehrfach und zeitlich unbegrenzt verlängert werden können (§ 41 S. 3 SGB VI). Dies stelle keine „Quelle potenziellen Missbrauchs zulasten der Arbeitnehmer" dar„ da die betroffenen Arbeitnehmerinnen und Arbeitnehmer sozial abgesichert seien und der ursprünglich vereinbarte Beendigungszeitpunkt hier lediglich hinausgeschoben werde. Hier entstehe den Arbeitnehmerinnen und Arbeitnehmern also eine zusätzliche Handlungsmöglichkeit, was einen Vorteil und nicht einen Nachteil darstelle.[104]

120 In **Beispielsfall 76 a** stellte sich die Frage, ob die Befristungs-Richtlinie dem Handeln des irischen Ministeriums irgendwelche Grenzen setzen konnte, obwohl sie für die Frage der Wirksamkeit einer Befristung keine unmittelbar anwendbaren Regelungen enthält. Im irischen Recht – das möglicherweise für eine europarechtskonforme Auslegung in Betracht gekommen wäre – war sie noch nicht umgesetzt.

121 Allerdings: Die konkret angegriffenen Befristungen wären nach Umsetzung der Richtlinie rechtswidrig gewesen, denn das irische Umsetzungsrecht traf recht strikte Regelungen zur Verhinderung von Kettenbefristungen. Nach dem irischen Umsetzungsgesetz hätte das Ministerium prüfen müssen, ob es sich von lang erprobten Mitarbeiterinnen und Mitarbeitern (vermutlich unter heftigen Konflikten) trennt, oder ob es diese nicht

99 EuGH 23.3.2009 – C-378/07 (Angelidaki), ECLI:EU:C:2009:250.

100 EuGH 15.4.2008 – C-268/06 (Impact), ECLI:EU:C:2008:586, Rn. 70 ff.

101 EuGH 26.1.2012 – C-586/10 (Kücük), ECLI:EU:C:2012:39.

102 EuGH 26.2.2015 – C-238/14 (Kommission/Luxemburg), ECLI:EU:C:2015:128, Rn. 44, dort auch zum Begriff „sachliche Gründe"; Joussen EuZA 8 (2015), S. 323 ff.; vgl. EuGH, C-22/13 (Mascolo ua), ECLI: EU: C: 2014:2401, Rn. 87.

103 EuGH 14.9.2016 – C-16/15 (Pérez López), ECLI:EU:C:2016:679: Missbrauch befristeter Arbeitsverträge im Gesundheitssektor.

104 EuGH 28.2.2018 – C-46/17 (John), ECLI: EU: C: 2018:131; Jacobs RdA 2018, 263 (270); siehe auch BAG 11.2.2015 – 7 AZR 17/13: Befristung über das Rentenalter hinaus zum Zweck der konkreten Vorbereitung der Nachbesetzung des Arbeitsplatzes; Greiner RdA 2018, 65 ff.

nur tatsächlich, sondern auch rechtlich auf einer unbefristeten vertraglichen Grundlage beschäftigt. In der Sache **unterliefen** die vorgenommenen Befristungen in **Beispielsfall 76 a** also das irische Umsetzungsgesetz.

Es stellte sich die Frage, wie ein solches Problem unionsrechtlich thematisiert werden 122 kann. Denn: Der EuGH kann nur prüfen, ob das Verhalten des Mitgliedstaats mit dem Unionsrecht vereinbar ist, nicht aber, ob es einzelstaatlichem Recht zuwiderläuft. Im vorliegenden Fall „Impact" löste er dieses methodische Problem zutreffend so, dass er das eilige Handeln des Ministeriums, die befristete Verlängerung um acht Jahre, das dem Ziel des Umsetzungsgesetzes zuwiderlief, als **Zuwiderhandeln gegen das Ziel der Richtlinie und der Rahmenvereinbarung** einordnete. „Den Betreffenden für einen unverhältnismäßig langen Zeitraum den Nutzen der Maßnahmen vorzuenthalten, die der nationale Gesetzgeber zur Umsetzung von Paragraf 5 der Rahmenvereinbarung erlassen hat", sei gleichbedeutend mit einem Unterlaufen der Rahmenvereinbarung selbst.

Mit dieser Einordnung war die rechtliche Beurteilung klar: Nach (dem heutigen) 123 Art. 288 Abs. 3 AEUV ist eine Richtlinie „für jeden Mitgliedstaat, an den sie gerichtet wird, hinsichtlich des zu erreichenden Ziels verbindlich", selbst wenn sie den innerstaatlichen Stellen die Wahl der Form und der Mittel überlässt. Gegen diese Verpflichtung hatte das Ministerium in **Beispielsfall 76 a** verstoßen, als es während der Geltung der Richtlinie deren Zielen zuwider handelte; dies wäre wohl nicht anders zu beurteilen gewesen, wenn die Umsetzungsfrist der Richtlinie noch nicht abgelaufen wäre (siehe oben § 1, Rn. 69 f.).[105] Als weitere Rechtsgrundlage verwies der EuGH auf die Rechtsgrundlage des **„effet utile"**, den (heutigen) Art. 4 Abs. 3 UAbs. 2 EUV: „Die Mitgliedstaaten treffen alle geeigneten Maßnahmen allgemeiner oder besonderer Art zur Erfüllung der Verpflichtungen, die sich aus diesem Vertrag oder aus Handlungen der Organe der Gemeinschaft ergeben. Sie erleichtern dieser die Erfüllung ihrer Aufgabe. Sie unterlassen alle Maßnahmen, welche die Verwirklichung der Ziele dieses Vertrags gefährden könnten."

2. Die Leiharbeits-Richtlinie

Literatur: *Sansone, Piero*, § 12 Leiharbeit, in: Preis/Sagan (Hrsg.), Europäisches Arbeitsrecht, 2. Aufl. 2019; *Zimmer, Reingard*, Der Grundsatz der Gleichbehandlung in der Leiharbeitsrichtlinie 2008/104/EG und seine Umsetzung ins deutsche Recht, NZA 2013, 289.

Leiharbeit kann arbeitslosen Personen eine Brücke zur Erwerbsarbeit und damit eine 124 Chance auf sozial abgesicherte Beschäftigung bieten, während auf der anderen Seite Unternehmen für Spitzen des Beschäftigungsbedarfs etwas Flexibilität erhalten. Aus dieser begrenzten Funktion ist die Leiharbeit allerdings in allen Mitgliedstaaten in den letzten Jahrzehnten herausgewachsen. Die Leiharbeit ist Teil von Outsourcing-Strategien, mit denen Unternehmen längerfristig Beschäftigte zu niedrigeren Tarifen beschäftigen als die Stammbelegschaft. Aus dem gleichen Grund funktioniert auch der „Klebeeffekt", also die Übernahme von Leiharbeitnehmerinnen und Leiharbeitnehmer in ein festes Beschäftigungsverhältnis beim Einsatzbetrieb, immer weniger: Wo ein Unternehmen von vornherein strukturell mit Leiharbeit rechnet, gibt es kaum Möglichkeiten des Übergangs in die Stammbelegschaft. Zwischen 2003 und 2008 war in Deutschland sogar mehr als jedes neunte neu entstandene sozialversicherungspflichtige Beschäftigungsverhältnis ein Leiharbeitsverhältnis.

105 EuGH 15.4.2008 – C-268/06 (Impact), ECLI:EU:C:2008:586, Rn. 90 ff.

125 Bei der Leiharbeit handelt es sich rechtlich um ein **Dreiecksverhältnis**: Der Arbeitnehmer oder die Arbeitnehmerin schließt einen Arbeitsvertrag mit dem Verleihunternehmen (Leiharbeitgeber), wird dann aber von diesem in einem Entleihunternehmen eingesetzt, dem das arbeitsvertragliche Weisungsrecht übertragen wird.[106]

126 Die europäische Harmonisierung im Recht der Leiharbeit erwies sich als nicht ganz einfach. Denn in den Mitgliedstaaten ist Leiharbeit arbeitsmarktpolitisch ganz unterschiedlich strukturiert. Bereits 2001 waren Verhandlungen der Sozialpartner über eine Rahmenvereinbarung zur Leiharbeit gescheitert.[107] Die Leiharbeits-Richtlinie 2008/104/EG erging dann aufgrund eines Vorschlags der Kommission.

Grob lassen sich im europäischen Raum zwei **Modelle für die Leiharbeit** unterscheiden:

- Beim Agenturprinzip (das insbesondere in den südeuropäischen Staaten vorherrscht) werden die Leiharbeitnehmerinnen und Leiharbeitnehmer beim Leiharbeitgeber nur befristet für den jeweiligen konkreten Einsatz eingestellt (auf englisch „**temporary employment**"). Leiharbeit fungiert hier als eine Form der Arbeitsvermittlung. Bei diesem Modell ist gesetzlich in aller Regel der Grundsatz „equal pay" vorgeschrieben, dh die Leiharbeitnehmerinnen und Leiharbeitnehmer müssen so bezahlt werden wie vergleichbare Arbeitnehmerinnen und Arbeitnehmer im Einsatzbetrieb.
- Beim Modell der **Arbeitnehmerüberlassung**, das lange Zeit in Deutschland vorherrschte, ist der Leiharbeitgeber ein wirklicher Arbeitgeber, bei dem die Leiharbeitnehmerinnen und Leiharbeitnehmer idR unbefristet eingestellt sind. Der Leiharbeitgeber muss auch vermittlungsfreie Zeiten bezahlen. Allerdings orientiert sich das Entgeltniveau in diesem Modell nicht notwendig am Einsatzbetrieb. Der Leiharbeitgeber wird stärker als echter Arbeitgeber angesehen, der ein eigenes Entgeltsystem anwenden kann.

127 Bei Erlass der Leiharbeits-Richtlinie war der Fokus darauf gerichtet, für diese atypischen Arbeitsverhältnisse ein **Diskriminierungsverbot** zu regeln. Aufgrund des vertraglichen Dreiecksverhältnisses und der unterschiedlichen Modelle der Mitgliedstaaten war aber unklar und problematisch, was als Vergleichsmaßstab zu gelten hatte: Sollten Leiharbeitnehmerinnen und Leiharbeiter im Verleihunternehmen oder im Entleihunternehmen gleich behandelt werden? Im Jahre 2008 gelang dann auf einer Kompromisslinie der Abschluss der Leiharbeits-Richtlinie 2008/104/EG.

128 Die Richtlinie 2008/104/EG gilt sowohl für die gewerbliche als auch für die nicht-gewerbliche Arbeitnehmerüberlassung. Art. 3 Abs. 1 a) der Leiharbeits-Richtlinie 2008/104/EG regelt den persönlichen **Anwendungsbereich** unter Bezugnahme auf den Arbeitnehmerbegriff nach den mitgliedstaatlichen Rechtsordnungen und Gepflogenheiten.[108] Eine unionsrechtsautonome Auslegung findet insofern also nicht statt (siehe oben § 1, Rn. 150 ff.).

---

106 Zur Definition der Arbeitskräfteüberlassung im Kontext der Grundfreiheiten (Abgrenzung zur Entsendung) siehe EuGH 18.6.2015 – C-586/13 (Martin Meat), ECLI:EU:C:2015:405, Rn. 33 ff. (Abgrenzungsmerkmal: trägt der Dienstleistungserbringer die Folgen einer nicht vertragsgemäßen Ausführung der vertraglich festgelegten Leistung?).

107 Genauer Degryse/Tilly, 1973–2013. 40 years of history of the European Trade Union Confederation, ETUI, 2013, S. 100 ff.

108 „Arbeitnehmer" ist danach „eine Person, die in dem betreffenden Mitgliedstaat nach dem nationalen Arbeitsrecht als Arbeitnehmer geschützt ist" (EuGH 17.11.2016 – C-216/15 (Betriebsrat der Ruhrlandklinik), ECLI:EU:C:2016:883; BAG 21.2.2017 – 1 ABR 62/12).

Die Leiharbeits-Richtlinie enthält komplizierte Vorgaben zur Frage der Gleichbehandlung von Leihpersonal und Stammbelegschaft („equal pay/equal treatment"): 129

- Grundsätzlich müssen die Mitgliedstaaten gewährleisten, dass die **Gleichbehandlung mit den Beschäftigten des Entleihbetriebs** gewährleistet ist (Art. 5 Abs. 1).
- Allerdings dürfen die Mitgliedstaaten dieses Prinzip des „equal pay" unter den **Vorbehalt der Tarifdispositivität** stellen, dürfen es also ermöglichen, dass Tarifverträge für die Leiharbeitgeber eigenständige Entgeltsysteme ausarbeiten, „unter Beachtung des Gesamtschutzes von Leiharbeitnehmern" (Art. 5 Abs. 3). Ausnahmen vom „equal pay"-Prinzip (auch **zu Ungunsten der Leiharbeitnehmer**) sind möglich, wenn die überlassungsfreie Zeit – wie im Modell der Arbeitnehmerüberlassung – bei unbefristetem Vertrag mit dem Leiharbeitsunternehmen bezahlt wird (Art. 5 Abs. 2).
- In Ergänzung des Gleichbehandlungsgebots enthält die Richtlinie darüber hinaus ein allgemeines Instrument, um eine **bessere Integration in den Einsatzbetrieb** herzustellen: Sie schreibt vor, dass die Entleihunternehmen die Leiharbeitnehmerinnen und Leiharbeiter über freie Arbeitsplätze, und die Arbeitnehmervertretungen in den Einsatzbetrieben über den Einsatz von Leiharbeitnehmern und -arbeitnehmerinnen zu informieren haben (Art. 6).

V. Unternehmenskrise und Umstrukturierung

Rechtsgrundlagen: Massenentlassungs-Richtlinie 98/59/EG; Betriebsübergangs-Richtlinie 2001/23/EG; Insolvenzschutz-Richtlinie 2008/94/EG.

Die arbeitsrechtliche Harmonisierung der Regelungen für **Unternehmensumstrukturierungen** begann in den 1970er-Jahren mit einer Reihe von Richtlinien, die auf negative sozialpolitische Folgen des Binnenmarkts reagieren sollten. Zwar sollten einerseits Umstrukturierungen und die Schaffung größerer („wettbewerbsfähiger") transnationaler Wirtschaftseinheiten wirtschaftspolitisch gefördert werden. Andererseits fürchtete man in diesen Prozessen um die nötige soziale Akzeptanz der Umstrukturierungen.[109] 130

Anlass für den Erlass der ersten Massenentlassungs-Richtlinie im Jahre 1975 war der Fall des Unternehmens AKZO, das notwendig werdende Entlassungen von etwa 5.000 Arbeitnehmerinnen und Arbeitnehmern nicht in den unrentablen Betrieben in Deutschland und den Niederlanden durchführte, sondern in Belgien, wo geringere gesetzliche Anforderungen an Kündigungen galten. Der mögliche **Wettbewerb der Mitgliedstaaten in der Sozialpolitik** wurde so genauso offenbar wie die Tatsache, dass Unternehmen Unterschiede in der Arbeitsgesetzgebung strategisch nutzen könnten. Befürchtet wird (zu Recht) eine strategische Nutzung bei Auswahl des Niederlassungsorts; Unternehmen stellen bei einer solchen Auswahl auch die Höhe sozialpolitischer Kosten in Rechnung. 131

So entstanden die Richtlinien über die Anhörung von Arbeitnehmervertretungen bei Massenentlassungen (heute: Richtlinie 98/59/EG), über das Fortbestehen von Arbeitsverhältnissen nach einem Betriebsübergang (heute: Richtlinie 2001/23/EG) und über den Arbeitnehmerschutz bei Zahlungsunfähigkeit des Arbeitgebers (heute: Richtlinie 2008/94/EG). 132

109 Zu diesem ambivalenten Verhältnis siehe auch Degryse/Tilly, 1973–2013. 40 years of history of the European Trade Union Confederation, ETUI, 2013, S. 36.

133 Diese Richtlinien sollten einerseits größere transnationale (und damit international wettbewerbsfähige) Wirtschaftseinheiten fördern und diesen ermöglichen, vom Prozess der Schaffung des Binnenmarkts zu profitieren. Gleichzeitig sollte für die gesellschaftliche Akzeptanz von Umstrukturierungen gesorgt werden, indem soziale Folgen bis zu einem gewissen Grad abgefedert werden.

1. Die Massenentlassungs-Richtlinie

Literatur: *Forst, Gerrit*, Neues aus Luxemburg zur Massenentlassung, NZA 2010, 144; *Krebber, Sebastian*, Massenentlassungen – unionsrechtliche Vorgaben und Umsetzung in den Mitgliedstaaten, RdA 2018, 271; *Naber, Sebastian/Sittard, Ulrich*, § 14 Massenentlassungsrecht, in: Preis/Sagan (Hrsg.), Europäisches Arbeitsrecht, 2. Aufl. 2019; *Spelge, Karin*, Massenentlassungsschutz im Europäischen Mehrebenensystem, RdA 2018, 297; *Wisskirchen, Gerlind/Bissels, Alexander*, Massenentlassungen in den Mitgliedstaaten der EU, ZESAR 2010, 164.

134 ▶ **Beispielsfall 77**

Ein dänisches Unternehmen entließ innerhalb von 30 Tagen mehr als 20 Arbeitnehmerinnen und Arbeitnehmer. Die gewerkschaftliche betriebliche Arbeitnehmervertretung forderte, entsprechend der Massenentlassungs-Richtlinie beteiligt zu werden. Das Unternehmen beschäftigte insgesamt 168 Arbeitnehmerinnen und Arbeitnehmer in einer örtlichen Einheit, gehörte aber einem landesweit tätigen Konzern an. Es berief sich darauf, dass über Entlassungen die Konzernspitze entscheide. Als Betrieb sei daher der gesamte Konzern mit 1058 Beschäftigten anzusehen, so dass keine Anhörungspflicht bestehe. ◀

EuGH 7.12.1995 – C-449/93 (Rockfon), ECLI:EU:C:1995:420

135 ▶ **Beispielsfall 78**

Das Einzelhandelsunternehmen Woolworths betrieb eine Ladenkette in Großbritannien. Aufgrund von Zahlungsschwierigkeiten sah sich das Unternehmen im Jahre 2008 gezwungen, diese Tätigkeit fast vollständig einzustellen. In den größeren Ladengeschäften, in denen 20 oder mehr Arbeitnehmerinnen und Arbeitnehmer beschäftigt waren, fanden daraufhin Verhandlungen mit der Arbeitnehmervertretung statt, die zu Sozialplänen und Abfindungszahlungen führten. Die (insgesamt etwa 4.500) Arbeitnehmerinnen und Arbeitnehmer in den kleineren Verkaufsstellen mit weniger als 20 Beschäftigten gingen leer aus. ◀

EuGH 30.4.2015 – C-80/14 (Union of Shop, Distributive and Allied Workers (USDAW)), ECLI:EU:C:2015:291

136 ▶ **Beispielsfall 79**

Irmtraud Junk war bei der Arbeiterwohlfahrt (AWO) als Pflegehelferin beschäftigt. Im Februar 2002 wurde das Insolvenzverfahren über das Vermögen der AWO eröffnet und ein Insolvenzverwalter eingesetzt. Dieser teilte dem Betriebsrat im Juni 2002 mit, dass er beabsichtige, den Betrieb zu schließen und eine Massenentlassung durchzuführen; er werde deshalb sämtliche noch bestehenden 172 Arbeitsverhältnisse kündigen, darunter das von Frau Junk. Acht Tage nach dieser Unterrichtung des Betriebsrats kündigte der Insolvenzverwalter das mit Frau Junk bestehende Arbeitsverhältnis aus betriebsbedingten Gründen zum Ende September 2002 (also mit der im Insolvenzverfahren vorgesehenen Höchstfrist von drei Monaten, § 113 S. 2 InsO). Ende August 2002 zeigte der Insolvenzverwalter dem Arbeitsamt die Entlassungen an (§ 17 Abs. 3 KSchG) und fügte der Anzeige die (zustimmende) Stellungnahme des Betriebsrats bei. ◀

EuGH 27.1.2005 – C-188/03 (Junk), ECLI:EU:C:2005:59;
BAG 23.3.2006 – 2 AZR 343/05, NZA 2006, S. 971

a) Anwendungsbereich und Gegenstand

Der **Kündigungsschutz** ist in den einzelnen EU-Mitgliedstaaten von sehr unterschiedlicher Konstruktion und Qualität. Zwar dürfte der Grundsatz des Grundrechts auf Schutz bei ungerechtfertigter Entlassung (Art. 30 EU-GRC) überall Anerkennung finden: Arbeitnehmerinnen und Arbeitnehmer dürfen nicht ohne sachlichen Grund gekündigt werden. 137

Aber sowohl die Voraussetzungen als auch die Rechtsfolgen des Kündigungsschutzes unterscheiden sich stark: In Deutschland gilt ein Kündigungsschutz nach sechs Monaten, in Großbritannien erst nach zwei Jahren. In vielen Rechtsordnungen gibt es als Entschädigung für eine rechtswidrige Kündigung nur Abfindung oder Schadensersatz, in Deutschland kann die Unwirksamkeit der Kündigung festgestellt und auf Weiterbeschäftigung geklagt werden. Ein allgemeines Recht auf Abfindung auch bei rechtmäßiger Kündigung kennt das deutsche Recht anders als viele andere Rechtsordnungen nicht.

Richtlinien nach Art. 153 Abs. 1 d) AEUV könnten das Grundrecht aus Art. 30 GRC (Schutz bei ungerechtfertigter Entlassung) konkretisieren und insofern den Kündigungsschutz harmonisieren. Die Anforderungen sind aber hoch; diese Richtlinien können nur im besonderen Gesetzgebungsverfahren, also mit einstimmiger Entscheidung im Rat erlassen werden (siehe oben § 2, Rn. 14). In Richtung eines allgemeinen Kündigungsschutzes im engeren Sinn (Überprüfung der sozialen Rechtfertigung von Entlassungen) hat die Union von der Kompetenz noch keinen Gebrauch gemacht.[110] Die **Massenentlassungs-Richtlinie** ist im Gegensatz dazu keine sozialpolitische Richtlinie nach Art. 153 AEUV, sondern wurde auf die Binnenmarktkompetenz gestützt.[111] 138

Die Massenentlassungs-Richtlinie regelt lediglich Entlassungen aus nicht in der Person der Arbeitnehmerin oder des Arbeitnehmers liegenden Gründen. Für den **Anwendungsbereich** der Massenentlassungs-Richtlinie 98/59/EG ist auf einen unionsautonomen Arbeitnehmerbegriff abzustellen.[112] 139

Anlässlich von Beispielsfall 16 (siehe oben § 1, Rn. 142) wurde bereits darauf hingewiesen, dass dabei zB Gruppen von jüngeren Arbeitnehmerinnen und Arbeitnehmern nicht willkürlich vom Anwendungsbereich ausgenommen werden dürfen. Ein ähnliches Problem ergibt sich, wenn **leitende Angestellte** aus dem Anwendungsbereich des mitgliedstaatlichen Umsetzungsgesetzes ausgeschlossen werden. Dies ist im deutschen Recht der Fall: Nicht nur der Anwendungsbereich des Betriebsverfassungsrechts nimmt Leitende Angestellte aus (§ 5 Abs. 3 Nr. 3 BetrVG), sondern auch der Anwendungsbereich der Unterrichtungspflichten nach dem KSchG (§ 17 Abs. 5 Nr. 3 KSchG). Man könnte nun im Hinblick auf den speziellen Schutzzweck der Massenentlassungs-Richtlinie argumentieren, dass diese Ausnahme unproblematisch sei, da hier vor allem Rechte von Arbeitnehmervertretungen begründet werden; es sei deshalb sinnvoll, nicht

110 EuGH 16.1.2008 – C-361/07 (Polier), ECLI:EU:C:2008:16; Junker EuZA 7 (2014), 143 (153); das BAG sah deshalb keinen Raum für die Anwendung des Art. 30 GRC im Rahmen von §§ 138, 242 BGB, Art. 12 GG (BAG 8.12.2011 – 6 AZN 1371/11, BAGE 140, 76).

111 Dennoch hat der EuGH der Richtlinie mittelbar sogar entnommen, dass nationale Regelungen keine zu hohen Hürden für Massenentlassungen aufstellen dürften; jedenfalls dürfe die Möglichkeit des Arbeitgebers, diese durchzuführen, nicht ausgeschlossen werden: EuGH 21.12.2016 – C-201/15 (AGET Iraklis), ECLI:EU:C:2016:972 mAnm Bakopoulos RdA 2018, S. 257 ff. Franzen EuZW 2017, S. 237 f..

112 EuGH 18.1.2007 – C-385/05 (CGT), ECLI:EU:C:2007:37; EuGH 13.2.2014 – C-596/12 (Kommission./. Italien), ECLI:EU:C:2014:77.

nur auf das Weisungsrecht des Arbeitgebers abzustellen, sondern auch zu berücksichtigen, ob leitende Beschäftigte aus Sicht der Arbeitnehmerinnen und Arbeitnehmer und des Betriebsrats im „Lager des Arbeitgebers“ stehen.[113] Der EuGH legt den autonomen Arbeitnehmerbegriff aber auch hier unabhängig von der Rechtsgrundlage nach einheitlichen Kriterien aus. Geschäftsführer und andere Leitende Angestellte dürfen also nicht vom Anwendungsbereich ausgenommen werden.[114]

140 Die Richtlinie findet Anwendung auf „**Massenentlassungen**“. Ausgenommen sind Massenentlassungen bei öffentlichen Verwaltungen oder Einrichtungen des öffentlichen Rechts. Für die Frage, ob es sich um eine Massenentlassung handelt, bietet die Richtlinie den Mitgliedstaaten unterschiedliche **Berechnungsmöglichkeiten und Bezugsgrößen** an (Art. 1 Abs. 1 a)):

- innerhalb von 30 Tagen (i):
  - Zehn Entlassungen, wenn in dem Betrieb 21–99 Arbeitnehmerinnen und Arbeitnehmer beschäftigt sind
  - 10 % der Beschäftigten, wenn in dem Betrieb 101–299 Arbeitnehmerinnen und Arbeitnehmer beschäftigt sind
  - 30 Entlassungen, wenn in dem Betrieb ab 300 Arbeitnehmerinnen und Arbeitnehmer beschäftigt sind oder
- innerhalb von 90 Tagen (ii): Entlassung von mindestens 20 Arbeitnehmerinnen und Arbeitnehmern, unabhängig davon, wie viele Arbeitnehmer in der Regel in dem betreffenden Betrieb beschäftigt sind,
- Bezugseinheit für die Bestimmung der maßgeblichen Zahlen ist der „Betrieb“ (genauer dazu unten Rn. 134 ff.)

141 Die Richtlinie hat in ihren Rechtsfolgen nicht in erster Linie den sozialen Schutz der entlassenen Arbeitnehmerinnen und Arbeitnehmer im Blick, sondern die möglichen Belastungen der regionalen Arbeitsmärkte. Der Regelungsschwerpunkt liegt deshalb auf Vorgaben zu Unterrichtung und Anhörung von Arbeitnehmervertretungen sowie von Arbeitsbehörden. Als **Rechtsfolge einer Massenentlassung** müssen die Mitgliedstaaten vor deren Vornahme folgendes vorsehen:

- Unterrichtung und Anhörung der Arbeitnehmervertretung (Art. 2) (dazu genauer unten § 6, Rn. 16 ff.)
  - rechtzeitig
  - um zu einer Einigung zu gelangen
- Unterrichtung der zuständigen (Arbeits-)Behörden (Art. 3 und 4)
  - mindestens 30 Tage vor Wirksamkeit der Massenentlassung
  - unter Beifügung der Anhörung(en) der Arbeitnehmervertretung

142 Aus der Vorgabe, dass bei der Unterrichtung der Arbeitsbehörden (in Deutschland: Agenturen für Arbeit) die Anhörungen der Arbeitnehmervertretungen beizufügen sind, ergibt sich jedenfalls, dass die **Arbeitnehmeranhörung der Behördenunterrichtung zeitlich vorgelagert** sein muss. Das BAG hatte das deutsche Recht zunächst so interpretiert, dass der Mangel der vorzeitigen Anzeige unter bestimmten Umständen unbeachtlich sein könne, wenn die Stellungnahme des Betriebsrats bei der Agentur für Arbeit

113 Vielmeier NJW 2014, 2678.
114 EuGH 13.2.2014 – C-596/12 (Kommission./. Italien), ECLI:EU:C:2014:77, Rn. 23; so jetzt auch für das deutsche Recht EuGH 9.7.2015 – C-229/14 (Balkaya), ECLI:EU:C:2015:455.

später nachgereicht werde.[115] Davon ist es aber nach einer Rüge des BVerfG wieder abgerückt. Zu Recht zieht es jetzt aus den unionsrechtlichen Anforderungen der Effektivität der Richtlinienumsetzung (siehe oben § 4, Rn. 187 ff.) den Schluss, dass Kündigungen, die vor Unterrichtung des Betriebsrats ausgesprochen werden, nach § 134 BGB unheilbar nichtig sind.[116]

Vertiefung:

Das BAG hatte in seiner ersten Entscheidung zum Verhältnis von Betriebsratsanhörung und Behördenunterrichtung darauf verzichtet, den EuGH anzurufen, obwohl die Frage der Rechtsfolgen in der Rechtsprechung des EuGH nicht geklärt war. Deshalb hätte nach Auffassung des BVerfG ein Vorabentscheidungsverfahren gemäß Art. 267 AEUV eingeleitet werden müssen. Das BVerfG war dann der Meinung, dass das BAG das Recht auf den gesetzlichen Richter (Art. 101 Abs. 1 S. 2 GG) verletzt hatte, weil es den EuGH nicht angerufen hatte.[117]

Die wichtigen Fragen der Unterrichtung und Anhörung der Arbeitnehmervertretung werden genauer unten § 6, Rn. 16 ff. behandelt. Im Folgenden soll deshalb nur kurz auf die für die Massenentlassungs-Richtlinie zentralen Begriffe des Betriebs und der Entlassung eingegangen werden: 143

b) Begriff des Betriebs

Der Betrieb ist Bezugspunkt vieler arbeitsrechtlicher Richtlinien, insbesondere derjenigen, die Rechte von Arbeitnehmervertretungen festlegen, also der Massenentlassungs- und Betriebsübergangsrichtlinien sowie der Anhörungs-Richtlinie 2002/14/EG. In diesen Richtlinien ist „Betrieb" ein **unionsrechtlicher Begriff**, der autonom und in allen Mitgliedstaaten einheitlich auszulegen ist.[118] 144

In der Massenentlassungs-Richtlinie 98/59/EG geht es um Unterrichtungs- und Anhörungsrechte. Sie gibt den Mitgliedstaaten aber einen **Spielraum** in der Frage, in welchem Zeitraum eine bestimmte Zahl von Entlassungen erreicht sein muss, damit von einer „Massenentlassung" die Rede sein kann (sog. „Schwellenwert"). Hierfür sieht Art. 1 Abs. 1 UAbs. 1 a) zwei Varianten vor ((i) und (ii)). In beiden Varianten wird der Schwellenwert einer Mindestzahl oder einem Mindestanteil von Arbeitnehmerinnen und Arbeitnehmern aber auf den Betrieb bezogen berechnet (siehe oben Rn. 140). In den Beispielsfällen 77 und 78 ging es um die Frage, welche Organisationseinheit damit gemeint ist. 145

In **Beispielsfall 77** ging es um den Mitgliedstaat Dänemark, der die Variante (i) (siehe oben Rn. 140) gewählt hatte, die darauf abstellt, wie viele Arbeitnehmerinnen und Arbeitnehmer innerhalb der maßgeblichen 30 Tage von Entlassung betroffen sind und der den Anteil von der Größe des Betriebs abhängig macht. Vorliegend waren mehr als 20 Arbeitnehmerinnen und Arbeitnehmer betroffen. Dies hätte nach der Richtlinie für eine Massenentlassung ausgereicht, wenn auf das **Unternehmen oder die jeweilige ört-** 146

115 BAG 21.5.2008 – 8 AZR 84/07, NZA 2008, 753.
116 BAG 22.11.2012 – 2 AZR 371/11.
117 BVerfG 25.2.2010 – 1 BvR 230/09.
118 EuGH 30.4.2015 – C-80/14 (USDAW), ECLI:EU:C:2015:291, Rn. 45 ff. für die Richtlinie 98/59/EG; vgl. auch EuGH 7.8.2018 – verb. Rs. C-61/17, C-62/17, C-72/17 (Bichat), ECLI:EU:C:2018:653 zum Begriff „den Arbeitgeber beherrschendes Unternehmen".

liche Einheit mit insgesamt 168 Arbeitnehmerinnen und Arbeitnehmer abzustellen war. Es hätte aber nicht ausgereicht, wenn die maßgebliche Bezugseinheit der **Konzern** mit insgesamt 1058 Arbeitnehmerinnen und Arbeitnehmern war.[119]

147 Als Einstieg in die autonome Auslegung weist der EuGH auf die **unterschiedlichen sprachlichen Fassungen der Richtlinie** hin. Die dort verwendeten Ausdrücke „Betrieb" (deutsche Fassung), „establishment" (englische Fassung), „virksomhed" (dänische Fassung), „centro de trabajo" (spanische Fassung), „yritys" (finnische Fassung), „établissement" (französische Fassung), „stabilimento" (italienische Fassung), „plaatselijke eenheid" (niederländische Fassung), „estabelecimento" (portugiesische Fassung) oder „arbetsplats" (schwedische Fassung) haben einen ganz unterschiedlichen Inhalt. Sie bezeichnen den Betrieb, die Niederlassung, das Unternehmen, den Arbeitsmittelpunkt, die räumliche Einheit oder den Arbeitsort. Die Begriffe sind in manchen Rechtsordnungen allein für europarechtliche Zwecke entwickelt worden.

148 Für die genauere Bestimmung musste der EuGH sich also auf die Suche nach Sinn und Zweck begeben. Er fand zunächst die **Definition des Betriebs** als der „Einheit, der die von der Entlassung betroffenen Arbeitnehmer zur Erfüllung ihrer Aufgabe angehören". Dabei könne es nicht darauf ankommen, ob die fragliche Einheit eine Leitung habe, die selbstständig Massenentlassungen vornehmen könne. Ansonsten bestünde die Gefahr der Umgehung; denn innerhalb eines Konzerns liege die Übertragung von Entscheidungen auf den einen oder anderen Entscheidungsträger allein in der Hand der Unternehmensleitung.[120]

149 Erst in späteren Entscheidungen wurde konkretisiert, dass der **Begriff des Betriebs im Gegensatz zu dem Begriff des Unternehmens** zu sehen sei. Ein Betrieb könne eine Untereinheit eines Unternehmens darstellen; es könne aber auch sein, dass ein Unternehmen nur einen einzigen Betrieb habe. Es spiele deshalb keine Rolle, dass die Massenentlassungs-Richtlinie bei einigen Schwellenwerten den Begriff „Betrieb" im Plural „Betriebe" verwendet. Die verschiedenen Verwendungen in den europäischen Sprachen, in der Einzahl oder im Plural, seien unerheblich. Entscheidend sei der Blick auf Sinn und Zweck der Richtlinie. „Da diese die sozioökonomischen Auswirkungen betrifft, die Massenentlassungen in einem bestimmten örtlichen Kontext und einer bestimmten sozialen Umgebung hervorrufen können", komme es auf die arbeitstechnische Einheit und die Arbeitszusammenhänge vor Ort an. „Eine getrennte Produktionseinheit einer Gesellschaft, die über eine eigene Ausstattung und eigenes Fachpersonal verfügt, deren Betrieb nicht von dem der anderen Einheiten abhängt und die über einen Produktionsleiter verfügt, der die ordnungsgemäße Durchführung der Arbeit und die Kontrolle des Gesamtbetriebs der Einrichtungen der Einheit sowie die Lösung technischer Probleme sicherstellt," ist damit ein Betrieb im Sinne der Richtlinie.[121] In **Beispielsfall 77** war deshalb auf die örtliche Einheit abzustellen, womit der Anwendungsbereich der Massenentlassungs-Richtlinie eröffnet war.

150 Ein **Betrieb** im Sinne der Massenentlassungsrichtlinie ist damit:[122]

---

119 In diesem Fall („Betrieb" mit über 300 Arbeitnehmerinnen und Arbeitnehmer) bedurfte es für eine Massenentlassung der Entlassung von mindestens 30 Arbeitnehmerinnen und Arbeitnehmern.

120 EuGH 7.12.1995 – C-449/93 (Rockfon), ECLI: EU: C: 1995:420, Rn. 26 ff.; siehe auch EuGH 30.4.2015 – C-80/14 (USDAW), ECLI:EU:C:2015:291, Rn. 47.

121 EuGH 15.2.2007 – C-270/05 (Athinaïki Chartopoiïa), ECLI:EU:C:2007:101, Rn. 27 f.

122 EuGH 30.4.2015 – C-80/14 (USDAW), ECLI:EU:C:2015:291, Rn. 47 ff. mAnm Kocher ZESAR 2016, S. 86 ff.

- eine unterscheidbare Einheit
- von einer gewissen Dauerhaftigkeit und Stabilität,
- die zur Erledigung einer oder mehrerer bestimmter Aufgaben bestimmt ist und
- die über eine Gesamtheit von Arbeitnehmern sowie
- über technische Mittel und eine organisatorische Struktur zur Erfüllung dieser Aufgaben verfügt

Für den **Beispielsfall 78** bedeutet dies: Die Filiale eines Einzelhandelsunternehmens kann ein Betrieb im Sinne der Massenentlassungs-Richtlinie 98/59/EG sein, wenn dort eine bestimmte Aufgabe (der Verkauf von Waren) dauerhaft ausgeübt wird, und eine organisatorische Struktur mit Filialleitung und eigener Kostenstelle vorhanden ist.[123] „Um als ‚Betrieb' qualifiziert werden zu können, [muss die Einheit] weder rechtliche noch wirtschaftliche, finanzielle, verwaltungsmäßige oder technologische Autonomie besitzen" (EuGH „USDAW"). Durch diese Anknüpfung an eine objektiv und örtlich bestimmte Einheit kann der nötige Arbeitnehmerschutz gewährleistet werden, denn über diese kann ein Unternehmen weniger leicht disponieren. Diese Auslegung gewährleistet also Schutz vor einer Umgehung der Anhörungspflichten durch die Fragmentierung von Unternehmensstrukturen.[124] 151

Allerdings führt diese Auslegung in **Beispielsfall 78** dazu, dass eine Menge von Arbeitnehmerinnen und Arbeitnehmern, nämlich diejenigen, die in kleineren Betrieben beschäftigt sind, nicht in den Anwendungsbereich der Richtlinie fallen. Es fragt sich insofern, ob nicht das **Günstigkeitsprinzip** nach Art. 5 der Massenentlassungs-Richtlinie es den Mitgliedstaaten erlaubt, den Schutz der Richtlinie auf das Unternehmen zu beziehen.[125] Nach dem Günstigkeitsprinzip ist dies aber nur möglich, wenn diese Anknüpfung ergänzend oder zusätzlich erfolgt. Eine Ersetzung des Anknüpfungsmerkmals Betrieb durch „Unternehmen" ist in jedem Fall unionsrechtswidrig, denn eine Staffelung von Schwellenwerten in Bezug auf ein Unternehmen kann unter Umständen gerade verhindern, dass überhaupt die erforderliche Größe erreicht wird (zB wenn in einem Unternehmen wie in Beispielsfall 77 die Massenentlassung auf einen unter mehreren Betrieben konzentriert ist).[126] 152

c) Begriff der Entlassung

Im europäischen Recht gibt es mehrere Begriffe für die Beendigung von Arbeitsverhältnissen. Am weitesten ist der Begriff **„Beendigung des Arbeitsvertrags"** (siehe zB Anwendungsbereich von Art. 153 Abs. 1 d) AEUV; siehe auch Art. 17 der Richtlinie 2006/54/EG). Er stellt nicht auf den Rechtsgrund des Vertragsendes ab und erfasst so alle Formen der Beendigung von Arbeitsverhältnissen, einschließlich des Erreichens einer Altersgrenze oder des Auslaufens einer Befristung.[127] 153

Für die Anwendung der Massenentlassungs-Richtlinie kommt es hingegen nicht darauf an, ob eine bestimmte Zahl von Arbeitsverhältnissen „beendet" wird, sondern darauf, 154

123 EuGH 13.5.2015 – C-182/13 (Lyttle ua), ECLI:EU:C:2015:317, Rn. 51 f.

124 EuGH 30.4.2015 – C-80/14 (USDAW), ECLI:EU:C:2015:291.

125 EuGH 30.4.2015 – C-80/14 (USDAW), ECLI: EU: C: 2015:291, Rn. 63 ff.; dazu auch ausführlich EuGH 13.5.2015 – C-392/13 (Rabal Cañas), ECLI:EU:C:2015:318, der sich auf Spanien bezieht, wo das Gesetz explizit an das „Unternehmen" anknüpft.

126 EuGH 13.5.2015 – C-392/13 (Rabal Cañas), ECLI:EU:C:2015:318, Rn. 53 f.

127 Siehe auch EuGH 4.10.2001 – C-438/99 (Jiménez Melgar), ECLI:EU:C:2001:509, Rn. 45 f.; EuGH 12.9.2013 – C-614/11 (NÖ-LLWK), ECLI:EU:C:2013:544.

dass eine bestimmte Zahl von „Entlassungen“ erfolgt. Der Begriff der **Entlassung** ist zentral für die Bestimmung des Anwendungsbereichs der Richtlinie (Art. 1 Abs. 1 UAbs. 1 a) der Richtlinie); er muss deshalb autonom und einheitlich ausgelegt werden – auf die mitgliedstaatliche Definition kann es nicht ankommen.[128] Er gilt nur für gewillkürte Beendigungen (in der Regel durch Willenserklärungen), ist aber weiter als der Begriff der **Kündigung**, wie er zB in Art. 30 EU-GRC verwendet wird. Entlassung erfasst „jede vom Arbeitnehmer nicht gewollte, also ohne seine Zustimmung erfolgte, Beendigung des Arbeitsvertrags“.[129] Zustimmung ist hier in einem weiten und tatsächlichen Sinne gemeint. Eine Beendigung ohne den Willen der Arbeitnehmerin oder des Arbeitnehmers kann auch bei einem Aufhebungsvertrag vorliegen, oder bei einer arbeitnehmerseitigen Eigenkündigung, wenn diese maßgeblich durch den Arbeitgeber veranlasst wurden;[130] selbst einseitige erhebliche Änderungen der wesentlichen Bestandteile des Arbeitsvertrags können als Entlassung zu werten sein.[131] Es kommt nicht darauf an, ob die Beendigung dem Willen des Arbeitgebers entspricht oder nicht. Der Ablauf befristeter Arbeitsverhältnisse stellt aber keine Entlassung in diesem Sinne dar, und zwar auch dann nicht, wenn die befristeten Arbeitsverhältnisse vielleicht verlängert worden wären; dies ergibt sich ausdrücklich aus Art. 1 Abs. 2 a) der Massenentlassungs-Richtlinie.[132]

Für die Zwecke der Berechnung der Schwellenwerte (siehe oben Rn. 140) stellt Art. 1 Abs. 1 UAbs. 2 der Richtlinie den „Entlassungen“ sonstige „Beendigungen des Arbeitsvertrags“ gleich, „die auf Veranlassung des Arbeitgebers und aus einem oder mehreren Gründen, die nicht in der Person der Arbeitnehmer liegen, erfolgen, sofern die Zahl der Entlassungen mindestens fünf beträgt“.[133]

155 In **Beispielsfall 79** war das Vorliegen einer Entlassung unproblematisch, da ein unbefristeter Arbeitsvertrag gegen den Willen der Arbeitnehmerin durch Kündigung beendet worden war. Für die Frage, ob rechtzeitig unterrichtet worden war, kam es aber wesentlich darauf an, **wann die Entlassung vorgenommen wurde**. Es kamen im Prinzip zwei Auslegungsmöglichkeiten in Betracht: Da das deutsche Recht (wie das Unionsrecht) zwischen Entlassung (§§ 17 und 18 KSchG) und Kündigung (§ 1 KSchG) unterscheidet, war man im deutschen Recht lange Zeit davon ausgegangen, dass die Massenentlassungsvorschriften nicht an die Kündigung (einseitige Willenserklärung des Arbeitgebers) anknüpfen, sondern an das tatsächliche Ausscheiden der Arbeitnehmer und Arbeitnehmerinnen aus dem Betrieb, also in der Regel an das Auslaufen der Kündigungsfristen. Dem widersprach der EuGH in Beispielsfall 79: Bei der Wortlautauslegung seien alle Sprachfassungen der Richtlinie zu berücksichtigen. Die anderen Sprachfassungen verwenden an dieser Stelle Begriffe, die sowohl die Kündigung als auch die Beendigung erfassen und überwiegend arbeitgeberseitige Kündigungserklärungen bezeichnen. Auch der systematische Kontext zeige, dass Unterrichtung und Anhörung in

128 EuGH 27.1.2005 – C-188/03 (Junk), ECLI:EU:C:2005:59, Rn. 26 ff.

129 EuGH 16.2.1982 – 19/81 (Burton), ECLI: EU: C: 1982:58, Rn. 9, allerdings zur heutigen Richtlinie 2006/54/EG.

130 EuGH 3.3.2011 – C-235–239/10 (David Claes ua), ECLI:EU:C:2011:119: Massenentlassungsrichtlinie gilt auch bei Auflösung des Arbeitsvertrags mit sofortiger Wirkung im Fall der Liquidation des Unternehmens.

131 EuGH 11.11.2015 – C-422/14 (Pujante Rivera) ECLI:EU:C:2015:743, Rn. 47 ff.

132 EuGH 13.5.2013 – C-392/13 (Rabal Cañas), ECLI:EU:C:2015:318; EuGH 11.11.2015 – C-422/14 (Pujante Rivera), ECLI:EU:C:2015:743, Rn. 25 ff.

133 Dazu EuGH 21.9.2017 – C-149/16 (Socha ua), ECLI:EU:C:2017:708 für Änderungskündigungen in Bezug auf unerhebliche Aspekte des Arbeitsverhältnisses; siehe auch EuGH 21.9.2017 – C-429/16 (Ciupa ua), ECLI:EU:C:2017:711; Weber EuZA 2018, 492 ff.

einem Stadium erfolgen müssten, in dem eine Entscheidung lediglich „beabsichtigt" und noch nicht getroffen sei. Nur so kann die Richtlinie dem Ziel dienen, Entlassungen zu vermeiden oder ihre Zahl zu beschränken.[134] In Beispielsfall 79 war die Unterrichtung also unionsrechtswidrig zu spät vorgenommen worden.

2. Die Betriebsübergangs-Richtlinie

Literatur: *Chandna-Hoppe, Katja,* Das Vorliegen eines Betriebsübergangs bei der Neuvergabe staatlicher Aufträge. EuZA 2019, 255; *Grau, Timon/Hartmann, Felix,* § 15 Betriebsübergang, in: Preis/Sagan (Hrsg.), Europäisches Arbeitsrecht, 2. Aufl. 2019; *Rebhahn, Robert,* Probleme der Ausführung der Betriebsübergangs-Richtlinie in Kontinentaleuropa, RdA Beilage 6/2006, 4.

▶ Beispielsfall 80 156

Herr Tellerup war als Restaurantleiter bei der Catering-Firma Irma angestellt, die das Palast-Theater gepachtet hatte. Als der Pachtvertrag für das Palast-Theater neu an die Firma Daddy's Dance Hall vergeben wurde, stellte der neue Pächter wieder Herrn Tellerup als Restaurantleiter ein. Statt der früheren Entlohnung auf Provisionsbasis sollte dieser jetzt allerdings ein festes Gehalt erhalten, und es wurde eine neue Probezeit vereinbart. ◀

EuGH 10.2.1988 – 324/86 (Daddy's Dance Hall), ECLI:EU:C:1988:72

▶ Beispielsfall 81 157

Frau Süzen war eine von acht Reinigungskräften, die bei der Zehnäcker Gebäudereinigung GmbH beschäftigt waren und die Reinigung in einem Bonner Gymnasialkolleg durchführten. Als das Kolleg der Zehnäcker GmbH den Reinigungsauftrag entzog und an die Lefarth GmbH gab, kündigte die Zehnäcker GmbH den Reinigungskräften betriebsbedingt. Frau Süzen klagte gegen die Kündigung. ◀

EuGH 11.3.1997 – C-13/95 (Süzen), ECLI:EU:C:1997:141

a) Anwendungsbereich und Gegenstand

Die Betriebsübergangs-Richtlinie 2001/23/EG soll gewährleisten, dass Arbeitnehmerinnen und Arbeitnehmer bei einem Inhaberwechsel geschützt sind, insbesondere indem ein Fortbestehen von Ansprüchen gewährleistet wird. 158

§ 2 Nr. 1 der Rahmenvereinbarung zur Befristungs-Richtlinie 99/70/EG regelt den persönlichen **Anwendungsbereich** unter Bezugnahme auf den Arbeitnehmerbegriff nach den mitgliedstaatlichen Rechtsordnungen und Gepflogenheiten. Eine unionsrechtsautonome Auslegung findet insofern also nicht statt[135] (siehe oben § 1, Rn. 143 ff.). 159

In **Beispielsfall 80** ging es um einen Übergang des Palast-Theaters als wirtschaftlicher Einheit, deren Identität in diesem Übergang gewahrt wurde. Da ein Betriebsübergang im Sinne der Richtlinie auch durch Rechtsgeschäft erfolgen kann und kein Eigentumsübergang erforderlich ist, konnte auch die Neuvergabe eines Pachtvertrags einen Übergang vom bisherigen Inhaber Irma an den neuen Inhaber Daddy's. Dance Hall darstellen. 160

134 EuGH 27.1.2005 – C-188/03 (Junk), ECLI:EU:C:2005:59, Rn. 34 ff.; siehe dann auch BAG 23.3.2006 – 2 AZR 343/05, NZA 2006, 971.
135 EuGH 6.9.2011 – C-108/10 (Scattolon), ECLI:EU:C:2011:542.

b) Rechtsfolgen des Betriebsübergangs

161 Für den Fall eines Betriebsübergangs sieht die Richtlinie die folgenden **Rechtsfolgen** vor:

- Unterrichtung und Anhörung der Arbeitnehmer(-vertretung) (Art. 7)
- Wahrung der Ansprüche und Rechte der Arbeitnehmerinnen und Arbeitnehmer, d.h.:
  - Übergang der Arbeitsverhältnisse auf den Betriebserwerber (Art. 3 Abs. 1),[136] insbesondere Übergang der individualrechtlichen Rechte und Pflichten
  - Aufrechterhaltung der Arbeitsbedingungen, die in einem Kollektivvertrag vereinbart sind, für mindestens ein Jahr (Art. 3 Abs. 3)
  - Erhalt der betrieblichen Arbeitnehmervertretung (Art. 6)
- Verbot der Kündigung wegen des Betriebsübergangs (Art. 4 Abs. 1) zur Verhinderung einer Umgehung des Übergangs der Arbeitsverhältnisse

162 Die Richtlinie selbst sieht kein Recht der Arbeitnehmerinnen und Arbeitnehmer vor, dem Übergang der Arbeitsverhältnisse auf den neuen Inhaber zu widersprechen. In mitgliedstaatlichen Rechtsordnungen gibt es solche **Widerspruchsrechte** jedoch. Im deutschen Recht ist dieses (§ 613 a Abs. 6 BGB) verfassungsrechtlich begründet; nach Art. 12 GG hat ein Arbeitnehmer oder eine Arbeitnehmerin das Recht, selbst den Arbeitgeber zu wählen. Es existieren beim Betriebsübergang keine sozialen Gründe von verfassungsrechtlichem Rang, die eine Einschränkung ihrer Berufsfreiheit rechtfertigen könnten. Hierdurch entsteht das verfassungsrechtliche Erfordernis eines Widerspruchsrechts der Arbeitnehmerinnen und Arbeitnehmer. Anders ist dies auf Seiten des Arbeitgebers und Betriebserwerbers, der folgerichtig kein Widerspruchsrecht erhält. Die Richtlinie steht einer solchen mitgliedstaatlichen Erweiterung der Arbeitnehmerrechte nicht entgegen. Der EuGH begründet dieses Ergebnis auch mit den (europäischen) Grundrechten des Arbeitnehmers und der Arbeitnehmerin auf freie Wahl des Arbeitgebers (heute Art. 15 Abs. 1 EU-GRC).[137]

163 In **Beispielsfall 80** war der Übergang des Arbeitsverhältnisses von Herrn Tellerup insofern gewährleistet, als er durch den neuen Inhaber auf dem gleichen Arbeitsplatz übernommen wurde. Allerdings müssen nach der Richtlinie die Arbeitsverhältnisse **mit allen Rechten und Pflichten** übergehen – und dies war hier nicht gewährleistet: „An dieser Auslegung ändert auch der Umstand nichts, daß der Arbeitnehmer […] als Ausgleich für die Nachteile, die ihm aufgrund einer Änderung seines Arbeitsverhältnisses entstehen, neue Vorteile solcher Art erhält, daß er insgesamt gesehen nicht schlechter gestellt ist als vorher."[138]

136 EuGH 13.6.2019 – C-317/18 (Correia Moreira), ECLI:EU:C:2019:499, Rn. 59 ff. Arbeitnehmer/innen dürfen sich also bei einem Betriebsübergang vor der Übernahme durch den Erwerber nicht noch einem Auswahlverfahren unterziehen müssen.

137 EuGH 16.12.1992 – C-132/91 (Katsikas), ECLI:EU:C:1992:517, Rn. 31 f.

138 EuGH 10.2.1988 – 324/86 (Daddy's. Dance Hall), ECLI:EU:C:1988:72; auf die höchst umstrittenen Fragen im Zusammenhang mit dem Übergang bzw. der Überleitung kollektivrechtlicher Bedingungen soll hier nicht genauer eingegangen werden; siehe dazu zB EuGH 9.3.2006 – C-499/04 (Werhof), ECLI: EU: C: 2006:168; EuGH 18.7.2013 – C-426/11 (Alemo-Herron), ECLI: EU: C: 2013:521; EuGH 27.4.2017 – C-680/15 u. C-681/15 (Asklepios), ECLI:EU:C:2017:317; Anm. Schubert ZESAR 2018, 27; Heuschmid AuR 2017, 502.

c) Begriff des Betriebs

Zentraler Bezugspunkt der Betriebsübergangs-Richtlinie ist der Betrieb. Auch hier handelt es sich um einen **unionsrechtlichen Begriff**, der autonom und in allen Mitgliedstaaten einheitlich auszulegen ist.[139] Allerdings ist der Begriff in der Betriebsübergangs-Richtlinie etwas anders auszulegen als in der Massenentlassungs- und der Anhörungs-Richtlinie (siehe oben Rn. 144 ff. und unten § 6, Rn. 10 ff.). Dort bezeichnet der Betrieb die organisatorische Grundlage für die Mitwirkung der Arbeitnehmervertretungen. In der Betriebsübergangsrichtlinie hingegen erfüllt der Begriff des „Betriebs" darüber hinaus die Funktion, die organisatorische Grundlage für den Übergang von Arbeitsverhältnissen festzulegen. 164

Ein Betriebsübergang findet statt, wenn eine wirtschaftliche Einheit auf einen neuen Inhaber übergeht und in diesem Übergang ihre Identität bewahrt. Diese wirtschaftliche Einheit wird in der Richtlinie als Betrieb bezeichnet. Im Übergang muss also die **betriebliche Einheit erhalten** bleiben.[140] Da es hier nicht um Berechnungsgrößen und Schwellenwerte geht, sondern allein darum, abgrenzbare und übertragbare Einheiten zu definieren, spielt die Abgrenzung zum Unternehmen bei dieser Begriffsbestimmung eine geringere Rolle als bei der Massenentlassungs-Richtlinie. 165

Ein **Betriebsübergang** setzt Folgendes voraus: 166

- Bezugsgröße ist der Betrieb als „wirtschaftliche Einheit[141] im Sinne einer organisierten Zusammenfassung von Ressourcen zur Verfolgung einer wirtschaftlichen Haupt- oder Nebentätigkeit" (Art. 1 Abs. 1 b) der Richtlinie 2001/23/EG).
- Der Betrieb muss auf Dauer angelegt sein.
- Der Übergang auf einen neuen Inhaber kann durch Rechtsgeschäft oder Verschmelzung erfolgen.
- Die Identität des „Betriebs" muss im Übergang gewahrt sein; es muss sich vor und nach dem Übergang um dieselbe Einheit handeln.

Eine der strittigsten Fragen der Betriebsübergangs-Richtlinie hat Konstellationen wie in **Beispielsfall 81** zum Gegenstand. Dabei geht es um die sog. **Funktionsnachfolge**, also den Übergang einzelner Aufgaben oder einzelner Aufträge an ein anderes Unternehmen. Die Definition der Betriebsübergangs-Richtlinie erfasst solche Übergänge grundsätzlich, wenn sie mit der Übertragung einer organisierten Gesamtheit von Faktoren einhergehen, die eine dauerhafte Fortsetzung der Tätigkeiten oder bestimmter Tätigkeiten des übertragenden Unternehmens erlauben würden.[142] Fraglich ist allerdings, was mit „Faktoren" in Beispielsfall 81 gemeint sein konnte. Da es sich um einen Reinigungsbetrieb handelte, gab es über die mobilen Reinigungsmaschinen und Putzmittel hinaus kaum materielle Betriebsmittel. Das Vorliegen eines Betriebsübergangs kann aber im **Dienstleistungsbereich** nicht davon abhängen, welche materiellen Aktiva (Büros, Maschinen, Gebäude) übergehen. Der EuGH hat deshalb schon früh darauf hingewiesen, dass es bei einer Dienstleistung ausreichen kann, wenn die wesentlichen Tätig- 167

139 EuGH 30.4.2015 – C-80/14 (USDAW), ECLI:EU:C:2015:291, Rn. 45 ff. für die Richtlinie 98/59/EG.

140 Nach Art. 1 Abs. 1 c) ist die Betriebsübergangs-Richtlinie allerdings nicht anwendbar auf die Übertragung von Aufgaben im Zuge einer Umstrukturierung von Verwaltungsbehörden oder bei der Übertragung von Verwaltungsaufgaben von einer Behörde auf eine andere.

141 Wirtschaftlichkeit ist nur bei Wahrnehmung hoheitlicher Befugnisse ausgeschlossen, die Richtlinie gilt also auch für die wirtschaftliche Tätigkeit von Gemeinden (EuGH 6.9.2011 – C-108/10 (Scattolon), ECLI:EU:C:2011:542).

142 EuGH 19.9.1995 – C-48/94 (Rygaard), ECLI:EU:C:1995:290.

keiten und die für diese Tätigkeit erforderlichen Faktoren übergehen. Je nach Art des Betriebs kann die **Identität des Betriebs** durch unterschiedliche Aspekte bestimmt sein. Der EuGH hat hierfür eine Liste von sieben Kriterien aufgestellt, an denen sich überprüfen lässt, ob der identische Betrieb übergeht oder nicht (die Bedeutung und Gewichtung der einzelnen Kriterien ist im Einzelfall zu entscheiden):[143]

- Art des betreffenden Betriebs oder Unternehmens
- Übergang materieller Aktiva
- Übergang und Wert immaterieller Aktiva (Lizenzen, Know-How, Vertriebsrechte)
- Übergang der Hauptbelegschaft (insbesondere bei Dienstleistungsbetrieben, die von menschlicher Arbeitskraft geprägt sind)
- Übergang der Kundschaft
- Grad der Ähnlichkeit der Tätigkeit vor und nach dem Übergang
- Dauer einer Unterbrechung der Tätigkeit vor dem Übergang

168 In **Dienstleistungsbetrieben**, deren Tätigkeit durch die menschliche Arbeitskraft geprägt ist, kann es also ausreichen, wenn die Hauptbelegschaft übergeht. Deshalb entschied der EuGH in der Rechtssache „Christel Schmidt", dass die Übernahme einer einzelnen Reinigungskraft, die für die Reinigung einer kleinen Sparkasse beschäftigt war, bereits einen Betriebsübergang darstellen kann.[144] Dagegen ist zT eingewandt worden, dass der Übergang von Arbeitsverhältnissen eine der Rechtsfolgen nach der Betriebsübergangs-Richtlinie ist und deshalb nicht gleichzeitig eine Tatbestandsvoraussetzung darstellen könne.[145] Dabei wird aber übersehen, dass nach Art. 3 der Betriebsübergangs-Richtlinie 2001/23/EG die „Rechte und Pflichten des Veräußerers" aus einem zum Zeitpunkt des Übergangs bestehenden Arbeitsvertrag oder Arbeitsverhältnis auf den Erwerber übergehen. Diese Rechtsfolge lässt sich vom Tatbestandsmerkmal „Übergang der Belegschaft" durchaus unterscheiden. Im Fall „Christel Schmidt" war eine Reinigungskraft zwar übernommen worden, jedoch gewährte ihr der Erwerber schlechtere Arbeitsbedingungen. In einem solchen Fall[146] war der Betriebsübergang zu bejahen – und als Rechtsfolge war vom mitgliedstaatlichen Arbeitsrecht zu verlangen, dass es die Wahrung aller Ansprüche und Rechte gewährleistete.

169 In **Beispielsfall 81** waren allerdings die Reinigungskräfte gerade nicht übernommen worden. Übergegangen war lediglich der Auftrag. Sonstige materielle oder immaterielle Faktoren waren laut Sachverhalt nicht an den neuen Auftragnehmer übertragen worden.[147] Dem EuGH ist also hier in seiner Bewertung zuzustimmen: Ein Betriebsübergang schied aus.

3. Die Insolvenzschutz-Richtlinie

170 Auch die Richtlinie 2008/94/EG dient einem Schutz von Arbeitnehmerinnen und Arbeitnehmern in der Unternehmenskrise – und zwar bei **Insolvenz des Arbeitgebers.** In dieser Situation ist nicht selten die Erfüllung bestehender Rechte und Ansprüche der Arbeitnehmerinnen und Arbeitnehmer gefährdet. Die Richtlinie findet Anwendung

143 EuGH 20.11.2003 – C-340/01 (Sodexo), ECLI:EU:C:2003:629.
144 EuGH 14.4.1994 – C-392/92 (Christel Schmidt), ECLI:EU:C:1994:134.
145 Voss/Voss NZA 1995, 205 (206).
146 Vergleichbarer Fall: EuGH 11.7.2018 – C-60/17 (Somoza Hermo), ECLI:EU:C:2018:559, Rn. 33 ff. (Sicherheitsdienst eines Museums).
147 Vergleichbarer Fall: EuGH 20.1.2011 – C-463/09 (CLECE), ECLI:EU:C:2011:24, Rn. 39.

(Art. 1 Abs. 1), wenn infolge von Zahlungsunfähigkeit ein Verfahren zur Liquidation des Vermögens und gemeinschaftlichen Befriedigung der Gläubiger stattfindet. Zahlungsunfähigkeit liegt nach Art. 2 der Richtlinie 2008/94/EG vor, wenn ein Insolvenzverfahren eröffnet ist oder die Eröffnung mangels Masse abgelehnt wurde.[148]

Der Anwendungsbereich der Insolvenzschutz-Richtlinie 2008/94/EG bestimmt sich nach einem unionsautonom auszulegenden Arbeitnehmerbegriff[149] (siehe oben § 1, Rn. 105 ff., 137). 171

Für den Fall der Insolvenz ist es vor allem wichtig, die Ansprüche von Arbeitnehmerinnen und Arbeitnehmern unabhängig vom zahlungsunfähigen Arbeitgeber zu sichern. Art. 3 der Richtlinie 2008/94/EG schreibt deshalb den Mitgliedstaaten vor, nicht erfüllte arbeitsrechtliche Ansprüche der Arbeitnehmerinnen und Arbeitnehmer **durch eine Garantieeinrichtung zu sichern**. Für die Garantieeinrichtung gelten die folgenden Mindestvorschriften: 172

- Die Sicherung durch die Garantieeinrichtung muss mindestens die folgenden Ansprüche erfassen:
  - Arbeitsentgelt einschließlich der Ansprüche aus betrieblicher Altersversorgung (Art. 3)
  - gesetzliche Sozialleistungsansprüche bei insolvenzbedingtem Ausbleiben der Sozialversicherungsbeiträge (Art. 7)
- Die Mitgliedstaaten haben einen Spielraum hinsichtlich des Zeitraums, der durch die Garantieeinrichtung abzusichern ist (Art. 3 Abs. 2 und Art. 4)
- Für die Finanzierung der Garantieeinrichtung gilt (Art. 5):
  - Die Arbeitgeber müssen herangezogen werden, um die Mittel für die Garantieeinrichtung aufzubringen.
  - Die individuellen Ansprüche der Arbeitnehmerinnen und Arbeitnehmer gegen die Garantieeinrichtung müssen unabhängig davon bestehen, ob der jeweilige Arbeitgeber ordnungsgemäß seine Beiträge bezahlt hat.

In vielen Mitgliedstaaten werden eigenständige **Fonds** eingerichtet, die durch Arbeitgeberbeiträge finanziert werden, und im Fall eines beitragzahlenden Arbeitgebers die Begleichung von dessen Ansprüchen übernehmen. Im deutschen Recht übernimmt die **Sozialversicherung** die Aufgabe der Garantieeinrichtung. Nach §§ 165 ff. SGB III besteht im Insolvenzfall ein Anspruch auf Insolvenzgeld gegen die Agentur für Arbeit. Dies erfüllt die europarechtlichen Vorgaben deshalb, weil im deutschen („Bismarck‘schen“) System der Sozialversicherung die Arbeitgeber an der Finanzierung der Sozialversicherung beteiligt sind. 173

148 Siehe auch den Anwendungsbereich der EuInsVO (Verordnung (EG) Nr. 1346/2000) nach deren Art. 1 Abs. 1.

149 EuGH 15.5.2003 – C-160/01 (Mau), ECLI:EU:C:2003:280, Rn. 39 f.

§ 6 Unionsrechtliche Harmonisierung II: Kollektives Arbeitsrecht

1 Der Schwerpunkt der Harmonisierungsrechtssetzung der Europäischen Union liegt im Individualarbeitsrecht. Diese Schwerpunktsetzung lässt sich damit erklären, dass eine Harmonisierung im kollektiven Arbeitsrecht große systematische und politische Probleme aufwirft (siehe oben § 1, Rn. 11 ff.). Hier sind die historisch-kulturellen Unterschiede zwischen den Mitgliedstaaten besonders groß, vor allem was die **Organisation der Interessenvertretung der Arbeitnehmerinnen und Arbeitnehmer** angeht.

- Bereits bei den **Organisationsstrukturen** macht es einen Unterschied, ob Gewerkschaften nach dem Industrieverbandsmodell, dem Betriebsmodell oder dem Berufsmodell organisiert sind. Hiermit ist gemeint, ob eine Gewerkschaft die Beschäftigten eines Industriezweigs (zB der Metall- und Elektroindustrie), eines Betriebs oder Unternehmens (zB Siemens) oder einer Berufsgruppe (zB Lokomotivführerinnen und -führer) vertritt.
- Sozialpolitisch gibt es Systeme mit stärker autonomen Strukturen, in denen die Kollektivvertragsparteien unabhängig vom Staat verhandeln, und Systeme mit stärker korporatistischen, tripartistischen Strukturen, in denen der Staat in **Kollektivverhandlungen** jedenfalls auf nationaler Ebene beteiligt ist.
- In manchen Ländern (Deutschland und Österreich) gibt es ein dualistisches Modell der Interessenvertretung von Arbeitnehmern und Arbeitnehmerinnen, dh es gibt neben den Gewerkschaften noch die für alle Beschäftigten zuständigen **Betriebsräte**. In anderen Ländern (Frankreich) gibt es Gremien, die ähnlich wie Betriebsräte bezeichnet werden, in denen aber sowohl Arbeitnehmer- als auch Arbeitgebervertreter sitzen. In Italien können gewerkschaftliche Gremien unter Mitwirkung nicht gewerkschaftlich organisierter Belegschaftsmitglieder gewählt werden.
- Auch die tatsächliche Bedeutung von Tarifsystemen und Gewerkschaften unterscheidet sich ganz erheblich; so schwankt der **Deckungsgrad von Tarifverträgen** von Land zu Land zwischen 10 % und 100 %.[1]

Wichtig:

Diese historische Gebundenheit ist der Grund dafür, dass es im kollektiven Arbeitsrecht der EU mit Art. 153 Abs. 5 AEUV eine ausdrückliche Kompetenzgrenze für „das Arbeitsentgelt, das Koalitionsrecht, das Streikrecht sowie das Aussperrungsrecht" gibt (siehe schon oben § 2, Rn. 5). Die daneben bestehende Kompetenz für die Regelung der kollektiven Interessenwahrnehmung in Art. 153 Abs. 1 f) AEUV kann nur bei einstimmiger Entscheidung im Rat wahrgenommen werden.

2 Dennoch: Bei all ihrer Unterschiedlichkeit überschneiden sich die kontinentaleuropäischen Rechtsordnungen im Vergleich mit dem amerikanischen und dem asiatischen Sozialmodell in einem wesentlichen Aspekt: Der Soziale Dialog zwischen Arbeitnehmer- und Arbeitgebervertretern stellt fast überall in Europa ein wesentliches Element der Sozialpolitik dar. Art. 152 AEUV bestätigt diese Überzeugung normativ.

3 Dem Ziel einer Förderung des sozialen Dialogs dienen auch die sekundärrechtlichen Vorschriften zur Harmonisierung der mitgliedstaatlichen Rechte über die Arbeitnehmerbeteiligung. Es handelt sich um die folgenden Rechtsgrundlagen:

1 Siehe den neuesten Bericht „Industrial Relations in Europe 2014" auf http://ec.europa.eu/social/main.jsp?catId=738&langId=en&pubId=7739&furtherPubs=yes.

- **Harmonisierung der mitgliedstaatlichen Vorschriften:** Unterrichtungs- und Anhörungsrechte der betrieblichen Arbeitnehmervertretungen
  - bereichsspezifisch: Betriebsübergangs- und Massenentlassungs-Richtlinien (siehe oben § 5, Rn. 141 ff., 161 ff.)
  - für alle Betriebe: Richtlinie 2002/14/EG zur Festlegung eines allgemeinen Rahmens für die Unterrichtung und Anhörung der Arbeitnehmer und Arbeitnehmerinnen
- **Unterrichtung und Anhörung auf grenzüberschreitender Ebene:**
  - Europäische Betriebsräte (Richtlinie 2009/38/EG)
  - Mitwirkung in Gesellschaftsorganen (Richtlinien 2001/86/EG, 2003/72/EG und 2005/56/EG).

I. Die Anhörungs-Richtlinie

Rechtsgrundlagen: Rahmenrichtlinie für die Unterrichtung und Anhörung der Arbeitnehmer 2002/14/EG; Art. 7 der Betriebsübergangs-Richtlinie 2001/23/EG; Art. 2 der Massenentlassungs-Richtlinie 98/59/EG.
Literatur: *Forst, Gerrit*, Unterlassungsanspruch des Betriebsrats bei Betriebsänderungen kraft Unionsrechts?, ZESAR 2011, 1077; *Müller-Bonanni, Thomas/Witschen, Stefan*, § 17.II. Rahmen-Richtlinie über die Unterrichtung und Anhörung der Arbeitnehmer 2002/14/EG, in: Preis/Sagan (Hrsg.), Europäisches Arbeitsrecht, 2. Aufl. 2019; *Reichold, Hermann*, Durchbruch zu einer europäischen Betriebsverfassung. Die Rahmen-Richtlinie 2002/14/EG zur Unterrichtung und Anhörung der Arbeitnehmer, NZA 2003, 289.

Beispielsfall 82 4

Die Betriebsübergangs- und die Massenentlassungs-Richtlinien wurden im Vereinigten Königreich durch den Employment Protection Act 1975 umgesetzt. Dieser beschränkte die Anhörungsrechte der Arbeitnehmervertretungen im Einklang mit den Gepflogenheiten des Vereinigten Königreichs auf Gewerkschaftsvertreterinnen und -vertreter, die vom Arbeitgeber zuvor anerkannt wurden. ◀

EuGH 8.6.1994 – C-382/92 (Betriebsübergangs-Richtlinie), ECLI:EU:C:1994:233 und C-383/92 (Massenentlassungs-Richtlinie), ECLI:EU:C:1994:234 (beide: Kommission./. Vereinigtes Königreich)

Bereits in Art. 7 der Betriebsübergangs- und Art. 2 der Massenentlassungs-Richtlinie 5
sind für die Fälle des Betriebsübergangs bzw. für Massenentlassungen Unterrichtungs- und Anhörungsrechte von Arbeitnehmervertretungen geregelt (siehe oben § 5, Rn. 141 ff., 161); die ursprünglichen Fassungen dieser Richtlinien (die seither konsolidiert wurden) stammten aus den 1970er-Jahren.

Den eigentlichen „**Durchbruch zu einer europäischen Betriebsverfassung**"[2] brachte die 6
Richtlinie 2002/14/EG, die einen breiteren Anwendungsbereich hat. Sie soll ebenfalls der „erfolgreiche[n] Bewältigung der Umstrukturierungsprozesse und [erfolgreichen] Anpassung der Unternehmen an die im Zuge der Globalisierung der Wirtschaft – insbesondere durch die Entstehung neuer Formen der Arbeitsorganisation – geschaffenen neuen Bedingungen" dienen. Hierbei soll der soziale Dialog zwischen Arbeitgebern

2 Reichold NZA 2003, 289.

und Arbeitnehmerseite ua sicherstellen, dass „bei der Förderung des Wandels das übergeordnete Ziel der Beschäftigungssicherung im Auge behalten wird".[3]

1. Regelungsgegenstand

7 Die Anwendungsbereiche der Beteiligungsregelungen in Art. 7 der Betriebsübergangs-Richtlinie 2001/23/EG und Art. 2 der Massenentlassungs-Richtlinie 98/59/EG entsprechen dem jeweiligen Regelungsgegenstand dieser Richtlinien. Sie regeln also die Beteiligung bei Betriebsübergängen und Massenentlassungen (siehe dazu genauer oben § 5, Rn. 141 ff., 161). Die Anhörungs-Richtlinie 2002/14/EG enthält im Vergleich dazu eine allgemeinere Regelung (**lex generalis**).

8 **Gegenstand von Unterrichtung und Anhörung** nach der Richtlinie 2002/14/EG sind die folgenden Angelegenheiten (Art. 4 Abs. 2):

a) Unterrichtung über die jüngste Entwicklung und wahrscheinliche Weiterentwicklung von Tätigkeit und wirtschaftlicher Situation des Unternehmens oder des Betriebs
b) Unterrichtung und Anhörung zu Beschäftigungssituation, Beschäftigungsstruktur und wahrscheinlicher Beschäftigungsentwicklung im Unternehmen oder Betrieb sowie zu geplanten Maßnahmen, insbesondere wenn sich daraus Gefahren für die Beschäftigung und Beschäftigungssicherheit der Arbeitnehmerinnen und Arbeitnehmer ergeben
c) Unterrichtung und Anhörung zu Entscheidungen, die wesentliche Veränderungen der Arbeitsorganisation oder der Arbeitsverträge mit sich bringen können, einschließlich Massenentlassungen und Betriebsübergänge

9 Die Richtlinie sieht darüber hinaus vor, dass die Arbeitnehmervertreterinnen und -vertreter **bei der Ausübung ihrer Funktion geschützt** werden müssen, um zu gewährleisten, dass sie ihre Aufgaben effektiv wahrnehmen können (Art. 7). Nach Art. 6 der Richtlinie 2002/14/EG müssen die Mitgliedstaaten zudem die Vertraulichkeit von Unternehmensinformationen sichern.

2. Anwendungsbereich

10 Eine Unterrichtung und Anhörung von Arbeitnehmervertretungen muss nach Richtlinie 2002/14/EG nur bestehen, wenn eine Angelegenheit „**wesentlich**" ist, und dies setzt voraus, dass sie einen größeren Teil der Beschäftigten betrifft. Für die Bestimmung des Anwendungsbereichs haben die Mitgliedstaaten insofern die Wahl, ob sie die Berechnung am Unternehmen oder am Betrieb orientieren (Art. 3 Abs. 1 der Richtlinie 2002/14/EG). Die **Schwellenwerte** unterscheiden sich insofern.

11 Die Mitgliedstaaten dürfen nach Art. 3 Abs. 1 der Richtlinie 2002/14/EG bestimmen, nach welcher von zwei Methoden die Schwellenwerte für die Beschäftigtenzahl errechnet werden:

a) Schwellenwert bei der Berechnung mit Bezug auf **Unternehmen:** mindestens 50 Arbeitnehmerinnen und Arbeitnehmer in einem Mitgliedstaat

3 Erwägungsgründe 10 und 11 der Richtlinie 2002/14/EG. Zur Vorgeschichte, insbesondere den Konflikten Hoover und Grundig 1993 sowie Renault Vilvoorde 1997 siehe Lapeyre, Le dialogue social européen. Histoire d'une innovation sociale (1985–2003), 2017, S. 136 ff.; S. 188; Degryse/Tilly, 1973–2013. 40 years of history of the European Trade Union Confederation, ETUI, 2013, S. 151.

b) Schwellenwert bei der Berechnung mit Bezug auf **Betriebe:**
mindestens 20 Arbeitnehmerinnen und Arbeitnehmer in einem Mitgliedstaat

Für diese Bezugseinheiten finden sich in Art. 2 Abs. 1 der Anhörungs-Richtlinie die folgenden Definitionen: 12

- Ein **Unternehmen** ist ein öffentliches oder privates Unternehmen, das eine wirtschaftliche Tätigkeit ausübt, unabhängig davon, ob es einen Erwerbszweck verfolgt oder nicht (Art. 2 Abs. 1 a) der Richtlinie 2002/14/EG).
- Ein **Betrieb** ist eine gemäß den einzelstaatlichen Rechtsvorschriften und Gepflogenheiten definierte Unternehmenseinheit, in der kontinuierlich unter Einsatz personeller und materieller Ressourcen eine wirtschaftliche Tätigkeit ausgeübt wird (Art. 2 Abs. 1 b) der Richtlinie 2002/14/EG).

Die Definitionen orientieren sich an denjenigen, die für die Auslegung der Massenentlassungs-Richtlinie entwickelt wurden (siehe oben § 5, Rn. 144 ff.). Denn wie dort geht es auch hier um die Festlegung der Einheit, die als organisatorische Grundlage für die Mitwirkung der Arbeitnehmervertretungen dient. 13

Der Gestaltungsspielraum der Mitgliedstaaten beschränkt sich jedoch auf die Frage, nach welcher Methode die Schwellenwerte für die Beschäftigtenzahl errechnet werden. Kein Gestaltungsspielraum besteht hinsichtlich der Vorgabe, dass alle Arbeitnehmerinnen und Arbeitnehmer in der Berechnung zu berücksichtigen sind. Nach Art. 2 d) der Anhörungs-Richtlinie bestimmt sich der **Arbeitnehmerbegriff** zwar unter Bezug auf die mitgliedstaatlichen Rechtsordnungen und Gepflogenheiten. Eine unionsrechtsautonome Auslegung findet also nicht statt.[4] Die Mitgliedstaaten dürfen aber nicht willkürlich Gruppen von Personen aus dem Anwendungsbereich herausnehmen, die ansonsten dem mitgliedstaatlichen Arbeitnehmerbegriff unterfallen (siehe oben § 1, Rn. 158). 14

„Diese Richtlinie schreibt den Mitgliedstaaten zwar nicht vor, auf welche Weise sie die in ihren Anwendungsbereich fallenden Arbeitnehmer bei der Berechnung der Schwellenwerte für die Beschäftigtenzahl berücksichtigen müssen, wohl aber, *dass* sie sie berücksichtigen müssen.“ [5] Insofern ist die Bestimmung genau und unbedingt und entfaltet **unmittelbare Wirkung.** 15

3. Unterrichtung, Anhörung, Arbeitnehmervertretung

Zentraler Begriff der Arbeitnehmerbeteiligung in allen einschlägigen Richtlinien sind die Begriffe Unterrichtung und Anhörung. Sie werden in Art. 2 der Richtlinie 2002/14/EG wie folgt definiert: 16

- Nach Art. 2 f.) der Richtlinie 2002/14/EG verlangt **Unterrichtung** „die Übermittlung von Informationen durch den Arbeitgeber an die Arbeitnehmervertreter, um ihnen Gelegenheit zur Kenntnisnahme und Prüfung der behandelten Frage zu geben“.
- **Anhörung** ist nach Art. 2 g) der Richtlinie 2002/14/EG „die Durchführung eines Meinungsaustauschs und eines Dialogs zwischen Arbeitnehmervertretern und Arbeitgeber“. Hierfür reicht es nicht aus, wenn vom Arbeitgeber verlangt wird, die Meinungen der Arbeitnehmervertreterinnen und -vertreter zu berücksichtigen und

4 EuGH 15.1.2014 – C-176/12 (Association de médiation sociale), ECLI:EU:C:2014:2.
5 EuGH 15.1.2014 – C-176/12 (Association de médiation sociale), ECLI:EU:C:2014:2, Rn. 34 (eigene Hervorhebung).

eine etwaige andere Meinung zu begründen.[6] „Anhörung" wird in den europäischen Dokumenten zT auch als „**Konsultation**", im deutschen Recht zT auch als „**Beratung**" (§ 111 BetrVG) bezeichnet.

17 Was den **Zeitpunkt von Unterrichtung und Anhörung** angeht, so sind beide Vorgänge aufeinander bezogen:

- Die Unterrichtung erfolgt zu einem Zeitpunkt, in einer Weise und in einer inhaltlichen Ausgestaltung, die es den Arbeitnehmervertretern ermöglichen, die Informationen angemessen zu prüfen und gegebenenfalls die Anhörung vorzubereiten (Art. 14 Abs. 3 der Richtlinie 2002/14/EG).
- Die Anhörung wiederum muss die Abgabe einer Stellungnahme ermöglichen, die bei der Entscheidung des Unternehmens tatsächlich berücksichtigt werden kann. Ziel ist es, eine (freiwillige) Vereinbarung über die Entscheidungen zu erreichen, die unter die Leitungsbefugnis des Arbeitgebers fallen.

18 Für die Vorgehensweise sieht die Richtlinie das folgende **Verfahren** vor (Art. 14 Abs. 4 der Richtlinie 2002/14/EG):

- Im Rahmen des Unterrichtungsverfahrens liefert der Arbeitgeber Informationen.
- Die Arbeitnehmervertretung gibt dazu eine Stellungnahme ab.
- Der Arbeitgeber gibt der Arbeitnehmervertretung eine mit Gründen versehene Antwort auf ihre Stellungnahme.
- Die Arbeitnehmervertretung kommt mit dem Arbeitgeber auf der je nach behandeltem Thema relevanten Leitungs- und Vertretungsebene persönlich zusammen.

19 Die Unterrichtung und Anhörung der Arbeitnehmerinnen und Arbeitnehmer wird in der Regel über Repräsentation, also über eine **Arbeitnehmervertretung**, vorgenommen werden müssen. Diese Grundstruktur warf in der Vergangenheit zwei Auslegungsfragen auf:

- Ist es zulässig, wenn ein Mitgliedstaat nur die kollektiven Interessenvertretungen berechtigt und keine eigenständigen individuellen Rechte vorsieht?
- Ist es zulässig, wenn ein Mitgliedstaat – wie in Beispielsfall 82 – keine Regelungen über die zwingende Einrichtung von kollektiven Interessenvertretungen trifft?

20 Zur ersten Frage hatte der EuGH anlässlich eines Falls zu entscheiden, in dem das mitgliedstaatliche Recht sowohl kollektive Rechte der Arbeitnehmervertretungen als auch individuelle Rechte der einzelnen Arbeitnehmerinnen und Arbeitnehmer begründet hatte – wobei allerdings die individuellen Rechte beschränkt waren. Wenn die Arbeitnehmervertretungen keinen Einspruch wegen des Verfahrens erhoben hatten, konnte auch eine einzelne Arbeitnehmerin bzw. ein einzelner Arbeitnehmer nicht mehr geltend machen, das Verfahren von Unterrichtung und Anhörung sei nicht ordnungsgemäß gewesen. Dies hielt der EuGH für europarechtskonform. Aus Wortlaut und Systematik der Richtlinie 98/59/EG ergebe sich, dass das Recht auf Unterrichtung und Anhörung den Arbeitnehmervertretungen und nicht einzelnen Arbeitnehmerinnen und Arbeitnehmern zukomme; es sei deshalb **kollektiver Natur**.[7]

21 Die zweite Frage ist in **Beispielsfall 82** angesprochen. Wenn es das mitgliedstaatliche Recht – wie hier das Recht des Vereinigten Königreichs – von der Zustimmung der Ar-

6 EuGH 8.6.1994 – C-383/92 (Kommission./. Vereinigtes Königreich), ECLI:EU:C:1994:234, Rn. 34.
7 EuGH 16.7.2009 – C-12/08 (Mono Car Styling), ECLI:EU:C:2009:466, Rn. 38 ff.

beitgeber abhängig macht, ob eine Arbeitnehmervertretung anerkannt wird oder nicht, dann ist es letztlich dem Arbeitgeber freigestellt, ob eine Interessenvertretung existiert oder nicht. Es gibt dann keine zwingende Bestellung von Arbeitnehmervertretungen. Eine solche wird in den Massenentlassungs- und Betriebsübergangs-Richtlinien explizit genauso wenig verlangt wie in der Anhörungs-Richtlinie. Diese Richtlinien regeln auf den ersten Blick nur die Rechte bestellter Arbeitnehmervertretungen, nicht aber eine Pflicht, diese bestellen zu lassen. Andererseits: Überließe man es den Mitgliedstaaten, den Arbeitgebern die Bestellung freizustellen, so könnten die Richtlinien ihr Harmonisierungsziel nicht erreichen, sie könnten also nicht praktisch wirksam werden. Der EuGH entnahm den Richtlinien deshalb mittelbar, dass die Mitgliedstaaten die **Bestellung von Arbeitnehmervertretungen auch gegen den Willen des Arbeitgebers** möglich machen müssen.[8] Die Mitgliedstaaten müssen ein Verfahren vorsehen, mit dem Arbeitnehmervertretungen auch gegen den Willen des Arbeitgebers bestellt werden können. Dies hat das Vereinigte Königreich mittlerweile ebenfalls getan.

4. Zeitpunkt von Unterrichtung und Anhörung

22 Bereits aus den Begriffen von Unterrichtung und Anhörung (siehe oben Rn. 16 ff.) ergibt sich, dass die Arbeitnehmervertretung **rechtzeitig** genug unterrichtet und angehört werden muss, damit noch eine Vereinbarung abgeschlossen werden kann. Die Bestimmung des genauen Zeitpunkts ist dennoch schwierig, denn wichtige Entscheidungen in einem Unternehmen oder in einem Konzern werden häufig nicht auf einmal, sondern in mehreren aufeinanderfolgenden Schritten getroffen.

23 Art. 2 Abs. 1 der Massenentlassungs-Richtlinie 98/59/EG bestimmt hierzu gegenwärtig, dass die Konsultation rechtzeitig stattfinden muss, wenn ein Arbeitgeber Massenentlassungen **beabsichtigt**. Klar ist jedenfalls, dass das Anhörungs- und Anzeigeverfahren abgeschlossen sein muss, bevor Entlassungen vorgenommen werden.[9] Dies lässt aber die Frage offen, wann genau mit Unterrichtung und Anhörung **begonnen** werden muss.

24 Problematisch ist dies vor allem dann, wenn zuerst auf Konzernebene grundsätzliche Entscheidungen getroffen werden, die sich dann langsam konkretisieren. Oft wird zuerst festgelegt, dass Umstrukturierungen erfolgen müssen. Dies konkretisiert sich in der Folge dahin gehend, dass ein Werk geschlossen bzw. erheblich reduziert wird. Hieran schließt sich eine Entscheidung an, welche für konkrete Betriebe festgelegt, wie die Maßnahmen vorgenommen werden. Erfolgen Information und Konsultation zu früh, entsteht Unruhe. Erfolgen sie zu spät, haben die Arbeitnehmervertretungen keine Möglichkeit der Einflussnahme mehr.

- Der Zeitpunkt, zu dem der Arbeitgeber über **alle maßgeblichen Daten** verfügt, ist in aller Regel zu spät und kein geeigneter Orientierungspunkt.[10]
- Auch der Zeitpunkt zu dem der konkrete Arbeitgeber **vom Konzernunternehmen** erfährt, dass in einem seiner Betriebe und nicht bei einem anderen konzernabhängi-

8 EuGH 8.6.1994 – C-382 und 383/92 (Kommission./. Vereinigtes Königreich), ECLI:EU:C:1994:233 und ECLI:EU:C:1994:234, Rn. 19, 27.

9 EuGH 27.1.2005 – C-188/03 (Junk), ECLI:EU:C:2005:59.

10 Zu den maßgeblichen Daten siehe zB Art. 2 Abs. 3 b) der Massenentlassungs-Richtlinie: Zahl der zu entlassenden Arbeitnehmerinnen und Arbeitnehmer, Zeitraum der Entlassungen, Kriterien für die Auswahl der zu entlassenden Arbeitnehmerinnen und Arbeitnehmer, Methode für die Berechnung etwaiger Abfindungen.

gen Unternehmen Entlassungen anstehen, ist kein geeigneter Orientierungspunkt. Wichtige Weichenstellungen werden dann oft bereits getroffen sein.

- Der EuGH formuliert **als spätesten Zeitpunkt** stattdessen richtig: Das Anhörungsverfahren muss vom Arbeitgeber zu dem Zeitpunkt eröffnet werden, zu dem eine **strategische oder betriebswirtschaftliche Entscheidung** getroffen wurde, die ihn zwingt, Massenentlassungen ins Auge zu fassen oder zu planen – und zwar selbst dann, wenn diese Entscheidung innerhalb des Konzerns getroffen wird und der Arbeitgeber selbst von dieser Entscheidung nicht unverzüglich und ordnungsgemäß in Kenntnis gesetzt wurde. Voraussetzung ist nur, dass die Tochtergesellschaft, um die es geht, benannt wurde.[11]

II. Die Europäische Betriebsräte-Richtlinie

Rechtsgrundlage: Richtlinie über die Einsetzung eines Europäischen Betriebsrats oder die Schaffung eines Verfahrens zur Unterrichtung und Anhörung der Arbeitnehmer in gemeinschaftsweit operierenden Unternehmen und Unternehmensgruppen 2009/38/EG (EBR-Richtlinie).
Literatur: *Müller-Bonanni, Thomas/Witschen, Stefan*, § 17.I Europäische Betriebsräte-Richtlinie 2009/38/EG, in: Preis/Sagan (Hrsg.), Europäisches Arbeitsrecht, 2. Aufl. 2019.

25 ▶ **Beispielsfall 83**

Die Arbeitgeberin ist das in Deutschland ansässige Unternehmen einer unionsweit tätigen Unternehmensgruppe. Sie beschäftigt etwa 4.500 Mitarbeiterinnen und Mitarbeiter. Sie ist damit das größte der in den Mitgliedstaaten der Europäischen Union ansässigen Gruppenunternehmen. Das herrschende Unternehmen dieser Gruppe hat seinen Sitz in der Schweiz. Der deutsche Konzernbetriebsrat forderte (zusammen mit Arbeitnehmervertretungen aus den Niederlanden) die Arbeitgeberin auf, ihm folgende Daten mitzuteilen:

- die durchschnittliche Gesamtzahl der Arbeitnehmerinnen und Arbeitnehmer und ihre Verteilung auf die Mitgliedstaaten, Unternehmen und Betriebe
- Namen und Anschriften der in den übrigen Gruppenunternehmen gebildeten Arbeitnehmervertretungen

Diese Daten seien erforderlich, um die Bildung eines Europäischen Betriebsrats einzuleiten. Die Arbeitgeberin lehnte ab mit der Begründung, die entsprechenden Daten seien nur beim herrschenden Unternehmen in der Schweiz, nicht aber bei ihr selbst vorhanden. ◀

EuGH 29.3.2001 – C-62/99 (Bofrost), ECLI:EU:C:2001:188;
EuGH 13.1.2004 – C-440/00 (Kühne&Nagel), ECLI:EU:C:2004:16;
EuGH 15.7.2004 – C-349/01 (ADS Anker), ECLI:EU:C:2004:440

26 Der Europäische Betriebsrat (EBR) ist eine der wichtigsten genuin „europäischen“ Institutionen des Arbeitsrechts. Über den Europäischen Betriebsrat lernen Arbeitnehmervertreterinnen und -vertreter aus allen Mitgliedstaaten einander kennen, tauschen Erfahrungen aus und koordinieren Verhandlungen mit den auf europäischer Ebene tätigen transnationalen Unternehmen. Über den Europäischen Betriebsrat wird die europäische Idee verbreitet.

11 EuGH 10.9.2009 – C-44/08 (AEK), ECLI:EU:C:2009:533, Rn. 44 ff.

Die erste EBR-Richtlinie stammt aus dem Jahr 1994 (Richtlinie 94/45/EG).[12] Sie wurde 2009 einer Revision unterzogen. Im Jahre 2015 gab es in der EU auf dieser Basis etwa 1071 Europäische Betriebsräte.[13] 27

1. Anwendungsbereich und Grundbegriffe

Der Anwendungsbereich der EBR-Richtlinie 2009/38/EG erfasst: 28

- unionsweit operierende **Unternehmen**, die kumulativ folgende Voraussetzungen erfüllen (Art. 2 Abs. 1 a) der Richtlinie):
  - Insgesamt sind mindestens 1000 Arbeitnehmerinnen und Arbeitnehmer in den Mitgliedstaaten beschäftigt.
  - In mindestens zwei Mitgliedstaaten sind mindestens je 150 Arbeitnehmerinnen und Arbeitnehmer beschäftigt.
- unionsweit operierende **Unternehmensgruppen**, die kumulativ folgende Voraussetzungen erfüllen (Art. 2 Abs. 1 c) der Richtlinie):
  - Insgesamt sind mindestens 1000 Arbeitnehmerinnen und Arbeitnehmer in den Mitgliedstaaten beschäftigt.
  - Mindestens zwei der gruppenangehörenden Unternehmen haben ihren Sitz in verschiedenen Mitgliedstaaten.
  - In mindestens zwei gruppenangehörenden Unternehmen in verschiedenen Mitgliedstaaten sind mindestens je 150 Arbeitnehmerinnen und Arbeitnehmer beschäftigt.

Die **Beschäftigtenzahlen** werden auf Grundlage des Durchschnitts der während der letzten zwei Jahre beschäftigten Arbeitnehmerinnen und Arbeitnehmer festgelegt (Art. 2 Abs. 2 der Richtlinie 2009/38/EG). 29

Auf **Arbeitnehmerseite** regelt die EBR-Richtlinie zwei unterschiedliche Gremien: Zur Gründung und Konstitution eines Europäischen Betriebsrats bedarf es der Bildung eines besonderen Verhandlungsgremiums (bVG, Art. 5 der Richtlinie 2009/38/EG, siehe unten Rn. 36 ff.), das mit der Arbeitgeberseite eine Vereinbarung aushandelt, nach der sich Zusammensetzung, Rechte und Pflichten des Europäischen Betriebsrats bestimmen sollen. Auf Grundlage dieser Vereinbarung wird dann der EBR konstituiert. 30

Verhandlungspartner auf **Arbeitgeberseite** ist die „zentrale Leitung". Bei unionsweit operierenden Unternehmen ist dies die zentrale Unternehmensleitung, bei Unternehmensgruppen ist es die Leitung des herrschenden Unternehmens (siehe Art. 3 der Richtlinie 2009/38/EG). 31

Die Richtlinie wird durch mitgliedstaatliche Gesetze umgesetzt. Das **deutsche EBR-Gesetz** ist anwendbar auf alle unionsweit operierenden Unternehmen mit Sitz in Deutschland bzw. auf unionsweit operierende Unternehmensgruppen, bei denen das herrschende Unternehmen seinen Sitz in Deutschland hat. 32

12 Zur Entstehungsgeschichte siehe auch Degryse/Tilly, 1973–2013. 40 years of history of the European Trade Union Confederation, ETUI, 2013, S. 149 f.

13 De Spiegelaere/Jagodzinski, Europäische Betriebsräte und SE-Betriebsräte im Jahr 2015, ETUI 2016, S. 12.

2. Verfahren zur Bildung eines Europäischen Betriebsrats

33 Die EBR-Richtlinie hat relativ großen Erfolg in den Mitgliedstaaten und Unternehmen gehabt, weil sie auf einem Verhandlungs- und Verfahrensmodell aufbaut: Zusammensetzung des EBR und Sitzverteilung auf die einzelnen Mitgliedstaaten, Zuständigkeitsbereich, Befugnisse und Verfahren der Unterrichtung und Anhörung, Sitzungen, Ausschüsse, Ressourcen, all dies kann (und soll) nach Art. 6 Abs. 2 der Richtlinie 2009/38/EG in einer Vereinbarung zwischen Arbeitnehmervertretern und der zentralen Leitung festgelegt werden (**Beteiligungsvereinbarung**).

34 Die Richtlinie selbst enthält in ihrem Anhang 1 lediglich subsidiär anwendbare Mindestbestimmungen für die Mitgliedstaaten für den Fall, dass innerhalb von sechs Monaten nach dem ersten Antrag noch keine Verhandlungen aufgenommen wurden oder dass binnen drei Jahren noch keine Vereinbarung zustande gekommen ist (Art. 7 Abs. 1). Diese Mindestbestimmungen sind wichtig. Denn die Verhandlungen zwischen Arbeitnehmer- und Arbeitgebervertretungen finden in einem Interessengegensatz statt, bei der die Arbeitgeberseite aufgrund der arbeitnehmerschützenden Zielrichtung des EBR eher ein Interesse daran haben wird, die Verhandlungen scheitern zu lassen. Die Richtlinie gewährleistet deshalb einen Anreiz zum Abschluss der Verhandlungen. Die Verhandlungen finden nach Art. 7 Abs. 1 der Richtlinie also im Schatten von Mindestbestimmungen statt; dieses Regulierungsmodell nennt man auch **„regulierte Selbstregulierung“**.

35 Einen besonderen Anreiz zur Schaffung Europäischer Betriebsräte enthielt die in der Richtlinie von 1994 enthaltene **Übergangsregelung** (Art. 13 der Richtlinie 94/45/EG). Danach gilt die Richtlinie nicht für gemeinschaftsweit operierende Unternehmen(sgruppen), in denen zum Zeitpunkt des Ablaufs der damaligen Umsetzungsfrist (22.9.1997) bereits eine für alle Arbeitnehmerinnen und Arbeitnehmer geltende Vereinbarung bestand, die länderübergreifende Unterrichtung und Anhörung gewährleistete. Ein großer Teil der heute existierenden Europäischen Betriebsräte wurde auf Basis dieser Übergangsregelung gebildet, bestand also zunächst auf der Basis von Vereinbarungen, die keinen Mindestbedingungen unterworfen waren. Bereits 1995 waren 50 solcher Vereinbarungen abgeschlossen; mit Auslaufen der Übergangsfrist 1997 waren 450 Europäische Arbeitnehmervertretungen gebildet worden.

36 Für neu zu bildende Europäische Betriebsräte sieht Art. 5 der Richtlinie vor, dass auf Arbeitnehmerseite zunächst ein **besonderes Verhandlungsgremium (bVG)** zu bilden ist. Ihm kommt die Aufgabe zu, mit der zentralen Leitung die Einsetzung eines Europäischen Betriebsrats auszuhandeln. Ein bVG muss auf Antrag von 100 Beschäftigten aus mindestens zwei Mitgliedstaaten eingesetzt werden. Den Mitgliedstaaten kommt bei der Regelung seiner Zusammensetzung ein Gestaltungsspielraum zu.

37 Die Bildung eines bVG setzt allerdings voraus, dass die Voraussetzungen der Richtlinie erfüllt sind; hierfür bedarf es ausreichender Informationen. Dieses Problem stellte sich in **Beispielsfall 83**. Obwohl die EBR-Richtlinie dies selbst nicht regelt, stellte der EuGH zu Recht fest, dass ein **Auskunftsrecht von Arbeitnehmervertretungen** schon dann bestehen muss, wenn noch gar nicht sicher ist, dass die Richtlinie bzw. das mitgliedstaatliche Umsetzungsgesetz überhaupt greifen wird. Ohne einen solchen Auskunftsanspruch bliebe die Umsetzung ineffektiv. Soweit dies zur Erreichung des Aus-

kunftsziels erforderlich ist, müssen auch Unterlagen überlassen werden. Der Auskunftsanspruch setzt voraus,[14]

- dass die Informationen unerlässlich sind, um zu bewerten, ob ein Anspruch auf Verhandlungen besteht und wie der ggf. zu stellende Antrag zu formulieren bzw. das Verfahren einzuleiten ist, und
- dass die Unternehmensleitung über die Informationen verfügt oder sie beschaffen kann.

Das zweite Kriterium ist problematisch, wenn die zentrale Leitung nicht in dem Mit- 38
gliedstaat liegt, in dem Auskunft beantragt wird, und wenn die Unternehmensleitung im Mitgliedstaat darauf verweist, die zentrale Leitung gebe die Informationen nicht heraus. Soweit es sich um eine zentrale Leitung in einem anderen EU-Mitgliedstaat handelt, kann davon ausgegangen werden, dass das dortige Recht die Richtlinie umsetzt und die zentrale Leitung auch dazu verpflichtet, Informationen an abhängige Unternehmen zu übermitteln.[15] Aber selbst wenn die **zentrale Leitung einer unionsweit tätigen Unternehmensgruppe außerhalb der EU** liegt, läuft der Auskunftsanspruch nicht notwendig leer. Die Richtlinie ist auch auf solche Fälle anwendbar (fingierte zentrale Leitung). Das mitgliedstaatliche Recht muss in einem solchen Fall die im jeweiligen EU-Mitgliedstaat ansässige Unternehmensleitung dazu verpflichten, sich die erforderlichen Informationen zu beschaffen. Dies entschied der EuGH in **Beispielsfall 83**.[16]

Eine der wichtigsten Neuerungen der Revision im Jahre 2009 war der Rechtsanspruch 39
der Arbeitnehmerseite auf **Neuverhandlung der Vereinbarung** bei „strukturellen Änderungen" des Unternehmens (Fusionen, Spaltungen, Stilllegungen, Verlegung des Firmensitzes). Nach Art. 13 der Richtlinie 2009/38/EG sind (unter erneuter Bildung eines bVG) Verhandlungen über eine Revision einer bereits bestehenden Vereinbarung aufzunehmen, wenn sich die Struktur des unionsweit operierenden Unternehmens oder der Unternehmensgruppe wesentlich ändert und die geltenden Vereinbarungen nicht regeln, wie damit umzugehen ist.

3. Rechte des Europäischen Betriebsrats

Verfahren, Gegenstände und sonstige Rechte und Ressourcen des Europäischen Be- 40
triebsrats sollen vorrangig durch Vereinbarung festgelegt werden. Für den Fall, dass die Verhandlungen nicht zum Erfolg führen, enthält Anlage 1 **Mindestbestimmungen**. Aber auch für den Fall, dass eine Vereinbarung zustande kommt, muss diese nach Art. 6 Abs. 2 der Richtlinie bestimmten **Mindestanforderungen** genügen:

Im Unterschied zum deutschen Betriebsverfassungsrecht kennt die EBR-Richtlinie in 41
ihren Mindestbestimmungen und Mindestanforderungen keine Rechte auf Mitbestimmung, sondern beschränkt sich auf **Unterrichtung und Anhörung** (Art. 2 Abs. 1 f.) und g) der EBR-Richtlinie 2009/38/EG). Die Definitionen entsprechen den Begriffen der Richtlinie 2002/14/EG (siehe oben Rn. 16 ff.). Die Unterrichtung soll sich hier insbesondere auf länderübergreifende Angelegenheiten beziehen, die erhebliche Auswirkungen auf die Interessen der Arbeitnehmerinnen und Arbeitnehmer haben (Art. 6 Abs. 3 UAbs. 3 der Richtlinie 2009/38/EG).

14 EuGH 29.3.2001 – C-62/99 (Bofrost), ECLI:EU:C:2001:188.
15 EuGH 15.7.2004 – C-349/01 (ADS Anker), ECLI:EU:C:2004:440.
16 EuGH 13.1.2004 – C-440/00 (Kühne&Nagel), ECLI:EU:C:2004:16, und EuGH 15.7.2004 – C-349/01 (ADS Anker), ECLI:EU:C:2004:440, Rn. 54 ff.

42 Auch in der EBR-Richtlinie dient die Unterrichtung und Anhörung den Interessen der Arbeitnehmerinnen und Arbeitnehmer, der EBR repräsentiert diese also. Nach Art. 10 Abs. 1 der Richtlinie muss er hierfür über „die Mittel [verfügen], die erforderlich sind, […] um kollektiv die Interessen der Arbeitnehmer […] zu vertreten." Nach Art. 10 Abs. 2 der Richtlinie 2009/38/EG informieren die Mitglieder des EBR die Betriebe, Unternehmen bzw. die Belegschaft insgesamt über Inhalt und Ergebnisse durchgeführter Unterrichtung und Anhörung. Die Grenzen werden durch Regeln zur Vertraulichkeit festgelegt (Art. 8 Abs. 1 der Richtlinie).

43 Darüber, wie die **Effektivität von Unterrichtung und Anhörung** zu sichern ist, besteht zum Teil noch Unklarheit. Dies war bereits während der Umsetzungsfrist der ersten EBR-Richtlinie Gegenstand einer großen Auseinandersetzung. Im Februar 1997 beschloss das Unternehmen Renault, sein Werk im belgischen Villvoorde kurzfristig zu schließen. Weder die örtlichen Arbeitnehmervertreterinnen und -vertreter noch der bei Renault gebildete Europäische Betriebsrat waren im Vorfeld dieser Entscheidung unterrichtet und angehört worden. Die Entscheidung des Unternehmens stieß auch deshalb auf heftige Reaktionen, weil die Schließung des Werks allein mit der internen Konzernorganisation, nicht aber mit Produktivitätsmängeln begründet wurde – im Gegenteil, der Konzern kündigte an, in Spanien mit öffentlichen Mitteln in weitere Kapazitäten investieren zu wollen. In mehreren Arbeitsgerichtsverfahren in Belgien und Frankreich wurde damals der Leitung von Renault untersagt, die Schließung des belgischen Werks weiterzuverfolgen, bevor die Verpflichtung zur Unterrichtung und Anhörung mit dem Europäischen Betriebsrat vorgenommen sei.[17]

Der EuGH hatte zwar noch keine Gelegenheit, sich zur Frage zu äußern, inwiefern diese Rechtsfolge nach der EBR-Richtlinie zwingend ist. Es spricht allerdings aus Effektivitätsgründen viel für diese Annahme. Auch die Europäische Kommission bemängelte 2018, dass die Sanktionen gegen Arbeitgeber, die die Rechte aus der EBR-Richtlinie verletzten, defizitär seien, schlug jedoch keine konkrete neue Rechtsfolge zur Behebung vor.[18]

III. Unternehmensmitbestimmung

Rechtsgrundlagen: VO 2157/2001 über das Statut der Europäischen Gesellschaft (SE-Statut) und Richtlinie 2001/86/EG zur Ergänzung des Statuts der Europäischen Gesellschaft hinsichtlich der Beteiligung der Arbeitnehmer (SE-Richtlinie); VO 1435/2003 über das Statut der Europäischen Genossenschaft (SCE-Statut) und Richtlinie 2003/72/EG zur Ergänzung des Statuts der Europäischen Genossenschaft hinsichtlich der Beteiligung der Arbeitnehmer; Art. 16 der Fusions-Richtlinie (Richtlinie 2005/56/EG über die Verschmelzung von Kapitalgesellschaften aus verschiedenen Mitgliedstaaten).

Literatur: *Casper, Matthias*, 15 Jahre Societas Europaea (SE) – Ein Geburtstagsgruß, Ad Legendum 4/2019, 306; *Kisker, Olaf*, Unternehmerische Mitbestimmung in der Europäischen Gesellschaft, der Europäischen Genossenschaft und bei grenzüberschreitender Verschmelzung im Vergleich, RdA 2006, 206; *Löw, Hans-Peter/Stolzenberg, Hendric*, Arbeitnehmerbeteiligungsverfahren bei der SE-Gründung – Potentielle Fehler und praktische Folgen, NZA 2016, 1489; *Seifert, Achim*, § 20 Mitbestimmung der Arbeitnehmer in den Unternehmensorganen, in: Schlachter/

17 Kolvenbach/Kolvenbach, Massentlassungen bei Renault in Belgien NZA 1997, 695.

18 Europäische Kommission, Bericht über die Durchführung der Richtlinie 2009/38/EG v. 14.5.2018, COM(2018) 292 final (mit zweijähriger Verspätung aufgrund von Art. 15 der EBR-Richtlinie vorgelegt); Zweifel an der abschreckenden Wirkung bei LAG Baden-Württemberg 12.10.2015 – 9 TaBV 2/15, ECLI:DE:LAGBW:2015:1012.9TABV2.15.0A (nrkr; anhängig beim BAG unter Az. 1 ABR 9/16).

Heinig (Hrsg.), Europäisches Arbeits- und Sozialrecht. Band 7 der Enzyklopädie Europarecht [EnzEur], 2016.

Bereits Anfang der 1970er-Jahre wurden erste Vorschläge zur Schaffung **europäischer Gesellschaftsformen** vorgelegt.[19] Sie scheiterten lange Zeit regelmäßig an Fragen der Arbeitnehmermitwirkung. Denn in dieser Frage gab und gibt es große Differenzen zwischen den Mitgliedstaaten. Zum Teil ist die Arbeitnehmermitwirkung in gesellschaftsrechtlichen Gremien gesetzlich geregelt (Deutschland, Niederlande, Spanien, Portugal), zum Teil kollektivvertraglich (Skandinavien, zT Italien). Unterschiede gibt es auch nach gesellschaftsrechtlichen Modellen: Bei einer monistischen Unternehmensstruktur ist Arbeitnehmermitwirkung schwieriger zu gewährleisten als bei dualistischen Modellen, in denen die Mitwirkung in der Regel im Aufsichtsrat stattfinden kann.[20] Dem monistischen Modell folgt insbesondere das anglo-amerikanische Gesellschaftsrecht, welches neben dem vertretungsberechtigten Gesellschaftsorgan („Board") kein weiteres Leitungs- oder Aufsichtsorgan kennt. In Deutschland gilt ein dualistisches Modell von Kapitalgesellschaften, bei dem das Leitungsgremium (Vorstand, Geschäftsführung) von einem Aufsichtsrat überwacht wird. 44

Auf der anderen Seite wäre eine Europäisierung der Unternehmensmitbestimmung von großer Bedeutung; selbst bei grenzüberschreitend tätigen Unternehmen sind im Aufsichtsrat häufig nur die Arbeitnehmerinnen und Arbeitnehmer des Sitzstaats vertreten.[21] Auf der anderen Seite besteht die Gefahr, dass Unternehmen europäische Gesellschaftsformen zur „Flucht aus der Mitbestimmung" verwenden – eine Befürchtung, die insbesondere im Hinblick auf deutsche Unternehmen durchaus realistisch ist, welche die Lasten der deutschen Unternehmensmitbestimmung zT erheblich überschätzen. 45

Der Durchbruch für europäische Gesellschaftsformen kam, nachdem eine Lösung für die Europäischen Betriebsräte gefunden worden war. Das dort gefundene Modell der **regulierten Selbstregulierung** (Rn. 34) wurde zum Vorbild für die Arbeitnehmervertretung in europäischen Gesellschaftsformen. 46

1. Arbeitnehmermitwirkung bei der Societas Europaea (SE)

Die erste europäische Gesellschaftsform, die geregelt wurde, ist die Europäische Aktiengesellschaft **„Societas Europaea"** (SE). Ihr Statut wurde als Verordnung VO 2157/2001 verabschiedet. Eine SE kann danach als Holding, als Tochter-SE oder durch Umwandlung (insbesondere Verschmelzung) gebildet werden. 47

Die **Arbeitnehmerbeteiligung** ist in der Richtlinie 2001/86/EG geregelt. Für die Arbeitnehmerbeteiligung hatte man ursprünglich an ein „Cafeteria-System" gedacht, bei dem drei Optionen eröffnet werden sollten: Integration der Arbeitnehmervertreterinnen und -vertreter in die Leitungsgremien, besonderes Arbeitnehmervertretungsorgan oder Sozialpartnervereinbarung. Die verabschiedete Regelung gibt nun ein Wahlrecht zwischen monistischer und dualistischer Struktur. 48

19 Erster Vorschlag für Europäische Aktiengesellschaft 1970: KOM(70) 600; siehe auch den Vorschlag von 1975, KOM(75) 150.

20 Genauer Riesenhuber, Europäisches Arbeitsrecht, § 29 Fn. 13 f., S. 523.

21 Zur Europarechtskonformität EuGH 18.7.2017 – Rs. C-566/15 (Erzberger), ECLI: EU: C: 2017:562 (genauer oben Beispielsfall 29 a, § 3, Rn. 79 ff.).

49 Richtlinie 2001/86/EG sieht vor (analog zur EBR-Richtlinie):

- **Vorrang der Verhandlungslösung:** Die Arbeitnehmermitwirkung ist zwischen den Leitungsorganen der beteiligten Gesellschaften und einem besonderen Verhandlungsgremium (bVG) der Arbeitnehmerinnen und Arbeitnehmer zu verhandeln (Art. 3 der SE-Richtlinie).
- **Zusammensetzung des bVG:** Bei der Wahl des bVG durch die Beschäftigten sind die Beschäftigten der erfassten Mitgliedstaaten anteilig zu berücksichtigen. Je angefangenem Anteil von 10 % der Arbeitnehmerinnen und Arbeitnehmer muss mindestens ein Sitz gewährt werden; die Wahl wird durch mitgliedstaatliches Umsetzungsgesetz geregelt (Art. 3 der SE-Richtlinie).
- **Mindestbestimmungen:** Der Anhang zur Richtlinie enthält eine gesetzliche Auffangregelung für den Fall, dass Verhandlungen scheitern (Art. 7 der SE-Richtlinie). Danach orientiert die Mitbestimmung sich an dem höchsten Beteiligungsniveau der beteiligten Gesellschaften; es wird also in einer Vorher-Nachher-Betrachtung der Bestandsschutz gewährleistet. Hierzu muss allerdings ein bestimmter Mindestanteil der Arbeitnehmerinnen und Arbeitnehmer bereits vor der SE-Gründung der Mitbestimmung unterliegen.[22]
- Die Mitgliedstaaten müssen gewährleisten, dass die SE nicht zur Flucht aus der Mitbestimmung **missbraucht** werden kann (Art. 11).

50 Die **Zahl der gegründeten SE** steigt nur langsam an. Im Jahre 2014 waren in 25 Ländern insgesamt 2.125 SEs gegründet. Die Verteilung ist sehr ungleich: Fast 75 % dieser Gesellschaften wurden in der Tschechischen Republik gegründet. Die nächstgrößere Zahl entfällt auf Deutschland (292 SEs), dann folgen die Slowakei (92 SEs) und das Vereinigte Königreich (61 SEs). In den übrigen Mitgliedstaaten sind jeweils nur bis zu 30 SEs gegründet worden. Die genauen Gründe für die hohe Zahl von SE-Gründungen in der Tschechischen Republik sind unklar. Wahrscheinlich überschätzen die Dienstleister, die solche (Vorrats-)Gründungen vornehmen und anbieten, die Vorteile des dortigen Rechts.[23]

51 Für die Bedeutung der SEs ist hervorzuheben, dass nur etwas über 15 % aller SEs mehr als fünf Beschäftigte haben. Die europäischen arbeitnehmerlosen Gesellschaften werden offensichtlich häufig als leere Hülle und gesellschaftsrechtliche „Vorrats-SE" gegründet. Problematisch ist dies, weil es die Gefahr des Missbrauchs nahelegt. Eine **arbeitnehmerlose SE** bedarf keiner Mitbestimmungsregelung. Die Richtlinie 2001/86/EG kann jedenfalls nur effektiv wirken, wenn im mitgliedstaatlichen Recht gesichert ist, dass das Verfahren zur Arbeitnehmerbeteiligung nachgeholt wird, sobald die Gesellschaft Arbeitnehmerinnen und Arbeitnehmer beschäftigt.[24]

2. Arbeitnehmermitwirkung bei anderen europäischen Gesellschaftsformen

52 Im Jahre 2003 wurde mit der SCE-Verordnung und einer Richtlinie für die Arbeitnehmerbeteiligung die Möglichkeit eröffnet, **Europäische Genossenschaften** (Societas Cooperativa Europaea, SCE) als rechtsfähige Gesellschaften zu gründen. Im Unter-

22 Der notwendige Mindestanteil ist abhängig von der Gründungsform: 25 % bei Verschmelzung, 50 % bei Holding und Tochter-SE, kein Mindestanteil bei Umwandlung.
23 Eidenmüller/Lasak, The Czech Societas Europaea Puzzle, ECGI (European Corporate Governance Institute)-Law Working Paper 183/2011.
24 Siehe zB Blanke, „Vorrats-SE" ohne Arbeitnehmerbeteiligung, 2005, 70 ff.

schied zur SE liegt der Hauptzweck dieser Genossenschaften in der Förderung des Bedarfs der Mitglieder bzw. in der Förderung von deren wirtschaftlicher oder sozialer Tätigkeit. Für die Mitbestimmung orientiert sich die SCE-Richtlinie an den Regelungen zur Verhandlungslösung und zum Bestandsschutz, die für die SE gelten.

Die Fusions-Richtlinie 2005/56/EG regelt die Mitbestimmung für den Fall der **Verschmelzung von Unternehmen** in ihrem Art. 16. Fragen der Arbeitnehmermitwirkung sind mittels Verweisen auf SE-VO und SE-Richtlinie geregelt, allerdings mit einigen Abweichungen. So ist hinsichtlich der Mitbestimmung grundsätzlich das am Sitz der Gesellschaft geltende Recht anwendbar. Nur zum Schutz bestehender Beteiligungsrechte (wenn mehr als 500 Beschäftigte einer der beteiligten Gesellschaften Mitbestimmungsrechte verlieren würden) kommt eine Verhandlungslösung mit subsidiär anwendbarer Auffangregelung zur Anwendung (orientiert am höchsten Niveau der Mitbestimmung in einer der beteiligten Gesellschaften,[25] allerdings mit einem höheren Quorum als bei der SE). 53

Eine ähnliche Lösung wählt die geplante Richtlinie zu grenzüberschreitenden Umwandlungen, Verschmelzungen und Spaltungen:[26] Bei einem Umzug soll danach zwar ebenfalls grundsätzlich das Recht des neuen Sitzstaats gelten; sind dort jedoch die Mitbestimmungsstandards für den Aufsichtsrat niederiger als im Herkunftsland, dann soll ein Besonderes Verhandlungsgremium (BVG) gebildet werden, um die Modalitäten der Mitbestimmung auszuhandeln; im Falle der Nicht-Einigung innerhalb von vier Monaten sollen die gleichen Mindeststandards wie bei einer SE-Umwandlung Anwendung finden.

Die Verwirklichung weiterer europäischer Gesellschaftsformen kommt zurzeit nicht voran. Pläne für die Rechtsform einer **Europäischen Stiftung**[27] wurden zwischenzeitlich aufgegeben. Der Vorschlag für eine Europäische Privatgesellschaft (Societas Privata Europaea, SPE = Europa-GmbH) als Rechtsform für europäische Kapitalgesellschaften für kleine und mittlere Unternehmen wurde ebenfalls zurückgezogen und durch einen Vorschlag zur Revision der Richtlinie über Gesellschaften mit beschränkter Haftung mit einem einzigen Gesellschafter ersetzt („**Societas Unius Personae**“, SUP).[28] Hauptstreitpunkt zwischen Kommission, Rat, Parlament und den Mitgliedstaaten sind auch hier die Missbrauchsgefahren im Hinblick auf die Arbeitnehmermitbestimmung. 54

IV. Transnationale Kollektivvereinbarungen: Praxis ohne Recht?

Das Recht der Europäischen Union enthält mit der Anhörungs-Richtlinie 2002/14/EG und der EBR-Richtlinie bislang nur Rechte von Arbeitnehmervertretungen auf Unterrichtung und Anhörung. Diese haben den Abschluss von **transnationalen Unternehmensvereinbarungen** zum Ziel, ohne aber hierfür erzwingbare Rechte zu enthalten. Dennoch sind zwischen Europäischen Betriebsräten und zentralen Leitungen unionsweit tätiger Unternehmen bereits eine große Zahl von Vereinbarungen abgeschlossen 55

25 Die Mitbestimmung im Verwaltungsrat kann allerdings nach Art. 16 der Fusions-Richtlinie auf 1/3 begrenzt werden.

26 Richtlinienentwurf siehe COM(2018) 241; er wurde am 12.11.2019 im Rat erörtert. Der andere Teil des „Company Law Package“ wurde bereits früher veröffentlicht: Richtlinie (EU) 2019/1151 im Hinblick auf den Einsatz digitaler Werkzeuge und Verfahren im Gesellschaftsrecht (ua Online-Gründung von Kapitalgesellschaften und Online-Registrierung von Zweigniederlassungen).

27 Vorschlag der Kommission zu einer Satzung für eine Europäische Stiftung, KOM(2012) 35 endg. (im März 2015 zurückgezogen).

28 Siehe den Kommissionsvorschlag, KOM(2014) 212 endg.

worden. Man schätzt, dass es schon insgesamt etwa 250 Vereinbarungen gibt, dass sie in 12–15 % aller europäischen Unternehmen vorkommen, und dass es in bis zu 25 % der Unternehmen mit Europäischen Betriebsräten zumindest informelle Absprachen gibt.[29] Genau wie für die Beteiligungsvereinbarung zwischen bVG und zentraler Leitung ist auch bei diesen Vereinbarungen unklar, welche Rechtsqualität ihnen zukommt. Einen unionsrechtlichen Rahmen hierfür gibt es nicht; Maßstab ist das nach Internationalem Arbeitsrecht anwendbare mitgliedstaatliche Recht.

56 Ähnliches gilt für **Kollektivvereinbarungen zwischen Gewerkschaften und Arbeitgeberverbänden auf europäischer Ebene**. Hier gibt es mit Art. 155 Abs. 1 AEUV zwar eine Rechtsgrundlage. Diese lässt allerdings wichtige Fragen offen; Rechtswirkungen und Anforderungen sind nur insoweit klar, als eine Umsetzung durch Richtlinie nach Art. 155 Abs. 2, Alt. 2 AEUV erfolgt (siehe dazu oben § 2, Rn. 23 ff.). Auch zu Art. 155 Abs. 2, Alt. 1 AEUV hat sich ungeachtet der Rechtsunsicherheit eine lebhafte Praxis entwickelt, insbesondere auf Branchenebene („Sektorensozialdialog"), wo schon weit über 200 Vereinbarungen abgeschlossen wurden.

57 Wegen der zahlreichen Rechtsunsicherheiten, die mit transnationalen Kollektivvereinbarungen verbunden sind, fordert das Europäische Parlament seit 2013 einen **fakultativen Rechtsrahmen für europäische transnationale Unternehmensvereinbarungen**.[30] Man könne den Sozialpartnern auf freiwilliger Ebene einen Regelungsrahmen anbieten, mit dem für mehr Rechtssicherheit, mehr Transparenz sowie vorhersehbare und vollstreckbare Rechtswirkungen gesorgt wäre. Dies könnte einen gewissen Ausgleich dafür bieten, dass Unternehmen zunehmend auf europäischer Ebene operieren, während die Vertretung der Arbeitnehmerinnen und Arbeitnehmer vorwiegend auf mitgliedstaatlicher Ebene organisiert ist.

---

29 Heimann, Substantielle Vereinbarungen Europäischer Betriebsräte: Praxis und Recht, 2014; Platzer ua für die Metallindustrie; siehe auch die Datenbank transnationale Betriebsvereinbarungen auf http://ec.europa.eu/social/main.jsp?catId=978&langId=de.

30 Entschließung des Europäischen Parlaments vom 12.9.2013 zu den grenzüberschreitenden Kollektivverhandlungen und zum transnationalen sozialen Dialog (2012/2292(INI)).

§ 7 Grenzüberschreitende Arbeitsverhältnisse und Kollektivmaßnahmen

Rechtsgrundlagen: Rom I-VO 593/2008/EG[1] (insbesondere Art. 8 und Art. 9); Art. 56 AEUV (Dienstleistungsfreiheit); Art. 49 AEUV (Niederlassungsfreiheit); Art. 101 AEUV (Wettbewerbsfreiheit); Entsende-Richtlinie 96/71/EG in der Fassung der Änderungs-Richtlinie 2018/957/EU; Durchsetzungs-Richtlinie 2014/67/EU.

▶ Beispielsfall 84[2] 1

Ein deutscher Bauherr beauftragt ein Bauunternehmen aus Polen, Bauarbeiten auf einer Baustelle in Deutschland durchzuführen. Das polnische Bauunternehmen hatte bereits in Polen Arbeitsverträge mit polnischen und ukrainischen Arbeitnehmerinnen und Arbeitnehmern abgeschlossen, die es nicht nur in Polen, sondern auch in ganz Europa auf Baustellen einsetzt – so auch auf der Baustelle in Deutschland.
Darf die Bundesrepublik Deutschland anordnen, dass das polnische Unternehmen hierfür die Mindestentgelte bezahlt, die in einem allgemeinverbindlichen deutschen Tarifvertrag festgelegt sind? ◀

Muss die Bundesrepublik Deutschland es akzeptieren, dass das polnische Unternehmen bei der Berechnung des Mindestlohnsatzes besondere Belastungszulagen an gefährlichen Arbeitsplätzen anrechnet? ◀

EuGH 27.3.1990 – C-113/89 (Rush Portuguesa), ECLI:EU:C:1990:142;
EuGH 24.1.2002 – C-164/99 (Portugaia Construções), ECLI:EU:C:2002:40;
EuGH 7.11.2013 – C-522/12 (Isbir), ECLI:EU:C:2013:711

▶ Beispielsfall 85[3] 2

Im Mai 2013 schrieb die Stadt Dortmund europaweit einen Auftrag zur Aktendigitalisierung aus. Als günstigster Bieter wurde die Bundesdruckerei mit Sitz in Berlin beauftragt. Die Stadt Dortmund legte der Bundesdruckerei, als Auftragnehmerin, die (für öffentliche Aufträge festgelegten) Vertragsbedingungen vor, wonach diese den Beschäftigten für die Bearbeitung des Auftrags ein Mindeststundenentgelt von 8,62 Euro (Mindestlohn für das Bundesland Nordrhein-Westfalen) zahlen und alle Nachunternehmer ihrerseits zur Einhaltung des Mindestentgelts verpflichten sollte. Dagegen wehrt sich die Bundesdruckerei. Sie möchte die Leistungen aus dem Auftrag ausschließlich durch einen Nachunternehmer in Polen ausführen lassen. ◀

EuGH 18.9.2014 – C-549/13 (Bundesdruckerei), ECLI:EU:C:2014:2235;
vgl. auch EuGH 3.4.2008 – C-346/06 (Rüffert), ECLI:EU:C:2008:189;
EuGH 17.11.2015 – C-115/14 (RegioPost), ECLI:EU:C:2015:760

▶ Beispielsfall 86[4] 3

Ein deutsches Unternehmen möchte einen seiner Betriebe in die Tschechische Republik verlagern und die Arbeitnehmerinnen und Arbeitnehmer dorthin versetzen; unter diesen befinden sich sowohl deutsche als auch russische Staatsangehörige. Die deutsche Gewerkschaft fordert, dass auf die Arbeitsverträge auch nach der Verlagerung weiterhin deutsches

1 Verordnung (EG) Nr. 593/2008 vom 17.6.2008 über das auf vertragliche Schuldverhältnisse anzuwendende Recht (Rom I), ABl. 1998, L 177/6.
2 Siehe dazu schon oben § 1, Rn. 26.
3 Siehe dazu schon oben § 1, Rn. 27.
4 Siehe dazu schon oben § 1, Rn. 29.

Arbeitsrecht und die Bedingungen des einschlägigen deutschen Tarifvertrags angewandt werden. Sie droht hierzu mit Streik. ◀

vgl. EuGH 11.12.2007 – C-438/05 (Viking), ECLI:EU:C:2007:772

4 ▶ **Beispielsfall 87**

Ein allgemeinverbindlicher Tarifvertrag schreibt vor, dass die tarifgebundenen Unternehmen Mitglieder in einem Betriebsrentenfonds werden. Eine konkret benannte öffentliche Zusatzversorgungseinrichtung soll diesen Fonds organisieren und tragen. ◀

EuGH 21.9.1999 – C-67/96 (Albany), ECLI:EU:C:1999:430;
EuGH 15.7.2010 – C-271/08 (Kommission./. Deutschland), ECLI:EU:C:2010:426

5 Die Beispielsfälle 84, 85 und 86 führen die einführend genannten Beispielsfälle 1, 2 und 4 weiter, mit deren Hilfe illustriert werden sollte, welche konkreten Folgen die Europäisierung der Arbeitsmärkte für das Arbeitsrecht haben kann – und welche Rolle das Recht der Europäischen Union dort zu spielen in der Lage ist. Dabei ging es jeweils um **grenzüberschreitende Arbeitsverhältnisse**, wie sie durch das Recht der Europäischen Union und die Schaffung des Binnenmarkts gefördert werden. Nur Beispielsfall 3 (§ 1, Rn. 28) hatte dabei einen Fall der Arbeitnehmerfreizügigkeit zum Gegenstand, also einen Fall, in dem eine Arbeitnehmerin selbst Zugang zum Arbeitsmarkt eines anderen Mitgliedstaats suchte. In den Beispielsfällen 84 und 86 geht es hingegen um Arbeitsverhältnisse, die auf Initiative des Unternehmens grenzüberschreitend ausgeübt werden, weil das Unternehmen

- Arbeitnehmerinnen und Arbeitnehmer zur Durchführung von Dienstleistungen in anderen Mitgliedstaaten entsendet (Beispielsfall 84) oder
- einen Betrieb in einen anderen Mitgliedstaat verlagert (Beispielsfall 86).

6 In **Beispielsfall 85** beschränkt sich der grenzüberschreitende Bezug des Arbeitsverhältnisses darauf, dass die Arbeitnehmerinnen und Arbeitnehmer in unmittelbarer Konkurrenz und im Wettbewerb zu Arbeitnehmern in anderen Mitgliedstaaten tätig wurden – wodurch aber ebenfalls ein Abwärtsdruck bei den Sozialstandards drohen kann.

7 Im Europäischen Arbeitsrecht in seiner Form der positiven Harmonisierung durch Sozialpolitik geht es um die Frage einer Angleichung von Mindeststandards, also um eine „Verbesserung von Lebens- und Arbeitsbedingungen“ und Angleichung „im Wege des Fortschritts“ (Art. 151 AEUV). In den Beispielsfällen 84 bis 87 hingegen bringt die Europäisierung Gefahren für die Sozialstandards mit sich, erfüllt also Funktionen einer negativen Harmonisierung und droht einen **„race to the bottom“** zu befördern. Es fragt sich insofern, welche Handlungsmöglichkeiten den mitgliedstaatlichen Arbeitsrechtsordnungen nach dem Unionsrecht offen stehen, um diesen Gefahren zu begegnen.

I. Grundlagen des Internationalen Arbeitsrechts

Literatur: *Deinert*, Internationales Arbeitsrecht. Deutsches und europäisches Kollisionsrecht, 2013.

1. Grundregeln des Art. 8 Rom I-VO

8 Wer in einem anderen Mitgliedstaat erwerbstätig wird, kann zunächst grundsätzlich auf den Schutz des Arbeitsrechts des Aufnahmemitgliedstaats vertrauen. Denn nach dem Kollisionsrecht (Internationales Privatrecht, IPR) ist auf ein Arbeitsverhältnis das

Recht des „gewöhnlichen Arbeitsorts“ anzuwenden (Art. 8 Abs. 2 Rom I-VO 593/2008/EG). Art. 8 der Rom I-VO 593/2008/EG ist die maßgebliche Norm des **Arbeitskollisionsrechts**, dh des Internationalen Arbeitsrechts.

Nach Art. 8 Abs. 1 Rom I-VO 593/2008/EG ist zwar zunächst vorrangig auf das gewählte Statut abzustellen; die Arbeitsvertragsparteien können **wählen**, welche Rechtsordnung dem Vertrag zugrunde gelegt werden soll. Jedoch kann diese Wahl wegen des kollisionsrechtlichen **Günstigkeitsprinzips** des Art. 8 Abs. 1 Satz 2 Rom I-VO nur Regelungen betreffen, die für die Beschäftigten günstiger sind als die zwingenden Vorschriften des gewöhnlichen Arbeitsorts. 9

Für die Ermittlung des **gewöhnlichen Arbeitsorts** ist nach der Rechtsprechung des EuGH maßgeblich, wo die Arbeitnehmerin oder der Arbeitnehmer ihre bzw. seine Pflichten gegenüber dem Arbeitgeber tatsächlich hauptsächlich erfüllt, der Ort, „den der Arbeitnehmer zum tatsächlichen Mittelpunkt seiner Berufstätigkeit gemacht hat“, „an dem oder von dem aus er unter Berücksichtigung aller Umstände des Einzelfalls den wesentlichen Teil seiner Verpflichtungen gegenüber seinem Arbeitgeber tatsächlich erfüllt“.[5] Maßgeblich ist danach in der Regel der Betriebssitz. Auch bei Zweigstellen ausländischer Unternehmen im Inland kommt es auf den inländischen Betrieb an; es spielt keine Rolle, ob der Hauptsitz des Unternehmens im Ausland oder im Inland liegt. Die Arbeitsverhältnisse mit ausländischen und inländischen Arbeitnehmerinnen und Arbeitnehmern an ein und demselben Arbeitsort unterliegen damit derselben Rechtsordnung. 10

Für **Beispielsfall 85** gilt also bezogen auf die Arbeitsverhältnisse unproblematisch polnisches Arbeitsrecht (vorbehaltlich einer vertraglichen Rechtswahl). 11

In **Beispielsfall 86** ändert sich mit der Betriebsverlagerung der gewöhnliche Arbeitsort.[6] Damit ändert sich (vorbehaltlich vertraglicher oder kollektivvertraglicher Regelungen, wie sie die deutsche Gewerkschaft hier einfordert) auch das anwendbare Arbeitsrecht: Vorher wäre deutsches, danach wäre tschechisches Arbeitsrecht anwendbar. 12

2. Anwendbares Arbeitsrecht im Fall der Entsendung

Etwas schwieriger ist es in **Beispielsfall 84.** Denn hier wurden Arbeitnehmerinnen und Arbeitnehmer in Polen eingestellt; sie sind nur vorübergehend auf einer deutschen Baustelle tätig. Es handelt sich kollisionsrechtlich um einen Fall der **Entsendung.** Solange dies „vorübergehend“ ist, ändert die Entsendung nichts am gewöhnlichen Arbeitsort. Es bleibt deshalb zunächst das Arbeitsrecht des Herkunftsstaats anwendbar, in dem der oder die Betreffende gewöhnlich beschäftigt ist. Für die Frage, ob eine Entsendung vorübergehend ist, kann allerdings keine bestimmte zeitliche Grenze gezogen werden. Es kommt letztlich darauf an, ob im Einzelfall bei einem Auslandseinsatz eine enge Beziehung zum inländischen Betrieb erhalten bleibt.[7] 13

Mit der Feststellung des anwendbaren Arbeitsrechts ist die Prüfung nach Internationalem Arbeitsrecht aber noch nicht abgeschlossen. Denn die Vorschriften des anwendba- 14

5 EuGH 15.3.2011 – C-29/10 (Koelzsch), ECLI:EU:C:2011:151; EuGH 13.7.1993 – C-125/92 (Mulox IBC), ECLI:EU:C:1993:306; EuGH 14.9.2017 – C-168/16 u 169/16 (Nogueira), ECLI:EU:C:2017:688: „Heimatbasis“ als wichtiges Indiz im Fall von Flugpersonal; Anm. van den Bergh AuR 2018, S. 563 ff.

6 BAG 26.5.2011 – 8 AZR 37/10, NZA 2011, 1143. Zur Anwendung des § 613 a BGB bei grenzüberschreitenden Betriebsinhaberwechseln siehe auch Feudner NZA 1999, 1186.

7 Deinert RdA 2009, 146.

ren Arbeitsrechts können im Einzelfall von Vorschriften des Beschäftigungsorts überlagert sein. Die kollisionsrechtlichen Voraussetzungen für eine solche Überlagerung regelt Art. 9 der Rom I-VO, wonach **Eingriffsnormen** ungeachtet des auf den Vertrag anzuwendenden Rechts auf alle Sachverhalte anzuwenden sind, die in ihren Anwendungsbereich fallen. Vorschriften, die als Eingriffsnormen gelten können, nennt man auch „international zwingend". Art. 9 der Rom I-VO verlangt dafür, dass es sich um zwingende Vorschriften handelt, deren Einhaltung von einem Staat als entscheidend für die Wahrung seines öffentlichen Interesses, insbesondere seiner politischen, sozialen oder wirtschaftlichen Organisation, angesehen wird.

15 An dieser Stelle beginnen nun die Aufgaben des Europäischen Arbeitsrechts im engeren Sinn. Denn ein Unternehmen macht bei der Entsendung von Arbeitnehmerinnen und Arbeitnehmern oft von seiner unionsrechtlichen **Dienstleistungsfreiheit** aus Art. 56 ff. AEUV Gebrauch. Nach der Rechtsprechung des EuGH erfasst die Dienstleistungsfreiheit grundsätzlich das unternehmerische Recht, zur grenzüberschreitenden Ausführung von Dienstleistungen Arbeitnehmerinnen und Arbeitnehmer zu entsenden.[8] Aus der Dienstleistungsfreiheit ergeben sich demnach Anforderungen an die Anordnung einer international zwingenden Wirkung von arbeitsrechtlichen Schutznormen.[9]

16 Genauer regelt dies die Entsende-Richtlinie 96/71/EG. Das **Verhältnis von Internationalem Arbeitsrecht und Dienstleistungsfreiheit** stellt sich also wie folgt dar:

- Art. 9 der Rom I-VO setzt voraus, dass ein Staat eine bestimmte Bestimmung, welche die dort genannten Voraussetzungen erfüllt, für international zwingend *erklärt hat*.
- Dienstleistungsfreiheit und Entsende-Richtlinie legen fest, unter welchen Voraussetzungen ein EU-Mitgliedstaat für die Entsendung von Arbeitnehmerinnen und Arbeitnehmern arbeitsrechtliche Normen für international zwingend *erklären darf*. Diese Frage behandelt der folgende Abschnitt.

II. Arbeitnehmerentsendung

Literatur: *Fuchs, Maximilian,* Licht und Schatten des europäischen Entsenderechts, ZESAR 2019, 105; *Hantel, Peter*, Unionsrechtliche Probleme bei der Anwendung des deutschen Mindestlohngesetzes (MiLoG), ZESAR 2015, 357; *Heuschmid, Johannes/Schierle, Florian*, § 16 Dienstleistungsfreiheit und Arbeitnehmerentsendung, in: Preis/Sagan (Hrsg.), Europäisches Arbeitsrecht, 2. Aufl. 2019; *Klein, Thomas*, Primärrechtskonformität der revidierten Entsende-Richtlinie, EuZW 2019, 673.

17 Wie dargestellt, gilt also im Fall der vorübergehenden Entsendung gemäß Art. 8 Rom I-VO durchgehend das Recht des Herkunftsstaats. Ähnliches gilt gemäß Art. 12 und 13 der Verordnung (EG) 883/2004 in Bezug auf das Sozialversicherungsrecht, solange die Entsendung voraussichtlich nicht länger als 24 Monate dauert. Die Behörden

8 Zur Arbeitnehmerüberlassung als einem Anwendungsfall der Arbeitnehmerentsendung siehe zB EuGH 10.2.2011 – C-307/09 bis C-309/09 (Vicoplus), ECLI:EU:C:2011:64; EuGH, 11.9.2014 -C-91/13 (Essent Energie Productie), ECLI:EU:C:2014:2206; EuGH 18.6.2015 – C-586/13 (Martin Meat), ECLI:EU:C:2015:405.

9 Zur Einordnung von Arbeitsbedingungen nach Entsende-Richtlinie als kollisionsrechtliche Eingriffsnormen siehe auch Deinert FS Martiny, 2014, 277 ff., 289 ff.; so auch schon Kocher, in: Kocher/Nowak (Hrsg.), Freie Fahrt für Arbeitnehmer/innen zwischen Ost und West, 2012, S. 29 ff.

des Entsendestaates bestätigen dies in den sog. **Entsendebescheinigungen** A1 (früher E-101).[10]

Vergleichbare Verfahrensweise gibt es für das privatrechtliche Arbeitsrecht nicht; hier sind die Anforderungen des Art. 8 Rom I-VO also im Einzelfall zu prüfen (zu Kontrollen siehe aber unten Rn. 39 ff.). Für die Erstreckung von Arbeitsbedingungen des Beschäftigungsorts werden allerdings die Anforderungen aus der Dienstleistungsfreiheit und aus Art. 9 Rom I-VO durch die **Entsende-Richtlinie** konkretisiert.

1. Sozialpolitische Anforderungen aus der Dienstleistungsfreiheit

Legt ein Mitgliedstaat – wie in Beispielsfall 84 – Mindestarbeitsbedingungen (zB bei Entsendung) fest, die sich nicht ohnehin bereits aus dem anwendbaren (hier polnischen) Arbeitsrecht des Herkunftsstaats ergeben, so handelt es sich um eine **Beschränkung der Dienstleistungsfreiheit.** Denn eine Beschränkung liegt vor, wenn eine Regelung der Mitgliedstaaten geeignet ist, die Dienstleistungsfreiheit unmittelbar oder mittelbar, tatsächlich oder potenziell zu behindern,[11] bzw. 18

- wenn eine Maßnahme geeignet ist,
- die grenzüberschreitende Tätigkeit eines Dienstleistenden zu unterbinden, zu behindern oder weniger attraktiv zu machen.[12]

Wird wie in **Beispielsfall 84** ein Unternehmen zur **Zahlung eines Mindestentgelts am Beschäftigungsort** verpflichtet, obwohl es in einem Mitgliedstaat ansässig ist, in dem die Mindestlohnsätze niedriger sind, so stellt dies eine zusätzliche wirtschaftliche Belastung dar, die geeignet ist, die Erbringung ihrer Dienstleistungen im Aufnahmemitgliedstaat zu unterbinden, zu behindern oder weniger attraktiv zu machen – es stellt also eine Beschränkung dar. 19

Die Beschränkung der Dienstleistungsfreiheit ist aber nicht unionsrechtswidrig, wenn sie **durch zwingende Gründe des Allgemeininteresses gerechtfertigt** ist. Dies setzt folgendes voraus: 20

- Die Maßnahme verfolgt als legitimen Zweck einen zwingenden Grund des Allgemeininteresses.
- Die Maßnahme ist zur Zweckerreichung geeignet, erforderlich und angemessen (Verhältnismäßigkeitsprüfung).

Als zwingende Gründe des Allgemeininteresses sind im Zusammenhang mit der Entsendung von Arbeitnehmerinnen und Arbeitnehmern anerkannt: 21

- Sozialpolitischer **Schutz von Arbeitnehmerinnen und Arbeitnehmern**[13]

10 Nach der Rechtsprechung des EuGH sind diese auch zu berücksichtigen, wenn sie betrügerisch erlangt wurden (EuGH 6.2.2018 – C-359/16 (Altun ua), ECLI:EU:C:2018:63) oder wenn ein klarer Missbrauch vorliegt (EuGH 6.9.2018 – C-527/16 (Alpenrind), ECLI: EU: C: 2018:669; weiteres anhängiges Verfahren dazu: C-370/17 (CRPNPAC).

11 EuGH 11.7.1974 – C-8/74 (Dassonville), ECLI:EU:C:1974:82.

12 EuGH 3.10.2000 – C-58/98 (Corsten), ECLI:EU:C:2000:527.

13 St. Rspr., vgl. EuGH 3.2.1982 – 62 und 63/81 (Seco und Desquenne & Giral), ECLI:EU:C:1982:34; EuGH 9.8.1994 – C-43/93 (Vander Elst), ECLI:EU:C:1994:310; EuGH 25.10.2001 – C-49/98, C-50/98, C-52/98 bis C-54/98 und C-68/98 bis C-71/98 (Finalarte ua), ECLI:EU:C:2001:564; EuGH 14.4.2005 – C-341/02 (Kommission./. Deutschland), ECLI:EU:C:2005:220.

- Die Bemerkung des EuGH, dies gelte „insbesondere im Bausektor",[14] ist wohl dahin zu verstehen, dass der grenzüberschreitende Arbeitnehmerschutz bei hoher transnationaler Lohnkostenkonkurrenz (wie sie ua im Bausektor besteht) als dringlicher einzuschätzen ist.
- Der EuGH fordert von den mitgliedstaatlichen Gerichten, im Einzelnen zu überprüfen, ob eine Regelung, welche die Dienstleistungsfreiheit beschränkt, „bei **objektiver Betrachtung** den Schutz der entsandten Arbeitnehmerinnen und Arbeitnehmer fördert". Mit „objektiver Betrachtung" ist zB gemeint, dass es nicht auf „die [subjektive] geäußerte Absicht eines Gesetzgebers [ankommt], wie sie bei den politischen Debatten vor dem Erlass eines Gesetzes oder in dessen Begründung zum Ausdruck kommt".[15]
- Außerdem sollen die mitgliedstaatlichen Gerichte prüfen, ob die jeweilige Regelung einen „**tatsächlichen Vorteil** verschafft, der deutlich zu ihrem [der Arbeitnehmerinnen und Arbeitnehmer] sozialen Schutz beiträgt".[16]

- Sicherung des finanziellen Gleichgewichts eines Systems der sozialen Sicherheit vor erheblichen Gefährdungen
- **Verhinderung unlauteren Wettbewerbs** (zB Verhinderung von Sozialdumping bzw. Schutz derjenigen Unternehmen, die ihren Arbeitnehmerinnen und Arbeitnehmern ein angemessenes Entgelt zahlen)[17]
- Verhinderung von Störungen auf dem Arbeitsmarkt, die durch einen dauerhaften Zustrom von Arbeitnehmerinnen und Arbeitnehmern entstehen könnten[18]
- Gewährleistung eines Schutzes der autonomen Ordnung des Arbeitslebens durch Koalitionen[19]

22 Daraus ergeben sich einige wichtige Konsequenzen. Zunächst dürfen für entsandte Arbeitnehmerinnen und Arbeitnehmer **Meldeerfordernisse, Aufenthalts- und Arbeitserlaubnisse** nicht als Zugangsvoraussetzung für die vorübergehende Entsendetätigkeit in einem anderen Mitgliedstaat aufgestellt werden.[20] Dies gilt nicht nur für Unionsangehörige, sondern auch für Drittstaatenangehörige. Solche Bescheinigungen dürfen einzig und allein zum Zweck des Schutzes von Arbeitnehmerinnen und Arbeitnehmern oder zum Schutz der Sozialversicherungssysteme verlangt werden, also allein zu Zwecken der Überprüfung, ob das entsendende Unternehmen die Rechtsvorschriften für die Entsendung einhält. Kontrollmaßnahmen, die mit Melde- und Dokumentationspflichten verbunden werden dürfen (siehe unten Rn. 39 ff.), sind insbesondere zur Bekämpfung von Sozialbetrug, Aufdeckung von Scheinselbstständigkeit und beim Vorgehen gegen Schwarzarbeit zulässig.

---

14 EuGH 27.3.1990 – C-113/89 (Rush Portuguesa), ECLI:EU:C:1990:142; EuGH 24.1.2002 – C-164/99 (Portugaia Construções), ECLI:EU:C:2002:40.

15 So aber EuGH 25.10.2001 – C-49/98, C-50/98, C-52/98 bis C-54/98 und C-68/98 bis C-71/98 (Finalarte ua), ECLI:EU:C:2001:564, Rn. 46 ff.; zu den Widersprüchen in der dort angesprochenen Frage siehe Schrammel EuZA 2 (2009), 36 (40).

16 EuGH 25.10.2001 – C-49/98, C-50/98, C-52/98 bis C-54/98 und C-68/98 bis C-71/98 (Finalarte ua), ECLI:EU:C:2001:564, Rn. 41 ff., Rn. 50 ff. fordert der EuGH, sogar eine detaillierte Interessenabwägung und damit Bewertung des sozialen Schutzes, der den Arbeitnehmerinnen und Arbeitnehmern gewährt wird.

17 EuGH 12.10.2004 – C-60/03 (Wolff & Müller), ECLI:EU:C:2004:610; EuGH 19.12.2012 – C-577/10 (Kommission./. Belgien), ECLI:EU:C:2012:814, Rn. 45.

18 EuGH 11.9.2014 – C-91/13 (Essent Energie Productie), ECLI:EU:C:2014:2206, Rn. 50 ff.

19 EuGH 3.4.2008 – C-346/06 (Rüffert), ECLI:EU:C:2008:189, Rn. 41.

20 EuGH 9.8.1994 – C-43/93 (Vander Elst), ECLI:EU:C:1994:310.

Zum Zweck des Arbeitnehmerschutzes ist es den Mitgliedstaaten grundsätzlich erlaubt, „**Rechtsvorschriften oder Tarifverträge auf sämtliche Personen anzuwenden, die im Hoheitsgebiet als Arbeitnehmer/innen beschäftigt werden**";[21] erlaubt ist also eine Anordnung international zwingender Wirkung. Dies nennt man auch **Normerstreckung** (Erstreckung der Normen des Einsatzstaats auf ein Arbeitsverhältnis, welches nach dem Recht des Heimatstaats geschlossen wurde und welches auch im Übrigen nach diesem abgewickelt wird). 23

In der Vergangenheit ist angeführt worden, eine solche Normerstreckung könne auch zulässig sein, um die **finanzielle Stabilität der sozialen Versicherungssysteme** zu sichern. Schließlich hängt deren Leistungsfähigkeit eng vom Lohnniveau der Arbeitnehmerinnen und Arbeitnehmer ab. Solche Behauptungen hat der EuGH allerdings bislang immer mangels Substantiierung bzw. mangels Plausibilität zurückgewiesen. Der jeweilige Mitgliedstaat müsse dann schon darstellen können, dass die Maßnahme erforderlich sei, um „eine erhebliche Gefährdung des finanziellen Gleichgewichts des Systems der sozialen Sicherheit zu verhindern".[22] 24

Allerdings: Der EuGH verlangt nicht nur, dass die Erstreckung des Arbeitnehmerschutzes einen objektiv deutlichen Schutz bewirken kann, sondern er verlangt darüber hinaus, dass die mitgliedstaatlichen Gerichte dies im Einzelnen überprüfen. Dies ist unproblematisch, solange es nur darum geht, Doppelbelastungen und Doppelregelungen für Entsendeunternehmen zu verhindern, also Rechte zu schaffen, die bereits nach den Regeln des Herkunftsstaats bestehen.[23] Schwierig wird dies, wenn eine vergleichsweise strenge **Prüfung der Erforderlichkeit des Arbeitnehmerschutzes** dazu führt, dass mitgliedstaatliche Regelungsspielräume hinsichtlich des sozialen Schutzes schwinden. Dies ist vor allem problematisch, wenn es um Beschränkungen durch Kollektivverträge geht. Eine Prüfung, inwieweit der kollektivvertragliche Schutz tatsächlich im Einzelfall erforderlich ist, würde der Kollektivverhandlungsfreiheit des Art. 28 EU-GRC die nötigen Entscheidungsspielräume nehmen. 25

In **Beispielsfall 84** muss jedenfalls mangels anderer Anhaltspunkte (und vorbehaltlich der unten Rn. 29 ff. angesprochenen Entsende-Richtlinie) davon ausgegangen werden, dass Mindestentgeltsätze, die in einem allgemeinverbindlichen Tarifvertrag festgelegt sind, zum Schutz der Arbeitnehmerinnen und Arbeitnehmer erforderlich sind; die entsprechende Beschränkung der Dienstleistungsfreiheit ist damit gerechtfertigt.

Unklar ist bisher noch, welche Rolle die Rechtfertigungsgründe „Verhinderung unlauteren Wettbewerbs", „Verhinderung von Störungen auf dem Arbeitsmarkt" und „Schutz der autonomen Ordnung des Arbeitslebens durch Koalitionen" bei der **Rechtfertigung von Normerstreckungen** haben können. 26

Auch in **Beispielsfall 85** prüfte der EuGH ausschließlich die Rechtfertigung zum sozialen Schutz der betroffenen Arbeitnehmerinnen und Arbeitnehmer und verneinte diese. Als spezifisches Problem in diesem Fall identifizierte er, dass die Maßnahme **nur auf öffentliche Aufträge Anwendung** finde; es gebe aber „keine Anhaltspunkte dafür, dass die auf dem privaten Markt tätigen Arbeitnehmer nicht desselben Lohnschutzes bedürfen wie die im Rahmen öffentlicher Aufträge tätigen Arbeitnehmer".[24] 27

21 Siehe die Nachweise in § 7, Fn. 12.
22 EuGH 3.4.2008 – C-346/06 (Rüffert), ECLI:EU:C:2008:189, Rn. 42.
23 Siehe zB EuGH 17.12.1981 – C-279/80 (Webb), ECLI:EU:C:1981:314, Rn. 20.
24 EuGH 18.9.2014 – C-549/13 (Bundesdruckerei), ECLI:EU:C:2014:2235, Rn. 32.

Dogmatisch nicht überzeugend ist es allerdings, dies als Frage der Eignung zu thematisieren; denn die Regelung ist ja durchaus geeignet, für die Arbeitnehmerinnen und Arbeitnehmer, die von der Regelung erfasst werden, wirksamen Arbeitnehmerschutz zu erzielen. Überzeugender wäre es, dies als Frage der Konsistenz und Plausibilität zu thematisieren: wenn ein bestimmter Schutz nur für eine umgrenzte Gruppe von Arbeitnehmerinnen und Arbeitnehmern gelten soll, handelt es sich evtl. nicht um den erforderlichen Mindestschutz, der international zwingend gemacht werden kann.

In der Entscheidung „Regiopost" aus dem Jahre 2015 hat der EuGH dieses Argument deshalb auch aufgegeben; solange es sich um allgemein verbindliche Regelungen handelt, die den Mindestschutz beträfen, handele es sich nicht um eine unzulässige Beschränkung der Dienstleistungsfreiheit. Ein wichtiges Argument ist insofern auch Art. 26 der Richtlinie 2004/18 über die Koordinierung der Verfahren zur Vergabe öffentlicher Bauaufträge, Lieferaufträge und Dienstleistungsaufträge, der (nur) für die öffentliche Auftragsvergabe soziale und umweltbezogene zusätzliche Bedingungen erlaubt.[25]

28 Ein zweites Problem in **Beispielsfall 85** lag darin, dass die **Vertragserbringung vollständig in Polen** stattfinden sollte.[26] Mit dem Hinweis darauf, dass nicht ersichtlich sei, inwiefern ein Bezug zu den Lebenshaltungskosten des Staats des Auftraggebers vorliege, weist der EuGH zu Recht darauf hin, dass Arbeitnehmerschutz durch Mindestlohn eng mit der Notwendigkeit des Schutzes von Lebensgrundlagen zusammenhängt. Der Grund, weshalb die Stadt Dortmund den Mindestlohn hier verlangt hatte, lag jedoch darin, dass der lautere Wettbewerb vor allein arbeitskostenbezogener Dumping-Konkurrenz geschützt werden sollte. Auf diese Frage ging der EuGH jedoch hier leider nicht als eigenständiges Argument ein.[27]

2. Die Entsende-Richtlinie

29 In **Beispielsfall 85** stellte sich aber noch eine weitere Frage: War das Instrument der **vergaberechtlichen Vertragsbedingungen** ein rechtlich zulässiges und geeignetes Instrument, um Mindeststandards auf Arbeitsverhältnisse mit ausländischem Arbeitsrecht zu erstrecken? Denn die Erstreckung funktioniert hier so, dass die öffentliche Hand ihre Marktmacht als Auftraggeberin ausnutzt, um arbeitsmarkpolitische Ziele zu verfolgen.

30 Die Frage der möglichen Instrumente zur Erstreckung von Mindestbedingungen ist in der Entsende-Richtlinie 96/71/EG geregelt. Sie erlaubt den Mitgliedstaaten in Fällen der Entsendung[28] die Abweichung vom Herkunftslandprinzip und damit die Anwendung eines Tätigkeitsortprinzips hinsichtlich bestimmter Arbeitsbedingungen. Die fraglichen **Mindestbedingungen erlangen international zwingende Wirkung** und werden

25 EuGH 17.11.2015 – C-115/14 (RegioPost), ECLI: EU: C: 2015:760, Rn. 74 ff.; anders noch Krebber EuZA 6 (2013), 449.

26 Zum grenzüberschreitenden Bezug trotz Vergabe an 100 %-Tochter (Unternehmen mit Sitz in anderem Mitgliedstaat beteiligt) vgl. Greiner/Hennecken EuZA 2015, 252 (254 f.).

27 EuGH 18.9.2014 – C-549/13 (Bundesdruckerei), ECLI: EU: C: 2014:2235, Rn. 24 ff.; kritisch mit ausführlicher Argumentation Däubler NZA 2014, 694.

28 Zum Begriff siehe Art. 1 Abs. 3 der Entsende-Richtlinie 96/71/EG; vgl. EuGH 10.2.2011 – C-307/09 bis C-309/09 (Vicoplus), ECLI:EU:C:2011:64, Rn. 42 ff.

damit zu Eingriffsnormen im Sinne des Art. 9 Rom I-VO (zum Begriff der Eingriffsnorm siehe oben Rn. 14).

Die Richtlinie wurde im Jahre 2018 grundsätzlich überarbeitet, und stellt in Art. 1 Abs. 1–1 klar, dass ihr Ziel „der Schutz entsandter Arbeitnehmer während ihrer Entsendung im Verhältnis zur Dienstleistungsfreiheit" ist.[29] Die Änderungs-Richtlinie wurde unter dem Schlagwort **„gleicher Lohn für gleiche Arbeit am gleichen Ort"** politisch diskutiert. Die wichtigsten Änderungen bestehen insofern darin, dass – soweit Fragen des Entgelts betroffen sind – eine Erstreckung nicht mehr nur in Bezug auf „Mindestlohnsätze", sondern in Bezug auf die „Entlohnung" erlaubt wird (Art. 3 Abs. 1 c) der Entsende-Richtlinie).[30]

Art. 2 Abs. 2 der Entsende-Richtlinie 96/71/EG regelt den Anwendungsbereich in Bezug auf den **Arbeitnehmerbegriff** nach dem Recht des Aufnahmemitgliedstaats. Eine unionsrechtsautonome Auslegung findet insofern also nicht statt (siehe oben § 1, Rn. 150 ff.). Sie erfasst auch die grenzüberschreitende Arbeitnehmerüberlassung (Art. 1 Abs. 3 c) in der Fassung der Änderungs-Richtlinie 2018/957). 31

Für die Erstreckung von Arbeitsbedingungen setzt die Entsende-Richtlinie voraus, dass diese Arbeitsbedingungen 32

- durch Rechts- oder Verwaltungsvorschriften oder
- in allgemein verbindlich erklärten Tarifverträgen festgelegt sind.[31]

Das Maß des Erforderlichen muss also in einer **allgemein wirksamen Rechtsform** festgelegt sein, um den EuGH von seiner Notwendigkeit zu überzeugen. Ist dies der Fall, so können auch tarifliche Rechte international zwingende Wirkung erlangen, die über das gesetzliche Mindestmaß hinausgehen.[32] In **Beispielsfall 84** war diese Voraussetzung mit dem allgemeinverbindlichen Tarifvertrag erfüllt. 33

Die Entsende-Richtlinie wurde nicht auf Grundlage des heutigen Art. 153 AEUV, sondern zur „Förderung des länderübergreifenden Dienstleistungsverkehrs" aufgrund des (heutigen) Art. 62 AEUV erlassen. Der EuGH interpretiert sie deshalb so, dass sie der Verwirklichung der Dienstleistungsfreiheit diene – er sieht die Stoßrichtung also nicht im Schutz von Arbeitsbedingungen und Sozialstandards. Hieraus leitet der Gerichtshof ab, dass die Richtlinie im Hinblick auf die möglichen international zwingenden Rechtsvorschriften abschließend sei. Diese Auslegung führt praktisch zu einem **numerus clausus der Regelungsinstrumente**, mit denen Arbeitsbedingungen im Wege der Normerstreckung für international zwingend erklärt werden können; möglich sind nur staatliche Rechtsnormen und allgemeinverbindliche Tarifverträge. 34

Dies wurde in der Entscheidung „Laval"[33] für einen Staat wie Schweden praktisch relevant, der keinen allgemeinen Mindestlohn und lange auch keine Allgemeinverbind-

29 Die Republik Polen und Ungarn haben Nichtigkeitsklagen gegen die Änderungs-Richtlinie erhoben: Republik Polen, Klage v. 3.10.2018 – C-626/18); Ungarn, Klage v. 2.10.2018 – C-620/18; vgl. Mitrus, in: Franzen/Steinmeyer/Mitrus, Neues Arbeitnehmerentsenderecht 2019, S. 67 ff.; zur Primärrechtskonformität siehe auch Klein EuZW 2019, 673.

30 Überblicke über die Änderungen bei Franzen EuZA 2019, 3 ff.; Klein/Schneider SR 2019, S. 21 ff.

31 Nur für den Fall, dass es im jeweiligen Mitgliedstaat kein System zur Allgemeinverbindlicherklärung von Tarifverträgen gibt, kann auf die in Art. 3 Abs. 8 UAbs. 2 der Richtlinie 96/71/EG genannten Formen abgestellt werden (vgl. EuGH 3.4.2008 – C-346/06 (Rüffert), ECLI:EU:C:2008:189, Rn. 27).

32 EuGH 25.10.2001 – C-49/98, C-50/98, C-52/98 bis C-54/98 und C-68/98 bis C-71/98 (Finalarte ua), ECLI:EU:C:2001:564; EuGH 17.11.2015 – C-115/14 (RegioPost), ECLI:EU:C:2015:760.

33 EuGH 18.12.2007 – C-341/05 (Laval), ECLI:EU:C:2007:809.

lichkeit von Tarifverträgen kannte. Die dort bisher übliche Vorgehensweise der tariflichen Festlegung von Mindeststandards reichte nach Meinung des EuGH nach der Entsende-Richtlinie nicht aus, um ausländische Arbeitnehmerinnen und Arbeitnehmer erfassen zu können.

35 In der Entscheidung „Rüffert"[34] wirkte sich dies für das deutsche Recht auf sog. **Tariftreueerklärungen** (siehe **Beispielsfall 85**) aus. Die Abgabe solcher Erklärungen fordern deutsche öffentliche Auftraggeber auf Basis von (länder-)gesetzlichen Grundlagen von denjenigen Unternehmen, an die sie Aufträge vergeben. Nach Meinung des EuGH sind Tariftreueerklärungen europarechtswidrig, wenn sie eine Bindung an nicht-allgemeinverbindliche Tarifverträge enthalten.[35] Mit der Änderungs-Richtlinie 2018/957 können allerdings nun auch solche Mitgliedstaaten, die ein System der Allgemeinverbindlicherklärung kennen, alternative regionale Instrumente verwenden, um eine „allgemeine Wirksamkeit" bestimmter Regeln herzustellen (Art. 3 Abs. 8 UAbs. 2 und 3 der neu gefassten Entsende-Richtlinie). Im deutschen Recht könnte diese Regelung für vergaberechtliche Tariftreueregelungen angewandt werden.[36]

36 Die möglichen **Gegenstände erstreckter Arbeitsbedingungen** sind in Art. 3 Abs. 1 UAbs. 1 a)-g) der Entsende-Richtlinie abschließend geregelt. Von besonderer Bedeutung ist dabei die Festlegung der „Entlohnung einschließlich der Überstundensätze" (Art. 3 Abs. 1 UAbs. 1 c) der neu gefassten Entsende-Richtlinie 96/71/EG). Dabei stellt sich in der Praxis oft die Frage, bei welchen Leistungen des Arbeitgebers ein Mitgliedstaat die Anrechnung auf die als international zwingend bestimmte Entlohnung akzeptieren muss.[37] Man kann zB darüber streiten, ob und in welchem Umfang besondere Belastungszulagen an gefährlichen Arbeitsplätzen (Beispielsfall 84) hier angesetzt werden können.[38]

37 Für die Definition von „**Entlohnung**" ist zunächst darauf hinzuweisen, dass dieser Begriff „zum Zweck dieser Richtlinie [...] durch die Rechtsvorschriften und/oder Praktiken des Mitgliedstaats bestimmt [wird], in dessen Hoheitsgebiet der Arbeitnehmer entsandt wird." (Art. 3 Abs. 1 UAbs. 3 der neu gefassten Richtlinie 96/71/EG). Es ist also zunächst Sache des Mitgliedstaats, „alle die Entlohnung ausmachenden Bestandteile" zu definieren; eine autonome Auslegung ist nicht angezeigt.

38 **Grenzen der mitgliedstaatlichen Definitionsmacht** ergeben sich aus der Dienstleistungsfreiheit; je weiter die Definition ist, je weniger Anrechnungsmöglichkeiten den Unternehmen also eröffnet werden, desto stärker werden sie beschränkt. Nach der Rechtsprechung des EuGH zum früheren Begriff der „Mindestlohnsätze" verlangt die Dienstleistungsfreiheit zumindest, dass solche Leistungen angerechnet werden, die dem Mindestlohn in ihrer Zwecksetzung funktional gleichwertig sind, weil sie „für die normale Tätigkeit der betreffenden Arbeitnehmer" gezahlt werden (sog. „**Äquivalenzprinzip**"). Der Mindestlohn müsse keine Vergütungsbestandteile erfassen, die das „Gleichgewicht zwischen der Leistung des Arbeitnehmers und der von ihm erhaltenen Gegen-

34 EuGH 3.4.2008 – C-346/06 (Rüffert), ECLI:EU:C:2008:189.

35 EuGH 3.4.2008 – C-346/06 (Rüffert), ECLI:EU:C:2008:189; EuGH 19.6.2008 – C-319/06 (Kommission./. Luxemburg), ECLI:EU:C:2008:350; siehe Däubler NZA 2014, 694 (698); Simon RdA 2014, 165; Glaser/Kahl ZHR 177 (2013), 643 (669); Anders für den Verweis auf allgemeinverbindliche Regelungen: EuGH 17.11.2015 – C-115/14 (RegioPost), ECLI:EU:C:2015:760, Rn. 62 ff.

36 Vgl. Zimmer AuR 2019, 152 ff.

37 EuGH 14.4.2005 – C-341/02 (Kommission./. Deutschland), ECLI:EU:C:2005:220.

38 Sachleistungen wie Unterbringung und Verpflegung sind in Art. 3 b) und c) der neugefassten Entsende-Richtlinie nun ausdrücklich geregelt.

leistung“ veränderten. Soweit die in **Beispielsfall 84** angesprochenen besonderen Gefahrenzulagen einen monetären Ausgleich für besondere Gefahren darstellen, werden sie ebenfalls nicht für die normale Tätigkeit bezahlt. Deutschland konnte also bereits nach bisherigem Recht verlangen, dass sie nicht auf den festgeschriebenen Mindestlohn angerechnet werden.[39]

3. Die Durchsetzungs-Richtlinie

Für die Arbeitsmärkte der Mitgliedstaaten kann die Entsendung von Arbeitskräften aus Mitgliedstaaten mit niedrigen Sozialniveaus ein gravierendes sozialpolitisches Problem darstellen. Die entsendenden Unternehmen treten in Konkurrenz zu denen des Einsatzstaats und haben durch die niedrigeren Lohnkosten einen Wettbewerbsvorteil. Durch diesen Umstand entsteht Druck auf die Unternehmen des Einsatzstaats, ihrerseits die Löhne zu senken, was einen sog. „race to the bottom“ auslösen kann. Die Erstreckung von (Mindest-)Arbeitsbedingungen nach der Entsende-Richtlinie kann dem nur insofern abhelfen, als ihre Umsetzung wirksam kontrolliert wird. Hierdurch müsste Umgehungen in Form der organisierten Scheinselbstständigkeit (wie zB die (Schein-)Beschäftigung und (Schein-)Entsendung durch Briefkastenfirmen) ein Riegel vorgeschoben werden. 39

Die Frage der **Kontrolle ausländischer Unternehmen** ist deshalb ein wichtiges Thema im Zusammenhang mit Entsendungen und der grenzüberschreitenden Ausübung der Dienstleistungsfreiheit. Mit der Durchsetzungs-Richtlinie 2014/67/EU zur Entsende-Richtlinie wird nun auf europäischer Ebene versucht, für die Durchsetzung und Kontrolle einheitlichere Standards zu etablieren. Ziel ist, den Mitgliedstaaten Instrumente an die Hand zu geben, damit diese wirksam überprüfen können, ob tatsächlich eine Entsendung vorliegt und nicht in Wirklichkeit Arbeitnehmerinnen und Arbeitnehmer allein für den Einsatz im Aufnahmestaat eingestellt werden.[40] So soll insbesondere ermittelt werden können, ob Arbeitnehmerinnen und Arbeitnehmer fälschlicherweise als selbstständig gemeldet sind – mit der Absicht, arbeitsrechtliche Regelungen und die Beitragspflicht zur Sozialversicherung zu umgehen. 40

Hierfür muss festgestellt werden, **ob ein Fall der Entsendung vorliegt**. Dies geschieht auf zwei Ebenen: 41

- Es wird erstens durch die Behörden eines Mitgliedstaats festgestellt, ob das entsendende Unternehmen tatsächlich im Ausland (dh im Heimatland des Unternehmens) tätig ist und nur vorübergehend eine bestimmte Dienstleistung grenzüberschreitend erbringt (Art. 4 Abs. 2 der Durchsetzungs-Richtlinie).
- Es wird zweitens festgestellt, ob die betreffenden Arbeitnehmerinnen und Arbeitnehmer tatsächlich überwiegend im Ausland (dh im Heimatland des Unternehmens) tätig sind und nur vorübergehend für eine bestimmte Dienstleistung grenzüberschreitend entsandt werden (Art. 4 Abs. 3 der Durchsetzungs-Richtlinie).

Bei der Frage, welche **Kontroll- und Überprüfungsmaßnahmen** zulässig sind, war der EuGH in der Vergangenheit durchaus restriktiv. Denn jede Kontroll- und Überwachungsmaßnahme stellt schließlich eine Beschränkung der Dienstleistungsfreiheit dar. 42

39 Zur Vertiefung siehe EuGH 7.11.2013 – C-522/12 (Isbir), ECLI:EU:C:2013:711; EuGH 12.2.2015 – C-396/13 (Sähköalojen ammattiliitto), ECLI:EU:C:2015:86, Rn. 43 ff.; vgl. EuGH 14.4.2005 – C-341/02 (Kommission./. Deutschland), ECLI:EU:C:2005:220.

40 EuGH 11.9.2014 – C-91/13 (Essent Energie Productie), ECLI:EU:C:2014:2206, Rn. 52.

Die effektive Durchsetzung von Kontrollen kann zwar im Interesse des Arbeitnehmerschutzes gerechtfertigt sein. Der EuGH prüft die Maßnahmen jedoch jeweils streng auf Eignung und Erforderlichkeit und erlaubte es zB nicht, dass die Mitgliedstaaten über die vorherige Anzeige hinaus eine vorherige Registrierung der entsandten Arbeitnehmerinnen und Arbeitnehmer verlangten.

43 Die **Durchsetzungs-Richtlinie 2014/67/EU** enthält nun teils eine Kodifikation der Rechtsprechung des EuGH, indem sie für die Durchführung von Kontrollmaßnahmen einen beispielhaften Katalog an Maßnahmen bereitstellt (Art. 9 Abs. 1). Falls die existierenden Maßnahmen nicht ausreichend und effektiv genug sein sollten, bleibt den Mitgliedstaaten aber die Möglichkeit eröffnet, zusätzliche Maßnahmen zu ergreifen (Art. 9 Abs. 2).

III. Grundfreiheiten, Kollektivmaßnahmen und Kollektivverhandlungen

Literatur: *Pießkalla, Michael*, Unmittelbare Drittwirkung der Grundfreiheiten des EG-Vertrags bei Boykottaufrufen durch Gewerkschaften, NZA 2007, 1144; *Kocher, Eva*, Stoppt den EuGH? Zum Ort der Politik in einer europäischen Arbeitsverfassung, in: Fischer-Lescano/Rödl/Schmid (Hrsg.), Europäische Gesellschaftsverfassung, 2009, 161; *Rebhahn, Robert*, Die Zukunft der Kollektivautonomie in Europa – Tarifautonomie im Rechtsvergleich, EuZA 3 (2010), 62.

1. Kollektivmaßnahmen und Grundfreiheiten

44 In **Beispielsfall 86** stellt sich die Frage, ob eine deutsche Gewerkschaft mit Streik drohen darf, wenn ein Unternehmen seinen Betrieb von Deutschland in die Tschechische Republik verlagert. Das Streikrecht ist als Recht auf Kollektivmaßnahmen in Art. 28 der EU-GRC verankert. Es wurde bereits vor Geltung der Grundrechte-Charta durch den EuGH als Grundrecht und allgemeiner Grundsatz des Unionsrechts anerkannt.[41]

45 Dementgegen stehen die Rechte der Unternehmen; im Fall einer Betriebsverlagerung geht es um die Grundfreiheit der Niederlassungsfreiheit (Art. 49 AEUV).[42] Eine Maßnahme, mit der die Ausübung der Niederlassungsfreiheit behindert oder weniger attraktiv gemacht wird, stellt eine **Beschränkung der Niederlassungsfreiheit** dar, die nur zulässig ist, wenn sie durch einen zwingenden Grund des Allgemeininteresses gerechtfertigt ist.

46 Im vorliegenden Fall geht die Behinderung allerdings von einer Gewerkschaft aus, so dass sich die Frage stellt, ob eine solche private Organisation an die Grundfreiheiten anderer Privater gebunden und dadurch in ihren Handlungen beschränkt ist. Diese allgemeine Frage der **unmittelbaren Horizontalwirkung von Grundfreiheiten** wird vom EuGH nur knapp problematisiert. Auch in den Entscheidungen „Viking“ und „Laval“, in denen es um die Beschränkung von Grundfreiheiten durch gewerkschaftliche Arbeitskampfmaßnahmen ging, bejahte er ohne Weiteres die unmittelbare Horizontalwirkung zumindest gegenüber „intermediären Gewalten“, dh zumindest dann, wenn es um Kollektivverträge geht (genauer zu dieser Diskussion oben § 1, Rn. 72 ff.). In der deutschen Literatur wurde dementgegen meist davon ausgegangen, dass eine mittelbare Horizontalwirkung angemessener sei. Denn wenn nur der Mitgliedstaat verpflichtet sei, Private davor zu schützen, dass ihre Rechte durch andere Private beschränkt werden, könnten die grundrechtlichen Positionen beider Seiten angemessen gegeneinander

41 EuGH 11.12.2007 – C-438/05 (Viking), ECLI:EU:C:2007:772.
42 Ferner ist Art. 15 EU-GRC berührt.

abgewogen und in ein Verhältnis praktischer Konkordanz gesetzt werden.[43] Der EuGH hingegen erstreckt die von ihm angenommene unmittelbare Horizontalwirkung bei Kollektivverträgen auf Arbeitskampfmaßnahmen, weil diese „untrennbar“ mit den Tarifverträgen verbunden seien – ein weiteres nicht unproblematisches Argument.[44]

Folgte man dem EuGH, wäre als nächstes zu fragen, ob die Beschränkung durch einen **zwingenden Grund des Allgemeininteresses** gerechtfertigt war. Hier zeigt sich eines der Probleme der unmittelbaren Horizontalwirkung: Der private Eingriff wird an denselben Maßstäben gemessen wie ein staatlicher Eingriff. Private werden auf ein Allgemeininteresse verpflichtet, obwohl ihr Handeln in der Regel wirtschaftlichen oder kollektiven Interessen dient, die mit den Grundrechten als legitime Interessen anerkannt sind. Hier kam jedenfalls der Arbeitnehmerschutz als legitimes Ziel in Betracht. 47

Ein legitimes Ziel des Arbeitnehmerschutzes liegt vor, wenn der Arbeitskampf bezweckt, dass die Arbeitsbedingungen bei der Betriebsverlagerung nicht verschlechtert werden. Im Rahmen der **Verhältnismäßigkeitsprüfung** fragt der EuGH jedoch im Einzelnen danach, inwieweit nach der Verlagerung (in Beispielsfall 86 hieße dies: durch das tschechische Arbeitsrecht) ohnehin ein ausreichender Standard gewährleistet wäre – und verweist die Sache deshalb an das mitgliedstaatliche Gericht zurück, damit dieses eine genauere Verhältnismäßigkeitsprüfung unternehmen könne. 48

Es ist diese Verhältnismäßigkeitsprüfung, die einen Sturm des **Protests gegen die Arbeitskampfentscheidungen** des EuGH (also vor allem die Entscheidungen Viking und Laval) hervorgerufen hat. Denn die Konsequenz der engen Verhältnismäßigkeitsprüfung ist, dass das Grundrecht der Kollektivverhandlungen in grenzüberschreitenden Fällen weitgehend eingeschränkt und damit die Frage aufgeworfen wird, ob nicht bereits sein Wesensgehalt beeinträchtigt wird. Der Wesensgehalt dieses Grundrechts liegt schließlich darin, dass ein Verhandlungsspielraum mit Einschätzungsprärogativen gefüllt wird. Bei einer engen Verhältnismäßigkeitskontrolle verschwinden diese **Autonomieräume und Entscheidungsprärogativen.** Noch einschneidender ist dies beim Arbeitskampf, denn dieser wird häufig mit Forderungen geführt, die Gegenstand von Verhandlungen sind; der Logik des Verhandlungsprozesses und der Kompromissfindung folgend werden (beidseitig) eingangs oft sehr weitgehende Forderungen erhoben, deren Realisierung von den Beteiligten nicht notwendig als wahrscheinlich eingeschätzt wird. Dies übersieht der EuGH mit seiner Prüfung, ob der geforderte Arbeitnehmerschutz erforderlich sei. 49

Rechtsdogmatisch wirft die Vorgehensweise des EuGH zwei Fragen auf: 50

- Wie verhalten sich die detaillierten Anforderungen an die Ausübung des Streikrechts zu **Art. 153 Abs. 5 AEUV**? Diese Norm enthält eine Kompetenzgrenze. Der europäische Gesetzgeber dürfte also die Regeln, die der EuGH hier aufstellt, nicht selbst regeln und kann sie deshalb auch nicht durch sozialpolitische Rechtssetzung korrigieren.
- Wie verhält sich die Prüfung der Grundfreiheit zum Grundrecht? Im vorliegenden Fall ist nicht nur eine Beschränkung von Grundfreiheiten im Interesse der Grund-

43 Jarass EuR 2000, 705 (716); Streinz/Leible EuZW 2000, 459 (465); Burgi EWS 1999, 327 (330); Kainer JuS 2000, 431 (432); Thüsing RdA 2007, 308; eingehend zur Debatte Pießkalla NZA 2007, 1144. Vorbild für diese Konstruktion ist die Rechtsprechung des EuGH in den versammlungsrechtlichen Fällen EuGH 9.12.1997 – C-265/95 (Kommission./. Frankreich), ECLI:EU:C:1997:595; EuGH 12.6.2003 – C-112/00 (Schmidberger), ECLI:EU:C:2003:333.

44 EuGH 11.12.2007 – C-438/05 (Viking), ECLI:EU:C:2007:772, Rn. 36.

rechte zu prüfen, sondern spiegelbildlich eine **Beschränkung von Grundrechten durch Ausübung von Grundfreiheiten** zu rechtfertigen.

51 Als Auswege werden unterschiedliche rechtsdogmatische Lösungsansätze vorgeschlagen:

- **Annahme einer mittelbaren Horizontalwirkung** statt unmittelbarer Horizontalwirkung (siehe oben Rn. 46).
- **Ausnahme für Kollektivmaßnahmen und Tarifverträge vom Anwendungsbereich der Grundfreiheiten**: Damit würde der effet utile gefährdet. Denn in den Mitgliedstaaten übernehmen Kollektivmaßnahmen und Kollektivvereinbarungen ganz unterschiedliche Funktionen. Begründete man hier einen Ausnahmebereich, so hätten die Grundfreiheiten unterschiedliche Wirkungen in den Mitgliedstaaten.
- **Einschränkung der Verhältnismäßigkeitsprüfung (Berücksichtigung des Gehalts der Grundrechte bei der Auslegung)**: Das Grundrecht der Kollektivverhandlungsfreiheit und der Kollektivmaßnahmen hat zur Folge, dass die Sozialpartner eine eigene Einschätzungsprärogative darüber haben müssen, welche Maßnahmen zum Schutz der Arbeitnehmerinnen und Arbeitnehmer geeignet, erforderlich und angemessen sind.[45]

52 Unabhängig von solchen rechtsdogmatischen Erwägungen tritt der Europäische Gewerkschaftsbund (EGB) seit langem für ein **Sozialfortschritts**-Protokoll ein. Darin solle geregelt werden, dass die Ausübung der Grundrechte nicht durch die Grundfreiheiten eingeschränkt werden darf.[46] Die EU-Kommission wiederum schlug im Jahr 2012 eine „Verordnung über die Ausübung des Rechts auf Durchführung kollektiver Maßnahmen" vor (sog. **Monti II-VO-Vorschlag**[47]), die in Art. 2 festschreiben sollte: „Bei der Ausübung der im Vertrag verankerten Niederlassungs- und Dienstleistungsfreiheit wird das Grundrecht auf Durchführung kollektiver Maßnahmen, einschließlich des Streikrechts oder der Streikfreiheit gewahrt; umgekehrt werden bei der Ausübung des Grundrechts auf Durchführung kollektiver Maßnahmen, einschließlich des Streikrechts oder der Streikfreiheit, diese wirtschaftlichen Freiheiten gewahrt." Darüber hinaus wurden in diesem Entwurf Schlichtungs- und Ankündigungspflichten vorgeschlagen, die erheblich in die Autonomie der Sozialpartner eingegriffen hätten; wegen des darin liegenden Verstoßes gegen das Subsidiaritätsprinzip und insbesondere gegen Art. 153 Abs. 5 AEUV protestierten zahlreiche Mitgliedstaaten, und der Entwurf wurde zurückgezogen.[48]

2. Kollektivvertragliche Beschränkungen der Wettbewerbsfreiheit

53 Kollektivverhandlungen und Kollektivverträge bringen notwendigerweise **kartellartige Wirkungen** mit sich. Die Arbeitnehmerinnen und Arbeitnehmer bündeln ihre Verhandlungsmacht gegenüber der Arbeitgeberseite, um dieser die Zustimmung zu einem Kol-

45 Ausführlich Kocher, in: Fischer-Lescano/Rödl/Schmid (Hrsg.), Europäische Gesellschaftsverfassung 2009, S. 161 ff.

46 EGB, Resolution Sozialen Fortschritt im Binnenmarkt erzielen: Vorschläge für den Schutz der sozialen Grundrechte und die Entsendung von Arbeitnehmern vom 7./8.12.2011, abzurufen unter <http://www.etuc.org/a/9505> (19.8.2015).

47 Vorschlag der Kommission für eine Verordnung des Rates über die Ausübung des Rechts auf Durchführung kollektiver Maßnahmen im Kontext der Niederlassungs- und der Dienstleistungsfreiheit, KOM(2012) 130 endg.

48 Kritisch auch zu den Grenzen einer sekundärrechtlichen Lösung Bruun/Bücker, Der Monti II Verordnungsvorschlag der EU Kommission. Eine kritische Würdigung NZA 2012, 1136.

lektivvertrag abzuringen. Auf der anderen Seite des Kollektivvertrags sind viele Arbeitgeber und Unternehmer daran gebunden, Arbeitsverträge zu gleichen Bedingungen abzuschließen. Es ist kein Zufall, dass sich die ersten Gewerkschaften, die in Deutschland im 19. Jahrhundert gegründet wurden, zum Teil „Ortskartelle" nannten. Anders als im deutschen Recht, in dem das Grundrecht des Art. 9 Abs. 3 GG in einem klaren Vorrangverhältnis zur einfachgesetzlichen Kartellkontrolle des GWB steht, ist die Wettbewerbsfreiheit im Recht der Europäischen Union mit Art. 101 AEUV aber primärrechtlich geregelt und steht so in einem Spannungsverhältnis zur Kollektivverhandlungsautonomie, die erst seit Geltung des Art. 28 EU-GRC explizit als Grundrecht anerkannt ist.

Der EuGH erkannte jedoch bereits vor Geltung der Grundrechte-Charta in **Beispielsfall 87** an, dass sozialpolitische Ziele durch Kollektivverträge verfolgt werden können und dürfen. Er hat zu Recht die Schlussfolgerung gezogen, dass mit Kollektivverträgen „zwangsläufig" gewisse wettbewerbsbeschränkende Wirkungen verbunden sind. „Die Erreichung der mit derartigen Verträgen angestrebten sozialpolitischen Ziele wäre [...] ernsthaft gefährdet, wenn für die Sozialpartner bei der gemeinsamen Suche nach Maßnahmen zur Verbesserung der Beschäftigungs- und Arbeitsbedingungen Art. 101 Abs. 1 AEUV Geltung hätte."[49] Nach heutigem Recht ergibt sich eine solche **Bereichsausnahme von der Wettbewerbsfreiheit** bereits aus Art. 28 EU-GRC. Der Unterschied zu den Grundfreiheiten, für die eine Bereichsausnahme zugunsten der Tarifautonomie abzulehnen ist (siehe oben Rn. 49), liegt darin, dass die Beschränkungen der Wettbewerbsfreiheit notwendig mit jedem Kollektivvertrag verbunden sind und nicht verhindert werden können. 54

Damit steht aber auch fest, nach welchen Kriterien sich die Reichweite der Bereichsausnahme bemisst – was also eine **„Kollektivvereinbarung"** ist, die unter die Bereichsausnahme von der Wettbewerbsfreiheit fällt: Während der EuGH in der Entscheidung zu **Beispielsfall 87** noch darauf abgestellt hatte, ob die Vereinbarung eines der unionsrechtlich in (dem heutigen) Art. 151 AEUV anerkannten Ziele der Sozialpolitik verfolgte, ist nach heutigem Recht auf die Reichweite der Kollektivverhandlungsfreiheit des Art. 28 EU-GRC abzustellen. Im Ergebnis ergibt sich aus den neuen Rechtsgrundlagen aber wohl kein verändertes Ergebnis: 55

- Vereinbarungen nach Art. 28 EU-GRC müssen die Verbesserung von Arbeitsbedingungen der Arbeitnehmerinnen und Arbeitnehmer oder sonstige Ziele der Sozialpolitik zum **Ziel** haben. Den Kollektivvereinbarungsparteien kommt dabei ein weiter Einschätzungsspielraum zu. Der EuGH hat aus anderem Anlass bereits bestätigt, dass auch eine Maßnahme, die primär Ziele der öffentlichen Sicherheit und des Schutzes der Gesundheit verfolgt, „in den Anwendungsbereich von Tarifverträgen" fallen kann.[50]
- Um dem Schutz des Art. 28 EU-GRC zu unterfallen, muss eine Vereinbarung das Ergebnis einer **Kollektivverhandlung zwischen Organisationen sein, die Arbeitgeber und Arbeitnehmer vertreten und auf freier Gründung basieren.** Die Norm bezieht

49 Vgl. EuGH 21.9.1999 – C-67/96 (Albany), ECLI:EU:C:1999:430, Rn. 54 ff., 59; EuGH 21.9.1999 – C-115/97 (Brentjens), ECLI: EU: C: 1999:434, Rn. 61; EuGH 21.9.1999 – C-219/97 (Drijvende Bokken), ECLI: EU: C: 1999:437, Rn. 51; EuGH 9.7.2009 – C-319/07 (P-3F./. Kommission), ECLI:EU:C:2009:435, Rn. 5.

50 EuGH 13.9.2011 – C-447/09 (Prigge ua), ECLI:EU:C:2011:573, Rn. 62 im Gegensatz zur Auffassung des Generalanwalts Cruz Villalón, Schlussanträge v. 19.5.2011 – C-447/09 (Prigge ua), ECLI:EU:C:2011:321, Rn. 86; anders wohl C. Schubert, ELLJ 2013, 146 (159).

sich also nicht auf Betriebsvereinbarungen des deutschen oder österreichischen Rechts.

56 In **Beispielsfall 87** wurde die Wettbewerbsfreiheit allerdings nicht nur dadurch beschränkt, dass den tarifgebundenen Unternehmen vorgeschrieben wurde, nach welchen Bedingungen sie Betriebsrentensysteme abzuschließen hatten. Die tarifvertragliche Regelung machte auch die (europaweite) Ausschreibung der Aufträge verzichtbar, weil andere als die tariflich festgelegten öffentlichen Zusatzversorgungseinrichtungen von vornherein von der Durchführung der Betriebsrentensysteme ausgeschlossen waren. Diese Beschränkung der Wettbewerbsfreiheit war jedoch nach Meinung des EuGH nicht erforderlich, um den sozialen Schutz der Arbeitnehmerinnen und Arbeitnehmer zu erreichen. Alle Ziele, die mit der Beschränkung der Anbieter verfolgt wurden oder verfolgt werden konnten, hätten nach Meinung des EuGH auch über ein Ausschreibungsverfahren erreicht werden können.[51]

57 Auch hier führt der EuGH also eine **umfassende Erforderlichkeits-/Verhältnismäßigkeitsprüfung** durch – die die Gefahr birgt, die Einschätzungsprärogative der Tarifvertragsparteien und damit deren Grundrecht zu beeinträchtigen. Diese Problematik führt in Bereiche des Wettbewerbs- und Vergaberechts im engeren Sinn und soll deshalb an dieser Stelle nicht weiter vertieft werden.

Vertiefung: Der Anwendungsbereich der Kollektivvertragsfreiheit

▶ Beispielsfall 88

In den Niederlanden wurde ein Tarifvertrag für Musikerinnen und Musiker abgeschlossen, die Orchestermitglieder im Fall von Krankheit und anderen Abwesenheiten vertreten. Die Orchester beschäftigen solche Aushilfsmusiker/innen sowohl in Arbeitsverhältnissen als auch als Selbstständige mit Honorarverträgen. Der Tarifvertrag legte für beide Gruppen Mindesttarife (Proben- und Konzerttarife) fest. Nun entstand Streit darüber, ob die Regelungen für selbstständige Aushilfsmusiker/innen mit dem Wettbewerbsrecht der Europäischen Union vereinbar sind. ◀

EuGH 4.12.2014 – C-413/13 (FNV), ECLI:EU:C:2014:2411

58 In **Beispielsfall 88** waren zunächst die allgemeinen Grundsätze anzuwenden (siehe oben Rn. 53 ff.). Für Tarifverträge gilt danach eine Bereichsausnahme von Art. 101 AEUV, wenn die Vereinbarung Ergebnis einer Kollektivverhandlung zwischen freien Sozialpartnerorganisationen ist und das Ziel verfolgt, die Beschäftigungs- und Arbeitsbedingungen von Arbeitnehmerinnen und Arbeitnehmern zu verbessern. Auch wenn das Ziel der Verbesserung von Beschäftigungsbedingungen hier nicht fraglich sein konnte, verneinte der EuGH dennoch das Vorliegen einer solchen Kollektivverhandlung von Sozialpartnern; schließlich seien die selbstständigen Aushilfsmusiker/innen grundsätzlich **„Unternehmen" im Sinne von Art. 101 Abs. 1 AEUV.**[52]

59 Dies schließe aber nicht aus, dass die Vereinbarung dennoch als Form des Dialogs von Sozialpartnern von der Bereichsausnahme erfasst sein könne. Diese Möglichkeit macht der EuGH von einer gewissen Vergleichbarkeit der selbstständigen Dienstleistungserbringer/innen mit Arbeitnehmerinnen und Arbeitnehmern abhängig. Im konkreten Fall ergab sich die daraus, dass die selbstständigen Aushilfsmusiker/innen **„in Wirklichkeit**

---

51 EuGH 15.7.2010 – C-271/08 (Kommission./. Deutschland), ECLI:EU:C:2010:426.
52 EuGH 4.12.2014 – C-413/13 (FNV), ECLI:EU:C:2014:2411, Rn. 27 ff.

'**Scheinselbständige**'" seien, „d. h. Leistungserbringer, die sich in einer vergleichbaren Situation wie die Arbeitnehmer befinden."[53]Gleichzeitig betont er, dass die Eigenschaft als Arbeitnehmer im Sinne des Unionsrechts nicht davon abhänge, wie sie im innerstaatlichen Steuer- oder Verwaltungsrecht verstanden werde (siehe dazu schon oben § 1 Rn. 144). Darüber hinaus definiert er die Voraussetzungen für die Anwendung der Bereichsausnahme zu Art. 101 AEUV in Abgrenzung zum Begriff des „Unternehmers" und damit gleichzeitig abweichend von der Lawrie-Blum-Definition.[54] Für die Eigenschaft als Arbeitnehmer sei maßgeblich:[55]

- Weisungsgebundenheit, insbesondere im Hinblick auf die Freiheit bei der Wahl von Zeit, Ort und Inhalt der Arbeit
- Fehlende Beteiligung an den geschäftlichen Risiken des Arbeitgebers
- Eingliederung in das Unternehmen, Bildung einer wirtschaftlichen Einheit mit dem Auftraggeber bzw. Arbeitgeber.

Diese Definition der Arbeitnehmerstellung in Abgrenzung zum Unternehmerbegriff widerspricht zum einen der im Urteil selbst vertretenen Behauptung, es handele sich um „Unternehmer". Zum anderen aber lässt das Urteil offen, ob hier tatsächlich ein eigenständiger Arbeitnehmerbegriff entwickelt werden soll, der (zB) wirtschaftlich abhängige „arbeitnehmerähnliche" Personen erfassen könnte, oder der jedenfalls ein größeres Gewicht auf die Frage der Eingliederung legt.[56]

53 EuGH 4.12.2014 – C-413/13 (FNV), ECLI:EU:C:2014:2411, Rn. 31.

54 Zu den dogmatischen Grundlagen der Lawrie-Blum-Definition im Recht der Arbeitnehmerfreizügigkeit siehe oben § 1, Rn. 105 ff.

55 EuGH 4.12.2014 – C-413/13 (FNV), ECLI:EU:C:2014:2411, Rn. 36.

56 Vgl. in diese Richtung Junker EuZA 2016, 184 (195); Temming IPRax 2015, S. 509; Wank EuZW 2018, S. 2128 f.). aA Latzel/Serr EuZW 2014, S. 410 ff. Zur Diskussion insgesamt siehe auch vgl. auch Grünbuch der Kommission v. 22.11.2006, „Ein moderneres Arbeitsrecht für die Herausforderungen des 21. Jahrhunderts", KOM(2006)708 endg., S. 12 ff.

Wichtige EuGH-Urteile

Alphabetische Reihenfolge

Stichwort/Name	Datum und Aktenzeichen	in diesem Lehrbuch siehe …
Abercrombie & Fitch Italia	EuGH 19.7.2017 – C-143/16	§ 4, Rn. 175
Abrahamsson und Anderson	EuGH 6.7.2000 – C-407/98	§ 4, Rn. 85, **96**
Adoui und Cornuaille	EuGH 18.5.1982 – 115 und 116/81	§ 3, Rn. **41, 46ff**
ADS Anker	EuGH 15.7.2004 – C-349/01	§ 6, Rn. **25, 38**
AGET Iraklis	EuGH 21.12.2016 – C-201/15	§ 1, Rn. 34; § 5, Rn. 126
Åkerberg Fransson	EuGH, (Große Kammer), 26.2.2013 – C-617/10	§ 1, Rn. 30, **33**, 91
Albany	EuGH 21.9.1999 – C-67/96	§ 7, Rn. **4**, 7, **52–55**
Alemo Herron	EuGH 18.7.2013 – C-426/11	§ 1, Rn. 34; § 5, Rn. 151
Allonby	EuGH 13.1.2004 – C-256/01	§ 1, Rn. 110, 123, **131, 137 f**; § 4, Rn. 20, 27, 36, 63
Allué ua.	EuGH 2.8.1993 – C-259/91, C-331/91 u. C-332/91	§ 3, Rn. **62, 64**
Angestelltenbetriebsrat der Wiener Gebietskrankenkasse	EuGH 11.5.1999 – C-309/97	§ 4, Rn. 43
Angonese	EuGH 6.6.2000 – C-281/98	§ 3, Rn. 74, **81–83, 86**, 91
Anker	EuGH 30.9.2003 – C-47/02	§ 3, Rn. 23, 25, **29, 32**
Arjona Camacho	EuGH 17.12.2015 – C-407/14	§ 4, Rn. 202
Asklepios	EuGH 27.4.2017 – C-680 u. 681/15	§ 1, Rn. 34; § 5, Rn. 154
Asociaţia Accept	EuGH 25.4.2013 – C-81/12	§ 4, Rn. **119**, 202
Association de médiation sociale	EuGH 15.1.2014 – C-176/12	§ 1, Rn. 68, 78, 142, **144, 146, 149**; § 6, Rn. 6, 14 f
Badeck ua.	EuGH 28.3.2000 – C-158/97	§ 4, Rn. 85, **94, 97 f**

Stichwort/Name	Datum und Aktenzeichen	in diesem Lehrbuch siehe ...
Balkaya	EuGH 9.7.2015 – C-229/14	§ 1, Rn. 139, 141; § 5, Rn. 127
Barcenilla Fernández und Macedo Lozano	EuGH 5.5.2011 – C-256/10 und C-261/10	§ 5, Rn. **19, 25**
Bartsch	EuGH 23.9.2008 – C-427/06	§ 1, Rn. 62
Bauer und Broßonn	EuGH 6.11.2018 – C-569/16 u. C-570/16	§ 1, Rn. **63**, 65, 68, 73 b, 78 b, 78 c; § 5, Rn. 48, 66, 71
Betriebsrat der Ruhrlandklinik	§ 1, Rn. 145; § 5, Rn. 116	EuGH 17.11.2016 – C-216/15
Betriu Montull	EuGH 19.9.2013 – C-5/12	§ 5, Rn. **39**
Bettray	EuGH 31.5.1989 – C-344/87	§ 1, Rn. 140
Bilka	EuGH 13.5.1986 – 170/84	§ 4 Rn. **104, 107, 109**
Bofrost	EuGH 29.3.2001 – C-62/99	§ 6, Rn. 25, **37 f**
Bollacke	EuGH 13.6.2013 – C-415/12	§ 5, Rn. 66
Bosman	EuGH 15.12.1995 – C-415/93	§ 3, Rn. 70, 74, **87 f**, 96
Brouillard	EuGH 6.10.2015 – C-298/14	§ 3, Rn. 23, 61, 68
Bulicke	EuGH 8.7.2010 – C-246/09	§ 4, Rn. **203–205**, 207
Bundesdruckerei	EuGH 18.9.2014 – C-549/13	§ 1, Rn. **27**, § 7 Rn. **2, 6 f, 11, 26–28, 33**
Cadman	EuGH 3.10.2006 – C-17/05	§ 4, **105**; § 6, Rn. 112, **114**
Caves Krier	EuGH 13.12.2012 – C-379/11	§ 3, Rn. **68**, 107
CGT	EuGH 18.1.2007 – C-385/05	§ 1, Rn. **135, 142;** § 5, Rn. **127**
Chacón Navas	EuGH 11.7.2006 – C-14/05	§ 4, Rn. **134, 139**
Chatzi	EuGH 16.9.2010 – C-149/10	§ 2, Rn. 32 § 5, Rn. **73**, 75, **79**, 80, **81**, 83
CHEZ Razpredelenie Bulgaria	EuGH 16.7.2015 – C-83/14	§ 4, Rn. 51, 130, 133

Stichwort/Name	Datum und Aktenzeichen	in diesem Lehrbuch siehe …
Christel Schmidt	EuGH 14.4.1994 – C-392/92	§ 5, Rn. 156
Clean Car Autoservice	EuGH 7.5.1998 – C-350/96	§ 3, Rn. **104–107**
Cobra Servicios Auxiliares	EuGH 11.4.2019 – C-29/18	§ 5, Rn. **96, 105 a**
Colegio de Oficiales de la Marina Mercante Española	EuGH 30.9.2003 – C-405/01	§ 2, Rn. **29, 32**
von Colson und Kamann	EuGH 10.4.1984 – 14/83	§ 4, Rn. **193, 197, 200**
Comisiones Obreras, CCOO	EuGH 14.5.2019 – C-55/18	§ 1, Rn. 1; § 4, Rn. 188 a; § 5, Rn. 72b-d
Correia Moreira	EuGH 13.6.2019 – C-317/18	§ 1, Rn. 145; § 5, Rn. 149
Costa/ENEL	EuGH 15.7.1964 – C-6/64	§ 1, Rn. 59
Daddy's Dance Hall	EuGH 10.2.1988 – 324/86	§ 5, Rn. **144, 148, 151**
Danfoss	EuGH 17.10.1989 – 109/88	§ 4, Rn. 51, **105, 111** f, 114
Danosa	EuGH 11.11.2010 – C-232/09	§ 1, Rn. 123, **132, 138** f; § 5, Rn. 32
Daouidi	EuGH 1.12.2016 – C-395/15	§ 4, Rn. 138 f
Dassonville	EuGH 11.7.1974 – 8/74	§ 7, Rn. 17
Defrenne I	EuGH 25.5.1971 – 80/70	§ 4, Rn. **21**, 31, **48, 66 f, 69 f**
Defrenne II	EuGH 8.4.1976 – 43/75	§ 4, Rn. 15, **21**, 48, 60, 66 f, **69 f**
Defrenne III	EuGH 15.6.1978 – 149/77	§ 4, Rn. **21**, 48, 66 f, **69 f**
Dekker	EuGH 8.11.1990 – C-177/88	§ 4, Rn. 79, 199
Draehmpaehl	EuGH 22.4.1997 – C-180/95	§ 4, Rn. **194, 199** f, 201, 206
van Duyn	EuGH 4.12.1974 – 41/74	§ 3, Rn. **42, 47 f**
Enderby	EuGH 27.10.1993 – C-127/92	§ 4, Rn. **22, 37,** 51
Erzberger	EuGH 18.7.2017 – C-566/15	§ 3, Rn. 22 a, 39, 68, **79 f**; § 6, Rn. 45

Stichwort/Name	Datum und Aktenzeichen	in diesem Lehrbuch siehe …
Essent Energie Productie	EuGH 11.9.2014 – C-91/13	§ 3, Rn. 20, 116; § 7, Rn. 15, 20, 38
Fenoll	EuGH 26.3.2015 – C-316/13	§ 1, Rn. 32, 120, **133, 140**
Feryn	EuGH 10.7.2008 – C-54/07	§ 4, Rn. 119, **133**, 202
Finalarte ua.	EuGH 25.10.2001 – C-49/98, C-50/98, C-52/98 bis C-54/98 und C-68/98 bis C-71/98	§ 7, Rn. **20**, 32
FNV	EuGH 4.12.2014 – C-413/13	§ 1, Rn. 130; § 7, Rn. **55–57**
Francovich	EuGH 19.11.1991 – C-6/90	§ 1, Rn. 71
Fries	EuGH 5.7.2017 – C-190/16	§ 4, Rn. **167, 181, 183**
Gassmayr	EuGH 1.7.2010 – C-194/08	§ 5, Rn. **30**, 34, 36
Gorka Salaberria Sorondo	EuGH 15.11.2016 – C-258/15	§ 4, Rn. 182
Graf	EuGH 27.1.2000 – C-190/98	§ 3, Rn. 68, **69, 72, 75**
H./. Land Berlin	EuGH 7.9.2017 – C-174/16	§ 5, Rn. 78
Habermann–Beltermann	EuGH 5.5.1994 – C-421/92	§ 4, Rn. 81
Hakelbracht ua	EuGH 20.6.2019 – C-404/18	§ 4, Rn. 196
Haralambidis	EuGH 10.9.2014 – C-270/13	§ 1, Rn. **104**, 112, **126**; § 3, Rn. 32
Hay	EuGH 12.12.2013 – C-267/12	§ 4, Rn. **160, 162**, 163, **164**
Hennigs und Mai	EuGH 8.9.2011 – C-297/10 u. C-298/10	§ 4, Rn. 173
HK Danmark	EuGH 11.4.2013 – C-335/11 u. C-337/11	§ 4, Rn. 140
Hütter	EuGH 18.6.2009 – C-88/08	§ 4, Rn. 67, 173
Impact	EuGH 15.4.2008 – C-268/06	§ 1, Rn. 69; § 5, Rn. **97 f**, 104 f, 107, **108–111**
IR	EuGH 11.9.2018 – C-68/17	§ 1, Rn. 75; § 4, Rn. 155 a, 155 b

Stichwort/Name	Datum und Aktenzeichen	in diesem Lehrbuch siehe …
Isbir	EuGH 7.11.2013 – C-522/12	§ 7, Rn. **1**, **5**, **13**, **17 f**, 20, **24**, 32, **34**, **36**
ITC	EuGH 11.1.2007 – C-208/05	§ 3, Rn. 68 f, 74, **76–78**, **108 f**
Jäger	EuGH 9.9.2003 – C-151/02	§ 5, Rn. **47**, 55–58
Jenkins	EuGH 31.3.1981 – C-96/80	§ 4, Rn. 60, 109
Jiménez Melgar	EuGH 4.10.2001 – C-438/99	§ 4, Rn. 80; § 5, Rn. 33, 141
John	EuGH 28.2.2018 – C-46/17	§ 5, Rn. 107
Johnston	EuGH 15.5.1986 – C-222/84	§ 4, Rn. 88 f, 93
Junk	EuGH 27.1.2005 – C-188/03	§ 1, Rn. 80; § 5, Rn. **124**, 146, **147**; § 6, Rn. 23
Jyske Finans	EuGH 6.4.2017 – C-668/15	§ 4, Rn. 130, 133
Kalanke	EuGH 17.10.1995 – C-450/93	§ 4, Rn. **85**, **93 f**, **97 f**
Kalliri	EuGH 18.10.2017 – C-409/16	§ 4, Rn. **105 a**, **114 a**, **114 b**
Kaltoft	EuGH 18.12.2014 – C-354/13	§ 4, Rn. **135**, **141**, **143**
Kampelmann	EuGH 4.12.1997 – C-253/96 bis 258/96	§ 5, Rn. **7ff**
K.B../. NHS	EuGH 7.1.2004 – C-117/01	§ 4, Rn. 162
Kelly	EuGH 21.7.2011 – C-104/10	§ 4, Rn. **187**, 191 f
Kenny	EuGH 27.6.2011 – C-427/11	§ 4, Rn. 37, **41**, **43**, 44, 51
KHS	EuGH 22.11.2011 – C-214/10	§ 5, Rn. **62**, 65, **69**, **71 f**
King	EuGH 29.11.2017 – C-214/16	§ 5, Rn. 67, 72 a
Koelzsch	EuGH 15.3.2011 – C-29/10	§ 7, Rn. 10
Kommission./. Belgien (Selor)	EuGH 5.2.2015 – C-317/14	§ 3, Rn. **58–60**
Kommission./. Deutschland (kommunale Betriebsrenten)	EuGH 15.7.2010 – C-271/08	§ 7, Rn. **4**, 7, **53–55**

Stichwort/Name	Datum und Aktenzeichen	in diesem Lehrbuch siehe ...
Kommission./. Griechenland	EuGH 10.12.2009 – C-460/08	§ 2, Rn. **29, 32**
Kommission./. Luxemburg	EuGH 19.6.2008 – C-319/06	§ 7, Rn. 33
Kommission./. Niederlande (Arbeitsschutzbeauftragte)	EuGH 22.5.2003 – C-441/01	§ 5, Rn. **20, 28,** 29
Kommission./. Vereinigtes Königreich (Betriebsübergangs- bzw. Massenentlassungs-RL)	EuGH 8.6.1994 – C-382 und 383/92	§ 6, Rn. **4, 16, 21**
Kowalska	EuGH 27.6.1990 – C-33/89	§ 4, Rn. **30**, 63
Kratzer	EuGH 28.7.2016 – C-423/15	§ 4, Rn. 13
Kreil	EuGH 11.1.2000 – C-285/98	§ 4, Rn. **84, 90,** 91
Kücük	EuGH 26.1.2012 – C-586/10	§ 5, Rn. 107
Kücükdeveci	EuGH 19.1.2010 – C-555/07	§ 1, Rn. 59, **62,** 69 f, 75, **76,** 78, 78 c, **83;** § 4, Rn. 173
Kühne & Nagel	EuGH 13.1.2004 – C-440/00	§ 6, Rn. **25, 38**
Lange/Schünemann	EuGH 8.2.2001 – C-350/99	§ 5, Rn. **3, 5, 7**
Laval	EuGH 18.12.2007 – C-341/05	§ 1, Rn. 54; § 7, Rn. **33**
Lawrie-Blum	EuGH 3.7.1986 – 66/85	§ 3, Rn. 24
Levin	EuGH 23.3.1982 – 53/81	§ 1, **100, 114 f**
Lommers	EuGH 19.2.2002 – C-476/99	§ 4, Rn. 99
Lyttle ua	EuGH 13.5.2015 – C-182/13	§ 5, Rn. 140
Maio Marques da Rosa	EuGH 9.11.2017 – C-306/16	§ 5, Rn. **46, 50 a**
Mangold	EuGH 22.11.2005 – C-144/04	§ 1, Rn. 59, **62,** 70 f, 78 c; § 4, Rn. 175
Marshall	EuGH 26.2.1986 – 152/84	§ 1, Rn. 78; § 4, Rn. **73**
Marshall II	EuGH 2.8.1993 – C-271/91	§ 4, Rn. 198
Martin Meat	EuGH 18.6.2015 – C-586/13	§ 3, Rn. 20, 116; § 5, Rn. **113;** § 7, Rn. 15
Maruko	EuGH 1.4.2008 – C-267/06	§ 4, Rn. **159,** 163

Stichwort/Name	Datum und Aktenzeichen	in diesem Lehrbuch siehe ...
Matzak	EuGH 21.2.2018 – C-518/15	§ 1, Rn. **134**, **141**, § 5, 52, 56
Max-Planck-Gesellschaft	EuGH 6.11.2018 – C-684/16	§ 1, Rn. 1; § 5, Rn. **72 a**, **72 c**
Mayr	EuGH 26.6.2008 – C-506/06	§ 4, Rn. 82
Meeussen	EuGH 8.6.1999 – C-337/97	§ 1, Rn. **105**, **127 f**
Meister	EuGH 19.4.2012 – C-415/10	§ 4, Rn. **187**, **192**
Merino Gómez	EuGH 18.3.2004 – C-342/01	§ 5, Rn. **62**, 70
Mono Car Styling	EuGH 16.7.2009 – C-12/08	§ 6, Rn. 20
O'Brien	EuGH 1.3.2012 – C-393/10	§ 1, Rn. **145 a**, 147, **150**; § 5, Rn. 87
ÖGB (Anrechnung von Beschäftigungszeiten)	EuGH 30.11.2000 – C-195/98	§ 3, Rn. **51–54**, 68
ÖGB (Entgelt für Wehrdienstzeiten)	EuGH 18.6.2004 – C-220/02	§ 4, Rn. **31**, 33
ÖGB (Diskriminierung von Teilzeitbeschäftigten)	EuGH 5.11.2014 – C-476/12	§ 5 Rn. **84**, 88, **91**
Olympique Lyonnais	EuGH 16.3.2010 – C-325/08	§ 3, Rn. **95–99**
Palacios de la Villa	EuGH 16.10.2007 – C-411/05	§ 4, Rn. 179
Parris	EuGH 24.11.2016 – C-443/15	§ 4, Rn. 5, 163
Parviainen	EuGH 1.7.2010 – C-471/08	§ 5, Rn. **30**, **34 f**, **44**
Pérez	EuGH 13.11.2014 – C-416/13	§ 4, Rn. 182
Petersen	EuGH 12.1.2010 – C-341/08	§ 4, Rn. 181
Pfeiffer ua.	EuGH 5.10.2004 – C-397/01 bis C-403/01	§ 5, Rn. **47**, 50, **52 f**, 54, 56, 57–59
Portugaia Construções	EuGH 24.1.2002 – C-164/99	§ 7, Rn. **1**, **5**, **13**, **17 f**, 20, **24**, **32**, **34**, **36**
Prigge ua.	EuGH 13.9.2011 – C-447/09	§ 4, Rn. **167**, **181**, 182, **183**; § 7, Rn. 53
P./S.	EuGH 30.4.1996 – C-13/94	§ 4, Rn. 78
Rabal Cañas	EuGH 13.5.2015 – C-392/13	§ 5, Rn. 140, 142

Stichwort/Name	Datum und Aktenzeichen	in diesem Lehrbuch siehe …
RegioPost	EuGH 17.11.2015 – C-115/14	§ 7, Rn. **2**, 6, 11, **26–28**, 32 f
Ring und Skouboe Werge	EuGH 11.4.2013 – C-335/11 und C-337/11	§ 4, Rn. **135**, 139, 147
Rinner-Kühn	EuGH 13.7.1989 – 171/88	§ 4, Rn. **23**, **32**, 110
Roca Álvarez	EuGH 30.9.2010 – C-104/09	§ 5. Rn. **31**, **41**, 42
Rockfon	EuGH 7.12.1995 – C-449/93	§ 5, Rn. **122**, **136**, 137, **138**, **140**
Römer	EuGH 10.5.2011 – C-147/08	§ 4, Rn. **159**, **162** 163, **164**
Rosado Santana	EuGH 8.9.2011 – C-177/10	§ 5, Rn. 103
Rosenbladt	EuGH 12.10.2010 – C-45/09	§ 4, Rn. **166**, **178**, 179, **180**
Royal Copenhagen	EuGH 31.5.1995 – C-400/93	§ 4, Rn. 57
Rüffert	EuGH 3.4.2008 – C-346/06	§ 7, Rn. **2**, 20, 23, 31 33 a
Rummler	EuGH 1.7.1986 – 237/85	§ 4, Rn. **24**, **55**
Rush Portuguesa	EuGH 27.3.1990 – C-113/89	§ 3, Rn. 20; § 7, Rn. **1**, **5**, **13**, **17** f, 20, **24**, **32**, **34**, **36**
Sähköalojen ammattiliitto	EuGH 12.2.2015 – C-396/13	§ 5, Rn. 67; § 7, Rn. 36
Scattolon	EuGH 6.9.2011 – C-108/10	§ 5, Rn. 147, 154
Schmidberger	EuGH 12.6.2003 – C-112/00	§ 7, Rn. 44
Schöning-Kougebetopoulou	EuGH 15.1.1998 – C-15/96	§ 1, Rn. **28**, 29, **30**; § 3, Rn. 52; § 4, Rn. 113
Scholz	EuGH 23.2.1994 – C-419/92	§ 3, Rn. **65**, **67**
Schultz-Hoff	EuGH 20.1.2009 – C-350/06	§ 5, Rn. **62**
Seco und Desquenne & Giral	EuGH 3.2.1982 – 62 und 63/81	§ 7, Rn. 20
Seymour-Smith	EuGH 9.2.1999 – C-167/97	§ 4, Rn. 107
SIMAP	EuGH 3.10.2000 – C-303/98	§ 5, Rn. 17, **47**, 49 f, 53, 56, 59
Sirdar	EuGH 26.10.1999 – C-273/97	§ 4, Rn. **84**, **90**

Stichwort/Name	Datum und Aktenzeichen	in diesem Lehrbuch siehe …
Sotgiu	EuGH 12.2.1974 – 152/73	§ 3, Rn. **55–57**
Specht ua	EuGH 19.6.2014 – C-501/12 bis C-506/12, C-540/12 u. C-541/12	§ 4, Rn. 67, 173
Spotti	EuGH 20.10.1993 – C-272/92	§ 3, Rn. **62, 64**
Steymann	EuGH 5.10.1988 – 196/87	§ 1, Rn. **102, 118**
Stoeckel	EuGH 25.7.1991 – C-345/89	§ 4, Rn. **86, 88, 102**
Stollwitzer	EuGH 14.3.2018 – C-482/16	§ 4, Rn. 67, 173
Süzen	EuGH 11.3.1997 – C-13/95	§ 5, Rn. **145, 155, 157**
Tele Danmark	EuGH 4.10.2001 – C-109/00	§ 4, Rn. **75, 81**
Trojani	EuGH 7.9.2004 – C-456/02	§ 1, Rn. **103, 119 f**, 140
UEAPME	EuG 17.6.1998 – T-135/96	§ 2, Rn. **15, 30**, 31–33, **34**, 35, **36**, 37, **38 f**
Union syndicale Solidaires Isère	EuGH 14.10.2010 – C-428/09	§ 1, Rn. 130, 141; § 5, Rn. 22, 53
Unland	EuGH 9.9.2015 – C-20/13	§ 4, Rn. 27, 173
USDAW	EuGH 30.4.2015 – C-80/14	§ 5, Rn. **123**, 132 f, 137–139, **140 f**, 152
Vander Elst	EuGH 9.8.1994 – C-43/93	§ 7, Rn. 20 f
Vereinigtes Königreich./. Rat (Arbeitszeit-RL)	EuGH 12.11.1996 – C-84/94	§ 2, Rn. **3**, 6, 7, **11**
Vicoplus	EuGH 10.2.2011 – C-307/09 bis C-309/09	§ 3, Rn. 20, 116; § 7, Rn. 15, 29
Viking	EuGH 11.12.2007 – C-438/05	§ 1, Rn. **29**, 30 f, 35, 54, 73; § 7, Rn. **3, 5**, 7, **12, 42**, 44, **47**, 48
Walrave und Koch	EuGH 12.12.1974 – 36/74	§ 3, Rn. 86
Wendy Smith	EuGH 27.3.1980 – 129/79	§ 4, Rn. **38–40**
Werhof	EuGH 9.3.2006 – C-499/04	§ 5, Rn. 151
Williams	EuGH 15.9.2011 – C-155/10	§ 5, Rn. **61, 68**
Wolf	EuGH 12.1.2010 – C-229/08	§ 4, Rn. 182
Wolff & Müller	EuGH 12.10.2004 – C-60/03	§ 7, Rn. 20

Stichwort/Name	Datum und Aktenzeichen	in diesem Lehrbuch siehe ...
Worten	EuGH 30.5.2013 – C-342/12	§ 5, Rn. 11
Z./. A Government Department	EuGH 18.3.2014 – C-363/12	§ 4, Rn. 142

Wichtige EuGH-Urteile

Chronologische Reihenfolge

Datum und Aktenzeichen	Stichwort/Name	in diesem Lehrbuch siehe …
EuGH 15.7.1964 – C-6/64	Costa/ENEL	§ 1, Rn. 59
EuGH 25.5.1971 – 80/70	Defrenne I	§ 4, Rn. **21**, 31, 48, 66 f, **69 f**
EuGH 11.7.1974 – 8/74	Dassonville	§ 7, Rn. 17
EuGH 12.2.1974 – 152/73	Sotgiu	§ 3, Rn. **55–57**
EuGH 4.12.1974 – 41/74	van Duyn	§ 3, Rn. **42, 47 f**
EuGH 12.12.1974 – 36/74	Walrave	§ 3, Rn. 86
EuGH 8.4.1976 – 43/75	Defrenne II	§ 4, Rn. 15, **21**, 48, 60, 66 f, **69 f**
EuGH 15.6.1978 – 149/77	Defrenne III	§ 4, Rn. **21**, 48, 66 f, **69 f**
EuGH 27.3.1980 – 129/79	Wendy Smith	§ 4, Rn. **38–40**
EuGH 31.3.1981 – C-96/80	Jenkins	§ 4, Rn. 60, 109
EuGH 3.2.1982 – 62 und 63/81	Seco und Desquenne & Giral	§ 7, Rn. 20
EuGH 23.3.1982 – 53/81	Levin	§ 1, **100, 114 f**
EuGH 18.5.1982 – 115 und 116/81	Adoui und Cornuaille	§ 3, Rn. **41, 46ff**
EuGH 10.4.1984 – 14/83	von Colson und Kamann	§ 4, Rn. **193, 197, 200**
EuGH 26.2.1986 – 152/84	Marshall	§ 1, Rn. 78; § 4, Rn. 73
EuGH 13.5.1986 – 170/84	Bilka	§ 4 Rn. **104, 107, 109**
EuGH 15.5.1986 – C-222/84	Johnston	§ 4, Rn. 88 f, 93
EuGH 1.7.1986 – 237/85	Rummler	§ 4, Rn. **24**, 55, **57**
EuGH 3.7.1986 – 66/85	Lawrie-Blum	§ 3, Rn. 24
EuGH 10.2.1988 – 324/86	Daddy's Dance Hall	§ 5, Rn. **144, 148, 151**
EuGH 5.10.1988 – 196/87	Steymann	§ 1, Rn. **102, 118**
EuGH 31.5.1989 – C-344/87	Bettray	§ 1, Rn. 140
EuGH 13.7.1989 – 171/88	Rinner-Kühn	§ 4, Rn. **23, 32**, 110

Datum und Aktenzeichen	Stichwort/Name	in diesem Lehrbuch siehe ...
EuGH 17.10.1989 – 109/88	Danfoss	§ 4, Rn. 51, **105**, **111 f**, 114
EuGH 27.3.1990 – C-113/89	Rush Portuguesa	§ 3, Rn. 20; § 7, Rn. **1**, **5**, **13**, **17 f**, 20, **24**, **32**, **34**, **36**
EuGH 27.6.1990 – C-33/89	Kowalska	§ 4, Rn. **30**, 63
EuGH 8.11.1990 – C-177/88	Dekker	§ 4, Rn. 79, 199
EuGH 25.7.1991 – C-345/89	Stoeckel	§ 4, Rn. **86**, **88**, **102**
EuGH 19.11.1991 – C-6/90	Francovich	§ 1, Rn. 72
EuGH 2.8.1993 – C-259/91, C-331/91 u. C-332/91	Allué ua.	§ 3, Rn. **62**, **64**
EuGH 2.8.1993 – C-271/91	Marshall II	§ 4, Rn. 198
EuGH 20.10.1993 – C-272/92	Spotti	§ 3, Rn. **62**, **64**
EuGH 27.10.1993 – C-127/92	Enderby	§ 4, Rn. **22**, **37**, 51
EuGH 23.2.1994 – C-419/92	Scholz	§ 3, Rn. **65**, **67**
EuGH 14.4.1994 – C-392/92	Christel Schmidt	§ 5, Rn. 156
EuGH 5.5.1994 – C-421/92	Habermann–Beltermann	§ 4, Rn. 81
EuGH 8.6.1994 – C-382 und 383/92	Kommission./. Vereinigtes Königreich (Betriebsübergangs- bzw. Massenentlassungs-RL)	§ 6, Rn. **4**, **16**, **21**
EuGH 9.8.1994 – C-43/93	Vander Elst	§ 7, Rn. 20 f
EuGH 31.5.1995 – C-400/93	Royal Copenhagen	§ 4, Rn. 57
EuGH 17.10.1995 – C-450/93	Kalanke	§ 4, Rn. **85**, **93 f**, **97 f**
EuGH 7.12.1995 – C-449/93	Rockfon	§ 5, Rn. **122**, **136**, 137, **138**, **140**
EuGH 15.12.1995 – C-415/93	Bosman	§ 3, Rn. 70, 74, **87 f**, 96
EuGH 30.4.1996 – C-13/94	P./S.	§ 4, Rn. 78
EuGH 12.11.1996 – C-84/94	Vereinigtes Königreich./. Rat (Arbeitszeit-RL)	§ 2, Rn. **3**, **6**, **7**, **11**
EuGH 11.3.1997 – C-13/95	Süzen	§ 5, Rn. **145**, **155**, **157**

Datum und Aktenzeichen	Stichwort/Name	in diesem Lehrbuch siehe …
EuGH 22.4.1997 – C-180/95	Draehmpaehl	§ 4, Rn. **194**, **199 f**, 201, 206
EuGH 4.12.1997 – C-253/96 bis 258/96	Kampelmann	§ 5, Rn. **7ff**
EuGH 15.1.1998 – C-15/96	Schöning-Kougebetopoulou	§ 1, Rn. **28**, 29, **30**; § 3, Rn. 52; § 4, Rn. 113
EuGH 7.5.1998 – C-350/96	Clean Car Autoservice	§ 3, Rn. **104–107**
EuG 17.6.1998 – T-135/96	UEAPME	§ 2, Rn. **15**, **30**, 31–33, **34**, 35, **36**, 37, **38 f**
EuGH 9.2.1999 – C-167/97	Seymour-Smith	§ 4, Rn. 107
EuGH 11.5.1999 – C-309/97	Angestelltenbetriebsrat der Wiener Gebietskrankenkasse	§ 4, Rn. 43
EuGH 8.6.1999 – C-337/97	Meeussen	§ 1, Rn. **105**, **127 f**
EuGH 21.9.1999 – C-67/96	Albany	§ 7, Rn. **4**, **7**, **52–**55
EuGH 26.10.1999 – C-273/97	Sirdar	§ 4, Rn. **84**, **90**
EuGH 11.1.2000 – C-285/98	Kreil	§ 4, Rn. **84**, **90**, 91
EuGH 27.1.2000 – C-190/98	Graf	§ 3, Rn. 68, **69**, **72**, 75
EuGH 28.3.2000 – C-158/97	Badeck ua.	§ 4, Rn. 85, **94**, **97 f**
EuGH 6.6.2000 – C-281/98	Angonese	§ 3, Rn. 74, **81–83**, **86**, 91
EuGH 6.7.2000 – C-407/98	Abrahamsson und Anderson	§ 4, Rn. 85, **96**
EuGH 3.10.2000 – C-303/98	SIMAP	§ 5, Rn. 17, **47**, **49 f**, 53, 56, 59
EuGH 30.11.2000 – C-195/98	ÖGB (Anrechnung von Beschäftigungszeiten)	§ 3, Rn. **51–54**, 68
EuGH 26.6.2001 – C-173/99	Broadcasting, Entertainment, Cinematographic and Theatre Union	§ 5, Rn. 64

Datum und Aktenzeichen	Stichwort/Name	in diesem Lehrbuch siehe …
EuGH 25.10.2001 – C-49/98, C-50/98, C-52/98 bis C-54/98 und C-68/98 bis C-71/98	Finalarte ua.	§ 7, Rn. **20**, 32
EuGH 8.2.2001 – C-350/99	Lange/Schünemann	§ 5, Rn. **3**, 5, 7
EuGH 29.3.2001 – C-62/99	Bofrost	§ 6, Rn. 25, **37 f**
EuGH 4.10.2001 – C-438/99	Jiménez Melgar	§ 4, Rn. 80; § 5, Rn. 33, 141
EuGH 4.10.2001 – C-109/00	Tele Danmark	§ 4, Rn. **75, 81**
EuGH 24.1.2002 – C-164/99	Portugaia Construções	§ 7, Rn. **1, 5, 13, 17 f**, 20, **24, 32, 34, 36**
EuGH 19.2.2002 – C-476/99	Lommers	§ 4, Rn. 99
EuGH 22.5.2003 – C-441/01	Kommission./. Niederlande (Arbeitsschutzbeauftragte)	§ 5, Rn. **20, 28,** 29
EuGH 12.6.2003 – C-112/00	Schmidberger	§ 7, Rn. 44
EuGH 9.9.2003 – C-151/02	Jäger	§ 5, Rn. **47**, 55–58
EuGH 30.9.2003 – C-47/02	Anker	§ 3, Rn. 23, 25, **29, 32**
EuGH 30.9.2003 – C-405/01	Colegio de Oficiales de la Marina Mercante Española	§ 2, Rn. **29, 32**
EuGH 7.1.2004 – C-117/01	K.B../. NHS	§ 4, Rn. 162
EuGH 13.1.2004 – C-256/01	Allonby	§ 1, Rn. 110, 123, **131, 137 f**; § 4, Rn. 20, 27, 36, 63
EuGH 13.1.2004 – C-440/00	Kühne & Nagel	§ 6, Rn. **25, 38**
EuGH 18.3.2004 – C-342/01	Merino Gómez	§ 5, Rn. **62**, 70
EuGH 8.6.2004 – C-220/02	ÖGB (Entgelt für Wehrdienstzeiten)	§ 4, Rn. **31**, 33
EuGH 15.7.2004 – C-349/01	ADS Anker	§ 6, Rn. **25, 38**
EuGH 7.9.2004 – C-456/02	Trojani	§ 1, Rn. **103, 119 f**, 140
EuGH 5.10.2004 – C-397/01 bis C-403/01	Pfeiffer ua.	§ 5, Rn. **47**, 50, **52 f**, 54, 56, **57–59**
EuGH 12.10.2004 – C-60/03	Wolff & Müller	§ 7, Rn. 20

Datum und Aktenzeichen	Stichwort/Name	in diesem Lehrbuch siehe …
EuGH 27.1.2005 – C-188/03	Junk	§ 1, Rn. 80; § 5, Rn. **124**, 142 f, **147**; § 6, Rn. 23
EuGH 22.11.2005 – C-144/04	Mangold	§ 1, Rn. 59, **62**, 70 f, 78 c; § 4, Rn. 175
EuGH 9.3.2006 – C-499/04	Werhof	§ 5, Rn. 151
EuGH 16.3.2006 – C-131/04 u. C-257/04	Robinson-Steele ua	§ 5, Rn. 68
EuGH 26.6.2008 – C-506/06	Mayr	§ 4, Rn. 82
EuGH 11.7.2006 – C-14/05	Chacón Navas	§ 4, Rn. **134**, **139**
EuGH 3.10.2006 – C-17/05	Cadman	§ 4, **105**; § 6, Rn. 112, **114**
EuGH 11.1.2007 – C-208/05	ITC	§ 3, Rn. 68 f, 74, **76–78**, **108 f**
EuGH 18.1.2007 – C-385/05	CGT	§ 1, Rn. **135**, **142**; § 5, Rn. **127**
EuGH 16.10.2007 – C-411/05	Palacios de la Villa	§ 4, Rn. 179
EuGH 11.12.2007 – C-438/05	Viking	§ 1, Rn. **29**, 30 f, 35, 54, 73; § 7, Rn. **3**, **5**, **7**, **12**, **42**, 44, **47**, 48
EuGH 18.12.2007 – C-341/05	Laval	§ 1, Rn. 54; § 7, Rn. **33**
EuGH 1.4.2008 – C-267/06	Maruko	§ 4, Rn. **159**, 163
EuGH 3.4.2008 – C-346/06	Rüffert	§ 7, Rn. **2**, 20, 23, 31 33 a
EuGH 15.4.2008 – C-268/06	Impact	§ 1, Rn. 69; § 5, Rn. **97 f**, 104 f, 107, **108–111**
EuGH 19.6.2008 – C-319/06	Kommission./. Luxemburg	§ 7, Rn. 33
EuGH 10.7.2008 – C-54/07	Feryn	§ 4, Rn. 119, **133**, 202
EuGH 23.9.2008 – C-427/06	Bartsch	§ 1, Rn. 62
EuGH 20.1.2009 – C-350/06	Schultz-Hoff	§ 5, Rn. **62**
EuGH 18.6.2009 – C-88/08	Hütter	§ 4, Rn. 67, 173
EuGH 16.7.2009 – C-12/08	Mono Car Styling	§ 6, Rn. 20

Datum und Aktenzeichen	Stichwort/Name	in diesem Lehrbuch siehe ...
EuGH 10.12.2009 – C-460/08	Kommission./. Griechenland	§ 2, Rn. **29**, **32**
EuGH 12.1.2010 – C-341/08	Petersen	§ 4, Rn. 181
EuGH 12.1.2010 – C-229/08	Wolf	§ 4, Rn. 182
EuGH 19.1.2010 – C-555/07	Kücükdeveci	§ 1, Rn. 59, **62**, 69 f, 75, **76**, 78, 78 c, **83**; § 4, Rn. 173
EuGH 16.3.2010 – C-325/08	Olympique Lyonnais	§ 3, Rn. **95–99**
EuGH 1.7.2010 – C-194/08	Gassmayr	§ 5, Rn. **30**, 34, 36
EuGH 1.7.2010 – C-471/08	Parviainen	§ 5, Rn. **30**, **34 f**, **44**
EuGH 8.7.2010 – C-246/09	Bulicke	§ 4, Rn. **203–205**, 207
EuGH 15.7.2010 – C-271/08	Kommission./. Deutschland (kommunale Betriebsrenten)	§ 7, Rn. **4**, **7**, **53–55**
EuGH 16.9.2010 – C-149/10	Chatzi	§ 2, Rn. 32 § 5, Rn. **73**, 75, **79**, 80, **81**, 83
EuGH 30.9.2010 – C-104/09	Roca Álvarez	§ 5. Rn. **31**, **41**, 42
EuGH 12.10.2010 – C-45/09	Rosenbladt	§ 4, Rn. **166**, **178**, 179, **180**
EuGH 14.10.2010 – C-428/09	Union syndicale Solidaires Isère	§ 1, Rn. 130, 141; § 5, Rn. 22, 53
EuGH 11.11.2010 – C-232/09	Danosa	§ 1, Rn. 123, **132**, **138 f**; § 5, Rn. 32
EuGH 10.2.2011 – C-307/09 bis C-309/09	Vicoplus	§ 3, Rn. 20, 116; § 7, Rn. 15, 29
EuGH 5.5.2011 – C-256/10 und C-261/10	Barcenilla Fernández und Macedo Lozano	§ 5, Rn. **19**, **25**
EuGH 10.5.2011 – C-147/08	Römer	§ 4, Rn. **159**, **162**, 163, **164**
EuGH 15.3.2011 – C-29/10	Koelzsch	§ 7, Rn. 10
EuGH 27.6.2011 – C-427/11	Kenny	§ 4, Rn. 37, **41**, **43**, 44, 51

Datum und Aktenzeichen	Stichwort/Name	in diesem Lehrbuch siehe ...
EuGH 21.7.2011 – C-104/10	Kelly	§ 4, Rn. **187**, 191 f
EuGH 6.9.2011 – C-108/10	Scattolon	§ 5, Rn. 147, 154
EuGH 8.9.2011 – C-297/10 u. C-298/10	Hennigs und Mai	§ 4, Rn. 173
EuGH 8.9.2011 – C-177/10	Rosado Santana	§ 5, Rn. 103
EuGH 13.9.2011 – C-447/09	Prigge ua.	§ 4, Rn. **167**, **181**, 182, **183**; § 7, Rn. 53
EuGH 15.9.2011 – C-155/10	Williams	§ 5, Rn. **61**, **68**
EuGH 22.11.2011 – C-214/10	KHS	§ 5, Rn. **62**, 65, **69**, **71 f**
EuGH 26.1.2012 – C-586/10	Kücük	§ 5, Rn. 107
EuGH 1.3.2012 – C-393/10	O'Brien	§ 1, Rn. **145 a**, 147, **150**; § 5, Rn. 87
EuGH 19.4.2012 – C-415/10	Meister	§ 4, Rn. **187**, **192**
EuGH 13.12.2012 – C-379/11	Caves Krier	§ 3, Rn. **68**, 107
EuGH 26.2.2013 – C-617/10	Åkerberg Fransson	§ 1, Rn. 30, **33**, 91
EuGH 11.4.2013 – C-335/11 u. C-337/11	HK Danmark	§ 4, Rn. 140
EuGH 11.4.2013 – C-335/11 und C-337/11	Ring und Skouboe Werge	§ 4, Rn. **135**, 139, 147
EuGH 25.4.2013 – C-81/12	Asociaţia Accept	§ 4, Rn. **119**, 202
EuGH 30.5.2013 – C-342/12	Worten	§ 5, Rn. 11
EuGH 18.7.2013 – C-426/11	Alemo Herron	§ 1, Rn. 34; § 5, Rn. 151
EuGH 19.9.2013 – C-5/12	Betriu Montull	§ 5, Rn. **39**
EuGH 7.11.2013 – C-522/12	Isbir	§ 7, Rn. **1**, **5**, **13**, **17 f**, 20, **24**, **32**, **34**, **36**
EuGH 12.12.2013 – C-267/12	Hay	§ 4, Rn. **160**, **162**, 163, **164**
EuGH 15.1.2014 – C-176/12	Association de médiation sociale	§ 1, Rn. 68, 78, 142, **144**, **146**, **149**; § 6, Rn. 6, 14 f

Datum und Aktenzeichen	Stichwort/Name	in diesem Lehrbuch siehe ...
EuGH 18.3.2014 – C-363/12	Z./. A Government Department	§ 4, Rn. 142
EuGH 12.6.2014 – C-118/13	Bollacke	§ 1, Rn. 63; § 5, Rn. 71
EuGH 19.6.2014 – C-501/12 bis C-506/12, C-540/12 u. C-541/12	Specht ua	§ 4, Rn. 67, 173
EuGH 10.9.2014 – C-270/13	Haralambidis	§ 1, Rn. **104**, 112, **126**; § 3, Rn. 32
EuGH 11.9.2014 – C-91/13	Essent Energie Productie	§ 3, Rn. 20, 116; § 7, Rn. 15, 20, 38
EuGH 18.9.2014 – C-549/13	Bundesdruckerei	§ 1, Rn. **27**, § 7 Rn. **2**, **6 f**, **11**, **26–28**, **33**
EuGH 5.11.2014 – C-476/12	ÖGB (Diskriminierung von Teilzeitbeschäftigten)	§ 5 Rn. **84**, 88, **91**
EuGH 13.11.2014 – C-416/13	Pérez	§ 4, Rn. 182
EuGH 4.12.2014 – C-413/13	FNV	§ 1, Rn. 130; § 7, Rn. **55–57**
EuGH 18.12.2014 – C-354/13	Kaltoft	§ 4, Rn. **135**, **141**, **143**
EuGH 5.2.2015 – C-317/14	Kommission./. Belgien (Selor)	§ 3, Rn. **58–60**
EuGH 12.2.2015 – C-396/13	Sähköalojen ammattiliitto	§ 5, Rn. 67; § 7, Rn. 36
EuGH 26.3.2015 – C-316/13	Fenoll	§ 1, Rn. 32, 120, **133**, **140**
EuGH 30.4.2015 – C-80/14	USDAW	§ 5, Rn. **123**, 132 f, 137–139, **140** f, 152
EuGH 13.5.2015 – C-392/13	Rabal Cañas	§ 5, Rn. 140, 142
EuGH 18.6.2015 – C-586/13	Martin Meat	§ 3, Rn. 20, 116; § 5, Rn. **113**; § 7, Rn. 15
EuGH 9.7.2015 – C-229/14	Balkaya	§ 1, Rn. 139, 141; § 5, Rn. 127
EuGH 16.7.2015 – C-83/14	CHEZ Razpredelenie Bulgaria	§ 4, Rn. 51, 130, 133
EuGH 9.9.2015 – C-20/13	Unland	§ 4, Rn. 27, 173

Datum und Aktenzeichen	Stichwort/Name	in diesem Lehrbuch siehe ...
EuGH 6.10.2015 – C-298/14	Brouillard	§ 3, Rn. 23, 61, 68
EuGH 17.11.2015 – C-115/14	RegioPost	§ 7, Rn. **2**, 6, 11, **26–28**, 32 f
EuGH 17.12.2015 – C-407/14	Arjona Camacho	§ 4, Rn. 202
EuGH 28.7.2016 – C-423/15	Kratzer	§ 4, Rn. 13
EuGH 15.11.2016 – C-258/15	Gorka Salaberria Sorondo	§ 4, Rn. 182
EuGH 17.11.2016 – C-216/15	Betriebsrat der Ruhrlandklinik	§ 1, Rn. 145; § 5, Rn. 116
EuGH 24.11.2016 – C-443/15	Parris	§ 4, Rn. 5, 163
EuGH 1.12.2016 – C-395/15	Daouidi	§ 4, Rn. 138 f
EuGH 21.12.2016 – C-201/15	AGET Iraklis	§ 1, Rn. 34; § 5, Rn. 126
EuGH 14.3.2017 – C-157/15	Achbita	§ 1, Rn. 34; § 4, Rn. **153 f**, 158
EuGH 14.3.2017 – C-188/1	Bougnaoui und ADDH	§ 4, Rn. **153 f**, 156, 158
EuGH 6.4.2017 – C-668/15	Jyske Finans	§ 4, Rn. 130, 133
EuGH 27.4.2017 – C-680 u. 681/15	Asklepios	§ 1, Rn. 34; § 5, Rn. 154
EuGH 5.7.2017 – C-190/16	Fries	§ 4, Rn. **167, 181, 183**
EuGH 18.7.2017 – C-566/15	Erzberger	§ 3, Rn. 22 a, 39, 68, **79 f**; § 6, Rn. 45
EuGH 19.7.2017 – C-143/16	Abercrombie & Fitch Italia	§ 4, Rn. 175
EuGH 7.9.2017 – C-174/16	H./. Land Berlin	§ 5, Rn. 78
EuGH 18.10.2017 – C-409/16	Kalliri	§ 4, Rn. **105 a, 114 a, 114 b**
EuGH 9.11.2017 – C-306/16	Maio Marques da Rosa	§ 5, Rn. **46, 50 a**
EuGH 29.11.2017 – C-214/16	King	§ 5, Rn. 67, 72 a
EuGH 18.1.2018 – C-270/16	Ruiz Conejero	§ 4, Rn. 140 f, 147
EuGH 21.2.2018 – C-518/15	Matzak	§ 1, Rn. **134, 141**, § 5, Rn. 52, 56
EuGH 28.2.2018 – C-46/17	John	§ 5, Rn. 107

Datum und Aktenzeichen	Stichwort/Name	in diesem Lehrbuch siehe ...
EuGH 14.3.2018 – C-482/16	Stollwitzer	§ 4, Rn. 67, 173
EuGH 17.4.2018 – C-414/16	Egenberger	§ 1, Rn. 73 b, 78 b; § 4, Rn. 151, 155 a, 155 b
EuGH 11.9.2018 – C-68/17	IR	§ 1, Rn. 75; § 4, Rn. 155 a, 155 b
EuGH 6.11.2018 – C-569/16 u. C-570/16	Bauer und Broßonn	§ 1, Rn. **63**, 65, 68, 73 b, 78 b, 78 c; § 5, Rn. 48, 66, 71
EuGH 6.11.2018 – C-619/16	Kreuziger	§ 1, Rn. 1; § 5, Rn. **72 a, 72 c**
EuGH 6.11.2018 – C-684/16	Max-Planck-Gesellschaft	§ 1, Rn. 1; § 5, Rn. **72 a, 72 c**
EuGH 22.1.2019 – C-193/17	Cresco Investigation	§ 4, Rn. **152**, 154, 155 a, 155 c
EuGH 11.4.2019 – C-29/18 ua.	Cobra Servicios Auxiliares	§ 5, Rn. **96, 105 a**
EuGH 14.5.2019 – C-55/18	Comisiones Obreras, CCOO	§ 1, Rn. 1; § 4, Rn. 188 a; § 5, Rn. 72b-d
EuGH 13.6.2019 – C-317/18	Correia Moreira	§ 1, Rn. 145; § 5, Rn. 149
EuGH 20.6.2019 – C-404/18	Hakelbracht ua	§ 4, Rn. 196

Rechtsgrundlagen in chronologischer Reihenfolge

	in diesem Lehrbuch siehe ...
Richtlinie 76/207/EWG des Rates vom 9.2.1976 zur Verwirklichung des Grundsatzes der Gleichbehandlung von Männern und Frauen hinsichtlich des Zugangs zur Beschäftigung, zur Berufsbildung und zum beruflichen Aufstieg sowie in bezug auf die Arbeitsbedingungen, ABl. 1976, L 39/40	§ 1, Rn. 41; § 4, Rn. **70 f**
Richtlinie 79/7/EWG vom 19.12.1978 zur schrittweisen Verwirklichung des Grundsatzes der Gleichbehandlung von Männern und Frauen im Bereich der sozialen Sicherheit, ABl. 1979, L 6/24	§ 1, Rn. 40
Richtlinie 86/378/EWG vom 24.7.1986 zur Verwirklichung des Grundsatzes der Gleichbehandlung von Männern und Frauen bei den betrieblichen Systemen der sozialen Sicherheit, ABl. 1986, L 225/40	§ 1, Rn. 40
Richtlinie 89/391/EWG vom 12.6.1989 über die Durchführung von Maßnahmen zur Verbesserung der Sicherheit und des Gesundheitsschutzes der Arbeitnehmer bei der Arbeit, ABl. 1989, L 183/1	§ 1, Rn. 130; § 5, Rn. **15–17**, **21 f**, **24–28**, 51 f
Richtlinie 91/533/EWG vom 14.10.1991 über die Pflicht des Arbeitgebers zur Unterrichtung des Arbeitnehmers über die für seinen Arbeitsvertrag oder sein Arbeitsverhältnis geltenden Bedingungen, ABl. 1991, L 288/32	§ 5, Rn. 4
Richtlinie 92/58/EWG vom 24.6.1992 über Mindestvorschriften für die Sicherheits- und/oder Gesundheitsschutzkennzeichnung am Arbeitsplatz; ABl. 1992, L 245/23	§ 1, Rn. 41
Richtlinie 92/85/EWG vom 19.10.1992 über die Durchführung von Maßnahmen zur Verbesserung der Sicherheit und des Gesundheitsschutzes von schwangeren Arbeitnehmerinnen, Wöchnerinnen und stillenden Arbeitnehmerinnen am Arbeitsplatz, ABl. 1992, L 348/1	§ 1, Rn. 18; § 5, Rn. **32–44**, 53, 68
Richtlinie 94/45/EG des Rates vom 22.9.1994 über die Einsetzung eines Europäischen Betriebsrats oder die Schaffung eines Verfahrens zur Unterrichtung und Anhörung der Arbeitnehmer in gemeinschaftsweit operierenden Unternehmen und Unternehmensgruppen, ABl. 1994, 254/64	§ 1, Rn. 45; § 6, Rn. 27, 35

	in diesem Lehrbuch siehe ...
Richtlinie 96/34/EG vom 3.6.1996 zu der von UNICE, CEEP und EGB geschlossenen Rahmenvereinbarung über Elternurlaub, ABl. 1996, L 145/4	§ 1, Rn. 46; § 2, Rn. 15
Richtlinie 96/71/EG vom 16.12.1996 über die Entsendung von Arbeitnehmern im Rahmen der Erbringung von Dienstleistungen, ABl. 1997, L18/1	§ 1, Rn. 144; § 7, Rn. 1, **29–36**
Richtlinie 97/81/EG vom 15.12.1997 zu der von UNICE, CEEP und EGB geschlossenen Rahmenvereinigung über Teilzeitarbeit, ABl. 1998, L 14/9	§ 1, Rn. 46, 144, 145; § 2, Rn. 28; § 4, Rn. 53, **108 f**; § 5, Rn. **85–88**, 105
Richtlinie 98/24/EG vom 7.4.1998 zum Schutz von Gesundheit und Sicherheit der Arbeitnehmer vor der Gefährdung durch chemische Arbeitsstoffe bei der Arbeit, ABl. 1998, L 131/11	§ 1, Rn. 41
Richtlinie 98/59/EG vom 20.7.1998 zur Angleichung der Rechtsvorschriften der Mitgliedstaaten über Massenentlassungen, ABl. 1998, L225/16	§ 1, Rn. 41, 130, **135**, **142**; § 5, Rn. 120, 127, **133–143**; § 6, Rn. 3, 7, 20, **23 f**
Richtlinie 99/70/EG vom 28.6.1999 zu der EGB-UNICE-CEEP-Rahmenvereinbarung über befristete Arbeitsverträge, ABl. 1999, L 175/43	§ 1, Rn. 46, 144; § 2, Rn. 28; § 5, Rn. 94, **96–111**, 147
Richtlinie 2000/43/EG vom 29.6.2000 zur Anwendung des Gleichbehandlungsgrundsatzes ohne Unterschied der Rasse oder der ethnischen Herkunft, ABl. 2000, L 180/22	§ 1, Rn. 50, 78 b, 130, § 4, Rn. 11–13, **120–133 a**, 185, 188, 190, 208
Richtlinie 2000/54/EG vom 18.9.2000 über den Schutz der Arbeitnehmer gegen Gefährdung durch biologische Arbeitsstoffe bei der Arbeit, ABl. 2000, L 262/21	§ 1, Rn. 41
Richtlinie 2000/78/EG vom 27.11.2000 zur Festlegung eines allgemeinen Rahmens für die Verwirklichung der Gleichbehandlung in Beschäftigung und Beruf, ABl. 2000, L 303/16	§ 1, Rn. 50, 62, 78 b, 78 c 130; § 4, Rn. 11–13, **120–123**, 138 f, 142, **145–150**, 155 b, 155 d, **161–163**, **168**, **170–172**, **178**, **181–185**, 188, 208; § 5, Rn. 16
Richtlinie 2001/23/EG vom 12.3.2001 zur Angleichung der Rechtsvorschriften der Mitgliedstaaten über die Wahrung von Ansprüchen der Arbeitnehmer beim Übergang von Unternehmen, Betrieben oder Unternehmens- oder Betriebsteilen, ABl. 2001, L 82/16	§ 1, Rn. 41, 144; § 5, Rn. 120, **146–157**; § 6, Rn. 3, 7
Verordnung (EG) 2157/2001 vom 8.10.2001 über das Statut der Europäischen Gesellschaft, ABl. 2001, L 294/1	§ 1, Rn. 49; § 6, Rn. **47**

	in diesem Lehrbuch siehe ...
Richtlinie 2001/86/EG vom 8.10.2001 zur Ergänzung des Statuts der Europäischen Gesellschaft hinsichtlich der Beteiligung der Arbeitnehmer, ABl. 2001, L 294/22	§ 1, Rn. 49; § 6, Rn. 3, **48–51**
Richtlinie 2002/14/EG vom 11.3.2002 zur Festlegung eines allgemeinen Rahmens für die Unterrichtung und Anhörung der Arbeitnehmer in der Europäischen Gemeinschaft, ABl. 2002, L 80/29	§ 1, Rn. 49, 78 b, 144, 146, 148; § 5, Rn. 132 § 6, **Rn. 3–24**, 41, 55
Verordnung (EG) 1435/2003 vom 22.7.2003 über das Statut der Europäischen Genossenschaft, ABl. 2003, L 207/1	§ 6, Rn. **52**
Richtlinie 2003/72/EG vom 22.7.2003 zur Ergänzung des Statuts der Europäischen Genossenschaft hinsichtlich der Beteiligung der Arbeitnehmer, ABl. 2003, L 207/25	§ 6, Rn. 3
Richtlinie 2003/88/EG vom 4.11.2003 über bestimmte Aspekte der Arbeitszeitgestaltung, ABl. 2003, L 299/9	§ 1, Rn. 63, 68 a, 78 b, 78 c, **130**, 133 f, **140**; § 2, Rn. 3; § 5, Rn. 18, **48–72 d**,
Verordnung (EG) Nr. 883/2004 vom 29.4.2004 zur Koordinierung der Systeme der sozialen Sicherheit, ABl. 2004, 166/1	§ 3, Rn. 11; § 7, Rn. 16 a
Richtlinie 2005/56/EG vom 26.10.2005 über die Verschmelzung von Kapitalgesellschaften aus verschiedenen Mitgliedstaaten, ABl. 2005, L 310/1	§ 6, Rn. 3, **53**
Richtlinie 2006/54/EG vom 5.7.2006 zur Verwirklichung des Grundsatzes der Chancengleichheit und Gleichbehandlung von Männern und Frauen in Arbeits- und Beschäftigungsfragen, ABl. 2006, L 204/23	§ 1, Rn. 39, 50, 78 b, 130, 137; § 4, Rn. 7, 11 f, 15, 56, **71–76**, 80, **83–87**, 92, 100–103, **106**, 108, 115 f, 122, 124, 185, 188, 190, 193, 196, 198, 208; § 5, Rn. 37 f, 41,78, 86, 141
Richtlinie 2008/94/EG vom 22.10.2008 über den Schutz der Arbeitnehmer bei Zahlungsunfähigkeit des Arbeitgebers, ABl. 2008, L 283/36	§ 1, Rn. 41, 130; § 5, Rn. 120, **158–161**
Verordnung (EG) 593/2008 vom 17.6.2008 über das auf vertragliche Schuldverhältnisse anzuwendende Recht (Rom I-VO) vom 17.6.2008, ABl. 2008, L 177/6	§ 1, Rn. 30; § 2, Rn. 25; § 7, Rn. 8 f, 14, 16 f, 29
Richtlinie 2008/104/EG vom 19.11.2008 über Leiharbeit, ABl. 2008, L 327/9	§ 1, Rn. 144 f; § 5, Rn. 94, **112–117**

	in diesem Lehrbuch siehe …
Richtlinie 2009/38/EG vom 6.5.2009 über die Einsetzung eines Europäischen Betriebsrats oder die Schaffung eines Verfahrens zur Unterrichtung und Anhörung der Arbeitnehmer in gemeinschaftsweit operierenden Unternehmen und Unternehmensgruppen, ABl. 2009, L 122/28	§ 6, Rn. 3, **25–43**,
Richtlinie 2010/18/EU vom 8.3.2010 zur Durchführung der von BUSINESSEUROPE, UEAPME, CEEP und EGB geschlossenen überarbeiteten Rahmenvereinbarung über den Elternurlaub und zur Aufhebung der Richtlinie 96/34/EG, ABl. 2003, L 68/13	§ 1, Rn. 58; § 2, Rn. 28,??, 38; § 5, Rn. **73–83**,
Verordnung (EU) Nr. 492/2011 vom 5.4.2011 über die Freizügigkeit der Arbeitnehmer innerhalb der Union, ABl. 2011, L 141/1	§ 1, Rn. 6; § 3, Rn. 1, **12–15**, 22, 77, 84, 112; § 4, Rn. 6,
Richtlinie 2014/54/EU vom 16.4.2014 über Maßnahmen zur Erleichterung der Ausübung der Rechte, die Arbeitnehmern im Rahmen der Freizügigkeit zustehen, ABl. 2014, L 128/8	§ 3, Rn. 12, **15 f**
Richtlinie 2014/67/EU vom 15.5.2014 zur Durchsetzung der Richtlinie 96/71/EG über die Entsendung von Arbeitnehmern im Rahmen der Erbringung von Dienstleistungen und zur Änderung der Verordnung (EU) Nr. 1024/2012 über die Verwaltungszusammenarbeit mithilfe des Binnenmarkt-Informationssystems, ABl. 2014, L 159/11	§ 7, Rn. **38–41**
Verordnung (EU) 2016/679 vom 27.4.2016 zum Schutz natürlicher Personen bei der Verarbeitung personenbezogener Daten, zum freien Datenverkehr und zur Aufhebung der Richtlinie 95/46/EG, ABl. 2016, L 119/1	§ 5, Rn. **9–12**
Richtlinie (EU) 2016/943 vom 8.6.2016 über den Schutz vertraulichen Know-hows und vertraulicher Geschäftsinformationen (Geschäftsgeheimnisse) vor rechtswidrigem Erwerb sowie rechtswidriger Nutzung und Offenlegung, ABl. 2016, L 157/1	§ 5, Rn. 12 b
Richtlinie (EU) 2019/1158 vom 20.6.2019 zur Vereinbarkeit von Beruf und Privatleben für Eltern und pflegende Angehörige und zur Aufhebung der Richtlinie 2010/18/EU, ABl. 2019, L 188/79	§ 1, Rn. 58, 144 f; § 5, Rn. 32, **73–76**

	in diesem Lehrbuch siehe …
Richtlinie (EU) 2019/1937 vom 23.10.2019 zum Schutz von Personen, die Verstöße gegen das Unionsrecht melden, ABl. 2019, L 305/17	§ 5, Rn. **12 a–d**

Liste der im Lehrbuch behandelten Beispielsfälle

Beispielsfall Nr.	Gerichtsentscheidung, die dem Fall zugrunde liegt	Genaueres siehe ...
1	–	§ 1, Rn. 26, 30 f, 35
2	EuGH 18.9.2014 – C-549/13 (Bundesdruckerei)	§ 1, Rn. 27
3	EuGH 15.1.1998 – C-15/96 (Schöning-Kougebetopoulou)	§ 1, Rn. 28, 31, 52; § 7, Rn. 5
4	EuGH 11.12.2007 – C-438/05 (Viking)	§ 1, Rn. 29 f, 36, 54
5	EuGH 19.1.2010 – C-555/07 (Kücükdeveci); EuGH 22.11.2005 – C-144/04 (Mangold)	§ 1, Rn. 62 f, 66, 71, 77, 84, 88
5 a	EuGH 6.11.2018 – C-569/16 u. C-570/16 (Bauer und Broßonn)	§ 1, Rn. 63, 66, 68 a, 78 c
6	EuGH 23.3.1982 – 53/81 (Levin)	§ 1, Rn. 100, 114 f
7	EuGH 23.3.1982 – 53/81 (Levin)	§ 1, Rn. 101, 116
8	EuGH 5.10.1988 – C-196/87 (Steymann)	§ 1, Rn. 102, 118
9	EuGH 7.9.2004 – C-456/02 (Trojani)	§ 1, Rn. 103, 119 f
10	EuGH 10.9.2014 – C-270/13 (Haralambidis)	§ 1, Rn. 104, 126
11	EuGH 27.6.1996 – C-107/94 (Asscher); EuGH 8.6.1999 – C-337/97 (Meeussen)	§ 1, Rn. 105, 127 f
12	EuGH 13.1.2004 – C-256/01 (Allonby)	§ 1, Rn. 131, 137
13	EuGH 11.11.2010 – C-232/09 (Danosa)	§ 1, Rn. 132, 138 f
14	EuGH 26.3.2015 – C-316/13 (Fenoll)	§ 1, Rn. 133, 140
15	EuGH 21.2.2018 – C-518/15 (Matzak)	§ 1, Rn. 134, 141
16	EuGH 18.1.2007 – C-385/05 (CGT)	§ 1, Rn., 135, 142; § 5, Rn. 127
16 a	EuGH 15.1.2014 – C-176/12 (Association de médiation sociale)	§ 1, Rn. 146, 148, 149

Beispielsfall Nr.	Gerichtsentscheidung, die dem Fall zugrunde liegt	Genaueres siehe ...
17	EuGH 1.3.2012 – C-393/10 (O'Brien)	§ 1, Rn. 147, 150
18	EuGH 12.11.1996 – C-84/94 (Vereinigtes Königreich./. Rat)	§ 2, Rn. 3, 7, 11
19	EuG 24.10.2019 – T-310/18 (EPSU)	§ 2, Rn. 15, 29 a, 30, 35
19 a	EuG 17.6.1998 – T-135/96 (UEAPME)	§ 2, Rn. 15, 34, 36, 38 f
20	EuGH 30.9.2003 – C-47/02 (Anker ua) EuGH 30.9.2003 – C-405/01 (Colegio de Oficiales de la Marina Mercante Española) EuGH 10.12.2009 – C-460/08 (Kommission./. Griechenland)	§ 3, Rn. 29, 32
21	EuGH 18.5.1982 – 115 und 116/81 (Adoui und Cornuaille)	§ 3, Rn. 41, 47 f
22	EuGH 4.12.1974 – 41/74 (van Duyn)	§ 3, Rn. 42, 47 f
23	EuGH 30.11.2000 – C-195/98 (ÖGB)	§ 3, Rn. 51, 52, 54, 66
24	EuGH 12.2.1974 – 152/73 (Sotgiu)	§ 3, Rn. 55, 57
25	EuGH 5.2.2015 – C-317/14 (Kommission./. Belgien) (Selor)	§ 3, Rn. 58–60, 82 f
26	EuGH 2.8.1993 – C-259/91, C-331/91 und C-332/91 (Allué ua); EuGH 20.10.1993 – C-272/92 (Spotti)	§ 3, Rn. 61, 64
27	EuGH 23.2.1994 – C-419/92 (Scholz)	§ 3, Rn. 65, 67
28	EuGH, 27.1.2000- C-190/98 (Graf)	§ 3, Rn. 69, 72, 75
29	EuGH 11.1.2007 – C-208/05 (ITC)	§ 3, Rn. 76–78, 108 f
29 a	EuGH 18.7.2017 – C-566/15 (Erzberger)	§ 3, Rn. 79 f
30	EuGH 6.6.2000 – C-281/98 (Angonese)	§ 3, Rn. 81–83, 86
31	EuGH 15.12.1995 – C-415/93 (Bosman)	§ 3, Rn. 87 f, 90, 92, 96
32	EuGH 16.3.2010 – C-325/08 (Olympique Lyonnais)	§ 3, Rn. 95, 97, 99

Beispielsfall Nr.	Gerichtsentscheidung, die dem Fall zugrunde liegt	Genaueres siehe ...
33	EuGH 7.5.1998 – C-350/96 (Clean Car Autoservice)	§ 3, Rn. 104 f, 107
34	EuGH 25.5.1971 – 80/70 (Defrenne I); EuGH 8.4.1976 – 43/75 (Defrenne II); EuGH 15.6.1978 – 149/77 (Defrenne III)	§ 4, Rn. 21, 48, 66 f, 69
35	EuGH 27.10.1993 – C-127/92 (Enderby)	§ 4, Rn. 22, 36 f,
36	EuGH 13.7.1989 – 171/88 (Rinner-Kühn)	§ 4, Rn. 23, 32
37	EuGH 1.7.1986 – 237/85 (Rummler)	§ 4, Rn. 24, 55
38	EuGH 1.7.1986 – 237/85 (Rummler)	§ 4, Rn. 25, 57
39	EuGH 27.3.1980 – 129/79 (Wendy Smith)	§ 4, Rn. 38–40
40	EuGH 27.6.2011 – C-427/11 (Kenny)	§ 4, Rn. 41, 43
41	EuGH 25.5.1971 – 80/70 (Defrenne I); EuGH 8.4.1976 – 43/75 (Defrenne II); EuGH 15.6.1978 – 149/77 (Defrenne III)	§ 4, Rn. 69 f
42	EuGH 4.10.2001 – C-109/00 (Tele Danmark)	§ 4, Rn. 75, 81
43	EuGH 11.1.2000 – C-285/98 (Kreil); siehe auch EuGH 26.10.1999 – C-273/97 (Sirdar)	§ 4, Rn. 84, 90
44	EuGH 17.10.1995 – C-450/93 (Kalanke); EuGH 11.11.1997 – C-409/95 (Marschall); siehe auch EuGH 20.3.2000 – C-158/97 (Badeck); EuGH 6.7.2000 – C-407/98 (Abrahamsson)	§ 4, Rn. 85, 95, 97 f
45	EuGH 25.7.1991 – C-345/89 (Stoeckel)	§ 4, Rn. 86, 88, 102
46	EuGH 13.5.1986 – 170/84 (Bilka)	§ 4 Rn. 104, 107, 109
47	EuGH 3.10.2006 – C-17/05 (Cadman); siehe auch EuGH 17.10.1989 – C-109/88 (Danfoss)	§ 4, Rn. 105, 114
47 a	EuGH 18.10.2017 – C-409/16 (Kalliri)	§ 4, Rn. 105 a, 114a-114 c
48	–	§ 4, Rn. 125, 130
49	ArbG Stuttgart 15.4.2010 – 17 Ca 8907/09	§ 4, Rn. 126, 131
50	ArbG Berlin 11.2.2009 – 55 Ca 16952/08; siehe auch BAG 29.6.2017 – 8 AZR 402/15; BAG 23.11.2017 – 8 AZR 372/16	§ 4, Rn. 127, 133 a
51	EuGH 11.7.2006 – C-14/05 (Chacón Navas)	§ 4, Rn. 134, 139

Beispielsfall Nr.	Gerichtsentscheidung, die dem Fall zugrunde liegt	Genaueres siehe ...
52	EuGH 18.12.2014 – C-354/13 (FOA); siehe auch EuGH 11.4.2013 – C-335/11 und C-337/11 (Ring und Skouboe Werge)	§ 4, Rn. 135, 141, 143
53	BAG 19.12.2013 – 6 AZR 190/12 siehe auch EGMR 3.10.2013 – Nr. 552/10 (I. B../. Griechenland)	§ 4, Rn. 136, 144 f, 150
54	LAG Hamburg 29.10.2008 – 3 Sa 15/08; BAG 19.8.2010 – 8 AZR 466/0; siehe auch EuGH 17.4.2018 – C-414/16 (Egenberger), EU:C:2018:257	§ 4, Rn. 151, 155 b
55	EuGH 22.1.2019 – C-193/17 (Cresco)	§ 4, Rn. 152, 155 c
56	EuGH 14.3.2017 – C-188/15 (Bougnaoui und ADDH); vgl. auch EuGH 14.3.2017 – C-157/15 (Achbita)	§ 4, Rn. 153, 156 f
57	EuGH 1.4.2008 – C-267/06 (Maruko); EuGH 10.5.2011 – C-147/08 (Römer)	§ 4, Rn. 159, 162, 164
58	EuGH 12.12.2013 – C-267/12 (Hay)	§ 4, Rn. 160, 162, 164
59	BAG 20.3.2012 – 9 AZR 529/10; BAG 21.10.2014 – 9 AZR 956/12	§ 4, Rn. 165, 174
60	EuGH 12.10.2010 – C-45/09 (Rosenbladt)	§ 4, Rn. 166, 178, 180
61	EuGH 13.9.2011 – C-447/09 (Prigge ua); EuGH 5.7.2017 – C-190/16 (Fries)	§ 4, Rn. 167, 181, 183
62	EuGH 19.4.2012 – C-415/10 (Meister); siehe auch EuGH 21.7.2011 – C-104/10 (Kelly)	§ 4, Rn. 187, 192
63	EuGH 10.4.1984 – 14/83 (von Colson und Kamann)	§ 4, Rn. 193, 197, 200
64	EuGH 22.4.1997 – C-180/95 (Draehmpaehl)	§ 4, Rn. 194, 198, 200
65	EuGH 8.7.2010 – C-246/09 (Bulicke); siehe auch BAG 24.9.2009 – 8 AZR 705/08; BAG 11.12.2014 – 8 AZR 838/13; BAG 18.5.2017 – 8 AZR 74/16	§ 4, Rn. 203–205
66	EuGH 8.2.2001 – C-350/99 (Lange/Schünemann)	§ 5, Rn. 3, 7 f
67	EuGH 5.5.2011 – C-256/10 und C-261/10 (Barcenilla Fernández und Macedo Lozano)	§ 5, Rn. 19, 25
68	EuGH 22.5.2003 – C-441/01 (Kommission./ Niederlande (Arbeitsschutzbeauftragte))	§ 5, Rn. 20, 28

Beispielsfall Nr.	Gerichtsentscheidung, die dem Fall zugrunde liegt	Genaueres siehe …
69	EuGH 1.7.2010 – C-471/08 (Parviainen); siehe auch EuGH 1.7.2010 – C-194/08 (Gassmayr)	§ 5, Rn. 30, 35 f, 44
69 a	EuGH 30.9.2010 – C-104/09 (Roca Álvarez)	$ 5, Rn. 31, 41
70	EuGH 9.11.2017 – C-306/16 (Maio Marques da Rosa)	§ 5, Rn. 46, 50 a
71	EuGH 5.10.2004 – C-397/01 bis C-403/01 (Pfeiffer ua); siehe auch EuGH 9.9.2003 – C-151/02 (Jäger); EuGH 3.10.2000 – C-303/98 (SIMAP)	§ 5, Rn. 47, 52 f, 57–59
72	EuGH 15.9.2011 – C-155/10 (Williams)	§ 5, Rn. 61, 68
73	EuGH 22.11.2011 – C-214/10 (KHS); siehe auch EuGH 18.3.2004 – C-342/01 (Merino Gómez); EuGH 20.1.2009 – C-350/06 (Schultz-Hoff)	§ 5, Rn. 62, 69, 71 f
74	EuGH 16.9.2010 – C-149/10 (Chatzi)	§ 5, Rn. 73, 79, 81
75	EuGH 5.11.2014 – C-476/12 (ÖGB) (Diskriminierung von Teilzeitkräften)	§ 5 Rn. 84, 91
76	EuGH 11.4.2019 – C-29/18 ua (Cobra Servicios Auxiliares)	§ 5, Rn. 96, 105 a
76 a	EuGH 15.4.2008 – C-268/06 (Impact)	§ 5, Rn. 96 a, 108 f, 111
77	EuGH 7.12.1995 – C-449/93 (Rockfon)	§ 5, Rn. 122, 134, 137, 140
78	EuGH 30.4.2015 – C-80/14 (USDAW)	§ 5, Rn. 123, 139 f,
79	EuGH 27.1.2005 – C-188/03 (Junk)	§ 5, Rn. 124, 143
80	EuGH 10.2.1988 – 324/86 (Daddy's. Dance Hall)	§ 5, Rn. 144, 148, 151
81	EuGH 11.3.1997 – C-13/95 (Süzen)	§ 5, Rn. 145, 155, 157
82	EuGH 8.6.1994 – C-382 und 383/92 (Kommission./. Vereinigtes Königreich (Betriebsübergangs- und Massenentlassungs-Richtlinie))	§ 6, Rn. 4, 19, 21
83	EuGH 29.3.2001 – C-62/99 (Bofrost); EuGH 13.1.2004 – C-440/00 (Kühne & Nagel); EuGH 15.7.2004 – C-349/01 (ADS Anker)	§ 6, Rn. 25, 37 f

Beispielsfall Nr.	Gerichtsentscheidung, die dem Fall zugrunde liegt	Genaueres siehe …
84	EuGH 27.3.1990 – C-113/89 (Rush Portuguesa); EuGH 24.1.2002 – C-164/99 (Portugaia Construções); EuGH 7.11.2013 – C-522/12 (Isbir)	§ 7, Rn. 1, 5, 13, 17 f, 24, 32, 34, 36
85	EuGH 18.9.2014 – C-549/13 (Bundesdruckerei); siehe auch EuGH 3.4.2008 – C-346/06 (Rüffert); EuGH 17.11.2015 – C-115/14 (RegioPost)	§ 7 Rn. 2, 5 f, 11, 26–28, 33
86	EuGH 11.12.2007 – C-438/05 (Viking)	§ 7, Rn. 3, 5, 12, 42, 46
87	EuGH 21.9.1999 – C-67/96 (Albany); EuGH 15.7.2010 – C-271/08 (Kommission./. Deutschland) (kommunale Betriebsrenten)	§ 7, Rn. 4, 52–54
88	EuGH 4.12.2014 – C-413/13 (FNV)	§ 7, Rn. 55 f

Stichwortverzeichnis

Die Angaben verweisen auf die Paragrafen des Buches (**fette Zahlen**) sowie die Randnummern innerhalb der einzelnen Paragrafen (magere Zahlen).
Beispiel: § 9 Rn. 10 = **9** 10

Abfindung **3** 73 ff., **4** 31
Angleichung **1** 22
Anhörung (der Arbeitnehmer/innen)
– Anhörungs-Richtlinie **6** 16 ff.
Anhörungs-Richtlinie **6** 4 ff.
– Anhörung **6** 16 ff.
– Arbeitnehmerbegriff **1** 156, **6** 14
– Arbeitnehmervertretung **6** 20 f.
– Betrieb **6** 12 f.
– Unternehmen **6** 12 f.
– Unterrichtung **6** 16 ff.
Antidiskriminierungsrecht **4** 1 ff.
– AGG-Hopping **4** 14
– Anwendungsbereich **4** 12
– Arbeitnehmerbegriff **4** 12, 27 f.
– Art. 157 AEUV **4** 15 ff., 20, 69
– Auskunftsrechte **4** 209
– Beweislast **4** 207 ff.
– Entwicklung **4** 7 ff.
– Hate Speech **4** 219
– Klage- und Geltendmachungsfristen **4** 220 ff.
– Kompetenzen **4** 18
– Öffentliche Sicherheit **4** 130, 199
– Rechtsgrundlagen **4** 1 ff., 10 ff., 71 ff., 127
– Sanktionen **4** 210 ff.
Äquivalenzgrundsatz **1** 153 f., **4** 220 ff.
– Begriff des Mindestlohns **7** 38
Arbeitnehmer
– kein einheitlicher unionsrechtlicher Begriff **1** 102
Arbeitnehmer/in **1** 101 ff.
– Anhörungs-Richtlinie **1** 156, **6** 14
– Antidiskriminierungsrecht **1** 137, 144, **4** 12
– Anwendungsfelder der autonomen Auslegung **1** 112, 136 ff.
– Arbeitnehmerfreizügigkeit **1** 105 ff.
– Arbeitsschutz-Rahmenrichtlinie **5** 28
– Arbeitszeit-Richtlinie **5** 57 ff.
– Ausbildung **1** 123
– Auslegungsmöglichkeiten **1** 103 ff.
– Befristungs-Richtlinie **5** 108
– Betriebsübergangs-Richtlinie **5** 159
– Definition (Arbeitnehmerfreizügigkeit) **1** 115
– Ehegatten **1** 134
– Ehrenamtliche Tätigkeit **1** 125
– Entsende-Richtlinie **7** 31
– Erwerbswirtschaftliche Tätigkeit **1** 114, 118 ff., 147, 148
– Freiwilligendienste **1** 148
– Gleichbehandlung **1** 149
– Insolvenzschutz-Richtlinie **5** 171
– Leiharbeits-Richtlinie **5** 128
– Leitende Angestellte **1** 146
– Massenentlassungs-Richtlinie **5** 139 ff.
– Mitgliedstaatliche Definitionsmacht **1** 150 ff., 152 f., 153 f.
– Mutterschutz-Richtlinie **5** 38
– Praktika **1** 148
– Rehabilitation **1** 126 f.
– Rehabilitation/Wiedereingliederung **1** 147
– Scheinselbstständigkeit **1** 130
– Sport **3** 94, 98 ff., 104 ff.
– Teilzeit **1** 121 f.
– Teilzeit-Richtlinie **5** 96
– Vorstandsmitglieder juristischer Personen **1** 131 ff., 146
– Weisungsabhängigkeit **1** 145
– Weisungsgebundenheit **1** 114, 128 ff.
Arbeitnehmerbegriff
– Arbeitnehmerfreizügigkeit **3** 22 ff., 35
Arbeitnehmerfreizügigkeit **3** 4 ff., 18 ff., 21, 35, 85 f.
– Arbeitgeberrechte **3** 109 ff.
– Arbeitnehmerbegriff **1** 105 ff., **3** 22 ff.
– Arbeitsvermittler **3** 114 ff.
– Art. 45 Abs. 3 AEUV **3** 39 ff., 75
– Autonome Auslegung **1** 112 ff., **3** 22, 25
– Bedeutung **3** 4 ff.
– Beschränkung **3** 73 ff., 84 ff., 93 ff.
– Drittstaatenangehörige **3** 119 ff.
– Familienangehörige **3** 117 ff.
– Grenz-/Wanderarbeitnehmer **3** 67 ff.
– Grenzüberschreitender Bezug **3** 24
– Mittelbare Diskriminierung **3** 51 ff., 87 ff.
– Öffentliche Verwaltung **3** 25 ff.
– Ordre-public-Vorbehalt **3** 46 ff.

– Rechtsgrundlagen 3 10 ff.
– Richtlinie 2014/54/EG 3 23
– Richtlinie 2014/54/EU 3 16 ff.
– Übergangsfristen 3 7 ff.
– Unmittelbare Diskriminierung 3 41 ff., 87 ff.
– Verordnung (EU) 492/2011 3 90
– Verordnung 492/2011 3 23
– VO (EU) 492/2011 4 6

Arbeitsentgelt
– Begriff 4 35 ff.
– Begriff (Art. 157 AEUV) 4 29 ff.
– Krankheit 4 33
– Mindestlohn 7 37 ff.
– Mutterschutz-Richtlinie 5 41 ff.
– Urlaub 5 73 ff.

Arbeitskampfrecht
– Kompetenzen der EU 2 5, 7 50

Arbeitsschutz
– Arbeitnehmerbegriff 5 28
– Arbeitszeit 5 51 ff., 52 ff., 66 ff.
– Mutterschutz 5 36 ff.
– Prozeduraler Ansatz 5 21, 29 ff.
– Rahmenrichtlinie 5 22, 25 ff.
– Rechtsgrundlagen 5 19 ff.
– Urlaub 5 67 ff.

Arbeitszeit-Richtlinie 5 51 ff., 66 ff.
– Arbeitnehmerbegriff 5 57 ff.
– Arbeitszeitbegriff 5 60 ff.
– Bereitschaftszeit 5 60 ff.
– opt-out 5 54, 64 ff.
– Urlaub 5 67 ff.
– Urlaubsabgeltung 5 75 ff.
– Urlaubsentgelt 5 73 ff.

Befristungs-Richtlinie 5 105 ff., 116
– Arbeitnehmerbegriff 5 108
– Befristung 5 111 ff.
– Diskriminierungsverbot 5 113 ff.
– Kettenarbeitsvertrag 5 110, 117 ff.
– Pro rata temporis 5 115

Belästigung 4 122 ff.

Berufsfreiheit 3 5, 6

Beschäftigungspolitische Leitlinien 1 51 ff.

Beschränkung
– Arbeitnehmerfreizügigkeit 3 73 ff.
– Niederlassungsfreiheit 7 45 ff.
– Zwingende Gründe des Allgemeininteresses 3 78 f., 81 ff., 84, 7 20 ff.
– Zwingender Grund des Allgemeininteresses 7 47 ff.

Besonderes Verhandlungsgremium 6 30

Betrieb
– Anhörungsrichtlinie 6 12 f.
– Betriebsübergangs-Richtlinie 5 164 ff.
– Massenentlassungs-Richtlinie 5 144 ff.

Betriebsrat 6 20 f.

Betriebsübergangs-Richtlinie 5 156 ff.
– Arbeitnehmerbegriff 5 159
– Betrieb 5 164 ff.
– Rechtsfolgen 5 161 ff.
– Widerspruchsrecht 5 162

Betriebszugehörigkeit
– Altersdiskriminierung 4 200 ff.
– Arbeitnehmerfreizügigkeit 3 56
– Geschlechtsdiskriminierung 4 115 ff.
– Teilzeitarbeit 4 114

Datenschutz 5 10 ff., 15 ff.

Dienstleistungsfreiheit 1 35, 3 9
– Beschränkung 7 18 ff.
– Herkunftslandprinzip 1 35
– Verhältnis zur Arbeitnehmerfreizügigkeit 3 18, 21, 111

Diskriminierung (Alter) 4 180 ff.
– Altersabhängige Leistungen 4 188 ff.
– Altersgrenzen 4 192 ff.
– Betriebszugehörigkeit 4 200 ff.
– Urlaubsdauer 4 189

Diskriminierung (Befristungs-Richtlinie) 5 113 ff.

Diskriminierung (Behinderung) 4 142 ff.
– Abgrenzung von Krankheit 4 147 f.
– Angemessene Vorkehrungen 4 154 ff.
– Begriff der Behinderung 4 146 ff.
– Schwerbehinderung 4 150

Diskriminierung (Belästigung) 4 122 ff.

Diskriminierung (Geschlecht) 4 71 ff.
– Mutterschaft 4 81 ff., 102 ff., 5 37 ff., 44 ff.
– Schwangerschaft 4 81 ff., 102 ff.
– Wesentliche und entscheidende berufliche Anforderung 4 89 ff.

Diskriminierung (Leiharbeits-Richtlinie) 5 127 ff.

Diskriminierung (mittelbare) 4 226
– Arbeitnehmerfreizügigkeit 3 51 ff.
– Benachteiligung in besonderer Weise 4 52, 111
– Beschäftigungszeiten im Inland 3 55 f., 68 ff.
– Betriebszugehörigkeit 3 56, 4 115 ff., 200 ff.

- Entgeltgleichheit **4** 47, 51 ff.
- Geschlecht **4** 109 ff.
- Geschlechtsdiskriminierung **4** 109 ff.
- Objektive Rechtfertigung **4** 53
- Sprachkenntnisse **3** 61 f., **4** 141
- Teilzeitarbeit **4** 110 ff.
- Teilzeitbeschäftigung **4** 54
- Wohnsitz im Inland **3** 57 ff.

Diskriminierung (Rasse oder ethnische Herkunft) **4** 132 ff.

Diskriminierung (Religion oder Weltanschauung) **4** 159 ff., 164 ff.
- Islamisches Kopftuch **4** 170 ff.

Diskriminierung (sexuelle Ausrichtung) **4** 174 ff.
- Gleichgeschlechtliche Partnerschaft **4** 177 ff.

Diskriminierung (Teilzeit-Richtlinie) **5** 95, 97 ff.

Diskriminierung (unmittelbare) **4** 226
- Arbeitnehmerfreizügigkeit **3** 41 ff.
- Entgeltgleichheit **4** 47, 48 ff.
- Geschlecht **4** 77 ff., 85 ff.

Diskriminierungsschutz (Geschlecht) **4** 15 ff.

Drittstaatenangehörige
- Arbeitnehmerfreizügigkeit **3** 119 ff.

Drittwirkung **1** 72
- Grundfreiheiten **1** 74
- Grundrechte **1** 75

EBR-Richtlinie **6** 25 ff.
- Anhörung **6** 41
- Auskunftsrechte **6** 37 ff.
- Besonderes Verhandlungsgremium **6** 30, 36
- Beteiligungsvereinbarung **6** 33, 39
- Mindestvorschriften **6** 34, 40 ff.
- Unterrichtung **6** 41
- Zentrale Leitung **6** 31

Effektivität **4** 203 ff.
- Klage- und Geltendmachungsfristen **4** 220 ff.
- Sanktionen **4** 210 ff.

Effet utile **1** 69, 87, 152 f., **4** 63, **5** 122 f.

Elternurlaubs-Richtlinie **5** 83 ff.

EMRK
- Verhältnis zur EU-GRC **1** 95 ff.

Entgeltgleichheit **4** 22 ff., 69
- (Rechts-)Quellen des Entgelts **4** 37 f.
- Alterdiskriminierung **4** 188
- Arbeitnehmerbegriff **4** 27 f.
- Arbeitsentgelt **4** 29 ff.
- Autonome Auslegung **4** 21
- Diskriminierung **4** 46 ff.
- gleiche Arbeit **4** 39 ff.
- gleichwertige Arbeit **4** 39 ff.
- körperlich schwere Arbeit **4** 55 ff.
- Rechtsfolgen **4** 59 ff., 66 ff.
- Rechtsgrundlagen **4** 15 ff., 71 ff.
- Tarifvertrag **4** 57 f., 68
- Teilzeitbeschäftigung **4** 54

Entlassung **5** 153

Entsende-Richtlinie **7** 29
- Arbeitnehmerbegriff **7** 31
- Durchsetzungs-Richtlinie **7** 39 ff., 43
- Mindestlohn **7** 37 ff.

Entsendung **1** 35, **7** 17 ff., 41
- Anwendbares Arbeitsrecht **7** 13 ff.
- Aufenthaltserlaubnis **7** 22
- Beschränkung der Dienstleistungsfreiheit **7** 18 ff.
- Drittstaatenangehörige **3** 122
- Erstreckung von Mindestarbeitsbedingungen **7** 32 ff.
- Erstreckung von Tarifverträgen **7** 23 ff.
- Kontrolle **7** 39 ff.
- Mindestentgelt des Beschäftigungsorts **7** 19

EuGH
- Bedeutung **1** 54 f., 98
- Verhältnis zu anderen Gerichtsbarkeiten **1** 89

EU-GRC **1** 32

EURES **3** 2

Europäische Arbeitsbehörde **3** 2

Europäisches Arbeitsrecht
- Auslegung **1** 85 ff.
- Begriff **1** 30
- Entwicklung **1** 39 ff.
- Mehrebenensystem **1** 89 ff.
- Rechtsgrundlagen **1** 31 ff.
- Verhältnis zu mitgliedstaatlichem Arbeitsrecht **1** 59 ff.

Flexicurity **1** 52, **5** 102

Freizügigkeit **3** 3

Garantieeinrichtung
- Insolvenzschutz-Richtlinie **5** 172 f.

Geschäftsführer **1** 131
- Arbeitnehmerfreizügigkeit **3** 112

Gleichbehandlung **4** 1 ff.
- Arbeitnehmerbegriff **1** 149, 153 ff.

- Atypische Beschäftigungsverhältnisse 5 95, 104
- Leiharbeits-Richtlinie 5 127 ff.
- Rechtsgrundlagen 1 90

Grundfreiheiten 1 35
- Beschränkungsverbote 1 38

Grundgesetz 1 90

Grundrechte-Charta 1 32 f., 5 112, 7 44

Harmonisierung 1 22 ff.
- negative 1 23, 34 ff., 38
- positive 1 24

Hoheitliche Tätigkeit 3 25 ff.

Horizontalwirkung 1 72 ff., 74, 75
- Arbeitnehmerfreizügigkeit 3 20, 87 ff., 91, 93 ff., 102 ff.
- Art. 157 AEUV 4 63 ff.
- Grundfreiheiten 7 46
- Richtlinien 1 76 ff.
- Verordnungen 3 14

Insolvenzschutz-Richtlinie 5 170 ff.

Internationales Arbeitsrecht 7 8 ff.
- Eingriffsnorm 7 14, 30
- Entsendung 7 13 ff.
- Gewöhnlicher Arbeitsort 7 10 ff.
- Günstigkeitsprinzip 7 9

Kollektives Arbeitsrecht 6 1 ff.
- Kollektivmaßnahmen 7 44 ff.
- Kompetenzen der EU 2 5, 6 3
- Transnationale Kollektivvereinbarungen 6 55 ff.

Kollektivvereinbarung
- Begriff 7 55 f.
- Wettbewerbsfreiheit 7 53 ff.

Kompetenzen
- Antidiskriminierungsrecht 4 10, 18
- Arbeitnehmerfreizügigkeit 3 11 ff.
- Arbeitskampfrecht 2 5
- Arbeitsschutz 5 20
- Bereichsausnahmen 2 5, 7 50
- Kollektives Arbeitsrecht 2 5
- Kündigungsschutz 5 138
- Mindestvorschriften 2 6 ff., 10, 5 35
- Rechtsgrundlagen (Überblick) 2 2
- Richtlinien 2 6 ff.
- Sozialpolitik 2 4 ff., 5 1 ff.
- Verteilung zwischen Union und Mitgliedstaaten 1 4 ff., 10, 16 ff.
- Vorgaben des GG 1 18 f., 92 f.

Krankheit
- Abgrenzung von Behinderung 4 147 f.
- Entgeltfortzahlung 4 33

Krise 1 56

Kündigungsschutz 5 112, 137

Leiharbeit
- Arbeitnehmerüberlassung 5 126

Leiharbeits-Richtlinie
- Arbeitnehmerbegriff 5 128
- Diskriminierungsverbot 5 127
- Leiharbeit 5 124 ff.

Lissabon-Entscheidung (BVerfG) 1 18 f., 92 f.

Massenentlassungs-Richtlinie 5 134 ff.
- Betrieb 5 144 ff.
- Entlassung 5 153
- Rechtsfolgen einer Massenentlassung 5 141
- Rechtsgrundlage 5 138

Mehrebenensystem 1 89 ff.

Mindestvorschriften 2 6, 10, 5 35

Mobilität 3 1, 2

Mutterschutz 5 48
- Antidiskriminierungsrecht 4 81 ff., 102 ff., 5 37 ff., 44 ff.
- Leihmutter 5 47
- Mutterschaftsurlaub 5 37, 44
- Mutterschutz-Richtlinie 5 36 ff., 49 ff.
- Väter 5 37 ff., 44 ff.

Nachweis-Richtlinie 5 3 ff.

Niederlassungsfreiheit 1 36, 7 45

Öffentliche Aufträge
- Erstreckung von Mindestarbeitsbedingungen 7 27 f., 29 ff.

Ordre Public
- Arbeitnehmerfreizügigkeit 3 46 ff.

Polizei oder Militär 5 58

Polizei und Militär 3 29, 4 92 f., 5 23

Positive Maßnahmen 4 19, 94 ff.

Probezeit 5 112

Protokoll über die Sozialpolitik 1 44

Quotenregelung 4 100

Rahmenvereinbarung
- Teilzeitarbeit 5 94

Rahmenvereinbarungen 2 28 f., 5 103
- Auslegung 2 30 ff.

Rechtssetzungsverfahren 2 12 ff., 22, 42

Richtlinien
- Horizontalwirkung 1 76 ff.
- Unmittelbare Wirkung 1 66 ff.

Scheinselbstständigkeit 1 130
Sexuelle Belästigung 4 122 ff.
Sozialer Dialog 2 17 ff., 33 ff.
Soziales Europa 1 20
- Entwicklung 1 6 ff., 39 ff.
- Politische und ökonomische Grundlagen 1 1 ff.
- Sozialmodell 1 15
Sozialfortschritts-Protokoll 7 52
Sozialmodelle 1 11 ff., 6 1 f.
- Europäisches Sozialmodell 1 15
Sozialpartner
- Anhörung 2 17 ff., 34
- Begriff 2 34 ff., 38 ff.
- Repräsentativität 2 34, 38 ff.
- Vereinbarungen 2 20 ff., 23 ff., 28 ff.
Sozialpartnervereinbarung
- Auslegung 2 29
Sozialpolitik
- Grundlagen 1 1 ff.
- Rechtsvergleich 1 11 ff.
- Ziele 1 20
- Zuständigkeit der Union 1 4 ff., 16 ff., 54, 5 1 ff.
Sprachkenntnisse 3 61 f., 87, 4 141

Teilzeitarbeit
- Geschlechtsdiskriminierung 4 110 ff.
- Pro rata temporis 4 112, 5 97 ff.
Teilzeitbeschäftigung
- Mittelbare Diskriminierung 4 54
Teilzeit-Richtlinie 5 93 ff.
- Arbeitnehmerbegriff 5 96

Unmittelbare Wirkung 1 61, 63 ff., 72, 74 ff.
- Arbeitnehmerfreizügigkeit 3 20, 87 ff., 91, 93 ff., 102 ff.
- Arbeitszeit-Richtlinie 5 55, 70
- Art. 157 AEUV 4 60 ff.
- Befristungs-Richtlinie 5 114, 118, 119
- Grundfreiheiten 7 46
- Mutterschutz-Richtlinie 5 40
- Nachweis-Richtlinie 5 5
- Richtlinie 2000/43/EG 4 128
- Richtlinie 2000/78/EG 4 128
- Richtlinie 2006/54/EG 4 74, 75
- Richtlinien 1 66 ff.
Unternehmen
- Anhörungs-Richtlinie 6 12 f.
- Massenentlassungs-Richtlinie 5 146 ff.
Unternehmensmitbestimmung 3 84, 6 44 ff.
- Arbeitnehmerlose SE 6 51
- Besonderes Verhandlungsgremium 6 49
- Europäische AG 6 47 ff.
- Europäische Genossenschaft 6 52
- Europäische Privatgesellschaft 6 54
- Europäische Stiftung 6 54
- Fusions-Richtlinie 6 53
- Mindestvorschriften 6 49
- Societas Cooperativa Europaea (SCE) 6 52
- Societas Europaea (SE) 6 47 ff.
Unterrichtung
- Arbeitsschutz 5 32 ff.
- Massenentlassungs-Richtlinie 5 141
- Nachweis-Richtlinie 5 5
- Rechtsgrundlagen 6 3
Unterrichtung (der Arbeitnehmer/innen)
- Anhörungs-Richtlinie 6 4, 16 ff.
- EBR-Richtlinie 6 25 ff.
Urlaub
- Alterdiskriminierung 4 189

Verfassungsrecht (GG) 1 18 f., 90 ff.
- EuGH als gesetzlicher Richter 1 93
Verordnung 492/2011 3 14 ff.
Verschlechterungsverbot 4 225
Vorabentscheidungsverfahren (Art. 267 AEUV)
- Verhältnis zu Art. 100 GG 1 93 f.
Vorstandsmitglieder juristischer Personen
- Arbeitnehmer/in 1 131 ff., 146

Wesentliche und entscheidende berufliche Anforderung
- Alter 4 198
- Behinderung 4 153
- Geschlecht 4 89 ff.
Wettbewerbsfreiheit 1 37
- Kollektivvereinbarungen 7 53 ff.
Wirtschaftskrise 1 56 f.